C·H·Beck
PAPERBACK

Wie in einem Puzzle fügen sich die 82 Artikel dieses Lexikons zum Gesamtbild einer Epoche. In einem breiten Themenspektrum werden sowohl kunst- und literaturgeschichtliche als auch sozial- und kulturgeschichtliche Aspekte der Renaissance beschrieben. Längere Überblicksartikel, wie etwa zu *Humanismus*, *Malerei* oder *Entdeckung und Eroberung* werden ergänzt durch kürzere, beispielsweise biographische, die Porträts der wichtigsten Personen, wie *Michelangelo* oder *Shakespeare*, entwerfen. So beleuchtet das Lexikon die unterschiedlichsten Facetten dieser Epoche und bietet einen neuen Einblick in die Kultur der Renaissance.

Herfried Münkler ist emeritierter Professor für Theorie der Politik an der Humboldt-Universität zu Berlin.
Marina Münkler ist Professorin für Ältere und frühneuzeitliche deutsche Literatur und Kultur an der Technischen Universität Dresden.

*Herfried Münkler*
*Marina Münkler*

# LEXIKON DER RENAISSANCE

C.H.BECK

Die Initialen sind dem Figurenalphabet
des Meisters E.S., 1466/67, entnommen.
Staatliche Graphische Sammlung München

1. Auflage in der Beck'schen Reihe. 2005

2. Auflage. 2022
Unveränderter Nachdruck

Wilhelmstraße 9, 80801 München, info@beck.de

www.chbeck.de
Satz: C.H.Beck.Media.Solutions, Nördlingen
Druck und Bindung: Druckerei C.H.Beck, Nördlingen
Umschlagabbildung: Pietro Perugino, Moses Reise nach Ägypten
(Ausschnitt), Vatikanisches Museum, Rom.
Umschlagentwurf: malsyteufel, Willich
Gedruckt auf säurefreiem und alterungsbeständigem Papier
Printed in Germany
ISBN 978 3 406 79413 1

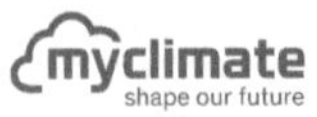

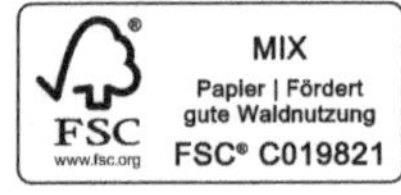


verantwortungsbewusst produziert
www.chbeck.de/nachhaltig
produktsicherheit.beck.de

# Inhalt

Vorwort 7

Alberti 11 – Antikenrezeption 14 – Architektur 19
Aristotelismus 26 – Astrologie 29 – Augsburg 31

Bibliotheken 35 – Boccaccio 39 – Borgia 43
Botticelli 45 – Buchdruck 48

Cervantes 54 – Condottieri 57

Dante 68 – Diplomatie 71 – Dürer 74

Entdeckung und Eroberung 80 – Erasmus 97
Este 99 – Ethnographie 101

Faust 108 – Ferrara 110 – Florenz 113 – Franz I. 122
Frömmigkeit 125 – Fürstenspiegel 129

Geschichtsschreibung 132 – Giotto 141

Heinrich VIII. 144 – Hofmann/Höfling 147
Holbein 151 – Humanismus/Humanisten 153

Idealstadt 172 – Judenfeindschaft 177

Karl V. 181 – Kaufleute 183 – Kolumbus 200
Künstler 204 – Kurtisanen 212

Leonardo da Vinci 217 – Literatur 221 – Luther 237

Machiavelli 244 – Malerei 248 – Medici 264
Menschenbild 269 – Michelangelo 273
Montaigne 279 – Musik 282 – Mythen 287

Nation/Nationalbewußtsein 293 – Nürnberg 297

Päpste/Papsttum 301 – Palladio 309 – Paracelsus 311
Petrarca 312 – Platonismus 316 – Porträt 319

Rabelais 327 – Raffael 329 – Reformation 332
Renaissance 338 – Rom 343

Savonarola 350 – Seuchen 353 – Sforza 356
Shakespeare 360 – Skulptur 364
Staat / Staatlichkeit / Staatensystem 372

Theater 379 – Tizian 387

Universitäten 392 – Uomo universale 394 – Utopie 397

Vasari 402 – Venedig 404 – Vespucci 411
Völkerrecht 413 – Volkskultur 419

Weltbild 425

Zeitbewußtsein 430 – Zentralperspektive 437

Personenregister 440

# Vorwort

Seit dem 19. Jahrhundert, als der Begriff der Renaissance mit den großen Arbeiten von Jules Michelet und Jacob Burckhardt in die Kulturgeschichtsschreibung Einzug gehalten hat, ist immer wieder darüber debattiert worden, was das Spezifische dieser Epoche sei und worin sie sich von den vorangegangenen wie den nachfolgenden Jahrhunderten so deutlich unterscheide, daß man überhaupt von einer eigenen Epoche sprechen könne. Dabei ist der von Michelet und Burckhardt konstatierte Bruch zwischen Renaissance und Mittelalter sehr bald wieder relativiert und anstelle des Neuen ist die Kontinuität herausgestellt worden. Die griffigen Charakterisierungen, mit denen die Renaissance gegen das Mittelalter abgesetzt wurde – das Zentrum der Gesellschaft habe sich vom Land in die Stadt verlagert; die kulturelle Leitvorstellung von der Menschwerdung Gottes sei durch die von der Vergöttlichung des Menschen abgelöst worden; die Vorstellung von der Gottgeschaffenheit und Unverfügbarkeit der Welt sei durch das Bewußtsein ihrer Künstlichkeit und Veränderbarkeit ersetzt worden –, haben sich bei genauerer Betrachtung zumeist als überzogen und oft nur durch Einzelbeispiele gestützt erwiesen, bzw. das je als neu Behauptete fand sich durchaus auch in der vorangegangenen Zeit, gegen die es doch eigentlich abgrenzen sollte. So sind die Konturen der Renaissance mehr und mehr verwischt worden.

Dabei dürfte eine entscheidende Rolle gespielt haben, daß der Epochenbegriff nicht mehr nur, wie von Burckhardt, auf das Italien des 15. Jahrhunderts oder, wie von Michelet, auf das Frankreich des 16. Jahrhunderts bezogen, sondern auf ganz Europa ausgedehnt wurde. Damit traten Ungleichzeitigkeiten und heterogene, auch gegenläufige Prozesse hervor: Während südlich der Alpen eine weithin verweltlichte Kultur den Zenit ihrer Entwicklung erreichte, erfolgte nördlich der Alpen eine Rebellion gegen diese Entwicklung, deren zusammenfassende Bezeichnung als Reformation von zahlreichen Historikern als konkurrierender Epochenbegriff gegen den der Renaissance ins Feld geführt wurde.

Und während man in Italien seine Energien in kulturelle Projekte investierte, verausgabte man sie auf der iberischen Halbinsel in einer Reihe von Entdeckungsreisen, in deren Gefolge nicht nur neue Seefahrtsrouten gefunden, sondern auch ein neuer Kontinent entdeckt und erobert wurde; die Redewendung vom Zeitalter der Entdeckungen und Eroberungen wurde zu einer weiteren mit der Renaissance konkurrierenden Epochenbezeichnung. Und schließlich meldete sich auch die Mentalitätsgeschichtsschreibung zu Wort, die geltend machte, daß die mit dem Begriff der Renaissance bezeichneten Phänomene allenfalls in den Kreisen einer gesellschaftlich schmalen Elite anzutreffen seien und keineswegs in breiteren Schichten der Bevölkerung Verbreitung gefunden hätten. So sind nicht nur die epochalen Konturen der Renaissance verwischt, sondern auch die identitätsstiftenden Merkmale der Epoche grundsätzlich in Frage gestellt worden. Hat es das mit Renaissance Bezeichnete überhaupt gegeben?

In Auseinandersetzung mit diesen Fragen und Einwänden wird in den hier zusammengestellten Stichworten der Versuch unternommen, die Konturen der Epoche nachzuzeichnen, Merkmale und Charakteristika vorsichtig herauszuarbeiten und dennoch gegenläufige Tendenzen nicht aus dem Auge zu verlieren. Angesichts der Heterogenität der hierbei zu berücksichtigenden Faktoren sowie der Komplexität der zu beschreibenden Entwicklungen schien es uns sinnvoll zu sein, dies nicht in der Form einer mit dem Anspruch auf formale Kohärenz und inhaltliche Geschlossenheit auftretenden Gesamtdarstellung zu versuchen. Statt dessen haben wir uns entschlossen, das Profil der Renaissance in einzelnen Stichworten zu entwerfen, worin wir eher die Möglichkeit gesehen haben, im einen Fall das für die Epoche Typische und Charakteristische stärker und deutlicher herauszustellen und es im anderen Fall zu relativieren oder vorsichtiger zu konturieren. Darüberhinaus haben wir versucht, auch die Entwicklungen und Ereignisse, die auf den ersten Blick mit der Renaissance wenig zu tun zu haben scheinen, mit ihr als Gegenreaktion oder Alternativentwicklung aber doch untergründig verbunden sind, in die Darstellung mit einzubeziehen. Dabei konnte sicherlich kein einheitliches und geschlossenes Bild der Epoche entworfen werden (was unseres Erachtens freilich auch nicht möglich ist), aber die wichtigsten Charakteristika ließen sich so darstellen, ohne sogleich den Vorwurf zu provozieren, Einzelentwicklungen mit den Trends der Gesamtepoche zu verwechseln.

Bei der Auswahl der Stichworte haben wir uns darauf konzentriert, das Profil der Epoche möglichst breit zu entwerfen, und daher eine Reihe umfangreicherer Sachartikel, wie Humanismus, Entdeckung und Eroberung oder auch Literatur und Malerei, mit kleineren Artikeln flankiert, die sowohl ergänzend als auch einzeln gelesen werden können. So läßt sich der Humanismus einmal über den Hauptartikel, sodann aber auch über mittlere oder kleinere Artikel, wie Erasmus, Geschichtsschreibung, Mythen u. a., erschließen, was durch die Querverweise am Ende jedes Artikels erleichtert werden soll. Die Stichworte umfassen herausragende Personen, wie etwa Leonardo da Vinci oder Christoph Kolumbus, in denen die Entwicklungen und Merkmale der Zeit exemplarisch darzustellen sind; weiterhin Städte, wie Florenz, Venedig oder auch Nürnberg, denen bei der Entstehung der für die Renaissance charakteristischen Vorstellungen und Ideen eine herausgehobene Rolle zugekommen ist; schließlich Personen- bzw. Berufsgruppen umfassende Bezeichnungen, wie Condottieri, Kaufleute und Künstler, sowie Begriffe, in denen sich Kontinuität wie Wandel des 14. bis 16. Jahrhunderts in Europa erfassen und beschreiben ließen, wie Staat, Utopie, Völkerrecht oder Weltbild. Dabei wurde der Akzent der Darstellung in der Regel auf Italien gesetzt und bei der europäischen Ausbreitung des dort Begonnenen auf seine Rezeption in Deutschland besonderes Augenmerk gelegt. Wir haben uns aber auch darum bemüht, die Entwicklungen in Spanien, Frankreich und England nicht aus dem Auge zu verlieren, und bei einzelnen Artikeln, wie etwa Entdeckung und Eroberung oder Theater, haben wir für die jeweils wichtigsten Länder besondere Schwerpunkte gesetzt. Im Hinblick auf die Kohärenz und Lesbarkeit der einzelnen Stichworte haben wir jedoch darauf verzichtet, gleichlaufende Entwicklungen in allen Staaten und Regionen gleichermaßen bzw. umfassend darzustellen, sondern haben uns auf exemplarische Darstellungen beschränkt. Zudem haben die Umfangsvorgaben des Verlags uns abverlangt, Schwerpunkte zu setzen und manches nicht in der Breite oder mit der Tiefenschärfe abzuhandeln, wie wir das gerne getan hätten. So haben wir den Artikel Reformation mit Luther flankiert, auf Calvin und Zwingli als Einzelartikel aber verzichten müssen. Daneben haben wir darauf geachtet, das Profil der Renaissance nicht unter alleinigem Rückgriff auf Entwicklungen in der Kunst und Literatur, also im Bereich der Kulturgeschichte, zu entwerfen, sondern daneben auch wirtschafts- und sozialgeschichtliche, technik- und mentalitätsgeschichtliche sowie vor allem politikgeschichtliche Elemente und Faktoren einzubeziehen. Wir haben dabei dem Umstand Rechnung zu tragen versucht, daß eine monofaktorielle Erklärung der Renaissanceentwicklung nicht möglich ist, weil ganz heterogene Faktoren zusammengewirkt haben, aus denen das hervorgegangen ist, was bei allen Einschränkungen und Bedenken nach wie vor als Renaissance bezeichnet werden kann.

Ein Buch wie das vorliegende hätte nicht entstehen können ohne eine Fülle von Hilfen und Anregungen, die uns von verschiedenen Seiten zuteil geworden sind. Namentlich danken möchten wir Dr. Christine Zeile vom Verlag C. H. Beck, von der die Anregung zu dem Projekt ausging und die es über die Jahre, in denen wir uns – in der Arbeit immer wieder unterbrochen durch die Verpflichtungen des universitären Lehr- und Forschungsbetriebs – damit beschäftigt haben, mit großer Geduld und Nachsicht, aber auch mit dem erforderlichen Nachdruck, ohne den die Arbeit nie zum Abschluß gelangt wäre, begleitet hat. Unser Dank gilt weiterhin Dr. Hans Grünberger und Skadi Krause, die einzelne Stücke gelesen, kritisiert und mit Vorschlägen und Hinweisen weitergeholfen haben, sowie Esther von Bruchhausen und Claudia Roth, die Literatur beschafft und Daten für das Register zusammengestellt haben. Vor allem aber haben wir Karina Hoffmann zu danken, die nicht nur die verschiedenen Fassungen der einzelnen Artikel geschrieben und immer wieder Ergänzungen eingefügt oder Streichungen vorgenommen, sondern die angesichts der Fülle der Teile und Fassungen stets den Überblick behalten und die Ordnung gewahrt hat. Sie alle haben dazu beigetragen, daß ein von uns am Anfang hinsichtlich seiner Untiefen und Klippen erheblich unterschätztes Projekt zu Ende gebracht werden konnte.

Berlin, April 2000

Herfried Münkler
Marina Münkler

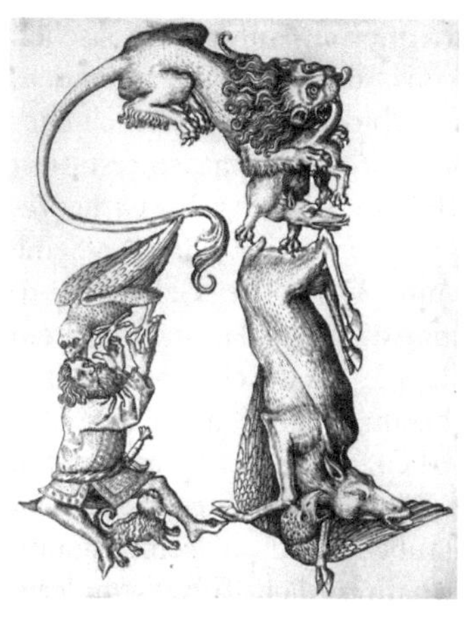

## Alberti, Leon Battista
*(* 3. Februar 1404 in Genua,*
*† Ende April 1472 in Rom)*

Wie kein anderer verkörpert Alberti für das 15. Jahrhundert den Typus des Universalgenies, des *uomo universale*, der sich in theoretischer wie praktischer Hinsicht gleichermaßen hervorgetan und bewährt hat. Nach einer in jungen Jahren verfaßten Komödie hat sich Alberti als Schriftsteller vor allem mit lebenspraktischen Problemen beschäftigt, wobei das Buch *Della famiglia* (Über das Hauswesen, 1434–1441) das wichtigste und einflußreichste seiner diesbezüglichen Werke darstellt. Unter Albertis kunsttheoretischen Schriften, den Büchern *De pictura* (1435/36), *De re aedificatoria* (1452) und *De statua* (1464), ist die architekturtheoretische Schrift das wichtigste Werk. Daneben hat sich Alberti aber auch als Architekt hervorgetan: Der Palazzo Rucellai in Florenz wurde nach seinen Entwürfen gebaut und die Kirche San Francesco in Rimini nach seinen Vorlagen in einen Ruhmestempel der Familie Malatesta umgestaltet. Neben weiteren Kirchenbauten in Mantua im Auftrag des Lodovico Gonzaga (San Sebastiano: ein Rundbau mit Portikus; San Andrea: Verschmelzung von Elementen eines römischen Triumphbogens mit einer antiken Tempelfassade) ist die Marmorfassade von Santa Maria Novella in Florenz ab 1470 nach seinen Plänen errichtet worden. Am Tempio in Rimini (1446–55, unvollendet), den Mantuaner Kirchenbauten San Sebastiano (1459–63) und San Andrea (1470) sowie der Fassade von Santa Maria Novella

(1456–70) hat Alberti seine Orientierung an den klassischen Vorgaben der römischen Baukunst umzusetzen verstanden. Wenn ihn Vasari in seinen Künstlerbiographien dennoch eher als Theoretiker denn als Praktiker vorgestellt hat, so resultiert dies aus dem überragenden Einfluß, den Albertis kunsttheoretische Schriften in der Renaissance ausgeübt haben: «Seine Schriften haben durch Feder und Wort der Gelehrten so großen Einfluß erhalten, daß man überall glaubt, er sei ein größerer Meister gewesen als alle, die ihn durch ihre Arbeiten übertroffen haben. So lehrt die Erfahrung, daß unter den Dingen, die Ruf und Namen erwerben, die Schrift am meisten Kraft und Dauer hat; denn die Bücher verbreiten sich leicht überallhin und finden überall Glauben, wenn sie freimütig und wahrhaftig geschrieben sind. Deshalb ist nicht zu verwundern, daß der berühmte Leone Battista mehr durch seine Schriften als durch seiner Hände Werke bekannt ist.»

Alberti entstammt einer adligen Florentiner Familie, die sich seit dem 13. Jahrhundert kaufmännisch und großhändlerisch betätigt hat. Wegen einer kurz zuvor erfolgten Verbannung der Familie aus Florenz wurde er in Genua geboren; er studierte in Bologna Rechtswissenschaften und wurde u. a. von Francesco Filelfo in die *artes liberales* eingeführt. 1428 wurde die Verbannung der Alberti wieder aufgehoben, und Leon Battista konnte nach Florenz zurückkehren. Zwischen 1432 und 1464 hatte er in Rom die Position eines päpstlichen Beraters inne (erst unter Enea Silvio Piccolomini verlor er diesen lukrativen Posten). Für Albertis intellektuelle wie künstlerische Entwicklung war die Wahl Roms als Hauptwohnort von großer Bedeutung, weil er hier die antiken Ruinen untersuchen und mit den kunsttheoretischen Schriften der Antike, insbesondere denen Vitruvs, vergleichen konnte, um so seine Vorstellung von den klassischen Kunstformen weiterentwickeln und präzisieren zu können. Ob seiner dreifachen Vermittlungsrolle ist Alberti in kunsthistorischer Hinsicht die wohl wichtigste Gestalt des 15. Jahrhunderts: Er vermittelte nicht nur antike Kunstvorstellungen in seine Gegenwart, sondern verknüpfte auch das klassische (Ruinen-)Erbe Roms mit den aktuellen Bauprogrammen in Florenz, und obendrein setzte er seine theoretischen Überlegungen noch in Zeichnungen und Entwürfe für Paläste und Kirchen um, in denen die antiken Ideale neue Gestalt gewannen.

Gleichzeitig hat Alberti aber auch an der gesellschaftlichen und politischen Entwicklung seiner Zeit regen Anteil genommen. Das zeigt sich u.a. in seiner Schrift *De re aedificatoria*, in der es keineswegs nur um den Wert klassischer Architekturformen geht, sondern in der die Architektur zugleich als eine gesellschaftlich relevante Kunst herausgestellt wird, die bei ihren Planungen auch städtisches Leben sowie Gesundheit und Erholung der Bürger berücksichtigen soll. Am deutlichsten ist Albertis gesellschaftspolitisches Interesse aber in seiner Schrift *Della famiglia* ausgeprägt, in der es um Fragen der Erziehung, der Wirtschaftsführung und der Wirtschaftsgesinnung geht. Angesichts der aus seiner Sicht dramatischen Veränderungen im zeitgenössischen Florenz lobt er die alten Sitten und Tugenden und betont die Ideale der *mediocritas* und *tranquilitas animi*, wobei ihm die antike Moralphilosophie als Stütze und Orientierung dient. Das von Aristoteles, Xenophon, Cicero und Quintilian beeinflußte Werk kann als Kritik an den von der frühkapitalistischen Dynamik ausgehenden Veränderungen in den oberitalienischen Städten gelesen werden. Gegen sie stellt Alberti die Beachtung religiöser Vorschriften, die häusliche Hierarchie, den sparsamen Umgang mit dem Vermögen sowie die Achtung vor der Autorität des Hausherrn. Alberti hat dabei nicht gegen die Vermögensakkumulation als solche polemisiert, wie dies bei den Bußpredigern der Fall war, aber er hat auch nicht, wie Poggio Bracciolini in seiner Schrift *De avaritia* (1429), einen von allen Bindungen und Normen entfesselten Erwerbstrieb gerechtfertigt. Vielmehr hat er den Reichtum an Nutzen und Ertrag zu binden versucht und so das Ideal eines an der Wohlstandspflege orientierten Hausherrn/Hausvaters gezeichnet, den er gegen den grenzenlos akkumulierenden Kapitalisten gestellt hat.

*Lit.:* L. B. Alberti: Zehn Bücher über die Baukunst, dt. von Max Theuer, Wien/Leipzig 1912, ND Darmstadt 1975. – Traktat über die Malerei, dt. von H. Janitschek; in: Quellenschriften für Kunstgeschichte, Bd. XI, Wien 1877. – Kleinere kunsttheoretische Schriften, hrsg. von H. Janitschek, Wien 1877, Repr. Osnabrück 1970. – Über das Hauswesen (Della famiglia), dt. von W. Kraus, eingel. von F. Schalk, Zürich 1962/München 1986. – Opere volgari, 5 Bde., hrsg. von A. Bonucci, Florenz 1842–1849.

K. Forster/H. Locher (Hrsg): Theorie der Praxis. L. B. Alberti als Theoretiker der bildenden Künste, Berlin 1997. – J. Gadol: Leon Battista Alberti: Universal Man of the Early Renaissance, Chicago 1969. – H. W. Kruft: Geschichte der Architekturtheorie, München 1986.

→Architektur; →Humanismus; →uomo universale.

## Antikenrezeption

Die Renaissance unterscheidet sich vom Mittelalter durch eine grundlegend veränderte Sicht der Antike: Hatte der mittelalterliche Bildungsgedanke an der Idee einer Kontinuität der eigenen Gegenwart zur Antike festgehalten, so hat die Renaissance dagegen die Antike als eine in sich abgeschlossene historische Epoche begriffen, von der sie zugleich aber behauptete, sie habe in allen Lebensbereichen als Vorbild und Maßstab zu dienen. Dementsprechend waren die Humanisten bestrebt, das Wissen über die Antike zu vermehren, und bemühten sich, verschollene Texte antiker Autoren wiederzuentdecken. Gelang ihnen dies, so sprachen sie von einer Erweckung aus todesähnlichem Schlaf, in die das Mittelalter die antiken Autoren versenkt habe. Die Beschäftigung mit den antiken Autoren als ein Zwiegespräch darzustellen ist von Petrarca bis Machiavelli zu einem Topos der humanistischen Literatur geworden, der die vertraute Beziehung der Humanisten zur Antike zum Ausdruck bringen sollte. Die Inszenierung dieses Gesprächs trat funktional an die Stelle der Verschmelzung von antiker Philosophie mit christlicher Theologie, wie sie für die mittelalterliche Scholastik charakteristisch gewesen war. Hatte die mittelalterliche Kontinuitätsvorstellung in der Translationsidee (*translatio imperii*, *translatio studii*) ihren Ausdruck gefunden, wonach die antike Ordnung durch Weitergabe oder Erneuerung fortbestand bzw. weiterhin Gültigkeit besaß, so verbreitete sich nunmehr die Gegenvorstellung von Niedergang und Verfall (*declinatio*), die man in der Regel mit der Völkerwanderung bzw. dem Einfall der Goten in Italien beginnen ließ und die durch die Wiederbelebung der Antike rückgängig gemacht werden sollte. Mit der Translationsvorstellung war freilich nicht nur die Kontinuierung der Antike, sondern auch eine Verschiebung der kulturellen und politischen Schwerpunkte Europas in die Länder nördlich der Alpen verbunden, wobei Deutschland als Erbe des *imperium* und Frankreich als neue Heimat des *studium* auftraten; dagegen transportierte die Vorstellung von der Diskontinuität der Zeit und der Neubelebung der Antike das Programm einer am antiken Vorbild orientierten herausgehobenen Stellung Italiens in Europa. So war für die meisten italienischen Humanisten das Projekt einer Wiederbelebung der Antike mit dem des Wiederaufstiegs italienischer Macht und Kultur verbunden.

Am Anfang dieses neuen Verhältnisses zur Antike stehen Francesco Petrarca und Cola di Rienzo, die beide, wenn auch auf unterschiedliche Art und mit entgegengesetzten Konsequenzen für ihr persönliches Schicksal, literarische und politische Wiederbelebung der Antike miteinander verbunden haben. Petrarcas Krönung zum *poeta laureatus* an Ostern 1341 eröffnet eine Reihe wirkungsvoll angelegter Inszenierungen, in denen die Aktivierung des römischen Erbes sinnfällig gemacht werden sollte, und in den politischen Kämpfen mit den römischen Adelsfaktionen der Orsini und Colonna hat Cola das antike Rom als Legitimationsressource eingesetzt. So ließ er im Kapitolspalast ein allegorisches Bild aufstellen, das ein steuerlos dahintreibendes Schiff in stürmischer See zeigt, darinnen eine trauernde Witwe mit aufgelöstem Haar in flehentlichem Gebet und darüber die Überschrift: «Das ist Rom.» Außerdem ließ Cola die Erztafel der *lex regia*, die von der Übertragung der kaiserlichen Gewalt auf Vespasian durch das römische Volk berichtet, aus einer versteckten Ecke der Lateransbasilika, wo Bonifaz VIII. sie hatte einbauen lassen, entfernen und an zentraler Stelle in der Kirche anbringen. Sie sollte dem römischen Volk zeigen, daß alle kaiserlichen Herrschaftsrechte allein bei ihm – und nicht bei den deutschen Kurfürsten oder den römischen Adelsfamilien oder beim Papst – lagen. Schließlich nahm Cola das Ritterbad in der Taufwanne Konstantins als Zeichen der Wiedergeburt, ließ sich mit dem tribunizischen Kranz krönen und führte neben dem Schlüssel Petri das römische S. P. Q. R. (*Senatus Populusque Romanus*) im Wappen. Auch wenn Cola politisch bald gescheitert ist, verband sich mit seinem Wirken doch die Erinnerung an einen großen Versuch der Revitalisierung des antiken Rom.

Zum Fortbestehen dieser Erinnerung hat vor allem Petrarca beigetragen; mit seinen Briefen und Gedichten hat er, der selbst einen längeren Aufenthalt in Rom ob des heruntergekommenen Zustandes der Stadt und des schlechten Klimas gemieden hat, die literarische Antikensehnsucht und Romnostalgie begründet. Sie waren, wie gegen Petrarca immer wieder eingewandt worden ist, politisch kaum operationalisierbar, weswegen die Charakterisierung dieser Bestrebungen als «politische Romantik» in mancher Hinsicht zutreffend ist, in letzter Konsequenz aber nur aufrechterhalten werden kann, wenn man das Projekt des *rinascimento* in seiner Gänze verwirft; die kulturelle Rückorientierung auf die Antike konnte nicht ohne politische Konsequenzen bleiben. Bei den Florentiner Bürgerhumanisten zeigte sie sich in der Form, daß Florenz als neues Rom begriffen wurde, und zwar im Hinblick auf den kulturellen Glanz wie auf die politische Verfassung der Stadt.

Weniger umstritten in der Antikenrezeption der Renaissance war das ebenfalls mit Petrarca einsetzende, aber erst im 15. Jahrhundert zur vollen Entfaltung kommende Bestreben, die antike Literatur wieder so umfassend wie möglich zu erschließen und der gelehrten Diskussion zugänglich zu machen. Georg Voigt hat dies in Anlehnung an das humanistische Selbstverständnis «die Erweckung der klassischen Autoren aus den Klostergräbern» genannt. Gemeint ist damit eine regelrechte Jagd auf verschollene lateinische Texte in den Bibliotheken der Klöster, die sich zu einer Praxis von Ausplünderung, Bestechung und Diebstahl auswuchs, bei dem, wie dem Briefwechsel zwischen Poggio Bracciolini und Niccolò Niccoli zu entnehmen ist, nicht nur erhebliche Summen im Spiel waren, sondern auch erkleckliche Gewinne gemacht werden konnten. Wie auch immer: Die antike Literatur wurde in dieser Zeit neu erschlossen, und die von den Humanisten zusammengetragenen Textkorpora antiker Autoren bilden bis heute den Bestand dessen, was wir von der Antike wissen. Zu den wichtigsten Funden gehören Ciceros Briefe und Reden sowie einige seiner Traktate, darunter *De oratore*, Quintilians *Institutiones*, Tacitus' *Opera minora* und die ersten Bücher der *Annales* sowie schließlich zwölf Komödien des Plautus. Für das Selbstverständnis der Renaissance am wichtigsten war die Vervollständigung der ciceronischen Schriften, denn die höchste Bewunderung der Humanisten galt Cicero und seiner Verbindung von Philosophie und Rhetorik; als diese Bewunderung – auch in stilistischer Hinsicht – nachließ, ging auch die Renaissance zu Ende.

Neben der Vervollständigung der lateinischen Textkorpora steht die Neuentdeckung der griechischen Literatur, von der über die Vermittlung arabischer Autoren nur Rudimente in die Wissensbestände des Mittelalters eingeflossen waren. Zu den neu wahrgenommenen oder überhaupt erst wiederentdeckten Autoren der griechischsprachigen Antike gehören Homer, Sophokles, Herodot, Thukydides, Xenophon, Isokrates, Demosthenes, Plutarch, Lukian, Epikur, Plotin sowie Sextus Empiricus, um nur die bedeutendsten zu nennen. Freilich waren auch unter den Renaissancehumanisten die Griechischkenntnisse begrenzt, und nur wenige waren mit dieser Sprache so gut vertraut, daß sie die Originale ohne lateinische Übersetzung lesen konnten. So blieb der Renaissancehumanismus wesentlich durch lateinische Autoren geprägt, und es wurde immer klar zwischen dem lateinischen und dem griechischen Bereich unterschieden; in diesem Sinne wurden stets mindestens zwei Antiken rezipiert.

Neben der Wiederentdeckung und Erschließung schriftlicher Quellen wurde sehr bald auch die Beschäftigung mit den Denkmälern und anderen materiellen Hinterlassenschaften der Antike, wie Münzen, Gemmen, Statuen, Schalen und Vasen, für das Selbstverständnis der Renaissance relevant, und die Humanisten können als die Begründer der Denkmalsdisziplinen der klassischen Altertumskunde, der Archäologie, der Numismatik und der Epigraphik, angesehen werden. Schon bald entstanden im Umfeld der neuen Bibliophilie auch die ersten Antikensammlungen; Niccoli etwa hat neben Büchern und Handschriften auch antike Statuen, Skulpturen, Vasen, Münzen und Medaillen gesammelt. Es kommt also nicht von ungefähr, daß Cola di Rienzo als erster die Ruinen der Antike in Rom erfassen ließ und einer Entwicklung Einhalt zu gebieten suchte, bei der man in den erhaltenen Monumenten der Antike nichts anderes als einen Steinbruch sah, den man für den Bau von Häusern und Befestigungen nutzte, während man den

Marmor der antiken Bauten zu Kalk brannte. Dagegen setzte Cola das Programm einer Wiederentdeckung des alten im gegenwärtigen Rom und ließ Monumente und Trümmer beschreiben sowie Inschriften kopieren und bemühte sich, diese zu einer Sammlung zu vereinigen. Poggios *Urbis Romae descriptio* von 1403 ist eine erste Zwischensumme der römischen Antikenrezeption. Die wohl wichtigste Figur im Prozeß der Bestandaufnahme antiker Denkmäler ist Flavio Biondo, dessen *Roma instaurata* (1444/46 entstanden, Erstdruck 1470/71) eine Beschreibung des antiken Rom mit Toren, Tempeln, Bädern und Obelisken sowie eine Erläuterung der einstigen Funktion dieser Bauten enthält. In der anschließenden Schrift *Italia illustrata* (1453 entstanden, Erstdruck 1474) hat Biondo diese Forschungen auf Italien ausgedehnt und darin die Grundlegung einer historischen Geographie geschaffen; seine Schrift *Roma triumphans* (1459 entstanden, Erstdruck 1473/75) kann als erster Entwurf einer italienischen Kulturgeschichte verstanden werden: Religion, Spiele und Theater; Handel, Zoll, Steuer- und Münzwesen; Ackerbau, Hauswesen und die Anlage von Villen; schließlich Militär und Triumphzüge des klassischen Rom werden hier zusammenfassend behandelt.

Weit über die italienischen Grenzen hinaus hat Ciriaco de' Pizzicolli (Cyriacus von Ancona) die altertumskundlichen Studien ausgedehnt. Von Hause aus ein Kaufmann, der aus Geschäftsgründen nicht nur Italien, sondern auch die dalmatinische Küste, den ägäischen Raum sowie Byzanz bereiste, hat er im Unterschied zu den Humanisten, die von Büchern ausgingen, um zu den Ruinen zu gelangen, bei den materiellen Hinterlassenschaften der Antike seinen Ausgang genommen, die er vermessen, gezeichnet und beschrieben hat. Ob seiner nur rudimentären klassischen Bildung ist Ciriaco von einigen Humanisten verspottet und verachtet worden, was sich zum Teil bis in die moderne Forschungsliteratur durchgehalten hat. Dennoch stellen die sechs Bände *Antiquarum rerum commentaria*, in denen Inschriften verzeichnet sowie Bauwerke, Statuen und Denkmäler beschrieben und gezeichnet sind, einen Meilenstein in der Antikenrezeption der Renaissance dar, und sie belegen überdies, daß die Antikenrezeption nicht auf die Zirkel humanistisch Gebildeter beschränkt blieb.

*Lit:* E. W. Bodner: Cyriacus of Ancona and Athens, Brüssel 1960. – B. Guthmüller/W. Kühlmann (Hrsg.): Renaissance. Kultur und antike Mythologie, Tübingen 1999. – H. Rüdiger: Die Wiederentdeckung der antiken Literatur im Zeitalter der Renaissance; in: Geschichte der Textüberlieferung der antiken Literatur, Zürich 1961, Bd. I, S. 511–580. – R. Weiss: The Renaissance Discovery of Classical Antiquity, Oxford 1969.

→Bibliotheken; →Geschichtsschreibung; →Humanismus; →Nation; →Petrarca; →Rom.

## Architektur

«Eine große Sache ist die Architektur», heißt es in Albertis *De re aedificatoria*, «und es kommt nicht allen zu, eine so gewaltige Sache in Angriff zu nehmen. Einen hohen Geist, unermüdlichen Fleiß, höchste Gelehrsamkeit und größte Erfahrung muß jener besitzen und vor allem eine ernste und gründliche Urteilskraft und Einsicht haben, der es wagt, sich Architekt zu nennen. Denn in der Baukunst gilt als oberstes Lob, genau beurteilen zu können, was nottut. Denn gebaut zu haben ist ein Ding der Notwendigkeit; passend gebaut zu haben ist sowohl von der Notwendigkeit als von der Nützlichkeit abhängig. Jedoch so gebaut zu haben, daß es die Vornehmen billigen, die Bescheidenen aber nicht von sich weisen, das geht nur von der Erfahrung eines gebildeten, wohl beratenen und sehr überlegten Künstlers aus.» Daß die Architektur die gesellschaftlich wie politisch bedeutsamste Kunst sei, war eine Überzeugung, bei der Alberti viele seiner Zeitgenossen zugestimmt haben. So trafen die Reichen und Mächtigen mit den Künstlern und Intellektuellen am häufigsten und intensivsten zusammen, wenn es um Probleme der Architektur ging. Dementsprechend hat Alberti den Architekten als den verantwortlichen Gestalter der menschlichen Umwelt herausgestellt; ihm nämlich sei aufgegeben, die im Anschluß an Vitruv formulierten drei Imperative der Baukunst zu berücksichtigen und miteinander zu verbinden: die Zweckmäßigkeit (*commodità*), die Beständigkeit (*perpetuità*) und die Schönheit (*bellezza*).

Am Anfang der Renaissance-Architektur steht mit Brunelleschi und Alberti ein Dioskurenpaar, von dem der eine vor allem ein Praktiker der Baukunst war und der andere durch seine

Schriften zum Neubegründer der Architekturtheorie wurde. Während im übrigen Europa noch die Architekturvorstellungen der Gotik vorherrschten und die großen Kirchenbauten weiterhin nach den Vorstellungen der Kathedralarchitektur errichtet wurden, hat Brunelleschi in Florenz durch den Rückgriff auf klassisch-antike Bauformen eine stilistische Revolution eingeleitet: An die Stelle der hochaufragenden Türme trat die Zentralkuppel, und während die Gotik bestrebt war, die Flächenhaftigkeit der Mauern in das Rankwerk auseinanderstrebender Bögen aufzulösen und durch unregelmäßige Abfolgen Abwechslung herzustellen, setzte Brunelleschi auf die Symmetrie des Raumes und die kombinatorische Vielfalt geometrischer Formen. Durch den Bau der gewaltigen Kuppel über der Vierung des Doms, aber auch durch die Neugestaltung der Kirche *San Lorenzo* und den Bau des *Spedale degli Innocenti*, des Findelhauses, sowie der auf der linken Arnoseite gelegenen Augustinerkirche *Santo Spirito* hat er der durch Arnolfo di Cambio vorgegebenen Grundstruktur von Florenz eine neue Ausrichtung gegeben. Vor allem die jüngere Forschung hat herausgestellt, daß Brunelleschis Wirken als Architekt nicht in der Errichtung oder Vollendung einzelner Gebäude aufgeht, sondern auf die städtebauliche Gestalt von ganz Florenz bezogen werden muß.

Von seiner Ausbildung her Goldschmied, ist Brunelleschi schon früh mit humanistischen Texten in Berührung gekommen und hat darüber nicht nur die Orientierung an den Vorbildern der klassischen Antike, sondern auch – ähnlich wie Alberti – ein ausgeprägtes Interesse an mathematischen Problemen entwickelt. Während sich Albertis mathematisches Interesse jedoch stark um kosmische Ordnungsspekulationen und die aus den Proportionen erwachsende Vorstellung von Schönheit drehte, hat Brunelleschi sich der Mathematik zur Lösung praktischer Probleme bedient, und mit solchen war er in hohem Maße beschäftigt, seit ihm 1420 die Leitung der Dombauarbeiten in Florenz übertragen worden war. Mit einem Durchmesser von über 41 Metern und einem achteckigen Grundriß hatte sich der Bau der Kuppel in der zweiten Hälfte des 14. Jahrhunderts als ein Problem dargestellt, das man technisch bislang nicht zu bewältigen vermocht hatte. Da ein Stützgerüst vom Boden der Kirche her aufgrund der großen Höhe nicht in Frage kam und ein am Tambour befestigtes Hängegerüst ob des gewaltigen Durchmessers zu unsicher war, hatte Brunelleschi ein Verfahren entwickelt, durch das die Kuppel freitragend eingewölbt werden konnte. Aber Brunelleschi gelang nicht nur die Bewältigung des technischen Problems, sondern er fand auch eine ästhetisch ansprechende Lösung, die der Kuppel die befürchtete massive Schwerfälligkeit nahm, indem sie durch acht marmorne Rippenbögen strukturiert und von einem achteckigen Abschlußring mit aufgesetzter Laterne an der Spitze abgeschlossen wurde. Brunelleschis Domkuppel, so Alberti, sei ein «gewaltiger Bau, der vor dem Himmel aufrecht steht und weit genug ist, seinen Schatten über alles Volk der Toskana zu werfen». Brunelleschis neuer Architekturstil zeigt sich auch in der *Cappella de' Pazzi* (1433–44), einer bewußten Komposition aus Vorhalle, Hauptraum und Chor, in der die klassischen Architekturformen der Kuppel und des Tonnengewölbes, der Säule und des Gebälks, der Kapitelle und des Bogens bestimmend geworden sind.

Neben Brunelleschi steht als zweite beherrschende Gestalt der Architektur des 15. Jahrhunderts Leon Battista Alberti, für den in Analogie zur Harmonielehre der Musik die mathematischen Proportionen eine präexistente Harmonie des Weltganzen zum Ausdruck brachten, die zugleich als Schönheit wahrnehmbar seien. Er begreift den Zentralbau, wie Brunelleschi ihn in der Pazzi-Kapelle erstmals seit der Antike wieder zu bauen unternommen hat, als Abbild der göttlichen Weltordnung, als architektonische Sichtbarmachung der göttlichen Ordnungsidee. Tatsächlich ist der Zentralbau zur wichtigsten Errungenschaft der Renaissancearchitektur geworden; Beispiele hierfür sind im Sakralbau die Kirche *S. Maria delle Carceri* (1485) in Prato von Giuliano da Sangallo, sodann *S. Maria della Consolazione* in Todi (1508 nach einem Entwurf Bramantes begonnen) und schließlich *Madonna di San Biagio* (1518–1545) in Montepulciano von Antonio da Sangallo d. Ä.; unter den Profanbauten ist Palladios *Villa Rotonda* das wichtigste Beispiel. Freilich sahen sich die Zentralbauten in der Sakralarchitektur schon bald mit dem Vorwurf des Paganismus konfrontiert. Tatsächlich ist mit der Abkehr von der auf dem

Grundriß eines lateinischen Kreuzes errichteten Basilika und der Hinwendung zum Zentralbau zugleich auch eine ungleich intellektualistischere Form von Religiosität zum Tragen gekommen, die freilich nicht umstandslos mit Neuheidentum gleichgesetzt werden darf. Die Mathematisierung der Proportionen wirkte sich in der Architektursprache als Spiritualisierung der Materie aus, die darum nicht mehr, wie in der Gotik, für durchflutendes Licht geöffnet und durchbrochen werden mußte, sondern ihre Flächigkeit, so sie denn entsprechend gegliedert war, offen zur Schau stellen durfte.

Dieser Unterschied zwischen Gotik und Renaissance läßt sich durch einen Vergleich der Fassadengestaltung venezianischer mit den Florentiner Palästen des 15. Jahrhunderts verdeutlichen. Vom baulichen Grundtyp her romanisch geprägt, bleiben die venezianischen Paläste des 15. Jahrhunderts – die *Ca' d'Oro* mag als Beispiel dienen – wesentlich einer gotischen Bauauffassung verhaftet: eine in Bogenhallen aufgelockerte Fassade, bei der in die Arkadenform byzantinische Elemente eingegangen sind. Eine geschlossene Fassade findet sich auf der Schauseite dieser Paläste nur an den Seiten, wo sie an die ursprünglich hier befindlichen Ecktürme erinnert. Ansonsten ist die venezianische Palastarchitektur eher der Malerei verwandt und meidet die Herausstellung starker Gliederungslinien. Dagegen wird die Florentiner Palastarchitektur des 15. Jahrhunderts – als Beispiele können der von Michelozzo errichtete *Palazzo Medici* (begonnen 1444), der auf Pläne Albertis zurückgehende *Palazzo Rucellai* (begonnen 1456) oder auch der von Benedetto da Maiano, Giuliano da Sangallo sowie Il Cronaca errichtete *Palazzo Strozzi* (1489–1504) dienen – durch die Dominanz des Baukörpers geprägt, die zwar durch Fenster gegliedert, aber nicht aufgelockert oder gar durchbrochen wird. Sicherlich spielen bei der Erklärung der unterschiedlichen Palastarchitektur in Florenz und Venedig auch die aus unterschiedlichen Funktionsanforderungen erwachsenen lokalen Traditionen eine Rolle: In Florenz ist der Palast aus einer innerstädtischen Festung, in der sich die Familie mitsamt Anhang im Falle innerer Konflikte verschanzte, hervorgegangen, und diesen trutzig-abweisenden Charakter hat die Architektursprache der Renaissance in Florenz beibehalten, während es in Venedig schon früh gelungen war, gewalttätig ausgetragene innerstädtische Faktionskämpfe zu unterbinden, so daß der Palast als Handelshaus mit repräsentativen Wohnräumen im *piano nobile* errichtet werden konnte. Zuletzt freilich war ein unterschiedlicher ästhetischer Gestaltungswille ausschlaggebend, in dem die Renaissancearchitektur, ausgehend von Florenz, aber schon bald auf andere italienische Städte, zumal Rom, übergreifend, die Geschlossenheit der Fassade und das Volumen des Baukörpers zum zentralen Gestaltungsprinzip erhob – mit deutlichen Differenzierungen selbstverständlich, wie sie sich etwa in der größeren Harmonie der Proportionen des *Palazzo Rucellai* gegenüber dem *Palazzo Medici* oder der durch ein leichtes Anheben der Dachkonstruktion bewirkten größeren Leichtigkeit des *Palazzo Strozzi* im Vergleich mit den anderen beiden Palästen zeigt. Wie wenig Anknüpfungspunkte die Renaissance in der venezianischen Palastarchitektur fand, zeigt sich an dem im 16. Jahrhundert errichteten *Palazzo Loredan-Vendramin-Calergi*, dessen Erbauer sich der Architektursprache der Renaissance zu bedienen versucht, im wesentlichen aber doch das typisch venezianische Erscheinungsbild fortschrieb. Rossellinos *Palazzo Piccolomini* in Pienza oder der *Palazzo Venezia* in Rom, aber auch Michelangelos *Palazzo Farnese* in Rom sind Fortsetzungen der in Florenz entwickelten Formensprache. Freilich tritt im 16. Jahrhundert die strenge Betonung der Form zurück, und der individualisierende Gestaltungswille des Architekten wird deutlicher sichtbar. Diese Entwicklung ist nicht auf die Palastarchitektur beschränkt, sondern kann ebenso an der Sakralarchitektur beobachtet werden; so zeigt ein Vergleich von Brunelleschis *Pazzi-Kapelle* mit dem Grundriß der *Peterskirche* in der von Bramante entworfenen und von Michelangelo weitergeführten Form im ersten Fall eine klare Dominanz des Quadrats gegenüber dem Kreis, während in dem gewaltigen Projekt der Peterskirche eine klare harmonische Zuordnung geometrischer Grundelemente in einer individuellen Linienführung und einem entsprechenden Formwillen aufgehen. Das Verbindungsglied zwischen beiden architektonischen Ausdrucksformen könnten die auf Vitruv zurückgehenden Spekulationen über das Verhältnis von Kreis und Quadrat und die Stellung des Menschen zu ihnen darstellen, wie sie sich bei Leonardo da Vinci, aber auch Francesco di Giorgio Martini und Fra Giocondo finden: In ihnen sind die Vorgaben der Geometrie anthropomorph flexibilisiert worden.

Besondere Erwähnung verdient unter den Architekten und Architekturtheoretikern der Renaissance noch Luciano da Laurana, der 1466 die Bauleitung am Herzogspalast in Urbino übernahm. Weiter ist Filarete als Verfasser des *Trattato d'architettura* zu erwähnen, in dem in Romanform die Entstehung der fiktiven Stadt Sforzinda geschildert wird. Architekturtheoretisch bedeutsam ist des weiteren die dem Dominikanermönch Francesco Colonna zugeschriebene *Hypnerotomachia Poliphili*, ein in den Traum verlegter Liebesroman, der mit ausführlichen Architekturbeschreibungen angereichert ist, in denen ins Gigantische gesteigerte Bauten der Antike geschildert werden. Als Theorie der angewandten Wissenschaft ist dagegen Francesco di Giorgio Martinis *Trattato di architettura civile e militare* zu lesen, der in der Renaissance freilich nicht veröffentlicht wurde, sondern nur in interessierten Kreisen zirkulierte. Neben ausführlichen Darlegungen zur Befestigungskunst, die bei allen bedeutenderen Architekten und Architekturtheoretikern der Zeit eine wichtige Rolle spielte, entwickelt Francesco di Giorgio eine Typologie des Wohnhausbaus, in der fünf Grundtypen von Häusern unterschieden werden: solche für Bauern, für Handwerker, für Gelehrte, für Kaufleute und für Adlige. Ähnliche architektursoziologische Überlegungen hat auch Sebastiano Serlio in dem *Delle habitationi di tutti gradi degli huomini* überschriebenen 6. Buch seines umfassend angelegten Architekturtraktats angestellt, worin er jeweils zwischen armen, mittleren und reichen Angehörigen der Bauern-, Handwerker- und Kaufmannschaft unterscheidet, während er bei den Aristokraten zwischen den auf dem Lande Lebenden und den in der Stadt Wohnenden differenziert. Außerdem entwirft er alternative Lösungen für italienische und französische Häuser (Serlio hielt sich seit 1540 in Frankreich auf), wobei er für die französischen Häuser einen spätgotischen Baustil vorsah.

Eine herausragende Stellung in der Architektur der Renaissance nimmt zweifellos Bramante ein, freilich nicht als Theoretiker – sollte er seine Überlegungen schriftlich niedergelegt haben, so sind diese Texte verlorengegangen –, sondern als Anreger und Begründer, dem es jedoch nur selten vergönnt war, seine Projekte selbst zu Ende zu führen. Aus Urbino stammend, war Bramante seit 1480 in Mailand als Architekt Lodovico Sforzas tätig, wo er auch mit Leonardo da Vinci Kontakt gehabt haben dürfte. Architekturgeschichtlich bedeutsam ist jedoch erst die Zeit von 1499 bis zu seinem Tod im Jahre 1514, als er in Rom tätig war und dort den hinfort mit ihm verbundenen Monumentalstil der Renaissance entwickelte. Als einer der wenigen von Bramante selbst vollendeten Bauten gilt der *Tempietto* (1502), ein an antiken Vorbildern orientierter Rundtempel, dessen Kern im unteren Geschoß von einem Säulengang umgeben ist, auf dem im oberen Geschoß eine Balustrade ruht, während der Gebäudekern durch eine laternengekrönte Kuppel abgeschlossen wird. Schon der *Tempietto* zeigt, was an der antiken Architektur für Bramante anziehend und vorbildhaft war: die Raumfülle, der Kreis und die Geschlossenheit. Im Projekt der *Peterskirche* hat Bramante dies dann in dem zentralen Kuppelraum mit den an ihn anschließenden vier oben durch Tonnengewölbe abgeschlossenen Kreuzarmen weitergeführt, fasziniert von der Idee, damit die antiken Bauten an Größe und Kühnheit deutlich zu übertreffen.

Schließlich hat auch Venedig noch seinen spezifischen Beitrag zur Architektur der Renaissance geleistet, freilich nicht im Bereich der städtischen Repräsentationsarchitektur, sondern im Villenbau auf der Terraferma. Zwar hatten bereits die Medici unter Rückgriff auf antike Vorbilder damit begonnen, sich unweit von Florenz im toskanischen Hügelland Villen errichten zu lassen – die von Michelozzo entworfene *Villa Medicea di Careggi* (1457) sowie Giuliano da Sangallos *Villa di Poggio a Caiano* (1480–85) sind wohl die bekanntesten –, und auch die römischen Adelsfamilien und Kardinalsgeschlechter sind, wie die *Villa Aldobrandini* (1598–1603) in Frascati von Giacomo della Porta zeigt, diesem Vorbild gefolgt, aber all dies wurde in den Schatten gestellt durch die Villen venezianischer Adliger, die Andrea Palladio entlang der Brenta errichtete. Neben den sakralen Zentralbauten, die freilich schon 1577 von Carlo Borromeo als heidnisch verworfen wurden, worauf eine allgemeine Rückkehr zum Grundriß des lateinischen Kreuzes erfolgte, und der von Florenz ausgehenden Palastarchitektur sind diese Villen der wichtigste Beitrag der Renaissance zur Architekturgeschichte. Unter den bedeutenden Werken der Renaissancearchitektur nördlich der Alpen sind das *Wawel-Schloß* in Krakau (begonnen 1502), Schloß *Chambord* an der Loire (begonnen 1519), der älteste Flügel des *Louvre* (begonnen 1546), sodann der *Escorial-Palast* in Madrid (begonnen 1559) und schließlich der *Ottheinrichsbau* des Heidelberger Schlosses (begonnen 1566) zu nennen.

*Lit.:* L. Benevolo: Storia d'architettura del Rinascimento, Bari 1968. – C. Cresti/M. Listri: Villen der Toskana, München 1992. – B. Evers (Hrsg.): Architekturmodelle der Renaissance, München/New York 1995. – Th. Hetzer: Italienische Architektur, Stuttgart 1990. – H. R. Hitchcock: German Renaissance Architecture, Princeton 1981. – H.-W. Kruft: Geschichte der Architekturtheorie, München 1986. – M. Muraro/P. Marton: Die Villen des Veneto, München 1986. – F. D. Prager/G. Scaglia: Brunelleschi. Studies of His Technology and Invention, Cambridge 1970. – R. Tavernor: Palladio and Palladianism, London 1990.

→Alberti; →Florenz; →Künstler; →Palladio; →Rom; →Venedig.

## Aristotelismus

Verglichen mit dem Platonismus hat der Aristotelismus in der Renaissance eine eher untergeordnete Rolle gespielt; dennoch ist die vielfach anzutreffende Auffassung, wonach er für das Denken der Renaissance bedeutungslos gewesen sei, überzogen: An den Universitäten hat sich die aristotelisch-scholastische Methode gegen die Attacken des Nominalismus wie des Humanismus weitgehend zu behaupten gewußt, und auch die Naturvorstellung der Renaissance ist weitgehend durch Aristoteles geprägt. Gerade die universitäre Dominanz des Aristotelismus in den Bereichen der Logik, der Naturphilosophie sowie der Metaphysik hat ihn immer wieder zur Zielscheibe heftiger Angriffe der Humanisten werden lassen. Erheblich weniger umstritten war für die Humanisten dagegen die Bedeutung des Aristoteles für Ethik und Politik. Sowohl Melanchthon als auch die Florentiner Humanisten haben hier seine fortbestehende Relevanz anerkannt: Leonardo Bruni hat die *Nikomachische*

*Ethik* und die *Politik* des Aristoteles neu ins Lateinische übersetzt, und Melanchthon ist zeitlebens ein Aristoteliker gewesen. Dagegen ist Luther in den Anfangsjahren der Reformation heftig gegen die an den Universitäten vorherrschende aristotelische Scholastik zu Felde gezogen: «Die universiteten», schreibt er in seiner Schrift *An den christlichen Adel*, «dorfften auch wol eyner gutten starken reformation», denn in ihnen regiere «allein der blind heydnischer meyster Aristoteles (...) weytter denn Christus. (...) Es thut mir wehe in meinem hertzen, das der vordampter, hochmutiger, schalckhafftiger heide mit seinen falschen worten soviel der besten Christen vorfuret und narret hat, got hat uns mit yhm plagt umb unser sund willen.» Doch trotz Luthers Angriffen hat der Aristotelismus auch an den protestantischen Universitäten Mittel- und Nordeuropas im 16. und 17. Jahrhundert seine beherrschende Stellung behalten.

Der Aufstieg des Aristotelismus in der europäischen Geistesgeschichte hatte in der Mitte des 12. Jahrhunderts gemeinsam mit dem Aufstieg der Universitäten begonnen, wobei viele Schriften des Aristoteles zunächst unter Mitwirkung jüdischer Gelehrter aus dem Arabischen ins Lateinische übersetzt worden sind; direkte Übersetzungen aus dem Griechischen erfolgten zumeist erst unter dem Einfluß des Humanismus. Man hat den Aufstieg des Aristotelismus als einen der bedeutendsten Vorgänge des Mittelalters bezeichnet; tatsächlich hat er sowohl hinsichtlich seines dogmatischen Gehalts als auch in methodologisch-systematischer Hinsicht das gemeinsame Wissenschaftsparadigma der lateinischen Christenheit geprägt. Vorlesung und Disputation, Kommentar und *Quaestiones* sowie eine feste Terminologie und ein hochentwickeltes, standardisiertes Verfahren des Argumentierens waren die Eckpunkte dieses Paradigmas, das von den Humanisten freilich eher als Fessel denn als Ordnung des Denkens wahrgenommen und dementsprechend bekämpft worden ist.

Während sich der Aristotelismus an der Universität von Paris sowie deren Ablegeruniversitäten vor allem mit Theologie und Philosophie verbunden hat, ist er an den italienischen Universitäten eine Verbindung mit der Medizin und, hierüber vermittelt, mit der Naturphilosophie eingegangen. Paul Oskar Kristeller hat dies als ‹italienischen Averroismus› bezeichnet.

Dabei handelt es sich um eine nach dem arabischen Philosophen Averroës (Ibn Ruschd) benannte Variante des Aristotelismus, die im Unterschied zu der von Thomas von Aquin entwickelten Spielart die Ewigkeit der Welt und die Sterblichkeit der Seele behauptete. Da die humanistischen Fragestellungen naturphilosophisch-naturwissenschaftliche Probleme weithin aussparten, hat sich in Italien eine «friedliche Koexistenz» von Humanismus und Aristotelismus entwickelt. So hat Agostino Nifo den Averroismus als Mittelglied zwischen Platon und Aristoteles benutzt, und Leonicus Thomaeus hat im Anschluß an die Neuplatoniker Ficino und Pico eine Harmonisierung von Platon und Aristoteles angestrebt. Der ob seiner umfassenden Gelehrsamkeit auch als Aristoteles secundus bezeichnete Alessandro Achillini hat Aristoteles als Empiriker gegen Platons Orientierung an der Welt der Ideen stark gemacht. Nicht zufällig war Achillini von Beruf Arzt. Die Kontrastierung des ‹empirischen› Aristoteles mit dem ‹weltabgewandten› Platon gehörte, wie Raffaels *Schule von Athen* in den Stanzen des Vatikan zeigt, zu den ideengeschichtlichen Selbstverständlichkeiten der Renaissance: Aristoteles zeigt hier, die *Nikomachische Ethik* in der Hand, auf den Boden, während Platon, der den *Timaios* hält, nach oben weist. Abseits aller humanistisch-scholastischen Frontlinien galt Aristoteles als der philosophische Patron der empirischen Forschung.

Als wichtigster Aristoteliker der Renaissance wird Pietro Pomponazzi gelten dürfen, der nicht nur in seinem Traktat *De immortalitate animae* (1516) die Differenzen zwischen Aristoteles und seinem Interpreten Thomas in der Frage der Unsterblichkeit der Seele und der Ewigkeit der Welt herausgestellt hat, sondern sich in den um 1520 entstandenen, freilich erst posthum veröffentlichten Schriften *De incantationibus* und *De fato* auch um die Zurückdrängung aller Wundervorstellungen aus dem Naturbegriff bemüht hat. Indem Pomponazzi strikt zwischen Wunder und Geheimnis unterschied, wollte er die Sphäre des Natürlichen einer Erklärungsperspektive ohne Rekurs auf übernatürliche Eingriffe vorbehalten wissen, um sie dadurch einer empirischen Forschungsperspektive zugänglich zu machen. Pomponazzi war einer der bedeutendsten Vertreter der Lehre von der «doppelten Wahrheit»: Danach müssen die

Ergebnisse wissenschaftlicher Beobachtung und die Sätze des christlichen Glaubens nicht übereinstimmen und können dennoch gleichermaßen für wahr gelten.

Im Unterschied zur italienischen Entwicklung ist es in Deutschland und Frankreich zu heftigen Kontroversen zwischen Humanisten und aristotelischen Scholastikern gekommen; während diese in Deutschland sehr schnell in die Auseinandersetzungen um die Reformation einmündeten, entwickelte sich in Frankreich eine intensive Debatte über Fragen der Logik, in deren Zentrum der Humanist Petrus Ramus stand. Dieser hatte in seinen beiden Hauptwerken, den *Aristotelicae animadversiones* und den *Dialecticae institutiones* (beide 1543), die aristotelische Logik angegriffen und dagegen eine Logik und Rhetorik miteinander verbindende Deduktionsmethode entwickelt, die noch im 17. Jahrhundert erheblichen Einfluß ausgeübt hat. Unbeschadet dessen hat der Aristotelismus auf dem Gebiete der Naturphilosophie im 16. Jahrhundert seine Vormachtstellung wahren können; erst im Verlaufe des 17. Jahrhunderts ist er aus ihr durch die mathematische Physik Galileis und seiner Nachfolger verdrängt worden.

*Lit.:* E. Kessler: Aristotelismus und Renaissance, Wiesbaden 1988. – F. Niewöhner/L. Sturlese (Hrsg.): Averroismus im Mittelalter und der Renaissance, Zürich 1994. – Ch. B. Schmitt: Aristotle and the Renaissance, Cambridge/Mass. 1983.

→Humanismus; →Naturwissenschaften; →Platonismus; →Universitäten.

## Astrologie

In der Renaissance erlebte die Astrologie einen bedeutenden Aufschwung, obwohl sie, wie schon im Mittelalter, stets im Ruch der Häresie stand. Ihrem Selbstverständnis nach glich die Astrologie der Prophetie, auch wenn sie sich bei der Vorhersage künftiger Ereignisse nicht auf göttliche Eingebungen berief, sondern auf die mathematische Berechnung der Sternenkonstellationen. Die Astrologen gingen davon aus, daß sich die Konstellationen der Gestirne wie eine Sprache verstehen ließen und meinten, wer ihr Alphabet und ihre Grammatik beherrsche, könne in den himmlischen Sphären wie in einem Buch lesen. Diese Form der Sternenhermeneutik wurde durch die Kosmologie, die lehrte, wie die himmlischen Sphären sich bewegten, um die Zukunftsdimension erweitert, denn, so behaupteten die Astrologen, durch die Berechenbarkeit der Planetenbahnen und damit künftiger Planetenkonstellationen zu bestimmten Zeiten sei es möglich, anhand wissenschaftlich gesicherter Erkenntnisse vorauszusagen, welche Ereignisse eintreten würden.

Etabliert hatte sich die Astrologie schon seit dem 12. Jahrhundert mit der beginnenden Rezeption der islamischen Astronomie und Mathematik, aber seit der Pestwelle Mitte des 14. Jahrhunderts, der Syphilisepidemie Ende des 15. Jahrhunderts und den Kriegen in nahezu allen europäischen Ländern, in deren Folge sich Endzeitstimmungen verbreiteten, erlebte sie einen ungeahnten Aufschwung. Schwerpunkt war dabei das Erstellen von Horoskopen. Individuell abgefaßte Berechnungen künftiger Ereignisse konnten sich freilich nur Fürsten, hochgestellte Adlige und reiche Kaufleute leisten, aber durch den Buchdruck wurden zahlreiche *Prognostica* verbreitet, die es auch den weniger Begüterten erlaubten, einen Blick in die Zukunft zu werfen. Diese zumeist nur aus wenigen Seiten bestehenden, häufig mit Kupferstichen verzierten *Prognostica* orientierten sich an einzelnen prominenten Planetenkonstellationen und sagten anhand derer für ein bestimmtes Jahr einschneidende Ereignisse, wie Seuchen, Naturkatastrophen, Kriege, Umstürze u. ä. voraus, freilich stets mit der Einschränkung, daß gegenläufige himmlische Faktoren die Wirkung einzelner Planetenkonstellationen verändern oder gar aufheben könnten. Insbesondere die *Prognostica* des Nostradamus fanden in ganz Europa reißenden Absatz, aber auch die des Astrologen Luca Gaurico, der u. a. gemeinsam mit Melanchthon ein Horoskop für Martin Luther erstellt hatte, sowie die des Mediziners und Naturforschers Girolamo Cardano.

Es fehlte in der Renaissance jedoch auch nicht an Kritikern der Astrologie. Zu ihnen gehörte der Florentiner Humanist Giovanni Pico della Mirandola, der in seinen *Disputationes adversus astrologiam divinatricem* erklärte, die Astrologie entbehre jeder wissenschaftlichen Grundlage und sei irreligiös, weil sie davon ausgehe, daß die unsterbliche Seele der Herrschaft der Sterne und damit seelenlosen Körpern unterworfen sei. Freilich hielt die Kritik an der Astrologie die Kritiker selbst nicht unbedingt davon ab, sich astrologische Gutachten erstellen zu lassen; so hat sich etwa Francesco Guicciardini, einer der schärfsten Kritiker der astrologischen Praxis, regelmäßig Horoskope anfertigen lassen.

Weniger umstritten war die Astrologie dort, wo sie sich nicht so sehr der Zukunftsvoraussage widmete, sondern im Anschluß an die antike Temperamentenlehre Persönlichkeitsbilder beschrieb. Dabei wurden die vier Temperamente den vier Elementen und den vier Planeten zugeordnet: die Sanguiniker dem Jupiter, die Choleriker dem Mars, die Phlegmatiker dem Mond und die Melancholiker dem Saturn. Da den Temperamenten ein erheblicher Einfluß auf Gesundheit oder Krankheit des Menschen zugestanden wurde, ergab sich eine enge Beziehung zwischen Medizin und Astrologie, die im 14. und 15. Jahrhundert dazu führte, daß das Fach Astrologie an den Universitäten Padua und Bologna in der Medizin zum Pflichtfach erhoben wurde. Daneben hatte die Astrologie naturgemäß eine besonders enge Beziehung zur Astronomie, wobei die Astrologie von den neuen astronomischen Erkenntnissen profitierte; aber unter den Astronomen entwickelte sich zunehmendes Mißtrauen gegenüber den Astrologen, und seit dem Ende des 16. Jahrhunderts gingen beide weitgehend getrennte Wege.

*Lit.:* E. Garin: Astrologie in der Renaissance, Frankfurt/M. 1997. – A. Grafton: Cardanos Kosmos. Die Welten und Werke eines Renaissance-Astrologen, Berlin 1999. – G. Hamann/H. Grössing (Hrsg.): Der Weg der Naturwissenschaften von Johannes von Gmunden zu Johannes Kepler, Wien 1988. – L. Smoller: History, Prophecy and the Stars, Princeton 1994.

→Platonismus; →Seuchen; →Weltbild; →Zeitbewußtsein.

## Augsburg

An den Verkehrswegen gelegen, die die oberdeutschen mit den oberitalienischen Wirtschaftsräumen verbanden, avancierte Augsburg im Verlauf des 15. Jahrhunderts zu einem der wichtigsten Handels- und Finanzzentren Deutschlands. Die Wirtschaftsgeschichte Augsburgs im 15. und 16. Jahrhundert ist aufs engste mit den Handels- und Bankhäusern der Fugger und Welser verbunden. Beide Familien hatten sich seit der zweiten Hälfte des 14. Jahrhunderts im Textilhandel betätigt, bevor sie Ende des 15. Jahrhunderts in die europäische Hochfinanz aufstiegen. Wie Bartholomäus Welser haben auch Jakob und Anton Fugger ihre wirtschaftlichen Geschicke mit dem politischen Aufstieg der Habsburger verbunden, und durch deren erfolgreiche Heiratspolitik haben sie ihre Geschäftshäuser zu Weltunternehmen ausbauen können: Hatte Jakob Fugger mit dem Erwerb von Kupfer- und Silberminen in Tirol den Grundstein für die überregionale Bedeutung des Handelshauses gelegt, so engagierte sich Anton Fugger in großem Stil im amerikanischen und asiatischen Handel, und Bartholomäus Welser erhielt von Karl V. das Privileg, in der Karibik Bergwerke zu betreiben und Venezuela zu kolonisieren – was sich dann übrigens als gravierender finanzieller Fehlschlag erwiesen hat. Andererseits hat die wirtschaftliche Kraft beider Handelshäuser nicht unerheblich zum politischen Aufstieg der Habsburger, namentlich zur Wahl Karls zum Kaiser, beigetragen. Diese Koalition von wirtschaftlicher und politischer Macht hat die Blüte Augsburgs im 16. Jahrhundert entscheidend befördert; mit der wirtschaftlichen Krise des spanischen Weltreichs am Ende des 16. Jahrhunderts begann auch Augsburgs Stern zu sinken, bis er in den Wirren des Dreißigjährigen Krieges unterging.

In der ersten Hälfte des 16. Jahrhunderts ist die Geschichte Augsburgs eng mit der Reformation in Deutschland verknüpft: Während das Augsburger Stadtpatriziat, nicht zuletzt aufgrund seiner wirtschaftlichen Interessen, katholisch blieb, hingen die mittleren und unteren Schichten der Reformation an, wobei es sehr bald zu Auseinandersetzungen zwischen den Anhängern Luthers und Zwinglis kam und auch das Wiedertäufertum in der Stadt beträchtlichen Zulauf fand. Weiterhin war die Stadt Ort und Namensgeber der wichtigsten konfessionspolitischen Entscheidungen im Reich: 1530 der *Confessio Augustana*, 1548 des *Augsburger Interims* und 1555 des *Augsburger Religionsfriedens*. Nach den heftigen Auseinandersetzungen der 30er und 40er Jahre kam es in der Stadt zu einer friedlichen Koexistenz von Protestantismus und Katholizismus, der u.a. im Nebeneinander von St. Anna, dem protestantischen Gymnasium der Stadt, und dem Jesuitenkolleg St. Salvator seinen Niederschlag fand.

In diesem Klima des Ausgleichs und kooperativen Nebeneinanders gelangte der bürgerliche Humanismus zu einer bemerkenswerten Spätblüte. Bereits gegen Ende des 15. Jahrhunderts hatte Augsburg eine wichtige Brückenfunktion bei der Vermittlung humanistischer Ideen zwischen Süden und Norden eingenommen. Die Humanisten, die Augsburg hervorgebracht hat, gehörten weniger zum Typus des genialischen Intellektuellen als dem des philosophisch soliden Altertumskundlers. Der bedeutendste war Conrad Peutinger, der nicht nur die Tradition wissenschaftlicher Altertumskunde in Deutschland begründet hat, sondern auch als einer der modernsten Wirtschaftstheoretiker seines Jahrhunderts hervorgetreten ist. Zu erwähnen sind weiterhin Hieronymus Wolf, der sich vor allem als Pädagoge und Schulleiter von St. Anna betätigt hat, schließlich Marcus Welser, der zusammen mit David Hoeschel den Verlag *ad insigne pinus* betrieb, in dem etwa 70 Werke vorwiegend christlicher Autoren der Antike in mustergültigen Publikationen veröffentlicht worden sind. Dieser wenig spektakuläre, aber grundsolide bürgerliche Gelehrtenhumanismus Augsburgs stützte sich auf außergewöhnlich umfängliche Bibliothekssammlungen, wie sie in dieser Weise in keiner anderen deutschen Stadt existierten.

Daß Hans Jakob und Ulrich Fugger einen Großteil ihres Vermögens in den Ankauf von Büchern steckten, kommt nicht von ungefähr: Bücher dienten ihnen sowohl als Geldanlage als auch als prestigeträchtige Distinktionsmerkmale, und offenbar ist beides von einer um sich greifenden Sammelleidenschaft unterstützt und verstärkt worden. Andererseits waren Bücher – wie auch Pretiosen der Kleinkunst, Goldschmiedearbeiten und ähnliches – eine Form des Reichtums, die den Rahmen bürgerlichen Zusammenlebens nicht sprengte. Darauf scheint in Augsburg mit seiner ausgeprägten Zunftverfassung sehr genau geachtet worden zu sein: Bei den in der baulichen Blütephase der Stadt errichteten Bauten handelt es sich fast ausschließlich um öffentliche Gebäude, während die inzwischen geadelten Handelsfamilien der Fugger und Welser ihren Ehrgeiz als Bauherren im Umland der Stadt entfalteten: Als Zeichen ihres neuen aristokratischen Status, der der eines Grundherrn und nicht bloß der eines Stadtpatriziers war, bauten sie in der Umgebung Augsburgs Schlösser, in denen sie als Feudalherren residierten, während sie in der Stadt als Bürger galten und auch so behandelt wurden. Nur in einem Fall haben die Fugger ihre Ausnahmestellung gegenüber stadtbürgerlicher Gleichheit unterstrichen: Sie legten in Augsburg einen Park mit exotischen Tieren an, bei dem es sich um den ersten öffentlich zugänglichen zoologischen Garten in Deutschland handelte.

*Lit.:* G. Gottlieb (Hrsg.): Geschichte der Stadt Augsburg, Stuttgart 1984. – N. Lieb: Die Fugger und die Kunst im Zeitalter der hohen Renaissance, München 1958. – G. Frhr. von Pölnitz: Jakob Fugger. Kaiser, Kirche und Kapital in der oberdeutschen Renaissance, Tübingen 1949. – J. M. von Welser: Die Welser, 2 Bde., Nürnberg 1917. – W. Zorn: Augsburg. Geschichte einer deutschen Stadt, Augsburg [3]1994.

→Kaufleute; →Nürnberg; →Reformation.

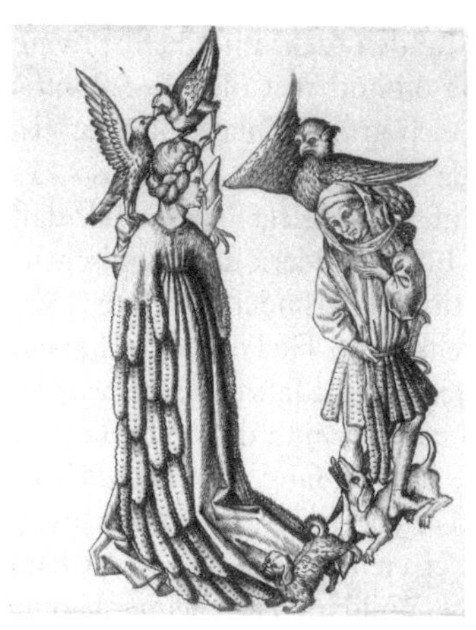

# Bibliotheken

Die Anfänge des öffentlichen Bibliothekswesens wie der großen Privatbibliotheken fallen in die Zeit der Renaissance: Auch wenn erst 1609 mit der *Biblioteca Ambrosiana* in Mailand eine Büchersammlung uneingeschränkt zugänglich war, so waren doch bereits eineinhalb Jahrhunderte zuvor Privatbibliotheken für humanistische Gelehrte verfügbar geworden – sei es nun auf die von Kardinal Bessarion gewählte Weise, der seine umfangreiche Sammlung griechischer Handschriften der Republik Venedig mit der Auflage vermachte, die Bücher so aufzustellen, «daß sie auch nach meinem Ableben nicht zerstreut und herrenlos würden, sondern an einem zugleich sicheren und bequemen Ort zum gemeinsamen Nutzen der Menschen griechischer wie lateinischer Zunge aufbewahrt würden», oder sei es auf die Art Niccolò Niccolis, der die unter Einsatz seines gesamten Vermögens erworbenen Bücher jedem zur Verfügung stellte, der humanistische Studien betrieb. Niccolis Bücher gelangten 1441 in die von Cosimo de' Medici begründete Bibliothek des Florentiner Klosters San Marco, die allen Gelehrten offenstand. Daß Bessarion und Niccoli überhaupt so große private Bibliotheken besaßen, war eine im 15. Jahrhundert einsetzende Entwicklung, während – mit Ausnahme der Bibliothek Petrarcas – im 14. Jahrhundert Bibliotheken auf Universitäten und Klöster sowie einige Herrscher beschränkt waren. Die umfangreichsten Bestände wiesen dabei die während des gesamten Mittelalters angelegten Klosterbibliotheken auf.

Seit dem 15. Jahrhundert entstanden mehr und mehr private Bibliotheken; zu nennen sind die Bibliothek Coluccio Salutatis mit etwa 800 Titeln, die etwa gleich große Bibliothek Niccolis, sodann die Bibliothek Federigo da Montefeltros mit ebenso vielen Titeln, wobei Federigo darauf Wert gelegt haben soll, daß sich unter ihnen kein gedrucktes Buch, sondern nur Handschriften befanden. Die von Papst Martin V. begründete *Biblioteca Vaticana* soll unter Nikolaus V. bereits 5000 Titel enthalten haben; der weitaus größte Büchersammler des 15. Jahrhunderts war jedoch der ungarische König Matthias Corvinus, dessen Bibliothek in Buda 10.000 Bände enthielt, ein Umfang, der von Privatsammlern, wie Hans Jacob und Ulrich Fugger, erst in der zweiten Hälfte des 16. Jahrhunderts erreicht wurde. Giovanni Pico della Mirandola soll 1.200 Bücher, Willibald Pirckheimer bereits 2.100 Bücher besessen haben. Die meisten dieser Privatbibliotheken bildeten den Grundstock öffentlicher Bibliotheken: Die zweihundert Bände, die 45 Kopisten im Auftrage Cosimo de' Medicis und unter der Leitung des Florentiner Buchhändlers Vespasiano da Bisticci abgeschrieben hatten, wurden zum Grundstock der *Biblioteca Laurenziana* in Florenz; Hans Jakob Fuggers Sammlung ging an die bayrischen Herzöge, über die sie schließlich in die bayrische Staatsbibliothek Eingang fand, während die Sammlung Ulrich Fuggers in die Heidelberger *Palatina* eingegliedert wurde, mit der zusammen sie während des Dreißigjährigen Krieges nach Rom geschafft wurde, wo sie in der *Biblioteca Vaticana* aufging. Die von Sir Robert Cotton aufgebaute Bibliothek – sie war zusammen mit den von ihm zusammengetragenen Münzen und Medaillen die größte englische Sammlung – wurde zum Grundstock der *British Library*, und die Bibliothek Thomas Bodleys wurde als *Bodleian Library* zur Universitätsbibliothek von Oxford.

Die Entstehung der humanistischen Privatbibliotheken nahm ihren Anfang mit der Ausplünderung der Klosterbibliotheken sowie der Rettung von Buchbeständen in Griechenland und auf dem Balkan vor ihrer – angeblichen – Bedrohung durch die Türken. Giovanni Aurispa und Francesco Filelfo brachten zahllose Handschriften der griechischsprachigen Literatur der Antike nach Italien, darunter auch bis dahin unbekannte Autoren. Neben der Rettung der griechischen Autoren vor der «Barbarei» der Türken steht die Wiederentdeckung der lateinischen Autoren, die in West- und Mitteleuropa in der «Barbarei» des Mittelalters in Vergessenheit geraten waren. Konkret hieß dies zumeist, daß das entsprechende Buch einen Standortwechsel aus einer Klosterbibliothek in eine Privatbibliothek machte (der nicht selten mit einem Umzug von Deutschland nach Italien verbunden war). Während des Konstanzer Konzils machten sich Niccoli, Poggio und Valla, die sich im Dienst der Kurie oder eines Kardinals in Konstanz aufhielten, auf die Suche nach lateinischen Büchern in den Bibliotheken nahegelegener Klöster. In einem Brief an Francesco da Fiano hat Cincius Romanus von einem Besuch des Klosters St. Gallen berichtet: «Doch als wir den Turm der St. Galluskirche besichtigten, in dem unzählige Bücher wie Gefangene eingesperrt sind, und wir diese von Staub, Schmutz, Würmern und allen sonstigen Begleiterscheinungen des Bücherzerfalls jammervoll zugerichtete Bibliothek sahen, brachen wir alle in Tränen aus, und unser Gedanke war, daß auf diese Weise die lateinische Sprache ihren einstigen Glanz und Ruhm verloren habe. Wahrlich, könnte diese Bibliothek für sich selbst sprechen, sie würde laut rufen: ‹Ihr Männer, die ihr die lateinische Sprache so liebt, laßt mich nicht in solch sträflicher Vernachlässigung völlig zugrunde gehen! Entreißt mich diesem Kerker, in dessen Finsternis das Licht dieser Bücher nicht zu leuchten vermag.› Es lebten in jenem Kloster ein Abt und Mönche, die von jeder höheren Bildung verlassen waren. Welches Barbarentum voll Haß auf die lateinische Sprache, welch verkommenes Gesindel!» Von einem Besuch in derselben Klosterbibliothek von St. Gallen berichtet auch Poggio in einem Brief an Guarino Guarini; er habe dort eine vollständige Handschrift von Quintilians *Institutio Oratoria* gefunden und fährt, das Buch als Personifikation des Autors behandelnd, fort: «Zweifellos hätte dieser glänzende, schmucke, elegante Mann, voll von Lebensart und Witz, nicht länger diese schändliche Kerkerhaft ertragen können noch den Schmutz des Ortes und die Grausamkeit der Wärter. Er war in der Tat tief traurig und schmutzig gekleidet, wie es die zum Tode Verurteilten zu sein pflegen. Sein Bart war ungepflegt, und seine Haare waren mit Staub bedeckt; so zeigte sein Gesichtsausdruck wie seine Kleidung, daß er zu einer ungerechten Strafe verurteilt worden war. Er schien die Hände auszustrecken und um Beistand zu flehen.»

In beiden Briefen wird die Ausplünderung der Klosterbibliotheken zur Befreiung antiken Geistes aus den Kerkern der Barbarei stilisiert, wobei mit Barbaren sowohl das Mönchstum als auch die nördlich der Alpen lebenden Völkerschaften gemeint sind. Bemerkenswert ist auch, wie sich hier humanistische Aufbruchsvorstellungen und frühes Nationalbewußtsein miteinander verbinden. Erster Vertreter dieser Bibliomanie war Petrarca: «Ich kann nie genug an Büchern bekommen», notierte er, denn sie seien wertvoller als «Gold, Silber, Edelsteine, als ein Purpurgewand, ein Garten, Gemälde, Schlachtpferde»; während diese «uns einen stummen und oberflächlichen Genuß gewähren, ergötzen Bücher bis ins tiefste Innere hinein». Die Kontrastierung von Schätzen und Büchern scheint ein humanistischer Topos gewesen zu sein, denn eineinhalb Jahrhunderte später taucht sie in einer knappen Charakterisierung Reuchlins bei Brassicanus wieder auf: Anläßlich einer Gesandtschaft im Auftrage Herzog Eberhards von Württemberg an den Hof Kaiser Friedrichs III. habe Reuchlin weder prächtige Pferde noch goldene Pokale als Gnadengeschenk gewollt, sondern vom Kaiser lieber eine uralte und schön geschriebene hebräische Bibel angenommen.

Die Gründe für die unstillbare Gier nach Büchern bei den Humanisten scheinen im Verlauf von eineinhalb Jahrhunderten weitgehend gleichgeblieben zu sein: «Ich suche Bücher verschiedener Art», schreibt Petrarca in *De vita solitaria*, «die sowohl wegen der Autoren, die sie geschrieben haben, als auch wegen der Themen, die darin behandelt werden, angenehme und ständige Gefährten sind und je nach Befehl hervorkommen oder in die Schublade zurückkehren, stets bereit zu schweigen oder zu reden, zu Hause zu bleiben oder auf Reisen zu begleiten; stets zu plaudern, zu scherzen, Mut zuzusprechen, zu trösten, zu beraten, ... Lebensregeln zu lehren und die Verachtung des Todes, das Maßhalten im Glück wie die Kraft im Unglück ..., kurz: gelehrte, fröhliche, nützliche und gerechte Gefährten.» In einem Brief an den jungen Lodovico Gonzaga hat Guarini diesen Gedanken aufgenommen und weitergeführt: «Wenn Menschen raten, fürchten sie entweder zu beleidigen, oder sie suchen zu schmeicheln, oder sie sagen aus Unkenntnis die Unwahrheit. Die Bücher sind jedoch völlig integer, sie können nicht schmeicheln, sie sind die Eltern der Wahrheit, die treuen Hüter der Zeit, die Lehrer des Lebens, die Führer in der Rede; sie verschaffen uns den Umgang, die Erfahrung und das Beispiel aller Dinge.» Und Ende 1513 berichtet Machiavelli in einem Brief an Francesco Vettori, wie ihm Bücher das Leben in der Verbannung erträglich machen: «Wenn aber der Abend kommt, kehre ich nach Hause zurück und gehe in mein Arbeitszimmer. An der Schwelle werfe ich die Bauerntracht ab, voll Schmutz und Kot, ich lege prächtige Hofgewänder an, und angemessen bekleidet begebe ich mich in die Säulenhallen der großen Alten (in die Bibliothek, d.Verf.). Freundlich von ihnen aufgenommen, nähre ich mich da mit der Speise, die allein die meinige ist, für die ich geboren ward. Da hält mich die Scham nicht zurück, mit ihnen zu sprechen, sie nach dem Grund ihrer Handlungen zu fragen, und ihre Menschlichkeit macht, daß sie mir antworten. Vier Stunden lang fühle ich keinen Kummer, vergesse alle Leiden, fürchte nicht die Armut, es schreckt mich nicht der Tod, denn ich versetze mich ganz in sie.» In diesem Sinne ist die Bibliothek den Humanisten zum Lebensraum geworden.

*Lit.:* Chr. Bec: Les Livres des Florentins (1413–1608), Florenz 1984. – U. Jochum: Kleine Bibliotheksgeschichte, Stuttgart 1991. – L. Labowsky: Bessarion's Library and the Biblioteca Marciana, Rom 1979. – B. L. Ullman/P. Stadter: The Public Library of Renaissance Florence. Niccolò Niccoli, Cosimo de' Medici and the Library of San Marco, Padua 1972. – C. P. Warncke (Hrsg.): Ikonographie der Bibliotheken, Wiesbaden 1992.

→Buchdruck; →Humanismus; →Nation; →Reformation.

## Boccaccio, Giovanni

*(* 1313 in Florenz, † 21. Dezember 1375 in Certaldo)*

Als jüngster des großen Dreigestirns der italienischen Literatur im 14. Jahrhundert, der *tre corone*, gilt Giovanni Boccaccio neben Dante und Petrarca bis heute als der begabteste Erzähler, der die – nicht nur italienische – Prosaerzählung der Renaissance entscheidend geprägt hat. In seiner literarischen Orientierung schwankte er lange zwischen Dante, dem er nie begegnet war, dessen *Divina Commedia* ihm aber als das größte Werk der jungen volkssprachlichen italienischen Literatur galt, und Petrarca, der ihn stark beeinflußte und mit dem ihn eine enge Freundschaft verband. In seiner Selbstdarstellung weniger entschieden und weniger selbstbewußt als Petrarca, fühlte er sich aber doch wie dieser *ex utero matris* zur Dichtkunst berufen und betrachtete daneben die Lektüre und das Studium der antiken Autoren als entscheidenden Anstoß seines literarischen und in seiner zweiten Lebenshälfte auch seines gelehrten Schaffens. Freilich gingen bei Boccaccio der Dichter und der Erzähler mit dem humanistischen Gelehrten eine weniger glückliche Verbindung ein, als dies bei Petrarca der Fall war, und seine volkssprachlichen poetisch-erzählerischen Werke wurden von seinen lateinisch-gelehrten Werken in der Renaissance völlig getrennt rezipiert. Berühmt wurde er schon in mittleren Jahren durch seine erzählerischen Werke in italienischer Sprache, insbesondere das *Decamerone* (1349/53), aber ihn selbst plagten Zweifel hinsichtlich ihres literarischen Wertes, und so wandte er sich in der zweiten Hälfte seines Lebens unter Petrarcas Einfluß, der von seinem *Decamerone* keine sehr hohe Meinung hatte und ihm dies in einem Brief auch relativ unverblümt mitteilte, ganz der lateinisch-gelehrten humanistischen Traktatliteratur zu. Anders als Petrarca hielt Boccaccio trotz der Unzufriedenheit mit seinen Werken aber grundsätzlich am Wert der volkssprachlichen Dichtkunst fest, was sich besonders in den Dantevorlesungen zeigte, die er am Ende seines Lebens im Auftrag der Florentiner Kommune abhielt. Sein Verständnis des Humanismus beharrte letztlich stets darauf, daß auch die volkssprachliche Literatur – wenn sie denn vom Range eines Dante war – darin einen festen Platz einnehmen sollte.

Aufgewachsen ist Boccaccio als Sohn eines Kaufmanns und späteren Teilhabers der Bardi-Bank im merkantilen Milieu von Florenz; nachdem er 1327 seinem Vater nach Neapel gefolgt war, der bis zum Zusammenbruch des Bankhauses im Jahre 1340 die dortige Filiale leitete, bewegte er sich freilich vorwiegend in den aristokratischen Kreisen des Anjou-Hofes, wo er mit der zeitgenössischen französischen Literatur und verschiedenen Dichtern des *dolce stil nuovo* vertraut wurde. Seine ersten Werke, die um 1334 entstandene allegorische Dichtung *Caccia di Diana*, der um 1336 abgefaßte Prosaroman *Filocolo* und das Versepos *Filostrato*, waren geprägt von der höfischen Umgebung und der dort als vorbildlich angesehenen französischen Dichtung. In diesen wie in späteren Werken experimentierte Boccaccio mit unterschiedlichen dichterischen Formen, die er sowohl der antiken griechisch-römischen und der zeitgenössischen französischen Epik als auch den volkstümlichen Liedern der Bänkelsänger entnahm. Sein Hauptgegenstand waren in erster Linie die Liebe und die aus Liebesfreud und Liebesleid resultierende moralische Entwicklung der Personen. Amor, so schrieb er in der allegorisch-lehrhaften Dichtung *Comedia delle Ninfe fiorentine* (auch unter dem Titel *Ninfale d'Ameto*, ca. 1341/42), sei der Lehrer des *ben vivere umano*, worunter Boccaccio in erster Linie die Mühe der Selbsterkenntnis und der Entfaltung der eigenen Person verstand. *Filocolo*, Liebesmüh', nannte er denn auch einen der Protagonisten seines um 1338 verfaßten gleichnamigen Prosaromans.

Das in der Literatur seiner Zeit noch weitgehend höfisch geprägte Liebesthema bestimmte seine schriftstellerische Arbeit auch nach seiner Rückkehr nach Florenz. So kreiste die um 1343/44 entstandene *Elegia di Madonna Fiammetta*, die bis in die jüngere Forschung als der erste moderne psychologische Roman bezeichnet worden ist, in Umkehrung der früheren Perspektive um die Sehnsucht der Frau nach ihrem sich entziehenden Liebhaber. Stilbildend und schon zu seiner Zeit berühmt, wenngleich nicht unumstritten, wurde Boccaccio schließlich mit seinem Hauptwerk in italienischer Sprache, dem *Decamerone*, das seit der zweiten Hälfte des 15. Jahrhunderts in der europäischen Literatur zum mustergültigen Modell der zyklisch strukturierten und durch eine Rahmenhandlung zusammengehaltenen Novellensammlung wurde. Den Rahmen bildet die Pestepidemie von 1348, während der sich sieben Frauen und drei junge Männer aus Florenz auf das Land zurückziehen und sich zum Zeitvertreib reihum Geschichten erzählen, die um einen zuvor festgelegten thematischen Schwerpunkt kreisen. Auch hier spielten Liebesgeschichten wieder eine entscheidende Rolle, aber stärker als in früheren Werken entwickelte Boccaccio im *Decamerone* ein Kaleidoskop der menschlichen Leidenschaften, das er mit satirischem Unterton und frivolem Gestus entfaltete. Ob es der schon nach der Verbreitung der ersten Novellen erhobene Vorwurf der Frivolität war, der Boccaccio schließlich zur Abkehr von der Literatur veranlaßte, läßt sich schwer sagen, aber ab 1350 wandte er sich unter dem Einfluß Petrarcas von der italienischsprachigen Literatur ab und verfaßte – mit Ausnahme des *Corbaccio* (1353) – nur noch lateinischsprachige gelehrte Werke (u.a. *De casibus virorum illustrium*, eine Sammlung von Biographien berühmter Männer; *De claris mulieribus*, Lebensbeschreibungen bedeutender Frauen). Sein Hauptwerk als Humanist waren die um 1360 entstandenen *Genealogiae*, in denen er ein erschöpfendes Repertorium der antiken Mythologie mit kritischer Untersuchung der Quellen und philologischer Sorgfalt bei der Angabe der Belegstellen zu präsentieren versuchte. Als humanistischer Gelehrter konnte er damit zwar keinen Petrarca vergleichbaren Ruhm erwerben, aber anders als dieser erkannte er die Bedeutung der griechischen Literatur und schätzte sie höher ein als die römische. Jedenfalls beherrschte Boccaccio das Griechische besser als Petrarca, und so konnte er sich in *De Genealogiis* (XV,7) rühmen, der erste Lateiner gewesen zu sein, der die *Ilias* in griechischer Sprache gelesen habe. Solche Bekundungen seines Selbstbewußtseins blieben bei Boccaccio jedoch die Ausnahme, und noch am Ende seines Lebens war der stilbildende Erzähler der italienischen Frührenaissance der Überzeugung, er werde seinem Grab einen Leichnam mit ruhmlosem Namen anvertrauen.

*Lit.:* Tutte le opere di Giovanni Boccaccio, ed. V. Branca, 12 Bde., Mailand 1964 ff. – Gesammelte Werke, hrsg. v. M. Krell, 5 Bde., München/Leipzig 1924. – Das Dekameron, hrsg. v. H. Bode, München 1964.

P. Brockmeier (Hrsg.): Boccaccios Decameron, Darmstadt 1974. – W. Th. Elwert: Die italienische Literatur des Mittelalters. Dante, Petrarca, Boccaccio, München 1980. – H.-J. Neuschäfer: Boccaccio und der Beginn der Novelle, München 1969.

→Dante; →Literatur; →Petrarca.

# Borgia

Die Borgia gehören zu den geheimnis- und skandalumwitterten Renaissancefamilien; zweifellos wurden sie von grenzenloser Gier nach Ruhm, Geld und Macht getrieben, und dabei schreckten sie vor Normbruch und Verbrechen nicht zurück. So war Rodrigo Borgia der erste Papst, der seine Kinder, die er mit seiner Geliebten Vanozza Catanei hatte, offen als solche anerkannte. Sein Sohn Cesare handelte völlig skrupellos, wenn dies seinen Interessen und seinem Aufstieg dienlich war. Ob freilich die den Borgias bereits von Zeitgenossen nachgesagten Inzestbeziehungen sowie eine Reihe von Morden, bis hin zum Brudermord, zutreffend sind, ist in der Forschung umstritten. So wird etwa der sogenannte Savelli-Brief (so benannt nach den Adressaten des Briefs, sein Verfasser ist unbekannt) von Ende 1501, in dem Lucrezia Borgia des Inzests mit ihrem Vater Rodrigo und ihrem Bruder Cesare sowie Cesare der Ermordung seines Bruders Juan und seines Schwagers Alfonso d' Aragona beschuldigt wird, von den einen als unglaubwürdige Denunziation, von den anderen dagegen als glaubwürdige Quelle behandelt. Ähnliches gilt für die Aufzeichnungen *Liber Notarum* des Johannes Burchardus, des Zeremonienmeisters Alexanders VI., in denen über den sogenannten Kastanien-Ball, den Cesare am 31. Oktober 1501 im Vatikanspalast in Anwesenheit seines Vaters und seiner Schwester gegeben haben soll, berichtet wird: «Nach dem Mahl tanzten die Kurtisanen mit den Dienern und anderen Anwesenden zunächst bekleidet, dann nackt. Auch wurden nach dem Mahl die brennenden Kandelaber, die auf dem Tische standen, auf den Boden gestellt, und Kastanien wurden ausgestreut, welche die Prostituierten, zwischen den Kerzen herumkriechend, aufsammeln mußten. Dann wurden Preise ausgelegt. Seidenmäntel, Stiefel, Mützen und andere Dinge, die denjenigen versprochen wurden, welche die Dirnen am häufigsten zu lieben imstande waren. Die Preise wurden nach dem Schiedsspruch der Anwesenden an die Sieger verteilt.» Es fällt auf, daß die Beschreibung des Festes den sterotypen Vorgaben des Hexensabbats folgt. Andere Quellen sprechen davon, Alexander lasse die vermögendsten der Kardinäle vergiften, um dann ihr Vermögen unter Hinweis auf ihre Vergehen einzuziehen und es für eigene Zwecke zu verwenden. «Der Papst», so berichtet der venezianische Botschafter Giustiniani, «treibt es immer so, daß er seine Kardinäle mästet, bevor er sie vergiftet, damit ihm ihre Habe zufällt.» So haben die Borgias bis ins 19. Jahrhundert hinein das Zentrum vieler Skandal- und Verbrechensgeschichten gebildet, in denen der Typus der skrupellosen Renaissance-Persönlichkeit zur Darstellung gebracht werden konnte.

Der Aufstieg der aus Spanien stammenden Familie begann mit Alonso Borgia (1378–1458), Bischof von Valencia, der 1455 zum Papst gewählt wurde und sich Calixtus III. nannte. Sein Neffe Rodrigo wurde 1492 zum Papst gewählt und nahm unter Verweis auf den großen Makedonenkönig den Namen Alexander VI. an. Er verwandelte die Kurie in einen fürstlichen Hof, trat als Förderer der Künste auf (u. a. beschäftigte er den Maler Pinturicchio) und suchte durch die Verheiratung seiner Kinder mit europäischen Fürsten- und Herrscherhäusern nicht nur die Position seiner Familie zu sichern, sondern nutzte dies auch als Mittel im diplomatischen Spiel der italienischen Mittel- und europäischen Großmächte. Er wurde zum Inbegriff eines Renaissancepapstes, der sich weniger für geistliche Fragen als für weltliche Macht interessierte. Savonarola hat in Alexander VI. den Verderber der Kirche gesehen und ihn dementsprechend bekämpft.

Alexanders Sohn Cesare wurde mit achtzehn Jahren zum Kardinal ernannt. Nach der Ermordung seines Bruders Juan, des Herzogs von Gandia, im Jahre 1497 wurde er von seinen geistlichen Verpflichtungen dispensiert. Als Gegenleistung für die Erlaubnis des Papstes, sich scheiden zu lassen, ernannte der französische König Ludwig XII. Cesare zum Herzog von Valence. Mit französischer Rückendeckung und finanzieller Unterstützung durch seinen Vater, den Papst, begann Cesare anschließend, sich in der Romagna ein Herzogtum zu erobern. Dabei traf er mehrfach mit dem Florentiner Botschafter Niccolò Machiavelli zusammen, der später in seinem Werk *Il Principe* Cesares Agieren, insbesondere die Ermordung der aufständischen Obristen in Senigallia, als beispielhaft für einen Politiker hingestellt hat, der durch Zufall und Glück an die Macht gekommen war. Nach dem Tod seines Vaters, wahrscheinlich infolge von Malaria (Gerüchte sprachen aber auch von Gift), brach Cesares Herrschaft schnell zusammen. Er wurde zunächst in Rom, später in Spanien festgesetzt, konnte 1506 aus der Haft entkommen und fiel ein Jahr später im Kampf im Dienste seines Schwagers, des Königs von Navarra.

Cesares Schwester Lucrezia war dreimal verheiratet: zunächst mit Giovanni Sforza; diese Heirat wurde annuliert, als dem Papst die Verbindung mit Mailand nicht mehr sinnvoll erschien; sodann mit Alfonso d'Aragona, dem Herzog von Bisceglie, der 1498 ermordet wurde (wobei Gerüchte erneut Cesare für den Mord verantwortlich machten), und zuletzt mit Alfonso d'Este, dem Herzog von Ferrara. Als Mutter mehrerer Kinder und einflußreiche Kunstmäzenin hat Lucrezia bis zu ihrem Tod in Ferrara gewirkt. Ferdinand Gregorovius hat sie darum entgegen dem von ihr verbreiteten Bild einer Femme fatale als biedere Frau und Landesmutter dargestellt.

*Lit.:* J. Brambach: Die Borgia. Faszination einer Renaissance-Familie, München [2]1995. – I. Cloulas: Die Borgias. Biographie einer Familiendynastie, Zürich 1988. – E. Schraut (Hrsg.): Die Renaissancefamilie Borgia. Geschichte und Legende, Sigmaringen 1992. – S. Schüller-Pivoli: Die Borgia-Dynastie. Legende und Geschichte, München 1982.

→Entdeckung und Eroberung; →Machiavelli; →Päpste; →Savonarola.

## Botticelli, Sandro

*(* 1445 in Florenz, † 17. Mai 1510 in Florenz)*

Botticelli verkörpert die dynamische Widersprüchlichkeit während der Blütezeit der Florentiner Kunst wie kaum ein anderer seiner Zeitgenossen: Auf der einen Seite steht sein Anspruch, Bilder zu schaffen, die den aus Plinius' *Historia naturalis* und Lukians *Dialogi* herausgelesenen und von Alberti dargelegten Vorbildern der Antike entsprechen sollten; auf der anderen Seite steht seine Neigung, auch und gerade die Mysterien des christlichen Glaubens zur Darstellung zu bringen und sie in einer innigen Spiritualität zu malen, die immer wieder als Rückzug aus dem Naturalismus der Renaissance und Rückkehr zu einer gotischen Kunstauffassung bezeichnet worden ist. Diese beiden Seiten in Botticellis Persönlichkeit und Werk, die schwerlich in zwei säuberlich voneinander getrennte Lebensabschnitte separiert werden können, lassen sich an Botticellis enger Beziehung zu zwei Personen exemplifizieren: einerseits zu seinem Bruder Simone, der zu den fanatischen Anhängern Savonarolas, den *piagnoni*, gehörte und der Botticelli auch zu einer zeitweiligen Abkehr von dem kulturell fundierten Stolz der Florentiner auf ihre Stadt veranlaßt haben dürfte; andererseits zu dem Humanisten und Dichter Angelo Poliziano, der Botticellis mythologische Interessen angesprochen und die Sujets einiger seiner Bilder wesentlich beeinflußt hat. Vasari hat in seinen *Vite* die Behauptung aufgestellt, Botticelli sei nach 1494 zu einem Anhänger Savonarolas geworden, habe deswegen die Malerei vernachlässigt und sei so schließlich in Not und Armut geraten. Die jüngere Forschung hat diese lange als maßgeblich angesehene Behauptung relativiert, indem sie gezeigt hat, daß Botticelli auch auf dem Höhepunkt des Savonarolaschen Einflusses in Florenz enge Kontakte zu dessen schärfsten Gegnern gepflegt und sich auch weiterhin mit antik-mythologischen Themen beschäftigt hat. Unbestreitbar ist jedoch, daß die heitere Gelassenheit, wie sie einige frühere Bilder Botticellis, vor allem die *Allegorie des Frühlings* und die *Geburt der Venus*, ausströmen, seit den 90er Jahren endgültig dahin war.

Aus eher bescheidenen Verhältnissen stammend, gelangte Botticelli nach einer kurzen Goldschmiedelehre in die Werkstatt Filippo Lippis, von dem er starke Anregungen empfing. In der Hauptperiode seines Schaffens gehörte Botticelli zur Klientelschaft der Medici, in deren Umkreis oder Auftrag auch die meisten seiner Werke entstanden. Daß diese Beziehung nicht nur rein geschäftlicher Art war, zeigt vor allem seine *Anbetung der Hl. drei Könige* (1475), die er für die Grabkapelle des Guaspare di Zanobi del Lama in S. Maria Novella malte: Das Bild zeigt Cosimo de' Medici sowie seine Söhne Piero und Giovanni als die drei Könige, die das Jesuskind anbeten, während Cosimos Enkel Lorenzo und Giuliano von herausgehobener Position aus der Szene zusehen. Sicherlich hat del Lama, ein enger Parteigänger der Medici, der als Geldverleiher und Wucherer eine gefährdete Position innerhalb der Florentiner Gesellschaft einnahm, diese Heraushebung der Medici als Ausweis seiner eigenen Reputierlichkeit gewünscht, aber Botticelli hat sich auf dieses Ansinnen einer Profanierung religiöser Themen zu politisch-sozialen Zwecken eingelassen. Doch das Gegenbild hierzu stellt die *Mystische Kreuzigung* (1497) dar, auf der vor dem Panorama von Florenz ein gekreuzigter Christus, zu seinen Füßen die wohl Florenz verkörpernde Maria Magdalena, die Hure und Büßerin, und daneben ein Engel, der den ebenfalls Florenz symbolisierenden Löwen an den Hinterbeinen hochhält, um ihn mit dem Schwert zu erschlagen, zu sehen sind. Damit Florenz, wie von Savonarola prophezeit, ein neues Jerusalem werden könne, müsse die Stadt, so die Botschaft des Bildes, ihr auf dem Anspruch kultureller Überlegenheit begründetes Selbstbewußtsein aufgeben.

Unter Botticellis Bildern, die sich mit religiösen Themen beschäftigen, stehen neben alttestamentarischen Themen, wie den frühen Judith-Bildern oder den Moses und dem Exodus gewidmeten Fresken in der Sixtinischen Kapelle, zahllose Madonnenbilder, bei denen Botticelli auch einige Male die Form des Tondo gewährt hat; das bereits von seinem Lehrer Filippo Lippi genutzte Rundbild eignete sich vorzüglich dazu, die Innigkeit der Darstellung zu steigern, eine Innigkeit, wie sie sich auch in Botticellis berühmter *Verkündigung* (1489/90) findet und sich fortsetzt in der *Beweinung Christi* (1490 und 1495), die eine ohnmächtige Maria mit dem toten Körper ihres Sohnes in tiefem Entsetzen über das Geschehen und zugleich im Bewußtsein der Erlösung zeigt. Savonarolas Vorwurf, die Florentiner Maler stellten Maria wie eine vornehme Florentiner Dame dar, der durchaus auch auf einige frühere Madonnenbilder Botticellis zutrifft, hat hier keine Berechtigung mehr; Botticelli hat Maria in ein nonnenähnliches Habit gewandet und ihrem Gesicht die Leichtigkeit und Grazie seiner früheren Frauendarstellungen genommen.

Als einer der herausragenden Maler der Renaissance gilt Botticelli freilich nicht durch seine Beschäftigung mit christlichen, sondern mit antik-mythologischen Themen. Neben den Bildern *Pallas und der Kentaur* (1482/83) und *Venus und Mars* (1483), die sich mit den Themen von Zivilisation und Wildheit, Keuschheit und Lust beschäftigen, sind seine *Primavera* (1482) sowie die *Geburt der Venus* (1484–1486) am bekanntesten und berühmtesten. Anregungen und Hinweise Polizianos aufnehmend, hat Botticelli hier Vorgaben von Lukrez und Seneca, Homer und Ovid verarbeitet; ob der musikalischen Rhythmik dieser Bilder und der ans Ätherische grenzenden Beschwingtheit der Körper, die die Schwere der Materialität überwunden zu haben scheinen und in die Leichtigkeit eines überweltlichen Seins eingetreten sind, hat man immer wieder Beziehungen zu der im zeitgenössischen Florenz vorherrschenden Philosophie des Neuplatonismus herzustellen versucht. Auch wenn diese Beziehungen quellenmäßig kaum nachzuweisen sind, bieten sie doch eine gute Grundlage zum Verständnis der Bilder: In beiden Fällen hat Botticelli entsprechend dem Rat, den der platonische Sokrates in der *Politeia* erteilt, wonach die Künstler und Dichter die überkommenen Mythen so umformen sollten, daß sie zur Erziehung der Menschen geeignet seien, antike Mythen mit malerischen Mitteln domestiziert und versittlicht. So wird die im Garten der Venus heimische Wollust zu einem rhythmischen Spiel der Sinne sublimiert, und die wilde Kastrationsgeschichte, die der Geburt der Venus voranging, wird in eine Frühlingserzählung von unendlicher Heiterkeit und Gelassenheit verwandelt.

*Lit.:* H. Bredekamp: Botticellis Primavera. Florenz als Garten der Venus, Frankfurt/M. 1988. – L. D. und H. S. Ettlinger: Botticelli, London 1976. – R. Lightbown: Sandro Botticelli. Leben und Werk, München 1989.

→Florenz; →Porträt; →Platonismus; →Savonarola.

## Buchdruck

Kompaß, Schießpulver und Buchdruck, so hat Francis Bacon in seinem *Novum Organon* rückblickend festgestellt, hätten «die Gestalt und das Antlitz der Dinge auf der Erde verändert». Erasmus war als zeitgenössischer Beobachter der durch den Buchdruck bewirkten ‹Revolution des Wissens› noch euphorischer: «Ein beinahe göttliches Werkzeug» hat er den Buchdruck genannt. Daß über Gutenbergs bahnbrechende Erfindung zunächst keineswegs einhellige Freude bestand, zeigt die in den *Vite di uomini illustri* zu findende Bemerkung Vespasiano da Bisticcis, eines Florentiner Buchhändlers, dessen Laden

Treffpunkt der berühmtesten Humanisten seiner Zeit war, der Condottiere und Kunstmäzen Federigo da Montefeltro habe sich dafür geschämt, ein gedrucktes Buch zu besitzen. Auch eine Reihe italienischer Humanisten äußerte sich zunächst abschätzig bis ablehnend über die «deutsche Erfindung», in der sie einen neuerlichen Versuch der Barbarisierung Europas sahen. Poliziano etwa sprach vom Buchdruck als einer Waffe gegen die Eleganz des Lateinischen, wenn in seinem Gefolge deutsche Humanisten Bedeutung und Einfluß erlangen würden. In solchen kritischen Äußerungen über den Buchdruck haben Sorge um die Qualitätsstandards der Wissenssammlung und -weitergabe, aber auch Verärgerung über den sich abzeichnenden Verlust des privilegierten Zugangs zu den wenigen und teuren Handschriften zusammengespielt.

Während sich letztere Befürchtung bewahrheitet hat und das Buch aus einem Prestigeobjekt und Herrschaftszeichen gesellschaftlicher Eliten infolge seiner Verbilligung durch Massenproduktion zu einem Gebrauchsartikel wurde, der auch in den Privatbibliotheken der Wissenschaftler und Gelehrten – und nicht nur in den Sammlungen der Klöster und Fürsten – zu finden war, hat sich die Sorge um die Qualitätsstandards als unbegründet erwiesen; vielmehr entlastete der Druck die Wissenschaftler von der zeitraubenden Tätigkeit des Abschreibens und führte zu einer Standardisierung der Texte; statt der Irrtümer und Verschreibungen, die sich beim Kopieren einschlichen, ermöglichte der Druck fortlaufende Korrekturen von Ausgabe zu Ausgabe, in die auch die neuen Methoden der von den Humanisten entwickelten Textkritik Eingang fanden. Durch Paginierung, Numerierung und Indizierung wurde das in Büchern gespeicherte Wissen systematisiert, was neben der Verbilligung der Buchproduktion zu einer Intensivierung des wissenschaftlichen Austauschs führte. Die durch Gutenberg eingeleitete ‹Revolution des Wissens› beschränkte sich also nicht nur auf Umfang und Intensität der Wissensverbreitung, sondern betraf auch die Art des Wissens, das als gedrucktes Buch mit vielfältiger Verbreitung einer sehr viel schärferen Kontrolle durch die Gemeinschaft der Wissenschaftler und Gelehrten unterworfen war als zuvor die einzelnen Handschriften. Editionsvergleiche wurden in großem Stil möglich, wodurch ein Konkurrenzdruck entstand, der Editoren und Drucker zu größter Sorgfalt bei ihrer Arbeit zwang. Gutenberg selbst orientierte sich am Qualitätsmaßstab der kostbaren Folianten und verfolgte keineswegs das Ziel einer kostengünstigen Massenproduktion. Durch diesen Qualitätsmaßstab wurden Gutenbergs Bücher, insbesondere seine berühmte 42zeilige Bibel (1452–56), zu ästhetisch mustergültigen Werken, und im Vergleich mit den geschriebenen Büchern kam es eher zu einer Steigerung als zu einer Minderung des ästhetischen Werts der Bücher.

Im strengen Sinn bestand Gutenbergs Erfindung aus einer ganzen Reihe von technischen Innovationen: An die Stelle der Druckplatte setzte er die beweglichen Lettern, die nach dem Druck eines Bogens herausgenommen und wiederverwendet werden konnten; orientiert am Vorbild der rheinischen Weinpresse entwickelte er die Handdruckpresse, dazu eine auf Metalltypen haftende Spezialtinte sowie das Handgießinstrument, mit dessen Hilfe Tausende von Kopien einer Bleiletter gegossen werden konnten. Wiewohl diese Erfindungen nach anfänglichen Versuchen der Mainzer Drucker, sie geheimzuhalten und dadurch eine Monopolstellung zu gewinnen, sich schnell über ganz Europa verbreiteten, ist Gutenberg bald in Vergessenheit geraten. Man hielt entweder seine Schüler oder die Financiers seiner Werkstatt für die großen Neuerer, und erst in der Mitte des 18. Jahrhunderts ist Gutenberg als der Erfinder des Buchdrucks bzw. genauer: der beweglichen Letter, des Handgießinstruments und der Handdruckpresse, ‹wiederentdeckt› worden. Dafür, daß seine Erfindungen durch die in Ostasien, insbesondere in Korea, China und Japan, seit Jahrhunderten zuvor bereits gebräuchlichen Drucktechniken beeinflußt worden wären, sind in der Forschung bislang keine überzeugenden Beweise erbracht worden.

Das Ausmaß der durch Gutenberg eingeleiteten Wissensrevolution wird deutlich, wenn man die Anzahl der in den fünfzig Jahren nach dem Erscheinen der Gutenberg-Bibel gedruckten etwa acht Millionen Bücher zu den zuvor produzierten Handschriften in Beziehung setzt: Es waren deutlich mehr, als seit dem Untergang des weströmischen Reiches an Texten abgeschrieben und inventarisiert worden waren. Im Jahre 1500 gab es bereits 30.000 bis 35.000 Ausgaben verschiedener Bücher. Eine derartige Steigerung freilich war nur möglich, weil die neue Technologie zunächst in Deutschland und dann in ganz Europa eine schnelle Verbreitung fand: 1460 entstanden in Straßburg, 1464 in Köln, 1467 in Basel und 1470 in Nürnberg Buchdruckereien. Vor allem deutsche Auswanderer verbreiteten die neue Technik in Europa: So entstanden Druckerwerkstätten 1469 in Venedig, 1470 in Paris und Utrecht, 1471 in Mailand, Neapel und Florenz, 1473 in Lyon, 1474 in Budapest, Krakau, Valencia, Löwen und Brügge und 1476 in Westminster. Während die meisten deutschen Drucker als Schrifttyp die *Fraktur* bevorzugten, entwickelten italienische Drucker die *Antiqua*; beide wurden zu den bevorzugten Typen im Buchdruck der Frühen Neuzeit. 1473 wurden erstmals Musiknoten gedruckt, 1482 geometrische Figuren, und 1477 erschien in Bologna die Weltkarte des Ptolemäus als erster gedruckter Atlas. Hinzu kamen, insbesondere in der Zeit der Reformation, auch Flugschriften, ohne deren Massenauflage die schnelle und umfassende Verbreitung der reformatorischen Ideen nicht möglich gewesen wäre. Auch vor und während des Bauernkriegs in Deutschland hatten Flugschriften eine zentrale Bedeutung bei der Verbreitung der revolutionären Ideen.

Im 16. und 17. Jahrhundert blieben Buchdruck und Verlegertätigkeit zumeist in einer Person verbunden. Darin wurde eine schon vor den Gutenbergschen Erfindungen übliche Praxis fortgeführt, wonach der Buchhändler, wie in Florenz etwa Vespasiano da Bisticci, mehrere Lohnschreiber beschäftigte, die – in der Regel auf Bestellung des Käufers – Bücher handschriftlich kopierten. In gewisser Hinsicht traten durch Gutenbergs Erfindung an die Stelle der Kopisten die Druckereigesellen, und das zuvor vorherrschende System der Produktion auf Bestellung wurde durch die Produktion für einen (anonymen) Markt ersetzt, den zu überschauen und zu berechnen nunmehr die Aufgabe der Verleger war. Neu entstand nun der Berufszweig des Polygraphen: Bei ihm handelte es sich um einen gebildeten Berufsschriftsteller, der neben eigener Autorentätigkeit seinen Lebensunterhalt damit bestritt, daß er für einen Verleger die Werke anderer redigierte, übersetzte und plagiierte. Zu seinen Aufgaben gehörte weiterhin, die Werke mit einem Apparat von Expositionen, Annotationen, Erklärungen und Bemerkungen zu versehen.

Bis Ende des 15. Jahrhunderts war Deutschland im Buchdruck führend, und hier war Anton Koberger aus Nürnberg der erfolgreichste Verleger und Drucker; er unterhielt zeitweise vierundzwanzig Druckpressen und beschäftigte bis zu einhundert Drucker. Im frühen 16. Jahrhundert büßte Deutschland die bisherige Vormachtstellung ein, und an seine Stelle trat Italien, an seiner Spitze Aldus Manutius aus Venedig, der sich auf preisgünstige Ausgaben griechischer Klassiker spezialisiert hatte. Daneben spielte Johannes Froben in Basel mit der Edition wissenschaftlicher Werke, an denen oft Erasmus als Berater mitwirkte, eine bedeutende Rolle sowie die ebenfalls in Basel ansässigen Gebrüder Johannes und Bonifatius Amerbach, die christlich-humanistische Werke herausbrachten. Auch Frankreich nahm bis zum Beginn der Hugenottenverfolgungen im europäischen Druck- und Verlagswesen eine bedeutende Stellung ein, wobei besonders Robert Estienne zu nennen ist (er veröffentlichte 1531 das lat. Wörterbuch *Thesaurus linguae latinae*), der 1551 nach Genf floh und dort als Verleger Calvins weiterwirkte. Etwa zu dieser Zeit verlagerte sich das Zentrum der europäischen Buchproduktion und des Verlagswesens in die Niederlande, wo Christopher Plantin und Jan Moretus im katholischen Antwerpen und Ludwig Elzevir im calvinistischen Leiden die für ihre Zeit bedeutendsten Buchdruckereien und Verlage begründeten.

Die Verlagerung der intellektuellen Arbeitsstätten von den Klöstern in die Städte, bei der auch die Buchhandlungen mit angeschlossener Schreibwerkstatt eine Rolle gespielt hatten, hat sich nach der Verbindung von Druckerei und Verlag fortgesetzt: Die Druckereien stellten intellektuelle Zentren dar, an denen sich Wissenschaftler und Gelehrte begegneten und die in Konkurrenz standen zu den fürstlichen Höfen und den zumeist noch von der scholastischen Theologie beherrschten Universitäten. Sie wurden zum Lebenselexier einer Öffentlichkeit, die nicht unmittelbar an die politischen Machtzentren angeschlossen war und von diesen auch nie vollständig kontrolliert werden konnte. Der Buchdruck ermöglichte die Verbreitung eines Wissens, das in Konkurrenz stand zum Wissen der Herrschaftseliten und das insofern immer auch eine subversive Tendenz besaß, der man schon bald mit den

Mitteln der Indizierung von Büchern und der Zensur beizukommen suchte.

*Lit.:* E. E. Eisenstein: Die Druckerpresse – Kulturrevolutionen im frühen modernen Europa, Wien/New York 1997. – St. Füssel/V. Honemann (Hrsg.): Humanismus und früher Buchdruck, Nürnberg 1998. – M. Giesecke: Der Buchdruck in der frühen Neuzeit, Frankfurt/M. 1994. – A. Kapr: Johannes Gutenberg, München 1987. – M. Lowry: The World of Aldus Manutius: Business and scholarship in Renaissance Venice, Oxford 1979.

→Bibliotheken; →Humanismus; →Reformation.

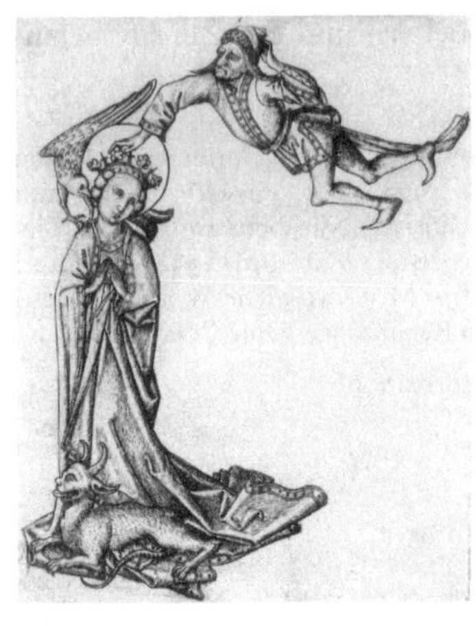

**Cervantes y Saavedra, Miguel de**
*(* getauft 9. Oktober 1547 in Alcalà de Henares, † 23. April 1616 in Madrid)*

Nach den üblichen Periodisierungen der spanischen Literaturgeschichte gehört Cervantes nicht zur Renaissance, sondern zum *Siglo de'Oro*, dem Goldenen Zeitalter der spanischen Kunst und Literatur im 16. und 17. Jahrhundert, zu dem Renaissance und Barock zusammengefaßt werden. Cervantes bildet mit seinem Schaffen einen Höhe- und Endpunkt verschiedener, seit dem Spätmittelalter in Spanien populärer literarischer Traditionen: In seinem ersten Werk, der *Galatea*, nimmt er die Tradition des Schäferromans auf; mit seinen *Novelas ejemplares* (1613) die aus Italien übernommene neue Tradition der lehrhaften Novellistik; mit dem alles überragenden *El ingenioso Hidalgo Don Quijote de la Mancha* (1605–1615) schließt er parodistisch die Tradition des Ritterromans ab, und mit seinem letzten Werk *Los trobajos de Persiles y Segismunda* (1617) knüpft er an die in der Renaissance wiederbelebte antike Tradition des hellenistischen Liebes- und Abenteuerromans an. Insbesondere wegen seines *Don Quijote* gilt Cervantes heute nicht nur als der bedeutendste spanische Autor der Renaissance, sondern als einer der wichtigsten Autoren der Weltliteratur überhaupt und als Begründer des modernen Romans. Bei seinen Zeitgenossen hingegen erfreuten sich seine Bücher zwar einer gewissen Beliebtheit, aber Cervantes genoß keineswegs großen Dichterruhm, wie denn der Prosaroman überhaupt in keinem allzu hohen Ansehen stand, weil man ihn für eine frivole Gattung hielt, welche die Zerstreuung über die Belehrung stellte. An dieser Einschätzung war Cervantes selbst nicht ganz schuldlos, demonstrierte er im *Don Quijote* doch die Folgen einer Literatur, die so närrisch idealisiert war, daß sie ihre Leser zu Narren machte. Freilich war der *Don Quijote* mehr als eine Parodie auf die populäre, aber bereits erkennbar überlebte Gattung der Ritterromane; er war auch eine kritische Auseinandersetzung mit einer Welt, die keine Ritterlichkeit mehr zuließ. Zugleich setzte Cervantes mit dem «eingebildeten» Ritter Don Quijote, der nur ein verarmter und verrückter, aber gutmütiger Hidalgo (Dorfjunker) war, und dem unverbildeten Schildknappen Sancho Pansa, der ein einfacher, aber klar denkender und gutmütiger Bauer war, jenen sozialen Gruppen ein Denkmal, für die weder in den Ritterromanen noch in der höfischen Welt des beginnenden spanischen Absolutismus Platz war.

Seine Biographie weist Cervantes denn auch als einen ganz aus der Begrenztheit – aber auch der Sicherheit – der mittelalterlich-feudalen Gesellschaft herausgerissenen Renaissancemenschen aus: Geboren als viertes von sechs Kindern eines relativ mittellosen Wundarztes, verließ er als 22jähriger Spanien – unfreiwillig, weil er wegen Körperverletzung vor der Polizei fliehen mußte – und ging nach Rom, wo ihn der spätere Kardinal Giulio Acquaviva als Kämmerer anstellte. 1570 kehrte er für kurze Zeit nach Spanien zurück, diente von 1571–75 als Marinesoldat und nahm an der Seeschlacht von Lepanto teil, wobei er schwer verletzt wurde und eine bleibende Verstümmelung der linken Hand erlitt. Ausgestattet mit zwei Empfehlungsbriefen, die ihm eine Verbesserung seines Solds ermöglichen sollten, geriet er auf der Heimreise in die Gefangenschaft algerischer Piraten, die ihn wegen der Schreiben für eine hochgestellte Persönlichkeit hielten und nach Algier verschleppten, um ein entsprechendes Lösegeld für ihn zu erpressen. Fünf Jahre blieb er als Gefangener in Algier, bis er schließlich durch Spenden der Trinitariermönche freigekauft wurde und im Dezember 1580 nach Madrid zurückkehren konnte. Unbeschäftigt und mittellos, begann er, Theaterstücke zu schreiben, und 1585 erschien sein erstes umfangreicheres Werk, der Schäferroman *La Galatea*, der ihm zwar einen gewissen Achtungserfolg einbrachte, aber keinen adligen Gönner veranlaßte, ihn in seine Gefolgschaft bei Hof aufzunehmen, was die Voraussetzung für ein einigermaßen gesichertes Dasein gewesen wäre. Cervantes mußte deshalb immer wieder Brotberufen nachgehen: Zeitweilig verdingte er sich als Proviantkommissar der spanischen Flotte, zeitweilig als Steuereintreiber; beide Tätigkeiten endeten jeweils damit, daß er im Gefängnis landete, weil man ihn der Unterschlagung von Geldern bezichtigte. Im Sevillaner Gefängnis, so berichtete Cervantes selbst, begann er mit der Niederschrift des *Don Quijote*, dessen erster Teil 1605 erschien und relativ populär wurde. 1613 erschienen die *Novelas ejemplares*, 1615 der zweite Teil des *Don Quijote*, dem freilich 1614 schon die Fortsetzung des ersten Teils durch einen Alonso Fernández de Avellanda vorangegangen war – ein in der Renaissance beliebtes Verfahren des Fortsetzungsplagiats, das freilich nicht als solches verfolgt werden konnte, weil es noch kein Urheberrecht gab –, und ein Jahr nach seinem Tod erschienen *Los trobajos de Persiles y Segismunda*, die Cervantes selbst für sein bedeutendstes Werk hielt. Sein karges Leben und seine mäßigen Erfolge hatten den Erfinder des «Ritters mit dem kümmerlichen Gesicht» (was in der Regel fälschlich als der «Ritter von der traurigen Gestalt» übersetzt wird) immerhin nicht daran gehindert, hinsichtlich seiner eigenen literarischen Fähigkeiten ein neuzeitlich anmutendes Autorenbewußtsein zu hegen. Nicht ohne Stolz schrieb er im Prolog zu seinen *Novelas ejemplares*, daß er der erste sei, der Novellen in kastilischer Sprache verfaßt habe, während alle anderen nur aus fremden Sprachen übersetzt seien. «Diese Novellen aber sind mein eigen, sie sind weder nachgeahmt noch gestohlen; gezeugt von meinem Geist, geboren aus meiner Feder, wachsen sie unter der Fürsorge des Druckers auf.»

*Lit.:* Miguel de Cervantes, Obras completas, hrsg. von R. Schevil und A. Bonilla, Madrid 1914–1941. – Sämtliche Werke, hrsg. u. übers. von M. Rothbauer, 4 Bde., Stuttgart 1963 ff.

J. Canavaggio: Cervantes, Zürich/München 1989. – W. Krauss: Miguel de Cervantes. Leben und Werk, Berlin 1966. – D. Mc Gaha (Hrsg.): Cervantes and the Renaissance, Easton/Pa. 1980. – P. E. Russel, Cervantes, Oxford/New York 1985. – C. Strosetzki: Miguel de Cervantes. Epoche – Werk – Wirkung, München 1991.

→Literatur; →Volkskultur.

## Condottieri

«In unserem veränderungslustigen Italien», so Enea Silvio Piccolomini, der spätere Papst Pius II., «wo nichts fest steht und keine alte Herrschaft existiert, können leicht aus Knechten Könige werden.» Bei dieser Äußerung dürfte Enea Silvio auch an die Kaufleute und Bankiers gedacht haben, die aus bescheidenen Verhältnissen zu Reichtum und Macht aufgestiegen waren, aber vor allem hatte er jene Condottieri im Auge, die sich seit Mitte des 14. Jahrhunderts des Kriegswesens in Italien bemächtigt hatten und während des 15. Jahrhunderts das Kriegsgeschehen auf der Halbinsel bestimmten. Der Aufstieg der Condottieri vollzog sich unter den Vorzeichen von Glück (*fortuna*) und persönlicher Tüchtigkeit (*virtù*), als deren Verkörperungen oder Parteigänger die Kriegsunternehmer immer wieder bezeichnet worden sind. So hat Niccolò Machiavelli in seinem *Principe* Francesco Sforza, der väterlicherseits einer Bauernfamilie aus der Romagna entstammte und es schließlich zum Herzog von Mailand gebracht hat, als Verkörperung der *virtù* vorgestellt, während sich der Condottiere Jacopo Piccinino, ein Zeitgenosse und Konkurrent Francesco Sforzas, selbst einen ‹Mann der Fortuna› genannt hat. Aber die Glücksgöttin ist Piccinino zuletzt nicht gewogen geblieben, denn er ging in eine Falle des neapolitanischen Königs Ferrante, der ihn gefangennehmen und ermorden ließ. Damit teilte Jacopo Piccinino das Schicksal Carmagnolas, eines piemontischen Bauernjungen, der, bevor er zum Grafen von Carmagnola aufstieg, Francesco Bussone hieß: Die Republik Venedig, in deren Diensten er stand, hat ihn ob seiner zögerlichen und wenig erfolgreichen Kriegführung gegen Mailand, dem er zuvor gedient hatte, des Verrats anklagen, foltern und schließlich auf dem Markusplatz hinrichten lassen. Carmagnola war nicht der einzige Condottiere, der in den Verdacht des Verrats geraten und hingerichtet worden ist: Niccolò da Tolentino in milanesischen, Paolo Vitelli in florentinischen Diensten haben sein Schicksal geteilt, und Baldaccio d'Anghiari wurde von den Florentinern aus dem Fenster gestürzt, nachdem er in den Verdacht geraten war, sich an einer politischen Intrige gegen die Medici beteiligt zu haben.

Nicht allen Condottieri gegenüber hat sich Venedig so hart und unnachsichtig – und womöglich auch ungerecht – gezeigt. Sowohl Erasmo da Narni, bekannt unter seinem Kriegsnamen Gattamelata (die honigsüße Katze), als auch Bartolomeo Colleoni, die beide ebenfalls einen bemerkenswerten sozialen Aufstieg hinter sich hatten (Colleoni war Sohn eines armen Landadligen, Gattamelata Sohn eines Bäckers), wurde die Ehre zuteil, daß von ihnen in Anerkennung ihrer Verdienste um Venedig Reiterstandbilder aufgestellt werden durften. Donatello schuf die berühmte Statue Gattamelatas, die auf der Piazza del Santo in Padua steht – für die Kosten kam freilich nicht Venedig, sondern die Witwe des Condottiere auf; Andrea del Verrocchio entwarf das wohl noch berühmtere Reiterstandbild Colleonis, das allerdings nicht, wie er selbst es gewünscht hatte, auf dem Markusplatz, sondern auf der Piazza Santi Giovanni e Paolo aufgestellt worden ist. Beide Reiterstatuen haben die Vorstellung von den Condottieri als entschlossenen Kriegern bis heute geprägt. Den Reiterstatuen Gattamelatas und Colleonis kann das Fresco Paolo Uccellos im Florentiner Dom Santa Maria del Fiore zur Seite gestellt werden, das den englischen Condottiere John Hawkwood, italianisiert Giovanni Acuto, zeigt, der mit seinen gefürchteten englischen Langbogenschützen der Republik Florenz treue Dienste geleistet hatte und darum im kollektiven Gedächtnis der Republik festgehalten werden sollte. Im Florentiner Dom befindet sich daneben noch ein Fresco des Condottiere Niccolò da Tolentino von Andrea del Castagno, der der Republik treu gedient hat, bevor er in milanesische Dienste trat, wo er ein schmähliches Ende fand. Ehrung und Ächtung lagen im Fall der Condottieri oft eng beieinander.

Die meisten Condottieri kamen aus bescheidenen Verhältnissen und erlebten als Söldnerführer einen rasanten Aufstieg zu Macht und Reichtum. Einige jedoch, wie Federigo da Montefeltro, Giovanni de' Medici (Giovanni delle bande nere), Carlo, Sigismondo und Roberto Malatesta, Giovanfrancesco Gonzaga, Ercole und Alfonso d'Este, Niccolò Orsini oder Prospero und Fabrizio Colonna (Prospero Colonna ist einer der Gesprächspartner in Machiavellis *Arte della guerra*), entstammten auch begüterten Familien oder hatten kleine Herrschaften inne und dienten aus Abenteuerlust, Ruhmbegierde oder Geldgier als Condottieri; einige von ihnen, wie John Hawkwood oder Federigo da Montefeltro galten als zuverlässig und treu und verkörperten ein regelrechtes Berufsethos; andere hingegen, wie insbesondere Sigismondo Malatesta, nannte man habgierig und grausam, aber womöglich sind auch viele der erschreckenden Geschichten, die über Sigismondo kursierten – so soll er eine seiner Frauen vergiftet, die andere erdrosselt, mit seiner Tochter Inzucht getrieben und zahllose Menschen beiderlei Geschlechts vergewaltigt haben –, auf den Umstand zurückzuführen, daß er sich zumeist in Opposition zum Papst befand, der sich des von den Malatesta beherrschten Rimini bemächtigen wollte und ihn in Abwesenheit als Ketzer zum Tode auf dem Scheiterhaufen verurteilen ließ. Da Pius II. jedoch Sigismondo Malatestas, den er als die «Schande Italiens» bezeichnete, nicht habhaft werden konnte, mußte er sich damit begnügen, an dessen Stelle in Rom eine Strohpuppe verbrennen zu lassen, die ein Plakat mit der Aufschrift trug: «Hier bin ich, Sigismondo Malatesta, des Pandolfo Sohn, der König der Verräter, verhaßt bei Gott und den Menschen, durch Urteil des Heiligen Kollegiums zum Flammentod verdammt».

Aber nicht nur das der Nachwelt hinterlassene Bild unterschied die Karrieren der Condottieri voneinander, sondern auch deren Verlauf selbst: Während Francesco Sforza, der Inbegriff einer erfolgreichen Condottiere-Karriere, zum Herzog von Mailand aufstieg, Bartolomeo Colleoni die letzten Jahre seines Lebens in Wohlstand auf seinen ihm von Venedig als Lehen überlassenen Besitzungen verbrachte oder es Federigo da Montefeltro gelang, vom Grafen zum Herzog aufzusteigen und – ähnlich wie die Este in Ferrara oder die Gonzaga in Mantua – seine Hauptstadt Urbino mit Hilfe seiner Einnahmen als Condottiere zu einem der glanzvollsten kulturellen Zentren des Renaissance-Italiens auszubauen, scheiterten die Pläne des Braccio da Montone, der es zwischenzeitlich bereits zum Stadtherrn von Perugia gebracht hatte, auf dem Schlachtfeld von Aquila, wo er schwer verwundet in die Hände seiner Gegner geriet und bald darauf verstarb. Mit seinem Tode brach auch seine gerade erst zusammeneroberte Herrschaft zusammen. Auch Niccolò Piccinino, der neben Francesco Sforza über ein

Jahrzehnt das Kriegsgeschehen in Oberitalien zwischen Mailand und Venedig bestimmt hatte und als einer der bedeutendsten Condottiere seiner Zeit galt, ist zuletzt gescheitert: Körperlich bereits infolge mehrerer Verwundungen schwer angeschlagen, erhielt er die Nachricht von der Niederlage seiner Truppen gegen Francesco Sforza und starb bald danach als gebrochener Mann. Albrecht Wallenstein, Herzog von Friedland, kann als letztes Beispiel für den rasanten Aufstieg und jähen Fall eines Condottiere angesehen werden.

Grundlage der sozialen Mobilisierung der Renaissancegesellschaft, wie sie in Aufstieg und Fall der Condottieri ihren Ausdruck fand, war die wachsende Bedeutung des Geldes bei der Vermittlung von Gütern und Dienstleistungen. Diese Entwicklung kann in vielen Ländern Europas beobachtet werden, aber sie hat sich nirgendwo so folgenreich durchgesetzt wie in Italien: Mit dem Ende des hier nie tiefverwurzelten Feudalwesens und dem Niedergang des städtischen Milizsystems wurden militärische Dienstleistungen weithin gegen Geld eingeworben. Karl Marx hat diese Söldner darum als «uneigentliche Vorform des Lohnarbeiters» bezeichnet. Zum Kriegführen seien drei Dinge nötig, soll der italienische Condottiere Graf Campobasso zu Karl dem Kühnen gesagt haben: «Geld, Geld und nochmals Geld.» Geld war erforderlich, um einen Vertrag mit einem Söldnerführer und seiner Kompanie abschließen zu können, Geld war erforderlich, um diese Truppen über längere Zeit im Felde zu halten, und Geld war schließlich erforderlich, um die gegnerischen Söldner, wenn sie sich den eigenen Söldnern überlegen erwiesen, zur Umkehr zu bewegen oder kurzerhand in eigene Dienste zu übernehmen. Der wachsende Geldbedarf für die Führung eines Krieges bzw. die Sicherung gegen eine feindliche Bedrohung führte dazu, daß die italienischen Staaten immer höhere Steuern von ihrer Bevölkerung abschöpfen mußten, um mithalten zu können. Das Condotta-System, wie es sich in Italien im 14. Jahrhundert ausgebildet und im 15. Jahrhundert zur Blüte gelangt war, konnte nur auf der Grundlage einer relativ fortgeschrittenen Wirtschaft entstehen, in der ein abschöpfbares Mehrprodukt erwirtschaftet wurde und die Kapitalisierung dieses Mehrprodukts möglich war. Das erst versetzte Fürsten wie Republiken in die Lage, militärische Arbeitsleistung anzuwerben und für längere Zeit zu finanzieren, um so entweder die eigenen Bürger vom Militärdienst freizustellen oder für eine begrenzte Zeit Offensivpotentiale zu erhalten, die eine Expansion der eigenen Herrschaft ermöglichen sollten. Umgekehrt übte das Condotta-System einen permanenten Druck zur Effektivierung und Rationalisierung des Steuersystems aus und bildete insofern ein Antriebsmoment bei der Ausbildung moderner Staatlichkeit. Aber selbst das effektivste Steuersystem war nicht in der Lage, kurzfristig so große Summen aufzubringen, wie sie zu Beginn eines neuen Feldzugs erforderlich waren; so war man auf das Finanzierungsgeschick und die Kreditierung der fälligen Summen durch die großen Banken angewiesen. Neben dem entwickelten Steuersystem war somit das fortgeschrittene italienische Bankwesen eine unerläßliche Voraussetzung für den Aufstieg der Condottieri. Diese wiederum eröffneten den Bankiers neue Finanzierungsmöglichkeiten und Gewinnchancen, weswegen Condottieri und Bankiers immer wieder in Kriegsgewinnspekulationen miteinander verbunden waren. So ist der Aufstieg der Condottieri Element einer umfassenderen Entwicklung, die für die italienische Kultur-, Gesellschafts- und Politikgeschichte des 14. und 15. Jahrhunderts bestimmend war: die Rationalisierung der Lebensführung und die Professionalisierung der Tätigkeiten, durch die allmählich die Bereitschaft der Bürger, selbst Kriegsdienst zu leisten, verschwand und durch Geldzahlungen oder wachsendes Steueraufkommen kompensiert wurde. In der *Condotta*, einem von Rechtsexperten aufgesetzten und zumeist bis ins Detail spezifizierten Vertrag zwischen Auftraggeber und Condottiere, in dem Soldhöhe, Stellungsdauer, Truppenstärke, Aufgabenstellung usw. festgelegt wurden, hat diese Rationalisierung ihren unmittelbaren Niederschlag gefunden.

Die Anfänge des Condotta-Systems in Italien reichen zurück bis in die Jahre nach dem Zusammenbruch der Kreuzfahrerstaaten im Heiligen Land, als sich beschäftigungslose Kriegergruppen in Italien versammelten und nach neuen Anstellungsmöglichkeiten suchten, die sich im Kampf um die Herrschaft im östlichen Mittelmeer anboten. Zunächst waren es vor allem Nichtitaliener, die als Söldner auftraten und zunehmend auch auf der Halbinsel selbst Beschäftigung fanden: in der Großen

Katalanischen Kompanie unter Roger di Flor, dem Prototyp des Condottiere, dann in der Großen Kompanie unter Werner von Urslingen, die vorwiegend aus Deutschen bestand, schließlich in der Weißen Kompanie unter John Hawkwood, in der sich vor allem Engländer sammelten. Doch gegen Ende des 14. Jahrhunderts begann eine Italianisierung des Söldnertums. So fanden sich in der Compagnia di San Giorgio unter Alberigo da Barbiano ausschließich Italiener. Jacopo dal Verme und Facino Cane haben den von Alberigo da Barbiano eingeschlagenen Weg weiter verfolgt und das spezifisch italienische Condottierewesen zur Blüte gebracht. Francesco Petrarca hat dies als den Beginn der Vertreibung der Barbaren aus Italien gefeiert.

Die unmittelbare Verbindung des Krieges mit dem Finanzsystem hat seit der Italianisierung der Kriegführung und dem Schwinden xenophober Motive im Kriegsgeschehen zu einer weitgehenden Rationalisierung und Humanisierung der Kriegführung beigetragen: die Verluste der Kontrahenten wurden geringer, die Schlachten unblutiger, die Verwüstungen seltener. *Maneggiare la guerra* – den Krieg handhaben, den Krieg verwalten war die Devise der Condottieri, die sich schließlich in die leicht nachvollziehbare Regel übersetzen läßt, daß man die Kuh, die man melken will, nicht schlachten darf. Dies bildete zugleich den Ausgangspunkt einer heftigen Kritik an den Condottieri und ihrer Kriegführung, denen, insbesondere von Machiavelli, vorgehalten wurde, den Krieg in ein Spiel verwandelt und die Bürger durch den regelmäßig zu zahlenden Sold bloß ausgeplündert zu haben. Voraussetzung für die Rationalisierung und Humanisierung des Krieges durch die Condottieri war die ihnen eigene Form der Kriegführung, in der sich die Kampftechnik und das Kriegerethos mittelalterlichen Rittertums mit einer geldvermittelten Professionalität und Rationalität verbanden. So bestand der Kern der Streitmacht eines Condottiere aus gepanzerten Lanzenreitern, und nicht die Masse der Truppen, sondern ihr Ausbildungsgrad und ihre Disziplin waren für den Ausgang eines Gefechts ausschlaggebend. Zwar hatte der englische Condottiere John Hawkwood zunächst auch Bogenschützen eingesetzt, aber mit der Italianisierung des Condottierewesens hatten die Fernwaffen ebenso wie die lanzentragenden Fußtruppen mehr und mehr an Bedeutung verloren, und schwergepanzerte Berittene bildeten das Gros der Truppen. Die kleinste Einheit war die sog. Lanze, bestehend aus einem *Caporale*, einem Knappen und einem Pagen. Da in Italien – anders als in Deutschland – Knappe und *Caporale* in etwa die gleiche Bewaffnung hatten, umfaßte eine Lanze zwei Kämpfer, denen der Page für Fouragierung und Versorgung zugeordnet war. Fünfundzwanzig Lanzen wurden zusammengefaßt zu einer *bandiera*, einem Fähnlein, das als kleinste taktische Einheit fungierte. Die Armee, die Muzio Attendolo Sforza befehligte, bestand in der Regel aus 600 Lanzen, von denen ein beträchtlicher Teil mehrere Jahre unter ihrem Condottiere diente. So entwickelte sich, zumindest was den Kern der Truppe anbetraf, ein gewisser Korpsgeist, der ein Gegengewicht zur Geldvermitteltheit des Kriegsdienstes und zum häufigen Wechsel der «Arbeitgeber» bildete.

Durch den weitgehenden Verzicht auf den Einsatz von Fernwaffen wie das Massenaufgebot lanzentragender Fußtruppen wurden die Gefechte der Condottieri im Nahkampf Mann gegen Mann entschieden. Hier bot sich die Möglichkeit der Überwältigung und Gefangennahme des Gegners mit dem Ziel, ihn so schnell wie möglich gegen die entsprechende Zahlung von Lösegeld wieder freizulassen. Dies hat zusammen mit dem Umstand, daß der Krieg in Italien weitgehend «entideologisiert» war, d.h. Gegnerschaft nur durch die jeweiligen Vertragsverhältnisse, nicht aber durch Bindungen an höhere Werte oder patriotische Loyalitäten bestimmt wurde, zu einer Humanisierung der Kriegführung geführt: Gefangene wurden nicht getötet, sondern nach ihrer Entwaffnung und Ausplünderung sowie gegebenenfalls der Zahlung von Lösegeld wieder freigelassen; dementsprechend bestand das Hauptinteresse der Kämpfenden darin, möglichst viele Gefangene zu machen und nicht unbedingt ein Blutbad unter den Gegnern anzurichten. Nahezu jeder der großen Condottieri ist im Verlaufe seiner Tätigkeit ein oder mehrere Male in die Gefangenschaft seines jeweiligen Gegenspielers geraten, ohne daß dies für ihn gravierend nachteilige Folgen gehabt hätte. Sold, Beute und Lösegeld war die triadische Motivation der Condottieri und ihrer Soldaten, und dies hat die Schlachten «unblutig» werden lassen.

Um so größer war der Schock, als die italienischen Condottieri seit 1494, dem Jahr der französischen Intervention in Italien, und der bald danach erfolgenden spanischen Gegenintervention mit einer Form der Kriegführung konfrontiert wurden, die die militärische Vernichtung des Gegners zum Ziel hatte. In Frankreich hatte die Entwicklung des Militärwesens nach dem Ende des Hundertjährigen Krieges einen anderen Verlauf genommen als in Italien (und Deutschland), weil es den französischen Königen gelungen war, die Truppen zu ‹verstaatlichen›, d. h., sie dem König zu unterwerfen. Die durch die ‹Verstaatlichung› des Militärwesens verfügbaren größeren finanziellen Ressourcen begünstigten die technische Fortentwicklung einer Waffe, die von den Condottieri nur gelegentlich und zurückhaltend eingesetzt wurde: der Artillerie. Mit der französischen Intervention erhielt auch die Schlacht gegenüber dem Manöver wieder eine größere Bedeutung. Das Ideal der «Schachbrettstrategie» der Condottieri hatte darin bestanden, den Gegner ohne Schlacht durch Abschneiden von seinen Versorgungsbasen zur Kapitulation zu zwingen. Die Veränderungen, die zum Zusammenbruch dieses Systems führten, begannen mit dem von den Franzosen geübten massiven Einsatz von Artillerie in der Feldschlacht, durch den blutige Schneisen in die gegnerische Front geschlagen wurden; sie nahmen ihren Fortgang mit dem Auftauchen der spanischen Infanterie, der Schweizer Fußtruppen und der deutschen Landsknechte, in deren Folge sich das Kriegsgeschehen von den «teuren» Berittenen wieder auf die «billigeren» Fußsoldaten verlagerte, wodurch auch die Motivation abnahm, um Beute und Lösegeld willen Gefangene zu machen. Hinzu kam, daß es für die Schweizer seit den Kriegen gegen die habsburgische und anschließend die burgundische Ritterschaft üblich war, keine Gefangenen zu machen und die überrannten oder verwundeten Gegner zu töten (und auszuplündern). Der Schrecken, den die Schweizer zu Beginn des 16. Jahrhunderts in Italien verbreiteten, resultierte nicht zuletzt aus dieser Kampfweise. Die Verluste während der Schlacht wuchsen aber auch infolge der exerzierten und disziplinierten Kampfweise dieser Fußsoldaten («Drill»), durch die Flucht oder schneller Rückzug unmöglich wurde. Schließlich kam noch die Reideologisierung des Krieges hinzu, bei der nationale Aversionen ebenso eine Rolle spielten wie der sich seit der Reformation entwickelnde konfessionelle Gegensatz, der insbesondere bei den deutschen Landsknechten und dem wesentlich von ihnen veranstalteten *Sacco di Roma*, der Erstürmung und Plünderung Roms im Jahre 1527, zum Tragen kam, der sich aber schon in den großen Schlachten des frühen 16. Jahrhunderts bei Ravenna, Marignano und Pavia zeigte. Konfrontiert mit dieser neuen Form der Kriegführung brach das italienische Condottieri-System zusammen, bzw. einzelne Condottieri, wie Gian Giacomo Trivulzio, Prospero Colonna oder der Marchese Pescara, paßten sich der neuen Form der Kriegführung an. Verschiedentlich wird Giovanni delle bande nere als der letzte Condottiere bezeichnet. In einem weiteren Sinn bestand das Condottieri-Wesen bis zum Dreißigjährigen Krieg fort, wobei viele Heerführer der spanischen wie österreichischen Habsburger, wie Francesco Gonzaga oder Ottavio Piccolomini, aus kleinen italienischen Herrscherfamilien stammten.

Parallel zum Niedergang des Condotta-Systems hat sich unter italienischen Politikern und Humanisten eine Debatte über die Folgen seines Aufstiegs für den Verlauf der italienischen Geschichte entwickelt, auf die sich auch alle späteren Debatten über Nutzen und Nachteil des Söldnerwesens bezogen haben. Vor allem Machiavelli hat sich in dieser Debatte als entschiedener Kritiker der Condottieri hervorgetan. Drei Kritikpunkte sind für ihn wichtig: die infolge fehlender patriotischer oder anderer innerer Bindungen notorische Unzuverlässigkeit von Söldnern, die Vernachlässigung der Fußtruppen (so wurden nur die Befehlshaber der berittenen Truppen als Condottieri bezeichnet, während die Hauptleute der Fußsoldaten Conestabili hießen), was dem römischen Vorbild widerspreche und sich in der Konfrontation mit den Schweizern als verhängnisvoll erwiesen habe, und schließlich die zunehmende Aushöhlung der inneren republikanischen Freiheit infolge des Verlusts der Wehrhaftigkeit der Bürger. Im XII. Kapitel des *Principe* schreibt er: «Ein Herrscher, der sich auf Söldner stützt, wird niemals auf festem Boden stehen und sicher sein, denn Söldner sind uneinig, machtgierig, ohne Disziplin und treulos, überheblich gegenüber den Freunden, feig vor dem Feind, ohne Furcht vor Gott, ohne Redlichkeit gegen die Menschen. (...) Im Frieden wird das Land *von ihnen* ausgeplündert, im Krieg *vom*

*Feind.* Der Grund hierfür ist der, daß sie sich durch nichts gebunden fühlen und kein anderes Motiv sie im Feld hält als das bißchen Sold, der nicht ausreicht, um sie gerne für dich sterben zu lassen. Sie wollen wohl deine Soldaten sein, solange du keinen Krieg führst; doch wenn wirklich Krieg kommt, so werden sie fahnenflüchtig oder ziehen ab.» Andere Autoren, wie Decembrio, Guarini und Biondo, haben dagegen die Rationalisierung und Humanisierung des Krieges durch die Condottieri herausgestellt, aber auch sie mußten eingestehen, daß sich mit der französischen Intervention die Verhältnisse grundlegend verändert hatten. «Vor dem Jahre 1494», schreibt Guicciardini in seinen *Ricordi* (II, 64), «dauerten die Kriege geraume Zeit, die Schlachten waren unblutig, und die Eroberung eines Landes währte lange und war beinahe unmöglich. Wenn die Artillerie auch schon bekannt war, so wurde sie doch mit einer so geringen Wirkung eingesetzt, daß sie nicht viel Schaden anrichten konnte. Dadurch waren die Herrscher gegen einen Verlust ihrer Würde so gut wie gesichert, bis dann die Franzosen die Kunst der schnellen Kriegführung nach Italien brachten, die bis zum Jahre 1521 die Wirkung hatte, daß mit einer verlorenen Schlacht auch das ganze Land und der Thron verloren waren.» Selbst für Guicciardini, der Machiavellis politischer Idealisierung der römischen Antike skeptisch gegenüberstand, waren die Kriege der Gegenwart nur ein schwacher Abglanz der von den antiken Historikern beschriebenen Kriege: «Zweimal in meinem Leben führte ich wichtige militärische Unternehmungen, wobei ich lernen mußte, daß die heutige Kriegskunst mit der Antike verglichen – ich nehme dabei an, daß die Nachrichten der alten Schriftsteller über sie zutreffen – nur ein schwacher Schatten ist. Die Feldherren der Gegenwart besitzen kein entwickeltes Können und wissen nichts von ihrem Gewerbe; ohne eigentlichen Plan und ohne Strategie rücken sie in langsamem Marsch über die vorbereiteten Straßen vor.» Am Anfang des 16. Jahrhunderts fand sich kaum noch jemand, der das Condotta-System verteidigen mochte. Die Ursache hierfür lag nicht zuletzt in der Orientierung am Militärwesen der Römer, die von den humanistischen Autoren durchgesetzt worden war.

Es ist eine in der Literatur immer wieder kontrovers behandelte Frage, inwieweit die italienischen Condottieri in dem sich nördlich der Alpen entwickelnden Landknechtswesen und den Söldnerunternehmern von Martin Schwarz über Georg von Frundsberg bis Albrecht Wallenstein eine Fortsetzung erfahren oder ob es sich dabei um eine grundsätzlich andere Entwicklung im Militärwesen gehandelt habe. Da Gemeinsamkeiten wie Unterschiede konstatierbar sind, hängt die Beantwortung der Frage letztlich davon ab, ob eher die Gemeinsamkeiten oder die Unterschiede akzentuiert werden. Grundlage des Anstellungsverhältnisses war in beiden Fällen ein Vertrag, ital. *condotta*, dt. Bestellbrief oder Bestallung, in dem die wechselseitigen Pflichten und Rechte festgelegt wurden. Während sich in Italien die Condotta aber zumeist als Einzelvertrag darstellte, wurden im deutschen Bereich in der Regel die Landsknechte eingeschlossen. Wie stark dieser Unterschied hervortritt, hängt jedoch auch davon ab, welche Etappe der jeweiligen Entwicklung als repräsentativ genommen wird. Deutlicher ist der Unterschied in der Kriegführung, denn nördlich der Alpen wurden vor allem Fußsoldaten unter Vertrag genommen, und dementsprechend war ihre Kampfweise auch viel verlustreicher als bei den italienischen Condottieri. Weiterhin erreichte kaum einer der deutschen Söldnerunternehmer jenen Grad von Selbständigkeit und Unabhängigkeit in seinen politisch-militärischen Dispositionen wie die Condottieri. Selbst Wallenstein, der mit einem zu Macht und Reichtum gelangten Condottiere noch am ehesten vergleichbar war, besaß niemals die Entscheidungsspielräume eines Francesco Sforza – auch dies ein Ergebnis der infolge der Reformation erfolgten Ideologisierung der Fronten und der viel stärker bipolaren Konfliktsituation des Dreißigjährigen Krieges.

*Lit.:* W. Benzinger: Zur Theorie von Krieg und Frieden in der italienischen Renaissance, Frankfurt/M. 1996. – P. Blastenbrei: Die Sforza und ihr Heer, Heidelberg 1987. – W. Block: Die Condottieri. Studien über die sogenannten ‹unblutigen Schlachten›, Berlin 1913. – J. R. Hale: War and Society in Renaissance Europe (1450–1620), London 1985. – J. R. Hale: Artists and Warfare in the Renaissance, New Haven / London 1990. – M. E. Mallett: Mercenaries and their Masters: Warfare in Renaissance Italy, London 1974. – G. Parker: Die militärische Revolution. Die Kriegskunst und der Aufstieg des Westens 1500–1800, Frankfurt/M. 1990. – G. Trease: Die Condottieri. Söldnerführer, Glücksritter und Fürsten der Renaissance, München 1974.

→Diplomatie; →Sforza; →Staat.

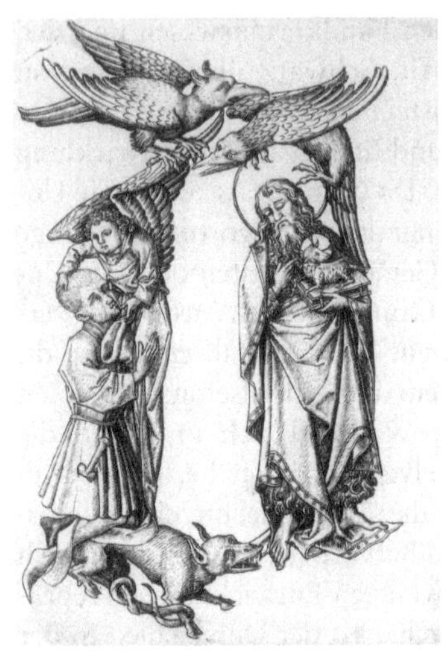

**Dante Alighieri**
*(* Mai 1265 in Florenz,*
*† 14. September 1321*
*in Ravenna)*

Das Exil, in das Dante von seiner Vaterstadt Florenz gezwungen wurde und in das er sich schließlich trotzig fügte – eine Rückkehr unter für ihn entwürdigenden Bedingungen lehnte er entschieden ab –, ist zur entscheidenden Voraussetzung seines Dichterruhms geworden. Vor allem das Hauptwerk *La Divina Commedia* (verfaßt zwischen 1304 und 1319) wäre ohne die Erfahrung des Exils kaum entstanden. Dante wäre der Nachwelt allein durch *La Vita Nuova* (1292), eine Sammlung von Liebesgedichten, in deren Mittelpunkt die verehrte Beatrice steht, in Erinnerung geblieben, denn ohne seine Verbannung hätte er sich sicherlich weiterhin vor allem der Florentiner Politik gewidmet. Die im Exil entstandenen Werke können als Kompensationen unmittelbaren politischen Wirkens verstanden werden, und schon deswegen ist das Werk Dantes zutiefst politisch. So beklagt er in der *Divina Commedia* die politische Zerrissenheit von Florenz (*Inferno*, 6. Gesang), den desolaten Zustand Italiens (*Purgatorio*, 6. Gesang) und die beklagenswerte Verfassung des Kaiserreichs (*Paradiso*, 6. Gesang). Hatte Dante in der *Vita Nuova* als Minnedichter begonnen, so wandte er sich im *Convivio* (um 1304) und *De vulgari eloquentia* (um 1305) im weiteren Sinn philosophischen Problemen zu. Auch die *Monarchia* (nach 1310) und die *Divina*

*Commedia* können als politische Schriften verstanden werden, wenn man denn Dante dahingehend folgt, daß die vornehmste Aufgabe des Politikers darin besteht, den Menschen zum Guten und zu Gott zu führen. Genau darum nämlich geht es ihm: in der *Monarchia* durch die Darlegung der guten politischen Ordnung, in der *Divina Commedia* durch den Bericht von den Strafen, die die Menschen für ihre Verfehlungen erwarten.

Wie Giotto ist auch Dante eine Gestalt zwischen den Zeiten: Seine Auffassung von der guten politischen Ordnung wird man infolge ihrer Orientierung am Kaisertum, aber auch mit Blick auf den Auftrag, die Menschen zu Gott zu führen, als noch ganz mittelalterlich bezeichnen können; ähnliches gilt auch für seine Sicht der Antike und der antiken Literatur. Dagegen weisen die Selbständigkeit seines Urteils über geschichtliche Entwicklungen und seine Wendung aufs Selbst, durch die erstmals seit Boëthius und Augustinus wieder Reflexion und Bekenntnis literarisch zusammengeführt werden, ihn als Vorläufer, wenn nicht intellektuellen Ziehvater der Renaissance aus. Auch seine wiederholt geäußerte Überzeugung, daß nicht die Familie das Individuum, sondern der einzelne die Familie adele, geht in diese Richtung.

Dante entstammte einer niederen Florentiner Adelsfamilie; da die Übernahme politischer Ämter in Florenz an die Zunftmitgliedschaft gebunden war, ließ er sich in die Zunft der Ärzte und Apotheker einschreiben. Die politische Situation in Florenz wurde zu dieser Zeit geprägt durch den Konflikt zwischen den um die Familie der Cerchi gescharten weißen Guelfen, den *Bianchi*, und den um die Familie der Donati gescharten schwarzen Guelfen, den *Neri*. Wollten die schwarzen Guelfen die Stadt der politischen Führung des Papstes unterstellen, so strebten die Weißen, die Partei, der Dante zugehörte, ein Bündnis der oberitalienischen Städte an, das eine weitgehend unabhängige Politik verfolgen sollte. Als Dante 1301 im Auftrag von Florenz an einer Gesandtschaft zu Papst Bonifaz VIII. teilnahm, kam es unter tatkräftiger Mitwirkung des Papstes in Florenz zum Umsturz, und mit den *Bianchi* wurde auch Dante aus der Stadt vertrieben. Bei den Scaligern in Verona, dem Markgrafen Moroello Malaspina und schließlich bei Guido Novello da Polenta in Ravenna hat er in dieser Zeit Unterschlupf und Schutz gefunden. Die notorische Uneinigkeit unter den Exilierten hat dazu geführt, daß sich Dante definitiv von ihnen abwandte und seit 1303 «eine Partei für sich allein» bildete, wobei er die Zurückdrängung der päpstlichen Macht, die Erneuerung des Reichs als weltliche Friedensordnung und die Herstellung von Sicherheit und Eintracht in Florenz und ganz Oberitalien als Ziel verfolgte. Eine Chance, diese Ziele zu erreichen, sah Dante im Italienzug Kaiser Heinrichs VII. (1310–1313), den er in drei öffentlichen Briefen unterstützt hat. Der frühe Tod des Kaisers beraubte ihn dieser politischen Hoffnungen.

In seiner Schrift *Monarchia* hat Dante unter Rekurs auf Aristoteles sein politisches Ideal ausführlich dargelegt: Im ersten Buch begründet er die Notwendigkeit einer Weltregierung als Voraussetzung für die Verwirklichung der Gerechtigkeit; im zweiten Buch bemüht er sich um den Nachweis, daß dies nicht in einem Pluriversum von Staaten, wie von den französischen Anhängern Philipps des Schönen propagiert, sondern nur unter der Herrschaft des Kaisers möglich sei; und im dritten Buch bekräftigt er diese Auffassung gegen die konkurrierenden Suprematieansprüche des Papsttums. Obwohl man in Florenz angesichts von Dantes sich schnell ausbreitendem Dichterruhm die Verbannung und das 1315 *in absentia* gefällte Todesurteil, durch das der Dichter für vogelfrei erklärt wurde, schon bald bedauerte und nach dem Vorbild anderer oberitalienischer Städte sogar öffentliche Vorlesungen über die *Divina Commedia* einrichtete – Boccaccio etwa hat eine solche Vorlesungsreihe in Florenz gehalten –, hat man sich mit seinen politischen Vorstellungen nie wirklich anfreunden können.

Auch die *Divina Commedia* ist eine zutiefst politische Dichtung, in der Dante das Amt des politischen Kritikers und Richters übernimmt, der die Übel im öffentlichen wie privaten Leben schonungslos offenlegt: Der Dichter hat sich in einem tiefen Wald verirrt, und als er endlich den Rückweg gefunden hat, wird ihm dieser durch drei wilde Tiere versperrt: einen Panther, der die Wollust, die Sünde der Jugend, symbolisiert; einen Löwen, Symbol des Stolzes als der Sünde der Mannesjahre; schließlich eine Wölfin, die für die Habgier, die Sünde des Alters, steht. Dante kann den Bestien nur entkommen, indem er das Totenreich durchschreitet, d.h. seine Seele von Grund auf reinigt. Unter der Führung des Dichters Vergil durchwandert er die Vorhölle und die neun Kreise der Hölle, in denen er der Verdammten und der über sie verhängten Strafen ansichtig wird. Dantes Wanderung durchs *Inferno* ist durchgängig eine Ätiologie des politisch-gesellschaftlichen Verhängnisses, das er über seine Zeit hereingebrochen sieht. Auf dem Weg durchs Fegefeuer, das *Purgatorio*, hat sich der Dichter Statius dem Vergil als weiterer Führer zugesellt. Das Geschrei und die Dunkelheit der Hölle sind hier einer von Gesängen unterbrochenen Stille und hellem Licht gewichen, und die Erlösungshoffnung erfüllt die Menschen mit Zuversicht. Vor Eintritt ins Paradies werden Vergil und Statius durch Beatrice als Führerin abgelöst; dort begegnet Dante auch Kaiser Heinrich im Kreise der Seligen. In dem langen Gespräch zwischen Dante und seinem Vorfahren Cacciaguida im 17. Gesang des *Paradiso* verpflichtet sich der Dichter, ohne Rücksicht auf das eigene Wohl und Wehe die Wahrheit über das Geschaute zu berichten und dabei am wenigsten die Großen und Mächtigen zu schonen, da die erzieherische Wirkung abschreckender Beispiele um so wirksamer sei, je bekannter die Person und ihr Tun sei. In gewisser Hinsicht stellt Dante damit den Prototyp des modernen Intellektuellen dar, der nach der resignativen Einsicht in das Scheitern der eigenen Projekte sich auf das Amt des politischen Kritikers verlegt hat.

*Lit.:* Dante Alighieri: Opere, ed. Società Dantesca, Florenz 1921, ND 1965. – Monarchia, hrsg. von R. Imbach und Chr. Flücler (lat./dt.), Stuttgart 1989. – Die Göttliche Komödie, dt. von F. Frhr. von Falkenhausen (1937), Frankfurt/M. 1974 (2 Bde.).
A. Altomonte: Dante, Reinbek 1987. – W. Th. Elwert: Die italienische Literatur des Mittelalters, München 1980, S. 96–161. – E. Gilson: Dante und die Philosophie, Freiburg 1953. – H. P. Kraus: Dante and the Renaissance in Florence, New York 1965.

→Boccaccio; →Florenz; →Giotto; →Literatur.

## Diplomatie

Die Entstehung des modernen Staates und eines ständigen Gesandtschaftswesens sind einander bedingende Entwicklungen. Ursprünglich als Kommunikationsmittel gegenüber den der abendländischen Christenheit nicht zugehörigen Völkern und

Herrschern (insbesondere den Sarazenen) gebräuchlich, wurden Gesandtschaften im 15. und 16. Jahrhundert mehr und mehr zum wichtigsten Mittel der Kommunikation und Informationsbeschaffung zwischen christlichen Staaten. Waren diese Gesandtschaften zunächst noch auftragsbezogen und zeitlich begrenzt, so begannen die europäischen Großstaaten, insbesondere Frankreich und Spanien, spätestens im 16. Jahrhundert mit der Einrichtung ständiger Gesandtschaften bei ihren wichtigsten Kontrahenten und Verbündeten, während kleinere Staaten auf private Agenten (oder auch Künstler) in den Zentren anderer Staaten zurückgriffen. Neben Venedig, von dem bei der Entstehung des Gesandtschaftswesens die wichtigsten Impulse ausgegangen sind, haben die Kurie und Spanien die Entwicklung der Diplomatie entscheidend befördert. So war es in Venedig schon früh üblich geworden, daß die Gesandten vierzehn Tage nach ihrer Rückkehr einen Bericht abzuliefern hatten, der dann im Geheimen Staatsarchiv deponiert wurde, woraus sich das umfassende politische Wissen der venezianischen politischen Elite speiste. Ein in allen Berichten wiederkehrender Punkt war die Analyse des Finanzsystems der besuchten Länder, säuberlich unterschieden nach den ordentlichen und außerordentlichen Einnahmen der Fürsten. Daran hat man sich in Italien orientiert, und noch Machiavellis Berichte an die Florentiner Signoria sind nach diesem Muster aufgebaut.

Daß Italien im 15. Jahrhundert das Zentrum des neuen Gesandtschaftswesens war, lag am Zusammentreffen zweier Faktoren: der Auseinandersetzung mit den vordringenden Türken, wobei Venedig die Hauptlast zu tragen hatte und aufgrund seiner notorischen militärischen Schwäche zu Lande auf die frühzeitige Beschaffung zuverlässiger Informationen angewiesen war, sowie der Herausbildung eines machtpolitischen Gleichgewichts der italienischen Teilstaaten seit dem Frieden von Lodi (1454), in dessen Folge sich keiner dieser Staaten seiner zeitweiligen Verbündeten dauerhaft sicher sein konnte, woraus die Erfordernis ständiger Beobachtung der Absichten der anderen Herrscher ebenso wie deren fortgesetzte Beeinflussung erwuchsen. Beides wurde zum klassischen Betätigungsfeld frühneuzeitlicher Diplomatie.

«Die erste Pflicht eines Botschafters», so der italienische Humanist Ermolao Barbaro, «ist genau die nämliche wie die eines jeden anderen Staatsdieners: zu tun, zu sagen, zu raten und zu denken, was immer nach seinem Dafürhalten dem Bestand und der Vergrößerung seines eigenen Staates am besten dient.» Wie intensiv über diese Probleme während der Renaissance nachgedacht wurde, zeigt auch eine längere Passage aus Guicciardinis *Ricordi* (II, 153): «Die Botschafter», schreibt Guicciardini, der selbst sowohl für die Republik Florenz als auch für die römische Kurie als Botschafter fungiert hatte, «ergreifen zuweilen die Partei der Herren, an deren Hof sie gesandt sind, und geraten dadurch leicht in den Verdacht, sich beschenken zu lassen, Geschenke zu nehmen oder sonst durch Freundlichkeiten und Gnadenerweise für den fremden Herrn eingenommen zu sein, während ihre Haltung in Wirklichkeit nur dadurch bestimmt wird, daß sie dauernd die Ereignisse des Hofes, an dem sie sich befinden, vor Augen haben, während sie das, was bei ihrem eigenen Herrn vor sich geht, nicht so genau beobachten können und deshalb auf jene mehr Rücksicht zu nehmen scheinen, als dies vielleicht wirklich der Fall ist.»

Die Frage nach der politischen Loyalität der Botschafter und Gesandten scheint ein Dauerproblem in den Anfängen des ständigen Gesandtschaftswesens gewesen zu sein. Komplementär zu Guicciardinis Sorge um das Vertrauen der Herrscher in die Loyalität ihrer Gesandten ist der Rat Philippe de Commynes' (*Memoiren* III, 8), so viele Botschafter und Gesandte wie möglich zu seinen Gegnern und Feinden zu schicken, «denn ihr könnt keine besseren und sichereren Spione schicken, die eine so gute Möglichkeit haben, etwas zu sehen und zu hören. (...) Auch wird ein kluger Fürst sich immer darum bemühen, einen oder mehrere Freunde beim Feinde zu haben und sich selbst so sehr wie möglich vor dem gleichen zu hüten. (...) Man könnte sagen, daß unser Feind dadurch noch hochmütiger wird. Das macht mir nichts, wenn ich nur möglichst viele Neuigkeiten erfahre. Denn am Ende hat doch der die Ehre, der den Nutzen hat.» Die Schulung der politischen Beobachtungsfähigkeit, die infolge dieser Kombination von Diplomatie und Spionage befördert wurde, mußte gelegentlich noch durch die Beobachtungsgabe des Zeichners und Malers ergänzt werden: Immer wieder wurden Künstler als Spione eingesetzt, die Hafenanlagen und Befestigungen malen sollten, um Informationen über die Stärke realer und potentieller Gegner zu verschaffen. So wurde Velázquez anläßlich seiner Italienreise 1627 der Spionage verdächtigt. Zweifelsfrei Spionagedienste geleistet haben Antonio Lari, Pieter Franz Isaacs und Jacques Bordier.

Angesichts der doppelten Verdächtigung der Bestechlichkeit durch den Herrscher des Gastlandes bzw. des Verdachts der Spionagetätigkeit für das Entsendeland waren die Gesandten und Botschafter notorisch in einer prekären Situation der Rechtfertigung und standen in dem Ruf, einer wenig ehrenhaften Tätigkeit nachzugehen. Gesandte und Botschafter mußten darum unter den besonderen Schutz des Völkerrechts gestellt werden. Eine Fülle von Autoren war obendrein darum bemüht, eine professionelle Ethik der Diplomatie zu entwickeln, bei der es u. a. darum ging, deren politische Gleichrangigkeit mit dem Kriegswesen nachzuweisen (der Wettstreit zwischen *arma et litterae*) und sie als Wiederaufnahme einer ehrenhaften Institution der Antike darzustellen. Wichtigster Text dieser ‹Gesandtenspiegel› ist Alberico Gentilis Schrift *De legationibus libri tres* (1585).

*Lit.:* W. Andreas: Staatskunst und Diplomatie der Venezianer im Spiegel ihrer Gesandtschaftsberichte, Leipzig 1943. – Chr. Lutter: Politische Kommunikation an der Wende vom Mittelalter zur Neuzeit, München 1998. – G. Mattingly: Renaissance Diplomacy, Harmondsworth 1973.

→Staat; →Völkerrecht.

## Dürer, Albrecht

*(* 21. Mai 1471 in Nürnberg, † 6. April 1528 in Nürnberg)*

Albrecht Dürer hat die Renaissance und das in ihr wiederbelebte klassisch-antike Bild des Menschen über die Alpen nach Deutschland gebracht, wo man sich bis dahin nur um eine philologische Aneignung der Antike bemüht und keinerlei Verständnis für die künstlerische Gestaltung antiker Bildwerke entwickelt hatte. Dürers an antiken Idealen und Proportionsvorstellungen orientierte Sicht des menschlichen Körpers fand ihren Niederschlag in einer radikalen Kontrastierung des nackten menschlichen Leibes mit den Gewanddarstellungen, wie sie die gotische Kunst des Nordens beherrscht hatten. Zwar waren auch hier verschiedentlich nackte menschliche Körper dargestellt worden, doch ging es dabei fast immer um die Sichtbarmachung des körperlichen Schmerzes Christi oder der Märtyrer; was Dürer dagegen zeigen wollte, war nicht die Versehrbarkeit, sondern die Idealität des menschlichen Leibes, seine sich in idealen Proportionen manifestierende Schönheit. Schon bei seiner ersten Venedigreise hatte ihn Jacopo de' Barbari darauf hingewiesen, daß es ein ideales Proportionsgerüst des menschlichen Körpers gebe, und von nun an galten seine Anstrengungen der Suche nach dessen mathematischer Formel.

1486 trat Dürer, dessen Vater und Großvater Goldschmiede waren, in die Werkstatt des Nürnberger Malers Michael Wolgemut ein, die unter anderem auch die Illustrationen zu den in der Druckerei von Anton Koberger erscheinenden Büchern beisteuerte. Dürer scheint sich mit den Techniken des Kupferstichs wie des Holzschnittes gut vertraut gemacht zu haben, denn in Basel, wohin er nach Ende seiner Lehrzeit gereist war, wurde er umgehend mit der Anfertigung von Holzschnitten für die Ausgabe von Sebastian Brants *Narrenschiff* betraut. Von Basel aus reiste er nach Colmar, um Martin Schongauer zu treffen, der die Bildsprache der Druckgraphik in Deutschland grundlegend verändert hatte. Aber Schongauer war, kurz bevor Dürer eintraf, einer Pestepidemie erlegen. Gleiches hat sich bei Dürers Versuch, den von ihm als Meister der klassisch-antiken Bildsprache bewunderten Andrea Mantegna zu treffen, ereignet: Als Dürer eintraf, war Mantegna gerade gestorben, und so blieb ihm statt der persönlichen Begegnung nur die intensive Auseinandersetzung mit dem Werk.

1494 kehrte Dürer nach Nürnberg zurück und heiratete die aus einer vermögenden und angesehenen Familie stammende Agnes Frey, womit ihm der Aufstieg in die vornehmsten und mächtigsten Kreise der Stadt vorgezeichnet war – ein Weg, der die Biographien vieler Künstler dieser Zeit in Deutschland kennzeichnet, bei Albrecht Altdorfer und Hans Baldung etwa, vor allem bei Lucas Cranach, der nicht nur mehrmals Bürgermeister in Wittenberg wurde, sondern auch als einer der reichsten Männer der Stadt galt. Was Dürer von den Genannten jedoch unterscheidet, ist seine Rebellion gegen die zünftig-ständischen Bahnen, in denen sich ein erfolgreicher Kupferstecher, Maler und Werkstattleiter zu bewegen hatte. Dürer verweigerte sich diesen nur unzureichend mit ‹ausgehendes Mittelalter› bezeichneten Verhältnissen, ihrer gesellschaftlichen Ordnung, ihrer Weltsicht und ihren religiösen Konventionen. So entschloß er sich, Nürnberg sogleich nach der Hochzeit wieder zu verlassen und die Mitgift seiner Frau nicht zum Kauf eines Hauses zu nutzen, sondern damit eine Reise nach Venedig zu finanzieren. Durch diesen Venedigaufenthalt (ihm sollte später noch ein zweiter folgen), der für einen Nürnberger Großkaufmann naheliegend, für einen Handwerker der Stadt aber eigentlich undenkbar war, unterschied sich Dürer von den anderen deutschen Malern, Kupferstechern und Bildhauern, die in den sozial vorgezeichneten Bahnen eines Kunsthandwerkers verblieben, während er den Weg zur individuellen Künstlerpersönlichkeit ging. Dies zeigt sich auch in seinen Selbstporträts: Das 1498 entstandene, heute im Prado hängende Selbstbildnis zeigt eine introvertierte Person in einer modisch-extrovertierten Kleidung, die nach den Zunftvorschriften einem Handwerker zu tragen verboten war. Der junge, bereits überaus erfolgreiche und weit über die Grenzen seiner Vaterstadt bekannte Künstler beanspruchte mit diesem Bild eine Position jenseits der gesellschaftlichen Konventionen. Noch deutlicher wird dies in dem Selbstporträt von 1500, das einen vom Bewußtsein seiner Bedeutung und Würde durchdrungenen Menschen zeigt, der jeder raum-zeitlichen Konkretion, wie sie auf dem vorangegangenen Porträt durch das Fenster mit dem Blick auf eine Voralpenlandschaft noch gegeben war, überhoben ist. Immer wieder hat die von Dürer gemalte Christusähnlichkeit, die Einschreibung der eigenen Physiognomie in die *Vera Ikon* Christi, zu Diskussionen Anlaß gegeben: Unabweisbar ist dabei aber die Prätention der Gottähnlichkeit des Künstlers, der aus seiner Vorstellung und kraft seiner Fähigkeiten Lebewesen hervorzubringen vermag und von den Mächtigen der Erde dafür anerkannt und angemessen entlohnt werden muß.

Während seiner ersten Venedigreise erwachte auf dem Weg durch die Tiroler Alpen in Dürer ein völlig neues Naturgefühl, so daß man von einer regelrechten Neuentdeckung der Landschaft, aber auch der Tierwelt durch Dürer sprechen kann. Der in dieser Auseinandersetzung mit der Natur entwickelte Realismus hat Dürer dazu gedient, die Fesseln der in Deutschland vorherrschenden künstlerischen Konventionen abzustreifen und eine tiefgreifende Veränderung der Bildsprache einzuleiten. Der Realismus der Naturbetrachtung geht in Dürers Bildern freilich eine enge Verbindung mit dem klassisch-antiken Bild der Welt und des Menschen ein, weswegen gerade Mantegna und Pollaiuolo, bei denen dies in ähnlicher Weise der Fall war, für Dürer paradigmatische Bedeutung besaßen. Im übrigen haben die Tierstudien, die in Dürers Werk einen herausragenden Platz einnehmen, auch bei Mantegna und Uccello eine bedeutende Rolle gespielt.

Dürers Beschäftigung mit der italienischen Renaissance und den Schönheitsvorstellungen der Antike beschränkte sich freilich nicht auf seine beiden Venedigaufenthalte, sondern wurde auch durch seinen Nürnberger Bekannten- und Freundeskreis unterstützt und gefördert. An erster Stelle zu nennen ist hierbei Willibald Pirckheimer, mit dem Dürer zeitlebens freundschaftlich verbunden war und der auch seinen zweiten Venedigaufenthalt (vor-)finanziert hat. Pirckheimer selbst hatte in Italien studiert und war dabei nicht nur mit Literaten und Gelehrten, sondern auch mit Künstlern und Kunsttheoretikern in Kontakt gekommen. Er hat Dürer in die italienische Kunsttheorie eingeführt, ihm die Schriften Virtruvs zu lesen gegeben und ihn wohl auch mit den Gedanken Leonardos vertraut gemacht, die er selbst während dessen Aufenthalt am Sforza-Hof in Mailand kennengelernt hatte. Daneben spielte Lorenz Beheim für Dürer eine wichtige Rolle; Beheim hatte sich etwa zwanzig Jahre in Italien aufgehalten und dabei den Borgia in verschiedenen Tätigkeiten gedient, unter anderem als Haushofmeister Rodrigo Borgias und als Kriegsingenieur Cesare Borgias. Der Austausch mit Pirckheimer und Beheim hat Dürer ermöglicht, den Betätigungsfeldern des Malers und Graphikers auch noch das eines Kunsttheoretikers hinzuzufügen: Seine *Proportionslehre* (postum 1528) hätte ohne die Anregungen Pirckheimers und die *Befestigungslehre* (1527) ohne die Hinweise Beheims schwerlich entstehen können.

In Dürers breit angelegtem graphischen Werk ragen der frühe Holzschnitt-Zyklus *Apocalypsis cum figuris* (um 1498) und darin insbesondere die *Apokalyptischen Reiter* sowie die um 1513/14 entstandenen Kupferstiche *Ritter, Tod und Teufel, Melencolia I* sowie *Hieronymus im Gehäus* heraus, wobei das Bild des in entschlossener Gelassenheit eine Welt dämonischer Versuchung und tödlicher Bedrohung durchreitenden Ritters sicherlich Dürers bekanntestes Werk ist, zumal es immer wieder zur ikonographischen Selbstidentifikation der Deutschen hergehalten hat. Dabei ist in Gestaltung von Pferd und Ritter Dürers Beschäftigung mit den Reiterstandbildern der Condottieri Gattamelata und Colleoni eingegangen. *Ritter, Tod und Teufel* ist im Gegensatz zu diesen Darstellungen kämpferischer Entschlossenheit und Siegesgewißheit ein Bild, das deutlicher als andere Dürers tiefe Gläubigkeit zum Ausdruck bringt: Das Leben ist ein Kriegsdienst, bei dem der mit der Rüstung des Glaubens Gewappnete in der Lage ist, allen Anfechtungen und Gefahren zu trotzen. Wiewohl mehrere Jahre vor Luthers öffentlicher Kritik und Absage an Rom entstanden, gehen Dürers Vorstellungen in eine ganz ähnliche Richtung. An der alleinseligmachenden Institution der Römischen Kirche scheint er bereits damals gezweifelt zu haben, nicht zuletzt wohl unter dem Eindruck des von Beheim aus Rom Berichteten. Rom ist für ihn «der Hölle Pforten»; dagegen ist der Weg zur Erlösung, den der Ritter beschreitet, einer, den jeder allein, nur geschützt durch seinen Glauben, zurückzulegen hat. Dementsprechend gehörte Dürer auch zu den ersten und entschiedensten Anhängern Luthers.

Von einer Reise in die Niederlande, die Dürer 1520/21 unternahm, um sich von Maximilians Enkel Karl die Leibrente bestätigen zu lassen, kehrte er als kranker Mann zurück, der sich von seinem Leiden nie mehr erholte. Freilich hat er im Verlauf der Reise die niederländische Kunst, insbesondere Jan van Eyck, Rogier van der Weyden und Hugo van der Goes, kennengelernt, was seinen Spätstil noch einmal nachhaltig beeinflußt und sich als Gegengewicht zu den italienischen Einflüssen bemerkbar gemacht hat. Ausdruck dessen sind die *Vier Apostel,* die er als unerschütterliche Bewahrer des Gottesworts gegen Verwirrung und Irrtümer, Aufruhr und Irrglauben dargestellt hat.

*Lit.:* Die drei großen Bücher von Albrecht Dürer (Unterweisung mit dem Zirkel, Befestigungslehre, Proportionslehre), mit einem Nachwort und Erläuterungen, hrsg. von H. Appuhn, Dortmund 1986. – A. Dürer: Schriftlicher Nachlaß, hrsg. von H. Rupprich, 3 Bde., Berlin 1956–69.
F. Anzelewsky: Albrecht Dürer. Das malerische Werk, 2 Bde., Berlin 1991. – C. Eisler: Dürers Arche Noah. Tiere und Fabelwesen im Werk Dürers, München 1996. – J. C. Hutchinson: Albrecht Dürer. Eine Biographie, Frankfurt/M. 1994. – E. Panofsky: Albrecht Dürer, 2 Bde., Princeton 1943/47. – E. Rebel: Albrecht Dürer. Maler und Humanist, München 1996.

→Künstler; →Malerei; →Nürnberg; →Porträt; →Reformation; →uomo universale.

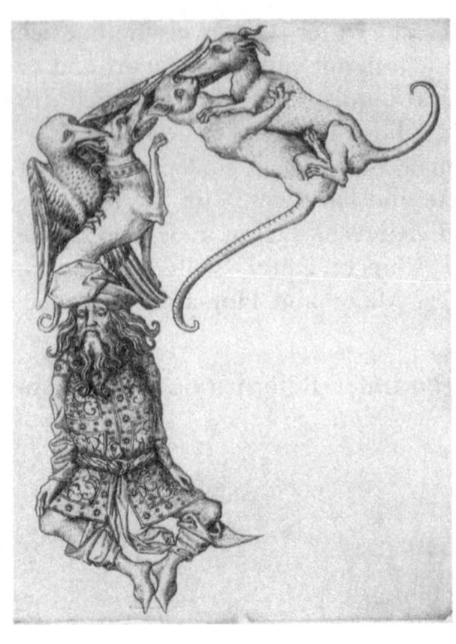

## Entdeckung und Eroberung

Die Entdeckung der Welt und des Menschen gilt seit der im Anschluß an Michelet geprägten Formel Jacob Burckhardts als das entscheidende Kennzeichen der Renaissance. Man hat deshalb auch von der Renaissance als dem Entdeckungszeitalter gesprochen und damit nicht nur eine historische Koinzidenz bezeichnen wollen, sondern einen ursächlichen Zusammenhang zwischen einem neuen Denken und der Neuen Welt hergestellt: Befruchtet vom Geist des Neuen, hätten die Menschen sich über die Grenzen der Alten Welt hinausgewagt, sich aus der Immobilität der mittelalterlichen Gesellschaft befreit und dabei die Vorurteile eines nicht von der Wissenschaft, sondern von der Theologie geprägten Zeitalters überwunden – solche Konnotationen verbinden sich mit dem Begriff der Entdeckung bis heute. Zu den Helden dieser Zeit gehört daher nicht zuletzt der Entdecker, der heroische Einzelne, der gegen zahlreiche Widerstände sein kühnes Projekt verfolgt, sich von Rückschlägen nicht entmutigen läßt und dem der Erfolg schließlich recht gibt. Nicht zuletzt impliziert der Begriff der Entdeckung aber auch das gänzlich unerwartete Auffinden dessen, wonach man gar nicht gesucht hat. Seit dem weltgeschichtlichen Zufall der Entdeckung einer Neuen Welt durch Christoph Kolumbus bedeutet entdecken deshalb in erster Linie, Unbekanntes unerwartet aufzufinden.

Bekanntlich zielten die Entdeckungsbemühungen des 15. Jahrhunderts aber alle auf bereits Bekanntes: Entdeckt werden sollten nämlich nicht in erster Linie neue Länder, sondern neue Wege in bereits bekannte Länder. Indien war das Traumziel aller Entdecker, wobei unter Indien nicht nur das heutige Indien verstanden wurde, sondern ganz Asien östlich des Persischen Golfs, vom heutigen Pakistan bis nach Südostasien mit den Inseln des malayischen Archipels und China. Aus diesen Ländern wurden seit dem Hochmittelalter von Venezianern und Genuesen Edelsteine, Gewürze und Seide, teilweise direkt, teilweise über arabische Zwischenhändler, nach Europa importiert. Um an diesem lukrativen Handel teilzunehmen, fehlten Spaniern wie Portugiesen die ökonomischen Ressourcen, aber die Entwicklung der Schiffbautechnik und der Nautik machte es seit Ende des 14. Jahrhunderts denkbar, unter Umgehung der alten Handelswege direkt zu den Quellen des Reichtums vorzustoßen und sich als Handelsmacht an die Stelle der Araber, aber auch der Venezianer und Genuesen zu setzen. Dazu mußte zunächst Unbekanntes überwunden werden, doch das hing weniger vom Wagemut einzelner als vielmehr von der Fähigkeit ab, Informationen und Erfahrungen zu bündeln und auf einen Zweck hin zu konzentrieren.

Zumindest im Falle Portugals war die Erkundung des Seewegs nach Indien von Beginn an staatliches Programm. Unter Heinrich dem Seefahrer begannen die Portugiesen seit 1415, systematisch entlang der afrikanischen Küste nach Süden vorzustoßen, um den Seeweg nach Indien zu finden. Der portugiesische Infant, der sich trotz seines Beinamens keineswegs selbst als Seefahrer versucht hat, war als Großmeister des portugiesischen Christusordens Inhaber des Handelsmonopols mit Afrika und Indien. In seiner Person und der von ihm betriebenen Entdeckungspolitik verbanden sich jene unterschiedlichen Aspekte, die das Zeitalter der Entdeckungen entscheidend geprägt haben: die Mischung aus Gewinnstreben und Missionseifer – wobei fraglich ist, inwieweit das letztere Motiv lediglich als Legitimation für das erste diente –, die konsequente Informationsbeschaffung sowie die Verknüpfung von handelskapitalistischer und staatlicher Organisation der Entdeckungsreisen.

1434 stieß Gil Eannes erstmals über das gefürchtete Kap Bojador hinaus in einen Bereich vor, den man zuvor wegen der Hitze für unpassierbar gehalten hatte; 1444 gelangte Dinis Dias bis zum Kap Verde ins tropische Afrika. Von da an sollte es bis zur Überschreitung des Äquators nahezu weitere dreißig Jahre dauern – Afrika erwies sich als sehr viel größer, als man nach den geographischen Kenntnissen der Zeit vermutet hatte. Heinrich betrachtete Afrika jedoch nicht ausschließlich als geographisches Hindernis auf dem Weg nach Indien. Schon während der ersten Reisen sammelten die Portugiesen Informationen über vorhandene Produkte, Handelsstrukturen und die Möglichkeiten, selbst am westafrikanischen Küstenhandel teilzunehmen, und ab 1448 begannen sie, strategisch wichtige Handelspunkte an der westafrikanischen Küste zu besetzen. Den Handel überließ Heinrich der Seefahrer privaten Kaufleuten, doch strebte er von Beginn an dessen Kontrolle und Lenkung an. Bis zu seinem Tod im Jahre 1460 mußten alle Fahrten an die westafrikanische Küste genehmigt werden. Händler, die kein Schiff hatten, waren verpflichtet, die Hälfte ihrer Einnahmen an den Infanten abzutreten; wer über ein eigenes Schiff verfügte, mußte ein Viertel des Gewinns abführen.

Nicht zuletzt um unliebsame Konkurrenz fernzuhalten, sicherten sich die Portugiesen mit dem Argument einer Christianisierung der entdeckten Gebiete die Bestätigung ihrer Privilegien durch den Papst. In der am 8. Januar 1455 ausgefertigten Bulle *Romanus Pontifex* legte Papst Nikolaus V. fest, daß den Portugiesen das ausschließliche Inbesitznahme- und Handelsrecht auf alle Gebiete südlich des Kap Bojador zukomme und daß kein katholischer Christ, sofern er nicht vom König von Portugal dazu ermächtigt sei, bei Strafe der Exkommunikation und des Interdikts hier Handel treiben und in die betreffenden Häfen und Meere eindringen dürfe. Die von Calixtus III. ausgefertigte Bulle *Inter Caetera* vom 13. März 1456 übertrug dem Christusorden die Missionierung aller Gebiete vom Kap Bojador über Guinea «usque ad Indos».

Nach Heinrichs Tod im Jahre 1460 wurden die Entdeckungsfahrten zunächst mit weniger Nachdruck betrieben, und 1469 privatisierte die Krone die Entdeckungsfahrten vorübergehend, indem sie dem Lissaboner Kaufherrn Ferñao Gomes für die Verpachtung des Guineahandels auferlegte, jedes Jahr 100 Leguas, d.h. 297 Seemeilen, entlang der afrikanischen Küste weiter vorzustoßen. Mit der Thronbesteigung Johanns II. wurden die Entdeckungsfahrten jedoch wieder zügig vorangetrieben, und die Krone zog auch das Handelsmonopol für jene Güter wie Pferde, Stoffe und Metalle wieder an sich, die als Tauschgüter gegen Gold, Pfeffer, Sklaven und Elfenbein eingesetzt werden konnten. Dieses Monopol wurde freilich durch private Kaufleute ständig mißachtet und mußte durch entsprechende Maßnahmen durchgesetzt werden. Nicht zuletzt dazu dienten die Festungen und Faktoreien, die zunehmend an der westafrikanischen Küste gegründet wurden. Diesen standen vom König ernannte Gouverneure und Kapitäne vor, die sowohl den Verkauf europäischer Waren als auch den Ankauf afrikanischer Güter kontrollierten. Um Korruption zu verhindern, wurden die Positionen alle drei Jahre neu besetzt, und in der *Casa de Guiné* in Lissabon wurden die Handelsgüter nach ihrer Herkunft sortiert und mit Steuern belegt.

Dennoch blieb Indien immer als Ziel vor Augen. Die Umsegelung der Südspitze Afrikas sollte jedoch erst 1487 Bartolomeu Dias gelingen. Er war mit einer neuen Seekarte ausgerüstet, die eigens im Auftrag König Johanns angefertigt worden war und den neuesten Erkenntnissen über den afrikanischen Küstenverlauf entsprach, dem Dias wie üblich folgte. Als er sich mit seinen Schiffe dem Kap bis etwa 200 Meilen genähert hatte, mußten er wegen gefährlicher Küstenklippen und heftigen Windes auf hohe See ausweichen, und umsegelte auf diese Weise das Kap, ohne es zu bemerken. Auf der Rückfahrt steuerte er jedoch nicht wieder hohe See an, sondern bewegte sich eng entlang der Küste, um sie seinem Auftrag gemäß kartographieren zu können. Dias hatte zwar Indien noch nicht erreicht, aber er hatte den entscheidenen Teil des Weges zurückgelegt und das Tor nach Indien aufgestoßen.

Trotz dieses großen Erfolges trat nach Dias' Fahrt eine Pause von zehn Jahren ein, bis sich die nächste portugiesische Expedition auf den Weg nach Indien machte. Der Grund dafür lag keineswegs im Erlahmen des Interesses an Indien, sondern in der Erkenntnis, daß der Weg entlang der afrikanischen Küste zuviel Zeit in Anspruch nahm und aufgrund ungünstiger Strömungsverhältnisse und unberechenbarer Winde riskant war. Um sich von der Küste zu lösen, mußte man jedoch zunächst zwei Probleme bewältigen: Die Winde und Strömungsverhältnisse im Südatlantik mußten erkundet und die Orientierung auf See auf eine andere Basis gestellt werden, denn der Polarstern, nach dem man üblicherweise den Breitengrad bestimmte, war südlich des Äquators nicht mehr sichtbar. Als Alternative bot sich an, den Breitengrad nach dem Sonnenstand zu bestimmen, aber diese Bestimmung konnte man nicht mehr allein mit Hilfe einfacher Instrumente an Bord vornehmen, sondern benötigte dazu mathematisch exakt berechnete Tabellen. Nicht zuletzt zu diesem Zweck hatte Johann II. 1484 die *Junta de mathematicos* eingerichtet. Als Vasco da Gama 1497 nach Indien aufbrach, umschiffte er Afrika jedenfalls auf einem Kurs, der ihn weitab von der afrikanischen Küste mitten durch den Atlantik führte; offensichtlich waren die Berechnungen und die wahrscheinlich im Vorfeld durchgeführten Erkundungsfahrten erfolgreich verlaufen.

Angesichts der langjährigen portugiesischen Bemühungen um die Auffindung des Seewegs nach Indien ist es nicht verwunderlich, daß Christoph Kolumbus Anfang 1484 sein Projekt einer Westfahrt nach Indien dem portugiesischen König Johann II. vortrug. Erst sein Scheitern in Portugal und bei verschiedenen anderen europäischen Herrschern, denen er sein Projekt ebenfalls andiente, brachte Spanien wieder ins Spiel, das im Wettlauf um den Seeweg nach Indien längst ins Hintertreffen geraten und überdies mit der *Reconquista* vollauf beschäftigt war. Zunächst scheiterte Kolumbus auch hier, aber nach dem erfolgreichen Abschluß der Reconquista ließ sich 1492 die spanische Krone überraschenderweise doch noch darauf ein, einen Mann zu unterstützen, der außer erstaunlichen Berechnungen und kühnen Versprechungen nichts zu bieten hatte. Allzu große Hoffnungen setzte die Krone aber wohl kaum in den Erfolg des Unternehmens, denn sie ließ sich auf einen Vertrag mit Kolumbus ein, dessen Privilegien weit über das hinausgingen, was früheren Entdeckungsreisenden zugestanden worden war.

Am 3. August 1492 stach Kolumbus in Palos in See und nahm Kurs auf die Kanarischen Inseln, die seit 1479 zu Spanien gehörten. Am 6. September ließ er die Grenzen der alten Welt hinter sich und fuhr weiter westwärts. Nur sechsunddreißig Tage später, am 12. Oktober 1492 um zwei Uhr morgens, sichtete der Matrose Rodrigo de Triana vom Bug der *Pinta* aus Land. Am Morgen ging er in Begleitung eines als Notar fungierenden Schreibers an Land, nahm im Namen der spanischen Könige Besitz von der Insel und taufte sie auf den Namen des Erlösers *San Salvador.* Schon dieser Akt zeigt, daß die Entdeckung nicht von der Inbesitznahme zu trennen ist, wenngleich es sich dabei zunächst um einen rein symbolischen Akt handelte. Ihre rechtliche Legitimation bezog diese Inbesitznahme aus dem auf das römische Recht zurückgehenden Finderecht, das es erlaubte, herrenloses Land, *terra nullius,* in Besitz zu nehmen. Dieses Finderecht hatte sich ursprünglich auf neu aus dem Meer auftauchende, unbewohnte Inseln bezogen; es wurde jedoch schon von Bartolo da Sassoferrato (1314–1357) in seinem *Tractatus de insulis* auf von Ketzern und Heiden bewohnte Gebiete ausgedehnt, die nach seiner Auffassung rechtmäßig okkupiert werden durften, sofern der Besatzungsmacht kein wesentlicher Widerstand geleistet wurde. Zwar ging er von einer tatsächlichen Besetzung solcher Gebiete aus, aber die privatrechtliche Konstruktion der Okkupation ließ es offenbar denkbar erscheinen, die tatsächliche Besetzung durch den symbolischen Akt der Namensgebung zu ersetzen. Kolumbus steuerte denn auch, nachdem er die erste der «indischen» Inseln entdeckt hatte, von einer Insel zur nächsten, erklärte sie mit einer symbolischen Geste zum Besitz der spanischen Könige, gab jeder von ihnen einen Namen und ließ von dem anwesenden Schreiber in einem Protokoll festhalten, daß ihm nicht widersprochen worden sei.

Am 15. März 1493 traf Kolumbus wieder in Palos ein und zog im Triumphmarsch nach Barcelona, wo er dem spanischen Königspaar die neuen Besitzungen formell übergab und die zu erwartenden Reichtümer an Gold, Perlen und Edelsteinen in den höchsten Tönen pries, wenngleich er unter seinen Mitbringseln nur wenig davon vorweisen konnte. Die Krone leitete unverzüglich Schritte ein, um sich die Besitzrechte an den entdeckten Ländern und Inseln bestätigen zu lassen. Sie wandte sich an Papst Alexander VI., und dieser sicherte Ferdinand und

Isabella den Besitz der von Kolumbus entdeckten Gebiete zu. Das verletzte freilich die den Portugiesen zugesprochenen Rechte, und nachdem Portugal unter Bezugnahme auf die früheren päpstlichen Bullen gegen die Entscheidung protestierte, schlossen Spanien und Portugal unter Vermittlung des Papstes 1494 den Vertrag von Tordesillas, in dem sie sich auf eine Demarkationslinie einigten, die ungefähr 1175 Seemeilen (370 Leguas) westlich der Kapverdischen Inseln verlief. Die westlich dieser Linie entdeckten und noch zu entdeckenden Gebiete sollten der spanischen Krone zufallen, während die östlich gelegenen Gebiete an Portugal fielen. Spanien und Portugal hatten damit – unter Anerkennung der Oberherrschaft des Papstes – de facto die Welt zwischen sich aufgeteilt und die gesamte östliche und westliche Hemisphäre zu ihrem Eigentum erklärt.

Kolumbus entwickelte sogleich das Projekt einer zweiten Seereise, bei der zweitausend Siedler in neu zu gründenden Städten seßhaft gemacht werden sollten – auf die symbolische Inbesitznahme sollte nunmehr die faktische Besetzung folgen. Insgesamt kam eine Flotte von 17 Schiffen zusammen, die etwa eintausendzweihundert bis eintausendfünfhundert Mann aufnehmen konnte. Anders als bei der ersten Reise wurden bei der zweiten Reise auch Soldaten mitgenommen, darunter auch ein Trupp von Lanzenreitern, deren Pferde unter den Indianern, die keine Pferde kannten, Furcht und Schrecken verbreiteten und sich als wichtiger Faktor der militärischen Überlegenheit der Conquistadoren erwiesen. Am 25. September 1493 brach Kolumbus auf: Die Hoffnungen auf sensationelle Goldfunde und schnellen Reichtum wurden jedoch enttäuscht; unter den Kolonisten stellten sich deshalb bald die ersten Konflikte ein, und die Behandlung der Indianer verschlechterte sich um so mehr, je weniger die Goldfunde den Erwartungen entsprachen. Die anfänglichen Tauschgeschäfte von Gold gegen Glasperlen oder andere wertlose Gegenstände wurden bald durch Goldtribute, die man den Indianern abpreßte, abgelöst, und die Erkundungen der Inseln verwandelten sich immer mehr in Beutezüge. Auf seiner zweiten Reise setzte Kolumbus gegenüber feindseligen Indianern erstmals auch Bluthunde ein, ein Vorgehen, das auf den Kanaren bei der Ausrottung der Guanchen bereits erprobt worden war. Auf Hispaniola (Haiti), wo es zu den ersten gravierenden Zwischenfällen kam, begann die Vernichtung der Urbevölkerung, die später auch auf den anderen Inseln ihren Lauf nehmen sollte: Im Jahre 1504 war die Insel völlig unterworfen; vier Jahre später lebten von der ursprünglichen Bevölkerung von über einer Million Menschen noch etwa Sechzigtausend. Im Jahre 1548 berichtete der Chronist Oviedo, daß nur noch fünfhundert Indianer am Leben seien – freilich nicht ohne hinzuzufügen, daß Gott dies ihrer Sünden wegen so gewollt habe. Dazu trug nicht zuletzt das System der *encomienda* bei, durch das die Indios zu Zwangsarbeiten oder Zwangsabgaben an Gold gezwungen wurden. Man wies den spanischen Kolonisten ganze Indiodörfer als *encomiendas* sowie *repartimientos* zu, Grundstücke mit den darauf lebenden Indianern, die Fronarbeit leisten mußten. Damit ließen sich zwar die erhofften Reichtümer nicht erwirtschaften, aber die Bauern und verarmten Adligen, die sich als Kolonisten auf den indischen Inseln niederließen, versuchten den Inseln ohne Rücksicht auf die Folgen abzupressen, was nur irgend möglich war, immer in der Hoffnung, die wahren Goldreichtümer würden sich noch finden lassen. Große Goldreichtümer fand man jedoch erst auf dem Festland, an dessen Entdeckung und Eroberung Kolumbus keinen Anteil mehr hatte.

Auch wenn die Spanier mit der vermeintlichen Entdeckung der indischen Inseln zunächst das Rennen um den Seeweg nach Indien gemacht zu haben schienen – die Portugiesen waren der eindeutige Gewinner des Zeitalters der Entdeckungen. Zwei Jahre nachdem Manuel I. den Thron bestiegen hatte, wurde unter der Aufsicht von Bartolomeu Dias eine Flotte von vier Schiffen zusammengestellt, die mit Proviant für eine ununterbrochene Hochseefahrt von drei Monaten ausgerüstet war. Als Flottenkommandant wurde Vasco da Gama ausgewählt, der dem niederen portugiesischen Adel angehörte und in Navigation und Astronomie ausgebildet war. Da Gama folgte nicht dem Verlauf der afrikanischen Küste, sondern steuerte von den Kapverdischen Inseln aus einen Kurs, der seine Schiffe weit auf den Atlantik hinausführte. Die Umschiffung des Kaps erwies sich zwar als schwierig, aber am 2. 3. 1498 erreichte da Gama das ostafrikanische Mozambique. Mozambique war einer der zahlreichen von Sultanen beherrschten unabhängigen Kleinstaaten, die sich an der ostafrikanischen Küste bis nach Malindi zogen und um Anteile am lukrativen Indienhandel konkurrierten. Hier versuchte da Gama erstmals, diplomatische Kontakte zu den örtlichen Herrschern aufzunehmen. Freilich erwiesen sich die für solche Zwecke mitgenommenen Gastgeschenke als Fehlkalkulation, denn die mitgebrachten roten Stoffkappen, Glasperlen, Glöckchen u. ä. Tand erregten bei den seit langem am indo-arabischen Fernhandel partizipierenden ostafrikanischen Herrschern höchstens Gelächter. Solche Gastgeschenke hatten die Portugiesen zuvor an der westafrikanischen Küste als Geschenke und Tauschmittel eingesetzt, und auch Kolumbus hatte sie in die Neue Welt mitgenommen. Die sich an der westafrikanischen Küste in Tauschwertdifferenzen niederschlagenden kulturellen Differenzen, die aus billigem Flitter brauchbare Gastgeschenke und Tauschgüter machten, schlugen an der ostafrikanischen Küste jedoch negativ auf ihre Überbringer zurück und brachten ihnen nur Verachtung ein. Erst als da Gama in Malindi haltmachte, wurde er trotz seiner armseligen Gastgeschenke freundlich aufgenommen, was vermutlich darin begründet war, daß der Sultan von Malindi ein erbitterter Rivale des Sultans von Mombasa war und in den Portugiesen potentielle Verbündete sah. Malindi erwies sich für da Gama als ein besonderer Glücksfall, denn der Sultan stellte ihm einen Lotsen für die Überfahrt nach Indien zur Verfügung, der die Flotte sicher durch die zahlreichen Riffe und Atolle des Indischen Ozeans führte. Am 18. Mai 1498 gelangten die Portugiesen zur Malabarküste und gingen in Kalikut an Land. Auch hier wollte da Gama nach einigen Tagen seine Kappen und Glasperlen als Geschenk überreichen, aber die Vertreter des Samorins, die alle Gastgeschenke vor der Überreichung begutachteten, lachten ihn aus und erklärten ihm, daß selbst der ärmste Kaufmann mehr gäbe und daß er so etwas einem König nicht anbieten könne. Die Beziehungen zum Samorin verschlechterten sich daraufhin zusehends, und da Gamas Leuten gelang es nur mit Mühe, Lebensmittel zu tauschen und Gewürznelken, Zimt und einige Edelsteine zu beschaffen. Im Herbst des Jahres beschloß da Gama schließlich, nach Portugal zurückzukehren. Ende August 1499 gelangte er mit nur noch zwei Schiffen nach Portugal zurück, wo ihm Manuel I. einen triumphalen Empfang bereitete. Auch wenn der materielle Ertrag der Reise überaus gering und die Handelsaussichten, wie sich in den ersten Kontakten herausgestellt hatte, keineswegs so rosig waren, wie man angenommen hatte, feierte man da Gamas Entdeckung des Seewegs nach Indien als großen Erfolg. König Manuel teilte in einem Schreiben den spanischen Königen mit, seine Schiffe hätten Indien erreicht, und schilderte in den glühendsten Farben die Reichtümer der indischen Städte. In eilends verbreiteten Pamphleten ließ er ganz Europa wissen, daß die portugiesische Nation den Seeweg nach Indien entdeckt habe und diese Route für sich beanspruche. Was er freilich verschwieg, war die Tatsache, daß man keineswegs mit Begeisterung aufgenommen worden war und daß man im Indienhandel mit dem, was man selbst an Handelsgütern zu bieten hatte, mit den muslimischen Kaufleuten nicht konkurrieren konnte.

Die nächste Expedition, die nur sechs Monate nach da Gamas Rückkehr aufbrach, war daher ganz anders ausgerüstet: Sie bestand aus 13 größtenteils bewaffneten Schiffen mit insgesamt 1200 Mann Besatzung unter der Führung von Pedro Alvares Cabral, darunter viele ausgebildete Soldaten. Als Entdeckungsfahrt, die sie gar nicht sein sollte, war die Expedition ein voller Erfolg, denn Cabrals Flotte umsegelte Afrika so weit im Westen, daß sie nach sechswöchiger Fahrt auf Land stieß, das westlich der im Vertrag von Tordesillas festgelegten Linie lag und deshalb von den Portugiesen offiziell in Besitz genommen werden konnte – Brasilien. Cabral hielt sich mit der Entdeckung jedoch nicht lange auf, sondern steuerte nach Osten und landete nach insgesamt sechs Monaten Seefahrt schließlich in Kalikut. Für den Samorin hatte er diesmal angemessene Gastgeschenke dabei und für die muslimischen Kaufleute eine Kriegsflotte, mit der er die unliebsame Konkurrenz aus dem Weg räumen konnte. Nachdem der Samorin sich nach anfänglichem Widerstreben auf einen Handelsvertrag mit den Portugiesen eingelassen hatte, der diesen die Errichtung eines Stützpunktes gestatte, kam es zum erwarteten Widerstand der Muslime, deren Schiffe Cabral daraufhin kapern und verbrennen ließ. Cabral verdächtigte den Samorin jedoch, mit den Muslimen unter einer Decke zu stecken, und ließ darum auch

Kalikut beschießen. Danach tat er sich nach einem neuen Stützpunkt um, den er nur wenig südlich in Kotschin fand. Hier ließ er eine Faktorei einrichten, die zugleich Handelsposten, Lagerhaus und Garnison war. Cabral hatte damit den Grundstein für den portugiesischen Indienhandel gelegt. Die portugiesische Politik zielte in erster Linie darauf ab, die muslimischen Kaufleute mit kriegerischen Mitteln aus Indien zu vertreiben, durch Zerstörung oder Eroberung ostafrikanischer und arabischer Küstenstädte ihre Handelsposten zu besetzen und mit den indischen Küstenmagnaten Handels- und Stützpunktverträge abzuschließen, die ihnen das ausschließliche Handelsrecht zu relativ günstigen Preisen sicherten. Schon 1505 schuf König Manuel einen Posten zur Regelung des Handels, dessen Amtsinhaber er den Titel eines Vizekönigs von Indien verlieh. Freilich mußten die Gewürze und Stoffe, die die Portugiesen exportierten, in harter Währung bezahlt werden, wodurch es zu einem permanenten Edelmetallabfluß nach Indien kam.

Die spanische Westindien-Politik nahm demgegenüber eine andere Wendung. Die versprochenen Reichtümer der westindischen Inseln hatten schon in der ersten Phase der europäischen Expansion zahlreiche Hidalgos, Mitglieder des niederen und weitgehend verarmten spanischen Adels, in die Neue Welt gelockt, wo sie sich den raschen Erwerb großer Reichtümer und die Belehnung mit Land und Privilegien versprachen. Da die entdeckten Inseln aber weder den erhofften Goldreichtum boten noch sich auf der Grundlage der Versklavung ihrer Bewohner als hinreichend gewinnbringend erwiesen, wurde schon bald die Expansion auf das seit 1498 entdeckte Festland zum vordringlichen Ziel der Conquistadoren. Haupttriebkraft der *conquista* war der Wunsch nach Gold, Silber und Edelsteinen, gepaart mit dem angestrebten Statusgewinn durch die Erteilung von Privilegien in Form der *encomenienda* oder von Ländereien mit *repartimientos.* Dieses Streben nach Gold und Statusgewinn prägte den Typus des Conquistadors, der in der Regel aus eigenem Antrieb und auf eigene Verantwortung die *conquista* bestimmter Gebiete des Festlands in Angriff nahm und dazu im Vorfeld mit der spanischen Krone eine vertragliche Abmachung traf. Ähnlich wie der Condottiere war der Conquistador eine Art Kriegsunternehmer, der auf eigene Kosten ein zumeist kleines Heer zusammenstellte und Feldzüge unternahm, wobei seine Bezahlung nicht in einer vereinbarten Summe, sondern in einem Teil der gemachten Beute bestand. Insofern war der Conquistador erheblich billiger als der Condottiere, denn sein Lohn und die Unterhaltung des Heers mußten nicht aus der Staatskasse aufgebracht werden; er war nur bei Erfolg fällig und minderte höchstens anteilig den künftigen Gewinn der Krone. Häufig ging die Eroberung neuentdeckter Gebiete auf die Eigeninitiative der Conquistadoren zurück, die sich von der Krone lediglich einen Titel auf die Eroberung einholten und sich künftige Privilegien und Anteile an der Beute zusichern ließen. Gelegentlich gingen die Conquistadoren aber auch eigenmächtig vor und ließen sich ihre Eroberungen erst post festum genehmigen, so etwa Hernán Cortés, der die Ermächtigung zur Eroberung Mexikos von Karl V. erst nachträglich erhielt.

Grundsätzlich versuchten die Spanier jedoch, ihren Eroberungen auf dem Festland einen rechtsförmigen Charakter zu verleihen. Dazu hatte der spanische Kronjurist Palacios Rubios 1514 eine Erklärung, das sogenannte *requerimiento*, abgefaßt, die von da an vor der Eroberung eines Landstrichs verlesen werden mußte. Im *requerimiento* verlautbarten die Conquistadoren den Indios, daß der Papst, der oberste Herrscher der Welt, den spanischen Königen die westindischen Länder zum Geschenk gemacht habe, damit sie ihnen das Christentum verkündeten. Sodann wurden die «Indianer» aufgefordert, das Christentum anzunehmen und sich freiwillig der Herrschaft Spaniens zu unterwerfen. Wenn dieser Aufforderung nicht Folge geleistet wurde – was die Conquistadoren in der Praxis schon dadurch sicherstellten, daß sie das *requerimiento* ohne einen Dolmetscher auf spanisch verlasen –, galt dies als Auflehnung gegen die rechtmäßige spanische Herrschaft und als ungerechtfertigter Widerstand gegen die friedliche Verbreitung des Christentums und lieferte einen gerechten Kriegsgrund für die anschließende Eroberung des Gebietes sowie die Versklavung der Eingeborenen, die ansonsten verboten war.

Die Eroberungszüge verliefen relativ gleichförmig: Wenn über ein Gebiet erst einmal verbreitet worden war, es fänden sich dort große Goldschätze, bildete sich bald eine *compañia* aus Investoren und Conquistadoren, um die Eroberung dieses Gebietes in Angriff zu nehmen. Solche Erzählungen über riesige Goldvorkommen, wie die Sage von *El Dorado*, dem Goldland, verbreiteten sich stets mit rasender Geschwindigkeit. Mit dem Versprechen riesiger Goldvorkommen wurden sodann weitere Teilnehmer für den Eroberungszug angeworben, die für ihre Ausrüstung häufig bei den Investoren und Anführern des Unternehmens einen Kredit aufnahmen. Zu Beginn der Eroberung beschaffte man sich durch die Gefangennahme einzelner Indios oder durch kulturelle Überläufer einheimische Informanten und Dolmetscher, mit deren Hilfe man sich über innere Konflikte in den Indiogesellschaften informierte. Diese Konflikte nutzte man strategisch für die Eroberung, indem man sich mit unterworfenen Gruppen verbündete und auf diese Weise die eigene zahlenmäßige Unterlegenheit ausglich. Bei Gruppen, die sich feindselig zeigten, konzentrierte man sich darauf, in einem Handstreich die Anführer zu beseitigen. War es den Conquistadoren erst einmal gelungen, bis zu dem jeweiligen Herrscher eines Gebiets vorzudringen, traten sie diesem zumeist freundlich entgegen, um ihn dann bei nächster Gelegenheit als Geisel zu nehmen. Mit dem Herrscher als Geisel erpreßten sie im folgenden Gold- und Hilfsleistungen, um ihn nach Erfüllung der Forderungen unter dem Vorwand des Verrats hinrichten zu lassen. In der nächsten Phase der Conquista wurden die religiösen Kultgegenstände und Götterbilder der Indios zerstört, um ihnen die Machtlosigkeit ihrer Gottheiten zu demonstrieren, und in offenen Feldschlachten, die die Conquistadoren suchten, wurde den Indianern bewiesen, daß Widerstand zwecklos war. Die offene Feldschlacht ermöglichte den Spaniern den optimalen Einsatz ihrer gepanzerten Reitertrupps, die ein zahlenmäßig weit überlegenes Heer der leichtbewaffneten Indios auseinandersprengen oder niederreiten konnten, auf das man dann die stets mitgeführten Bluthunde hetzte.

Die Eroberung des aztekischen Mexiko durch Hernán Cortés ist ein Musterbeispiel für diese Form der Conquista: Nachdem Diego Velázquez das mittelamerikanische Festland mit der Halbinsel Yucatán seit 1517 in einer Reihe von Expeditionen erkundet hatte und der Goldreichtum des Landes große Gewinne versprach, bemühte er sich, in Spanien die königliche Erlaubnis für die Inbesitznahme im Namen der spanischen Krone einzuholen. Noch bevor diese Genehmigung aus Spanien eintraf, machte sich Hernán Cortés, den Velázquez bereits zum Oberkommandierenden der Expeditionsflotte ernannt hatte, auf eigene Faust auf den Weg, um Mexiko zu erobern. Cortés sammelte zunächst gezielt Informationen über den Aufbau des Aztekenreiches und bediente sich dazu mehrerer Dolmetscher, die sich als überaus nützlich für seine Politik erweisen sollten. Eine davon war eine junge Frau namens Malinche, die sowohl die Aztekensprache als auch Maya sprach. Die Sprachfähigkeit von Doña Marina, wie sie nach ihrer Taufe genannt wurde, versetzte Cortés in die Lage, die Unterwerfungsverhältnisse im Aztekenreich zu durchschauen, Völker gegeneinander auszuspielen und Verbündete zu gewinnen. Tatsächlich dürfte Doña Marina das entscheidende Medium für die Eroberung Mexikos gewesen sein; sie ermöglichte den Einsatz des effektivsten Mittels kolonialer Herrschaft, die Politik des *divide et impera.* Wie bewußt Cortés dieses Mittel einsetzte, zeigt sich in dem Satz, den er in seinem zweiten Brief an Karl V. schrieb: *Omne regnum in se ipse divisum desolabitur.* – Jedes Reich, das in sich gespalten ist, wird untergehen.

Nicht zuletzt kam Cortés aber auch der Umstand zu Hilfe, daß der Aztekenkönig Moctezuma keinen entschlossenen Widerstand gegen den Eindringling und seine Truppen organisierte. Ob Moctezuma den Ankömmling tatsächlich für den nach alten aztekischen Weissagungen heimkehrenden Gott Quetzalcóatl gehalten hat, für den die Aztekenherrscher nur stellvertretend die Herrschaft innehatten, oder ob Cortés diese Geschichte nur nachträglich Moctezuma als handlungsleitend unterlegt hat, ist zwar unklar, aber als Cortés schließlich zur Eroberung von Tenochtitlán ansetzte, der im Texcoco-See gelegenen und mehr als einhundertfünfzigtausend Einwohner zählenden Hauptstadt des Aztekenreichs, übergab ihm Moctezuma die Stadt kampflos. Erst als ihn Cortés wenig später als Geisel nehmen ließ, zur Abdankung und zur förmlichen Übertragung der Herrschaft auf den spanischen König zwang sowie die aztekischen Götterbilder zu zerstören begann, regte sich bei den Azteken Unmut über die Fremden. Nachdem spanische Soldaten bei einem Fest zu Ehren des Gottes Huitzilopochtlis in den Tempel eindrangen und unter den unbewaffneten Adligen und Kriegern der Azteken ein Blutbad anrichteten, erhob sich schließlich offener Widerstand, dem die zahlenmäßig unterlegenen Spanier nicht gewachsen waren. Cortés entschloß sich daher, mit seinen Truppen bei Nacht heimlich zu fliehen. Die Flucht wurde jedoch entdeckt, und die Spanier und ihre Hilfstruppen erlitten in der *noche triste*, wie die Spanier sie später nannten, eine verheerende Niederlage. Nur ein Teil von ihnen konnte sich ins verbündete Tlaxcala retten, wo Cortés seine Kräfte neu sammelte und Verstärkung aus der Karibik anforderte. Ende Dezember 1520 setzte er schließlich wieder zur Eroberung Tenochtitláns an. Dabei kamen ihm die von den Spaniern eingeschleppte Pockenepidemie, die inzwischen im ganzen Land zahlreiche Opfer gefordert hatte, sowie die Lage Tenochtitláns im Texcoco-See zu Hilfe. Die Spanier schnitten Tenochtitlan von der Süßwasserversorgung ab und belagerten die Stadt achtzig Tage lang, bis die ausgehungerte und zerstörte Stadt kapitulierte. Nach der Eroberung Tenochtitláns machte sich Cortés daran, das übrige Land für die spanische Krone in Besitz zu nehmen. Teilweise erfolgte die Unterwerfung durch gewaltsame Eroberungszüge, aber verschiedene Fürsten unterwarfen sich auch freiwillig für die Wahrung ihrer Privilegien. Um das Land dauerhaft beherrschen zu können, ließ Cortés an strategisch wichtigen Orten Siedlungen anlegen und lockte spanische Siedler mit dem System der *encomienda* an. Auch in diesem Fall setzte er sich über ein ausdrückliches Verbot der spanischen Krone hinweg, die das System von *repartimiento* und *encomienda* angesichts des rapiden Rückgangs der indianischen Bevölkerung mittlerweile grundsätzlich verboten hatte: Von geschätzten zwanzig bis fünfundzwanzig Millionen Einwohnern im Jahr 1519 ging die indianische Bevölkerung bis 1548 auf 2,6 Millionen Einwohner zurück. Die Eroberungskriege, die Zwangsarbeit und die aus der Alten Welt eingeschleppten Krankheiten führten zu einer demographischen Katastrophe, von der sich die indianischen Völker nie mehr erholen sollten. Als Cortés 1528 zur Berichterstattung und Rechtfertigung seines Handelns nach Spanien zurückkehrte, empfing ihn Karl V. ungeachtet seiner Eigenmächtigkeiten mit großen Ehren. Anders als die von Kolumbus entdeckten westindischen Inseln erfüllten die eroberten Gebiete Neu-Spaniens die Erwartungen an Gold und Silber, und demgegenüber war die Behandlung der neuen spanischen Untertanen von untergeordnetem Interesse.

Ähnlich vielversprechend wie das Unternehmen von Cortés schien auch der Plan Francisco Pizarros zu sein, den dieser ein knappes Jahr später Karl V. selbst vortug. Pizarro hatte auf mehreren selbstfinanzierten Erkundungsfahrten von einem großen Reich namens Bíru erfahren, in dem es noch mehr Gold geben sollte als in Mexiko, aber der Gouverneur von Panama hatte ihm die Unterstützung verweigert, weil er die Entvölkerung des ihm untergeordneten Gebietes fürchtete. Pizarro reiste daraufhin nach Spanien, wo ihm der Indienrat nach seinem Auftritt vor Karl V. die Genehmigung für die Conquista Perus erteilte. Ökonomisch sollte diese Eroberung zur ertragreichsten der gesamten Conquista Südamerikas werden, denn mit der Gefangennahme des Inkaherrschers Atahualpa gelang es Pizarro, den größten Goldschatz zu erpressen, der jemals von den Conquistadoren erbeutet wurde; nach zeitgenössischen spanischen Berechnungen füllte er einen Raum von achtundachtzig Kubikmetern. Strategisch folgte Pizarro bei der Eroberung des Inkareiches, das ähnlich wie das Aztekenreich ein junges Großreich mit zahlreichen unterworfenen Völkern war, demselben Verfahren, das schon Cortés zum Erfolg geführt hatte. Er bediente sich eines indigenen Dolmetschers, verbündete sich mit unterworfenen Völkern und nahm bei dem ersten, scheinbar freundschaftlichen Zusammentreffen den Inkaherrscher Atahualpa gefangen und ließ ihn nach der Erpressung des Lösegeldes und einem Schauprozeß hinrichten.

Karl V. ernannte Pizarro jedoch nur zum militärischen Oberbefehlshaber, verlieh ihm aber keine politischen Ämter, wie etwa das des Gouverneurs – was dem mittlerweile eingeübten Verfahren der spanischen Krone entsprach, Entdecker und Eroberer nicht mehr mit politischer Macht zu belehnen. An die Stelle des Vizekönigs traten regelmäßig wechselnde Beamte der Krone, die sowohl den Handel als auch den staatlichen Aufbau des Landes kontrollieren sollten. Ähnlich wie die portugiesische Krone versuchten die spanischen Könige, die Kolonien unter die Kontrolle des Mutterlandes zu stellen, um das Anwachsen eines nach Selbständigkeit strebenden Kolonialadels zu unterbinden. Das gelang der portugiesischen Krone freilich sehr viel besser als der spanischen, was nicht zuletzt darin begründet war, daß die Spanier Beherrschungskolonien errichteten, während die Portugiesen Stützpunktkolonien bildeten. Die portugiesischen Handelsstützpunkte in Indien und auf den Gewürzinseln eigneten sich nicht als Basis einer eigenständigen Herrschaft, und der portugiesische Gewürzhandel trug im Gegensatz zur Vergabe von Landbesitz nicht zu einer Refeudalisierung der Kolonialisten bei. Diese strukturellen Unterschiede in der Kolonialbildung verliehen der portugiesischen Kolonialherrschaft ein sehr viel humaneres Gesicht als der spanischen, was Portugal sich in der propagandistischen Auseinandersetzung mit dem spanischen Konkurrenten stets zugute hielt. Die spanische Eroberungspolitik in Mittelamerika war für das portugiesische Handelsimperium jedoch von größter Bedeutung; letztlich bedingten und erhielten sich beide wechselseitig. Die Spanier nämlich benötigten nach dem rapiden Rückgang der indigenen Bevölkerung Sklaven für die Arbeit in den mittelamerikanischen Gold- und Silberminen, und die Portugiesen benötigten eben jenes Gold und Silber für den Indienhandel. Es entstand daher ein Kreislaufhandel, in dem die Portugiesen den Spaniern afrikanische Sklaven lieferten, für die sie sich in Edelmetall bezahlen ließen, mit dem sie dann in Indien Gewürze einkaufen konnten.

*Lit.:* B. W. Biffie/G. D. Winius: Foundations of the Portuguese Empire 1415–1580, Minneapolis 1977. – U. Bitterli: Die Entdeckung Amerikas. Von Kolumbus bis Alexander von Humboldt, München 1991. – St. Greenblatt: Wunderbare Besitztümer. Die Erfindung des Fremden. Reisende und Entdecker, Berlin 1994. – H.-J. König: Die Entdeckung und Eroberung Amerikas 1492–1550, Freiburg/Würzburg 1992. – H. Pietschmann: Staat und staatliche Entwicklung am Beginn der spanischen Kolonisation Amerikas, Münster 1980. – E. Schmitt (Hrsg.): Die Großen Entdeckungen. Dokumente zur Geschichte der europäischen Expansion Bd. 2, München 1984. – T. Todorov: Die Eroberung Amerikas. Das Problem des Anderen, Frankfurt/M. 1985.

→Kolumbus; →Vespucci; →Völkerrecht.

## Erasmus von Rotterdam, Desiderius

*(* 27./28. Oktober 1469 in Rotterdam, † 11./12. Juli 1536 in Basel)*

Johan Huizinga hat den Verdacht geäußert, Erasmus sei ein Mensch ohne Charakter gewesen. Das war ein Vorwurf, dem sich Erasmus bereits von seiten seiner Zeitgenossen Hutten und Luther ausgesetzt gesehen hat: In Luthers Sicht schreckte Erasmus in letzter Konsequenz vor dem Ernst der reformatorischen Lehre zurück, und Hutten machte ihm zum Vorwurf, daß er sich nicht entscheiden wolle, ob er nun ein Franzose oder ein Deutscher sei. Für Erasmus dagegen waren solche Formen der Parteinahme bloß eine Flucht aus der Existenzform des Intellektuellen, die für ihn ganz wesentlich in der Fähigkeit zur ironischen Distanz lag. Und genau dies hat Huizinga gemeint, als er den Verdacht der Charakterlosigkeit aussprach. Er sei ein Aal, hat Luther über Erasmus gesagt, «niemand kann ihn ergreifen denn Christus allein».

Erasmus verweigerte die Entscheidung zwischen Wittenberg und Rom, weil er auf beiden Seiten Richtiges und Falsches sah. Auf der einen Seite war er ein Gegner jeder Veräußerlichung des Religiösen, worin sich u. a. seine geistige Herkunft aus der *Devotio moderna* zeigt, auf der anderen Seite wollte er die Kirche als Institution aber auch nicht zerstört wissen, weil er gerade von solchen Institutionen Schutz und Sicherheit für die prekäre Existenzform eines Intellektuellen erwartete. Erasmus' Distanz zur Reformation erwuchs auch daraus, daß er durch sie einen Zwang zum Bekenntnis und eine gleichzeitige Tendenz zur Dogmatisierung in Gang gesetzt sah, die das liberale Klima zerstörten, auf das Humanisten wie Erasmus angewiesen waren. Erasmus ging also mit Rom, wobei er sich freilich von der Kurie nie vereinnahmen ließ; gleichzeitig hielt er die Verbindung mit den oberdeutschen Reformatoren Zwingli, Bucer, Capito und Oecolampadius aufrecht; mit letzterem hatte er bereits bei der Herausgabe des Neuen Testaments in griechischer Sprache eng zusammengearbeitet. Nur zu Luther blieb nach dem Streit über die Willensfreiheit eine unüberbrückbare Kluft bestehen.

Als uneheliches Kind eines Priesters, das zum bedeutendsten Intellektuellen Europas in der Hochrenaissance avancierte, ist

Erasmus ein eindrucksvolles Beispiel dafür, wie sehr Bildung und Gelehrsamkeit in der Renaissance zu Karriereressourcen geworden waren. In seiner Schrift *Antibarbari* hat Erasmus den eigenen Werdegang zum humanistischen Bildungsprogramm verdichtet: Zu den Barbaren gehören für ihn dabei ebenso die, die den antiken Polytheismus wiederbeleben wollten, wie die ungebildeten und uneinsichtigen Theologen. Erasmus' Ziel war die Humanisierung des Menschen durch Bildung, und als Ausgangspunkt wählte er die sokratische Vorstellung vom Wissen des Nichtwissens. In seinem *Enchiridion militis christiani* (1504), in dem die Erziehung zur Religion behandelt wird, in seiner *Institutio principis christiani* (1516), in der es um die persönliche, sittliche und politische Erziehung des Fürsten geht, und schließlich in seinem wohl bedeutendsten Erziehungstraktat *De pueris statim ac liberaliter erudiendis* (1529) ging er in einem zutiefst kulturoptimistischen Sinne davon aus, daß Frömmigkeit, Bildung und Erziehung bessere Menschen und damit eine bessere Gesellschaft hervorzubringen vermögen. Höhepunkt dieses humanistischen Kulturoptimismus ist Erasmus' Engführung der Verderbtheit der Texte und der Verderbtheit der Welt, aus der er schlußfolgerte, daß bessere Texteditionen ein entscheidender Beitrag zur Verbesserung der Welt seien. Man muß es deswegen keineswegs als Resignation und Rückzug werten, wenn er sich nach 1521 sieben Jahre in Basel in der Umgebung des Buchdruckers Froben aufgehalten hat, wo er sich vor allem mit der Edition klassischer Texte beschäftigte. Der Heilige Geist schreibe ein schlechtes Griechisch, hat er einmal spöttisch im Hinblick auf die angeblich göttlich inspirierte Septuaginta-Übersetzung gesagt. Die kritische Textphilologie war für Erasmus ein Instrument, dem entscheidende Bedeutung bei der friedlichen Reform der Welt zukam.

*Lit.:* Erasmus von Rotterdam: Ausgewählte Schriften in 8 Bdn., hrsg. von W. Welzig, Darmstadt 1967 ff.

C. Augustijn: Erasmus von Rotterdam, München 1986. – R. H. Bainton: Erasmus, Göttingen 1972. – L. Halkin: Erasmus von Rotterdam, Zürich 1989. – R. Stupperich: Erasmus von Rotterdam und seine Welt, Berlin / New York 1977. – D. Tracy: The Politics of Erasmus, Toronto 1978.

→Buchdruck; →Humanismus; →Nation; →Reformation.

## Este

Die ferraresische Herrscherfamilie der Este gehört zu den großen Familien Italiens im 15. und 16. Jahrhundert und neben den Gonzaga zu den bedeutendsten fürstlichen Trägern der Renaissancekultur in Oberitalien. Dabei ist das geschichtliche Bild der Familie durchaus facettenreich, wenn nicht widersprüchlich: In der Politik waren die meisten von ihnen geschickt und verschlagen und repräsentierten den Typ des Signore, der, orientiert am eigenen Vorteil, je nach politisch-militärischen Konstellationen die Fronten wechselte; mancher Este galt seinen Zeitgenossen darum als notorischer Verräter. Im Krieg waren die meisten tapfer und kühn, und einige brachten es zu bedeutenden Condottieri; bei Auseinandersetzungen im Innern ihres Herrschaftsgebietes und mit Rivalen waren sie rachsüchtig und grausam und schreckten vor keiner Gewalttat zurück; mehrere waren kulturoffen und bildungsbeflissen, und einige Frauen aus der Familie gelten als die klügsten und gebildetsten Frauen der italienischen Renaissance. Die Este sind das wohl bedeutendste Beispiel für eine Reihe von Signori, die durch kulturelles Engagement ihrer auf Gewalt gegründeten Herrschaft nicht bloß Glanz, sondern auch Legitimität zu verleihen versuchten.

Die Wendung zu einer Herrschaftsausübung, die nicht länger auf der Grundlage offener Gewaltanwendung erfolgte, begann unter Niccolò III., der über fünfzig Jahre lang in Ferrara regierte. Indem er Guarini als Erzieher und Lehrer seiner Kinder Lionello, Borso und Ercole engagierte, hielt der humanistische Geist Einzug in Ferrara. Lionello betrieb den Ausbau der Universität von Ferrara und zog führende Maler in die Stadt. Wiewohl sein Nachfolger Borso geringere kulturelle Ambitionen hatte und die Jagd als Lieblingsbeschäftigung bevorzugte, schritt die künstlerische Ausgestaltung der Stadt auch unter ihm weiter voran. Bedeutendstes erhaltenes Zeugnis dessen sind die Fresken Turas, Cossas und Robertis im Palazzo Schifanoia, auf denen in zwölf den Monaten, ihren heidnischen Gottheiten sowie den Tierkreiszeichen gewidmeten Bildern der Jahreszyklus mit den jeweiligen Tätigkeiten der Bauern und des Herrschers dargestellt werden. Borsos ‹Investitionen in die Kultur› sollten seinen Anspruch auf den Herzogstitel rechtfertigen, womit er bei Kaiser und Papst schließlich Erfolg hatte: 1452 ernannte Kaiser Friedrich III. ihn zum Herzog von Modena und Reggio; 1471 folgte schließlich die Ernennung zum Herzog von Ferrara durch Papst Paul II. Damit war der Aufstieg von gewalttätigen Signori und Duodezfürsten zu einer der angesehensten Herrscherfamilien Italiens gelungen. Der Kulturvandalismus, den Kardinallegat Aldobrandini bei der Eingliederung des Herzogtums Ferrara in den Kirchenstaat im Jahre 1598 betrieb, als er die Schlösser und Villen der Este mitsamt den darin enthaltenen Fresken zerstören ließ, hatte insofern eine ebenfalls politisch-strategische Dimension: Es handelte sich um die Delegitimation der Este, die in Ferrara drei Jahrhunderte geherrscht hatten.

Nach dem Scheitern seiner politisch-militärischen Expansionspläne verlegte sich Ercole, der Nachfolger Borsos, auf den Ausbau Ferraras zu einer modernen Stadt mit breiten Straßen. Die äußere Politik überließ er weitgehend seiner Frau Eleonora d'Aragona, der Tochter König Ferrantes von Neapel, der es aufgrund von Heiratsallianzen mit den Sforza und Gonzaga gelang, die Mißerfolge ihres Gatten auszugleichen und die äußere Sicherheit Ferraras zu gewährleisten. So überstanden die Este auch die politischen Wirren nach dem Einmarsch Karls VIII. in Italien und während des Versuchs Cesare Borgias, in der Romagna ein neues Herzogtum zusammenzuerobern. Wie seine Vorgänger ist Ercole als Förderer der schönen Künste aufgetreten, doch hat dabei vor allem seine zweite Frau Lucrezia Borgia die entscheidende Rolle gespielt. Unter Ercoles Kindern erwies sich Alfonso I. als geschickter Condottiere und vorzüglicher Artillerist, der in den Kriegen in Oberitalien während der ersten Jahrzehnte des 16. Jahrhunderts ein begehrter Bündnispartner war und sich in dem Konflikt zwischen den Valois und den Habsburgern erfolgreich zu behaupten wußte.

Auch Ercoles Schwester Beatrice, die Gemahlin des Lodovico Il Moro, ist als Herzogin von Mailand kunstmäzenatisch hervorgetreten; u. a. förderte sie Leonardo da Vinci während seiner Zeit in Mailand. Noch bekannter als die frühverstorbene Beatrice ist jedoch ihre ältere Schwester Isabella, die seit 1490 mit Francesco Gonzaga, dem Markgrafen von Mantua, verheiratet war und dort Giovanni Bellini, Mantegna, Leonardo da Vinci, Tizian, Correggio und Perugino beschäftigt hat. Sie war die tonangebende Dame Italiens in ihrer Zeit – u. a. veranlaßte sie Karl V. dazu, ihren Sohn Federico zum Herzog von Mantua zu ernennen – und gilt als die glänzendste und genialste unter den italienischen Fürstinnen der Renaissance. Tizian hat sie auf seinen Venusbildern verewigt: Sie zeigen den Körper einer venezianischen Kurtisane und den idealisierten Kopf Isabellas.

*Lit.:* L. Chiappini: Gli Estensi, Varese 1967. – C. von Chledowski: Der Hof von Ferrara, München 1919. – K. Conradi: Malerei am Hofe der Este. Cosmè Tura, Francesco del Cossa, Ercole de' Roberti, Hildesheim 1997.

→Borgia; →Condottieri; →Ferrara; →Staat.

## Ethnographie

Nahezu gleichzeitig mit der Entdeckung und Eroberung der Neuen Welt entstand eine Vielzahl von Beschreibungen, die sog. *Americana*, die durch den Buchdruck eine rasante Verbreitung erlebten. Dominierten zunächst die Berichte der Entdecker und Eroberer selbst, so wurden diese bald ergänzt durch die allgemeineren Darstellungen von Chronisten sowie ethnographische Sammelwerke, welche die Neue Welt umfassend zu beschreiben und sie in das Wissen von der Alten Welt einzugliedern versuchten. Eröffnet wurde der Reigen der Entdecker- und Erobererberichte mit Kolumbus' Brief an Luis de Santangel vom 4. März 1493, durch den die Nachricht von seinen Entdeckungen innerhalb kürzester Zeit in ganz Europa verbreitet wurde. Kolumbus beschrieb darin die Schönheit der, wie er meinte, indischen Inseln, die Üppigkeit ihrer Vegetation und betonte insbesondere ihren Goldreichtum. Von den Bewohnern schrieb er, sie gingen alle ohne Unterschied des Geschlechts vollkommen nackt, besäßen keinerlei Waffen und seien von Natur aus äußerst furchtsam, dabei aber freundlich und überaus freigebig und tauschten jeden noch so wertlosen Gegenstand gegen Gold und andere wertvolle Güter. Mit diesen Beschreibungen von den nackten, naiven, gutmütigen und waffenlosen Bewohnern der indischen Inseln prägte Kolumbus die Gestalt dessen, was man später als den «guten Wilden» bezeichnen sollte.

Dieses idyllische Bild von den Bewohnern der neuen Welt, dessen Utilität bei Kolumbus freilich immer durchschimmerte, übertrug der Chronist Petrus Martyr de Anghiera als erster in ein umfangreiches Sammelwerk, das er nahezu zeitgleich mit den Entdeckungen und deren Fortgang Stück für Stück unter dem Titel *Decadas* veröffentlichte. Seine Informationen erhielt er in der Regel mündlich von den zurückkehrenden Reisenden selbst, und so wurde er, ohne je in der Neuen Welt gewesen zu sein, zu einem ihrer bestinformierten Chronisten. Er verglich die Bewohner der westindischen Inseln mit den antiken Beschreibungen des Goldenen Zeitalters und kam zu dem Schluß, daß sie noch in einer Goldenen Welt, einfach und in Unschuld lebten.

Diese Vorstellung sollte freilich nicht von Dauer sein, auch wenn sie in humanistischen Kreisen immer wieder angeführt und den Europäern als mahnendes Gegenbild zu ihrer eigenen Verderbtheit präsentiert wurde. Schon mit Amerigo Vespuccis unter dem Titel *Mundus Novus* 1503 in Paris erschienenem Brief an Lorenzo di Pier Francesco de' Medici über seine Reise an die brasilianische Küste, der zum meistverbreiteten Bericht wurde, änderte sich das Bild des Indianers entscheidend. Vespucci beschrieb die Bewohner des brasilianischen Küstenlandes, die Tupinamba, zwar ebenfalls als nackte und ohne Eigentum lebende Menschen, aber er bezeichnete sie nicht als freundlich und friedfertig, sondern die Frauen als lüstern und die Männer als kriegerisch. Besonders hob er den bei ihnen angeblich gepflegten Kannibalismus hervor und behauptete, einer der Indianer habe ihm versichert, es gebe kein wohlschmeckenderes Fleisch als Menschenfleisch, und er habe mehr als zweihundert Menschen verspeist. Insbesondere diese Beschreibungen des Kannibalismus nahmen in den illustrierten Nachdrucken des Berichtes breiten Raum ein und dominierten zunehmend das Indianerbild der Zeit – an die Stelle des «guten Wilden» trat der «böse Wilde». Dieses Bild änderte sich erneut mit den Berichten der Eroberer des mittelamerikanischen Festlandes. Bei Hernán Cortés, der über die Eroberung des mexikanischen Aztekenreiches insgesamt fünf Briefberichte an Karl V. schrieb, war keine Rede mehr von nackten und unzivilisierten Wilden, sondern vielmehr von einer Kultur, in der es große Städte, Paläste, Handel und Handwerk gab. Bewunderung zollte Cortés vor allem der reichen materiellen Kultur der Azteken, aber hinsichtlich ihrer Sitten und Riten betonte er in erster Linie die Praxis des Menschenopfers, die der Eroberung eine zusätzliche Legitimation verschaffte.

Mit den umfangreichen Eroberungen auf dem amerikanischen Festland trat die Beschreibung Westindiens und seiner Bewohner in einen anderen Zusammenhang. Da alles eroberte Land als Kronland betrachtet wurde und die Einkünfte der Krone bald zu einem erheblichen Teil auf der Besteuerung der Kolonien beruhten, bedurfte es genauer Kenntnisse der überseeischen Länder. Diese Kenntnisse beschaffte man sich mittels eines Informationsbefehls, der jeden Reisenden verpflichtete, unmittelbar nach seiner Rückkehr Bericht zu erstatten. Zunächst wurden diese Informationen bei der *Casa de la Contratación* gesammelt, die 1503 zur Kontrolle des Waren- und Personenverkehrs mit der Neuen Welt eingerichtet worden war. Ab 1524 wurde das Sammeln von geographischen, topographischen und ethnographischen Informationen vom neu eingerichteten *Consejo Superior y Real de las Indias*, dem Indienrat, als oberster Verwaltungsbehörde übernommen. Darüber hinaus wurden die Gouverneure und Vertreter der Zentralmacht dazu angehalten, dem Indienrat nach einem genau vorgegebenen Fragebogen, der mehrfach erweitert wurde, regelmäßig Bericht zu erstatten. Schon 1531 wurde eine Volkszählung in Übersee angeordnet, und 1532 schuf der Indienrat den Posten eines speziell für die *Reinas de las Indias* zuständigen Chronisten und besetzte ihn mit Gonzales Fernández de Oviedo. Oviedo entstammte einer hochangesehenen Familie Kastiliens und verbrachte 34 Jahre, u.a. als Kommandant der Festung von Santo Domingo, in Amerika. Von seiner *Historia general y natural de Las Indias* erschien nur der erste Teil 1535 in Sevilla, während die späteren Teile allein der Information des Indienrates dienten und unveröffentlicht blieben. Oviedos *Historia general* war die umfangreichste Beschreibung der Pflanzen, Tiere und Menschen Amerikas, und sie beruhte, wie er betonte, auf eigener Erfahrung.

Bereits in den dreißiger Jahren bediente sich die spanische Krone auch des Systems der *visitas* und schickte ausgewählte Persönlichkeiten in die Neue Welt, damit sie die Gebiete aus eigener Anschauung, aber angeleitet von einem genauen Fragebogen, beschreiben konnten. So schrieb der König an Fray Tomás de Berlanga, den er zu einer *visita* nach Peru schickte: «Informiert euch auch über die Indianerbevölkerung in dem Gebiet und darüber, welcher Art ihre Siedlungs-, Regierungs- und Gesellschaftsformen sind, welche Sitten und Gebräuche sie haben, wie sie ihre Häuser bauen, wie sie ihre Familienangehörigen behandeln, wovon sie ihren Lebensunterhalt bestreiten, ob sie reich sind und welche Art von Besitztum sie haben; informiert Euch über ihre Riten, Zeremonien, Glaubensvorstellungen sowie über ihr Begriffsvermögen und darüber, welche Grundstücke sie haben und wo sich diese befinden; teilt schließlich mit, welchen Tätigkeiten sie bisher nachgegangen sind.»

1577 schließlich ließ Philipp II. von Spanien unter der Leitung von Juan López de Velasco die erste flächendeckende Befragung der in seinen amerikanischen Kolonien stationierten Beamten durchführen. Die Frageliste, die in mehr als fünfzig Sachgebiete untergliedert war, gab nicht nur die Fragen, sondern auch ein Muster für die Antworten vor und erzielte damit eine bis dahin unerreichte Standardisierung der Beschreibung. Die Antworten der Beamten wurden jedoch sorgfältig geheimgehalten; sie galten als *arcanum imperii* und durften allein von den Mitgliedern des Indienrates eingesehen werden. Lediglich die Zusammenfassungen Velascos in den *Relaciones geográficas*, in die aber nur das eingehen durfte, was vom Indienrat genehmigt wurde, waren für interessierte Kreise zugänglich; im Druck erschienen sie freilich erst im 19. Jahrhundert.

Über Fragemuster verfügten auch die Franziskaner, Dominikaner und Jesuiten, die als Missionare in die Neue Welt gingen. Die Fragemethoden der Inquisition lieferten hierfür das Vorbild, wobei freilich verschiedentlich auch deren Schlußfolgerungen übernommen wurden, denn einige der Missionare beschrieben die religiösen Bräuche der Indianer als Hexerei und Zeichen dafür, daß sie vom Satan besessen seien. In der Regel bemühten sich die Missionare jedoch, die Indianer gegen die insbesondere durch den Kannibalenmythos verbreitete Überzeugung zu verteidigen, sie seien tierische Wilde oder Sklaven von Natur. Da die Missionare zur Erfüllung ihres Missionsauftrages ohnehin die Sprachen der Indios erlernen mußten, war es ihnen am ehesten möglich, die Indios nach ihren Riten und Gewohnheiten, aber auch nach der Geschichte ihrer Völker zu befragen. Außerdem galt es nach den im 13. Jahrhundert entwickelten Grundlagen der Missionstheorie als unerläßlich, den heidnischen Glauben der Missionsvölker genau zu kennen, da die Mission auf die natürliche Vernunft der zu Missionierenden rekurrieren und an deren natürlicher Religiosität ansetzen sollte. Der Dominikaner Diego de Durán etwa erklärte in seiner 1581 erschienenen *Historia des las Indias de Nueva España*, daß es unmöglich sei, das Heidentum unter den Indianern auszurotten, solange «wir nicht über alle Arten von Religion, welche sie ausüben, im Bilde sind (...). Und darum haben diejenigen, die am Anfang, wenn auch mit großem Eifer, so doch mit geringer Klugheit ihre alten Idole sämtlich zerstört haben, einen schweren Fehler gemacht. Dadurch tappen wir nun so sehr im dunkeln, daß sie ihre Götzenanbetung platterdings vor unseren Augen ausüben können.»

Wegen der einschneidenden Folgen der Eroberung hielt es außerdem zumindest ein Teil der Missionare für erforderlich, die Einschätzung der Eroberung durch die Indios selbst kennenzulernen. So befragte der Franziskaner Fray Bernardino de Sahagún zwischen 1550 und 1555 bei seinen Reisen durch das südliche Mexiko die Vornehmen verschiedener Aztekenstädte mittels eines genau ausgearbeiteten Fragebogens nach ihrem Urteil über die Eroberung, schrieb ihre Antworten auf Náhuatl auf und übersetzte sie anschließend ins Spanische. Ergänzt wurden diese schriftlichen Dokumente durch Zeichnungen der Azteken, in denen sie ihre Kultur und deren Zerstörung dokumentierten. Bei ihren Bemühungen, die Kultur und Geschichte der unterworfenen Völker zu rekonstruieren, erschien den Missionaren freilich das Fehlen einer Schrift bei den Indios als zentrales Problem, denn sie fragten sich, so etwa José de Acosta in einem Brief an seinen jesuitischen Ordensbruder Juan de Tovar, wie die Indianer eine Geschichte haben konnten, wenn sie keine Schrift besaßen. Acosta, der 1571 als Jesuitenmissionar nach Peru gegangen war und am Jesuitenkolleg in Lima lehrte, unternahm deshalb den Versuch, seinerseits eine Geschichte der Indios zu schreiben. Ab 1572 bereiste er für drei Jahre das Innere Perus und lernte Quechua, die Sprache der Inkas; 1586 verbrachte er ein Jahr in Mexiko, um die Náhuatl-Kultur zu studieren. 1587 kehrte er nach Europa zurück, wo er neben anderen Werken die *Historia natural y moral de las Indias* abfaßte, die 1590 in Sevilla erschien. Acosta wollte mit seiner Darstellung der Indios, ihrer Sitten und Riten die Auffassung widerlegen, «daß sie rohe, tierische Leute ohne Verstand» seien.

Er leistete damit einen Beitrag zu der seit dem Beginn der Eroberungen heftig diskutierten Frage, ob die Indianer Barbaren und damit nach den Bestimmungen des Aristoteles Sklaven von Natur seien. Schon Bartolomé de Las Casas hatte in seiner *Apologética Historia de las Indias* argumentiert, daß es vier Arten von Barbaren gebe, nämlich erstens vernunftlose Wilde, die von der menschlichen Natur und dem gesunden Menschenverstand abwichen, zweitens solche, die keine Schriftsprache hätten, drittens jene, die üblen Sitten folgten und keine Ordnung hätten, und viertens jene, denen die wahre Religion und der christliche Glaube fehle. Den Indios fehle zwar eine Schriftsprache, aber da die Spanier umgekehrt auch ihre Sprache nicht verstünden, seien sie nicht barbarischer als diese, und die Tatsache, daß sie den christlichen Glauben nicht kennen würden, rechtfertige keineswegs ihre Versklavung, sondern lege nur den Spaniern die Pflicht auf, ihnen friedlich und ohne Zwang das Christentum zu verkünden. Acosta ergänzte diese Differenzierung des Barbarenbegriffs durch die lineare Klassifikation von drei Arten von Barbaren, die er in ein zeitliches Entwicklungsschema einordnete. Gegen Ende des 16. Jahrhunderts hatte sich damit aus dem Barbarendiskurs eine Theorie der gesellschaftlichen Entwicklung von der Barbarei zur Zivilisation entwickelt. Sie konnte an den humanistischen Barbarendiskurs anschließen, der sich aus der Übernahme von Topoi der antiken Ethnographie entwickelt und einen zentralen Bestandteil im innereuropäischen Nationendiskurs gebildet hatte.

*Lit.:* European Americana: A chronological guide to works printed in Europe relating to the Americas 1493–1776, Bd. 1: 1493–1600, hrsg. v. J. Alden und D. C. Landis, New York 1980. – A. Grafton: New Worlds, Ancient Texts. The Power of Tradition and the Shock of Discovery, Cambridge Mass./London 1992. – A. Pagden: The Fall of Natural Man. The American Indian and the Origins of Comparative Ethnology, Cambridge [2]1986. – Ders.: Das erfundene Amerika, München 1996.

→Entdeckung und Eroberung; →Kolumbus; →Nation; →Völkerrecht; →Vespucci.

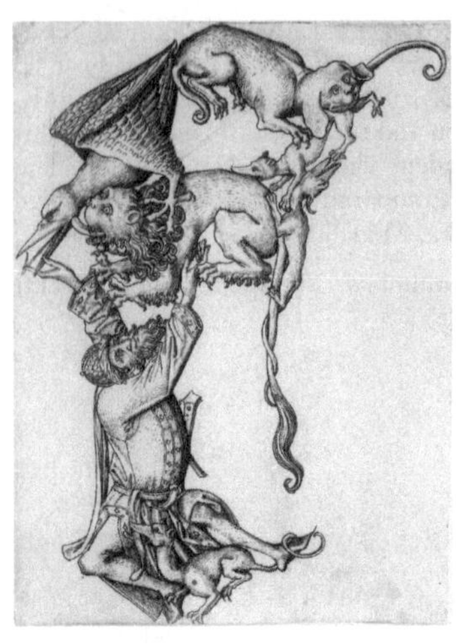

## Faust

Mit der Faust-Geschichte entstand Ende des 16. Jahrhunderts in Deutschland einer der großen Mythen der Neuzeit, der in erzählerischen wie dramatischen Werken von Christopher Marlowe bis zu Thomas Mann immer wieder bearbeitet und als das Synonym für die Tragik des Intellektuellen zwischen Wissenstreben und intellektueller Hybris gelesen wurde. Von der Tragik des Intellektuellen war in der Fassung, die den Stoff gegen Ende des 16. Jahrhunderts schlagartig etablierte, freilich wenig zu spüren. Die 1587 in Frankfurt am Main bei Johann Spies anonym erschienene *Historia von D. Johann Fausten,* deren Autor möglicherweise der Buchdrucker selbst war, gehörte zum Typus didaktischer lutherischer Mahnliteratur, der es in erster Linie um die Perhorreszierung der im Renaissance-Humanismus neu begründeten naturmagischen Tradition ging, die seit Marsilio Ficino und Giovanni Pico della Mirandola auch bei deutschen humanistischen Gelehrten wie Agrippa von Nettesheim, Johannes Trithemius, Paracelsus und Johann Reuchlin als neuer Zweig der Wissenschaften hoch im Kurs stand. Die Reformation lehnte diese Tradition jedoch vehement ab und betrachtete jede Form von Magie als Teufelswerk. Luther, der den Menschen als permanent vom Teufel umgeben und das Leben als unaufhörlichen Kampf mit dem Teufel sah, vor dem den Menschen allein sein Glaube und die Gnade Gottes erretten konnten, hielt die Zauberei für die höchste Sünde und setzte sie mit dem Abfall von Gott gleich. Insofern war der Faust-Stoff in seiner ersten Bearbeitung weniger ein Renaissance- als ein Reformationsmythos, denn er beschrieb nicht das Drama des Intellektuellen, sondern mahnte vor der Verführbarkeit durch den Teufel und schilderte die schrecklichen Folgen des Teufelspakts. Als Reformationsmythos zeichnete den Stoff obendrein aus, daß, anders als in mittelalterlichen Teufelsbündner-Erzählungen, der Teufelsbündner Faust nicht durch die Fürsprache Marias oder anderer heiliger Mittler gerettet wurde, sondern der ewigen Verdammnis anheimfiel. Die Reformation hatte mit der Abschaffung von Schutzengeln, Heiligen und der Mittlerrolle der Jungfrau Maria, der Reliquien und Ablässe, der Totenmessen und des Exorzismus insofern erst den Raum für ein Individuum geschaffen, das von Gott abfiel und sich mit dem Teufel verbündete, ohne daß es eine Rettung für seine Seele gab.

Historisch ging der Stoff auf den Kalendermacher und Magier Georg Faust zurück, der zwischen 1480 und 1540 lebte und von dem in mehreren Chroniken und Briefen berichtet wurde. Die über den historischen Faust umlaufenden Berichte und Anekdoten bildeten jedoch nur einen Anknüpfungspunkt für die fiktionale Biographie des Teufelsbündners Johann Faust, der seine Seele dem Teufel verschreibt, um «die Elementa zu speculieren». Schon über den historischen Faust war nach seinem Tod verschiedentlich berichtet worden, er sei vom Teufel geholt worden, aber erst eine zwischen 1572 und 1587 entstandene Wolfenbütteler Handschrift, die die wichtigste Quelle für den bei Spies erschienenen Druck bildete, führte die vierundzwanzigjährige Frist für den Teufelsbund ein und schilderte Fausts schreckliches Ende. Die Wirksamkeit der *Historia* beruhte nicht zuletzt darauf, daß sie sich als biographischer Bericht gab, der angeblich auf von Faust selbst verfaßten Briefen und Dokumenten beruhte. Daß diese didaktische Konzeption auf fruchtbaren Boden fiel, zeigt sich an den zahlreichen Neuauflagen und Übersetzungen der *Historia*. Schon fünf Jahre nach seinem Erscheinen wurde der Text ins Englische übersetzt und noch im selben Jahr von Christopher Marlowe dramatisiert. Marlowe machte aus Faust sehr viel stärker den Renaissance-Typus des gescheiterten *uomo universale*. Während die *Historia* den Teufelsbund zwar ebenfalls auf Fausts Wissensstreben zurückgeführt, ihn dann aber eher als umherziehenden Gaukler und Zauberer denn als Gelehrten beschrieben hatte, präsentierte ihn Marlowe in seiner *Tragicall History of the Life and Death of Doctor Faustus* in einem genuin intellektuellen und universitären Umfeld und machte aus dem Typus des verworfenen Magiers erstmals einen individuellen Charakter, dessen Wissensstreben ihm tragische Größe verlieh.

*Lit.:* Historia von D. Johann Fausten. Text des Drucks von 1587. Kritische Ausg., hrsg. von St. Füssel u. H. J. Kreutzer, Stuttgart 1988. – Marlowe's Doctor Faustus, 1604–1616, ed. by W. W. Greg, Oxford 1950.
R. Auernheimer (Hrsg.): Das Faustbuch von 1587, München 1991. – F. Baron: Faustus on Trial. The origins of Johann Spies's ‹Historia› in an age of witch hunting, Tübingen 1992. – P. Csobadi (Hrsg.): Europäische Mythen der Neuzeit: Faust und Don Juan, Salzburg 1993. – W. E. Grim: The Faust Legend in Music and Literature, New York 1992. – I. Watt: Myths of modern Individualism. Faust, Don Quijote, Don Juan, Robinson Crusoe, Cambridge UP 1996.

→Literatur; →Luther; →Mythen; →Reformation; →Theater; →uomo universale.

## Ferrara

In der zweiten Hälfte des 15. und zu Beginn des 16. Jahrhunderts bildete Ferrara den aristokratischen Gegenpol zum bürgerlichen Florenz. Mit Blick auf diese Zeit hat Jacob Burckhardt Ferrara «die erste moderne Stadt Europas» genannt. Unter der Herrschaft der Este wurden Bauprojekte in großem Stil durchgeführt; durch eine großzügige Stadtplanung wollte man der im sumpfigen Mündungsdelta des Po ständig wiederkehrenden Malaria-Epidemien Herr werden. Albertis Schrift *De re aedificatoria* entstand auf Anregung des Lionello d'Este; unter Ercole wurde die Stadt durch den Architekten Biagio Rossetti um das Dreifache ihrer Grundfläche erweitert. Gleichzeitig entwickelte sich in Ferrara eine moderne, leistungsfähige Administration, die für andere Städte und Staaten vorbildich wurde; u. a. wurde der Etat des Herzogs von dem des Landes und der Stadt getrennt, und die Rechtsprechung in der Stadt unterstand einem Podestà, der große Unabhängigkeit gegenüber dem Herzog besaß. Entscheidend für den Ruhm Ferraras war jedoch die energische Förderung von Kunst und Kultur durch die Herrscherfamilie der Este, die Ferrara zu einem der wichtigsten Zentren höfischen Lebens in der Renaissance gemacht hat. Während aber die Kunst Venedigs und Florenz' heute in den dortigen Museen dokumentiert und ausgestellt ist, ist die im Ferrara der Renaissance entstandene Bildende Kunst entweder zerstört oder auf über dreihundert Museen in aller Welt verstreut worden. Hauptursache war die Einverleibung Ferraras in den Kirchenstaat nach dem Aussterben der Hauptlinie der Este im Jahre 1598 und die durch den päpstlichen Kardinallegaten Pietro Aldobrandini nach seinem Einzug in die Stadt durchgeführte Zerstörung der Schlösser Tebaldo und Belvedere mit ihren kostbaren Fresken. Außerdem ließ Aldobrandini viele Bilder verkaufen. Was danach noch an Kunst in Ferrara geblieben war, wurde 1796 beim Einmarsch napoleonischer Truppen geraubt oder zerstört.

Aufstieg und Niedergang Ferraras sind mit dem der Este eng verbunden. Ferrara ist die erste oberitalienische Stadt, in der es zur Ausbildung einer stabilen Signoria kam: Trotz der günstigen Lage am Po und in der Nähe des Meeres entstand hier keine Handelsaristokratie, die *Arti* hatten nur eine schwache Position, und der *Popolo* vermochte keine festen Organisationsstrukturen auszubilden. So bestanden die feudal-vasallischen Bindungen fort, auf denen die Este ihre drei Jahrhunderte dauernde Herrschaft begründeten. Dabei kam es für sie stets darauf an, die Unabhängigkeit Ferraras gegenüber Mailand, Venedig und dem Kirchenstaat zu bewahren, was sie mit diplomatischen Mitteln, Heiratspolitik und als Condottieri in unterschiedlichen Diensten zu erreichen vermochten. In den innerstädtischen Kämpfen der zweiten Hälfte des 13. Jahrhunderts hatten sich die Este an der Spitze der guelfischen Partei gegen die ghibellinischen Familien durchgesetzt; nach seinem Sieg ließ Obizzo II. die städtische Bevölkerung entwaffnen und setzte ein striktes Waffenmonopol für seine Leibwache durch. Während des 14. Jahrhunderts war die Herrschaft der Este wenig kunstsinnig, sondern vor allem durch Herrschsucht, Grausamkeit und Vendetta gekennzeichnet. Das änderte sich unter der Herrschaft

Niccolòs III., der ob seiner Religiosität und Klugheit mit Cosimo de' Medici in Florenz verglichen wurde. Er zivilisierte die Herrschaft der Este, die noch unter Niccolò II. nach einem Volksaufstand gegen die drückende Steuerlast von Bartolino da Novara das wuchtige, durch einen Wassergraben geschützte Kastell in der Stadtmitte hatte erbauen lassen; erst spätere Renaissanceumbauten haben ihm die ursprüngliche Strenge genommen.

Unter Niccolòs Söhnen Lionello, Borso und Ercole begann die Umgestaltung Ferraras zu einem Zentrum von Kunst und Kultur. In seiner Schrift *De Politia Litteraria* hat der Humanist Angelo Decembrio das kulturelle Leben unter Lionello d'Este beschrieben: Die Gebildeten und Gelehrten scharten sich um den Herzog, um Wert und Bedeutung der antiken Schriften und Autoren zu diskutieren. Dabei handelte es sich natürlich um eine höfische Stilisierung, wie sie für die ferraresische Humanistenkultur typisch war. Richtig daran ist jedoch, daß Lionello unter dem maßgeblichen Einfluß des Humanisten Guarini Ferrara auf der kulturellen Landkarte Europas etabliert hat. Der Höflingshumanismus, wie er sich in Ferrara entwickelte, ging dabei eine Verbindung mit den aus Frankreich übernommenen Idealen des höfischen Rittertums ein (die Herzogsfamilie führte sich genealogisch auf die Helden um Karl den Großen zurück). So sind die großen italienischen Ritterepen der Renaissance, Boiardos *Orlando Innamorato* (1486), Ariosts *Orlando Furioso* (1532) und Tassos *La Gerusalemme liberata* (1581), allesamt am ferraresischen Hof entstanden. Das ritterliche Tugendideal wird dabei den veränderten militärtechnischen Gegebenheiten und den neuen gesellschaftlichen Verhältnissen angepaßt, wobei jedoch das Ritterideal immer aufrechterhalten bleibt. Aus diesem Geist hat Ercole Strozzi – Hintergrund ist die Hochzeit Alfonsos I. mit Lucrezia Borgia im Jahre 1501 – ein Lobgedicht auf Cesare Borgia verfaßt, in dem dieser als der zur Rettung Italiens Auserwählte dargestellt wird, der aber, wie der Held Achill, zu früh sterben mußte. Doch aus der Vereinigung der Este und Borgia werde nunmehr der Retter Italiens erstehen. Daß solche Lobpreisungen andererseits nicht ungefährlich waren, zeigt das Beispiel des Dichters Pandolfo Collenuccio, den Ercole I. wegen seiner Sympathien für Cesare Borgia im Jahre 1504 ermorden ließ.

Nach dem Tode Guarinis war Tito Vespasiano Strozzi der bedeutendste unter den ferraresischen Humanisten; er hat in mehreren Schriften die Herrschaft Borsos verklärt. In dieser Zeit fühlten sich viele italienische Humanisten durch den Hof der Este angezogen, unter ihnen auch Pico della Mirandola und Pietro Bembo, der von Ferrara aus dem Petrarkismus zum Durchbruch verhalf. Unter der an Borso anschließenden Herrschaft Ercoles I. erfuhr nicht nur die professionalisierte Musik in Ferrara nachhaltige Förderung, sondern auch das Theater, auf dem vor allem Plautus- und Terenzkomödien aufgeführt wurden und das zum Vorbild für andere Bühnen avancierte; daneben wurde seit Lionello auch die Malerei zunehmend unterstützt, was sich durch den zeitweiligen Aufenthalt Antonio Pisanellos, Jacopo Bellinis und Rogier von der Weydens als Vertretern der sogenannten internationalen Gotik sowie Piero della Francescas und später auch Giovanni Bellinis und Tizians in Ferrara belegen läßt. Dosso Dossi hat gar zeitlebens in Ferrara gearbeitet. Die Kunstsprache, die in Ferrara kultiviert wurde, ist gelegentlich als gotischer Protomanierismus bezeichnet worden; sie war zentriert um die Werte und Interessen einer kleinen aristokratischen Elite und bediente sich einer Ikonographie, die nur verstand, wer mit den Texten der klassischen Antike vertraut war. Eine Spätblüte erlebte Ferrara unter Ercole II. und Alfonso II. Sie endete mit der Eingliederung Ferraras in den Kirchenstaat (1598).

*Lit.:* C. von Chledowski: Der Hof von Ferrara, München 1919. – T. Dean: Land and Power in Late Medieval Ferrara, Cambridge 1988. – W. L. Gundersheimer: Ferrara, Princeton/N.J. 1973. – J. Lockwell: Music in Renaissance Ferrara 1400–1505, Oxford 1984.

→Este; →Hofmann; →Humanismus; →Literatur; →Malerei; →Musik; →Theater.

## Florenz

Sie gleiche einer Kranken, hat Dante über seine Vaterstadt gesagt, die sich, um sich Erleichterung von ihren Schmerzen zu verschaffen, von einer Seite auf die andere wälze. Dante spielte damit auf die zahlreichen politischen Umschwünge und Verfassungsänderungen an, die es zu seiner Zeit in der Stadt gegeben hat und die auch ihn in die Verbannung und ins Exil getrieben haben. Vergleicht man Florenz mit Venedig, so treten die Kämpfe zwischen den Clans und Faktionen in der Arnostadt deutlich hervor; vergleicht man Florenz aber mit anderen oberitalienischen Städten, in deren Parteienkämpfen die kommunale Verfassung zerstört und die Republik durch die Signoria, die Herrschaft eines Mannes oder einer Familie, abgelöst wurde, so ist für die Arnostadt gerade die Kontinuität ihrer republikanischen Verfassung charakteristisch, die vom Ende des 13. Jahrhunderts, als das prokaiserliche Patriziat vertrieben wurde und die in der *Parte guelfa* organisierten oberen Zünfte die Macht übernahmen, bis zum Jahre 1530 mit der Errichtung des Medici-Herzogtums in unterschiedlich ausgeprägter Form Bestand gehabt hat. Diese zweieinhalb Jahrhunderte bürgerlich-patrizischer Selbstregierung waren, wenngleich immer wieder von Krisen und Depressionen unterbrochen, Zeiten der wirtschaftlichen Prosperität und kulturellen Blüte. Insofern war es auch nicht ganz abwegig, wenn Leonardo Bruni Florenz zu Beginn des 15. Jahrhunderts mit Athen und Rom parallelisierte und eine Verbindung zwischen politischer Freiheit und kultureller Entwicklung herstellte. Bruni prophezeite der Stadt eine glanzvolle Zukunft, wenn sie an ihren Werten und Idealen festhalte. Die ein Jahrhundert später gezogene Bilanz Machiavellis fiel nüchterner aus: Florenz habe den Gegensatz zwischen ‹den Großen› und ‹dem Volk› für die Machtentfaltung nach außen wie die Stabilisierung im Innern nicht wirklich zu nutzen verstanden, so daß Rom ein unerreichtes Vorbild bleibe und Florenz keineswegs beanspruchen könne, die rechtmäßige Nachfolgerin der römischen Republik zu sein. Waren schon die Zeitgenossen uneins, ob die politische Entwicklung von Florenz nun als gelungen oder mißlungen zu bezeichnen sei, so ist auch die Forschung der letzten fünfzig Jahre in dieser Frage gespalten: Für die einen ist ein Republikanismus wie der Brunis pure Propaganda oder Ideologie der herrschenden Eliten (Herde), während er für andere die stolze Selbstdarstellung der Republik gegen ihre inneren Widersacher wie äußeren Feinde darstellt (Baron).

Schon Giovanni Villani hatte in seiner großen *Cronaca*, die bis heute als die zuverlässigste Quelle zur mittelalterlichen

Stadtgeschichte von Florenz gilt, die wirtschaftliche Prosperität der Stadt, die zahlreichen frommen Stiftungen in ihren Mauern und das glanzvolle Erscheinungsbild ihrer Häuser, Kirchen und Plätze herausgestellt. Folgt man Villani, so hatte die Stadt um 1348 über einhunderttausend Einwohner und zählte damit nach Paris, Venedig, Mailand und Neapel zu den bevölkerungsreichsten Städten Europas. Die ökonomische Grundlage dieser Entwicklung war die von Villani sorgfältig dargestellte Wollentuchproduktion, in der seinen Angaben zufolge dreißigtausend Menschen Beschäftigung fanden. Die Arbeitsschritte waren vom Spinnen der aus Süditalien, Spanien oder England importierten Wolle bis zum Färben der fertigen Tuche auf mehrere formell selbständige und unabhängige Gewerke verteilt, die jedoch allesamt unter der Kontrolle der *Arte della Lana* bzw. der *Arte di Calimala* standen, in der die Großkaufleute und Fernhändler organisiert waren, die die Rohstoffe einführten und die feinen Florentiner Tuche in Europa vertrieben. Das Recht auf Bildung eigener Zünfte der Spinner, Weber, Färber etc. war eine der zentralen Forderungen im *Tumulto dei Ciompi*, dem Aufstand der Wollentucharbeiter, der Florenz im Jahre 1378 schwer erschütterte. Auch wenn die von den Aufständischen zeitweilig erkämpften Partizipations- und Korporationsrechte spätestens 1382 wieder zurückgenommen waren, so blieb doch die Angst der Florentiner Ober- und Mittelschicht vor einem neuerlichen Aufruhr der unteren Schichten bestehen. Vierzig Jahre vor dem Aufstand der Wollentucharbeiter hatte die ökonomische Entwicklung von Florenz bereits einen anderen schweren Schlag erlitten, als im Gefolge der großen europäischen Pestepidemie mehr als die Hälfte (manche Schätzungen sprechen sogar von zwei Dritteln) der städtischen Bevölkerung starb. Wer es sich leisten konnte, verließ die Stadt und suchte auf dem Lande Zuflucht, wo die Ansteckungsgefahr erheblich geringer war, wie etwa jene Gesellschaft, die den Mittelpunkt von Boccaccios *Decamerone* bildet. Die durch die Pest verursachten Bevölkerungsverluste konnten nicht wieder ausgeglichen werden: Im Jahre 1427, etwa achtzig Jahre nach der Pest, als mit der Einführung des Steuerkatasters auch die Bevölkerung gezählt wurde, hatte die Stadt etwa vierzigtausend Einwohner. Zu dieser Zeit war ein Teil der früheren Märkte der Wollentuchherstellung an flandrische Produzenten verlorengegangen; dafür hatte die Seidenproduktion in Florenz einen deutlichen Aufschwung erfahren.

Die zweite Säule der ökonomischen Prosperität von Florenz war das Bankwesen, das sich in Verbindung mit dem Fernhandel entwickelt hatte. Vor allem in Italien hatte eine ‹kommerzielle Revolution› (de Roover) stattgefunden; die neuen Methoden der Buchführung ermöglichten es, ein weitgespanntes Netz von Filialen in allen wichtigen europäischen Handelsstädten zu dirigieren und zu kontrollieren. Da Zinsnahme nach kanonischem Recht zwar verboten, ohne Kredit aber kein Handel möglich war, mußten Mittel und Wege zur Umgehung des kanonischen Zinsverbots gefunden werden, und die lagen u. a. in der Auszahlung und Rückzahlung von Krediten an verschiedenen Orten und in unterschiedlichen Valuta. Die Florentiner Banken konnten sich dabei auf die solide Währung ihrer Heimatstadt, den Florentiner Golddukaten (*fiorino d'oro*), stützen, denn die Kaufleute in der Regierung der Stadt sorgten dafür, daß man allen Versuchungen zur Lösung von Finanzproblemen durch Münzverschlechterung widerstand – der Hauptursache von Inflation vor Beginn der Edelmetallzufuhr aus der neuen Welt und der Durchsetzung des Papiergeldes. Nahezu alle großen Florentiner Familien waren auch im Bankgeschäft tätig, was insgesamt eine eher friedliche, kriegerische Abenteuer meidende Außenpolitik der Republik begünstigt hat. In der langen Florentiner Bankgeschichte ist es jedoch immer wieder zu dramatischen Bankrotten gekommen: 1306 brach das Bankhaus der Mozzi zusammen, 1312 fallierten die vor allem im englischen Waren- und Kreditgeschäft engagierten Frescobaldi; 1326 brach mit einem Passivbestand von 400.000 Fl. Golddukaten die Scali-Bank zusammen, und da die Forderungen der Gläubiger nur teilweise abgedeckt werden konnten, war das Vertrauen in die Florentiner Bankenwelt erstmals nachhaltig erschüttert. Aber es kam noch schlimmer: Die Bankhäuser Bardi und Peruzzi engagierten sich finanziell auf englischer Seite im beginnenden Hundertjährigen Krieg und gerieten dabei unter erheblichen Druck; als dann die Erben König Roberts von Neapel sich weigerten, dessen Schulden, insbesondere bei der Acciaiuoli-Bank, zu bezahlen, brachen im Frühjahr 1346 mit den Bardi, Peruzzi und Acciaiuoli die drei größten Florentiner Bankhäuser zusammen, die «Säulen des Handels der Christenheit», wie Villani sie genannt hat. Zuvor hatten sie freilich noch versucht, mit Hilfe eines Staatsstreichs durch den Glücksritter Walter von Brienne, der sich selbst Herzog von Athen nannte, an öffentliche Gelder heranzukommen, um so den Bankrott abzuwenden. Was ihnen mißlang, hat Lorenzo de' Medici über hundert Jahre später erfolgreicher praktiziert: Er setzte öffentliche Gelder ein, um seine durch Mißwirtschaft angeschlagene Bank vor dem Bankrott zu retten. Mit dem Ende des 15. Jahrhunderts begannen sich die Zentren des europäischen Kapitalverkehrs mehr und mehr von Italien wegzuverlagern, und nach einem kurzen spanischen Intermezzo avancierten Antwerpen und Amsterdam zu den Zentren des europäischen Bankgeschäfts. Im 14. und 15. Jahrhundert jedoch war Florenz der Mittelpunkt des europäischen Bankwesens.

Auf der Basis dieser entwickelten Geldwirtschaft ist es Florenz zu Beginn des 15. Jahrhunderts auch gelungen, ein modernes, leistungsfähiges Steuersystem einzuführen, mit dem die notorische Finanzknappheit der Kommune überwunden werden konnte. Der 1427 gegen den Widerstand der Reichen durchgesetzte *catasto* war eine auf den Gesamtwert des Besitzes erhobene Steuer von 0,5 Prozent und stellte eine Mischung von Vermögens- und Einkommenssteuer dar; er ermöglichte der Republik nicht nur die Finanzierung einer Reihe von Kriegen, sondern auch den Bau und die Fertigstellung öffentlicher Gebäude, die das glanzvolle Erscheinungsbild der Stadt weiter steigerten. An erster Stelle ist hier die Fertigstellung des 1296 unter Arnolfo di Cambio begonnenen Domes Santa Maria del Fiore zu nennen, dessen gewaltige Kuppel nach den Plänen Brunelleschis vollendet wurde. Neben dem ebenfalls Ende des 13. Jahrhunderts begonnenen Palazzo Vecchio stellt der Dom mitsamt dem von Giotto entworfenen und im Bau begonnenen Campanile das markanteste öffentliche Gebäude der Stadt dar. Sie werden ergänzt durch eine Reihe weiterer Kirchen, insbesondere die Franziskanerkirche Santa Croce (begonnen 1295, Vollendung des Langhauses 1385), die Dominikanerkirche Santa Maria Novella (begonnen 1246, Fertigstellung der Fassade 1458) und die von den Zünften und Bruderschaften getragene Kirche Orsanmichele (errichtet zwischen 1336 und

1350), sowie eine Reihe von Palästen des 15. Jahrhunderts, darunter den Palazzo Medici (von Michele Michelozzo), den Palazzo Strozzi (von Benedetto da Majano entworfen, von Simone del Pollaiuolo vollendet), den Palazzo Rucellai (von Leon Battista Alberti) und den Palazzo Pitti (entworfen von Brunelleschi). Wenn die Bautätigkeit des 15. Jahrhunderts auch nicht an den Bauboom zu Beginn des 14. Jahrhunderts heranreichte und an die Stelle öffentlicher Bauten zunehmend Projekte der Selbstrepräsentation der großen Familien der Stadt traten, so verkörpern diese Bauten doch noch einmal jenen bürgerschaftlichen Geist, von dem der Aufstieg der Florentiner Republik getragen worden ist.

Wie in vielen anderen italienischen Städten hat auch in Florenz das Bewußtsein der großen und mittleren Kaufleute, bei ihren geschäftlichen Aktivitäten fortgesetzt gegen das kanonische Wucherverbot zu verstoßen, zu einer Reihe von Stiftungen geführt, die als Reue und Buße gedacht waren und die, wie schon Villani feststellte, erheblich zur künstlerischen Ausgestaltung der Stadt beigetragen haben. Das läßt sich an den Kapellen der Peruzzi und Bardi in Santa Croce mit Fresken von Giotto und seiner Schule sowie der neben der Kirche nach Plänen von Brunelleschi errichteten Pazzi-Kapelle ebenso zeigen wie an den Kapellen der Strozzi, Rucellai und Tornabuoni (mit Fresken von Ghirlandaio) in Santa Maria Novella, der Brancacci-Kapelle in Santa Maria del Carmine mit Fresken von Masaccio und Masolino oder der Sassetti-Kapelle in Santa Trinità mit Fresken von Ghirlandaio. Das schlechte Gewissen und die Höllenangst der Kaufleute und Bankiers haben entscheidend dazu beigetragen, daß in Florenz die materiellen Voraussetzungen für die beispiellose Blüte von Kunst und Wissenschaft gegeben waren, und so glaubte Marsilio Ficino über das Florenz der zweiten Hälfte des 15. Jahrhunderts sagen zu können: «Dies Jahrhundert ist ein goldenes Zeitalter, das seinen Glanz über die so lange verdunkelten freien Künste ausstrahlt – über Grammatik, Dichtkunst und Beredsamkeit, Malerei, Baukunst und Bildhauerei, Musik und den Gesang zur alten orphischen Lyra, die alle in Florenz in Blüte stehen.»

Die Machtkämpfe, die Florenz zwar erschütterten, aber nicht zugrunde richteten, wurden einerseits zwischen verschiedenen sozialen Schichten und Klassen und andererseits zwischen den führenden Familien und Clans ausgetragen. In der politischen Historiographie über das Florenz des 13.–16. Jahrhunderts sind diese Konflikte je nach dem politischen Standort des Verfassers als Klassen- oder als Faktionskämpfe beschrieben worden. Tatsächlich hat beides oft ineinandergespielt, aber von Klassenauseinandersetzungen wird man selbst beim *Tumulto dei ciompi* nur mit äußerster Vorsicht sprechen können. Andererseits spielten in die Machtkämpfe zwischen den Familien und Clans immer auch soziale Gegensätze hinein, und die eine Familie rekrutierte ihre Parteigänger eher aus den oberen, die andere aus den mittleren Schichten. Die in der Florentiner Verfassungswirklichkeit dominierenden Organisationseinheiten waren jedenfalls die Familie im engeren und der Clan im weiteren Sinn, dazu die Nachbarschaften, die Bruderschaften und schließlich die Zünfte. Der Auf- und Abstieg von Familien, der durch geschäftlichen Erfolg, aber auch durch Eheverbindungen erfolgen konnte, sowie die Machtzuwächse und -verluste der Zünfte infolge von Veränderung auf den europäischen Märkten konnten zu heftigen Kämpfen in Florenz führen und die Stadt bis an den Rand des Abgrunds bringen. Diese Kämpfe drehten sich selten nur um die bloße Entmachtung eines Clans und den Aufstieg eines anderen, sondern waren in der Regel mit prinzipiellen verfassungspolitischen Orientierungen verbunden: entweder *governo stretto* oder *governo largo*. Ersteres lief darauf hinaus, daß nur die oberen Schichten und Zünfte Macht und Einfluß hatten, während bei letzteren die mittleren Schichten und Zünfte an der Regierung beteiligt waren.

Sicherlich handelt es sich bei den Lobpreisungen der Florentiner Verfassung durch die Humanisten um Idealisierungen, die der historisch-politischen Realität nur sehr bedingt entsprechen. Die verfassungspolitische Ordnung der Stadt ist nicht nach festen Prinzipien entworfen worden, sondern hat sich in den Machtkämpfen der Familien und Clans ‹naturwüchsig› herausgebildet. Einige Merkmale sind dabei freilich konstant geblieben: die kurze Dauer, für die man ein Amt innehatte, und die damit verbundene Rotation der Amtsinhaber, dazu das Losverfahren bei der Auswahl der Kandidaten und daraus resultierend schließlich die Bildung informeller Machtzentren jenseits der offiziellen Ämter und Funktionen. Während des 14. Jahrhunderts war die *Parte guelfa* ein solches Machtzentrum, aber mit dem Niedergang des Guelfentums infolge der schwindenden politischen Bedeutung seines Kontrahenten, des Kaisers, traten Familien und Clans mit ihren Klientelschaften an deren Stelle. Das war zwischen 1382 und 1432 der Strozzi- und Albizzi-Clan, der dann von den Medici und ihrer Anhängerschaft abgelöst wurde. Unter Cosimo mußte etwa ein Viertel der führenden Florentiner Familien ins Exil. Gleichwohl verstand Cosimo es, mit großem Geschick den Eindruck einer Unrechts- oder Gewaltherrschaft zu vermeiden. Er betätigte sich als Mäzen von Künstlern und Humanisten, finanzierte mehrere Bauprojekte und erhielt den Ehrentitel *pater patriae*.

Auf Cosimo folgte sein Sohn Piero mit dem Beinamen *il Gottoso*, der Gichtige, der sich schon bald (1465/66) mit einer mächtigen Opposition aus den führenden Familien der Stadt auseinandersetzen mußte. Doch Luca Pitti, Agnolo Acciaiuoli, Niccolò Soderini und Diotisalvi Neroni zögerten, während Piero entschlossen handelte, die Piazza della Signoria mit Bewaffneten besetzen ließ und die Opposition in die Knie zwang. So stieg die Zahl der Verbannten weiter an. Nach Pieros frühem Tod folgten seine Söhne Lorenzo und Giuliano als informelle Machthaber in Florenz, und erneut formierte sich die Opposition aus den oberen Familien, diesmal unter der Führung der Pazzi und mit Rückendeckung durch Papst Sixtus IV. Dieser wollte für seinen Neffen Girolamo Riario in der Romagna ein Herzogtum einrichten, und dabei standen ihm die Medici im Weg. Man wollte die Medici nunmehr nicht mit Hilfe der Volksversammlung, sondern mit Gewalt stürzen, und den Auftakt dazu sollte die Ermordung Lorenzos und Giulianos bilden. Das Attentat fand bei einer Messe im Dom statt: Giuliano fiel dem Anschlag zum Opfer, Lorenzo überlebte und entkam leicht verwundet, da er unter seinen Kleidern einen Brustpanzer getragen hatte. Der von den Pazzi inszenierte Aufstand schlug fehl, kaum jemand folgte ihrem Aufruf, und so wurden die Verschwörer in den Straßen niedergemacht oder an öffentlichen Gebäuden aufgehängt. Lorenzo nutzte den Aufstand und seine Niederschlagung, um einige Verfassungsänderungen zur Stärkung seiner Macht durchzuführen: So wurde der Rat der Siebzig als engster Kreis der an der Machtausübung Beteiligten installiert, den Lorenzo mit Freunden, Vertrauten und Parteigängern besetzen konnte. Wenngleich Lorenzo nach der Niederschlagung des Pazzi-Aufstands und den Verfassungsreformen von 1480 keinen nennenswerten Widerstand mehr erfahren hat, wandelte sich in breiten Kreisen der Bevölkerung doch das Bild von der Medici-Herrschaft, und es verbreitete sich die Auffassung, deren Herrschaft sei eine Tyrannis.

Doch erst nach Lorenzos Tod 1492 kam es – inzwischen stand Piero de' Medici an der Spitze der Stadt – mit dem Einmarsch französischer Truppen in Florenz 1494 zum Umsturz; die Medici wurden vertrieben, und im Rahmen der Wiederherstellung der Republik wurden institutionelle Reformen durchgeführt. Kernstück war die Einrichtung des Großen Rats, des *Consiglio Maggiore*, für den, da kein entsprechender Tagungsraum zur Verfügung stand, im Palazzo Vecchio die *Sala dei Cinquecento* gebaut wurde. Sie sollte das Herz der neuen republikanischen Ordnung sein. (Vasari hat später durch Umbauten und Wandgemälde versucht, den republikanischen Geist aus dem Saal zu vertreiben.) In diesem Großen Rat waren die führenden Familien nunmehr nicht länger unter sich, sondern mußten Macht und Einfluß mit den mittleren Schichten teilen. Das führte zu Unzufriedenheit, Widerstand und Konspirationen, so daß die Republik zwischen 1494 und 1512 niemals zu innerer Stabilität gelangte. Zunächst war während des Wirkens Savonarolas der Einfluß der unteren Schichten größer, aber nach dessen Hinrichtung und schließlich mit der Wahl Piero Soderinis zum Staatsoberhaupt auf Lebenszeit (*Gonfaloniere a vita*) verschob sich das Machtgefüge wieder zugunsten der oberen Schichten. 1512 gelang es den Medici, mit Hilfe spanischer Truppen die Republik zu stürzen und nach Florenz zurückzukehren. Aber ihr herrisches Auftreten und die hohen Steuern, die sie der Stadt auferlegten, führten sehr bald zu neuerlicher Unzufriedenheit und Widerstand, und im Zusammenhang mit den politisch-kriegerischen Wirren des Jahres 1527, als deutsche Landsknechte und spanische Tercios Rom eroberten (*Sacco di Roma*), wurden die Medici erneut gestürzt und vertrieben; abermals wurde die Republik erneuert und in Anknüpfung an Savonarola wiederum Christus zum Herrn der

Stadt ausgerufen. Nach zehnmonatiger Belagerung durch kaiserliche Truppen mußte Florenz im August 1530 kapitulieren. Die erneut zurückkehrenden Medici verzichteten nun auf eine republikanische Fassade ihrer Machtausübung und errichteten ein Herzogtum (später Großherzogtum), in dem vor allem Cosimo I. es verstand, die Politik der künstlerischen Ausgestaltung und des kulturellen Mäzenatentums fortzusetzen.

*Lit.:* G. Brucker: Florenz in der Renaissance. Stadt, Gesellschaft, Kultur, Reinbek 1990. – R. Davidsohn: Geschichte von Florenz, 4 Bde., Berlin 1896–1925. – J. R. Hale: Die Medici und Florenz, Stuttgart 1979. – V. Reinhardt: Florenz zur Zeit der Renaissance, Würzburg 1990. – N. Rubinstein: The Government of Florence under the Medici (1434 to 1494), Oxford 1966. – J. N. Stephens: The Fall of the Florentine Republic 1512–1530, Oxford 1983. – R. Trexler: Public Life in Renaissance Florence, London 1980. – A. R. Turner: Renaissance in Florenz, Köln 1997.

→Architektur; →Humanismus; →Medici; →Päpste; →Savonarola; →Seuchen; →Skulptur.

## Franz I.

*(* 12. September 1494 in Cognac, † 31. März 1547 in Rambouillet)*

Neben Karl V. und Heinrich VIII. war der französische König Franz I. der dritte große Renaissanceherrscher, der in der ersten Hälfte des 16. Jahrhunderts am Kampf um die Vorherrschaft in Europa beteiligt war. Während Heinrich VIII. sich dabei eher zurückhielt, wechselnde Bündnisse abschloß und auch wieder auflöste, hat Franz I. den Kampf gegen die von Karl V. für das Haus Habsburg angestrebte Hegemonie unerbittlich geführt, wobei er, um die ressourcenmäßige Unterlegenheit Frankreichs gegenüber der habsburgischen Macht auszugleichen, auch zu einem politisch-militärischen Bündnis mit der Hohen Pforte bereit war. Das hat in Europa für erhebliches Aufsehen gesorgt, weil damit erstmals die Einheit der Christenheit gegenüber den Türken aufgekündigt und den politischen Interessen eines Herrschers untergeordnet wurde. Dennoch ist das historische Bild Franz' I. nicht durch politische Erfolge – insgesamt betrieb er eine schwankende und wenig glückliche Politik –, sondern durch die kulturelle Blüte geprägt, die Frankreich während seiner Regierungszeit erlebte. Sie gilt als Höhepunkt der französischen Renaissance: Nach dem Jahrzehnte währenden Niedergang der Pariser Universität als Stätte der lateinischen Gelehrsamkeit und dem parallelen Aufstieg Italiens zum kulturell führenden Land in Europa gewann Frankreich nun wieder Anschluß an die neuen Entwicklungen von Kunst und Gelehrsamkeit. Die wichtigsten Zeugnisse dieser Entwicklung sind die Werke Clément Marots und François Rabelais', die beide von Franz I., vor allem aber von seiner kunstsinnigen Schwester Margarete von Angoulême gefördert wurden, daneben der Bau der Schlösser von Chambord, Blois und Fontainebleau sowie das 1530 auf Vorschlag Guillaume Budés gegründete *Collegium Trilinque*, das später zum *Collège de France* wurde. Diese kulturelle Blüte Frankreichs ging jedoch mit der Verschärfung der konfessionellen Gegensätze zu Ende, die sich bereits am Ende der Regierungszeit Franz I. entwickelt hatten und nun in einen offen ausgetragenen Bürgerkrieg umschlugen, unter dessen Eindruck zahlreiche Künstler und Gelehrte Frankreich verließen und in anderen Ländern Zuflucht suchten.

Außenpolitisch setzte Franz I. die von seinen Vorgängern Karl VIII. und Ludwig XII. betriebene Italienpolitik fort, die ihn zwangsläufig mit Karl V. in Konflikt brachte, der ebenfalls die Herrschaft über Mailand und damit die Kontrolle über Oberitalien anstrebte. Obendrein war zwischen den beiden Herrschern das Burgund umstritten, das Karl V. als Erbe seiner Großmutter Maria von Burgund für sich beanspruchte und auf das auch Franz I. Ansprüche erhob. Eine folgenreiche politische Schlappe erlitt Franz I. 1519 anläßlich der Kaiserwahl, als er sich nicht gegen Karl durchsetzen konnte und dieser neben den habsburgischen Erblanden auch noch die kaiserliche Macht erlangte. Militärisch wurde der Konflikt zwischen Valois und Habsburg weitgehend in Oberitalien ausgetragen, und nachdem die Franzosen zunächst, vor allem 1515 bei Marignano, erfolgreich gewesen waren, wendete sich 1525 das Blatt, als Franz I. nicht nur die Schlacht von Pavia verlor, sondern auch in die Gefangenschaft Karls V. geriet; dieser setzte ihn zehn Monate in einem spanischen Gefängnis fest, bis Franz schließlich auf seine Forderungen einging und vertraglich auf Italien

Verzicht leistete. Nach Wiedererlangung der Freiheit hat er diese vertragliche Einwilligung freilich sogleich für ungültig erklärt, wiewohl sich seine Söhne als Geiseln in der Gewalt des Kaisers befanden. Im Frieden von Cambrai (1529) erklärte sich Franz I. erneut zum Verzicht auf Italien bereit, revidierte diesen Entschluß dann aber wieder, so daß erst in der Regierungszeit seines Sohnes Heinrich II. mit dem Vertrag von Cateau-Cambrésis (1559) ein dauerhafter Frieden geschlossen wurde.

Franz I. war ein guter Sportler und Kämpfer; es kam also nicht von ungefähr, daß er Karl V. anbot, den Kampf um die europäische Hegemonie in Form eines Zweikampfes auszutragen. Ein um 1520 entstandenes Gemälde von Jean Clouet zeigt ihn als einen selbstbewußten, stattlichen Mann. Er hatte etwas klassische Bildung genossen – deutlich weniger freilich als seine ältere Schwester Margarete, die nicht nur religiöse Verse, sondern auch das nach dem Vorbild von Boccaccios *Decamerone* angelegte *Heptameron* (1558) verfaßte. Franz I. trat als Literatur- und Kunstmäzen hervor, förderte Leonardo und Cellini und holte mit Rosso und Primaticcio zwei italienische Maler und Baumeister nach Frankreich, die die Schule von Fontainebleau begründeten und damit der französischen Malerei wichtige Impulse vermittelten. Im Prinzip aber galt das Interesse des Königs nicht Kunst und Kultur selbst; vielmehr gab er gewaltige Summen für seine Vergnügungen aus, weswegen er als verschwenderisch und vergnügungssüchtig galt, und dabei fiel auch einiges für Kunst und Kultur ab. Vor allem aber hielt er zahllose Mätressen aus, was ihm den Ruf eines großen Liebhabers eintrug. Ein Niccolò da Modena zugeschriebenes allegorisches Porträt des Königs trägt die Bildunterschrift: «Franz ist im Kriege Mars, im Frieden Minerva, auf der Jagd Diana, in der Beredsamkeit Merkur und in der Liebe Cupido.»

*Lit.:* R. Guerdan: François I^er^: le roi de la Renaissance, Paris 1976. – P. Jourda: Marguerite d'Angoulême, 2 Bde., Paris 1930; R. J. Knecht: Francis I and the Absolute Monarchy, London 1969.

→Diplomatie; →Heinrich VIII.; →Karl V.; →Staat.

## Frömmigkeit

Spätmittelalter und Renaissance sind durch einen Strang unregelmäßig auftretender Frömmigkeitsschübe gekennzeichnet, die vor allem die mittleren und unteren Schichten erfaßten und sich mit einer scharfen Kritik an den Lebensgewohnheiten von Klerus, Adel und Kaufleuten verbanden. Vor allem die Folgen, die das Vordringen der Geldwirtschaft für die Lebensführung der Menschen in den städtischen Zentren hatte, aber auch der dem Anspruch der Kirche widersprechende Lebenswandel vieler Kleriker wurden im Rahmen der Frömmigkeitsbewegungen thematisiert. Insofern war diesen Bewegungen immer auch ein Element von Gesellschaftskritik eigen; viele von ihnen haben sozialrevolutionäre Elemente enthalten, was sich vor allem im Zusammenhang mit den reformatorischen Umbrüchen in Mittel- und Westeuropa zeigt. In der Regel haben die Frömmigkeitsbewegungen jedoch stärker auf das individuelle Verhalten als auf eine Reform der gesellschaftlichen Ordnung gezielt. Durchweg jedoch haben sie sich in kritischer Distanz zu dem entwickelt, was als ‹Kultur der Renaissance› bezeichnet werden kann. Zwar wurden sie aus denselben gesellschaftlichen Veränderungen gespeist, die auch die Entstehung der Renaissancekultur ermöglicht haben, insbesondere dem vordringenden Individualismus und der Erosion traditioneller Sitten und Gewohnheiten, aber sie haben in entgegengesetzter Richtung reagiert. Das zeigt sich insbesondere an den ausgeprägten Endzeiterwartungen, wie sie gerade im Rahmen von Frömmigkeitsbewegungen immer wieder aufgetreten sind.

Zu den Frömmigkeitsbewegungen des 15. und 16. Jahrhunderts gehören die Wallfahrten und Pilgerreisen ebenso wie die Auftritte der Bußprediger in den größeren Städten; die sich von den Niederlanden und dem oberen Rheintal nach Mittel- und Nordeuropa ausbreitende Bewegung der *Devotio moderna* genauso wie die Mystik und die von ihr propagierte Nachfolge Christi; zu ihr gehören aber auch sozialrevolutionäre Bewegungen, wie die Hussiten und Taboriten in Böhmen, Teile der Bauernbewegung zwischen 1524 und 1526 und schließlich die Wiedertäufer in Münster, deren Vorstellungen stark apokalyptisch geprägt waren. Vor allem gehört zu ihnen aber die durch

Luther und Zwingli angestoßene Reformation, die, freilich stärker als bei den Frömmigkeitsbewegungen sonst der Fall, genuin theologische Fragen neben solchen der Lebensführung und Gesellschaftsordnung ins Zentrum ihrer Interessen gestellt hat und deswegen auch – im Unterschied zu diesen – von der Römischen Kirche nicht mehr integriert werden konnte.

Einer der bedeutendsten italienischen Bußprediger war der Franziskanermönch Bernardino da Siena, der in seinen Predigten zur Erneuerung jener sozialen Normen aufrief, die durch die gesellschaftliche Entwicklung der oberitalienischen Städte mehr und mehr ausgehöhlt und zerstört wurden. Wenn im Gefolge der sozialen Differenzierung die Armen ärmer und die Reichen reicher würden, so habe dies Folgen für ihre moralische Grundeinstellung: Habgier und Geiz, Mißtrauen, Heimtücke und Unbarmherzigkeit griffen um sich. Bernardino predigte dagegen das franziskanische Ideal des einfachen Lebens; durch Armut, Demut und Bescheidenheit finde der Mensch zu sich selbst. Das war zugleich eine deutliche Absage an die um Bildung und Selbstkultivierung zentrierte Lebensführung der Humanisten. Bernardinos Predigten waren soziale Ereignisse, bei denen ein Feuer entfacht wurde, in das «reuige Sünder» Schmuck, Kleidung und Spiele als Zeichen ihrer Umkehr warfen; zugleich hielt Bernardino bei seinen Predigten immer wieder eine Tafel mit den Anfangsbuchstaben der griechischen Bezeichnung Jesu als Gottessohn und Heiland (*hyos theou soter; yths*) hoch, die auf die Versammelten eine starke Wirkung ausübte. Bernardino wurde deswegen von einigen der Ketzerei beschuldigt. Am Vorbild Bernardinos hat sich nicht nur Girolamo Savonarola bei seinen Bußpredigten in Florenz orientiert, sondern auch Johannes Kapistran (Giovanni da Capistrano), der von 1451 bis 1456 Deutschland und die angrenzenden Gebiete Mitteleuropas als Bußprediger durchzogen hat. Wie Bernardino entzündete auch er Scheiterhaufen, auf denen die ‹Eitelkeiten› der Reumütigen verbrannt wurden; obendrein nahm er Wunderheilungen in *nomine Jesu Christi et sancti Bernardini* vor. Im Gefolge seiner Verurteilung von Zins und Wucher kam es immer wieder zu Ausbrüchen von Judenfeindschaft, die sowohl in Pogromen als auch rechtsförmiger Verfolgung von Juden ihren Niederschlag fanden.

Die verbreitete Vorstellung von einer Entchristlichung der Lebensgewohnheiten in der Zeit der Renaissance läßt sich auch im Hinblick auf Pilgerreisen und Wallfahrten nicht bestätigen: Im heiligen Jahr 1450 sollen sich täglich bis zu 40.000 Pilger in Rom aufgehalten haben, und auch der Pilgerstrom nach Santiago de Compostella oder Jerusalem war im Steigen begriffen. Ende des 15. Jahrhunderts war schließlich auch der mitteleuropäische Raum mit einem dichten Netz von Pilgerstätten und Wallfahrtsorten überzogen, die einerseits potentielle Zentren antiklerikal-sozialkritischer Bewegungen waren und andererseits Quellgründe neuer kirchlicher Einnahmen bildeten, da sich um die Pilgerstätten und Wallfahrtsorte zunehmend ein reger Handel mit Ablässen entwickelte. Frömmigkeit war am Ende des 15. und zu Beginn des 16. Jahrhunderts in vieler Hinsicht ausdeutbar und bildete den Ausgangspunkt gegensätzlicher Entwicklungen.

Dem Humanismus stärker verbunden war die sich von etwa 1370 bis 1520 erstreckende ethisch-religiöse Reformbewegung der *Devotio moderna*, die sich stärker an die Mittelschicht und weniger an die breiten Massen wandte und auf Innerlichkeit und Meditation statt auf formale Riten und scholastische Übungen setzte. Am Anfang der Bewegung steht Geert de Groote, der im niederländischen Deventer die Bewegung der *Brüder vom gemeinsamen Leben* gründete, die in Orientierung an einem christlichen Vollkommenheitsideal ein Leben in Gemeinschaftshäusern, den Verzicht auf Privateigentum und ein der Arbeit und dem Gebet gewidmetes asketisches Leben verlangte. Damit näherte sie sich weitgehend dem stoischen Moralverständnis und betrieb die Sozialdisziplinierung ihrer Anhängerschaft. Einer der bedeutendsten Vertreter der *Devotio moderna* war Thomas a Kempis, der nicht nur Biographien der Bewegungsgründer de Groote und Florentius Radewijns verfaßte, sondern dessen als Wegweiser zu innerer Ruhe angelegtes Andachtsbuch *De imitatione Christi* auch zu einem der größten Bucherfolge seiner Zeit wurde. Wie viele Anhänger der Brüderbewegung stand Thomas in Distanz zur offiziellen Kirche, vermied aber sorgsam jede offene Ablehnung. Geert de Grootes Abscheu gegen die etablierte Wissenschaft – er hatte in Paris Theologie studiert und diese in Köln gelehrt, bevor er nach einer tiefen seelischen Krise mit öffentlichen Predigten begonnen hatte – war stärker eine Ablehnung des scholastischen Universitätsbetriebs als der Wissenschaft generell. In dem von den *Brüdern vom gemeinsamen Leben* in Deventer betriebenen Internat verband sich nach seiner Reformierung durch Alexander Hegius in der zweiten Hälfte des 15. Jahrhunderts humanistisches Gedankengut mit einer starken Betonung der Bibel. Eine Reihe deutscher und niederländischer Humanisten, unter anderem Erasmus und Adrian Florisz von Utrecht, der spätere Papst Hadrian VI., kamen von dieser Schule, die zum Vorbild im deutschen und skandinavischen Raum wurde und an der sich auch die späteren Jesuitenkollegs orientierten.

Einen zentralen Platz innerhalb der Frömmigkeitsbewegungen des Spätmittelalters und der Renaissance haben die Mystiker inne, unter denen auffällig viele Frauen vertreten sind. Mitte des 14. Jahrhunderts hatte die mystische Bewegung, womöglich unter dem Einfluß der schweren Pestepidemie in Europa, sprunghaft zugenommen; Katharina von Siena und Birgitta von Schweden waren ihre bedeutendsten Vertreterinnen. Nach einem zeitweiligen Abklingen lebte die Mystik im 16. Jahrhundert wieder auf und spielte vor allem im Rahmen der katholischen Gegenreformation eine beachtliche Rolle, auch wenn viele Mystiker mit der Inquisition in Konflikt kamen und dabei auf den Schutz von Königen und Päpsten angewiesen waren. Beispiele hierfür sind Luis de Granada, dominikanischer Prediger und Berater der portugiesischen Herrscher, dessen Schriften *De la oración* (1533) und *Guía de peccadores* (1555) zu den wichtigsten Zeugnissen mystischer Literatur gehören, sowie Teresa von Avila, eine spanische Mystikerin aus adliger Familie, die sich vor allem der Reform des Karmeliterinnenordens widmete, dessen ursprüngliche Strenge sie im Hinblick auf Armut und strikte Abschließung wiederherstellen wollte. In ihrer Autobiographie *Camino de perfección* (1565) mit Berichten über ihre seit 1557 einsetzenden mystischen Erlebnisse und ekstatischen Visionen sowie in ihrem Hauptwerk *El Castillo interior o Las Moradas* (1577) beschreibt sie die mystische Vereinigung des Menschen mit Gott. Mit Jakob Böhme, einem Schuster bäuerlicher Herkunft aus Görlitz, hat auch der deutsche Protestantismus einen Mystiker von europäischer Bedeutung aufzuweisen, dessen Hauptschrift *Aurora. Weg zu Christo* (1612) sich um die Unterscheidung von Gut und Böse sowie das Verhältnis zwischen Mensch, Gott und Natur dreht.

*Lit.:* K. Elm: Johannes Kapistrans Predigtreise diesseits der Alpen; in: Lebenslehren und Weltentwürfe, hrsg. von H. Boockmann u. a., Göttingen 1989, S. 500–519. – W. Herbstrith: Teresa von Avila, Bergen-Enkheim [3]1971. – A. Klöckner: Thomas von Kempen/Rhein, 1921. – I. Origo: Der Heilige der Toskana. Leben und Zeit des Bernardino von Siena, München 1989. – R. R. Post: The Modern Devotion, Leiden 1968.

→Humanismus; →Judenfeindschaft; →Luther; →Reformation; →Savonarola; →Universitäten.

## Fürstenspiegel

Auf den ersten Blick stellt die Fürstenspiegelliteratur der Renaissance nur eine kurze und eher unbedeutende Etappe in der Geschichte dieser Gattung politischer Literatur dar, die ihre Ursprünge in der Antike hat und von der Mitte des 13. bis zum Ende des 18. Jahrhunderts in der Geschichte des europäischen politischen Denkens eine bedeutende Rolle gespielt hat. Mit Thomas von Aquins kleiner Schrift *De regimine principum* ist der Fürstenspiegel, als dessen antike Vorläufer Xenophons *Kyrupädie*, Isokrates' *Kyprische Reden* und Senecas *De clementia* gelten, in das politische Denken des mittelalterlichen Europa zurückgekehrt. Ausschlaggebend ist hierbei Thomas' Rezeption der aristotelischen Gemeinwohlvorstellung, vermittelst derer zwischen guten und schlechten Formen der Herrschaft, wie etwa zwischen Monarchie und Tyrannis, unterschieden werden konnte. An die Stelle der allein am Amtscharisma orientierten bisherigen Königslehre des Mittelalters trat damit eine didaktisch-pädagogische Politikvorstellung, der zufolge der Amtsinhaber erzogen werden mußte, um den mit seinem Amt verbundenen Aufgaben und Pflichten genügen zu können. Die Fürstenspiegel handeln also von der Erziehung des angehenden Herrschers, der durch sie zur Wahrnehmung seiner Aufgaben befähigt werden soll; sie unterscheiden sich danach, in welcher Weise sie Ideal und Realität aufeinander beziehen, wobei die rhetorischen Strategien, mit denen der angehende Herrscher aufs politisch-ethische Ideal verpflichtet werden soll, für Charakter und Wirkung eines Fürstenspiegels ausschlaggebend sind.

Der berühmteste Fürstenspiegel der Renaissance ist die *Institutio principis christiani* (1515) des Erasmus von Rotterdam; die Schrift wurde auf Wunsch des burgundischen Kanzlers Silvagius verfaßt und stellt wohl einen Dank des Erasmus für seine Ernennung zum königlichen Ratsherrn dar. Daß ihr Adressat, der spätere Kaiser Karl V., sie ausgiebig studiert hat, ist eher unwahrscheinlich. Gleichwohl hat Erasmus' *Institutio* zumindest in der politischen Literatur breite Resonanz gefunden und dazu beigetragen, daß die Fürstenspiegelliteratur bis zur Institutionalisierung einer bürgerlichen Öffentlichkeit im 18. Jahrhunderts und der Auswahl politischer Eliten durch breitere Bevölkerungskreise immer wieder aufgeblüht ist. Dabei hat Erasmus die Erziehung des Fürsten als Alternative zu seiner Wahl bzw. als Kompensation einer fehlenden Wahl angesehen. In einer erblichen Herrschaft – und die war im Europa des 15./16. Jahrhunderts dominierend – hänge alles an der Erziehung des zukünftigen Herrschers. Durch sie, so Erasmus' Vorstellung, solle der Fürst auf den Frieden und das Gemeinwohl verpflichtet werden. Genüge er allen diesen Anforderungen, so werde der Herrscher zum *Simulacrum Dei*, zum Abbild Gottes.

Selbstverständlich können die Fürstenspiegel aber auch als eine mehr oder weniger subtile Strategie der Intellektuellen begriffen werden, vermittels derer sie auf die Herrscher Einfluß zu gewinnen suchten, worin sie mit den Juristen und Beratern des Beamtenstaates, den Adligen der Hofgesellschaft und nicht zuletzt mit den Theologen, die als Beichtväter der Fürsten fungierten, konkurrierten. In der Geschichte der Fürstenspiegelliteratur kommt der Renaissance trotz ihrer kurzen Dauer insofern eine entscheidende Bedeutung zu, als hier fundamentale Einwände gegen die der Gattung zugrundeliegende Annahme geltend gemacht worden sind, wonach die gute politische Ordnung wesentlich vom moralischen Verhalten des Herrschers abhänge: Da ist auf der einen Seite Thomas Morus, der im 1. Buch seiner *Utopia* die Einflußlosigkeit eines guten Menschen in einer schlechten Ordnung vor Augen zu führen versucht hat, um daran anschließend im 2. Buch die Institutionalisierung des Guten in der sozio-politischen Welt der Utopier vorzuführen. Mit Morus entwickelte sich in der politischen Literatur die Sozialutopie als Konkurrent der Fürstenspiegel um die größeren Erfolgsaussichten bei der Besserung der Welt. Und auf der anderen Seite steht Niccolò Machiavelli, der in seinem *Principe* den Fürstenspiegeln mit der Behauptung entgegengetreten ist, angesichts einer Mehrheit von Menschen, die moralisch nicht gut seien, müsse ein guter Mensch in der Politik zwangsläufig scheitern; deswegen hat er den Herrschern, gleichsam in der Art eines negativen Fürstenspiegels, nahegelegt, sich keinesfalls an die Vorgaben der Moralphilosophie zu halten, sondern allenfalls den Anschein zu erwecken, als ob sie dies täten. In den Fürstendarstellungen, die Shakespeare in seinen Dramen *Heinrich V.* (vollkommener Herrscher), *Richard II.* (schwacher Charakter) und *Richard III.* (furchtbarer Tyrann) gegeben hat, ist die sich aus der Konfrontation von moralischem Ideal und politischem Erfolg ergebende Spannung dramatisch verarbeitet worden.

*Lit.:* W. Berges: Die Fürstenspiegel des hohen und späten Mittelalters, Stuttgart 1952. – H. O. Mühleisen/Th. Stammen: Politische Tugendlehre und Regierungskunst, Tübingen 1990. – B. Singer: Die Fürstenspiegel in Deutschland im Zeitalter des Humanismus und der Reformation, München 1981.

→Erasmus; →Hofmann; →Machiavelli; →Shakespeare; →Utopie.

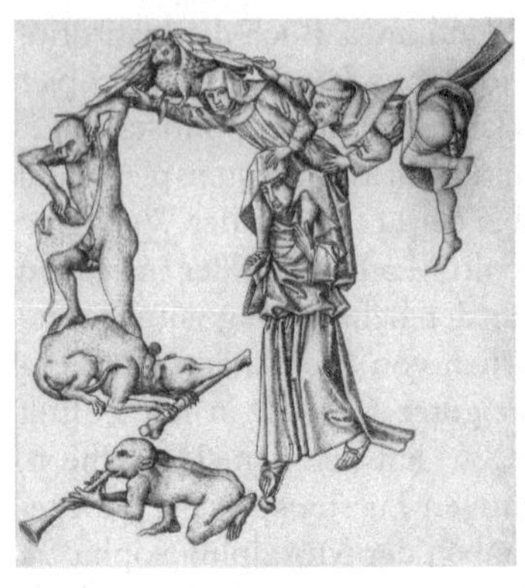

## Geschichtsschreibung

Verglichen mit den vorangegangenen Jahrhunderten zeichnet sich die Renaissance durch ein gesteigertes Bewußtsein von der Geschichtlichkeit der eigenen Epoche aus: Man begreift sich nicht länger in der Kontinuität einer Zeitspanne, sondern nimmt vor allem Abstand und Distanz zu früheren Epochen wahr. Dieser Wandel der historischen Wissensordnung resultiert im wesentlichen aus der Ersetzung heilstheologischer Vorgaben durch profane Ereignisgeschichte als Orientierungsmaßstab des historischen Bewußtseins: An die Stelle göttlichen Eingreifens in den Gang der weltlichen Angelegenheiten tritt die klassische Antike. Mit dem Schwinden heilstheologischer Vorgaben wächst aber auch die Erfordernis, die Stellung der Gegenwart im Hinblick auf die nähere und fernere Vergangenheit zu bestimmen und dabei Urteile über die Vorbildlichkeit oder Korrumpiertheit historischer Epochen zu treffen. Das Geschichtsbewußtsein der Renaissance verliert dadurch die naiven Selbstverständlichkeiten der mittelalterlichen Historiographie, und parallel zum sentimentalen Bezug auf die Antike entwickelt sich eine fortgesetzte Reflexion auf die methodischen wie inhaltlichen Voraussetzungen der Geschichtsschreibung. Die von den Humanisten entwickelten Standards im Umgang mit Quellen wie die Techniken und Formen der Darstellung markieren den Anfang der modernen Geschichtsschreibung.

Zum Verschwinden der heilstheologischen Vorgaben in der Renaissancehistoriographie gehört der Verzicht auf die Erzählung von Wundern bzw. die Erklärung von Ereignissen durch Rückgriff auf göttliches Wirken, auch und gerade dann, wenn dies in den mittelalterlichen Vorlagen der humanistischen Historiker eine zentrale Rolle spielte. So hat etwa Leonardo Bruni in seinen *Historiarum Florentinarum libri XII* (1416–44) alle Wunderberichte, Legenden und Fabeln aus der als Vorlage benutzten Chronik Giovanni und Filippo Villanis weggelassen und statt dessen Entscheidungen aus der Rationalität der Akteure und Entwicklungen aus dem Zusammenwirken von Interessen und Orientierungen zu erklären versucht. Dabei beschränkte sich das Neue der Renaissancehistoriographie gegenüber den mittelalterlichen Vorlagen oftmals auf die Neuerzählung der Ereignisse im Duktus der klassischen Rhetorik, wie dies im Falle von Benedetto Accoltis Kreuzzugsgeschichte (*De bello a Christianis contra barbaros gesto pro Christi sepulcro et Iudaea recuperandis*, 1459–64, gedr. 1532), die sich vor allem auf die Darstellung des Wilhelm von Tyrus stützt, der Fall ist; sie konnte aber auch eine neue Epochenordnung entwickeln, wie dies Flavio Biondo in seinen *Historiarum ab inclinatione Romanorum decades* (1440–52) getan hat, indem er die von ihm dargestellte europäische Geschichte mit dem Jahr 412 beginnen ließ und die Zeit zwischen der zu Ende gehenden Antike und der eigenen Gegenwart mit dem Begriff *medium aevum*, Mittelalter, belegte. Dabei ist Biondo immer wieder zum Vorwurf gemacht worden, er sei bloß ein fleißiger, gewissenhafter Gelehrter, der sich im wesentlichen auf das sorgfältige Exzerpieren der vorhandenen Quellen beschränkt, diese aber nicht weiter verarbeitet, sondern bloß hintereinandergestellt habe. Diese rhetorisch wenig ausgefeilte Sachlichkeit gilt auch für Biondos andere Werke, seine *Italia illustrata* (1453), eine Kombination von Geographie und Geschichte Italiens, die zum Vorbild zahlreicher ähnlicher Schriften über andere Länder wurde, sowie seine beiden Beschreibungen der römischen Kultur und ihrer materiellen Hinterlassenschaften (*Roma triumphans*, 1459; *Roma instaurata*, gedr. 1466), die als Materialsammlung im Lexikonformat bezeichnet werden können.

Biondos ästhetisch formloser Sachlichkeit steht die aufgespreizte Rhetorik Poggio Bracciolinis gegenüber, die in seiner Darstellung der Kriege zwischen Florenz und dem Herzog von

Mailand (*Historiarum Florentini populi libri VIII*, 1455–59, gedr. 1715) die genaue Beobachtung, eigentlich eine Stärke Poggios, eher behindert als befördert hat. Mit der Konzentration auf klassisch-rhetorische Elemente setzte Poggio eine von Bruni begonnene Tradition fort, in der ein affirmativer Bezug auf das antike Rom die heilstheologischen Vorgaben als narratives Orientierungsmuster ablöste. Brunis Leitvorstellungen waren eine ausgeprägte Aversion gegen die Macht der Kirche und ein mindestens ebenso starker Republikanismus, der bei ihm seinen Niederschlag in einer Engführung zwischen römischer und florentinischer Geschichte fand. Dieser Florentiner Tradition humanistischer Historiographie, die sich bis zu Machiavelli und dessen Schülern Nerli, Segni und Nardi fortsetzte, steht neben Biondo auch Lorenzo Valla als Vertreter einer politisch-rhetorisch weniger ambitionierten, dafür an detaillierter Sachlichkeit orientierten Historiographie gegenüber. Zu nennen sind hier Vallas *Historiarum Ferdinandi regis Aragoniae libri III* (beendet 1451, gedr. 1521), in denen er mit zynischer Menschenkenntnis das Privatleben König Ferdinands von Neapel ausgeleuchtet und mit maliziösen Anekdoten angereichert, zum Verständnis politischer Vorgänge aber nur wenig beigetragen hat. So wurde in Italien sehr bald die Florentiner Tradition kommunaler Historiographie vorbildlich, die freilich stets in der Gefahr stand, in reine Lobrhetorik umzuschlagen. Landesgeschichten nach Florentiner Vorbild wurden nun zur politisch-historiographischen Mode nahezu aller italienischen Städte, denen aber zumeist die intellektuelle Originalität und politische Inspiriertheit der Florentiner Arbeiten fehlte. Am deutlichsten zeigt sich dies am venezianischen Beispiel; hier hat Bernardo Giustiniani eine von großer Sachkenntnis und politischer Erfahrung getragene Geschichte Venedigs bis zum Beginn des 9. Jahrhunderts geschrieben (*De origine urbis gestisque Venetorum*, 1492), die wenig Affinität zu humanistischen Vorgaben aufweist, während Sabellicus in seinen *Rerum venetarum ab urbe condita libri XXX* (1487) die Lagunenrepublik mit einer antiken Polis parallelisiert, venezianische Quellen zu einem leicht lesbaren Text verschmolzen und der geschlossenen Darstellung zuliebe eine Reihe von Erklärungen und Verbindungen schlichtweg erfunden hat. Hier zeigen sich sehr deutlich die

Grenzen der humanistischen Historiographie: Wird in der Gegenüberstellung mittelalterlicher Annalen und Chroniken mit humanistischen Texten zumeist der ‹Fortschritt› an Wissenschaftlichkeit in der Behandlung des Stoffs herausgestellt (zusammenhängende Darstellung anstelle aneinandergereihter Episoden; Suche nach rationalen Gründen und Ursachen des Geschehens statt wunderbarer Wendungen usw.), so ist daneben doch auch festzuhalten, daß die Veränderungen in der Wissensordnung vom Mittelalter zur Renaissance in mancher Hinsicht auch auf einen Verlust an Rationalität und Komplexität hinausgelaufen sind: So wußte Giovanni Villani sehr viel mehr über finanzielle Transaktionen und deren ökonomische Motivierung als Bruni, der immer wieder erhabene Motive der Akteure in den Vordergrund stellte, wo Villani präzise ökonomische Erklärungen lieferte, und ganz ähnlich ersetzte Sabellicus, der neben der venezianischen Geschichte auch die erste Weltgeschichte aus humanistischer Perspektive verfaßt hat (*Enneades sive Rhapsodia historiarum*, 1498–1504), den spezifischen politischen Geist, der das Handeln der Venezianer geprägt hat, durch eine aufgespreizte Rhetorik sowie schulmeisterliche Floskeln über Politik und Moral. Ein weiteres Beispiel hierfür ist die venezianische Geschichte Pietro Bembos, in der die Ereignisse am Ende des 15. und zu Beginn des 16. Jahrhunderts behandelt werden (*Rerum Venetarum Historiae libri XII*, 1531–1539, gedr. 1551): Ohne jedes tiefere Verständnis für politische Entscheidungen sucht Bembo bei rhetorischen Floskeln und grammatischen Konstruktionen Ciceros Zuflucht, die darüber hinwegtäuschen sollen, daß er weder komplizierte Zusammenhänge zu erfassen noch Wichtiges von Unwichtigem zu unterscheiden in der Lage war. Die größere methodische Reflexivität, die mit dem Humanismus in die Geschichtsschreibung Einzug gehalten hat, vermochte fehlende Sensibilität für ökonomische Probleme oder politische Entscheidungen nicht zu ersetzen.

Trotz dieser Einwände und Einschränkungen läßt sich konstatieren, daß die intensive Reflexion über die Erforschung von Sachverhalten und die Darstellung von Entwicklungen, wie sie im italienischen Humanismus mit der verstärkten Rezeption der antiken Historiographie, aber auch der von Aristoteles bis

Quintilian dafür aufgestellten rhetorischen Regeln in Gang gekommen ist, in der Renaissance-Historiographie zu einer größeren Sensibilität für methodische wie darstellerische Fragen geführt hat. Themen waren dabei die Abgrenzung der Geschichtsschreibung von der Poesie, mit der sich Guarini in seinem Brief-Traktat *De historiae conscribendae forma* oder Pontano in dem Dialog *Actius* beschäftigt, die rezeptionstheoretische Frage, ob die Geschichtsschreibung eher zu belehren oder zu unterhalten habe (*docere vel delectare*), und schließlich, ob ihr eher eine moralisch-pädagogische oder mehr eine empirisch-praktische Aufgabe zukomme. Letzteres war von erheblicher Relevanz für das Selbstverständnis der Geschichtsschreibung, kam ihr im ersteren Fall doch bloß die Aufgabe zu, eine im vorhinein feststehende Moralphilosophie mit Beispielen auszustatten, während sie im zweiten Fall zum Verwalter einer eigenen *prudentia* wurde, die Inbegriff einer von moralphilosophischen Vorgaben entkoppelten eigenständigen politischen Rationalität war. Vor allem Machiavelli und Guicciardini, aber auch Commynes haben Geschichtsschreibung in diesem Sinne betrieben.

Ein von der Landes- und Stadtgeschichte abgesetzter Bereich ist die um einzelne Herrscher zentrierte Renaissance-Historiographie, an deren Anfang Valla mit seiner *Historia Ferdinandi* steht und die am neapolitanischen Hof eines ihrer Zentren hatte. Hier entstand auch Pontanos den Krieg zwischen den Häusern Aragon und Anjou zwischen 1460 bis 1465 behandelndes Werk *De Ferdinando I rege neapolitano* (gedr. 1509). Im Genre der Herrscherviten bewegte sich auch Bartolomeo Platina, dessen Papstviten (*Opus de vitis ac gestis Romanorum pontificum*, abgeschlossen 1480) als Versuch einer objektiven Prosopographie zu werten sind und die Historiographie der reformatorisch orientierten Humanisten stark beeinflußt haben. Albert Krantz, Johannes Sleidan, Philipp Melanchthon, Caspar Hedio (der die Papstviten übersetzt und bis zu Paul III. erweitert hat) sowie schließlich auch Matthias Flacius haben fast durchgängig auf Platinas Darstellung zurückgegriffen, wobei sicherlich eine Rolle gespielt hat, daß Platina sich nicht auf *ecclesiastica* beschränkt, sondern Politik, Kriegstreiben und das Leben am Hofe ausführlich einbezogen hat. Hauptvertreter dieses historiographischen Typus war jedoch Paolo Giovio, der sich durch eigene Recherchen, insbesondere die Befragung von Augenzeugen, ein eigenständiges Bild der Ereignisse zu verschaffen suchte, jedoch oft nur wenig Verständnis für das von ihm Behandelte aufbrachte. Durch seine Lebensbeschreibungen der Visconti-Herzöge (*Vita duodecim Vicecomitum*, gedr. 1549), des Muzio Attendolo Sforza (*Vita Sfortiae clarissimi ducis*), des Este-Herzogs Alfonso (*Vita Alfonsi Atestini, ferrariae ducis*, 1550), des Marchese von Pescara (*De vita et rebus gestis Ferdinandi Davali cognomento Piscarii libri VII*), schließlich der Päpste Leo X. und Hadrian VI. (*Vita Leonis X*; *Vita Hadriani VI.*) sowie seine breitangelegten *Historiarum sui temporis libri XLV*, die die Zeit von der französischen Italieninvasion des Jahres 1494 bis zum Jahre 1547 behandelten, ist Giovio zum Historiker seiner Epoche geworden. Die besondere Stellung, die er gegenüber den anderen humanistischen Historikern innehatte, resultiert nicht zuletzt aus der ihm eigenen Aquisition von Aufträgen: Er bedrängte Hinterbliebene oder Nachfahren historischer Persönlichkeiten, ihn mit der Niederschrift von deren Biographie zu beauftragen, wobei er auf eine entsprechende Besoldung als Ausdruck der Pietät gegenüber dem Verstorbenen Wert legte. Giovio verband «journalistisches» Geschick mit einem ausgeprägten Geschäftssinn und entwickelte sich zu einem zynischen Autor mit einer deutlichen Verachtung seines Publikums. An der biographisch ausgerichteten Historiographie Giovios haben sich die Kaiserviten Johannes Cuspinians (*De caesaribus atque imperatoribus Romanorum commentarii*, 1526–29) orientiert, in denen die Abfolge der römischen Kaiser von Caesar bis Maximilian eher nüchtern abgehandelt wird, wobei jedoch das Motiv der Darstellung, die Glorifizierung des Hauses Habsburg, unübersehbar ist. Nicht dynastisch, sondern ideenpolitisch ausgerichtet sind dagegen die vor allem reformatorisch, aber auch national orientierten biographisch-historiographischen Schriften des Matthias Flacius (*Catalogus testium veritatis*, 1556) und des Heinrich Pantaleon (*Teutscher Nation Heldenbuch*, 1567/70). In dieser Tradition steht auch John Foxes *Book of Martyrs* (1563), das bei der Radikalisierung des englischen Protestantismus eine wichtige Rolle spielte.

Derweilen hatte die in Italien im Verlauf des 15. Jahrhunderts entstandene Kommunal- und Landeshistoriographie in anderen Regionen und Staaten Europas Bewunderer und Nachahmer gefunden: Für Frankreich etwa ist der italienische Humanist Paulus Aemilius zu nennen, der in seinen *De rebus gestis Francorum libri X* (1516–39) die Grundsätze der Bruni-Schule auf die französische Geschichte anwandte; dabei brachte er wenig Interesse für nationale Gründungsmythen wie die Trojanerlegende oder die Stiftung des Hl. Öls bei der Taufe Chlodwigs auf und brillierte statt dessen damit, daß er die Protagonisten schwungvolle Reden halten ließ, weswegen er letztlich auch als ‹gallischer Livius› gefeiert wurde. In seiner *Histoire de France* (1576) hat Bernard du Haillan diese dem italienischen Geschmack geschuldete Verkürzung des Nationalmythos rückgängig und auch die Heldentaten Rolands wieder zum festen Bestandteil der französischen Nationalgeschichte gemacht. Anstelle von Aemilius' skeptischer Distanz gegenüber der französischen Geschichte entwickelte Du Haillan einen innigen Patriotismus, den er freilich mit erheblichen Abstrichen an den Klassizitätsstandards des Humanismus beglichen hat.

Eine ähnliche Entwicklung ist in England zu beobachten, wo der italienische Humanist Polydoro Vergilio in seinen *Angliae historiae libri XXVII* (1534/1555) ebenfalls die Artuslegende in ihrer Relevanz für die englische Nationalgeschichte relativierte, wenngleich er sie nicht gänzlich verwarf. Auch hier war es der Humanismus, der den entscheidenden Schritt zu einer nationalen Historiographie gemacht hat, indem er einen soliden Umgang mit den Quellen mit einer einheitlichen Erzählung verband. William Camden hat dann die von Vergilio nach England gebrachte Tradition der Biondo-Schule in seinem Werk *Britannia* (1586), einer geographisch-historischen Beschreibung Englands, Schottlands und Irlands, fortgesetzt; seine *Annales rerum Anglicarum et Hibernicarum regnante Elizabetha* (1625) sind eine sorgfältige Darstellung britischer Geschichte auf der Basis offizieller Akten, in die Camden Einsicht nehmen konnte. Weitere Beispiele für die sich unter humanistischem Einfluß entwickelnde Nationalgeschichtsschreibung sind George Buchanans *Rerum scoticarum historia*

(1582), in denen die schottische Geschichte unter den Vorzeichen eines ausgeprägten Nationalismus dargestellt wird, aber auch die *Annales de la corona de Aragón* (1562–80) des Jeronimo Zurita y Castro, die eine Geschichte Spaniens von der arabischen Eroberung der iberischen Halbinsel bis zum Tode Ferdinands des Katholischen bieten. Juan de Marianas *Historiae de rebus Hispaniae libri XXX* (1592) gehören ebenfalls in diese Tradition, zu der auch Hugo Grotius mit seinen *Annales et historiae de rebus belgicis* (1657), einer an Tacitus orientierten Geschichte der niederländischen Revolution, einen bedeutenden Beitrag geleistet hat.

Einen Höhepunkt der Renaissance-Historiographie bildet zweifellos die genuin politische Geschichtsschreibung, wie sie in Italien von Machiavelli und Guicciardini entwickelt worden ist. Dabei hat Machiavelli in seinen *Istorie Fiorentine* (1520–25) schärfer als Bruni den Zusammenhang zwischen äußerer und innerer Politik erfaßt und ist dabei zu der Erkenntnis gelangt, daß das politische Schicksal von Florenz untrennbar mit dem Italiens verbunden sei. Tragend war dabei seine Überzeugung, daß vor allem die römische Kurie für den Zusammenbruch der politischen Ordnung Italiens verantwortlich sei und die ununterbrochenen inneren Kämpfe Florenz mehr geschadet als genutzt hätten. Dabei übernahm er in Fragen, die ihn nicht sonderlich beschäftigten, die Sichtweise Brunis, während er sich dort, wo er ernste und aus seiner Sicht wichtige Fragen der Politik behandelte, klar und deutlich von Bruni absetzte und zu eigenen Urteilen gelangte, in denen seine politischen Grundüberzeugungen den Blick auf die Geschichte dominierten; die Geschichte von Florenz fungierte so als Exemplifikation von Machiavellis Grundüberzeugungen. Den Vorgaben der antiken Geschichtsschreibung folgend, hat Machiavelli insbesondere die Reden der politischen Protagonisten genutzt, um seine eigenen politischen Ansichten zu entwickeln und konträre Positionen zu konturieren.

Von Machiavellis Überzeugungen, die um die Vorbildlichkeit der antiken Politik und die Grundideen des Republikanismus kreisen, unterscheiden sich Francesco Vettori in seinem *Sommario della storia d'Italia dal 1511 al 1527* und insbesondere Francesco Guicciardini in seiner *Storia d'Italia* (gedr.

1562) deutlich. Aus der Sicht des in der praktischen Politik Geschulten verfaßt, demonstrieren die Werke Vettoris wie Guicciardinis eine allen rhetorischen Phrasen abholde, interessenorientierte bis zynische, vor allem aber von einem tiefen Pessimismus getränkte Sichtweise, die dezidiert mit der humanistisch-republikanischen Perspektive und dementsprechend auch mit der Vorstellung von der Vorbildhaftigkeit Roms bricht. Vom Standpunkt eines Florentiner Optimaten aus bleibt Guicciardini verständnislos gegenüber allen religiösen wie patriotischen Empfindungen und versucht politische Entscheidungen zu verstehen, indem er sie allein aus den Interessen der jeweiligen Akteure heraus interpretiert. In dieser Sicht gelingen ihm meisterliche Darstellungen diplomatischer Intrigen; auch ermöglicht ihm sein kühler Blick auf die machtpolitischen Konstellationen, die Darstellung historischer Entwicklungen aus ihrer bisherigen kommunal- bzw. landesgeschichtlichen Perspektive zu lösen und Italien im Sinn einer geographischen Einheit als Bezugsrahmen der Darstellung zugrunde zu legen. Allen Problemen jedoch, die in einem solchen Interessenreduktionismus nicht aufgehen, steht Guicciardini eher verständnislos gegenüber.

Gänzlich anderen Vorgaben folgt die Geschichtsschreibung der Reformation, die zunächst die strikte Trennung zwischen Heils- und Profangeschichte nicht mitvollzogen hat. Das gilt insbesondere für die von Flacius Illyricus u.a. verfaßten sog. Magdeburger Zenturionen (*Ecclesiastica historia secundum singulas centurias*, 13 Bde., 1559–74), in denen die Geschichte der Christenheit als eine der Degeneration seit den Aposteln dargestellt wird, in der mit Luthers Widerstand gegen Rom die große Wende eingetreten ist, die zu einer Erneuerung der evangelischen Kirche geführt hat. Quellengenau, wenngleich aus einer strikt protestantischen Perspektive verfaßt, ist auch die Schrift *De quatuor summis imperiis* (1556) des Johannes Sleidan, in der, orientiert an der herkömmlichen Vorstellung von den vier Weltreichen, der Gang der Geschichte aus einer diplomatisch-theologischen Perspektive dargeboten wird. Sie darf als der Bestseller der lutherischen Orthodoxie gelten und hat das Renommee des Verfassers begründet; wissenschaftlich bedeutsamer ist jedoch die ‹aktenorientierte› Ereignisgeschichte, die Sleidan in seinen *De statu religionis et reipublicae Carolo*

*Quinto Caesare libri XXVI* (1556) vorgelegt hat. Auch die von Melanchthon bearbeitete *Carionsche Chronik* (1532/1610) hat an dieser Verbindung von Heils- und Weltgeschichte festgehalten. Wahrscheinlich hat ohnehin erst Melanchthon Carions schulbuchartig auf memorierbare Fakten angelegtes Original hin überarbeitet, dabei Heils- und Weltgeschichte aber nur so locker miteinander verknüpft, daß sie von den nachfolgenden protestantischen Historikern leicht voneinander gelöst werden konnten.

*Lit.:* A. Buck: Das Geschichtsdenken der Renaissance, Krefeld 1957. – Ders. (Hrsg.): Humanismus und Historiographie, Weinheim 1991. – E. Cochrane: Historians and Historiography in the Italian Renaissance, Chicago/London 1981. – E. Fueter: Geschichte der neueren Historiographie, München und Berlin 1911 (ND Zürich / Schwäbisch Hall 1985). – R. Landfester: Historia Magistra Vitae. Untersuchungen zur humanistischen Geschichtstheorie des 14. bis 16. Jahrhunderts, Genf 1972. – U. Muhlack: Geschichtswissenschaft im Humanismus und in der Aufklärung, München 1991.

→Humanismus; →Machiavelli; →Nation; →Reformation; →Zeitbewußtsein.

## Giotto di Bondone

*(* um 1266/1267 in Florenz oder Colle di Vespignano bei Florenz, † 18. Januar 1337 in Florenz)*

Obwohl er wie sein Zeitgenosse Dante der Renaissance selbst nicht zuzurechnen ist, gilt Giotto doch als der Vater und Begründer der Renaissancemalerei in Italien. Lange bevor Vasari in seinen Künstlerviten dieses Urteil durchsetzte, hat bereits Boccaccio Giotto als den großen Erneuerer der Kunst und Überwinder der dunklen Zwischenzeiten gefeiert. Als die Florentiner Regierung Giotto im Jahre 1334 das öffentliche Bauwesen der Stadt, insbesondere die Fortführung der Arbeiten am Dom, übertrug, begründete sie dies damit, es könne «in der ganzen Welt niemand gefunden werden, der für diese und andere Aufgaben besser geeignet wäre». Tatsächlich ist Giotto der erste bildende Künstler seit dem Ende der Antike, der uns als eigenständige Persönlichkeit entgegentritt, bei dem von einer künstlerischen Entwicklung im Verlauf des Lebens gesprochen werden kann und frühe von späten Arbeiten eindeutig zu unterscheiden sind. Bei Giotto verschwindet erstmals die Persönlichkeit des Künstlers nicht im Werk, sondern wird zu einem mehr oder minder deutlich identifizierbaren Bestandteil des Werks. Das unterscheidet Giotto von seinem Florentiner Lehrer Cimabue ebenso wie von seinem Sieneser Zeitgenossen Duccio di Buoninsegna, aber selbst noch von seinem Schüler Taddeo Gaddi. Darin zeigt sich, daß Giotto nicht nur ein Veränderer und Erneuerer gewesen ist, mit dem kunstgeschichtlich eine neue Epoche begonnen hat, sondern daß er, ähnlich wie Dante, eine einmalige und herausragende Künstlerpersönlichkeit zwischen den Zeiten war, die keine unmittelbaren Nachfolger finden konnte und deren Anregungen zu verarbeiten es ganzer Generationen von Künstlern bedurfte.

Verschiedentlich ist der durch Giotto eingeleitete Umbruch in der europäischen Kunstauffassung mit den sozio-ökonomischen Umwälzungen im Florenz des 14. Jahrhunderts, insbesondere mit dem Aufstieg der Kaufleute als Repräsentanten einer neuen Rationalität zur politisch und gesellschaftlich führenden Gruppe in der Stadt, in einen ursächlichen Zusammenhang gebracht worden. Daran ist immerhin richtig, daß die bedeutendsten Werke Giottos im Auftrag und unter dem Einfluß von Großkaufleuten entstanden sind: Dazu gehören die Freskenzyklen in der Paduaner *Arenakapelle* (um 1305), die im Auftrag des Kaufmanns Enrico Scrovegni entstanden, ebenso wie die Fresken in der Bardi- und der Peruzzi-Kapelle der Franziskanerkirche *Santa Croce* in Florenz (nach 1320), die von einer damals führenden Florentiner Bankiersfamilie in Auftrag gegeben worden sind. Freilich war es weniger die neue kaufmännische Gesinnung, sondern eher die tätige Reue für fortgesetzte Verstöße gegen das kanonische Wucherverbot, die diese Aufträge unmittelbar veranlaßt hat. Auch spricht Giottos Ausnahmestellung gegen eine einfache sozio-ökonomische Herleitung seiner künstlerischen Innovationen. Freilich fällt auf, daß mit Giotto in *Florenz* eine neue Kunstauffassung Einzug hält, während das benachbarte *Siena* mit Duccio am herkömmlichen Stil hoher Formalität und reicher Vergoldung festhält und den von Giotto eingeschlagenen Weg der malerischen Darstellung der Natur und menschlicher Individualität nicht mitgeht.

Giotto hat seine Bilder, die einer Beobachtung Theodor Hetzers zufolge nicht länger Teil eines Ganzen, etwa einer Kirche, sondern selber ein Ganzes sind, aus dem Geiste der Erzählung gemalt. Nicht die Darstellung vielfältiger Verweisungszusammenhänge in der Zeit und über diese hinaus in die Ewigkeit ist für ihn entscheidend, sondern die narrative Präsentation eines Ereignisses in der Schlichtheit und Gradlinigkeit der Handlung. Raum und Körper werden dabei wieder zu Elementen der Malerei, und ohne daß sich Giotto über die Gesetze der Perspektive schon Rechenschaft ablegt, gelangt er zu einer Raumdarstellung, die im Vergleich mit der in Italien bis dahin vorherrschenden byzantinisch geprägten Malerei als naturalistisch zu bezeichnen ist. Das gilt auch für Giottos Darstellung des Menschen, dem er individuellen Ausdruck, Kraft und Leidenschaft zu verleihen vermag.

Mit der Übertragung des öffentlichen Bauwesens in Florenz (seit 1334) wird Giotto am Ende seines Lebens als Architekt tätig; Entwurf und Gründungsarbeiten des Campanile am Dom sind unmittelbar sein Werk, und für die Reliefs des Turmes hat er zumindest die Zeichnungen geliefert. Als Giotto starb, war er nicht nur in seiner Heimatstadt ein hochangesehener Künstler, sondern eine internationale Berühmtheit. Wie eine Fülle überlieferter Anekdoten belegt, scheint er von großem Scharfsinn gepaart mit trockenem Witz gewesen zu sein, womit er seine Umgebung immer wieder in Erstaunen versetzt hat. Franco Sacchetti berichtet in einer seiner Novellen, beim Betrachten eines Bildes der Muttergottes mit Josef an ihrer Seite habe einer von Giottos Begleitern gefragt, warum Josef immer so schwermütig dargestellt werde. Giotto habe geantwortet: «Hat er denn nicht Ursache dazu, da er seine Frau schwanger sieht und nicht weiß, von wem?»

*Lit.:* M. Gosebruch: Giotto und die Entwicklung des neuzeitlichen Kunstbewußtseins, Köln 1962. – J. und M. Guillaud: Giotto, architect of color and form, Paris / New York 1987. – Th. Hetzer: Giotto – Grundlegung der neuzeitlichen Kunst, Mittenwald/Stuttgart 1981.

→Dante; →Florenz; →Künstler; →Malerei.

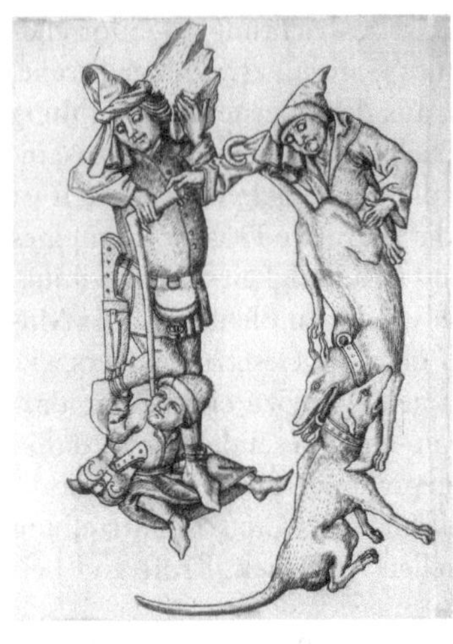

**Heinrich VIII.**
*(* 26. Juni 1491 in Schloß Greenwich,*
*† 28. Januar 1547 in Westminster, London)*

Als Heinrich mit achtzehn Jahren den englischen Thron bestieg, wurde er, der in seiner Jugend eine breite humanistische Bildung genossen hatte, von den Humanisten als einer der Ihren bejubelt. Während seiner fast vierzigjährigen Herrschaft hat er dem Ideal des ‹Gelehrten an der Macht› freilich wenig entsprochen; zwar erwies er sich als ein großzügiger Bauherr und großer Förderer der Musik, aber zugleich als jähzornig und eifersüchtig. Zum engeren Kreis der Vertrauten und Mitarbeiter des Königs zu gehören war überaus gefährlich, denn schon das leiseste Mißtrauen und der geringste Verdacht genügten Heinrich, Todesurteile aussprechen und vollstrecken zu lassen. Zwei seiner sechs Frauen, Anne Boleyn und Katharina Howard, ließ er wegen angeblichen Ehebruchs hinrichten, und seine letzte Frau Katharina Parr entging der Hinrichtung wohl nur deswegen, weil Heinrich starb. Mit Wolsey, Morus und Thomas Cromwell schickte Heinrich drei seiner zeitweilig engsten Berater und politischen Vertrauten aufs Schaffott, und die Adelsfronde der *Pilgrimage of Grace* (1536/37), die sich gegen die Säkularisierung des Kirchenguts und die auf die Stärkung der Zentralgewalt bei gleichzeitiger Schwächung des Adels zielende Politik des Königs wandte, wurde durch Massenhinrichtungen beendet.

Die Porträtbilder, die Hans Holbein d. J. von Heinrich gemalt hat, zeigen einen selbstbewußten, von seiner Kraft und seinen Fähigkeiten überzeugten Mann, der in seiner prallen Diesseitigkeit das genaue Gegenbild zu Karl V. darstellt, wie ihn etwa Tizian porträtiert hat. Heinrich selbst hat sich freilich nicht an Karl gemessen, sondern mit dem französischen König Franz I. verglichen, den er als ritterlicher Kämpfer, königlicher Bauherr und als Herrscher zu übertreffen trachtete. Daß Heinrich, wie er später hieß, «Vater der englischen Flotte» wurde, resultierte nicht aus maritimen Expansionsplänen, denen gegenüber der König ein für seine Zeit erstaunliches Desinteresse an den Tag legte, sondern aus der Selbstdarstellungs- und Repräsentationskonkurrenz mit dem französischen König. Höhepunkt dieser wechselseitigen Überbietungsanstrengungen, die sich sehr bald zu einer schwerwiegenden finanziellen Belastung ihrer Länder auswuchsen, war das Zusammentreffen beider Könige auf dem sog. *Field of Cloth of Gold* nahe Calais, wo ein selbst für Renaissanceverhältnisse ungeheuer aufwendiges Fest gefeiert wurde. Für dieses prächtigste diplomatische Ereignis seiner Zeit wurde Heinrich von viertausend Gefolgsleuten begleitet, für die vierhundert Zelte errichtet und für deren leibliches Wohl ganze Viehherden über den Kanal transportiert werden mußten. Allein für dieses Fest wurde der englische Staatshaushalt mit der für damalige Verhältnisse ungeheuren Summe von zehntausend Pfund belastet.

Sicherlich hat Heinrich keine zielstrebig absolutistische Politik betrieben, aber infolge der großen finanziellen Aufwendungen für sein Selbstdarstellungsbedürfnis, seine aufwendigen Palastbauten, seine Kriege gegen Frankreich und Schottland sowie den Bau der Flotte geriet der König immer wieder in Konflikt mit Adel und Klerus. Die Enteignung und Auflösung der Klöster nach der Trennung von Rom hat die finanzielle Lage des Königs verbessert und einen ernsthaften Konflikt mit dem Parlament vermieden. Neben Heinrichs Bemühen um die Scheidung von seiner ersten Frau Katharina von Aragon, einer Tante Karls V., hat auch das Interesse an den Besitztümern des Klerus bei der Entstehung der anglikanischen Kirche eine Rolle gespielt. In Fragen der theologischen Lehre selbst hat sich durch die Kirchenreform in England wenig geändert, zumal sich Heinrich in seiner gegen Luther gerichteten Streitschrift *Assertio septem sacramentorum*, bei deren Niederschrift ihm wohl Thomas Morus und John Fisher zur Seite gestanden haben, noch als treuer Sohn der Römischen Kirche erwiesen und dafür von Leo X. den Titel *Defensor fidei* erhalten hat. In seiner Antwortschrift hat Luther den königlichen Amateurtheologen als «König Hinz oder Kunz» bezeichnet.

Heinrichs kirchenpolitische Wende war also nicht theologisch motiviert. Er wollte seine Geliebte Anne Boleyn heiraten, und dazu mußte er von seiner Frau Katharina geschieden werden, die ihm sechs Kinder geboren, von denen aber nur eines (Maria Tudor, wegen ihrer repressiven Kirchenpolitik gegenüber den Protestanten auch *Bloody Mary* genannt) überlebt hatte. Kardinal Thomas Wolsey, dem Heinrich die Regierungsgeschäfte zunächst weitgehend überlassen hatte, suchte zusammen mit dem päpstlichen Gesandten Campeggio einen rechtlich gangbaren Weg, bei dem er als Scheidungsargument die ursprüngliche Verheiratung Katharinas mit Heinrichs frühverstorbenen älteren Bruder Arthur favorisierte. Nach jahrelangem Hin und Her hat Papst Clemens VII., der sich zu dieser Zeit politisch in der Hand von Katharinas Neffen Karl V. befand, diese Begründung zurückgewiesen und die Scheidung abgelehnt. Zuvor hatte Heinrich Wolsey bereits wegen seiner erfolglosen Bemühungen um die Scheidung als Hochverräter anklagen und hinrichten lassen. Auch hier spielten andere Beweggründe eine entscheidende Rolle: Wolsey ließ sich in London zwei prachtvolle Residenzen bauen, und genau damit erweckte er die Eifersucht Heinrichs, der sich nach Wolseys Sturz und Hinrichtung in den Besitz dieser Schlösser brachte. Hampton Court und York Palace, von Heinrich in Whitehall umbenannt, wurden seine spektakulärsten Bau- bzw. Umbauprojekte, bei denen sich, wie auch bei anderen Bauten des Königs, eine für England charakteristische Verbindung von Gotik und Renaissancestil findet; sie entspricht der Selbstdarstellung des Königs im Stile höfisch-ritterlicher Dichtung, vor allem der mittelalterlichen Artusepik, aber im repräsentativen Geist der Renaissance.

An Wolseys Stelle trat nach einem kurzen Intermezzo mit Thomas Morus schließlich Thomas Cranmer, der, von Heinrich zum Erzbischof von Canterbury ernannt, dessen Ehe mit Katharina für nichtig erklärte und die Trauung mit Anne Boleyn vollzog. Heinrich wurde von Clemens VII. daraufhin exkommuniziert (1533) und vollzog seinerseits den Bruch mit Rom, indem er Klerus und Amtsträger die Suprematseide schwören ließ, in denen die trotz Exkommunikation fortbestehende Oberhoheit Heinrichs anerkannt wurde. Während sich Cranmer auch weiterhin als willfähriges Werkzeug in Heinrichs Heirats- und Religionspolitik erwies, kam es in der Beziehung mit Anne Boleyn schon bald zum Bruch: Heinrich ließ sie unter dem Vorwurf des Ehebruchs 1536 hinrichten und schloß die gemeinsame Tochter Elisabeth (die spätere Königin) von der Thronfolge aus. Mit Heinrich VIII. begann Englands Aufstieg, der sich dann in der langen Regierungszeit Elisabeths dramatisch beschleunigte, als im Konflikt mit Spanien die englische Vorherrschaft im nördlichen Atlantik erkämpft wurde.

*Lit.:* E. Jacobs/E. de Vitray (Hrsg.): Heinrich VIII. in Augenzeugenberichten, München 1980. – J. J. Scarisbrick: Henry VIII, Berkeley 1968. – Th. Stemmer: Heinrich VIII. Ansichten eines Königs, Frankfurt/M. / Leipzig 1991.

→Franz I.; →Karl V.; →Reformation.

## Hofmann/Höfling

Die Entwicklung eines klar konturierten Bildes vom angemessenen Verhalten und Auftreten am Hofe begann im Mittelalter; sie wurde entsprechend dem veränderten kulturellen und sozialen Koordinatensystem in der Renaissance fortgeführt, wobei verstärkt Texte der antiken Literatur, wie Xenophons *Kyrupädie* oder Ciceros *De oratore*, als Vorlagen für das Bild des idealen Hofmanns herangezogen wurden. Versteht man den Hof als soziale Institution, als ein System komplexer Rollenerwartung und gesellschaftlicher Distinktion, so werden die verschiedenen Funktionen sichtbar, die der Ausbildung und Durchsetzung des Bildes vom idealen Hofmann (ebenso auch der idealen Hofdame) hinsichtlich der sozialen wie politischen Entwicklung der Hoch- und Spätrenaissance zukamen: Zunächst ging es darum, die hegemoniale Rolle des republikanischen Humanismus und seines Leitbilds, des guten Bürgers, zu relativieren und schließlich zu beerben; sodann ging es um die kulturelle Domestikation einer adligen Kriegerschaft, die neben dem Waffenhandwerk auf ein gewisses Maß an Bildung und kulturelle Standards eingeschworen werden sollte, was in Formeln wie *arma et litterae* oder *pro arte et marte* seinen Ausdruck fand; schließlich ging es darum, durch Ritualisierung und Zeremonialisierung des Verhaltens bei Hofe Adel und Gefolgschaft zu kontrollieren und zu disziplinieren.

Die höfische Kultur, die das Europa des 17. und 18. Jahrhunderts geprägt hat, ist im Italien der Renaissance entwickelt und begründet worden; die führende und prägende Rolle, die in der zweiten Hälfte des 15. Jahrhunderts der burgundische Hof innehatte, ist nach dem Tod Karls des Kühnen auf kleinere italienische Höfe, wie die der Gonzaga in Mantua, der Este in Ferrara und der Montefeltro in Urbino, übergegangen. Während nämlich große Höfe, wie die Karls V., Franz' I. oder Heinrichs VIII., ständig in Bewegung waren und kein festes Zentrum ausbildeten, war dies in den kleinräumigen Herzogtümern von Mantua, Ferrara und Urbino der Fall, wobei in allen drei Fällen die auf die kulturelle Dimension des Lebens bei Hofe Wert legenden Herzoginnen eine entscheidende Rolle spielten. Mit Vittoria Colonna, der Witwe des frühverstorbenen Marchese von Pescara, die Gedichte schrieb und neben Isabella d'Este als eine der gebildetsten Frauen der Renaissance galt, hat eine Frau ausschlaggebend auf die Entstehung der wichtigsten Schrift über höfisch angemessenes Verhalten, Baldassare Castigliones *Cortegiano*, Einfluß genommen: Sie hat Castiglione nicht nur zur Niederschrift seiner Überlegungen aufgefordert, sondern auch durch die Zirkulation nichtgenehmigter Abschriften der Erstfassung die Veröffentlichung dieser Schrift befördert.

Parallel dazu wurde der Hof auch für Künstler, Schriftsteller, humanistische Intellektuelle attraktiv und übernahm streckenweise die Funktion, die im 15. Jahrhundert die Stadt und bürgerlich-mäzenatische Kreise innegehabt hatten. So waren Raffael und Tizian überwiegend als Hofmaler tätig. Auch der Bildhauer und Goldschmied Benvenuto Cellini hat sich, wie man seiner Lebensbeschreibung entnehmen kann, trotz aller Schwierigkeiten und Probleme, denen er sich dort ausgesetzt sah, vorwiegend an Höfen aufgehalten: an der römischen Kurie, am französischen Königshof und schließlich beim Großherzog der Toskana. Noch stärker als die Maler und Bildhauer waren die Musiker, etwa Orlando di Lasso in München, Palestrina in Rom oder Monteverdi in Mantua, auf das kulturelle Leben der Höfe angewiesen, da sie nur dort die Ressourcen vorfanden, die für die Aufführung ihrer Kunst erforderlich waren. Daneben finden sich Hofdichter, die ihr Amt in der Regel durch das Verfassen eines die Herrscherfamilie verherrlichenden Textes ausüben: Filelfos *Sforziade*, Ronsards *Françiade* (1572) und Camões *Lusiadas* (1572) sind hier zu nennen. Vom Ruhm der Herrscher künden aber auch die als Hofhistoriker beschäftigten Humanisten, etwa Paolo Emilio am Hofe Ludwigs XII., Johannes Aventinus am Hof des Herzogs von Bayern oder Benedetto Varchi am Hofe des Großherzogs Cosimo de' Medici.

Baldassare Castigliones *Cortegiano*, zwischen 1508 und 1516 entstanden, aber erst 1528 veröffentlicht, kann gleichsam als das theoretische Pendant der Fürstenspiegel gelten. In vier Büchern werden vier abendliche Gespräche am Hofe von Urbino geschildert; Buch I und II behandeln die physischen und moralischen Anforderungen an den Hofmann sowie seine diesbezüglichen Fähigkeiten und Begabungen; Buch III dreht sich um das Idealbild der Hofdame, wobei Isabella d'Este als die dieses Ideal verkörpernde Dame herausgestellt wird; Buch IV schließlich handelt vom Verhältnis zwischen Höfling und Fürst. Castigliones Ideal ist die Verbindung zwischen Krieger und Gelehrtem, und sein Leitbegriff ist die Anmut (*sprezzatura*), die die Mitte zwischen Lässigkeit und Geziertheit bildet. Der große Erfolg von Castigliones Buch ist sicherlich nicht nur in seinem Inhalt, sondern auch in der Art der Darbietung zu suchen, einer bewegten und nuancenreichen Gesprächsführung mit ausgeprägten Charakteren, die sich deutlich von den zumeist trocken-gestelzten Fingerübungen humanistischer Dialogtechnik unterscheidet. Literarisch hat sich Castiglione an Pietro Bembos *Gli Asolani* (1505) orientiert – Bembo tritt im *Cortegiano* auch als Gesprächsteilnehmer auf –, in denen in Anlehnung an Ciceros *Tusculanae disputationes* je drei junge Männer und Frauen sich drei Tage lang über das Thema der

Liebe unterhalten, wobei Bejahung, Ablehnung und kulturelle Sublimierung körperlicher Lust miteinander kontrastiert werden. Castiglione hat diese Anlage des Gesprächs aufgenommen und weitergeführt. Der *Cortegiano* ist in nahezu alle europäischen Sprachen übersetzt worden, und zugleich ist eine Reihe von Schriften entstanden, die sich an seinen Vorgaben orientiert haben; stellvertretend seien hier Sir Thomas Elyots *The Book Named the Governor* (1531) und Wawrzyniec Goslickis *De optimo senatore* (1568) genannt.

Im weiteren Sinn muß auch Giovanni della Casas Traktat über die guten Sitten *Galateo ovvero de' costumi* (1558) zu den Schriften über höfisch angemessenes Verhalten gerechnet werden, auch wenn er sich nicht nur an die höfische Gesellschaft richtet. Deutlicher noch als bei Castiglione tritt hier die Erfordernis der Affektkontrolle und Triebbeherrschung hervor, die sehr bald schon als Ratschlag zur Täuschung und Verstellung verstanden und kritisiert worden ist. Torquato Accettos Schrift *Della dissimulatione onesta* (1641) bildet den vorläufigen Endpunkt einer langen Reihe von Schriften, in der Stefano Guazzos *Civil conversazione* (1574) eine Art Knoten darstellt: Der in ihr geäußerte Gedanke, wonach Wahrheit Haß hervorbringe, Schmeichelei aber Liebe, wurde verstanden als Ratschlag zur Verhehlung und Verstellung, die gleichsam zu dem vom Höfling erwarteten Verhalten avancierten. Demgemäß wurde der Hof auch schon früh als Ort der Schmeichelei, des Neides und der Verleumdung kritisiert. So stellt Antonio de Guevara in *Aviso de privados y doctrina de cortesanos* (1539) das Hof- und Landleben bzw. Palast und Villa einander gegenüber. Im Gegensatz zu Castiglione, der den Hof als Ort der Erziehung zum Individuum begriffen hatte, führte er den Hof als Ort moralischer Korruption vor, und die Höflinge bildeten dementsprechend eine Gesellschaft moralischer Verkommenheit.

In einer frühen Form von Enthüllungsjournalismus hat Pietro Aretino, übrigens auch einer der Gesprächspartner in Castigliones *Cortegiano*, sein an italienischen Höfen erworbenes Wissen in ein üppiges Einkommen und schließlich ein erhebliches Vermögen umgesetzt. Aretino ließ sich nämlich seine Feder im Enthüllen wie Verschweigen gleichermaßen bezahlen; die Kenntnis intimer Details des höfischen Lebens bedeutete

Macht, und diese Macht hat Aretino beispiellos zu nutzen gewußt. In der Rolle des Pasquino berichtete er Intimes aus dem Innenleben des Vatikan und betrieb dabei eine energische Entmystifizierung des höfischen Lebens, das sich, folgt man Aretino, nahezu ausschließlich um sexuelle Affären drehte.

*Lit.:* P. Burke: Die Geschichte des «Hofmann». Zur Wirkung eines Renaissance-Breviers über angemessenes Verhalten, dt. von E. D. Drolshagen, Berlin 1996. – M. Hinz: Rhetorische Strategien des Hofmanns. Studien zu den italienischen Hofmannstraktaten des 16. und 17. Jhdts., Stuttgart 1992. – J. M. Major: Sir Thomas Elyot and Renaissance Humanism, 1964. – K. Thiele-Dohrmann: Kurtisanenfreund und Fürstenplage. Pietro Aretino und die Kunst der Enthüllung, Düsseldorf / Zürich 1998. – M. Warnke: Hofkünstler, Köln 1975.

→Ferrara; →Fürstenspiegel; →Menschenbild.

## Holbein, Hans, der Jüngere

*(* um 1497/98 in Augsburg, † 7. Oktober/29. November 1543 in London)*

Hans Holbein d. J. gehört zu den herausragenden deutschen Malern seiner Zeit, und sicherlich war er der bedeutendste Maler, der während des 16. Jahrhunderts in England arbeitete, wo er die Porträtmalerei bis ins 17. Jahrhundert hinein beeinflußt hat. Holbein entstammt einer in Augsburg ansässigen Künstlerfamilie, in der sich bereits der Vater Hans Holbein d. Ä. sowie der Onkel Sigmund als Maler von Altarbildern einen Namen gemacht hatten. Während Hans Holbein d. Ä. in seinen Altarbildern Elemente der Spätgotik und der Frührenaissance miteinander verband, hat Hans Holbein d. J. spätestens nach einer Italienreise, die er wahrscheinlich 1518 unternommen hat, mit dem gotischen Stil gebrochen und sich unter den Italienern vor allem an Mantegna orientiert.

Holbeins Schaffen ist geteilt in die Basler und die Londoner Zeit: Während er sich in Basel in der Umgebung von wohlhabenden Bürgern, Humanisten – u. a. hatte er engen Kontakt zu Erasmus – und in der Nähe von Druckern und Verlegern bewegte, avancierte er, nachdem er 1532 endgültig nach London übersiedelt war (1526/27 hatte er sich bereits längere Zeit in

England aufgehalten), im Jahre 1537 zum Hofmaler Heinrichs VIII.; hatte er in Basel für ein überwiegend bürgerliches Publikum gearbeitet, wobei die Beziehungen zu seinen Auftraggebern in der Regel über den Markt vermittelt waren, so arbeitete er in London nach einer kurzen Anfangszeit, in der er für deutsche Kaufleute in der Umgebung des hansischen Stahlhofs tätig gewesen war, für den Hof der Tudors, von dem er vor allem mit der Anfertigung von Porträts betraut worden ist. Holbeins Wechsel vom «freischaffenden» Künstler in Basel zum Hofkünstler in London verweist auf das zu dieser Zeit nachlassende Engagement des Bürgertums im Bereich der Kultur und die erneute Dominanz von Fürsten und Königen im europäischen Kunstbetrieb. Bei Holbeins Übersiedlung von Basel nach London dürften freilich auch die Einführung der Reformation in Basel und zeitweilige Bilderstürme eine Rolle gespielt haben, in deren Gefolge es zu einem Rückgang der Aufträge gekommen ist. Zuvor war Holbein neben einem öffentlichen Auftrag zur Ausschmückung des Rathauses der Stadt vor allem durch seine Holzschnitte für Buchtitel und Illustrationen hervorgetreten; u.a. hat er in Basel Erasmus' *Lob der Freiheit*, Morus' *Utopia* und Luthers Übersetzung des *Neuen Testaments* illustriert sowie die berühmten Blätter zum *Totentanz* geschaffen, in denen er mit großer Eindringlichkeit die Nichtigkeit menschlichen Strebens angesichts des schließlich alle gleichermaßen ereilenden Todes dargestellt hat.

Einen ganz anderen Ton schlagen Holbeins Porträts an, von denen einige, wie das des Bonifacius Amerbach und die des Erasmus, bereits in der Basler Zeit entstanden sind. In kühler, objektiver Beobachtung erweist Holbein sich als nuancierter Darsteller menschlicher Charaktere. Dabei wird die dargestellte Person über die Details ihrer sozialen Umgebung oder ihrer beruflichen Tätigkeit erfaßt, ohne daß sich die Darstellung in Einzelheiten verliert. Am deutlichsten zeigt sich dies in Holbeins bekanntem Bild des in London tätigen deutschen Kaufmanns Georg Gisze (1532), das wohl, wie viele andere Porträts von Holbein auch, der Vorbereitung einer Eheschließung über große Entfernungen hinweg diente. Die Selbstporträts, die Holbein von sich gemalt hat, zeigen ihn als einen selbstbewußten Mann in vornehmer Kleidung; sie dokumentieren den sozialen

Aufstieg der Künstler auch nördlich der Alpen: Bereits in Basel hatte Holbein zwei Häuser besessen, und schon früh war ihm dort das Bürgerrecht verliehen worden, aber in London wurde er als Fürst der Künstler geehrt. Er starb während einer Pestepidemie.

*Lit.:* S. Buck: Holbein am Hof Heinrichs VIII., Berlin 1997. – P. Ganz: Hans Holbein. Die Gemälde, Basel 1949.

→Heinrich VIII.; →Künstler; →Malerei; →Nation; →Porträt.

## Humanismus / Humanisten

Während es sich bei dem Begriff ‹Humanismus› um eine Prägung des 19. Jahrhunderts handelt, ist ‹Humanist› ein zeitgenössischer Begriff, der im Italien des späten 14. Jahrhunderts als Bezeichnung für jene Lehrer auftauchte, die im universitären Ausbildungsprogramm der *septem artes liberales* Logik bzw. Dialektik zunehmend durch Rhetorik ersetzten bzw. die Bedeutung der Grammatik erhöhten. Das mit dem akademischen Grad des Magister artium abgeschlossene Studium der sieben freien Künste, zugleich Propädeutikum für das erst anschließend mögliche Studium der Theologie, Medizin und Jurisprudenz (nur diese Studien konnten mit dem Doktorgrad abgeschlossen werden), war in Trivium und Quadrivium unterteilt. Letzteres bestand aus Mathematik, Geometrie, Musik und Astrologie, ersteres – zunächst – aus Grammatik, Poetik und Logik bzw. Dialektik. Unter dem Rubrum Logik bzw. Dialektik wurde die spezifisch scholastische Form des Denkens und Argumentierens gelehrt. Mit deren seit dem späten 14. Jahrhundert speziell an italienischen Universitäten schrittweiser Ersetzung durch die Rhetorik wurde in der akademischen Ausbildung ein zunehmend größeres Gewicht auf die Sprachreflexivität gelegt: Sprache und Sprachlichkeit wurden als wesentliche Kennzeichen des Menschen sowie als Konstitutiva des Denkens und Weltbezugs thematisiert. Hinzu kam, daß zunächst auch die eher naturwissenschaftlich angelegten Fächer des Quadriviums in den Hintergrund gerieten und dem stärker moralphilosophisch ausgerichteten Trivium die Hauptbedeutung im Studium der sieben freien Künste zukam. Bald bürgerte sich für das Trivium die Bezeichnung *studia humanitatis* ein, womit über den universitären Rahmen hinaus eine neue Bildungsidee verbunden wurde, die mit den alten scholastischen Formen und Inhalten des Wissens brechen sollte. Der Raum, in dem die Humanisten ihre Wirkung entfalteten, war schon bald nicht mehr die Universität, sondern die Stadt, wo sie in vielerlei Funktionen Beschäftigung und Anstellung fanden. Nur in Deutschland gab es im 16. Jahrhundert einige Universitäten, die humanistisch geprägt waren, wie etwa Wien (Konrad Celtis, Johannes Cuspinian und Joachim Vadianus), Heidelberg (Rudolf Agricola), Erfurt (Konrad Mutian, Crotus Rubeanus, Eobanus Hessus), Tübingen (Johannes Reuchlin und Heinrich Bebel) sowie Wittenberg.

Der sozio-kulturelle Aufstieg der Humanisten und die Veränderung im universitären Bildungskanon sind untrennbar verknüpft mit der Erfindung des Buchdrucks bzw. der beweglichen Letter durch Johannes Gutenberg. Nicht von ungefähr hat Erasmus von Rotterdam den Buchdruck als «ein beinahe göttliches Werkzeug» bezeichnet. Unter anderem führte der Buchdruck infolge der Ablösung der Handschriften durch Drucke zu einer Standardisierung der Texte, die ein wesentliches Element der philologisch angelegten humanistischen Textkritik darstellte. Gleichzeitig ermöglichte er, daß Bücher zu einem Gebrauchsartikel wurden und nicht länger nur in fürstlichen Archiven oder Klosterbibliotheken zu finden waren, sondern das Medium einer gebildeten Öffentlichkeit darstellten, die das Lebenselexier der Humanisten war. Erstmals entstand dadurch in Europa eine intellektuelle ‹Streitkultur›, in der Kontroversen über theologische und politische, historische wie moralphilosophische Fragen über den engen Kreis der Gelehrten hinaus öffentliche Beachtung fanden.

Austausch und Kontroverse waren für die Humanisten aber nicht bloß äußerliche Formen der Wissensverbreitung und Wissensvermittlung, sondern avancierten zum Prinzip der Wissenskonstitution selbst, was nicht zuletzt auf die humanistische Wertschätzung der Rhetorik zurückzuführen ist. Der gelegentlich gegen die Humanisten erhobene Vorwurf, sie hätten die philosophische Strenge der Scholastik durch rhetorische Weitschweifigkeit, wenn nicht gar Geschwätzigkeit ersetzt, übersieht, daß für sie Wissen nicht durch begriffliche Distinktionen im Rahmen vorgegebener Systematiken, sondern durch Reflexion auf das Verhältnis zwischen Sache und Begriff, *res* und *verbum*, gewonnen wurde. An die Stelle des scholastischen Verfahrens der Präzisierung des Wissens vermittels begrifflicher Distinktion haben die Humanisten die genaue Umschreibung von Sachen und Sachverhalten durch sprachliche Einkreisung gesetzt, und die Form, derer sie sich dabei bevorzugt bedient haben, war der Dialog. Wahrheit wird darin nicht, wie bei den Scholastikern, demonstriert und deduziert, sondern zwei oder mehr Gesprächspartner versuchen im Wechselspiel von Rede und Gegenrede das zu behandelnde Problem in seiner ganzen Komplexität zu erfassen. Dabei liegt die Wahrheit, von der der Verfasser eines solchen Dialogs überzeugt ist, zumeist nicht in der Position eines der Gesprächsteilnehmer, sondern ergibt sich aus dem Zusammenspiel der unterschiedlichen Meinungen. Daraus folgt die humanistische Kernthese, daß nicht die Logik, sondern die Rhetorik der Königsweg zu philosophisch wahren Aussagen sei. Der Dissens zwischen Humanismus und Scholastik beginnt somit bei der Frage, was ein philosophischer Begriff überhaupt sei. Auf der Basis der aristotelischen Philosophie hatten die Scholastiker sehr genau zwischen Logik und Rhetorik unterschieden und dabei für die allein der Ratio verpflichteten Begriffe der Logik Allgemeingültigkeit reklamiert, während die Begriffe der Rhetorik in ihrer Geltung an Ort und Zeit gebunden blieben. Was die Logik terminologisch fixiert habe, so ihr Einwand, werde in der Rhetorik durch Metaphernbildung wieder verflüssigt. Die Logik diene einer ewiggültigen Wahrheit, die Rhetorik hingegen der Leidenschaft des Augenblicks. Die Scholastiker haben die humanistische Präferenz für die Rhetorik und den Dialog ebenso abgelehnt, wie dies später der Rationalismus im Anschluß an René Descartes getan hat, der konsequenterweise an die Stelle des Dialogs wieder den Traktat gesetzt und eine Begrifflichkeit *clare et distincte* gefordert hat. Dagegen hat in der jüngeren Forschungsliteratur vor allem Ernesto Grassi zu zeigen versucht, daß der Humanismus in philosophischer Hinsicht keineswegs nur ‹Gerede› gewesen ist, sondern seine Einwände gegen die Metaphysik auf einer ontologisch wie sprachphilosophisch ernstzunehmenden Überlegung beruhen: daß nämlich alles Seiende nur in seiner Zeit und an seinem Ort das ist, was es ist, und daß deswegen generalisierende Begriffe, die sich dieses Problems nicht bewußt sind, in die Irre führen. Sie sind entweder falsch oder lächerlich, wie etwa der scholastische Begriff *socratitas*, mit dem das vom historischen Sokrates abstrahierte Wesen seines Denkens und Handelns bezeichnet werden sollte. Dagegen hat der Humanismus sich des von Sokrates ausgehenden philosophischen Impulses durch die Wiederaufnahme der sokratischen Dialogtechnik zu versichern versucht.

Die Präferenz für den Dialog als Form philosophischen Argumentierens hat sich im Humanismus parallel zu einer neuen Platon-Rezeption entwickelt, die durch die vermehrten Griechischkenntnisse in Europa seit dem Vereinigungskonzil von Ferrara und Florenz (1438–1442) sowie den Zustrom oströmischer Gelehrter insbesondere nach Italien im Gefolge der türkischen Expansion im Osten und dem Fall Konstantinopels begünstigt wurde. Zu nennen sind hier Manuel Chrysoloras, Kardinal Bessarion sowie Johannes Argyropulos, die zur Verbreitung des Griechischen in den Kreisen der Frühhumanisten wesentlich beigetragen haben. Aus der Wiederentdeckung der platonischen Philosophie hat der Humanismus wesentliche Impulse bezogen. Höhepunkt dieser neuen Platon-Rezeption war die von Marsilio Ficino geleitete neuplatonische Akademie in Florenz, der unter anderem Angelo Poliziano, Bartolomeo Platina, Christoforo Landino und Giovanni Pico della Mirandola angehörten. Ficino hat zahlreiche Werke Platons übersetzt und der Platon-Rezeption damit eine neue Grundlage verschafft. Durch die Neurezeption Platons wurde die vordem hegemoniale Stellung des Aristoteles relativiert, wenngleich Aristoteles für die Humanisten weiterhin von Bedeutung blieb. In der Naturphilosophie, etwa bei Ermolao Barbaro, Pietro Pomponazzi, Bernardino Telesio oder Jacopo Zabarella, hat er nach wie vor eine entscheidende Rolle gespielt (die Universität Padua bildete das Zentrum eines naturphilosophischen Aristotelismus, gleichsam als Gegenpol zur neuplatonischen Florentiner Akademie), und auch für die Moralphilosophie ist Aristoteles durch Leonardo Brunis Neuübersetzung der *Politik* und der

*Nikomachischen Ethik* in einer gegenüber den mittelalterlichen Übersetzungen Roberts von Grosseteste und Wilhelms von Moerbeke grundlegend veränderten Sicht neu erschlossen worden. Verglichen mit den scholastischen legten die humanistischen Übersetzer des Aristoteles Wert auf eine am ciceronischen Vorbild orientierte stilistische Eleganz, die sich schließlich, wie im Falle der Übersetzung des Joachim Périon, sehr weit vom Original entfernen konnte und deswegen auch aufs heftigste von Isaak Casaubon kritisiert wurde.

Mit dem Verlust der scholastischen Ontologie trat in der humanistischen Moralphilosophie der Mensch in seiner fragilen Einmaligkeit, seiner Fähigkeit zur Autonomie ebenso wie in seiner Einsamkeit und Verlassenheit, in den Mittelpunkt der Überlegungen: Mensch, Sprache und Geschichte waren die wichtigsten Themen der Humanisten. Was dabei verlorenging, war jene verbindliche Ordnung des Wissens, wie sie etwa in der thomistischen Scholastik entfaltet worden war. Relativität und Standortgebundenheit des Wissens wurden nun betont. Zugleich war die Reflexion auf die ungesicherte Stellung des Menschen in der Welt nicht nur ein innerphilosophischer Vorgang, sondern thematisierte auch jene sozio-ökonomischen Veränderungen, die sich vor allem in den oberitalienischen Handelsstädten seit dem 13. Jahrhundert vollzogen hatten: die Trennung von Sein und Haben, die Georg Simmel in seiner *Philosophie des Geldes* als die sozio-kulturelle Voraussetzung kapitalistischen Wirtschaftens bezeichnet hat. Die gesellschaftliche Stellung eines Menschen wurde zunehmend von ihm selbst abhängig und nicht mehr garantiert durch den Stand, in den er hineingeboren war. So waren die humanistischen Lobgesänge auf die Würde des Menschen mit Verweisen auf dessen ungesicherte Positionierung in der Welt durchsetzt. Gleichsam in Zusammenfassung dieser Grundüberzeugungen hat Giovanni Pico della Mirandola in seiner Schrift *De dignitate hominis* Gott zu Adam sagen lassen: «Wir haben dir keinen bestimmten Wohnsitz noch ein eigenes Gesicht, noch irgendeine besondere Gabe verliehen, o Adam, damit du jeden beliebigen Wohnsitz, jedes beliebige Gesicht und alle Gaben, die du dir entschieden wünschst, auch nach deinem Willen und deiner Meinung haben mögest. Den übrigen Wesen ist die Natur durch die von uns vorgeschriebenen Gesetze bestimmt und wird dadurch in Schranken gehalten. Du bist durch keinerlei unüberwindliche Schranken gehemmt, sondern du sollst nach deinem eigenen Willen, in dessen Hand ich dein Geschick gelegt habe, sogar jene Natur dir selbst vorherbestimmen. (...) Es steht dir frei, in die Unterwelt des Viehs zu entarten. Es steht dir ebenso frei, in die höhere Welt des Göttlichen dich durch den Entschluß deines eigenen Geistes zu erheben.»

Was Pico hier darlegt, ist die alle Humanisten verbindende Grundvorstellung, die Menschwerdung des Menschen gründe sich auf Bildung: Weder durch Geburt noch von Natur ist der Mensch das, was er sein kann und sein soll, sondern er selbst muß sich dazu erst bilden. In ihrer überwiegenden Mehrheit haben sich die Humanisten als Wegbegleiter dieses Bildungsprozesses begriffen. In der Idee der Menschwerdung des Menschen durch Bildung wurde der bisherige Vorrang aristokratischer Nobilität qua Herkunft durch eine bürgerliche Nobilität des Geistes abgelöst. Die humanistische Bildungsidee ist insofern auch ein Angebot an das in den städtischen Zentren Europas im Verlaufe des Spätmittelalters entstandene Bürgertum, über seine ökonomische Stellung hinaus ein kulturelles und politisches Selbstbewußtsein zu entwickeln und auf dieser Grundlage neue Kriterien für den Zugang zu gesellschaftlicher und politischer Macht geltend zu machen.

Der humanistischen Bildungsidee entsprechend, haben sich zahlreiche Humanisten als Erzieher oder Erziehungstheoretiker profiliert. Zu nennen sind hier zunächst Guarino Guarini und Vittorino da Feltre, die an den Fürstenhöfen von Ferrara und Mantua als Prinzenerzieher tätig gewesen sind. Dabei hat Guarino stärker die intellektuelle, Vittorino eher die seelisch-moralische Dimension der Erziehung betont. Als Erziehungslehre kann auch das erste Buch von Leon Battista Albertis Werk *Della famiglia* gelesen werden. Bedeutsamer ist allerdings Pier Paolo Vergerios Schrift *De ingenuis moribus et liberalibus studiis adolescentiae* (1402), in der er, orientiert am sittlichen Ideal der Mitte und des Maßhaltens, eine umfassende bürgerhumanistische Pädagogik entfaltet hat, die weniger auf eine Erziehung zum Gebildeten als vielmehr auf eine zum guten Bürger abhob. Eine solche Erziehungslehre findet sich auch in

Matteo Palmieris Schrift *Della vita civile*. Dagegen hat Maffeo Veggio in *De educatione liberorum et eorum claris moribus* (1445–48) sich weniger an den Erfordernissen des Gemeinwesens als vielmehr an der Bildung zum *uomo universale*, dem Renaissanceideal des allseits gebildeten und befähigten Menschen, orientiert. So werden von ihm die Pflichten gegenüber Gott, den Menschen und schließlich gegenüber sich selbst, nicht aber die gegenüber dem Gemeinwesen betont. Selbst im Bereich der humanistischen Pädagogik wird damit eine der großen Bruchlinien des Humanismus, zumindest des italienischen Humanismus, sichtbar, durch die sich die Vertreter eines stärker literarisch-ästhetischen Strangs von denen eines eher bürgerlich-politischen Strangs unterschieden.

Als Erziehungslehre im weiteren Sinn ist auch die *Institutio principis christiani* (1516) des Erasmus von Rotterdam zu lesen, die in der Regel als Fürstenspiegel rubriziert wird: Die *Institutio* enthält Hinweise zur richtigen Erziehung des angehenden Herrschers, der durch Bildung humanisiert werden soll, um seine Aufgaben als ‹Herz und Gewissen des Gemeinwesens› besser wahrnehmen zu können. Die Erziehungsaufforderung richtet sich hier, im Unterschied zu den bürgerhumanistischen Vorstellungen, direkt an den Herrscher. Nur auf dem Gebiet der Erziehung hat Erasmus seine politischen Ideale des Friedens und der Bildung ausformuliert. Überhaupt war für Erasmus mehr die pädagogische Zurichtung des Machthabers und weniger die rechtliche und institutionelle Ausgestaltung der politischen Welt der Schlüssel zu deren Verbesserung. In diesem Sinne sind die zahlreichen humanistischen Fürstenspiegel auch Erziehungslehren, wenngleich diese sich nicht an alle wenden, sondern nur an die wenigen, die zu herrschen bestimmt sind. Daß die Befähigung zur Herrschaft von Bildung und einer damit einhergehenden Formung der Seele abhänge, war ein spezifisch humanistischer Gedanke, der sich gleichermaßen auf Platon wie auf Aristoteles berufen konnte.

Von herausragender Bedeutung in der humanistischen Pädagogik ist Philipp Melanchthon, dem schon zu Lebzeiten ob seiner Verdienste um die Neuorganisation des Bildungswesens im protestantischen Teil Deutschlands der Ehrenname *Praeceptor Germaniae* verliehen worden ist. Neben der Reorganisation des Schulwesens, an der auch andere Humanisten, wie Joachim Camerarius, Michael Neander, Johannes Sturm (Straßburg) und Hieronymus Wolf (Augsburg), mitgewirkt haben, hat Melanchthon vor allem die Umwandlung der alten Artistenfakultät in die Philosophische Fakultät vorangetrieben, die mit den Fächern der klassischen Philologie, der Philosophie und der Geschichte – also dem humanistischen Kernprogramm – nunmehr gleichberechtigt neben die theologische, die medizinische und die juristische Fakultät trat. Melanchthon hat, darin eine mittlere Position zwischen Bürgerhumanismus und Fürstenspiegelliteratur beziehend, mit seinen Reformen von Schule und Universität durch die Schaffung politisch-kultureller Eliten auf die Ordnung von Gesellschaft, Staat und Kirche Einfluß zu nehmen versucht. Was sie in diesem Leitungs- und Führungsanspruch legitimierte, war in Melanchthons Sicht ausschließlich ihre gegenüber der Masse der Menschen größere Bildung. In seiner 1526 in Nürnberg gehaltenen Rede *In laudem novae scholae* hat er sein Reformprogramm ausführlich dargestellt: Die Gesellschaft bedürfe der Gebildeten um der Sittlichkeit, Frömmigkeit und klugen Amtsführung willen, der Staat hingegen brauche sie zur Leitung der Bürger, und der Kirche dienten sie, indem sie die Gläubigen zum richtigen Bibelverständnis brächten. So hat sich der Humanismus in Deutschland unter dem maßgeblichen Einfluß Melanchthons zu einem intellektuellen und sittlichen Qualifikationsprogramm entwickelt, das seine Durchsetzungskraft freilich stärker aus der reformatorischen als aus der humanistischen Bewegung bezog, wie es überhaupt ein Spezifikum des deutschen Späthumanismus ist, daß er sich teilweise mit der Reformation verbunden hat. Eine Reihe von Humanisten, etwa Johannes Cochlaeus, Thomas Murner und schließlich auch Erasmus, waren indes Gegner der Reformation, teilweise aus theologischen Gründen, teilweise aber auch aus Furcht vor einer Bewegung des Volkes, die die intellektuellen Freiheiten der Gebildeten zu bedrohen schien.

Picos zitierte Rede auf die Freiheit und Selbstbestimmung des Menschen zeigt aber auch die mit seiner Entortung verbundene Ruhelosigkeit und Angst. Neben die Vergöttlichung des Menschen tritt die im Tode kulminierende Erfahrung seiner Nichtigkeit, und daraus erwuchs ein grenzenloses Bedürfnis nach Anerkennung und ein Streben nach Ruhm, das bei nahezu allen Humanisten anzutreffen ist. Die Humanisten haben die Individualität des Menschen «entdeckt», indem sie das individuelle Ich zu ihrem bevorzugten Thema machten. So wurde die Autobiographie, orientiert am Vorbild der klassischen Biographie bei Plutarch, Sueton und Cornelius Nepos, vor allem aber die Veröffentlichung eines tatsächlich geführten oder auch nur fingierten Briefwechsels, der die literarischen Briefsammlungen Ciceros oder Plinius' d.J. zum Vorbild hatte, zur bevorzugten stilistischen Ausdrucksform. Von Petrarca, Salutati, Bruni, Piccolomini, Reuchlin, Celtis, Hutten, Morus, Erasmus, Mutianus Rufus, Konrad Peutinger und Willibald Pirckheimer sind umfängliche Briefsammlungen entweder selbst veröffentlich worden oder doch erhalten geblieben. In ihnen konstituierte und präsentierte sich das Ich in seiner Individualität und Einzigartigkeit, in ihnen erfuhr es sich aber auch in seiner Einsamkeit und Verlassenheit. Als Beispiel hierfür kann Francesco Petrarcas stilisierter Bericht über die Besteigung des Mont Ventoux in seinen *Epistolae de rebus familiaribus* (IV, 1) dienen: Zusammen mit seinem Bruder machte er sich am Morgen des 26. April 1336 auf den Weg; unterwegs begegnen sie einem Hirten, der sie vor der Ausführung ihres Planes warnt und dessen Vergeblichkeit beschwört. Aber gerade infolge der Warnung wächst die Begierde («crescebat ex prohibitione cupiditas»), sich einen Blick auf die Welt von oben zu verschaffen, der eigentlich den Göttern vorbehalten ist. Auf dem Gipfel angelangt, überdenkt Petrarca, überwältigt von dem genossenen Anblick, sein zurückliegendes Leben. Er schlägt die mitgeführte Ausgabe der *Confessiones* des Augustinus auf und liest an der aufgeschlagenen Stelle: «Und die Menschen gehen hin und bewundern die Berggipfel, die gewaltigen Meeresfluten, die breit dahinbrausenden Ströme, des Ozeans Umlauf und das Kreisen der Gestirne und vergessen darüber sich selbst.» Zu dem stolzen Bewußtsein der Freiheit und Selbstbestimmtheit menschlicher Lebensführung, wie es sich in Picos Lehrgedicht *De dignitate hominis* findet, gesellen sich Furcht und Sorge um das Heil der Seele als stete Begleiter, und nur wenigen Humanisten gelang es – Erasmus könnte ein Beispiel dafür sein –, beides miteinander in Einklang zu bringen.

Die besorgte Selbstbezogenheit, die für die meisten Humanisten charakteristisch ist, resultierte aber nicht nur aus einer veränderten Organisation des Wissens, sondern zugleich aus ihrer prekären Stellung innerhalb der Gesellschaft. Es handelte sich bei ihnen um die ersten «freischwebenden Intellektuellen» (Karl Mannheim), insofern sie nicht mehr, wie die Kleriker der mittelalterlichen Wissensorganisation, in Klöstern untergebracht und versorgt, also dauerhaft für wissenschaftliche Betätigung ‹freigestellt› waren, sondern sich selbst immer wieder aufs neue um die Sicherung ihres Lebensunterhalts kümmern mußten. So bekamen Wissen und Bildung für sie den Charakter eines Instruments zur Sicherung des Lebensunterhalts, wenn sie nicht, wie etwa Giovanni Pico oder Willibald Pirckheimer, von Haus aus reich oder wohlhabend waren. Sie mußten sich als Lehrer oder Erzieher anstellen lassen oder um Positionen in den Kanzleien von Städten und Herrschern antichambrieren. Neben Salutati und Bruni waren Carlo Marsuppini, Poggio Bracciolini, Benedetto Accolti und Bartolomeo Scala Kanzler von Florenz, Hutten hatte sich beim Mainzer Erzbischof verdingt, und Erasmus bekleidete das Amt eines Rats des damals fünfzehnjährigen spanischen Kronprinzen Karl und späteren Kaisers Karl V.; Flavio Biondo und Poggio Bracciolini waren in der päpstlichen Kanzlei beschäftigt, die im 15. Jahrhundert die am besten ausgebildete und differenzierte Bürokratie war. Zahlreiche Humanisten standen auch im Dienste von Tyrannen. Der unstete Zug im Werk mancher Humanisten hat darum weniger mit intellektuellen Defiziten der Autoren als vielmehr mit den materiellen Bedingungen ihrer Reproduktion zu tun. Einigen gelang es, ihr Wissen und ihre Bildung zu verwerten und dabei vermögend zu werden, wie Leonardo Bruni; andere führten zeitlebens ein unstetes Wanderleben und kamen nie zur Ruhe, wie etwa Ulrich von Hutten.

Angesichts der Unterschiede und Gegensätze zwischen den Humanisten ist in der Fachliteratur immer wieder versucht worden, Differenzierungen im Humanismusbegriff vorzunehmen und einzelne Stränge oder Traditionslinien herauszuarbeiten. In der Regel hat man zwischen einem christlichen und einem paganen, einem literarisch-ästhetischen und einem bürgerlich-politischen, einem literarisch-stilistischen und einem mathematisch-naturwissenschaftlichen sowie schließlich einem nationalen und einem kosmopolitischen Humanismus unterschieden. Diese Unterscheidungen haben großen heuristischen Wert, auch wenn keine von ihnen erschöpfend ist und nur selten ein Autor ausschließlich einem dieser Stränge zugerechnet werden kann. Der heuristische Wert dieser Unterscheidungen ist freilich davon abhängig, daß es zunächst gelingt, das Gemeinsame und Verbindende der Humanisten herauszuarbeiten, bevor sie nach Wertorientierungen, Loyalitäten und politischen Präferenzen wieder segregiert werden.

Ein stark betonter und mitunter stilisierter Individualismus, die Orientierung an der Antike als verbindlichem Vorbild, eine avancierte und gelegentlich manierierte Stilistik, präzise philologische Textkritik mit dem Ziel der Rekonstruktion des Originals und schließlich die Idee einer umfassenden Bildungsreform, die sich nicht selten mit Vorstellungen einer tiefgreifenden Sittenreform verband, können als die gemeinsamen Leitvorstellungen aller Humanisten bezeichnet werden, wobei jedoch die einzelnen Elemente in unterschiedlicher Intensität und verschiedener Ausprägung betont worden sind. So konnte Orientierung an der Antike etwa heißen, daß ausschließlich der Text des Evangeliums als Grundlage christlicher Religion und Theologie anerkannt wurde (hier verbanden sich Humanismus und Reformation miteinander); sie konnte ebenso heißen, daß ein bestimmtes Stilideal, etwa das ciceronische Latein, als literarisches Vorbild verbindlich gemacht wurde oder man bestrebt war, an die Kunstauffassung der klassischen Antike wieder anzuknüpfen; sie konnte aber auch heißen, daß, wie im Florentiner Bürgerhumanismus eines Salutati oder Bruni, die römische Republik zum politischen Vor- und Leitbild avancierte und daraus ein engagierter Widerstand gegen jedwede Form von Alleinherrschaft erwuchs; schließlich konnte sie heißen, daß der intellektuelle wie affektive Bezug auf das antike Rom in die Forderung mündete, orientiert an der Vorbildlichkeit der Antike müsse die italienische Vorherrschaft über Europa ‹wiederhergestellt› und die unbefugt und unberechtigt an die Macht gekommenen ‹Barbaren› wieder auf den ihnen zustehenden Platz verwiesen werden. Diese Vorstellung findet sich etwa bei Francesco Petrarca, und sie provozierte als Gegenreaktion, daß die historiographische und ethnographische Literatur der Antike über die barbarischen Völker affirmativ gelesen und die Sittenstrenge der Barbaren gegen die Korruption und Verkommenheit der Römer ausgespielt wurde, wie man dies bei der Aneignung der *Germania* des Tacitus durch einige deutsche Humanisten findet, etwa bei Heinrich Bebel, Konrad Celtis, Johannes Aventinus und insbesondere Ulrich von Hutten. Gemeinsamer Bezug bleibt jedoch in allen Fällen die Orientierung an der Antike als verbindlichem Vorbild, aber gerade die Gemeinsamkeit dieser Orientierung hat die Unterschiede und Gegensätze zwischen den Humanisten verschärft, denn was aus der Antike zu lernen sei, war umstritten.

Auffällig ist die tiefe Kluft zwischen Intention und Wirkung der Autoren, so daß die Beschäftigung mit den Humanisten immer wieder auf Paradoxien stößt. Paradigmatisch hierfür sind die humanistischen Bemühungen um die Wiederherstellung des klassischen Lateins. Zunächst einmal konstituierten sich die Humanisten durch die Betonung des klassischen Stils als eine separate Diskursgemeinschaft, der nur zugehörte, wer sich durch eine entsprechende Beherrschung des Lateinischen (zunächst des ciceronischen und später des taciteischen Stils) auszeichnete. Infolgedessen bewegten sich die Humanisten in einer doppelten Öffentlichkeit: Einerseits waren sie es, die eine neue öffentliche Streitkultur in Europa hervorbrachten, andererseits grenzten sie diese Öffentlichkeit wieder ein, indem sie den Zugang zu ihr mit stilistischen Sperren versahen. Die polemische Funktion der Stilistik wird sinnfällig an dem – zumindest im deutschen Raum – bedeutendsten Beispiel humanistischer Streitkultur, den sog. *Dunkelmännerbriefen.* Ausgangspunkt war eine Debatte zwischen dem getauften Juden Johann Pfefferkorn und dem Humanisten Johannes Reuchlin, die mit der in typischem Konvertiteneifer erhobenen Forderung Pfefferkorns nach Vernichtung aller jüdischen Bücher begonnen hatte. Ausgestattet mit einem kaiserlichen Mandat und unterstützt durch die Kölner Dominikaner, hatte Pfefferkorn hebräische Bücher (mit Ausnahme des Alten Testaments) einziehen und verbrennen lassen. Da der Erzbischof von Mainz dagegen Einspruch erhob, wurden Fachgutachten eingeholt, und einzig Reuchlin, der sich in einer 1506 erschienenen Schrift *De rudimentis haebraicis* als Kenner der jüdischen Tradition ausgewiesen hatte, opponierte gegen das Ansinnen der Bücherverbrennung. Mit Hilfe seiner theologischen Unterstützer gelang es Pfefferkorn, Reuchlin vor ein Kölner Ketzergericht zitieren zu lassen, woraufhin sich zahlreiche Humanisten in den *Clarorum virorum epistolae* hinter ihn stellten. Damit hatte sich die Kontroverse von ihrem ursprünglichen Gegenstand entfernt und war zu einem Konflikt zwischen scholastischem und humanistischem Denken um die kulturelle Hegemonie in Deutschland geworden. Die *Epistolae obscurorum virorum*, die, anonym veröffentlicht, dem Erfurter Humanistenkreis entstammten und überwiegend von Crotus Rubeanus und Ulrich von Hutten verfaßt worden sind, knüpften im Titel an die zur Unterstützung Reuchlins veröffentlichten Briefe an und camouflierten sich als Parteinahme für dessen Gegner. Formuliert in miserablem Latein und durchsetzt mit dümmlichen Argumenten gaben sie die Sache der Scholastik der Lächerlichkeit preis.

Aber die humanistische Insistenz auf einem klassischen Latein hatte insgesamt ambivalente Folgen, insofern erst sie das Lateinische zu einer toten Sprache erstarren ließ. War Latein bisher nicht nur in den Gemeinschaften der Kleriker, sondern auch als europäische Verkehrssprache der Reisenden noch *gesprochen* worden, so verwandelte es sich nunmehr in eine nur noch von wenigen Gebildeten *geschriebene* Sprache. Gleichzeitig aber fand die grammatische Struktur des Lateinischen in die meisten Volkssprachen Eingang, die sich nicht zuletzt unter humanistischem Einfluß in Hochsprachen verwandelten. Dante Alighieri, der im strengen Sinne sicherlich nicht dem Humanismus zugerechnet werden kann, steht am Anfang dieser Entwicklung, als er das *Volgare*, das in und um Florenz vom Volk gesprochene Toskanisch, zur Literatursprache machte und damit das Monopol des Lateinischen aufbrach. Am Ende dieser Entwicklung stehen Huttens Entschluß, hinfort nicht mehr Latein, sondern Deutsch zu schreiben, sowie die zahlreichen Traktate französischer Humanisten, in denen sie die Vorzüge des Französischen sowohl gegenüber dem Italienischen als auch dem Lateinischen betonen (Joachim Du Bellay, *Deffence et illustration de la langue françoyse*, 1549 sowie Henri Estienne, *De la precellence du langage françois*, 1579). Was den Kommunikationsraum anbetrifft, so ist diese Entwicklung der Volkssprachen eine Gegenbewegung zur Selbstabschottung der Humanisten durch die Betonung der Klassizität des Lateinischen.

Ein weiteres Beispiel für die weitreichenden Folgen humanistischer Textphilologie und Stilkritik ist der von Lorenzo Valla erbrachte Nachweis, daß es sich bei der sog. Konstantinischen Schenkung, auf die das Papsttum u. a. seinen Suprematieanspruch gegenüber dem Kaisertum gestützt hatte, um eine Fälschung handelte. Valla, der zu diesem Zeitpunkt im Dienste des Königs von Neapel stand, hat die päpstliche Behauptung, das Königreich in Süditalien sei ein päpstliches Lehen, zurückgewiesen, indem er mit den Mitteln philologischer Textkritik nachwies, daß die sog. Konstantinische Schenkung nicht der Zeit Kaiser Konstantins, sondern einer späteren Epoche entstammte. Politisch folgenreich wurde Vallas Schrift jedoch erst infolge ihrer Veröffentlichung durch Ulrich von Hutten im Zusammenhang mit der Reformation in Deutschland, wo sie als weiterer Beleg für die hinterlistigen Machenschaften Roms gegen die Deutschen aufgenommen wurde. Ebenso bedeutsam und folgenreich waren Vallas *Adnotationes ad Novum Testamentum*, die, 1505 von Erasmus veröffentlicht, den Beginn der philologischen Bibelkritik darstellen. Valla korrigierte darin Übersetzungsfehler und darauf beruhende falsche Interpretationen der Vulgata. Daß die Heilige Schrift einer Überprüfung durch die Grammatiker unterworfen wurde, hat Erasmus 1505 für besonders begründungsbedürftig gehalten: «Vermutlich werden die am allerwiderwärtigsten lärmen, denen das Buch (i. e. Vallas *Adnotationes*) am meisten nützen kann: die Theologen. Eine unerträgliche Frechheit, werden sie sagen, daß ein Grammatiker, nachdem er alle Disziplinen mißhandelt hat, seine leichtfertige Feder nicht einmal von der Hl. Schrift fernhalten kann. (...) Aber, sagen sie, es ist nicht recht, an der Hl. Schrift etwas zu ändern, weil dort selbst die i-Pünktchen einen geheimen Sinn haben. Ja, um so mehr ist es unrecht zu verzerren, und um so sorgfältiger müssen Gelehrte das verbessern, was durch Unwissenheit verschandelt wurde, doch mit der Vorsicht und Mäßigung, die man allen Büchern schuldet, ganz besonders den Heiligen» (zit. nach Buck, S. 247). Erasmus hat sich bei der von ihm besorgten griechischen Ausgabe des Neuen

Testaments (*Novum Instrumentum*, 1516; spätere Auflagen u.d.T. *Novum Testamentum*) auf Vallas Vorarbeiten gestützt; die Ausgabe des Erasmus war wiederum die Grundlage für Luthers Übersetzung des Neuen Testaments ins Deutsche. Auch Gianotto Manetti hat Vallas *Adnotationes* bei seiner Übersetzung des Neuen Testaments aus dem Griechischen ins Lateinische benutzt, und Jacques Lefèvre d'Etaples' (Johannes Faber Stapulensis') *Quincuplex Psalterium*, eine in Kolumnen gegliederte Zusammenstellung der überlieferten Textvarianten, beruht ebenfalls auf Vallas Vorarbeiten. Erasmus' griechische Ausgabe des Neuen Testaments ist zweifellos die bedeutendste Leistung der humanistischen Bibelphilologie, und sie hat mit ihren an die Grundlage der christlichen Lehre rührenden kritischen Bemerkungen entscheidend zur evangelischen Orientierung der Reformation beigetragen. Mit der Wiederherstellung eines als unverfälscht und ursprünglich geltenden Textes der Bibel konnte die Kirche als Mittlerin zwischen Mensch und Gott zurücktreten, da der Mensch in den Evangelien die Belehrung fand, die für ein gottgefälliges Leben vonnöten war.

Auch die Hauptfrage der Moralphilosophie «Wie sollen wir leben?» ist von den Humanisten unterschiedlich beantwortet worden: Die einen priesen ein politisch wie ökonomisch tätiges Leben, während die anderen forderten, sich allein der Philosophie zu widmen und den Problemen der Welt den Rücken zu kehren. Dabei haben etwa Francesco Petrarca, Giovanni Pontano und Erasmus von Rotterdam die *vita contemplativa*, also das der Philosophie gewidmete, von weltlichen Dingen zurückgezogene Leben, höher gestellt als die *vita activa*, während diese von jenen Autoren favorisiert wurde, die Hans Baron unter dem Begriff des «Bürgerhumanismus» zusammengefaßt hat. Andere Humanisten wiederum, wie etwa Enea Silvio Piccolomini, haben für eine Verbindung beider Lebensformen plädiert oder, wie Alberti, ihre Präferenzen von den jeweiligen äußeren Umständen abhängig gemacht. Als klassisch-antike Referenzpersonen sind dabei immer wieder Cicero als Vertreter der *vita activa* und Seneca als Anhänger der *vita contemplativa* ins Feld geführt worden. Ruhmgier und Eitelkeit, so Petrarca in einem fiktiven Brief an Cicero, seien es gewesen, die ihn in die Politik zurückgelockt hätten, und damit habe er sich auf die Wechselfälle des Schicksals eingelassen und sei schließlich einen eines Philosophen unwürdigen Tod gestorben. In einem Brief an seine Söhne Bernardo und Pandolfo hat der Florentiner Patrizier Giovanni Rucellai geltend gemacht, es gebe nichts Zweifelhafteres, als in öffentliche Angelegenheiten verwickelt zu sein, da man hier immer wieder zu ungerechten und unehrenhaften Handlungen genötigt werde. Die Einwände und Bedenken, die Thomas Morus in seiner *Utopia* den Weltreisenden Raphael Hythlodaeus gegen ein politisches Engagement geltend machen läßt, zielen in dieselbe Richtung, und der Bericht über die gute Ordnung im Lande der Utopier im II. Buch der *Utopia* ist u. a. auch eine Antwort auf das humanistische Dilemma zwischen politischer Verpflichtung und der Verwicklung in ungerechte und unehrenhafte Handlungen.

Gegen diese Kritik am politischen Engagement hat Cristoforo Landino in seinen *Disputationes Camaldulenses* Lorenzo de' Medici, den er als den Verteidiger der *vita activa* auftreten läßt, die Worte in den Mund gelegt, es sei gerade das tätige Leben, das die Menschen vor der Macht der Laster bewahre. Darum sollten die Menschen die göttlichen Dinge und die Geheimnisse der Natur auf sich beruhen lassen und sich statt dessen auf die für die Lebensführung relevante Weisheit konzentrieren. Landino läßt Alberti, den Verteidiger der *vita contemplativa*, darauf antworten, daß man, um das Gerechte zu tun, zunächst erkannt haben müsse, was das Gerechte sei. Beide Positionen, und darin sind sie in ihren Anliegen zutiefst humanistisch, geht es um die Selbstentfaltung und Selbstverwirklichung des Menschen; auf welchem Wege sie zu suchen und zu finden sei, d. h., welche der beiden Antworten bevorzugt wurde, war nicht zuletzt abhängig von den politischen Konstellationen, die jeweils vorherrschten. Solch austarierten Bedenklichkeiten hat Niccolò Machiavelli indes die Forderung entgegengehalten, wer erfolgreich Politik treiben wolle, müsse sein Vaterland mehr lieben als seine Seele. Damit hat er freilich mit einem Grundzug des humanistischen Denkens, der Vermittlung der Gegensätze im ‹Sowohl – als auch›, gebrochen und ein schroffes ‹Entweder – Oder› dagegengestellt. Insofern endet mit ihm die Tradition des Bürgerhumanismus, und es beginnt ein Strang politischen Denkens, der politisches Engagement nicht mehr aus den Forderungen der Ethik begründet.

Die Hochzeit des Bürgerhumanismus, der die *vita activa* im Sinne des politischen Engagements für die Republik propagierte, war die Florentiner Frührenaissance, als Coluccio Salutati und Leonardo Bruni in Auseinandersetzung mit dem expandierenden Herzogtum Mailand die Parole der *libertas Italiae*, die sie als Sicherung der Florentiner Republik verstanden, zu einem regelrechten politischen Programm ausformulierten. In seiner *Invectiva in Antonium Luscum* sprach Salutati von der «süßen Freiheit», die ein himmliches Gut sei und alle Reichtümer der Welt übertreffe. In Florenz sei das antike Rom zu neuem Leben erweckt worden, und deswegen seien die Florentiner bereit, ihre Unabhängigkeit bis zum äußersten zu verteidigen. Giangaleazzo Visconti, der Herzog von Mailand, soll gesagt haben, Salutatis Schriften hätten seinen politischen Plänen mehr geschadet als eine ganze Florentiner Reiterabteilung. Salutatis Amtsnachfolger Leonardo Bruni bezeichnete in seiner *Laudatio Florentinae Urbis* Florenz als die schönste Stadt Italiens, wobei er die äußere Schönheit der Stadt als Ausdruck ihrer inneren Verfassung begriffen hat. Durch seine Neuübersetzung der *Nikomachischen Ethik* und der *Politik* des Aristoteles hat er einen entscheidenden Beitrag dazu geleistet, daß die Institutionen der Republik politisch-philosophisch reflektiert werden konnten. Neben den Namen römisch-republikanischer Institutionen stand damit eine weitere Reflexionsebene zur Verfügung, vermittels derer die Florentiner ihre politische Ordnung beschreiben und Prognosen über die zukünftige Entwicklung ihrer Stadt machen konnten.

In seiner Schrift *Della vita civile* hat Matteo Palmieri die politisch-philosophischen Grundlagen des Bürgerhumanismus systematisch zu entwickeln versucht. Dabei bildete für ihn das von Cicero im *Somnium Scipionis* entworfene Bild der guten politischen Ordnung die Grundlage, auf der er das Ideal des guten Bürgers entwarf: Durch seine Erziehung auf ein politisch-tätiges Leben vorbereitet, gibt es für ihn keine würdigere Aufgabe, als für den Staat tätig zu sein. Palmieri meinte damit nicht nur die uneingeschränkte Bereitschaft zur Übernahme politischer Ämter, sondern auch den Einsatz des privaten Vermögens für die Errichtung öffentlicher Bauten und damit für die Verschönerung der Stadt. Im Anschluß an Cicero erklärte er: «Wer uns jeweils am nächsten steht, erkennt man auf verschiedenen Stufen. Zuerst sind wir dem Vaterland verpflichtet, dann dem Vater und der Mutter, sodann kommen die Kinder und die eigene Familie, darauf die Verwandten und die Freunde, die Nachbarn und so von Stufe zu Stufe weiter durch die ganze Stadt, die Provinzen, die fremden Völker und schließlich die gesamte Menschheit.» Ganz ähnlich hatte bereits Salutati dem Adressaten eines seiner Briefe erklärt: «Weißt du nicht, Andrea, wieviel du der Republik schuldest? Wir schulden den Eltern Ehrerbietung, den Söhnen Zuneigung (...), dem Vaterland aber schulden wir dies alles und mehr.»

Eine Umkehr dieses Denkens trat mit der Erosion der Florentiner Republik unter der politisch-ökonomischen Dominanz der Medici ein. Alamanno Rinuccini stellt in seiner gegen die Herrschaft der Medici gerichteten Schrift *De libertate* resignativ fest, die Zeiten der Freiheit seien in Florenz vorbei, die Stadt sei in die Hände eines jungen Mannes gefallen (gemeint ist Lorenzo de' Medici), und alle müßten nach seiner Pfeife tanzen. Unter diesen Umständen rät Rinuccini den Weisen, sich aus der Politik zurückzuziehen und ihre Identität in der *vita contemplativa* zu suchen. Demgegenüber hat Bartolomeo Platina in *De optimo cive* Lorenzo de' Medici mit dem Philosophenkönig Platons gleichgesetzt und ihn als Schutz und Schirm gegen tyrannische Bedrohung von innen wie außen bezeichnet. Die dem Bürgerhumanismus zugrundeliegenden Vorstellungen mündeten entweder in den humanistischen Nationendiskurs, oder sie wurden «eingetunnelt» (Pocock), um zu einem späteren Zeitpunkt und an anderem Ort wieder aufzutauchen, oder aber die Träger der bürgerhumanistischen Ideen resignierten und ließen sich, wie Francesco Guicciardini oder Francesco Vettori, auf die Errichtung der Alleinherrschaft einer Familie ein. Der Humanismus verlor damit seine politischen Impulse und wurde zu einer reinen Bildungsbewegung.

*Lit.:* Spätmittelalter, Humanismus, Reformation. Texte und Zeugnisse. Bd. 1: Spätmittelalter und Frühhumanismus; Bd. 2: Blütezeit des Humanismus und Reformation, hrsg. von H. Heger, München 1975/1978. – Der deutsche Renaissance-Humanismus. Abriß und Auswahl von W. Trillitzsch, Leipzig 1981. – Die Kultur des Humanismus, hrsg. von Nicolette Mout, München 1998. – Geschichte und Dokumente der abendländischen Pädagogik, Bd. II: Humanismus, hrsg. von E. Garin, Reinbek 1966.

H. Baron: Bürgersinn und Humanismus im Florenz der Renaissance, Berlin 1992. – G. Böhme: Bildungsgeschichte des frühen Humanismus, Darmstadt 1984. – Ders.: Bildungsgeschichte des europäischen Humanismus, Darmstadt 1986. – A. Buck: Humanismus, Freiburg/München 1987. – E. Grassi: Einführung in philosophische Probleme des Humanismus, Darmstadt 1976. – The Impact of Humanism in Western Europe, hrsg. von A. Goodman und A. MacKay, London/New York 1990. – P. O. Kristeller: Humanismus und Renaissance, 2 Bde., München 1974/1976. – R. Newald: Probleme und Gestalten des deutschen Humanismus, Berlin 1963. – J. G. A. Pocock: The Machiavellian Moment, Princeton N. J. 1975. – A. Rabil jr. (Hrsg.): Renaissance Humanism, 3 Bde., Philadelphia 1988. – M. Seidlmayer: Wege und Wandlungen des Humanismus, Göttingen 1965. – G. Voigt: Die Wiederbelebung des klassischen Alterthums oder das erste Jahrhundert des Humanismus, 2 Bde., Berlin 1893.

→Antikenrezeption; →Bibliotheken; →Buchdruck; →Fürstenspiegel; →Petrarca; →Platonismus; →Universitäten.

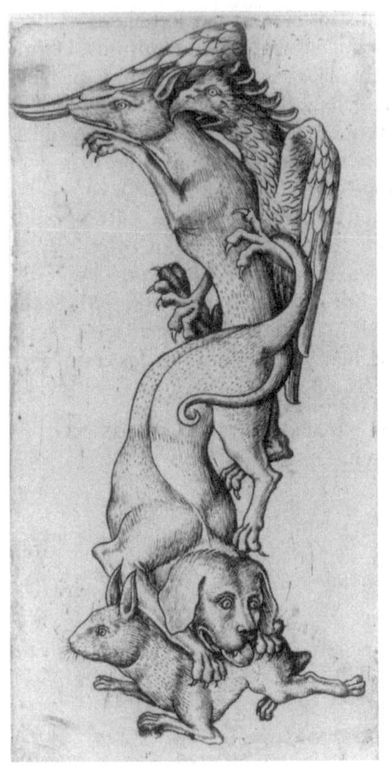

## Idealstadt

Der Traum von der Idealstadt hat Philosophen, Architekten und Herrscher zu allen Zeiten beschäftigt, und die Geschichte der Utopien ist immer auch eine Geschichte von Idealstadtentwürfen, von den Griechen des 5. vorchristlichen Jahrhunderts bis zu den sozialistischen Utopien des späten 19. Jahrhunderts. Wie kaum eine andere Epoche ist die Renaissance dadurch gekennzeichnet, daß in ihr Idealstädte nicht nur erdacht und beschrieben, sondern auch städtebaulich realisiert wurden. Pienza in der Toskana, Sabbioneta in der Romagna, Palmanuova im Friaul, La Valletta auf Malta, Freudenstadt im Schwarzwald sind Beispiele dafür. Die neuen ästhetischen Prinzipien der Zeit, wie die Entwicklung der Zentralperspektive und die Orientierung an der Architekturtheorie der klassischen Antike, insbesondere der Vitruvs, haben zusammen mit der zunehmenden Machtkonzentration in den Händen einzelner im Gefolge der Entwicklung moderner Staatlichkeit diese Idealstadtprojekte möglich gemacht. Die Idealstädte der Renaissance nämlich sind nicht als bürgerschaftliche Projekte entstanden, sondern als Produkte fürstlichen Selbstdarstellungswillens. Sie sind entworfen als Ausdruck herrschaftlicher Ordnung, die sich im Kontrast zur ‹Unordnung› mittelalterlicher Stadtentwicklung präsentierte. Beispielhaft dafür ist die sog. ‹Ansicht von Urbino›, die von einem der Schule Pieros della Francesca nahestehenden Künstler stammt. Wo dagegen Korporationen und Zünfte, Patrizier und sozial aufgestiegene Kaufleute ihre jeweils eigenen Vorstellungen verfolgten, konnte keine Idealstadt entstehen, sondern es entwickelten sich die für die mittelalterlich geprägte europäische Stadt typischen Quartiere mit einer gewissen Neigung zur Polyzentralität, die nur annähernd durch die Hauptkirche der Stadt und das Rathaus auf ein Zentrum hin bezogen wurden. Auch wenn die bürgerschaftliche Kommune städtebauliche Leitlinien vorgab, so hatte innerhalb dieser Leitlinien doch jeder Bauherr weitgehend freie Hand. Das pittoreske Erscheinungsbild mittelalterlich geprägter Altstädte zeugt bis heute davon.

Mit der Renaissance weitete sich der herrscherliche Selbstdarstellungswille, der sich zuvor auf einzelne Gebäude konzentriert hatte, auf die Gesamtanlage der Stadt aus: Entweder wurden tiefgreifende Umgestaltungen vorgenommen, oder aber ganze Städte wurden von Grund auf neu errichtet. Ästhetische, hygienische und verteidigungstechnische Gesichtspunkte spielten bei der Planung und Durchsetzung dieser Projekte gleichermaßen eine Rolle. Theoretisch entfaltet wurden diese Überlegungen in Leon Battista Albertis Werk *De re aedificatoria* (abgeschlossen 1452, veröffentlicht 1485), in denen Alberti auch die ideale Stadtgestalt eingehend behandelt hat. Den Zusammenhang zwischen Militärtheorie und Städtebau hat vor allem Francesco di Giorgio Martini in seinem *Trattato di architettura, ingegneria e arte militare* hergestellt. Der detaillierteste Entwurf einer Idealstadt stammt von Filarete: Die oktogonal angelegte Stadt, die er in seinem *Trattato dell'architettura* (1464) beschreibt, sollte nach ihrem Gründer, dem mailändischen Herzog Francesco Sforza, Sforzinda heißen und von dessen Macht und Gestaltungswillen künden. Auch Leonardo da Vinci und Antonio da Sangallo d.J. haben sich eingehend mit Idealstadtprojekten beschäftigt. Giorgio Vasari bildet mit seiner Schrift *La città ideale* den Endpunkt dieser Reihe. Der Selbstdarstellungswille der Renaissancefürsten, Ausdruck der neuen Selbstbezogenheit der Menschen, fand im Städtebau seine umfassendste Ausdrucksmöglichkeit. Dies soll hier am Beispiel von Pienza und Sabbioneta beispielhaft dargestellt werden.

Unmittelbar nach seiner Wahl zum Papst (Pius II.) beschloß Enea Silvio Piccolomini, das Dorf Corsignano, aus dem er stammte, umgestalten zu lassen und es zu einer repräsentativen Stadt auszubauen. Piccolomini ließ für sich und seine Familie einen Palast errichten, einen Dom bauen, dazu einen Palazzo Vescovile und einen Palazzo Pubblico. Gleichzeitig suchte er seine Kardinäle zu veranlassen, in Corsignano ebenfalls Residenzen zu errichten. Enea Silvio hat keine neue Stadt gegründet, sondern das Dorf Corsignano von seinem zentralen Platz her umstrukturiert, aber er hat doch seinem Werk einen neuen Namen gegeben: Pienza. Hier suchte er zu verwirklichen, was die Leitmaxime seines Lebens war: die Verbindung und Verknüpfung von Unterschieden und Gegensätzen, für die Nikolaus von Kues die Formel *coincidentia oppositorum* geprägt hat: So zeigt der Palazzo Piccolomini in Pienza zur Straßenseite hin eine wuchtige geschlossene Fassade, die, nicht unähnlich der des Palazzo Rucellai in Florenz, den Macht- und Herrschaftsanspruch der Familie Piccolomini zur Darstellung bringt. Im Gegensatz hierzu öffnet sich die nach Süden hin gelegene Gartenseite des Palastes in einer dreigeschossigen Loggia, die eher für ein von den öffentlichen Pflichten und Konflikten abgewandtes, der Philosophie und der Betrachtung der Natur gewidmetes Leben in der ländlichen Villa steht. Was Piccolomini hier miteinander verbunden hat, sind nicht nur die unterschiedlichen Bauprinzipien von Palast und Villa, sondern auch die mit ihnen jeweils verbundenen Lebensformen mitsamt ihren philosophischen Stilisierungen: *negotium* und *otium*, *vita activa* und *vita contemplativa*. Dieses Prinzip der Verbindung von Gegensätzen zu einem geschlossenen Ganzen findet sich auch in Anlage und Gestaltung des Domes von Pienza: Seine Fassade besteht aus marmorähnlichem, fast weißem Travertin, während die übrigen Teile aus honiggelbem Sandstein gebaut sind. In Form und Material verweist die Fassade auf antike Vorbilder; hier wird die römische Vergangenheit zur Darstellung gebracht. Dagegen entspricht das Innere des Domes einer dreischiffigen Hallenkirche, wie Piccolomini sie in seiner Zeit als Sekretär Kaiser Friedrichs III. in Süddeutschland kennengelernt hat. So verbinden sich auch in der Anlage und Gestaltung des Doms gegensätzliche Prinzipien: weltliche Macht nach außen mit einer dem Göttlichen zugewandten Innerlichkeit.

Dagegen handelt es sich bei Sabbioneta um ein von Vespasiano Gonzaga, einem oberitalienischen Duodezfürsten, der die dafür erforderlichen Mittel als General und Politiker im Dienste des spanischen Königs Philipp II. zusammengetragen hatte, aus dem Treibsand des Po herausgestampftes Projekt. Hatte Enea Silvio von innen her, von Dom und Palast aus, Corsignano/Pienza ein neues Gesicht verliehen, so plante Vespasiano Gonzaga etwa ein Jahrhundert später von außen her eine gleichmäßige, geometrisierte, neuesten fortifikatorischen Erfordernissen entsprechende Befestigungsanlage, nach deren Maßgabe sich die innere Gestaltung der Stadt zu richten hatte. Was darin zum Ausdruck kam, war ein grundlegender Wandel in der Fortifikation der Städte, der weitreichende Folgen nicht nur für deren ästhetisches Erscheinungsbild, sondern auch generell für die Repräsentation von Macht und Herrschaft hatte. Mehrere Jahrhunderte lang waren Funktionalität und Repräsentation Hand in Hand gegangen: Je höher die Türme und Mauern, desto repräsentativer war das Erscheinungsbild der Stadt, und desto schwerer war sie mit Sturmleitern zu erobern. Aber die hohen Mauern waren mit der Entwicklung der schweren Artillerie nutzlos geworden und hatten ihre Schutzfunktion weitgehend verloren. Nunmehr galt: Je höher die Mauern, desto leichter waren sie mit schwerem Geschütz zu brechen. Befestigungen, die Artilleriebeschuß widerstehen sollten, mußten niedrig und abgeschrägt sein; es durfte sich dabei nicht um freistehende Mauern handeln, sondern es mußten steinerne Stützen für dahinter aufgeschüttete Erdwälle errichtet werden. In sie konnte die Artillerie nicht so leicht Breschen schlagen. Aber diese neuen Defensionswerke waren wenig repräsentativ; Funktionalität und Repräsentation entfernten sich voneinander. Dementsprechend begann unter Architekten und Künstlern eine heftige Debatte über die neuen Fortifikationsprinzipien, an der sich u.a. auch Albrecht Dürer mit der Schrift *Etliche underricht zu befestigung der Stett, Schlosz und flecken* (1527) beteiligt hat. Besondere Erwähnung verdienen die Schriften Pietro Cataneos, seine *Opera nuova di fortificare, offendere e difendere* (1564) sowie der posthum erschienene Sammelband *Dell'arte militare libri cinque* (1584); bei Cataneo werden Idealstadt und Festung identisch. Auch Lipsius' Schrift *Poliorceticon* handelt von Festungsbau und Belagerungstechnik.

Ausgehend von Italien, begann sich seit dem Ende des 15. Jahrhunderts in Europa – u.a. in Reaktion auf die neuen fortifikatorischen Erfordernisse – eine Geometrisierung des städtischen Raumes durchzusetzen: An die Stelle der Regellosigkeit der sich auftürmenden Mauern, Häuser und Türme, wie sie auf den Stadtveduten der Frührenaissance noch sichtbar ist, tritt nun die Orientierung des städtischen Erscheinungsbildes an geometrisierter Regelmäßigkeit. Diese städtebauliche Veränderung korrespondiert der allmählichen Ablösung der durch die Zünfte oder Familienkoalitionen beherrschten bürgerschaftlichen Selbstregierung der Städte durch eine auf dem souveränen Willen eines Fürsten begründete territorialstaatliche Herrschaft. Im Gegensatz zur früheren Polyzentrizität der Städte ist die geometrisierte Stadt mono- oder bizentrisch angelegt. So hat Filarete Sforzinda als ein aus zwei aufeinandergelegten Quadraten gebildetes Oktogon beschrieben. Die sechzehn Mauerabschnitte gleichen sich exakt. Die Straßen laufen strahlenförmig auf Kathedrale und Herzogspalast zu, die die geometrische Mitte der Stadt bilden. Auch wenn das ausgeführte Idealstadtprojekt Sabbioneta den Vorgaben Filaretes für Sforzinda nicht exakt entspricht – die Stadt ist nicht okto-, sondern hexagonal angelegt, und an die Stelle des radialen ist ein orthogonales Straßennetz getreten –, zeigt sie in ihrer bis heute weitgehend erhaltenen baulichen Gestalt das Ergebnis einer geometrisch fundierten Rationalisierung.

Während der topographisch höchste Punkt früherer Stadtanlagen als städtisches Zentrum für jedermann sichtbar war, ist dies beim geometrischen Mittelpunkt nicht mehr der Fall: Er mußte sichtbar gemacht werden, und die Rigidität, mit der die geometrischen Grundsätze in der Stadtanlage umgesetzt wurden, ist eine Form solcher Sichtbarmachung. Schon aus Gründen der Darstellung seiner Macht konnte der Fürst sich jetzt nicht mehr auf die Errichtung einiger eindrucksvoller Gebäude beschränken, sondern mußte die ganze Stadtanlage seinen Vorgaben unterwerfen. So wurde die geometrisch-rationale Struktur selbst zur Repräsentation der Macht. Um diese Ordnung sichtbar werden zu lassen, konnte man sich freilich nicht länger jenes Blickwinkels bedienen, aus dem Giotto, die Lorenzettis u.a., ja noch Matthäus Merian in seinen berühmten Kupferstichen, die Städte dargestellt hatten: ebenerdig, allenfalls aus einer leicht erhöhten Position. Die befestigten Idealstädte dagegen mußten, damit ihre rational geometrische Anlage sichtbar wurde, von oben, in der Draufsicht, dargestellt werden. Das aber war nicht der Blickwinkel eines Menschen, sondern der Gottes: Ihm allein bot sich die Idealstadt als ideale Ordnung dar. In dieser veränderten Betrachterposition zeichnete sich ein Wandel in der Basislegitimation der politischen Ordung ab: An die Stelle der – wie auch immer begrenzten – Zustimmung der Menschen trat das Gottesgnadentum, dem Gott als tendenzieller einziger Betrachter und Zeuge der guten Ordnung genügte.

*Lit.:* W. Braunfels: Mittelalterliche Stadtbaukunst in der Toskana, Berlin [4]1979. – G. Confurius: Sabbioneta oder die schöne Kunst der Stadtgründung, München/Wien 1984. – H.-W. Kruft: Städte in Utopia. Die Idealstadt vom 15. bis 18. Jahrhundert zwischen Staatsutopie und Wirklichkeit, München 1989. – H. Rosenau: The Ideal City. Its architectural evolution, London 1959. – G. Simonicini: Città e Società nel Rinascimento, 2 Bde., Turin 1974. – A. Tönnesmann: Pienza. Städtebau und Humanismus, München 1990. – V. Vercelloni: Europäische Stadtutopien, München 1994.

→Alberti; →Condottieri; →Humanismus; →Staat; →Utopie; →Zentralperspektive.

## Judenfeindschaft

Zeiten des Umbruchs und Übergangs sind häufig auch Zeiten intensivierter Judenängste und Judenverfolgungen gewesen; das gilt für die Renaissance insbesondere dort, wo sich das neue Weltbewußtsein mit reformatorischen Vorstellungen oder apokalyptischen Ängsten verband. Luthers Antijudaismus ist bekannt; aber auch bei Erasmus, stärker noch bei Sebastian Münster und selbst bei Reuchlin, dem Tübinger Hebraisten, der die Forderung des Konvertiten Pfefferkorn nach Vernichtung aller jüdischen Schriften zurückgewiesen und damit den Dunkelmänner-Streit ausgelöst hat, tauchen die Juden als Indiz für die geistige Verwirrung der Zeit auf. Durchgängig werden sie als ein schwerwiegendes Problem bei der Erneuerung von Kirche und Gesellschaft wahrgenommen. Die darauf gegebenen Antworten schwanken zwischen der Vertreibung der Juden, ihrer gewaltsamen Massenbekehrung und der Idee einer friedlichen Judenmission.

Gleichzeitig kam es seit Beginn des 16. Jahrhunderts, von Venedig ausgehend, zu einer in dieser Form neuen Politik der Abschließung der Juden vom Rest der städtischen Gemeinde. Zwar hatten sie auch im Mittelalter in eigenen Stadtbezirken gelebt, aber der Zwang, in einem eigens ummauerten Bereich zu wohnen, dessen Tore nachts verschlossen wurden, war neu und brachte eine bis dahin unübliche Berührungsangst zum Ausdruck. Ursache dieser gesteigerten Angst war sicherlich auch der vermehrte Zustrom (reicher) Juden, die seit 1492 nach Abschluß der Reconquista aus Spanien, dem wichtigsten Heimatland der Juden während des Mittelalters, vertrieben wurden. Bemerkenswerterweise verband sich die Ghettoisierungspolitik der städtischen Behörden in Venedig – wie dies ähnlich bei dem reformatorischen Antijudaismus zu beobachten ist – mit einer Kampagne zur moralischen Reform der Stadt, insofern die militärischen Niederlagen, die Venedig zu Beginn des 16. Jahrhunderts erlitten hatte, auf die sittliche Verkommenheit der Lagunenrepublik zurückgeführt worden waren. Es kam hinzu, daß für die rasante Ausbreitung der Syphilis in Europa nach 1494 u.a. auch die Juden verantwortlich gemacht wurden. Mit der Politik der Ghettoisierung konnten die Venezianer an eine in der Stadt eingeführte Praxis der Fremdenpolizei anknüpfen: Schon früh hatte Venedig, als Warenumschlagplatz zwischen den Handelsbereichen des Nordwestens und des Südostens Europas die «internationalste» Stadt Italiens, damit begonnen, die fremden Kaufleute, die Deutschen, Griechen und Türken, in besonderen Quartieren (*Fondachi*) unterzubringen, um sie steuer- und zolltechnisch besser kontrollieren zu können. Mit dem Ghetto (benannt nach der dort ursprünglich gelegenen Gießerei) wurde diese Politik in Venedig nun auf die Juden ausgedehnt. Bei Einbruch der Dunkelheit mußten sie sich im Ghetto befinden, und die Christen mußten es verlassen haben. Viele europäische Städte sind dem venezianischen Beispiel gefolgt.

Die Bedrückung und Verfolgung der Juden zu Beginn des 16. Jahrhunderts kann also nicht als ein mittelalterliches Relikt begriffen werden, das den Anbruch der neuen Zeit überdauert hat, sondern es handelt sich um ein bei allen Reformbewegungen der Zeit anzutreffendes Element: Die Generalabrechnung mit den Juden sollte dazu beitragen, die moralischen Schäden der Gesellschaft zu beseitigen. Daß hierbei Deutschland und Italien besonders hervortraten, hatte u.a. auch damit zu tun, daß es in England nach der Vertreibung von 1290 offiziell keine Juden gab (erst im 17. Jahrhundert erfolgt wieder eine nennenswerte Zuwanderung) und daß die Juden in Frankreich nach der Vertreibung von 1306 ihre Religion nicht offen ausüben durften und dementsprechend öffentlich kaum in Erscheinung traten, während in Spanien durch Massenvertreibung und Zwangstaufe seit 1492 die blühende jüdische Kultur ausgelöscht wurde. Am tolerantesten gegenüber den aus Spanien vertriebenen Juden verhielt sich zunächst das Osmanische Reich.

Die sich schnell ausbreitende Judenfeindschaft war kein Spezifikum der Reformation, sondern machte sich in ähnlicher Form auch im Bereich der katholischen Gegenreformation geltend. Johann Eck, einer der prominentesten Gegner Luthers, stand diesem in seiner Judenfeindschaft in nichts nach. Demgegenüber haben unter den Reformatoren Melanchthon, Osiander und Capito die Juden gegen die Ritualmordbeschuldigung verteidigt. Dagegen glaubte sich Luther in seinem Ringen um die Wahrheit im Kampf mit den Feinden des Evangeliums, zu denen er neben dem Papst mitsamt seinen Anhängern sowie den Türken auch die Juden rechnete. Sie wurden ihm zum Inbegriff der widergöttlichen Mächte, die die Kirche in eine neue babylonische Gefangenschaft führen wollten. Demgegenüber hat der Calvinismus aus dem Erfahrungshorizont der Vertreibung heraus eine neue Solidarität mit den Juden entwickelt, die dann in einer Politik der Toleranz ihren Niederschlag fand. Holland war, was die Aufnahme jüdischer Flüchtlinge (aus Spanien und Portugal) anbetrifft, das liberalste Land des protestantischen Nordens, und in Amsterdam war es möglich, nicht nur die Synagoge zu besuchen, sondern auch Lehranstalten für jüdische Studien zu gründen. Freilich herrschte auch hier das verbreitete Vorurteil vom reichen Juden, den nur sein Geld interessierte und der dafür die ärgsten Schandtaten beging: Diese Vorstellung bezieht sich nicht auf die (in der Regel armen) mittelalterlichen Juden (der lukrative Fernhandel lag fast überall in der Hand christlicher Kaufleute, während den Juden kleine, innerstädtische Pfandleihgeschäfte erlaubt waren, in denen sie infolge des kanonischen Wucherverbots schließlich eine dominierende Stellung einnahmen), sondern auf die Juden der Neuzeit, die infolge der Vertreibungen ihres Volkes über weitreichende Kontakte verfügten und sie für den Handel zu nutzen wußten. Dieses Bild findet sich u. a. in Marlowes *Jew of Malta* wie in Shakespeares *Merchant of Venice.*

*Lit.:* M. Breuer/M. Graetz: Deutsch-jüdische Geschichte in der Neuzeit, Bd. I, München 1996, S. 64–80. – H. A. Oberman: Wurzeln des Antisemitismus. Christenangst und Judenplage im Zeitalter von Humanismus und Reformation, Berlin 1981. – R. Sennett: Berührungsangst: Das jüdische Ghetto im Venedig der Renaissance; in: ders., Fleisch und Stein, Berlin 1995, S. 267–314.

→Frömmigkeit; →Humanismus; →Reformation; →Seuchen.

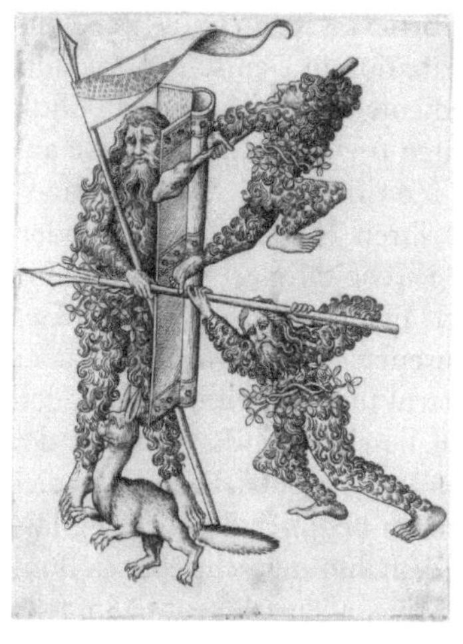

**Karl V.**
*(* 24. Februar 1500 in Gent,*
*† 21. September 1558*
*in Yuste)*

Drei großen Aufgaben hat sich Karl V. gegenübergesehen: zunächst der Auseinandersetzung mit dem Hause Valois, das, gestützt auf einen in den zurückliegenden Jahrzehnten konsolidierten französischen Machtapparat, in Territorien expandierte, die Karl für sich reklamierte und verteidigte. Der Krieg um Oberitalien hat ihn fast seine gesamte Regierungszeit beschäftigt, bis er schließlich ganz Italien unter spanisch-habsburgische Kontrolle brachte. Neben dem glanzvollen Sieg von Pavia (1525), als die kaiserlichen Feldherren Frundsberg und Pescara die französischen Truppen schlugen und König Franz I. mitsamt seinen Söhnen gefangennahmen, gehört zu diesen Kämpfen um Italien auch der *Sacco di Roma* (1527), als deutsche Landsknechte und spanische Infanterie die Tiberstadt eroberten und verwüsteten. Karls zweite Aufgabe war die Sicherung des Reiches sowie Süditaliens und Spaniens gegen die osmanische Expansion. Das hieß, einerseits den türkischen Vormarsch auf dem Balkan, der bis an die Vororte Wiens geführt hatte, zu stoppen, zugleich aber auch, die mit den Türken verbündeten Korsarenflotten im westlichen Mittelmeer, die sich zu einer schwerwiegenden Bedrohung des Handels ausgewachsen hatten, unschädlich zu machen. Die Lösung dieser Aufgabe wurde dadurch erschwert, daß immer wieder der französische Gegner türkische Vorstöße ausnutzte und umgekehrt.

Karls dritte Aufgabe war die Reform von Reich und Kirche, die spätestens seit Beginn der Reformation in Deutschland unaufschiebbar geworden war. Er bediente sich hierbei einer Politik des Ausgleichs, die für beide Seiten tragbare Kompromisse anstrebte und u.a. im Augsburger Interim (1547) sowie im Augsburger Religionsfrieden (1555) ihren Niederschlag gefunden hat. Dabei war die Reform der Kirche für Karl nicht nur eine politische Aufgabe, sondern auch eine Herausforderung, der er sich aus persönlichem Glaubenseifer stellte. Daneben hat er Spanien eine neue Verwaltungsstruktur gegeben und war auch immer wieder mit jenen Fragen beschäftigt, die sich aus der Kolonisierung der neuentdeckten Welt ergaben. Seine Sicht dieser Aufgaben und seine Präferenzen bei ihrer Bearbeitung lassen sich vielleicht am besten aus dem ihm zugeschriebenen Bonmot über die Sprachen erschließen: Italienisch sei die Sprache für die Unterhaltung mit Freunden, Französisch mit Frauen, Deutsch mit Pferden und Spanisch mit Gott.

1516 folgte Karl seinem Großvater mütterlicherseits als spanischer König, und in Nachfolge seines Großvaters väterlicherseits wurde er 1519 zum deutschen Kaiser gewählt. Neben dem Geld der Fugger hat bei dieser Wahl, die gegen die Kandidatur des französischen Königs Franz I. erfolgte, auch eine Rolle gespielt, daß Karl als Herr Burgunds, der Niederlande und der habsburgischen Erblande ohnehin einen gewichtigen Faktor innerhalb des Reichs darstellte. Karl war nach seiner Kaiserwahl der mächtigste Mann seiner Zeit, aber seine Macht reichte nicht hin, die drei schweren Aufgaben zu bewältigen, denen er sich gegenübersah. Dabei verstand er sich selbst nicht als einen Herrscher neben anderen in Europa, sondern hat, nicht zuletzt unter dem Einfluß seines Kanzlers Mercurino Gattinara, einer sakramentalen Kaiseridee angehangen. Die verschiedenen Bilder, die Tizian von ihm gemalt hat – in der Urkunde über die Ernennung Tizians zum Mitglied des kaiserlichen Hofes und zum Pfalzgrafen heißt es, er werde «mit Recht der Apelles unseres Jahrhunderts genannt», weswegen sich der Kaiser ihm zum Malen anvertraut habe –, zeigen den Kaiser stets allein und in einer den politischen Tagesgeschäften überhobenen Sphäre. Am deutlichsten kommt dies wohl in jenem Bild zum Ausdruck, das ihn am Vorabend der Schlacht von Mühlberg als gewappneten Reiter zeigt, der mit leicht erhobener Lanze ein Feld überquert. Tizian malte Karl nicht als Herrscher und Sieger, sondern als einen mit schwerer Bürde beladenen Menschen, der von Tragik begleitet wird. Zuletzt scheint Karl diese selbstauferlegte Einsamkeit nicht mehr ertragen zu haben: In mehreren Schritten trat er zwischen 1555 und 1558 von seinen Herrscherämtern zurück, um sich als fürstlicher Pensionär in das Kloster Yuste in Spanien zurückzuziehen. Karls Abdankung war auch Zeichen einer Resignation gegenüber den selbstgestellten politischen Aufgaben.

*Lit.:* L. Schorn-Schütte: Karl V., München 2000. – F. Seibt: Karl V. Der Kaiser und die Reformation, Berlin 1990.

→Entdeckung und Eroberung; → Franz I.; →Heinrich VIII.; →Luther; →Reformation; →Tizian.

## Kaufleute

Hinsichtlich seiner Mentalität, seiner wirtschaftsethischen Grundeinstellung sowie seiner Geschäftsmethoden ist der Kaufmann der Renaissance kaum von dem des späten Mittelalters zu unterscheiden. Während sich die Renaissance in kulturgeschichtlicher Hinsicht klar gegen das späte Mittelalter konturieren läßt, ist dies in wirtschaftsgeschichtlicher Hinsicht so gut wie unmöglich, wenn man nicht die Entdeckung der neuen Welt und des Seewegs nach Indien um die Südspitze Afrikas als Markierungen einer Epochengrenze ansehen will. Sicherlich haben beide Entdeckungen mit dazu beigetragen, das Zentrum des europäischen Wirtschaftslebens vom Mittelmeer zum Atlantik zu verlagern, aber insgesamt haben sie nur einen Prozeß beschleunigt, der schon ein Jahrhundert zuvor mit der Zurückdrängung der italienischen Seerepubliken Venedig und Genua aus dem pontisch-levantinischen Raum infolge der Expansion des Osmanischen Reichs begonnen und der mit der Ablösung Genuas durch Antwerpen und Amsterdam als wichtigster Bankenplatz in Europa Mitte des 16. Jahrhunderts seinen Abschluß gefunden hat.

Auch die Reformation hat in wirtschaftsethischer Hinsicht zunächst keine grundlegenden Veränderungen zur Folge gehabt, zumal Luther in diesen Fragen konservativer war als die meisten seiner altkirchlichen Widersacher, wie etwa Johann Eck, sein Kontrahent bei der Leipziger Disputation, der entgegen dem kanonischen Wucherverbot einen Zinsfuß von 5 Prozent für angemessen hielt und dies mit dem gesamtwirtschaftlichen Nutzen größerer Kapitalmobilität begründete. Als Beleg dafür hat Eck, der von dem Augsburger Großkaufmann Jakob Fugger unterstützt wurde, auf die wirtschaftliche Blüte Augsburgs verwiesen. Aber auch er hat sich – etwa 1515 bei einer Disputation an der Universität Bologna – mit dieser Auffassung nicht wirklich durchsetzen können. Übrigens stand Luther mit seinem wirtschaftsethischen Konservatismus unter den Reformatoren keineswegs allein da; auch Calvin hat das Zinsnehmen gegenüber armen Bauern und Handwerkern entschieden verurteilt. Die von Max Weber mit dem Aufstieg des Kapitalismus in Verbindung gebrachte protestantische Ethik, vermittels derer eine veränderte Berufsauffassung durchgesetzt wurde, in der Fleiß und Sparsamkeit gegen die Sündhaftigkeit von Prunk und Üppigkeit, Tanz, Spiel und Trunk als «innerweltliche Askese» positiv herausgehoben wurde, hat erst nach dem Ende der Renaissance ihre Wirkung entfaltet und mit dazu geführt, daß der protestantische Norden gegenüber dem katholisch gebliebenen Süden, der bislang das wirtschaftliche Zentrum Europas gebildet hatte, an Boden gewann und im 17. Jahrhundert nach dem Niedergang Spaniens und dem Aufstieg der Niederlande und Englands die wirtschaftliche Vormachtstellung in Europa übernahm. Das freilich war auch das Ende einer Kaufmannsmentalität, wie sie für das späte Mittelalter und die Renaissance typisch war: Kaufmännische Tätigkeit war dieser vorreformatorischen Auffassung zufolge, wenn sie erfolgreich war, eine eher interimistische Betätigung, insofern die erzielten Gewinne nicht in neue Handelsunternehmungen reinvestiert, sondern zum Ankauf von städtischen Liegenschaften oder bäuerlichem Landbesitz verwandt wurden, die wirtschaftlich entweder der Risikominderung oder aber der Repräsentation und der ‹conspicuous consumption› dienten. Man hat dies als die Tendenz zur Rearistokratisierung des Kaufmannskapitals während des späten Mittelalters und der Renaissance bezeichnet, die erst durch die protestantische Berufsauffassung und die Vorstellung von der Führung eines Lebens als Dienst an Gott überwunden worden ist.

Exakte Grenzziehungen zwischen Handel, Raub, Piraterie und Krieg sind in der Frühzeit der europäischen Kaufmannsgeschichte oftmals nicht möglich. Die Verwandlung des Kaufmannsabenteurers, der seine Waren in Karawanen und Geleitzügen bewaffnet begleitete und je nach den äußeren Umständen zwischen Raub, Geschenk und Tausch als divergenten Formen des Besitzwechsels schwankte, in den rational kalkulierenden, von seinem Kontor aus die Waren- und Kapitalströme organisierenden und dirigierenden Kaufmannsunternehmer ist ein Vorgang, der im späten Mittelalter seinen Anfang genommen hat, aber am Ausgang der Renaissance noch nicht abgeschlossen war, wie der Handel mit der neuen Welt und die hier übliche Piraterie zeigen. Ein berühmtes Beispiel für Piraterie, nicht von seiten der Araber oder ‹beyond the line› zwischen Engländern und Spaniern, sondern in der küstennahen europäischen Seefahrt, ist die Kaperung eines Schiffes der Brügger Medici-Filiale (auf dem der Leiter dieser Filiale Tommaso Portinari auch eigene Waren transportieren ließ) durch den Danziger Hanse-Kapitän Paul Beneke im April 1473. Alaun, Pelze, Seidenstoffe, Goldbrokate, Wandteppiche, Samt, Satin und schließlich Hans Memlings Altarbild ‹Das jüngste Gericht› fielen in die Hände Benekes. Erst vierzig Jahre später kam der von Portinari vor dem Brügger Handelsgericht angestrengte Prozeß zu seinem Ende, und der schließlich geleistete Schadensersatz deckte nur einen geringen Teil des Werts der gekaperten Waren.

Das europäische Währungssystem des späten Mittelalters und der Renaissance beruhte auf dem Nebeneinander zweier Währungskreise: einerseits dem der kleinen Münzen, die auf den lokalen Märkten verwendet und mit denen auch Arbeitskräfte entlohnt wurden (diese Münzen konnten aufgrund von Manipulationen ihres Edelmetallanteils im Wert stark schwanken); und andererseits dem der Goldmünzen, die als ‹Leitwährungen› im internationalen Handel fungierten, was ein hohes Maß an Währungsstabilität zur Voraussetzung hatte. Als Faustregel für die Durchsetzung von ‹Leitwährungen› gilt: Je größer der Raum war, in dem eine Währung zirkulieren sollte, um so höherwertiger mußte sie sein, und zwar um die Wahrscheinlichkeit zu vermindern, daß sie als Geld zurückgewiesen wurde, und diese Wahrscheinlichkeit wurde weiter vermindert, wenn bekannt war, daß die das Geld emittierende Macht auf dessen Stabilität achtete und gegen Fälscher entschlossen vorging. In seinem Traktat *De mutationibus monetarum* (1373) hat Nikolaus von Oresme die Theorie dazu geliefert, als er die Gewinne, die Münzherren aus der Münzverschlechterung zogen, als Unrecht verurteilte. In der mittelalterlichen Wirtschaftsgeschichte lassen sich drei Perioden der ‹Leitwährungen› unterscheiden: zunächst das 5. bis 7. Jahrhundert, als die byzantinische *nomisma* diese Funktion innehatte; ihr folgte der moslemische *dinar*, an dessen Stelle im 13. Jahrhundert dann der florentinische *fiorino* und der venezianische *ducato* traten. Der Staat, der die im Mittelmeerraum als Leitwährung fungierende Münze prägte, konnte als die in Europa führende Handelsmacht angesehen werden. Als ‹Leitwährung› vermochte nur ein Geld zu dienen, das sich auf eine starke Wirtschaft stützte, die umfassend am internationalen Handel partizipierte. Es ist hinsichtlich der Vorrangstellung italienischer Kaufleute im europäischen Wirtschaftsleben des 12. bis 16. Jahrhunderts aufschlußreich, daß zwei italienische Stadtrepubliken, nämlich Florenz und Venedig, während dieses Zeitraums die ‹Leitwährungen› stellten.

Neben den Kreuzzügen, durch die das östliche Mittelmeer für den abendländischen Handel wieder geöffnet wurde und die durch die Vermarktung der Kriegsbeute sowie die ständige Inanspruchnahme navaler Transportkapazitäten zur Versorgung der Kreuzfahrerstaaten für die Kapitalakkumulation in den italienischen Seerepubliken von größter Bedeutung waren, spielten für die Entwicklung des Kaufmannskapitals nach dem Untergang der Kreuzfahrerstaaten das sich ausbreitende Söldnerwesen sowie die innereuropäischen Kriege und die damit verbundene Erfordernis kurzfristiger Kapitalmobilisierung eine wichtige, freilich mit hohen Risiken verbundene Rolle. So haben einige hochriskante Kreditvergaben Florentiner Banken an kriegführende Herrscher den Zusammenbruch dieser Banken zur Folge gehabt oder sie zumindest bis an den Rand des Abgrunds geführt. 1345 brachen die drei Florentiner Bankhäuser Bardi, Acciaiuoli und Peruzzi zusammen, die die Kriegspolitik der englischen Könige, insbesondere Edwards III., finanziert hatten, weil Edward die Rückzahlung seiner Schulden unter dem fremdenfeindlichen Druck des englischen Adels hinausgeschoben hatte. Allein die Bardi hatten gegenüber dem König uneintreibbare Forderungen von 900 000 Florin, zu denen weitere 600 000 Florin an Forderungen der Peruzzi kamen. Ähnlich war die Situation Jacques Coeurs, eines französischen Bankiers, der zum Schatzmeister König Karls VII. avanciert war und dem König für den Krieg gegen England beträchtliche Summen geliehen hatte. Falsche Verdächtigungen hatten dazu gedient, ihn zu verhaften und sein Vermögen zu beschlagnahmen, wodurch der König mit einem Schlag seiner Schulden ledig war. Etwas anders war die Situation der Medici-Bank im Jahre 1478, als sich herausstellte, daß die Kredite, die Tommaso Portinari, der Leiter der Brügger Filiale, an den englischen Thronprätendenten Edward IV. sowie an Karl den Kühnen von Burgund, der ein Jahr zuvor bei Nancy gegen die Schweizer gefallen war, vergeben hatte, als Verluste abzuschreiben waren. Im Unterschied zu den Bardi, Acciaiuoli und Peruzzi gelang es Lorenzo de' Medici, seine Bank durch die Inanspruchnahme öffentlicher Gelder der Republik Florenz – es dürfte sich um mindestens 200 000 fl. gehandelt haben – vor dem Zusammenbruch zu retten. Dies wiederholte sich fünf Jahre später beim Tod des französischen Königs Ludwig XI., mit dem die Lyoner Bankfiliale enge Geschäftsverbindungen unterhalten hatte: Die bedeutendsten Kunden der Bank genossen nicht die Gunst des neuen Königs oder wollten ihre bei der Bank gemachten Einlagen zurück. Eine ähnliche Situation erlebten die Fugger beim spanischen Staatsbankrott von 1556, als Philipp II. alle Amortisationen und Zinszahlungen suspendierte, wobei es nach langen Verhandlungen gelang, wenigstens Teile der Ansprüche mittels Schuldverschreibungen zu ‹retten›. Der ein Jahr später erfolgende französische Staatsbankrott verschärfte die Krise der internationalen Banken; zwischen 1556 und 1584 fallierten sämtliche großen italienischen und deutschen Handels- und Bankhäuser.

Weniger riskant war die Geschäftsbeziehung zu Geistlichen und insbesondere zur römischen Kurie, insofern hier die persönlichen Kontakte stärker durch institutionelle Kontinuitäten unterlegt waren als bei weltlichen Herrschern. Die Organisation der von überall aus Europa nach Rom fließenden Geldströme war ein überaus lukratives, weil kontinuierliches und nicht sonderlich riskantes Geschäft. Das größte Risiko war hier ein Zerwürfnis des Bankiers mit dem Papst bzw. mächtigen Personen seines Hofes oder der Verlust geschäftlicher Privilegien mit dem Tod eines Papstes. Immer wieder hatten Papstwahlen auch zur Folge, daß ein Bankhaus seine bisherige privilegierte Stellung verlor und ein anderes an seine Stelle trat. Die Bankhäuser der Medici, Pazzi, Strozzi und Chigi sind im Geschäft mit der Kurie groß geworden. Dementsprechend verführerisch war die Aussicht, mit Geld auf den Ausgang von Papstwahlen Einfluß zu nehmen. Vieles spricht dafür, daß es dazu immer wieder gekommen ist, wobei aber auch eine Reihe spekulativer Investitionen in Kandidaten für den päpstlichen Stuhl gescheitert sind und als Verluste abgeschrieben werden mußten. Bekanntestes Beispiel für den Einfluß von Kaufleuten und Bankiers auf den Ausgang von Wahlen ist keine Papst-, sondern die Kaiserwahl von 1517, aus der schließlich Karl V. mit Hilfe erheblicher finanzieller Mittel der Fugger als Sieger hervorgegangen ist. Für die Großkaufleute der Renaissance bestand somit hinreichend Grund zu der Überzeugung, für sie sei alles käuflich, und mit genügend Geld könne man jedes Ziel erreichen.

Einer solchen Sicht stand jedoch das fortbestehende kanonische Zinsverbot entgegen, das sich freilich, da es in der tagtäglichen Geschäftspraxis wenig Berücksichtigung fand, eher gegen das Gewissen der Großkaufleute richtete und bei ihnen ein ausgeprägtes Schuldbewußtsein hervorrief, als daß es eine tatsächliche wirtschaftsrechtliche Sanktion dargestellt hätte. Allenfalls hat es zu einer «Temperierung des Erwerbstriebes» (Cl. Bauer) geführt: Während Staat und Kirche in der Frage des Wucherverbots eher duldsam agierten, kam es, zumal in Zeiten wirtschaftlicher Depression, wenn die durch den Wucher Betroffenen zahlreicher wurden, zu Ausbrüchen des ‹Volkszornes›, die sich dann in der Regel jedoch gegen kleine jüdische Händler und Geldverleiher und nicht gegen die Großkaufleute und reichen Bankiers richteten. Seit dem 15. Jahrhundert gab es kontinuierliche Versuche, das kanonische Recht den praktizierten Formen der Zinsnahme schrittweise anzupassen. Zuvor schon hatte Thomas von Aquin den Handelsgewinn in Grenzen für zulässig erklärt, wenn er als Lohn der Arbeit, *stipendium laboris*, aufgefaßt werden könne – was gleichzeitig eine Lehre vom unrechtmäßigen Profit einschloß –, womit er die aristotelische Formel umging, wonach Geld kein Geld hervorzubringen vermöge (*pecunia pecuniam parere non potest*). Im Anschluß an Thomas haben auch Heinrich von Gent (*Aurea Quodlibeta*) und Johannes Duns Scotus die Leistung des Händlers und den durch ihn bewirkten Wertzuwachs herausgestellt, deren Preis im Zins ausgedrückt werde. Auch Johannes Nider hat in seinem *Tractatus de contractibus mercatorum* (1435) die der Ware durch den Kaufmann hinzugefügte Leistung (Arbeit und Risiko) als Begründung dafür benutzt, daß der Kaufmann einen im Vergleich zum Einkaufspreis höheren Verkaufspreis fordern dürfe. Das bezog sich freilich eher auf den Handel mit Gütern, konnte aber auch auf Geld als knappes Wirtschaftsgut übertragen werden. Grundlegender waren die Bemühungen des Sieneser Franziskaners Bernardino da Siena, die wirtschaftliche Leistung der Kaufleute nach *industria*, *sollicitudo*, *labores* und *pericula* zu untergliedern und ein entsprechendes Entgelt in Form des Gewinns zu bestimmen. Bernardino versuchte also, Gewinn und Zins in die Vorstellung vom gerechten Preis zu integrieren. Erzbischof Antonino da Firenze (*Summa theologiae moralis, 2. Teil, I, 8 u. 16*) ist noch einen Schritt weitergegangen, indem er den Einzelleistungen des Handels noch dessen gesamtwirtschaftliche Funktion, nämlich die Ersparnis von Mühe und Zeit des Käufers, als Element der Preisbildung hinzugefügt hat. Als Einzelkosten des Kaufmanns, die Zins und Gewinn rechtfertigten, führte er auf: die aufgewandte Arbeit (*labor*), der bei Transport und Lagerung an den Gütern möglicherweise entstehenden Schaden (*damnum*), das mit dem Handel verbundene Risiko (*pericula*), dazu Mieten für Lagerräume und Kosten für Angestellte (*expensae*) und zuletzt die Fähigkeiten und Einfälle des Händlers (*artes, ingenia*).

Über diese allesamt noch an der Vorstellung des gerechten Preises orientierten Theorien und Rechtfertigungen ist allein der Augsburger Kaufmannssohn und Stadtsyndikus Konrad

Peutinger hinausgegangen, als er in seiner großen Denkschrift für den Reichstag von 1530 zu einer Verteidigung des Eigennutzes der Händler ansetzte, zumal dieser Eigennutz gegenüber dem der müßig Konsumierenden auch noch mit Risiken für Leib, Leben und Gut sowie mit Arbeit und Mühsal verbunden sei. Seine eigenen Interessen im Rahmen des Römischen Rechts konsequent zu verfolgen sei das moralische Recht eines jeden, auch eines Kaufmanns und Bankiers. Peutinger konnte die *propria utilitas* um so leichter mit der *commoditas publica* verbinden, als er davon überzeugt war, daß die Freiheit des einzelnen sich leicht in die Harmonie der Gesamtwirtschaft einfüge. Doch mit solchen protowirtschaftsliberalen Vorstellungen stand Peutinger zu Beginn des 16. Jahrhunderts ziemlich allein.

Die allmähliche Relativierung des kanonischen Zinsverbots änderte zunächst jedoch wenig an den Seelenqualen und der Gewissensnot, unter denen Kaufleute und Bankiers litten, zumal ihnen in Literatur wie bildenden Künsten immer wieder eindringlich die Höllenstrafen vor Augen geführt wurden, die sie für ihr Tun erwartete. Die Beschreibung des Schicksals der Wucherer in Dantes *Inferno* ist hierfür ebenso ein Beispiel wie Giottos Höllendarstellungen in der Scrovegni-Kapelle von Padua. Der Wucher verlangte eine besondere Bestrafung, weil er im Unterschied zu Mord, Raub, Ehebruch und Gotteslästerung nicht nur ein oder mehrere Male, sondern unablässig geschah, denn selbst wenn der Wucherer aß, schlief oder einer Predigt zuhörte, sündigte er, da während dieser Zeit seine Zinsen weiter anwuchsen. Ob solcher Sünden stürzte der Kaufmann und Bankier nicht nur seine eigene Seele, sondern auch die seiner Kinder und Kindeskinder ins Verderben, wenn diese nicht den angerichteten Schaden wiedergutmachten und das zu Unrecht erworbene Gut vollständig zurückgaben. Dabei war freilich oft nicht klar, wer die durch die Zinsnahme Geschädigten waren, und darum forderten die Bußprediger dazu auf, die Armen oder die Kirche um der Sünde des Wuchers willen mit frommen Stiftungen zu bedenken. So haben die Gewissensqualen der reichen Kaufleute und Bankiers nicht nur zur Entstehung sozialer Institutionen (der Pratenser Kaufmann Francesco Datini etwa vermachte sein gesamtes Vermögen den Armen), sondern auch zur Förderung von Bauten und Kunstwerken beigetragen, die aus ihren Stiftungen finanziert worden sind. Die Scrovegni-Kapelle in Padua mit Giottos Fresken ist dafür ein Beispiel. Ein anderes sind die Mittel, die Cosimo de' Medici dem Kloster San Marco in Florenz zukommen ließ und die u. a. für die Fresken Fra Angelicos eingesetzt wurden. Da Kunstwerke zugleich Statussymbole waren, aus denen sich jene soziale Distinktion gewinnen ließ, die aus bloßem Reichtum, zumal wenn er auch noch durch Verstoß gegen das kanonische Zinsverbot zustande gekommen war, nicht zu beziehen war, haben die für Verstöße gegen das kanonische Zinsverbot angedrohten Höllen- und Fegefeuerstrafen sich sozial als Mechanismus der Kunstförderung (wie der Armenfürsorge) ausgewirkt. Die schrittweise Merkantilisierung der Kirche seit dem 14. Jahrhundert ist dieser an Seelenheil und Höllenstrafen orientierten Umwandlung von Geldvermögen in sozialen Status durch Investitionen in Kunst und Kultur entgegengekommen. Pointiert wird man sagen können, daß die Kultur der Renaissance die Kombination von Vermögensakkumulation und Gewissensnot unter den Kaufleuten bei gleichzeitiger vorreformatorischer Merkantilisierung der Kirche zur materiellen Voraussetzung gehabt hat, wobei der Wegfall auch nur eines dieser Elemente sie als eine *städtische* Kultur in ihrem Lebensnerv traf.

Parallel zur Merkantilisierung der Kirche entwickelte sich eine spezifische Kaufmannsreligiosität, in der Ertrag und Gewinn kurzerhand als irdisches Paradies, Verlust und Kosten dagegen mit der Hölle auf Erden gleichgesetzt wurden. Oder weniger zugespitzt: Wirtschaftliche Prosperität wurde als sichtbare Belohnung für eine Gott wohlgefällige solide Geschäftsführung angesehen, und erfolgreicher Handel galt, wie den *Ricordi* des Kaufmanns Giovanni di Pagolo Morelli zu entnehmen ist, als Gottesdienst. Die Religion gab hier keinen eignen Impuls mehr, sondern wurde in das vom Ökonomischen her definierte Tätigsein des Menschen in der Welt hineingezogen. So wurde etwa Gott zu einem an dem geschäftlichen Erfolg der Unternehmung interessierten Partner, indem im Hauptbuch ein Konto *pro Dio* eingerichtet wurde, über das Gott an Gewinn wie Verlust prozentual beteiligt wurde. In diesem *Conto di Messer Domeneddio* wurden auch die Summen eingetragen, die an die Armen oder für gottgefällige Anstalten gespendet wurden. Datinis Geschäftsbücher hatten das Motto *cho'l nome di Di e di guadagno* – im Namen Gottes und des Geschäfts. Diese (zumindest zeitweise) gegen Schuld- und Sündenbewußtsein resistente Grundeinstellung findet sich auch in dem berühmten, immer wieder als Beispiel bürgerlich-geldwirtschaftlichen Denkens zitierten Eintrag im Hauptbuch des Venezianers Jacopo Loredan. Dort heißt es: «Der Doge Foscari, mein Schuldner für den Tod meines Vaters und meines Oheims», und nachdem Foscari und dessen Sohn getötet worden waren: «Hat bezahlt.» Gewissensqualen wegen fortgesetzter Verstöße gegen das Wucherverbot und ein Geist der Rechenhaftigkeit, der selbst Gott in einen Geschäftspartner unter anderen verwandelte, gingen in der Kaufmannsmentalität der Renaissance miteinander Hand in Hand, und alle Versuche, diese einander diametral entgegengesetzten Dispositionen zeitlich oder sozialstrukturell voneinander zu separieren – Gewissensqualen eher im Spätmittelalter, Rechenhaftigkeit eher in der Renaissance; Seelennöte eher bei kleinen Kaufleuten und Händlern, kühle Rationalität bei Großkaufleuten und Bankiers –, tendieren zur Überzeichnung der Entwicklung und zur Vernachlässigung entgegengesetzter Trends.

Anhand des Testaments von Francesco Sassetti, der den Medici eng verbunden war und in der Zeit Lorenzos die Bank de facto leitete, hat der Kunsthistoriker Aby Warburg die Verbindung religiöser Gefühlsgewohnheiten mit den Dispositionen kalkulierender Rationalität analysiert; dabei ist er auf das Symbol der Fortuna gestoßen, das er als paradigmatisch für das Selbstverständnis der Kaufleute in der Renaissance begriffen hat. Im italienischen Sprachgebrauch waren dem lateinischen Wort *fortuna* drei Bedeutungen zugewachsen: Zufall, Vermögen und Sturmwind, und diese drei Bedeutungen erwiesen sich im kaufmännischen Denken als drei Aspekte desselben Vorgangs; das Vermögen wuchs durch glückliche Zufälle und günstige Winde (auf See), wie es durch widrige Umstände und Stürme ruiniert werden konnte. Aber Fortuna war nicht nur Ausdruck für die Übermacht der unbeherrschbaren wie unvorhersehbaren äußeren Umstände, sondern konnte auch zum Symbol menschlicher Kühnheit und Rationalität werden, die der Willkür entgegentraten und sie unter ihre Kontrolle zu bekommen versuchten. So konnte sie, wie etwa bei Dante, als die Sachverwalterin Gottes dargestellt werden, aber auch als ein wildes und unberechenbares Weib, das zu Unbedachtsamkeiten verlockte und die Menschen ins Unglück riß.

In der Renaissanceliteratur finden sich konträre Antworten darauf, wie der als launisches Weib verstandenen Fortuna begegnet werden sollte. Auf der einen Seite steht der Ratschlag des platonischen Philosophen Ficino, der lautet: «Gut ist es, die Fortuna mit den Waffen der Vorsicht, Geduld und Hochsinnigkeit zu bekämpfen, besser, sich zurückzuziehen und solchen Krieg zu fliehen, in dem nur die Allerwenigsten siegen, (...) am besten ist es, mit ihr Frieden und Waffenstillstand zu schließen, unseren Willen dem ihrigen anzupassen und gern dorthin zu gehen, wohin sie weist, damit sie uns nicht mit Gewalt dorthin ziehe.» Die entgegengesetzte Position findet sich in Niccolò Machiavellis XXV. Kapitel des *Principe* unter der Überschrift «Was Fortuna in den Dingen dieser Welt vermag und wie man ihr begegnen soll?»: «Ich bin (...) der Meinung, daß es besser ist, draufgängerisch als bedächtig zu sein. Denn Fortuna ist ein Weib; um es unterzukriegen, muß man es schlagen und stoßen. Man sieht auch, daß es sich leichter von Draufgängern bezwingen läßt als von denen, die kühl abwägend vorgehen. Daher ist Fortuna immer, wie jedes Weib, den jungen Menschen freund; denn diese sind weniger bedächtig und draufgängerischer und befehlen ihr mit größerer Kühnheit.» Der Großkaufmann und Bankier Sassetti suchte zwischen beiden Extremen die Mitte zu halten: Weder konnte er Ficinos Ratschlag folgen und sich aus den Dingen der Welt zurückziehen oder gar die Wechselfälle der Finanzwelt als göttlichen Ratschluß begreifen, dem man sich anzuvertrauen habe, denn das hätte den Rückzug aus der Welt des Handels und der Geldgeschäfte bedeutet, noch wollte er eine hochgradig riskante Geschäftspolitik betreiben, wie Machiavelli sie einem Politiker in bestimmten Situationen empfahl und wie Sassetti sie unter seinen Bankierskollegen etwa bei Tommaso Portinari beobachten konnte. Eher setzte er auf ein vorsichtiges Ausrechnen der Wechselfälle des geschäftlichen Lebens, glückliche Fügung und geschicktes Ausnutzen günstiger Umstände miteinander kombinierend, wobei er sich des Konflikts zwischen der Kraft der Eigenpersönlichkeit und der rätselhaft zufälligen Schicksalsmacht stets bewußt gewesen ist. Darin dürfte Sassettis Einstellung typisch für die Kaufmannsmentalität seiner Zeit gewesen sein. Auch Datini, dieser Glücksfall der Wirtschaftsgeschichtsschreibung, der 500 Haupt- und Geschäftsbücher sowie 140000 Geschäftsbriefe hinterlassen hat, hat eher vorsichtig taktiert, seine Waren auf mehrere Schiffe verteilt, stets Versicherungen abgeschlossen und sich wie seinen Agenten die Vergabe politischer Kredite streng untersagt. Der Gegensatz zwischen Sassetti und Portinari läßt sich im hansischen Raum an den Brüdern Hildebrand und Sievert Veckinchusen, die den umfänglichsten Dokumentenbestand einer hansischen Händlerfamilie hinterlassen haben, beobachten: Sievert betrieb eine vorsichtige Geschäftspolitik, mittels derer ihm schließlich der Aufstieg ins Lübecker Stadtpatriziat gelangt, während Hildebrand sich auf gewagte Geschäfte einließ, mit vielen scheiterte und schließlich finanziell ruiniert starb.

Auch wenn man nicht so weit gehen will wie der Wirtschaftshistoriker Robert S. Lopez, der die Zeit der Renaissance, die er auf die zwei Jahrhunderte zwischen 1330 und 1530 datiert, als eine Periode ökonomischer Depression bezeichnet hat, die sich klar von der vorangegangenen Prosperitätsperiode mit ihrem erheblichen demographischen Wachstum, ihrem stetigen, wenn auch nicht spektakulären technologischen Fortschritt sowie ihrer beständig anwachsenden Produktion wie Konsumtion mit den entsprechenden Folgen für die heimischen wie auswärtigen Märkten unterscheidet, wird man doch festhalten müssen, daß sich die Bedingungen der Kapitalakkumulation und der kaufmännischen Tätigkeit auf den europäischen Märkten wie im Levantehandel in der Renaissance gegenüber dem späten Mittelalter deutlich verschlechtert haben. Hierzu hatten die infolge des demographischen Knicks nach der großen Pest von 1347/48 schrumpfenden Märkte ebenso beigetragen wie der infolge politisch-militärischer Wirren im Nahen Osten erschwerte Zugang zu den Gütern aus Indien und China. Lopez hat daraus nicht nur geschlossen, die Vermögen der großen Renaissancekaufleute seien in Relation kleiner gewesen als die ihrer spätmittelalterlichen Vorgänger, sondern hat auch die Kompliziertheit der ökonomischen Bedingungen insbesondere des 15. Jahrhunderts mit der verstärkten Neigung der Renaissancekaufleute zu Investitionen in die Kultur in Beziehung gesetzt. Die gestiegene Bedeutung von Malerei und Literatur für das Selbstverständnis der Renaissancemenschen war danach eine direkte Folge dessen, daß Großhandel und Bankgeschäft nicht mehr jene Attraktivität für die Bewährung und Darstellung der eigenen Person besaßen und dementsprechend auch nicht mehr so faszinierten, wie dies etwa während des 14. Jahrhunderts der Fall gewesen war. Vor allem Lorenzo de' Medici, der Erbe eines europäisch führenden Handels- und Bankhauses, der gezwungen war, als Politiker tätig zu sein, und dessen Neigungen doch Kunst, Literatur und Philosophie galten, hat Lopez hierfür als Beispiel gedient. Andere Wirtschaftshistoriker dagegen haben in Lorenzos Desinteresse an der Leitung der Bank und seinen unübersehbaren Ungeschicklichkeiten im Umgang mit geschäftlichen Dingen einen immer wieder zu beobachtenden Zyklus der Vergeistigung der Angehörigen der dritten und vierten Generation von Kaufmannsfamilien gesehen, den Walt Rostow als *the pattern of Buddenbrook dynamics* bezeichnet hat. Danach ist die Dominanz kultureller Interessen nach Phasen starken wirtschaftlichen Engagements und entsprechendem Erfolg nicht so sehr auf veränderte wirtschaftliche Rahmenbedingungen als vielmehr auf innerfamiliale, von der Generationenfolge abhängige Veränderungen zurückzuführen.

Der Kultursoziologe Alfred von Martin wiederum hat in dem spezifischen Verhältnis zwischen Wirtschaftsleben und Kulturprozeß in der Renaissance eine Variante der ambivalenten Beziehung zwischen Geld und Geist gesehen, die sich in der Aufstiegsphase der bürgerlichen Gesellschaft miteinander verbündet hätten, um die Träger der alten feudal-aristokratischen Gesellschaft wirtschaftlich auszupowern und kulturell zu marginalisieren. Die tiefgreifende Umgestaltung der Gesellschaft habe zu einer Lösung von den Traditionen und zur Entstehung eines neuen Kunstwillens geführt, wie er sich etwa in der Kuppelkonstruktion des Florentiner Doms oder in den Genievorstellungen der Renaissance gezeigt habe. Aber das in der Aufstiegsphase der bürgerlichen Gesellschaft geschlossene Bündnis zwischen Kaufleuten und Intellektuellen sei mit der Zeit fragil geworden, und schließlich sei einmal mehr die Neigung des Geldes zur Geistesverachtung und die Neigung des Geistes zur Geldverachtung zum Durchbruch gekommen. Damit sei an jeden einzelnen Angehörigen der bürgerlichen Elite die Alternative herangetragen worden, sich zwischen Geld oder Geist zu entscheiden. Diese Alternative habe für Kaufleute vom Schlage der Bardi und Peruzzi, aber auch noch für jemanden wie Cosimo de' Medici gar nicht bestanden. Das schwindende ökonomische Engagement führender Schichten des Bürgertums ist danach nicht Indiz einer Abschwächung der ökonomischen Dynamik, die sie nach oben gebracht hat, sondern im Gegenteil zunächst Ausdruck für deren erfolgreiche Durchsetzung.

In ganz ähnlicher Weise wird auch die in der Renaissance allenthalben beobachtbare Tendenz bürgerlicher Führungsschichten, bei denen wirtschaftlicher Erfolg oftmals eine verstärkte Tendenz zur Übernahme politischer Aufgaben in ihrer Heimatstadt zur Folge hatte, zur Aristokratisierung ihrer Lebensführung und die parallele Verwandlung von Handelskapital in Grundvermögen – die Landwirtschaft sei höher zu schätzen als der Handel, heißt es in Palmieris Traktat *Della vita civile* – unterschiedlich beurteilt: Während dies für die einen Ausdruck eines Erschlaffens bürgerlich-ökonomischer Energien ist, Indikator für die zunehmende Dominanz von Rentiersmentalitäten, die den unternehmerischen Geist des frühen Handelskapitalismus überlagern und aufzehren, haben andere darauf hingewiesen, daß die Festlegung eines erheblichen Kapitalanteils in Grund und Boden von Anfang an zu den Usancen der italienischen Handels- und Bankhäuser gehört habe, um so den unüberschaubaren und letztlich unkalkulierbaren Risiken des Fernhandels und Kreditgeschäfts ein Element der Stabilität und Sicherheit gegenüberzustellen. Dennoch ist das Engagement der großen venezianischen Familien in der Terraferma oder das der Florentiner Großkaufleute im Umland der Stadt, insbesondere ihre Neigung zum Aufbau großer landwirtschaftlicher Betriebe und zum Bau von Villen als deren Mittelpunkt, eine Entwicklung, die das Geschäftsgebaren der Renaissancekaufleute von dem ihrer spätmittelalterlichen Vorläufer eher trennt, als daß es sie mit ihm verbindet. In die kaufmännische Ethik der Geldanhäufung kam hier neben der Erfordernis zu

Investitionen in Grund und Boden eine aristokratische Neigung zur zeremoniellen Vergeudung, die erst dort dauerhaft verschwand, wo, so Max Webers religionssoziologische Fundierung von Wirtschaftsethiken, die protestantische Angst um das Heil der Seele die Menschen an solchen «Rückfällen» hinderte.

Der soziale und politische Aufstieg der Kaufleute und Bankiers hatte im späten 13. Jahrhundert seinen Anfang genommen, als es mit der Einführung arabischer Ziffern in das kaufmännische Rechnungswesen, der Entwicklung der doppelten Buchführung, der Erfindung des Wechsels, der Bildung von Handelsgesellschaften – in Venedig als *colleganza*, in Genua als *societas maris* bezeichnet – und schließlich mit der Entstehung der Seeversicherung zu einer Reihe von handelstechnischen Innovationen gekommen war, die von dem Wirtschaftshistoriker Raymond de Roover unter dem Begriff *commercial revolution* zusammengefaßt worden sind. In Luca Paciolis *Tractatus computis scripturis*, vor allem auch *Summa de arithmetica, geometria, proportioni et proportionalia* (1494) sind die Techniken der Buchführung, in Francesco Balduccio Pegolottis (~1320) *Pratica della Mercatura* sind die Handelstechniken zusammenfassend dargestellt worden. Die Entwicklung des europäischen Handelssystems und Bankenwesens wäre ohne diese handelstechnisch-buchhalterischen Innovationen nicht möglich gewesen: Durch sie wurde der seine Waren begleitende Wanderhändler in den seßhaften Kaufmann verwandelt, der durch schriftliche Anweisungen an seine Agenten und Filialen vom Kontor der Zentrale aus die Geschäfte des Unternehmens leitete, was unter anderem zur Folge hatte, daß die Messen als Orte des Zusammentreffens reisender Kaufleute mehr und mehr an Bedeutung verloren. Aus dem Kaufmannsabenteurer wurde so der Organisator und Kalkulator. Zu den bedeutenden Innovationen dieser Zeit gehört auch die Entwicklung einer neuen Zeitökonomie, in der nicht mehr naturale Prozesse, wie Tages- oder Jahreszeiten und Ernteperioden, sondern eine mechanisch gezählte Zeit das Leben zu beherrschen begann. Mit der Erfindung der Räderuhren und ihrer Anbringung an den Türmen der Rathäuser in der ersten Hälfte des 14. Jahrhunderts wurde der Tag in 24 Stunden geteilt, die durch Glockenschlag angezeigt wurden; damit setzte sich eine neue Vorstellung der Zeit als eines Wertes und brauchbaren Gutes durch, in der die Rationalität des Kaufmanns das alltägliche Leben in den Städten zu beherrschen und zu bestimmen begann.

Es waren aber nicht nur buchhalterische Innovationen, die den Aufschwung des Handels in Europa seit dem 13. Jahrhundert begünstigt und beschleunigt haben, sondern auch erhebliche Verbesserungen des Schiffsbaus, die von Venedig und Genua, aber auch vom hansischen Wirtschaftsraum ausgegangen sind. Sowohl hinsichtlich der Transportkapazität als auch hinsichtlich der Schnelligkeit und Manövrierfähigkeit wurden die unterschiedlichen Schiffstypen weiterentwickelt; so hat erst die Kombination des rechteckigen Rahsegels, wie es im hansischen Bereich während des 13. und 14. Jahrhunderts beim vorherrschenden Schiffstyp der Kogge üblich war, mit dem lateinischen Dreiecksegel, wie es bei *galea* und *nave*, den im Mittelmeer vorherrschenden Schiffstypen, Verwendung fand, im Zweimastschiff der Karavelle die Manövrierfähigkeit ermöglicht, welche für die Überquerung des Atlantiks wie die Umseglung der Südspitze Afrikas erforderlich war. Für den Großhandel freilich war noch entscheidender als die verbesserte Manövrierfähigkeit der Schiffe deren Transportkapazität, die vom 14. bis 16. Jahrhunder kontinuierlich gesteigert wurde. Hier hatten die hansischen Schiffstypen der Kogge und Holk lange eine größere Transportkapazität als die schnelleren italienischen Galeeren, was u.a. auch darauf zurückzuführen ist, daß im hansischen Wirtschaftsraum von Ost- und Nordsee mehr mit Massengütern, wie Holz, Getreide, Fisch, Wachs und Bier, gehandelt wurde, während im Mittelmeerraum Güter mit geringerem Transportvolumen, wie Gewürze, Alaun und Tuche, transportiert wurden. Mit dem Aufschwung des Großhandels haben Schiffbau und Werftenwesen eine deutliche Belebung erfahren und sind zu einem Pfeiler der europäischen Wirtschaft herangewachsen. Die Werften von Lübeck und Danzig, natürlich das Arsenal in Venedig und sodann die Niederlande wurden zu Zentren des europäischen Schiffbaus.

In produktionstechnischer Hinsicht waren in der Zeit der Renaissance die Innovationen im Bereich des Bergbaus und des Hüttenwesens am bedeutsamsten, und die dadurch ermöglichte Edelmetall- und Eisenerzförderung, vor allem im Tiroler und im böhmisch-schlesischen Bergbau, haben den europäischen Handel stark beflügelt. Der deutsche Humanist und Mineraloge Georg Agricola hat diese Entwicklung mit mehreren Büchern entscheidend befördert: zunächst mit *Natura Fossilium* (1546), einer systematischen Klassifizierung der Minerale, und sodann mit dem metallchemischen Lehrbuch *De re metallica* (1556), in dem die Metallgewinnung, die Prüfung und Verhüttung der Erze sowie das chemische Wissen der Zeit behandelt wurden. Ebenso bedeutsam wie die systematische Zusammenfassung und Prüfung des vorhandenen Wissens, etwa bei Agricola, war die Weiterentwicklung der Techniken zum Abpumpen des Wassers, durch die es möglich wurde, die Gruben in größere Tiefen voranzutreiben und dadurch neue Abbauschichten zu erschließen. Vor allem die von Wolfgang Leuschner konstruierten ‹Wasserkünste›, komplizierte Vorrichtungen zum Heben des in die Gruben und Schächte einsickernden Wassers, sind hier zu erwähnen. Ende des 16. Jahrhunderts gelang es, in der Nähe von Kitzbühel einen Schacht in eine Tiefe von 886 m vorzutreiben, der für die nächsten drei Jahrhunderte der tiefste Schacht der Welt bleiben sollte. So bot vor allem der Bergbau gute Anlagemöglichkeiten für das akkumulierte Kaufmannskapital, um aus der Sphäre der Zirkulation in die der Produktion einzudringen. Es war vor allem der tiefgreifende technische Wandel im Bergbau des ausgehenden 15. Jahrhunderts, der das Kaufmannskapital angezogen hat: Einerseits war der Einsatz der technischen Neuerungen ohne beträchtlichen Kapitaleinsatz nicht möglich, und andererseits bot die gesteigerte Ausbeutung der Bergwerke dem anlagesuchenden Kapital lukrative Ertragsmöglichkeiten. So wurde der Montanbereich – neben der Tuchproduktion – zu einer frühen Form des die Produktion und nicht nur den Handel beherrschenden Kapitalismus, wobei die Erträge im Bergbau freilich nach einigen Jahrzehnten wieder zurückgingen und dementsprechend auch das Kaufmannskapital wieder nach alternativen und attraktiveren Anlagemöglichkeiten suchte.

*Lit.:* F. Braudel: Sozialgeschichte des 15.–18. Jahrhunderts. Bd. II: Der Handel, München 1986. – C. M. Cipolla: Geld-Abenteuer, Berlin 1995. – Ph. Dollinger: Die Hanse, Stuttgart [4]1989. – A. Doren: Italienische Wirtschaftsgeschichte, Jena 1934. – F. Gilbert: Venedig, der Papst und sein Bankier, Frankfurt/M. 1994. – Handbuch der europäischen Sozialgeschichte, hrsg. von W. Fischer u.a., Bd. 3, Stuttgart 1986. – R. S. Lopez: Hard Times and Investment in Culture; in: The Renaissance. A Symposium, New York 1953, S. 19–32. – A. von Martin: Soziologie der Renaissance, München [3]1974. – A. Molho (Hrsg.): Social and Economic Foundations of the Italian Renaissance, New York 1969. – M. Mollat: Der königliche Kaufmann. Jacques Coeur oder der Geist des Unternehmertums, aus dem Franz. von W. Kaiser, München 1991. – I. Origo: «Im Namen Gottes und des Geschäfts.» Lebensbild eines toskanischen Kaufmanns der Frührenaissance, München 1985. – R. de Roover: The Rise and Decline of the Medici-Bank 1397–1494, Cambridge/Mess. 1963.

→Augsburg; →Entdeckung und Eroberung; →Florenz; →Nürnberg; →Reformation; → Venedig.

## Kolumbus, Christoph

*(* zwischen 25. August und 31. Oktober 1451 in Genua, † 20. Mai 1506 in Valladolid)*

Seine Entdeckung der Neuen Welt leitete eine neue Zeit ein, aber der Erkenntnis, eine neue Welt entdeckt zu haben, hat sich Christoph Kolumbus zeit seines Lebens verschlossen. 1451 als Sohn eines Wollwebers in Genua geboren, war Kolumbus seit 1476 in portugiesischen Diensten als Handelskapitän tätig. Seit den achtziger Jahren verfolgte Kolumbus den Plan, Indien nicht durch die Umschiffung Afrikas auf dem Südweg, sondern auf dem Weg nach Westen zu erreichen. Anfang 1484 trug er sein Projekt einer Westfahrt nach Indien erstmals dem portugiesischen König Johann II. vor, der die kurz zuvor eingesetzte *Junta de mathmaticos* mit der Begutachtung beauftragte. Die Kommission lehnte den Plan jedoch ab, weil sie Kolumbus' Berechnung des Erdumfangs für falsch und die Westroute für undurchführbar hielt, denn nach ihren – zutreffenden – Berechnungen war die Entfernung zwischen Europa und Indien sehr viel größer, als Kolumbus annahm. Kolumbus ließ sich von der Ablehnung seines Projektes und den dagegen vorgebrachten Argumenten nicht entmutigen, sondern ging 1485 nach Spanien, wo er zunächst ebenfalls keinen Erfolg hatte, weil auch die von Königin Isabella eingesetzte Sachverständigenkommission Zweifel an seiner Berechnung des Erdumfangs hatte. Weder die spanische noch die portugiesische Expertenkommission aber hing, wie dies bis in jüngere Untersuchungen immer wieder dargestellt wurde, der Überzeugung an, die Erde sei eine Scheibe und wer nach Westen segele, um nach Osten zu gelangen, müsse zwangsläufig vom Rand der Erdscheibe hinabstürzen. Diese verbreitete Darstellung gehört vielmehr zu jenem Kolumbus-Mythos, der aus dem Entdecker neuer Welten auch einen Überwinder alter Vorurteile zu machen versucht hat. Ganz im Gegenteil war Kolumbus' Weltbild in vielem sehr viel traditioneller als das seiner wissenschaftlichen Gegner, deren Berechnungen auf den neuesten Erkenntnissen der Astronomie und der Nautik beruhten. Daß sich in der von Kolumbus angenommenen Entfernung nach Indien ein anderer Kontinent befand, konnten weder er noch seine Widersacher ahnen.

Ende 1491/Anfang 1492 gelang es Kolumbus schließlich, die spanischen Könige von seinem Projekt zu überzeugen. Man hat in diesem Zusammenhang immer wieder den erfolgreichen Abschluß der *Reconquista* mit der Eroberung Granadas als Begründung für den Sinneswandel Königin Isabellas angeführt, aber eine nicht minder wichtige Rolle spielte, daß sich mittlerweile durch die Vermittlung des Verwalters der königlichen Privatschatulle von Aragón, Luis de Santangel, eine Gruppe privater Investoren bereitgefunden hatte, Kolumbus' Projekt teilweise zu finanzieren, so daß die Krone kein allzu großes finanzielles Risiko tragen mußte und gelassen den Ausgang des Experiments abwarten konnte, das ihr im Falle des Erfolges große Reichtümer einzubringen versprach. Am 17. April 1492 wurden die sog. *capitulaciones* unterzeichnet, die weitreichende Privilegien für Kolumbus enthielten. Gerade diese Privilegien, um die Kolumbus hart verhandelt und damit das Projekt mehrmals an den Rand des Scheiterns gebracht hatte, sollten sich jedoch als Pyrrhussieg erweisen. Die Mischung aus herrschaftlichen und ökonomischen Privilegien verknüpfte die finanziellen Revenuen aus dem Handel mit der erfolgreichen Errichtung einer Herrschaft und bürdete Kolumbus die gesamte Last der Verwaltung der entdeckten Gebiete auf. Die Versprechungen, mit denen er diese Privilegien erlangt hatte, vergrößerten überdies den auf ihm lastenden Erfolgsdruck enorm.

Die erste und entscheidende Entdeckungsfahrt schien Kolumbus jedoch in allem recht zu geben; sie wurde zu einem unvergleichlichen Triumph: Am frühen Morgen des 12. Oktober

1492 sichtete der Matrose Rodrigo de Triana vom Bug der *Pinta* aus Land, nur sechsunddreißig Tage nachdem Kolumbus mit seinen drei Schiffen bei den Kanarischen Inseln die Grenzen der alten Welt hinter sich gelassen hatte. Er hatte, so glaubte Kolumbus, eine der zahlreichen indischen Inseln entdeckt. Am Vormittag ging er in Begleitung eines als Notar fungierenden Schreibers an Land, nahm im Namen der spanischen Könige Besitz von der Insel und taufte sie auf den Namen *San Salvador*. Als Kolumbus am 15. März 1493 wieder in Palos eintraf und sich im Triumphzug nach Barcelona begab, schien er am Ziel seiner Wünsche zu sein.

Unverzüglich traf er Vorbereitungen für die nächste Überfahrt, für die er nun jede Unterstützung erhielt. Bei dieser zweiten Reise kam es jedoch zu den ersten Zusammenstößen mit kriegerischen Karaiben, und Kolumbus' Suche nach Gold, Edelsteinen und Gewürzen nahm schon hier einen obsessiven Charakter an. Auch die Ausbeute dieser Fahrt blieb weit hinter den Erwartungen des Admirals und seiner Auftraggeber zurück. Die Katholischen Könige blieben ihm zwar weiterhin gewogen, aber mit der Ausrüstung von Schiffen für eine dritte Reise ließ man sich diesmal Zeit.

Kolumbus' dritte Reise, deren Ausrüstung sich angesichts der bisherigen mageren Ausbeute aus den entdeckten Inseln schwierig gestaltete, stand denn auch ganz im Zeichen der Suche nach Gold. Hin- und hergerissen zwischen der Erfordernis, seine Herrschaft über die bereits entdeckten Inseln zu sichern und immer weitere Gebiete zu entdecken, um endlich die versprochenen Reichtümer zu beschaffen, verzettelte Kolumbus sich zunehmend und brachte sich letztlich um alles, was er sich einst erhofft hatte: Ruhm, Ehre und Reichtum. Nachdem es auf Hispaniola zu einem Aufstand der Kolonisten gekommen war, entschloß sich die Krone, nicht gegen die Aufständischen, sondern gegen Kolumbus vorzugehen, der offensichtlich unfähig war, sein Amt als Vizekönig auszuüben. Man entsandte Francisco de Bobadilla, einen hohen Hofbeamten, der ihn Anfang Oktober 1500 in Ketten nach Spanien zurückbringen ließ. Am 17. Dezember 1500 empfingen ihn Isabella und Ferdinand dennoch in Granada und bestätigten ihm seine Titel und Privilegien; von der Machtbefugnis eines Vizekönigs war aber keine Rede mehr. Damit waren Kolumbus' Herrschaftsansprüche erledigt. Das minderte jedoch nicht sein Sendungsbewußtsein, das sich parallel zu seinen Mißerfolgen immer stärker ausgeprägt hatte. Er begriff sich selbst nicht mehr als *Colón*, als Wegbereiter der Besiedlung der indischen Inseln, wie er sich zunächst auf Spanisch genannt hatte, sondern als *Christum ferrum* und als *Colomba*, als Christusträger und als die Taube, die den heidnischen Indianern die frohe Botschaft des Christentums brachte. Ob es Kolumbus tatsächlich um die Verbreitung des Christentums oder nicht vielmehr um die Anhäufung von Reichtümern und die Sicherung seiner Privilegien ging, ist in der Forschung bis heute umstritten. Einige sehen in ihm einen skrupellosen und goldgierigen Plünderer, andere einen missionarischen Eiferer, der die Rede von den Reichtümern nur einsetzte, um die spanischen Könige für sein Projekt zu gewinnen.

Am 11. Mai 1502 schließlich brach Kolumbus mit vier Karavellen von Cádiz aus zu seiner letzten Reise auf. Diese war jedoch ein noch größeres Desaster als die dritte Reise. Als gebrochener Mann traf Kolumbus am 7. November 1504 in Sanlúcar ein. In den verbleibenden eineinhalb Jahren bis zu seinem Tod schrieb er zahlreiche Briefe an den Hof, um seine verlorenen Ansprüche einzuklagen – ohne Erfolg. Die Lawine, die er mit seinen Versprechen von den großen Reichtümern losgetreten hatte, überrollte ihn schließlich selbst und begrub nicht nur seinen Herrschaftsanspruch, sondern auch seinen Triumph, der Entdecker einer neuen Welt zu sein, unter sich. Am 20. Mai 1506 starb Kolumbus, ohne daß außer seinen nächsten Verwandten irgend jemand daran Anteil genommen hätte. Der große Entdecker war von den Conquistadoren, denen er den Weg gewiesen hatte, überflüssig gemacht worden, und Amerigo Vespucci, der als erster erkannt und verbreitet hatte, daß es sich bei den Entdeckungen des Kolumbus um eine Neue Welt handelte, lief ihm bei den Zeitgenossen den Rang als Entdecker ab.

*Lit.:* Ch. Columbus: Dokumente seines Lebens und seiner Reisen, 2 Bde., Leipzig 1991. – K. Sale: Das verlorene Paradies. Christoph Kolumbus und die Folgen, München 1991. – F. Fernandez-Armesto: Columbus, Oxford 1991.

→Entdeckung und Eroberung; →Ethnographie; →Vespucci; →Völkerrecht.

## Künstler

Im allgemeinen verbindet sich mit der Gestalt des Renaissancekünstlers aus heutiger Sicht die Vorstellung vom einsamen Genie, das befreit von allen Regeln handwerklicher Zünfte und unabhängig von den Vorgaben der Theologen oder Humanisten seinen künstlerischen Inspirationen folgte. Tatsächlich mag diese Vorstellung für einige herausgehobene Künstlerpersönlichkeiten, wie Leonardo da Vinci oder Michelangelo, zutreffen, aber in der Regel ist das, was heute als Kunst der Renaissance firmiert, in Werkstätten und/oder unter Heranziehung von Gehilfen und Lehrlingen geschaffen worden, und zwar von Menschen, die ihre Arbeit eher als eine handwerkliche Tätigkeit ansahen denn als das Ergebnis außeralltäglicher Inspirationen. Der Künstler unterscheidet sich vom Kunsthandwerker nämlich darin, daß er alle mit der Alltäglichkeit verbundenen Zumutungen zurückweist und seinen Lebenszweck allein in der Hervorbringung des Werks sieht. Dagegen ist Kunst als Handwerk eine Tätigkeit, vermittels derer man seinen Lebensunterhalt zu erwirtschaften in der Lage ist und die man vornehmlich auch darum betreibt.

Aufs Ganze gesehen, wird man sagen können, daß die Frührenaissance von Kunsthandwerkern geprägt worden ist, während in der Spätrenaissance eine Reihe von Malern und Bildhauern bereits die Züge des genialischen Künstlers angenommen hat. Freilich ist diese Entwicklung weder gleichmäßig noch gleichzeitig verlaufen: Florenz hat hier während des gesamten Zeitraums eine Führungsrolle innegehabt; die anderen oberitalienischen Städte sind allmählich gefolgt, während die Maler und Bildhauer im übrigen Europa noch weitgehend in zünftige Strukturen eingebunden blieben. Anläßlich seines Venedig-Aufenthalts scheint sich Dürer dieses Unterschieds bewußt geworden zu sein, als er am 13. Oktober 1506 an Pirckheimer schrieb: «Hier bin ich ein Herr, daheim ein Schmarotzer.» Ein halbes Jahr zuvor freilich, am 2. April 1506, hatte er sich in einem ebenfalls an Pirckheimer gerichteten Brief darüber beklagt, daß ihn die in Venedig ansässigen Maler vor die Signoria genötigt hätten, wo festgelegt worden sei, daß er vier Gulden in die Zunftkasse einzahlen müsse. Dürers Bericht von der fortbestehenden Macht der Zünfte (*scuole*) in Venedig zeigt, wie zäh sich selbst in Oberitalien die alten Strukturen gehalten haben. So hat erst im Jahre 1540 Papst Paul III. Michelangelo offiziell vom Zunftzwang in Rom befreit, und selbst in der Toskana hat Großherzog Cosimo dies erst 1571 offiziell den Künstlern zugestanden. Allerdings war man in Florenz während des vorangegangenen Jahrhunderts mit dem Zunftzwang eher lax umgegangen und hatte mehrfach zugezogene Maler und Bildhauer in der Stadt arbeiten lassen, ohne daß sie sich in eine der Zünfte eingeschrieben hatten. Dies war freilich auch ein Zeichen dafür, daß sich die sozio-politische Ordnung der Stadt, auf der die bürgerlich-republikanische Verfassung beruhte, allmählich aufzulösen begann und die Zünfte, die zuvor die großen öffentlichen Bauprojekte kontrolliert hatten, durch das Mäzenatentum der Medici und ihrer engsten Parteigänger abgelöst wurden. Die Geburt des Künstlers im modernen Sinn verdankt sich also zwei im Prinzip voneinander unabhängigen Entwicklungen: der Entstehung eines Marktes, dessen Zugänge nicht mehr durch Zunftbeschränkungen kontrolliert wurden, und der Herausbildung eines herrschaftlichen Mäzenatentums, das sich der Kunst zum Zwecke der Machtrepräsentation zu bedienen wußte.

Die Verwandlung des Kunsthandwerkers in den Künstler ist auch sprachgeschichtlich faßbar: Zunächst war *artista* ein feststehender Begriff für Lehrer und Studenten der sieben freien Künste, der *septem artes liberales*, wohingegen die Produzenten von Bildern und Skulpturen als *artifices* bezeichnet und den *artes mechanicae* zugerechnet wurden. Damit wurde zugleich ein gesellschaftlicher Rangunterschied zum Ausdruck gebracht, denn diejenigen, die mit ihren Händen arbeiteten und durch mithin schmutzige Arbeit ihre Werke hervorbrachten, standen in der Gesellschaft deutlich unter denen, deren Tätigsein im Denken bestand und die dabei weder schwitzten noch sich beschmutzten. Indem im Verlaufe des 16. Jahrhunderts einige Maler und Bildhauer, wie etwa Michelangelo, sich selbst als *artista* bezeichneten, tauschten sie nicht nur eine Bezeichnung aus, sondern vollzogen auch symbolisch einen sozialen Aufstieg, durch den sie sich den universitär Gebildeten gleichstellten. In diesem semantischen Coup machten sie geltend, keine

Handwerker im üblichen Sinne zu sein, sondern Künstler, die mit dem Geschick ihrer Hände realisierten, was zu schaffen ihr Kopf ihnen eingegeben hatte.

Freilich war die zünftig-handwerkliche Organisation der Maler und Bildhauer keineswegs bloß eine Fesselung künstlerischer Produktivität, sondern zugleich auch deren Ermöglichung. Als Produzenten von Gebrauchsgegenständen – und bei den meisten Kunstwerken des 14. und 15. Jahrhunderts handelte es sich ganz zweifellos um Gebrauchsgegenstände – organisierten sich Maler, Bildhauer und Steinmetze (freilich nicht die Architekten) wie andere Handwerker auch. Dabei übernahmen die Zünfte eine Vielzahl von Funktionen: Sie regelten in der Werkstatt die Beziehungen zwischen Meistern, Gesellen und Lehrlingen und legten Qualitätsmaßstäbe fest, die sie auch kontrollierten; zugleich kümmerten sie sich im Sinne von Sozialhilfeorganisationen um bedürftige und in Not geratene Mitglieder. Als Schutzpatron der Malerzunft fungierte häufig der Evangelist Lukas, da er angeblich das erste und einzige Porträt der Jungfrau Maria gemalt hatte. Auch wenn in Westeuropa der Beginn der Renaissance dadurch zu fassen ist, daß man sich ikonographisch von den Vorgaben abwandte, wie sie sich in der byzantinischen Kunst herausgebildet hatten – die Madonnenbilder Duccios und Giottos stehen noch in dieser Tradition –, und eine sich nicht länger vom angeblichen Lukasporträt herleitende Marienikonographie entwickelte, reklamierten doch viele Malerzünfte und -gilden Lukas weiterhin als ihren Patron, und wahrscheinlich ist Rogier van der Weydens Bild *Der hl. Lukas malt die Jungfrau Maria* (1435–40) im Auftrage einer solchen Malerbruderschaft entstanden. Wo die Maler keine eigene Zunft hatten, sondern Teil einer größeren Zunft waren, wie in Florenz, wo sie zu den *Medici e speziali* gehörten, oder in Bologna, wo sie bei den Papiermachern organisiert waren, bildeten sie eine Bruderschaft oder Gilde, die sich häufig *Compagnia di San Luca* nannte.

Die zünftige Organisation der Malerei und Bildhauerei hatte zur Folge, daß man Werkstätten bildete, Lehrstatuten aufstellte usw. Wenn es von den meisten Malern und Bildhauern der Renaissance heißt, sie seien Schüler jenes Künstlers gewesen, wie Giotto der Schüler Cimabues oder Leonardo der Verrocchios, so ist damit zunächst nur etwas über die nach den Zunftbestimmungen eingegangenen Lehrverhältnisse, nichts aber über eine genialische Inspiration ausgesagt. Gleichwohl müssen viele Schüler in ihren Lehrern mehr als bloß Lehrherren gesehen haben, denn einige von ihnen nahmen deren Namen an, wie sich etwa Piero di Cosimo nach seinem Lehrer Cosimo Rosselli oder Jacopo Sansovino nach seinem Lehrer (der nicht sein Vater war) Andrea Sansovino nannte. Freilich begünstigte die zünftige Organisation des Kunstbetriebs auch die Herausbildung von Künstlerfamilien, sei es nun in der Vater-Sohn-Abfolge oder den Künstlerbrüdern. Das wohl bekannteste Beispiel hierfür ist die Familie Bellini, in der auf den Vater Jacopo die Söhne Gentile und Giovanni folgten, die noch durch den Schwiegersohn Andrea Mantegna unterstützt wurden. Worin sich die Werkstatt- und Lehrorganisation der Maler und Bildhauer jedoch von der des gewöhnlichen Handwerks unterschied, war der Umstand, daß einige Werkstätten eine Fülle großer Künstler hervorbrachten und andere dies offenbar nicht vermochten: So wurden in der Werkstatt Ghibertis mit Donatello, Michelozzo, Uccello, Pollaiuolo und vielleicht auch Masolino eine ganze Generation herausragender Florentiner Maler und Bildhauer ausgebildet; ähnliches gilt für die Werkstatt Verrocchios, wo außer Leonardo noch Ghirlandaio, Lorenzo di Credi und Perugino ausgebildet worden sind, oder für die Werkstatt Bramantes in Rom, wo Antonio da Sangallo d. J., Giulio Romano, Peruzzi und Raffael die Baukunst erlernt haben.

Eine weitere Folge der zunftmäßigen Organisation von Malerei und Bildhauerei war, daß viele Renaissancekünstler Handwerkerfamilien entstammten und in der Regel in einer Stadt groß geworden waren. Peter Burke hat ausgerechnet, daß sich 60 Prozent der künstlerisch-intellektuellen Elite der Renaissance aus nur 13 Prozent der Bevölkerung Italiens rekrutierten. Das dürfte sich in der anderen während dieser Zeit künstlerisch hochproduktiven Region Europas, den Niederlanden und Flandern, kaum anders dargestellt haben, und es erklärt zugleich die allenthalben zu beobachtende Tendenz zur familialen Selbstreproduktion von Künstlereliten in der Renaissance. Bei den uns heute bekannten Malern und Bildhauern der Renaissance handelte es sich fast ausnahmslos um Männer; Sofonisba

Anguissola und Artemisia Gentilleschi, letztere eher bereits dem Barock als der Renaissance zuzurechnen, bilden die Ausnahme. Das ist in Anbetracht der durch die handwerkliche Organisation begünstigten Entstehung von generationenübergreifenden Künstlerfamilien keineswegs selbstverständlich; immer wieder finden sich in den Quellen Hinweise darauf, daß auch Töchter oder Schwestern von Malern künstlerisch tätig gewesen sind. Aber die Werkstatt, in der sie tätig waren und die ihnen gewisse Entfaltungsmöglichkeiten bot, hat sie nicht als namentlich faßbare, an einer eigenen künstlerischen Handschrift identifizierbare Persönlichkeiten hervortreten lassen und ihr Wirken in den dem Werkstattleiter zugeschriebenen Werken verschwinden lassen. Erst mit dem Heraustreten der modernen Künstlerpersönlichkeit aus der handwerklichen Ordnung der Zünfte und Gilden wurden auch Frauen als eigenständige Künstlerinnen sichtbar.

Die Verwandlung des Kunsthandwerkers in den Typus des modernen Künstlers ist von Vorwürfen des Hochmuts, der Überheblichkeit und der Ruhmsucht begleitet, wobei insbesondere die Herausstellung der Besonderheit und Neuartigkeit eines Werks in den Kreisen der traditionsgebundenen Kunsthandwerker Aufsehen und Unwillen erregte. Die auf individualisierte Anerkennung und Resonanz ausgerichtete Dynamik des Metiers ließ sich durch diese moralisierende Kritik freilich nicht dauerhaft bremsen, wenngleich es sehr wohl, wie etwa durch das Auftreten Savonarolas, immer wieder zu Rückschlägen gekommen ist. Ehrgeiz, elitäres Konkurrenzbewußtsein, das Streben nach Anerkennung, schließlich die Verachtung des Publikums, wenn sich der Erfolg nicht einstellte, wurden zu Merkmalen des neuen Sozialtyps des bildenden Künstlers, der sich darin nicht von Dichtern, Schriftstellern und humanistischen Gelehrten unterschied. Die sich im Verlauf des 15. Jahrhunderts verbreitenden Selbstporträts von Künstlern sind ein Indiz dieser Entwicklung, wobei freilich zu unterscheiden ist zwischen den Formen der Selbstdarstellung, die den Schöpfer eines Werks noch im traditionellen Sinn als Repräsentanten seines Handwerks zeigen, und jenen Porträts, die selbst Bestandteil des prätendierten sozialen Aufstiegs und des Anspruchs auf entsprechende Anerkennung sind. So gehört die Plazierung von

Malern am Rande ihrer Fresken dem ersten Typus an, während Dürers Selbstbildnis von 1498 für den zweiten Typ des Selbstporträts steht, das den Maler als einen vornehmen Herrn und Angehörigen der höheren Stände darzustellen versucht.

Die Emanzipation des Künstlers aus den Bindungen des Handwerks erfolgte auf unterschiedlichen Bahnen: Eine Möglichkeit bestand in der Bündelung verschiedener Handwerke, aus der dann der *artifex polytechnes* hervorging. Tatsächlich wurden am Ende des 15. Jahrhunderts die Erwartungen und Anforderungen an die Künstler komplexer, und die Werkstätten bekamen vielfältigere Aufgaben als bloß die Herstellung von Bildern und Skulpturen. Eine Schlüsselrolle kam dabei den Festdekorationen der Städte anläßlich des Einzugs eines hohen Herrschers zu, bei denen, wie die Aufgaben Vasaris beim Einzug Karls V. in Florenz zeigen, der Künstler nicht bloß als Handwerker, sondern vor allem als phantasie- und ideenreicher Projektmacher und kompetenter Organisator gefordert war. Eine andere Emanzipationsmöglichkeit bestand in der Annäherung des bildenden Künstlers an den Dichter und Gelehrten, indem, wie dies Leonardo und Michelangelo getan haben, Intelligenz, Bildung und Wissen, schließlich Geist und *ingenium* als Wesensmerkmale des Künstlers herausgestellt und dieser so von den *artes mechanicae* zu den *artes liberales* hinaufbefördert wurde. Seitens der Gelehrten und Gebildeten sind die Neuankömmlinge freilich nur selten mit offenen Armen empfangen worden, und gegen ihren Zugehörigkeitsanspruch wurde immer wieder die fehlende oder doch bloß unzureichende Bildung geltend gemacht. An den Schriften Ficinos läßt sich dies sehr deutlich nachvollziehen: Hatte er zunächst auf der Grundlage des Neoplatonismus die bildenden Künste als kulturelle Betätigungen vollauf anerkannt, so relativierte er dies anschließend sogleich wieder, indem er den Gesichts- und Gehörsinn deutlich über den Tast-, Geschmacks- und Geruchssinn stellte und daraus schlußfolgerte, vor allem Gespräch und Gesang würden den künstlerischen Geist hervorbringen, während Malerei und Skulptur eine deutlich niedrigere Position hätten.

Solcherart von den Gelehrten und Gebildeten zurückgewiesen oder doch zumindest nicht als gleichwertig anerkannt, sahen sich viele Künstler, die keine Kunsthandwerker mehr sein wollten, darauf verwiesen, den Originalitätsanspruch ihres Werks durch die Originalität ihrer Lebensführung zu unterstreichen, und so übernahmen immer mehr Künstler die Rolle des Exzentrikers und sozialen Außenseiters, die sich schließlich eng mit der Vorstellung vom Künstler als Sozialtyp verband. Dem stand zwar neben der vor allem bei deutschen Künstlern anzutreffenden – «rückständigen» – Orientierung am Erwerb des Bürgerrechts und dem Kauf eines Hauses als Ausdruck sozialer Arriviertheit zeitweilig die Alternative der Verwandlung des bürgerlichen Handwerkers in einen Adligen im Gefolge eines Herrschers gegenüber – so wurde Tizian von Karl V. zum Pfalzgrafen erhoben, Mantegna von Papst Innozenz VIII. und Gentile Bellini von Kaiser Friedrich III. in den Grafenstand versetzt, oder Sodoma und Pordenone wurden zu Rittern geschlagen –, aber durchgesetzt hat sich schließlich das Außenseiter- und Exzentrikermodell. Dabei dürfte u.a. eine Rolle gespielt haben, daß es im Künstlermilieu zu ungewöhnlich häufigen Konflikten sowie nicht selten auch gewalttätig ausgetragenen Streitigkeiten kam und zahlreiche Künstler ein in moralischer Hinsicht fragwürdiges Leben führten. Einer von ihnen war Filippo Lippi, der, als er im Kloster S. Margherita in Prato die Tafel für den Hauptaltar malte, eine Liebesbeziehung mit der Nonne Lucrezia begann, sie schließlich entführte und mit ihr ein Kind zeugte: Filippino Lippi, der wie sein Vater Maler wurde. Benvenuto Cellini berichtet in seiner Lebensbeschreibung selbst von seinen zahllosen Liebes- und Raufhändeln, die mehrere Male – ähnlich wie bei Leone Leoni – mit einem Totschlag geendet haben. Andrea Ferrucci trug ein Korsett aus der Haut eines Gehenkten, Rosso Fiorentino geriet mit dem Bischof von Borgo in Konflikt, weil er Leichen ausgegraben hatte, und beging schließlich – wie auch Torrigiani – Selbstmord; Pontormo baute sich ein Haus, das nach außen hin völlig abweisend war, und öffnete schließlich niemandem mehr; Parmigianino gab die Malerei auf, um sich ganz der Alchimie widmen zu können usw. Für alle aber gilt, daß sie sich mehr und mehr von dem im Handwerk üblichen regelmäßigen Arbeitsrhythmus entfernten, längere Zeit untätig waren und dann wieder in exzessiver Anstrengung ein Werk vollendeten. Schon in der Astrologie des 15. Jahrhunderts galten unregelmäßige Lebensführung, Sinnlichkeit und Unmäßigkeit als Charakteristika der Künstler. Albrecht Dürer hat die den Einfluß der Körpersäfte mit dem der Planeten kombinierenden Spekulationen, in denen, wie bereits bei Ficino, der Künstler als ein unter dem Einfluß des Saturn stehender Melancholiker gekennzeichnet wurde, in dem Kupferstich *Melencolia I* (1514) zur Darstellung gebracht. Die Ordinalzahl bezieht sich wahrscheinlich auf die von Agrippa von Nettesheim entwickelte Unterscheidung dreier Typen des Melancholikers, je nachdem, ob der Einfluß Saturns auf die Vorstellungskraft, den Verstand oder den Geist einwirkt.

Im Unterschied zu Malern und Bildhauern ist den Architekten der soziale Aufstieg am leichtesten und erfolgreichsten geglückt. Dabei dürften mehrere Gründe eine Rolle gespielt haben: zunächst der Umstand, daß die Architektur in einer engen Verbindung zu Mathematik und Geometrie stand, die zu den *artes liberales* gehörten, so daß der Wechsel von den mechanischen zu den freien Künsten hier plausibler geltend zu machen war als bei Malerei und Skulptur. Entscheidend dürfte freilich gewesen sein, daß der Architekt notgedrungenermaßen Zugang zum Machthaber haben mußte, um seine Vorstellungen mit dessen Wünschen und Erwartungen abzustimmen. So galt die Architektur schließlich nicht nur als die höchste der mechanischen Künste, sondern eröffnete auch am leichtesten die höchste Form des sozialen Aufstiegs: die zum Hofkünstler.

Der Aufstieg des Kunsthandwerkers hatte in der Frührenaissance im städtischen Rahmen begonnen, und hierbei hatte allen zünftigen Reglementierungen zum Trotz die Entwicklung eines Marktes für Kunstwerke eine wichtige Rolle gespielt, wurden dadurch doch die engen Bindungen an den Auftraggeber gelockert und die Spielräume für eine selbständige Entscheidung des Malers oder Bildhauers über die Sujets seiner Arbeit vergrößert. Dabei hatte sich die Werkstatt nicht nur als Ort der unmittelbaren Produktion und Weitervermittlung von Wissen und Fähigkeiten bewährt, sondern sich auch mehr und mehr zum Zentrum für Gespräche, Geselligkeit und Vergnügungen entwickelt. Hier trafen sich die Künstler mit ihren Auftraggebern sowie mit Wissenschaftlern und Gelehrten, die nach geistigen Anregungen und technischen Möglichkeiten Ausschau hielten. Das änderte sich zu Beginn des 16. Jahrhunderts, zunächst in Florenz, Venedig und Rom, als sich in den Häusern reicher junger Männer Zirkel von Künstlern und Intellektuellen zu bilden begannen, deren kreative Tätigkeit durch die vornehmen und vermögenden Familien zur Mehrung ihres Ruhms und Verbreitung ihres Glanzes alimentiert worden ist. Die Medici in Florenz wie die Farnese in Rom, die Este in Ferrara und die Gonzaga in Mantua waren solche Mäzene neuen Typs, die die Künstler von der ungeliebten marktmäßigen Präsentation ihrer Werke entbanden und ihnen Freiräume für die Entfaltung ihrer kreativen Fähigkeiten verschafften.

*Lit.:* P. Burke: Die Renaissance in Italien, Berlin 1984. – A. Chastel: Der Künstler, in: Der Mensch der Renaissance, hrsg. von E. Garin, Frankfurt/M. / New York 1990, S. 251–281. – A. Conti: Die Entwicklung des Künstlers; in: Italienische Kunst, Berlin 1987, Bd. 1, S. 93–231. – M. Kemp: Der Blick hinter die Bilder. Text und Kunst in der italienischen Renaissance, Köln 1997. – M. Warnke: Hofkünstler, Köln 1985. – R. und M. Wittkower: Born under Saturn. The Character and Conduct of Artists, New York/London 1969.

→Architektur; →Dürer; →Holbein; →Leonardo da Vinci; →Malerei; →Michelangelo; →Porträt; →Raffael; →Skulptur.

## Kurtisanen

Die Prostitution, die im Mittelalter mit Argumenten des *bonum commune* nur geduldet worden war, wurde in der Renaissance, zumindest im 15. und zu Beginn des 16. Jahrhunderts, allgemein akzeptiert und institutionalisiert. Höhepunkt dieser Entwicklung war die Entstehung des Kurtisanenwesens in Venedig und Rom. Während die gewöhnlichen Prostituierten in den üblichen Elendsvierteln der Städte verblieben, lebten die Kurtisanen in reich ausgestatteten Wohnungen, waren elegant gekleidet und erhoben den Anspruch, ihren den oberen Schichten zugehörigen Liebhabern und Gönnern kulturell ebenbürtig zu sein und ihnen neben erotischen Vergnügungen auch geistige und künstlerische Anregungen zu bieten. Der Begriff Kurtisane kam gegen Ende des 15. Jahrhunderts in Gebrauch: *cortigiana*, das feminine Pendant zu *cortigiano*, war nicht die Hofdame, sondern eine Frau, die den *cortigiani* sexuelle Gefälligkeiten anbot, dies aber in einer sozialen Umgebung und unter Aufbietung kultureller Ansprüche, die sie gegenüber der gewöhnlichen Prostituierten (ital. *puttana*, Hure) unverwechselbar machte. Viele Kurtisanen betätigten sich als Musikerinnen, zumal der Musik in der Renaissance erotische Qualitäten zugeschrieben wurden. Die Laute und der Schoßhund wurden zu sozialen Distinktionsmerkmalen der Kurtisane. Einige unter ihnen, wie Tullia d'Aragona in Rom oder Veronica Franco in Venedig, gehörten zu den besten und bedeutendsten Dichterinnen der Renaissance. Insbesondere die Kleidermode ist in der Renaissance wesentlich durch die Kurtisanen bestimmt worden.

Die Akzeptanz der Prostituierten in der mittelalterlichen Gesellschaft beruhte im wesentlichen darauf, daß ihnen eine Reihe gesellschaftlicher Aufgaben zugedacht wurden; dazu gehörte zunächst, daß ihr Vorhandensein Frauen von Stand und Ehre vor sexuellen Belästigungen und Vergewaltigungen schützen sollte; weiterhin gab es die Vorstellung, die Verfügbarkeit von Prostituierten halte junge Männer von Homosexualität und Sodomie ab, und schließlich galt die Prostitution als Ort irdischer Buße für Untreue und Ehebruch, da verschiedentlich untreue Ehefrauen von ihren Männern zur Prostitution gezwungen wurden. Prostitution wurde geduldet, weil sie der Aufrechterhaltung der gesellschaftlichen Ordnung diente. In diesem Sinne hat Lorenzo Valla in *De voluptate* (1438) erklärt, Bordelle seien höher zu achten als Klöster, und Panormita behauptete sogar, Prostituierte seien der Welt nützlicher als die frömmsten Nonnen. Mit der verstärkten Verbreitung von venerischen Krankheiten im Zusammenhang mit der Heeresprostitution, vor allem aber seit dem Auftreten der Syphilis, verlor die Rechtfertigung der Prostitution durch den Verweis auf ihre soziale Nützlichkeit mehr und mehr an Boden. Reformatorische wie gegenreformatorische Autoren, Luther etwa in seiner Schrift *Vom ehelichen Leben* oder Mariana in *Contra los juegos publicos*, widersprachen der auf Augustin zurückgehenden Vorstellung von der sozialen Funktionalität der Prostitution. «Von den unzüchtigen Häusern», so Luther, «die man in großen Städten duldet, ist nicht wert, daß man viel davon disputiert; denn es ist öffentlich wider Gottes Gesetz und sollen für *Hey-*

*den* gehalten werden, die solche Schande öffentlich dulden und geschehen lassen. Denn dies ist gar ein loser Befehl, daß sie vorgeben, es geschehe damit desto weniger Schändens und Ehebruchs, denn ein junger Geselle, der mit Huren umgehet, wird sich weder von Eheweibern noch Jungfrauen enthalten.» Nicht zuletzt unter dem Druck protestantischer Geistlicher wurden die Bordelle in Augsburg (1532), Ulm (1537), Regensburg (1553), Nürnberg (1562) sowie Frankfurt am Main (etwa zu derselben Zeit) geschlossen. Auch der französische König Karl IX. hat unter dem Einfluß seines Kanzlers Michel de L'Hôpital in einer Ordonanz von 1561 für seinen Herrschaftsbereich die Prostitution verboten, während in Spanien Philipp II. zunächst an der Vorstellung von der sozialen Notwendigkeit der Prostitution festgehalten hat. Die entschlossene Bekämpfung der Prostitution durch den neuzeitlichen Staat hat diese in das sich sehr schnell ausbreitende Bündnis mit der Kriminalität getrieben. – Ein ganz anderes Argument gegen die Prostitution findet sich in Etienne de la Boéties Schrift *De la servitude volontaire*, wo auf das Beispiel des Kyros verwiesen wird, der Schenken und Bordelle eingerichtet habe, um den Freiheitswillen der Lyder zu zerstören. Ausschweifende Sexualität wird hier als Bedrohung politischer Freiheit verstanden.

Eine Ausnahme in der Verfolgung und Bestrafung von Prostituierten stellten in Europa Venedig und Rom dar. Vor allem in der reformatorischen Propaganda findet sich deshalb vermehrt die freilich schon seit dem 14. Jahrhundert anzutreffende Identifikation Roms bzw. der römischen Kirche mit der großen Hure Babylon. Tatsächlich lag der Anteil von Prostituierten in Venedig und Rom unter allen europäischen Städten am höchsten. Wahrscheinlich sind Schätzungen überzogen, wonach sich in Venedig Mitte des 16. Jahrhunderts unter den etwa hunderttausend Einwohnern 12000 Prostituierte befanden und in Rom 1526 auf etwa fünfunddreißigtausend Einwohner knapp 5000 Prostituierte kamen, aber solche Angaben vermitteln einen Eindruck von der zeitgenössischen Vorstellung über die Verbreitung der Prostitution in beiden Städten. Der größte Teil Roms sei ein Bordell, und darum nenne man Rom auch eine Hure, heißt es in Francisco Delicados *Lozana Andaluza* (1528), und in einem dem Buch nach dem *Sacco di Roma* beigefügten

Brief fragt er: «Wer hätte je gedacht, o Rom, o Babylon, daß die Barbaren aus dem Norden deine Sünden strafen und in dir das Unterste zuoberst kehren würden?»

Die Entwicklung des Kurtisanenwesens, das als soziale Gegentendenz zur gesellschaftlichen Marginalisierung und Kriminalisierung der Prostitution seit den 30er Jahren des 16. Jahrhunderts begriffen werden kann, ist auf die besonderen sozialen Verhältnisse in beiden Städten zurückzuführen: in Rom auf die Anwesenheit Tausender junger Männer, die die Aussicht auf eine steile Karriere in der zölibatären Bürokratie in die Stadt geführt hatte, und in Venedig auf den Umstand, daß Matrosen und Kaufleute, die sich länger in der Stadt aufhielten, ohne eine eigene Familie zu gründen, die Entstehung eines Marktes für Sexualkontakte beförderten, wie er in keiner anderen europäischen Handelsstadt anzutreffen war. Ausschlaggebend für die Ausdifferenzierung des Kurtisanenwesens aus der allgemeinen Prostitution war jedoch ein über die Nachfrage nach sexueller Befriedigung hinausgehendes Bedürfnis nach gesellschaftlicher Distinktion. Was in Rom die zölibatären Anforderungen darstellten, waren in Venedig erbrechtliche Überlegungen, die viele venezianische Patrizier von der Heirat abhielten: In beiden Fällen bestand freilich das Bedürfnis nach der Bildung gesellschaftlicher Kreise, in denen attraktive wie gebildete Frauen eine zentrale Rolle spielten, und weder in Rom noch in Venedig gab es einen Fürstenhof mit entsprechendem weiblichen Hofstaat, der diese Rolle hätte übernehmen können. Die Blüte des Kurtisanenwesens in beiden Städten war die Antwort auf diese gesellschaftlichen Anforderungen.

Sicherlich hat auch die Rezeption der erotischen Literatur der Antike, der Liebesgedichte Catulls, Ovids, Tibulls und Properz', der Epigramme Martials sowie der Satiren Iuvenals, bei der Enttabuisierung sexueller und erotischer Themen zu Beginn der Renaissance eine bedeutende Rolle gespielt. Vor allem Panormitas Sammlung obszöner und satirischer Epigramme (*Hermaphroditus*, 1425) ist hier zu nennen, dazu natürlich Aretinos *Ragionamenti* (*Kurtisanengespräche*, 1534/36), die am Vorbild der in Venedig kurz zuvor gedruckten *Hetärengespräche* Lukians orientiert waren. Wenn Castigliones *Cortegiano* eine Art

Benimmbuch für Höfinge darstellt, so sind Aretinos *Kurtisanengespräche*, die in einer bildhaft drastischen Sprache verfaßt sind, ein Benimmbuch für Prostituierte, die den sozialen Aufstieg zur Kurtisane erreichen wollten. Dabei dreht sich das Gespräch der Kurtisanen im ersten Teil um die Berufswahl von Frauen, wobei ihnen, Aretino zufolge, drei Optionen offenstehen: Nonne, Ehefrau oder Prostituierte. Übereinstimmender Tenor ist, daß eine Frau aus den unteren gesellschaftlichen Schichten als Kurtisane über die größten gesellschaftlichen Chancen verfügt.

*Lit.:* I. Bloch: Die Prostitution, Bd. II, 1. Hälfte, Berlin 1925. – M. Kurzel-Runtscheiner: Töchter der Venus. Die Kurtisanen Roms im 16. Jahrhundert, München 1995. – G. Masson: Cortigiane italiane nel Rinascimento, Rom 1981. – A. Semerau: Die Kurtisanen der Renaissance, Wien/Leipzig 1926.

→Hofmann; →Reformation; →Rom; →Seuchen, →Venedig.

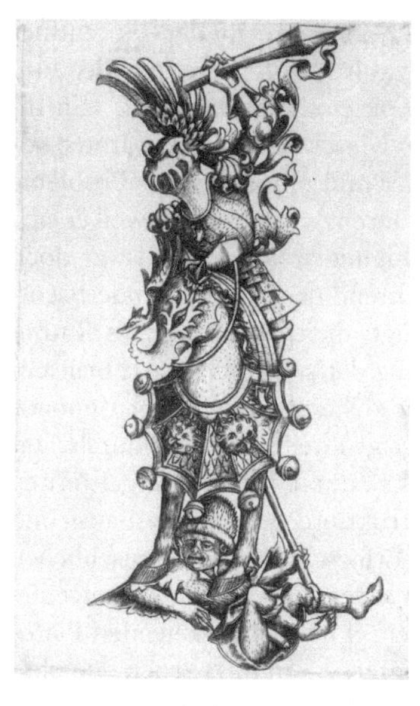

**Leonardo da Vinci**
*(* 15. April 1452 in Vinci bei Empoli,*
*† 2. Mai 1519 in Amboise)*

Als «Brückenbauer, Festungsbrecher, Seekriegsingenieur, Konstrukteur von unwiderstehlichen Geschützen, Schleudern und Kampfwagen, Erbauer von Brücken und Wasserleitungen» sowie als Maler, Bildhauer und Erzgießer hat sich Leonardo in seinem berühmten Bewerbungsschreiben an Herzog Lodovico Sforza vorgestellt. Was sich wie maßlose Aufschneiderei ausnimmt, war mit jedem Wort wahr; tatsächlich hat Leonardo auf jedem der erwähnten Gebiete gearbeitet oder doch zumindest Zeichnungen und Skizzen hinterlassen, die oft erst spätere Zeiten in ihrer ganzen Bedeutung erfaßt und gewürdigt haben. So wurde er nicht nur zum Schöpfer von Gemälden, die in ihrer feinsinnigen Anlage noch heute faszinieren und als einmalige Werke der Kunstgeschichte gelten, wie etwa das *Abendmahl* (1496/97) oder die *Mona Lisa* (1503), sondern auch zu einem der bedeutendsten Forscher der europäischen Wissenschaftsgeschichte, der durch Studien zur Anatomie, Optik, Mechanik und Aerodynamik hervorgetreten ist, sowie zu einem Konstrukteur und Erfinder, dessen Ideen zu realisieren zumeist erst seit dem 19. Jahrhundert technisch möglich war.

Leonardo absolvierte seine Malerlehre in der Florentiner Werkstatt Verrocchios, wo er zahlreichen Vertretern der Florentiner Künstler- und Gelehrtenkreise begegnete und sein Interesse an der Konstruktion von Maschinen und Apparaten sowie der Erforschung biologischer und physikalischer Probleme geweckt wurde. Auch wenn er Florenz 1482 verließ, weil er sich in Mailand bessere Arbeitsbedingungen versprach, ist er doch zutiefst durch die in Florenz während des 15. Jahrhunderts entwickelte Kunstauffassung geprägt: durch Brunelleschis Raumgestaltung unter Berücksichtigung der spezifischen Art menschlichen Sehens, durch Albertis Überzeugung, vollkommene Vernünftigkeit sei die Grundlage größter Schönheit, durch Masaccios Spiel mit dem Hell-Dunkel, durch Uccellos Begeisterung für die mathematische Konstruktion des Bildaufbaus und schließlich durch Pollaiuolos Erforschung der menschlichen Anatomie. Man hat Leonardos Weggang aus Florenz verschiedentlich als Abwendung von dem dort vorherrschenden Platonismus bezeichnet, der seinem Interesse an physischen wie physikalischen Fragen – im Unterschied zu dem in Mailand vorherrschenden Aristotelismus – entgegengestanden habe. Freilich hat Leonardo den systematischen Grundüberzeugungen beider Wissensordnungen wenig Interesse entgegengebracht; sein Interesse galt dem Studium von Einzelphänomenen, aus denen er zwar verallgemeinernde Schlußfolgerungen zog, aber keine Aussagen über die prinzipielle Beschaffenheit der Welt ableitete. So war für ihn in Mailand weit mehr als die dort vorherrschende aristotelische Scholastik die Begegnung mit den Mathematikern Facio Cardano und Luca Pacioli bedeutsam, wobei Leonardo vor allem mit Pacioli zusammenarbeitete, der zeitweilig ein Schüler Piero della Francescas gewesen war, sich dann aber gänzlich der Mathematik zugewandt hatte und in dieser Zeit seine *Summa de arithmetica, geometria, proporzioni e proportionalità* (1494) veröffentlichte und an der Abhandlung *De divina proportione* arbeitete, die später mit Illustrationen Leonardos veröffentlicht wurde.

Mathematische Methoden waren nicht nur für Leonardos Interessen als Wissenschaftler und Konstrukteur bedeutsam, sondern auch für seine Maltechnik, bei der er, wie seine Skizzen und Vorstudien zeigen, natürliche Phänomene zunächst in ihre Einzelteile zerlegte, um sie anschließend wieder zusammenzusetzen. Leonardos Bilder beruhen auf der analytischen Durchdringung des Sichtbaren. Folglich arbeitete er sehr langsam (tatsächlich hat er als Maler kein besonders umfängliches Werk hinterlassen) und hatte daher immer Schwierigkeiten mit der Freskotechnik, die ein schnelles Arbeiten auf dem frischen Putz erforderte. Der schlechte Erhaltungszustand seines *Abendmahls* (1495–97) im Mailänder Dominikanerkloster Santa Maria delle Grazie sowie der Abbruch der Arbeit an dem großen Fresko *Die Schlacht von Anghiari* im Florentiner Palazzo Vecchio sind darauf zurückzuführen, daß Leonardo mit eigenwilligen Techniken experimentierte, die ihm die Möglichkeit eröffnen sollten, langsamer zu arbeiten, aber für die Bemalung von Wänden wenig geeignet waren: Die Farbe zersetzte sich oder haftete nicht recht, so daß bis zur jüngsten Restaurierung das *Abendmahl* in der Detailgestaltung eher das Werk oft ungeschickter Restauratoren als das Leonardos gewesen ist. Aber auch wenn einige von Leonardos Bildern seiner technischen Experimentierlust zum Opfer gefallen sind, bestätigt dies doch nicht die von Vasari in Umlauf gebrachte These, wonach der Künstler Leonardo am Wissenschaftler Leonardo gescheitert sei.

Leonardos innovative Wendung bei der Komposition des *Abendmahls* war die Bildung von Dreiergruppen unter den Jüngern, die einander korrespondierende Reaktionen auf die Ankündigung des Herrn zeigen, einer von ihnen werde ihn in den nächsten Stunden verraten: etwa die still introvertierte Selbstgewißheit des Johannes, daß er es nicht sein werde, oder Judas' trotzig zurückgelehnte Haltung oder zwischen diesen beiden ein sich Jesus erregt zuwendender Petrus. Das Zusammenspiel von gelassener Ruhe, wie sie Jesus und Johannes verkörpern, und heller Aufregung, ja Empörung, aber auch betroffener Nachdenklichkeit bei den Jüngern wendet das Sujet von der bisherigen Kontrastierung des Verräters mit den am sakralen Stiftungsakt der christlichen Kirche Beteiligten in eine die Reaktion eines jeden einzelnen psychologisch differenziert ausdeutende Darstellung; nicht die Institution Kirche, sondern die Individuen im Augenblick dieser dramatischen Ankündigung sind für Leonardo von Interesse. Mit Recht hat man ihn daher einen Meister der psychologischen Realistik genannt.

Leonardos Mailänder Aufenthalt endete mit der Vertreibung Lodovico Sforzas durch die Franzosen, die auch das 1493 aufgestellte große Tonmodell zerstörten, das Leonardo für ein Reiterstandbild des Francesco Sforza modelliert hatte. Ob seiner gewaltigen Ausmaße (in der Höhe maß es mehr als siebeneinhalb Meter) hatte es für großes Aufsehen gesorgt; der Guß war jedoch daran gescheitert, daß die bereits bereitgestellte Bronze angesichts der politisch-militärischen Entwicklung für die Herstellung von Kanonen verwendet wurde und der Staat der Sforza Ende des 15. Jahrhunderts zusammenbrach, so daß niemand mehr an der Verherrlichung des Dynastiegründers Interesse hatte. Über Venedig kehrte Leonardo nach Florenz zurück, wo er mit einer kurzen Unterbrechung durch seine Tätigkeit als Militäringenieur Cesare Borgias bis 1506 blieb. In dieser Zeit hat er die *Mona Lisa (*1503) gemalt und die Arbeit an dem nicht erhaltenen, nur in Kopien überlieferten Werk *Leda und der Schwan* (1504–08) begonnen, die zusammen mit den beiden *Felsengrottenmadonnen* (1489? sowie 1506–08) und der *Anna Selbdritt* (1509) den Höhepunkt seines malerischen Schaffens darstellen. Die auf den Gemälden wiedergegebene Landschaft bildet nicht länger eine dekorative Folie, sondern führt ein mit der Gestimmtheit der Person(en) im Bildvordergrund korrespondierendes Eigenleben. Daß Leonardo ein auch in materieller Hinsicht überaus erfolgreicher Maler war, zeigt das Angebot des französischen Königs Franz I., die *Mona Lisa* für einen Betrag zu erwerben, der Leonardo nach heutigen Maßstäben zum Millionär gemacht hätte. Offenbar aber hat Leonardo das Bild bis zu seinem Tode nicht weitergegeben, sondern es stets mit sich geführt.

Nach 1506 trat Leonardo in immer engere Verbindung zu den Franzosen; auf Einladung des französischen Statthalters kehrte er nach Mailand zurück, wo er sich nunmehr vermehrt als Schriftsteller und Forscher betätigte. Er stellte hier seinen *Traktat über die Malerei* fertig, der durch die spätere Redaktion seines Schülers Francesco Melzi in ein Regelbuch der Malerei umgearbeitet wurde, was Leonardos Intentionen kaum entsprach. Daneben beschäftigte er sich mit anatomischen, biologischen, geologischen und mechanischen Problemen; ungeheure Mengen von Notizbüchern und Skizzenblättern dürften in dieser Zeit entstanden sein; obwohl nach dem Tod des als Erben eingesetzten Melzi vieles verlorengegangen ist, sind etwa 7000 Seiten erhalten geblieben, die ein dichtes Bild von Leonardos umfangreichen Interessen und Ideen zeigen. Er zeigt sich hier als Konstrukteur und Erfinder, der nahezu jede Innovation der technisch-industriellen Welt antizipiert hat: vom Taucheranzug bis zum Fallschirm, vom Unterseeboot bis zu Flugapparaten, desweiteren Panzerwagen und Automobile, das Turbinenrad, den Heißluftantrieb usw.

In dieser Zeit begründete Leonardo in seinen anatomischen Arbeiten auch die bildlich darstellende Anatomie sowie die vergleichende Anatomie der Tiere; in seinen optischen Studien untersuchte er die Absorption von Licht durch Luft, und in den Untersuchungen zur Mechanik entwickelte er das Kräfteparallelogramm und begründete die Hebelgesetze. Nach einem kurzen Zwischenspiel in Rom (1513–16), bei dem er freilich bei Papst Leo X. nicht das erhoffte Interesse an seinen Studien fand, weswegen er sich nahezu ausschließlich mit der Trockenlegung der Pontinischen Sümpfe beschäftigte, ging er 1516 auf Einladung des französischen Königs nach Amboise, wo er die letzten Jahre seines Lebens, inzwischen durch einen Schlaganfall halbseitig gelähmt, in Gesprächen mit interessierten Freunden und Besuchern verbrachte.

*Lit.:* S. Braunfels-Esche: Leonardo da Vinci. Das anatomische Werk, Stuttgart 1961. – L. Goldscheider: Leonardo da Vinci, Köln 1960. – L. H. Heydenreich: Leonardo da Vinci, 2 Bde., Basel 1954. – J. Schumacher: Leonardo da Vinci. Maler und Forscher in anarchischer Gesellschaft, Berlin 1981.

→Aristotelismus; →Künstler; →Platonismus; →uomo universale.

## Literatur

Die Epochenbezeichnung *Renaissance* ist als Kennzeichnung einer eigenständigen literarischen Epoche nicht unproblematisch, wenngleich sie sich in der Literaturgeschichtsschreibung der meisten europäischen Nationen durchgesetzt hat. Das zeigt sich schon darin, daß der in den jeweiligen nationalen Literaturgeschichten als Renaissance beschriebene Zeitraum keineswegs einheitlich bestimmt wird: Während in der italienischen Literaturgeschichtsschreibung die Renaissance schon mit dem 14. Jahrhundert beginnt und bis ins 16. Jahrhundert datiert wird, bezeichnet man in Frankreich erst das 16. Jahrhundert als Renaissance, und in England beginnt die Epoche erst in der zweiten Hälfte des 16. Jahrhunderts und wird in der Regel bis in die erste Hälfte des 17. Jahrhunderts ausgedehnt. In der deutschen Literaturgeschichte ist die Bezeichnung Renaissance dagegen grundsätzlich problematisch, da sie von der Reformation und ihrem Schrifttum überlagert wird. Außerdem gilt für die spanische wie auch für die englische Literaturgeschichte, daß der Terminus Renaissance für die Bezeichnung der Epoche nicht dominierend ist; in Spanien bezeichnet man die Epoche vom Beginn des 16. bis in die Mitte des 17. Jahrhunderts emphatisch als *Siglo de Oro*, Goldenes Zeitalter, während in England die Epochenbezeichnung nach Herrschern und Dynastien, wie etwa *Elizabethan* oder *Tudor*, geläufig ist.

Dabei ist nicht leicht zu bestimmen, was unter Renaissanceliteratur überhaupt zu verstehen ist, wenn darunter mehr gefaßt werden soll als der Zeitabschnitt zwischen dem Beginn des 15. und dem Ende des 16. Jahrhunderts – mit Ausbuchtungen davor und darüber hinaus. Kennzeichnend für die literarische Epoche ist – bei aller Vorsicht, mit der solche Verallgemeinerungen gehandhabt werden müssen – die Beeinflussung der Literatur durch den Humanismus und die von ihm propagierten neo-platonischen Liebeslehren sowie die aristotelische Poetik. Zentral ist darüber hinaus der Vorbildcharakter der italienischen, frühhumanistisch geprägten Literatur. Insbesondere Boccaccio und Petrarca, mit denen die Novelle und das Sonett zu vorbildlichen Formen avancierten, haben in ganz Europa prägend gewirkt. An ihre Seite tritt die Rezeption der klassischen Epik Homers und Vergils, die zu einer Neubelebung des Epos geführt hat, sowie die in Anlehnung an die Eklogen Vergils und Theokrits begründete Tradition der bukolischen Dichtung. Nicht minder wichtig war des weiteren die Entstehung des Prosaromans, der vielleicht zu den einflußreichsten Neuerungen der Renaissanceliteratur gehört, wenngleich ihm in der Literaturtheorie der Renaissance kein hoher Rang eingeräumt wurde. Neben und mit der neuen Literatur nämlich entstanden

Dichtungstheorien, die deren formalen Bezugsrahmen anhand der klassischen antiken Dichtung festlegten, dabei aber auch propagierten, daß nur eine volkssprachliche Dichtung mit den klassischen Vorbildern gleichrangig sein könne. Kennzeichnend ist für die Literatur der Renaissance auch, daß in nahezu allen sich herausbildenden Nationalliteraturen Werke entstanden und Stoffe erstmals bearbeitet wurden, die bis heute lebendig geblieben sind: Don Quijote, Don Juan, Faust, Hamlet.

Stilbildend für einen großen Teil der europäischen Renaissance waren die literarischen Formen des Sonetts und der Novelle, wie sie von Petrarca und Boccaccio entwickelt worden sind. Innerhalb Italiens haben die *tre corone,* zu denen neben Petrarca und Boccaccio noch Dante gerechnet wurde, nicht nur literarisch, sondern auch sprachlich als Vorbilder gedient. So hat sich Ariost sprachlich an den großen Florentinern und nicht an der am Hof von Ferrara gepflegten Form des *volgare* orientiert und damit zur Vereinheitlichung der italienischen Literatursprache beigetragen. Auch der Venezianer Pietro Bembo, der in seinen *Prose della volgar lingua* (1525) nachdrücklich die Bedeutung des *volgare* als Literatursprache hervorhob, um damit die politische Zersplitterung Italiens auszugleichen, hat sich der Sprache Petrarcas und Boccaccios bedient, so etwa in seinen *Rime* (1530), deren formales wie sprachliches Vorbild Petrarcas *Canzoniere* war. Diese Betonung des Rangs der italienischen Sprache führte dazu, daß bei Aldo Manuzio um 1500 die Werke Dantes und Petrarcas gleichrangig neben Editionen griechischer und römischer Texte erschienen und damit den Anspruch dokumentierten, der klassischen Literatur stehe inzwischen eine gleichwertige volkssprachliche Literatur gegenüber.

Neben Sonetten und Novellen bildeten die Burleske der makkaronischen Dichtung, der Schäferroman und das Ritterepos die wichtigsten Gattungen der italienischen Renaissanceliteratur. Der Schäferroman hatte in Boccaccios *Ninfale d'Ameto* eines seiner wichtigsten Vorbilder, welches von Jacopo Sannazaros *Arcadia* (1504) aber noch übertroffen wurde, das die Mode der Bukolik in Italien vollends etablierte und mit sechzehn Ausgaben im 16. Jahrhundert zu einem der erfolgreichsten italienischen Bücher überhaupt avancierte. Typisch für den Schäferroman ist die Form des Prosimetrums, die Mischung von erzählender Prosa und metrischen Gedichten, insbesondere Eklogen, Terzinen und Kanzonen, bei der in den Prosateilen die Liebesgeschichten der Rahmenhandlung erzählt und in den eingeschobenen lyrischen Teilen eben diese Liebesgeschichten besungen werden. Dabei bleibt die Bukolik letztlich handlungsarm, denn sie besingt einen traumähnlichen Zustand, der im Prinzip unverändert bleiben soll. Das gilt auch für den Schwebezustand der unerfüllten Liebe, die Anlaß zu immer neuen lyrischen Ergüssen bietet, die an die Stelle der Liebeserfüllung treten. An die von Sannazaro begründete Tradition knüpften zahlreiche der großen Renaissanceautoren in ganz Europa an: in Italien Torquato Tassos *Aminta* (1573) und Giovanni Battista Guarinis *Il pastor fido* (1590), in Spanien Miguel de Cervantes' *La Galatea* (1585) sowie Lope de Vegas *Arcadia* (1598), in Frankreich Honoré d'Urfés *L'Astree* (1607–27) und in England schließlich Sir Philip Sidneys *Arcadia* (1590–93), um nur die bekanntesten zu nennen.

Die Erneuerung der literarischen Tradition der Ritterepen setzte mit Luigi Pulci ein, dessen heroisch-komisches Ritterepos *Il Morgante* (1478) den Anfang einer Reihe von Ritterepen bildete, die sich von ihren mittelalterlichen Vorläufern durch eine parodistisch-burleske Grundeinstellung unterschieden, wobei sie das Erhabene mit dem Gewöhnlichen, heroisches Pathos mit intellektueller Ironie und humanistischen Bildungsoptimismus mit Abenteuerlust und Märchenhaftigkeit verbanden. Demgegenüber konnte sich der Roman in Italien nicht durchsetzen, was nicht zuletzt darin begründet war, daß die Literatur der Zeit von den kulturell dominanten Höfen geprägt wurde. Mit Ausnahme von Pulcis *Il Morgante* entstanden die großen italienischen Ritterepen der Renaissance, nämlich Matteo Maria Boiardos *Orlando innamorato* (1486), Ludovico Ariosts *Orlando furioso* (1532) und Torquato Tassos *Gerusalemme liberata* (1581), allesamt am Hof von Ferrara. Boiardo verknüpfte in seinem *Orlando innamorato* die Sagenkreise um König Artus mit den Sagen um Kaiser Karl und seinen Paladinen, und Ariost, der an Boiardo anknüpfte, fügte dem in seinem *Orlando furioso* eine Vielzahl weiterer Quellen hinzu, vervielfachte die Handlungsstränge und band sie nur noch in einem losen Geflecht zusammen. Grundthema war der Krieg gegen die Heiden, aber dessen Darstellung trat gegenüber den Liebeshändeln der Ritter, die einander wechselseitig zu Nebenbuhlern wurden, deutlich in den Hintergrund. Sperone Speroni hat Ariost deshalb vorgeworfen, er habe sich nicht an die aristotelische Einheit der Handlung gehalten und kein wahres Heldenepos geschaffen. Torquato Tasso verteidigte Ariost in seinen *Discorsi dell'arte poetica e in particolare sopra il poema eroico* gegen Speronis Kritik mit dem Argument, dieser habe kein Heldenepos, sondern einen Romanzo schaffen wollen, auf den die aristotelischen Regeln der Poetik nicht angewendet werden dürften. Für das Epos forderte er, seine Handlung müsse sowohl wahr als auch wahrscheinlich sein, weshalb es zwar auf historische Ereignisse zurückgehen, diese aber geschlossen gestalten müsse. Daneben müsse aber auch das Wunderbare seinen Platz haben, das die Leser liebten; um es aber mit dem Wahrscheinlichen zu verknüpfen, müsse der Dichter «il credibile maraviglioso», das glaubhaft Wunderbare, erfinden. Tasso gab mit dieser Dichtungstheorie das Programm für sein Versepos *Gerusalemme liberata* vor, dessen Handlung sich auf die Eroberung Jerusalems durch Gottfried von Bouillon im Jahre 1099 konzentriert, diese jedoch in den Liebesgeschichten der Ritter Tancredi und Rinaldo mit den klassischen Liebesmotiven und der Erzählung des Wunderbaren verknüpft.

Am engsten an die italienische Literatur der Renaissance schloß zweifellos die französische Literatur des 16. Jahrhunderts an, die gelegentlich als Ableger der italienischen bezeichnet wird, was vor allem auf die Lyrik, die Novellistik, die Dramatik und die Essayistik bezogen ist. Nicht zuletzt durch die Italienfeldzüge Karls VIII. kam Frankreich mit der italienischen Literatur der Renaissance in Berührung und übernahm von den Italienern den Stolz auf die eigene Sprache, wobei Autoren wie Jean Lemaire des Belges in seinen *Concorde des deux langaiges* (1511) zunächst lediglich die Gleichrangigkeit des Französischen mit dem Italienischen betonten, während spätere Autoren – nicht zuletzt unter dem Eindruck der Italianisierung des französischen Hofes – die Überlegenheit der französischen Sprache priesen, wie etwa Henri Estienne in seinem *Project du livre intitulé de la precellence des deux langaiges* (1579). Die daraus folgende Institutionalisierung des Französischen als nationale Dichtungssprache ging mit dem Zurückdrängen der Regionalsprachen, insbesondere des Okzitanischen, als Dichtungssprachen einher, was durch den Buchdruck, der ein ökonomisches Interesse an der Vereinheitlichung der französischen Literatursprache hatte, erheblich beschleunigt wurde.

An Boccaccios *Decamerone* lehnten sich zahlreiche französische Novellensammlungen an, von denen allein in der zweiten Hälfte des 16. Jahrhunderts mehr als fünfundzwanzig erschienen, unter ihnen die *Nouvelle récréations et joyeux devis* (1558) von Bonaventure Des Periérs, die durch ihre ironischen Ständebeschreibungen aus der Masse der Sammlungen herausragt. Eine Ausnahme bildet auch das *Heptaméron* (1559) der Margarete von Navarra; nicht nur, weil seine Verfasserin die Schwester des französischen Königs Franz I. und durch ihre zweite Ehe mit Henri d'Albret Königin von Navarra war, sondern auch, weil sie ihre um das Liebesthema kreisenden Novellen nutzte, um in der Rahmenhandlung unterschiedliche weltanschauliche Positionen darzustellen, die häufig im Dissens nebeneinander stehenblieben, ohne daß die Erzählerin deutend eingriff. Wie Boccaccio baute sie um ihre Novellen eine Rahmenhandlung, in der fünf Frauen und fünf Männer durch ein Unwetter gezwungen sind, sich in eine Abtei in den Pyrenäen zurückzuziehen und sich dort die Zeit mit dem Erzählen von Novellen zu vertreiben. Die einzelnen Erzählerinnen und Erzähler, hinter denen sich historische Personen verbergen, stattete sie dabei mit gegensätzlichen Charakteren aus und gab der Rahmenhandlung somit die Struktur von Dialogen, in denen unterschiedliche männliche und weibliche Perspektiven auf die Liebe als Gegenstand menschlichen Selbstverständnisses entwickelt werden konnten.

Die Lyrik war in Frankreich die am breitesten gefächerte literarische Gattung, aber ihre wichtigste Form war das eng an Petrarca angelehnte Sonett. Mehrere miteinander konkurrierende Dichterschulen, u.a. die nach Clément Marot benannte *école marotique*, das sich um Pierre de Ronsard und Joachim Du Bellay scharende Siebengestirn der sogenannten *Pléiades* sowie die Lyoner Dichterschule um Maurice Scève, wetteiferten um den ersten Rang. Alle orientierten sich gleichermaßen an Petrarca und wandten sich damit von der lyrischen Tradition der *Rhetoriqueurs* ab, die bis Ende des 15. Jahrhunderts die dominierende Dichterschule gewesen war. 1536 verfaßte Clément Marot das erste französischsprachige Sonett, und 1544 veröffentlichte Maurice Scève, der 1533 mit der Behauptung hervorgetreten war, er habe in Avignon das Grab der von Petrarca besungenen Donna Laura entdeckt, unter dem Titel *Délie, objet de plus haut vertu* einen eng an Petrarcas *Canzoniere* angelehnten Gedichtzyklus.

Der von den *Pléiades* vorgetragene Anspruch, ein Epos von nationalem Rang in der Tradition Homers und Vergils zu schaffen, das den Gattungsgesetzen der aristotelischen Poetik entsprach, scheiterte freilich. Pierre de Ronsard arbeitete zwar lange an seiner *Franciade*, die nicht zuletzt der deutschen Reichsidee eine überlegene französische Reichsgründungserzählung entgegensetzen sollte, aber es gelang ihm nicht, sein Werk zu vollenden. Das lag nicht zuletzt daran, daß der französische König Karl IX. Ronsard zwar mit der gut dotierten Abtei Saint-Cosme belehnte, ihm aber zahlreiche Auflagen für die Durchführung des Werkes machte, die von der Reimform bis zu einer Liste der aufzunehmenden Personen reichten. Außerdem erwies sich die Zeit der religiösen Auseinandersetzungen als wenig geeignet für eine Verherrlichung der Einheit der französischen Nation. Das Thema der Religionskriege wurde dagegen im Epos *Les Tragiques* von Agrippa d'Aubigné aufgenommen, der zwischen 1577 und 1589 das Martyrium der Calvinisten besang und damit der verlorenenen protestantischen Sache ein Denkmal in nahezu tausend Alexandrinern setzte. Es erschien freilich erst 1616 in Druck, als das Thema bereits an Aktualität verloren hatte.

Erfolgreicher und zukunftsträchtiger als das Epos war in Frankreich der Roman, dem mit Nicolas Herberay Des Essarts achtbändigem Ritterroman *Amadis de Gaule* (1540–48) einer der größten literarischen Erfolge des 16. Jahrhunderts gelang. Ähnlich wie in Spanien mit Cervantes' *Don Quijote* war es aber auch in Frankreich mit François Rabelais' *Gargantua et Pantagruel* eine Parodie der Ritterromane, die zum bedeutendsten Roman des Zeitalters wurde. Mit der Mischung aus humanistischer Gelehrsamkeit und derber Komik, grotesk-niedrigem und pathetisch-feierlichem Stil gelang Rabelais eine in der Literatur des 16. Jahrhunderts seltene Verbindung von Eliten- und Volkskultur.

Ähnlich wie in Frankreich übte das Sonett auch in England großen Einfluß aus, wobei die rezeptive Aneignung des Petrarcaschen Vorbilds in zwei Phasen erfolgte. Unter Heinrich VIII. ahmten die *courtly makers* erstmals einzelne Sonette des *Canzoniere* nach, von denen einige 1557 in einem Gedichtband erschienen, der das Sonett als neue lyrische Form etablierte; *Songes and Sonettes, written by the ryght honorable Henry Haward late Earle of Surrey, and other*, nach seinem Herausgeber gewöhnlich als *Tottel's Miscellany* bezeichnet. Es handelte sich um eine Sammlung von Gedichten zumeist adliger Verfasser, zu der Sir Thomas Wyatt und Henry Howard, Earl of Surrey, den größten Teil beisteuerten. Freilich hielten sie sich nicht strikt an die Petrarcasche Form, sondern prägten eine abgewandelte englische Form, die gewöhnlich als *Shakespearean Sonnet* bezeichnet wird. Diese erste Phase blieb zunächst jedoch relativ folgenlos, und erst mit der zweiten Phase in den achtziger Jahren setzte sich das Sonett als lyrische Form durch, wobei man nun nicht mehr nur einzelne Stücke schrieb, sondern sich an Petrarcas Modell des Sonettzyklus orientierte. Wirklich stilprägend wurde das italienische Sonett dann durch Edmund Spenser, der sich freilich nicht mehr unmittelbar an Petrarca, sondern an den französischen Petrarkisten wie Du Bellay orientierte. Den ersten englischen Sonettzyklus, *Astrophel and Stella*, verfaßte Sir Philip Sidney zwischen 1580 und 1584; er wurde jedoch erst 1591 als Raubdruck und 1598 in einer offiziellen Ausgabe veröffentlicht. Diese sukzessive Veröffentlichung ist bei den Sonettzyklen der Zeit häufig anzutreffen; oftmals kursierten die Gedichte zunächst handschriftlich im Kreis des Hofes, erschienen dann in Raubdrucken und wurden erst später von ihren Autoren oder auch posthum von Freunden oder Verehrern in Druck gegeben, was dazu führte, daß die Reihenfolge der Sonette innerhalb der Zyklen oftmals nicht eindeutig ist. In der Regel besangen die Sonettzyklen eine Liebe wie die Petrarcas zu Donna Laura, ohne freilich das Petrarcas *Canzoniere* zugrundeliegende Schema vom Liebesschmerz zur Trauer über die verstorbene Geliebte zu übernehmen. In Sidneys *Astrophel and Stella* endet der Zyklus vielmehr mit der Entfremdung der Liebenden, in Spensers *Amoretti* (1595) mündet er in die Ehe, die vordem als der eigentliche Tod der Liebe gegolten hatte, und in Shakespeares 1609 unautorisiert erschienen *Sonnets* ist die Konstellation von Anfang an eine völlig andere, denn das Liebeswerben zwischen Hoffnung und Verzweiflung gilt nicht einer Frau, sondern einem Mann, dem adligen Gönner des Sprechers, und die Eifersucht nicht einem imaginären Nebenbuhler, sondern einem Dichterrivalen und der Geliebten des Dichters, der *Dark Lady*, zu der sich auch sein Gönner hingezogen fühlt.

Wie auf dem Kontinent gehörte auch in England die Bukolik zu den wichtigsten Gattungsformen der Renaissanceliteratur, aber anders als in der italienischen Schäferdichtung pflegte man in England nicht nur das Ideal einer arkadischen Gesellschaft, die vom Liebesleid des Schäfers sang, sondern verband in Anlehnung an die spätmittelalterliche *Piers-Plowman*-Tradition das Leben des Schäfers mit teilweise scharfer sozialer und politischer Kritik. Auch Spenser, der schon von seinen Zeitgenossen als einer der wichtigsten Dichter der Zeit angesehen wurde, pflegte in seinem *Shepherd's Calender* (1579), mit dem er die englische Bukolik entscheidend geprägt hat, den einheimischen *plain style*, den er mit der kunstvollen kontinentalen Pastoraldichtung verknüpfte, und besang in seinen Eklogen nicht nur die heile Welt Arkadiens und die jungfräuliche Feenkönigin Elisa, sondern kritisierte den Machtanspruch der römischen Kirche, die Hierarchie der Staatskirche und die soziale Lage der wirklichen Schäfer und Bauern. Ähnlich politisiert war die Pastoraldichtung auch in Sir Philip Sidneys *Arcadia*, die in zwei Fassungen vorliegt, der erst 1907 wiederentdeckten *Old Arcadia* und der von Sidneys Schwester nach dessen Tod herausgegebenen *The Countess of Pembroke's Arcadia* (1593). Insbesondere in *The Countess of Pembroke's Arcadia* bildet das arkadische Umfeld mit der pastoralen Lyrik nur noch den Rahmen für die Diskussion brisanter ethisch-politischer Themen in Form langer Monologe und *débats*. Gleichzeitig bewegt sich die Pastorale hier auf den Roman zu, denn in Sidneys *Arcadia* wird nicht ein idyllisches Schäferdasein als Zustand beschrieben, sondern vielmehr die Ereignisse und Wirrungen, die sich innerhalb einer nach Arkadien geflüchteten oder verschlagenen Gesellschaft von Aristokraten ergeben.

Mit *The Faeirie Queene* (ab 1590), in deren Mittelpunkt Elisabeth I. als Feenkönigin steht, unternahm Spenser den Versuch, nach dem Vorbild Homers und Vergils und in Anlehnung an Ariost und Tasso ein englisches Nationalepos zu schaffen. Das großanlegte Werk, das wie Vergils *Aeneis* zwölf Bücher umfassen sollte, erschien in zwei Teilen 1590 und 1596, blieb jedoch Fragment und brach nach dem sechsten Buch ab. Die Zwölfzahl der Bücher nahm neben der Orientierung an Vergil die Zahl der Ritter der Artusrunde auf, von denen jeder mit seiner Aventiure eine der Aristoteles zugeschriebenen zwölf Tugenden verkörperte, die sich im Kampf gegen die Verkörperung des jeweiligen Lasters bewähren sollte. Spensers *Faeirie Queene* war insofern nicht nur als Nationalepos und Apotheose der politischen Ordnung unter Elisabeth, sondern auch als höfisches Erziehungsbuch in Form der allegorischen Erzählung gedacht. Ob die Verherrlichung der politischen Ordnung unter Elisabeth gelungen ist, ist jedoch fraglich; im fünften und sechsten Buch bleibt der Kampf der Tugenden der *Justice* und der *Courtesy* gegen die Laster letztlich erfolglos, und bezeichnenderweise hat Spenser sein Epos danach nicht fortgesetzt.

Eine ähnlich breite Ausarbeitung der klassischen Gattungen und eine vergleichbare Rezeption der italienischen Literatur fehlt dagegen in der deutschen Literatur der Renaissance, die insofern eine gewisse Randständigkeit innerhalb der europäischen Renaissanceliteratur einnimmt. Das zeigt sich auch daran, daß der Terminus Renaissance in der deutschen Literaturgeschichtsschreibung nur selten Verwendung findet und die Epochenbezeichnung Spätmittelalter geläufiger ist. Einer der Gründe für die nur schwache Entwicklung der Renaissanceliteratur in Deutschland war, daß hier die höfischen Zentren fehlten, die den Rahmen für Lyrik, Epik oder Novellistik hätten bilden können, welche in den Literaturen der europäischen Nachbarn eine so große Rolle spielten. Andererseits war die deutsche Literatur aber durchaus nicht von den Entwicklungen der europäischen Literaturen abgeschnitten; wo diese sich jedoch in freien Nachbildungen oder Neuschöpfungen der großen Werke der Antike oder der italienischen Vorbilder versuchten, beschränkte man sich in Deutschland zum großen Teil auf Übersetzungen. Insbesondere die deutschen Frühhumanisten des 15. Jahrhunderts, die während des Studiums in Italien oder auf den Konzilien mit dem italienischen Humanismus und seiner Literatur in Berührung gekommen waren, entfalteten eine rege Übersetzungstätigkeit. Diese Übersetzungen wurden jedoch für die Entwicklung der deutschen Literatur nicht prägend, was damit zusammenhängt, daß sie zu früh kamen, um traditionsbildend zu wirken. So übersetzte Erhart Grosz 1432 unter dem Titel *Grisardis* Petrarcas lateinische Novelle *Griseldis*, die auf eine Novelle in Boccaccios *Decamerone* zurückging, wobei er die Geschichte von der standhaften Ehefrau, die alle Prüfungen durch ihren hartherzigen Ehemann demutsvoll übersteht, in ein lehrhaftes Exemplum verwandelte, indem er der tugendhaften Heldin marianische Züge verlieh. Petrarcas Renaissancenovelle wurde damit in gewisser Weise vermittelalterlicht und in die Nähe der Legendendichtung gerückt. In anderen frühhumanistischen Übersetzungen, wie den 1478 erschienenen *Translationen* (auch *Translatzen* oder *Tütschungen*) des Niklas von Wyle, spielten Novellen nur eine untergeordnete Rolle; Wyle übersetzte hauptsächlich humanistische Reden und Traktate von Petrarca, Poggio Bracciolini und Enea Silvio Piccolomini. Schon 1462 übersetzt und danach in zahlreichen Neuauflagen verbreitet wurde auch Enea Silvio Piccolominis 1444 entstandene Novelle *Euryalus und Lucretia*, die als Lehrstück unglücklicher Liebe und mahnendes Beispiel männlicher Leichtfertigkeit galt. Im Zusammenhang dieser frühhumanistischen Übersetzungen entstand eine Diskussion über die an Übersetzungen zu stellenden Anforderungen, in der Niklas von Wyle im Vorwort zu seinen *Translationen* den Standpunkt vertrat, man müsse auf das genaueste, d. h. Wort für Wort, aus dem Lateinischen übersetzen, während Heinrich Steinhöwel, der unter anderem ebenfalls Petrarcas *Griseldis* sowie Boccaccios *De claris mulieribus* unter dem Titel *Von den synnrychen erlüchten wyben* übersetzt hat, die Auffassung vertrat, es dürfe nicht von «wort zuo wort», sondern müsse «von sin zuo sin getütschet» werden. Steinhöwel ging es demnach nicht um eine Latinisierung der deutschen Sprache, sondern um die belehrende Wirkung der von ihm in «ruigem verstentlichen tütsch» präsentierten Texte. Auch im 16. Jahrhundert waren Übersetzungen nach wie vor beliebt. So erschienen in Frankfurt zwischen 1569 und 1594 in 24 Bänden die *Hystorien von Amadis auß Franckreich*, die ein großer verlegerischer Erfolg waren, jedoch nicht zu einer Neubelebung des Ritterromans führten. Außerordentlich erfolgreich war aber auch eine andere, ebenfalls sehr freie und ausufernde Übersetzung, nämlich Johann Fischarts 1575 erstmals erschienene *Affentheurlich Naupengeheurliche Geschichtsklitterung* nach dem ersten Buch von Rabelais' *Gargantua*, das Fischart freilich durch die Einfügung ganzer Kapitel und Exkurse sowie durch nicht enden wollende Sprach- und Wortkaskaden auf den dreifachen Umfang erweiterte. Was schon bei Rabelais karnevalistisch und grobianisch war, wurde bei ihm zu einer hyperbolischen Groteske, zur absurden Sprachorgie, die nicht mehr, wie bei Rabelais, mit einem humanistischen Bildungsprogramm verknüpfbar war.

Auch die deutsche Literatur der Renaissance war also durchaus vom Humanismus beeinflußt, aber sie stand im 16. Jahrhundert stärker unter dem Eindruck der Reformation und der mit ihr einhergehenden konfessionellen Auseinandersetzungen. Dominierend waren daher jene literarischen Formen, die sich als Medium solcher Auseinandersetzungen eigneten, wie die Satire, oder als Bekenntnisschriften fungieren konnten, wie etwa die Autobiographie. Zu den wenigen deutschen Werken, denen eine europäische Wirkung zuteil wurde, zählt Sebastian Brants *Narrenschiff* (1494), das 1509 von Alexander Barclay unter dem Titel *The Shyp of Folys of the Worlde* in einer sehr freien und um nahezu das Dreifache erweiterten englischen Übersetzung präsentiert wurde, nachdem es zuvor schon ins Lateinische übersetzt worden war. Mit der Figur des Narren prägte Brant eine Gestalt, die für die sich krisenhaft zuspitzende, von scharfen Auseinandersetzungen und herber Standeskritik geprägte vorreformatorische Zeit hervorragend geeignet war, um in der moralischen Satire die Verkommenheit der Gegenwart zu beschreiben. Brants *Narrenschiff* traf damit offenbar einen Nerv der Zeit, denn es sollte für lange Zeit der größte deutsche Bucherfolg bleiben. Weitere Narren- und Schwankbücher waren die *Narrenbeschwörung* (1512) des Franziskanerpredigers Thomas Murner, in der der Narr vollends ins Böse und Sündhafte gesteigert wurde, sowie der in verschiedenen Fassungen aufgelegte *Dil Ulenspiegel*, dessen Verfasser wahrscheinlich Hermann Bote war, in dem der Narr als aggressiver Schalk und als Sinnbild der gestörten Ordnung auftrat. In loser Verbindung zu den Narrenbüchern, aber mit zumeist eher versöhnlicher Tendenz entstand eine Reihe von Schwankromanen, wie Jörg Wickrams *Rollwagenbüchlein* (1555) und das *Lalebuch* (1597) eines unbekannten Autors, das 1598 in einer Raubbearbeitung als Buch über die *Schiltbürger* verbreitet und unter diesem Titel bekannt wurde. Auch diese Schwanksammlungen oder -erzählungen zeichnete eine durchaus derbe Komik und ein gewisser Grobianismus aus, der aber weniger vom Bild der Sündenverworfenheit des Menschen als vielmehr von dessen Torheit ausging. Das wirkungsvollste Stück deutscher Prosaliteratur ist freilich der 1587 unter dem Titel *Historia von D. Johann Fausten* erschienene Prosaroman, der das Leben und den schlimmen Tod des Teufelsbündners Johann Faust schildert. Der sich noch nicht durch eine geschlossene Handlung auszeichnende Roman, der den Anspruch erhob, nicht fiktionale Erzählung, sondern wahrer Bericht – nämlich *Historia* – zu sein, stand in der deutschen wie europäischen Literatur zu dieser Zeit relativ allein, erwies sich aber schon bald als prägend.

Ähnlich gelagerte Probleme wie im Fall der deutschen Literatur ergeben sich – zumindest nach der Auffassung eines Teils der Literaturgeschichtsschreibung – auch für die spanische Literatur. So ist lange Zeit im Zusammenhang mit einer allgemein behaupteten kulturellen Verspätung Spaniens die Auffassung vertreten worden, die spanische Literatur sei vom Humanismus unbeeinflußt geblieben und habe folglich auch keine Renaissanceliteratur im eigentlichen Sinne hervorgebracht. Dabei ist aber übersehen worden, daß der aragonesische Hof in Neapel, an dem u.a. Lorenzo Valla wirkte, eine Verbindung zwischen dem italienischen Humanismus und der spanischen Literatur schon im 15. Jahrhundert herstellte. Auch in den spanischen *letras humanas* ging man bald davon aus, daß nur durch die Aufwertung der eigenen kastilischen Sprache eine wahrhafte Gleichstellung mit dem antiken Vorbild möglich sei; in dieser Hinsicht war der spanische Humanismus sogar wegweisend, denn mit seiner *Gramática sobre la lengua castellana* veröffentlichte Antonio de Nebrija 1492 die erste vollständige Grammatik einer romanischen Sprache, was er damit begründete, daß die Sprache immer mit dem Imperium gehe, mit ihm wachse, blühe und verfalle. Zeugnis dieses Sprachbewußtseins ist die Vielzahl von Übersetzungen großer Werke der Antike ins Spanische. Vorbild der Lyrik war auch hier Petrarca, von dem die spanischen Lyriker die Form des Sonetts und der Kanzone wie auch die Liebesthematik übernahmen. Mit den Lyrikern Garcilaso de la Vega und Juan Boscán und der von ihnen begründeten Sevillaner Dichterschule mit ihrem herausragenden Vertreter Fernando de Herrera wurde der Petrarkismus zum führenden Dichtungsstil. Allerdings blieb der bilderreiche und artifizielle petrarkistische Stil der Sevillaner nicht unwidersprochen; vielmehr entspann sich eine literarische Debatte zwischen den sogenannten *culteranos* und den *claros*, den Verfechtern einer hochartifiziell-hermetischen, nur wenigen zugänglichen Dichtkunst, deren Hauptvertreter Luis de Góngora y Argote war, und den Verfechtern einer schlichten und klaren Dichtkunst mit Fray Luis de Léon an der Spitze, der als das Haupt der Dichterschule von Salamanca betrachtet wird, und in seiner Nachfolge Lope de Vega und Francisco de Quevedo. Auch Léon war vom Humanismus beeinflußt, orientierte sich jedoch weniger an Petrarca als an Horaz und Vergil, die er ins Spanische übersetzte. In seiner Marienlyrik hat er die petrarkistische Liebeslyrik religiös umgedeutet.

Retrospektiv betrachtet, erscheint jedoch nicht die Lyrik, sondern der Roman, insbesondere Cervantes' *Don Quijote*, als der literarische Höhepunkt des *Siglo de Oro*, doch war dies keineswegs die Auffassung der Zeitgenossen. Der Roman galt insgesamt als problematische Gattung, weil er die Unterhaltung über die Belehrung stellte, und überdies galt er als frivol und der moralischen Erziehung des Lesers abträglich. Nichtsdestoweniger war einer Reihe von Romanen ein beträchtlicher Erfolg beschieden, insbesondere den Ritterromanen (*novelas de caballerías*), u.a. dem 1508 in der Fassung von Garcia Rodríguez de Montalvo erschienenen *Amadís de Gaula* und dem 1547 anonym erschienenen *Palmerín de Inglaterra*, die Cervantes als Vorlage für seine Parodie der Ritterromane dienten. Eine nicht weniger erfolgreiche Gattung waren die Schäferromane, die ähnlich wie die Ritterromane das idealisierte Bild einer untergegangenen Märchenwelt entwarfen. Sie erzählten jedoch nicht von Gefahren und Abenteuern, sondern von einer friedlichen, harmonischen Welt, einem Goldenen Zeitalter, das anders als das *Siglo de Oro* nicht von Gold und dem Streben nach Reichtümern, sondern von einer quasi-utopischen Bukolik geprägt wurde. Der berühmteste Schäferroman der Zeit war Jorge de Montemayors *Los siete libros de la Diana* (1559), der sich ursprünglich wie die gesamte Bukolik an ein adliges Publikum richtete, schon bald aber auch von einem breiten bürgerlichen, insbesondere weiblichen Publikum gelesen wurde. Mit seinem ersten Roman *La Galatea* hat sich auch Cervantes in dieser erfolgversprechenden Gattung versucht, dabei die Märchenwelt des Schäferromans aber konterkariert, indem er dem «literarischen» Schäfer Elicio den «echten» Schäfer Erastro gegenüberstellte. Lope de Vega nutzte in seiner *Arcadia* (1598) die bei Montemayor bereits angelegten Möglichkeiten des Schäferromans als Schlüsselroman und behandelte die Liebesnöte seines Mäzens, des Herzogs von Alba, in der Gestalt des Schäfers Anfriso.

Diesen beiden erfolgreichen Formen stand die *novela picaresca* konträr gegenüber, die am ehesten mit Schelmenroman zu übersetzen wäre. Ihr Held war kein edler Ritter, sondern ein von seinen wechselnden Herren schlecht behandelter und nicht zuletzt deshalb stets auf seinen eigenen Vorteil bedachter, auch vor Gaunereien nicht zurückschreckender Diener, der in der Ich-Form über sein Leben berichtet. Der 1554 anonym erschienene *Lazarillo de Tormes* war der erste Roman dieser Gattung, in der das Hungerleiderdasein mit seinen Nöten und Folgen beschrieben wurde. In keiner dieser Romanformen ging Miguel de Cervantes' *Don Quijote* auf, der als Parodie der Ritterromane auch das Milieu der einfachen Leute, der Bauern, der Schankwirte und Prostituierten vorführte und zugleich mit dem Fiktionscharakter des Romans als wahrer Bericht, als *historia*, spielte.

Dagegen hat die in der europäischen Literatur eher als randständig angesehene portugiesische Literatur der Renaissance sich mit Nachdruck und Erfolg am Projekt der Schaffung eines Nationalepos beteiligt. Die Erneuerung des klassischen Epos, das als die vornehmste der literarischen Gattungen betrachtet wurde, galt seit Boiardos *Orlando innamorato* in der vom Humanismus beeinflußten europäischen Literatur als höchstes Ziel literarischen Schaffens. Dazu galt es zunächst, geeignete Stoffe zu finden, welche mit den Stoffen der antiken Epen, die den Fall Trojas und die Gründung Roms behandelten, konkurrieren konnten. Schon 1491 hatte Angelo Poliziano erklärt, die Entdeckung des Seewegs nach Indien durch die Portugiesen sei ein geeigneter Stoff für ein großes Heldenepos, das den Schöpfungen der Antike gleichkommen könne, denn mit diesem Vorbild müsse man nicht auf die phantastischen Taten erfundener Helden zurückgreifen, sondern könne die wahren Heldentaten der Gegenwart besingen. Portugiesische Humanisten wie António Ferreira sahen in dem Stoff darüber hinaus den Vorzug, daß mit einem solchen Werk der Adel und die Würde der portugiesischen Sprache unter Beweis gestellt werden könnten. Beide Anforderungen erfüllte Luís de Camões mit den 1572 veröffentlichten *Os Lusíadas*. In zehn Gesängen schildert das Epos die Fahrt Vasco da Gamas nach Indien, die tosenden Stürme auf See, die Gefahren an der afrikanischen Küste, den Empfang in Indien, Bedrohungen und Abenteuer auf dem Rückweg und schließlich die triumphale Heimkehr. Camões verknüpfte dabei geschickt die Geschichte Portugals, die er seinen Helden dem indischen König schildern läßt, mit der heroischen Geschichte vom Widerstreit der olympischen Götter um den Helden, als dessen Beschützer Venus und Mars und als dessen Widersacher Bacchus auftreten. Durch Camões wurde Vasco da Gama zum Volkshelden, wenngleich es Camões nicht so sehr darum ging, die Taten eines einzelnen Helden, sondern die der ganzen Nation zu besingen, was schon durch den Titel, die Lusiaden, wie die Portugiesen nach ihrem Stammvater Lusus genannt wurden, deutlich wird. Zwar blieben die *Lusiaden* das nahezu einzige portugiesische Werk, das in die europäische Literaturgeschichte einging, aber sie waren immerhin auch das nahezu einzige gelungene Beispiel eines Nationalepos, während die italienischen Epen nur sprachlich dem nationalen Anspruch genügen konnten und die englischen und französischen Versuche scheiterten.

*Lit.:* P. Brockmeier: Lust und Herrschaft. Studien über gesellschaftliche Aspekte der Novellistik: Boccaccio, Sacchetti, Margarete von Navarra, Cervantes, Stuttgart 1972. – A. v. Cossart: Französische Renaissance. Frankreichs Literatur im 16. Jhdt., Frankfurt/M. 1984. – K. Garber: Europäische Bukolik und Georgik, Darmstadt 1976. – Ders. (Hrsg.): Nation und Literatur im Europa der Frühen Neuzeit, Tübingen 1989. – K. W. Hempfer (Hrsg.): Ritterepik der Renaissance, Stuttgart 1989. – B. Könnecker: Die deutsche Literatur der Reformationszeit, München 1975. – M. Pfister: Die frühe Neuzeit: Von Morus bis Milton, in: Englische Literaturgeschichte, hrsg. v. H. U. Seeber, 3. erw. Aufl., Stuttgart 1999, S. 43–148. – W. Röcke: Die Freude am Bösen. Studien zu einer Poetik des deutschen Schwankromans im Spätmittelalter, München 1987. – J. v. Stackelberg: Französische Literatur. Renaissance und Barock, Zürich 1984. – U. Suerbaum: Das elisabethanische Zeitalter, Stuttgart 1989. – G. Waller: English Poetry of the Sixteenth Century, London 1986.

→Boccacio; →Cervantes; →Faust; →Ferrara; →Humanismus; →Nation; →Petrarca; →Platonismus; →Rabelais; →Volkskultur.

## Luther, Martin
*(* 10. November 1483 in Eisleben, † 18. Februar 1546 in Eisleben)*

Luther ist die herausragende Gestalt der Reformation, zumal in Deutschland, wo er durch seine entschlossene Konfliktbereitschaft, seine Sprachgewalt und seine volkstümliche Art die große Anzahl seiner reformatorischen Mitstreiter überragt. Aber der historische Luther ist schon bald durch den Luther-Mythos überlagert worden, in dem einzelne Ereignisse, wie der Auftritt auf dem Wormser Reichstag oder das gegen die Wand geschleuderte Tintenfaß während des Wartburgaufenthaltes, zu einem unausgesetzten Ringen mit weltlichen Mächten und übernatürlichen Widersachern stilisiert worden sind. Folgt man dem Bericht des päpstlichen Nuntius Aleander, so wird auch die in der protestantischen Historiographie herausgestellte Einsamkeit Luthers vor den Würdenträgern des Reichs relativiert: «An dem selben Sonntage kam die Nachricht, daß Martin (Luther) gefangengenommen worden sei, und man murmelte sehr vernehmlich, daß wir die Anstifter der Tat seien. Wir schwebten in der größten Gefahr, da die Lutheraner das Volk mit der doppelten Behauptung aufwiegelten, daß Luther ein Mann voll des heiligen Geistes sei, und sodann, daß wir das ihm zugesicherte Geleit gebrochen hätten. (...) Man sprach die Drohung aus, daß, wenn sich die Nachricht bewahrheite, das Volk zuerst uns und dann alle Pfaffen in Deutschland erwürgen werde.» Aleanders Bericht zeigt, wie ein humanistisch gebildeter Italiener die Anfänge der Reformation in Deutschland wahrgenommen hat: als Auftreten eines charismatisch begabten Mönchs, der vor allem bei den Ungebildeten großen Zuspruch fand. In diesem Sinne hatte Papst Leo X. die *causa Lutheri* lange Zeit eher dilatorisch als «Mönchsgezänk» behandelt.

Luther hat sich selbst gerne als Bauernsohn dargestellt; tatsächlich war er der zweite Sohn eines kleinen thüringischen Bergbauunternehmers, der den sozialen Aufstieg des Vaters mit den Mitteln der Bildung fortsetzen und festigen sollte. 1501 nahm er an der Universität Erfurt das Philosophiestudium auf, erlangte 1502 das Bakkalaureat und 1505 den Grad eines Magister Artium. Unter dem Eindruck eines Gewitters, bei dem ein Weggefährte vom Blitz erschlagen wurde, brach er das auf Wunsch des Vaters gerade begonnene Jurastudium ab und trat in das Erfurter Kloster der Augustiner-Eremiten ein, wo er 1507 zum Priester geweiht wurde. 1508 begann er an der kurz zuvor neu gegründeten Universität Wittenberg das Studium der Theologie und lehrte dort zugleich Moralphilosophie. 1512 wurde er daselbst zum Doktor der Theologie promoviert und erhielt die Professur für biblische Theologie, die er bis zu seinem Lebensende innehatte.

1510/11 hielt sich Luther im Auftrag seines Ordens in Rom auf und lernte dort die säkularisierte Hofhaltung Papst Julius II. kennen. Auch wenn die Romerfahrung keine unmittelbare Glaubenskrise auslöste, so dürfte sie ihn in seiner späteren Kritik an der Papstkirche doch bestärkt haben. Für Luthers Entwicklung bedeutsamer war der Zweifel, daß durch die korrekte Befolgung der Mönchsregeln die Rechtfertigung vor Gott gefunden werden könne. Dieser Zweifel wurde durch Luthers eingehende Beschäftigung mit den Schriften des Augustinus verstärkt. Das Menschenbild Luthers, wie es in den reformatorischen Schriften hervortritt, ist zutiefst augustinisch geprägt: Bis in seinen innersten Kern hinein ist der Mensch verdorben und sündhaft. Luther widerspricht darin dem thomistischen wie dem humanistischen Menschenbild. Die Antwort auf seine

Frage nach der Rechtfertigung des Menschen vor Gott glaubte Luther schließlich in Röm. 1,17 gefunden zu haben; in seiner *Römerbriefvorlesung* hat er dies als die Barmherzigkeit Gottes begriffen, wobei – in der Sprache der Scholastik – dem Menschen nicht die aktive, sondern die passive Gerechtigkeit zukommt, also das Erstreben der göttlichen Gerechtigkeit durch deren Empfangen ersetzt wird. Es bedurfte freilich eines äußeren Anlasses, um Luthers inneren Glaubenskampf in eine äußere Rebellion zu verwandeln, und dieser Anlaß war die zunehmende Kapitalisierung der kirchlichen Heilsverwaltung durch die Praxis des Ablaßhandels. Der Ablaß ist die unmittelbare Verbindung zwischen Renaissance und Reformation.

1513 hatte Albrecht von Brandenburg zusammen mit der Priesterweihe das Erzbistum Magdeburg sowie die Administratur Halberstadt erhalten; ein Jahr darauf folgte noch das Erzbistum Mainz mitsamt Bischofsweihe. Aber für die damit verbundenen Pfründen sowie die Genehmigung der Ämterakkumulation sollte Albrecht erhebliche Summen an die Kurie erstatten. Leo X. übertrug ihm deshalb für acht Jahre die Erlaubnis zum Vertrieb des für den Bau der Peterskirche in Rom ausgeschriebenen Ablasses. Der Dominikanermönch Johann Tetzel organisierte dessen Verkauf mit dem berühmt-berüchtigten Spruch: «Wenn das Geld im Kasten klingt, die Seele aus dem Fegefeuer springt.» Ursprünglich hatte der Ablaß nur für Kirchenstrafen gegolten, war dann stillschweigend auf das Fegefeuer ausgeweitet worden, und verschiedentlich war auch die Vorstellung anzutreffen, man könne sich vermittels des Ablasses sogar von Höllenstrafen freikaufen. Luther wurde mit diesen Vorstellungen konfrontiert, als ihm bei der Abnahme der Beichte Ablaßzettel mit der Bemerkung vorgezeigt wurden, man brauche nunmehr «weder von Ehebruch, Hurerei, Wucher, unrechtem Gut noch dergleichen Sünde und Bosheit ablassen», denn durch den Ablaß seien auch zukünftige Sünden tilgbar. In den 95 Thesen, die Luther wider den Ablaßhandel formulierte und als Einladung zum öffentlichen Streitgespräch verschickte – daß er sie tatsächlich, wie Melanchthon berichtet, am 31. Oktober 1517 an die Tür der Schloßkirche von Wittenberg genagelt hat, ist eher unwahrscheinlich –, äußerte Luther erste Zweifel an der Macht der Kirche, die Sünden zu vergeben.

Luthers Botschaft fand große Resonanz. Umgehend erfolgte in Rom die Anklage wegen Ketzerei. Auf Vermittlung des kursächsischen Kanzlers Georg Spalatin kam es im Oktober 1518 in Augsburg zu einem Zusammentreffen Luthers mit dem Kardinallegaten Cajetan, einem hochgebildeten Mann, der als Verfasser theologischer Werke in der Tradition des Thomismus hervorgetreten war. Cajetan bestand auf der uneingeschränkten Schriftauslegungskompetenz des Papstes, Luther setzte dagegen sein *sola scriptura*: Allein die Bibel sei verbindlich, und wer ihr widerspreche, habe auch als Amtsinhaber keinen Anspruch auf Gehorsam. Zusammen mit dem *sola fide*, *sola gratia* seiner Rechtfertigungslehre, der zufolge Erlösung allein auf Glaube und Gnade beruht, standen damit die Grundprinzipien der reformatorischen Theologie fest. Cajetan war nach der Begegnung davon überzeugt, daß dies eine neue Kirche bedeutete. Aber Papst Leo X. wollte die *causa Lutheri* vorerst mit Rücksicht auf Friedrich den Weisen und seinen Einfluß bei der Wahl eines neuen Kaisers nicht energisch weiterbetreiben und hoffte, die Streitigkeiten im fernen Wittenberg würden sich von selbst beruhigen. Ein Treffen Luthers mit Leos persönlichem Gesandten Karl von Miltitz brachte keinen Erfolg, und die große Leipziger Disputation zwischen Luther und Johann Eck ließ den Konflikt weiter eskalieren: Auf die geschickten Einwände und Nachfragen Ecks erklärte Luther nämlich, nicht nur Päpste seien fehlbar, sondern auch Konzilien könnten sich irren. Damit hatte er die höchste Autorität der institutionell verfaßten Kirche in Frage gestellt.

«Ganz Deutschland ist in hellem Aufruhr», berichtete Aleander nach Rom. «Neun Zehntel schreien ‹Luther›, die übrigen, wenn ihnen Luther gleichgültig ist, schreien zumindest ‹Tod der römischen Kurie›; jedermann verlangt und schreit nach einem Konzil.» Luther hat diese Stimmung mit angeheizt, indem er 1520 in kurzer Folge seine drei großen Reformschriften veröffentlichte; zunächst das Sendschreiben *An den christlichen Adel deutscher Nation von des christlichen Standes Besserung*, in dem er zu einer landesherrlichen Reforminitiative aufrief und sich gegen Zölibat, Pilgerwesen, Heiligenverehrung, geistliche Orden sowie päpstliche Macht aussprach. In dem Traktat *Von der babylonischen Gefangenschaft der Kirche* bestritt er sodann den evangelischen Charakter der sieben Sakramente und ließ als solche nur Taufe und Abendmahl (sowie eingeschränkt die Buße) gelten; in der Schrift *Von der Freiheit eines Christenmenschen* schließlich entwickelte er den Gedanken, daß allein der Glaube, nicht aber die guten Werke, zur Erlösung führe; dieses *sola fide* aber wollte er nicht als Lizenz zur sittlichen Unverbindlichkeit, sondern als Aufforderung zur tätigen Mitwirkung an den tagtäglichen Aufgaben in Stand und Beruf verstanden wissen. Damit war die für die alte Sozial- und Glaubensordnung zentrale Unterscheidung von weltlichem und geistlichem Stand eingeebnet und die sakramentale Superiorität des Priesterstandes negiert.

Da Luther der Widerrufsforderung nicht nachkam, erfolgte seine Verurteilung als Ketzer durch die Bulle *Exsurge domine.* Damit traten Anfang 1521 Bann und Exkommunikation in Kraft. Mit dem Kirchenbann war im Prinzip die automatische Verhängung der Reichsacht verbunden, doch die politisch veranlaßte Ausnahmebehandlung Luthers setzte sich fort, und so folgte der Auftritt in Worms, in dessen Gefolge erst die Reichsacht verhängt wurde. Luther jedoch verschwand während der Rückreise, und die unterschiedlichsten Gerüchte über seinen Verbleib machten die Runde. Währenddessen begann er auf der Wartburg mit der Übersetzung des Neuen Testaments, das im September 1522 im Druck erschien. Zwischen 1522 und 1533 hat allein das Neue Testament 85 Auflagen erlebt; von Luthers Übersetzung der ganzen Bibel, an der u.a. auch Melanchthon mitgewirkt hat, wurden in einer Zeitspanne von fünfzig Jahren 100 000 Exemplare verkauft. Die Bibelübersetzung war ein bedeutender Beitrag zur Entwicklung einer einheitlichen deutschen Schriftsprache; Luther hat sich dabei der sog. sächsischen Kanzleisprache bedient, womit er sich von dialektalen Einfärbungen unabhängig machte; auch hat er, wie er in dem *Sendbrief vom Dolmetschen* (1530) erklärte, nicht auf eine wortwörtliche, philologisch detailgetreue Übersetzung, sondern auf prägnante und verständliche Sprachbilder Wert gelegt: In seiner Übersetzung sollte Gott deutsch zu den Deutschen sprechen. Der Einfluß, den die Bibelübersetzung auf die Entwicklung des Deutschen hatte, wurde noch verstärkt durch die zahlreichen Lieder, die Luther verfaßte und teilweise auch vertonte.

Auf dem Höhepunkt der Bauernkriegswirren heiratete Luther die entflohene Zisterziensernonne Katharina von Bora; diese Ehe, aus der fünf Kinder hervorgingen, wurde zum Vorbild des evangelischen Pfarrhauses: Katharina führte ein gastliches Haus, wodurch viele Wittenberger Studenten und Kollegen Luthers, u.a. Johannes Agricola, Johannes Aurifaber, Caspar Cruciger, Johannes Bugenhagen, Justus Jonas und Philipp Melanchthon, in engen Kontakt mit dem Reformator traten. Auch sorgte sie dafür, daß die abendlichen Zusammenkünfte mit den von Studenten festgehaltenen *Tischreden* Luthers zu einer festen Institution wurden.

Luthers politische Vorstellungen haben zu vielen Debatten Anlaß gegeben, in denen er u.a. für die Entstehung des deutschen Obrigkeitsstaates und die Formung einer spezifisch deutschen Untertanengesinnung verantwortlich gemacht worden ist. So ist im Luthertum die Insistenz auf dem individuellen Gewissen mit einer sich auf Röm. 13 stützenden Gehorsamsbereitschaft gegenüber der Obrigkeit eine eigentümliche Verbindung eingegangen. In seiner Schrift *Von weltlicher Obrigkeit* (1523) hat Luther der von Zwingli, Bucer und dann insbesondere Calvin vertretenen Auffassung eine Absage erteilt, die Macht des Staates könne und solle zur Verchristlichung der Gemeinschaft eingesetzt werden. Das gemeinreformatorische Anliegen der Verchristlichung hielt er nur auf dem Wege der Wortverkündigung für erreichbar, während er die Aufgaben der weltlichen Ordnung – darin zugleich in energischer Wendung gegen Täufertum und Antinomismus – auf die Herstellung äußerer Sicherheit beschränkt wissen wollte. Diese Lehre von den zwei Regimenten hat Luther freilich selbst relativiert, als er in seiner Vorrede zu der von Melanchthon verfaßten Schrift *Unterricht der Visitatoren* (1528) dem Landesherrn die Rolle eines *Notbischofs* zuwies, der in die Ordnung der christlichen Gemeinde eingreifen konnte.

Die letzten eineinhalb Jahrzehnte in Luthers Leben sind – gemessen an der vorangegangenen stürmischen Periode – eher ruhig verlaufen, von den sich häufenden körperlichen Beschwerden, insbesondere dem notorischen Steinleiden, abgesehen. Scheidepunkt war der Augsburger Reichstag, auf dem Melanchthon die Verhandlungen der Wittenberger führte, während der nach wie vor in Acht und Bann befindliche Luther von der sicheren Veste Coburg aus auf den Gang der Gespräche Einfluß zu nehmen suchte und immer wieder an Melanchthons diplomatischer Konzilianz verzweifelte. Im Unterschied zu seinem humanistisch geprägten Mitstreiter hat Luther auf der Eindeutigkeit und Unverhandelbarkeit der evangelischen Vorgaben bestanden. Dennoch bewunderte er Melanchthons Fähigkeit zur Systematisierung und wissenschaftlichen Präzisierung, und er war sich dessen bewußt, daß ohne Melanchthon dem reformatorischen Vorhaben kein dauerhafter Erfolg beschieden gewesen wäre. Melanchthon wiederum hat in Luther stets den «Wagenlenker Israels» gesehen.

*Lit.:* M. Luther: Werke. Kritische Gesamtausgabe, 115 Bde. in 4 Reihen, Weimar 1883/1970. – Martin Luther Studienausgabe, hrsg. von H.-U. Delius, Berlin 1979/1992, bisher 5 Bde. – M. Luther: Tischreden, hrsg. von K. Aland, Stuttgart 1993.

M. Brecht: Martin Luther, 3 Bde., Stuttgart 1981/87. – G. Ebeling: Luther. Einführung in sein Denken, Tübingen 1964 u.ö. – L. Febvre: Martin Luther, hrsg. von P. Schöttler, Frankfurt/M. / New York 1996. – M. Hürlimann (Hrsg.): Martin Luther, dargestellt von seinen Freunden und Zeitgenossen, Berlin 1933. – J. M. Kittelson: Luther, the Reformer, Minneapolis 1986. – B. Lohse: Martin Luther, München 1981. – H. A. Oberman: Luther, Berlin 1981. – H.-J. Prien: Luthers Wirtschaftsethik, Göttingen 1992. – G. Wolf (Hrsg.): Luther und die Obrigkeit, Darmstadt 1972.

→Aristotelismus; →Buchdruck; →Frömmigkeit; →Humanismus; →Judenfeindschaft; →Karl V.; →Menschenbild; →Päpste; →Reformation; →Universitäten.

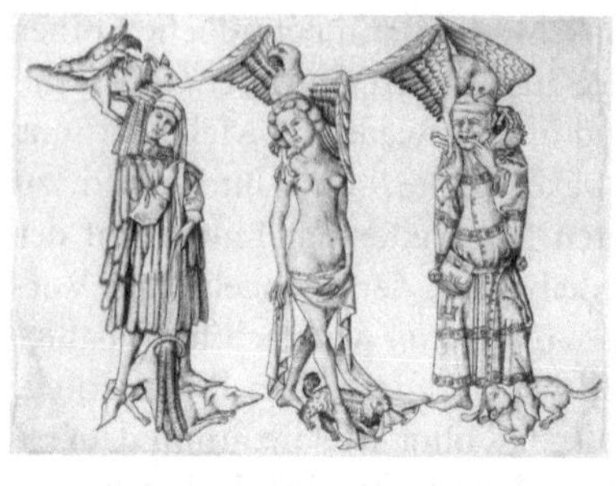

**Machiavelli, Niccolò**
*(* 3. Mai 1469 in Florenz,*
*† 22. Juni 1527 in Florenz)*

Der Streit über Machiavellis Person und sein Werk hat schon bald nach seinem Tod eingesetzt, und in mancher Hinsicht dauert er bis heute fort: Hat Machiavelli durch skrupellose Ratschläge bei der Verfolgung politischer Ziele die Politik verdorben, oder aber hat er bloß beschrieben und offen ausgesprochen, was längst der Fall war? Keine der zahlreichen Debatten über Machiavellis Einfluß auf die Politik ist als rein wissenschaftlich-akademische Diskussion geführt worden, sondern immer haben dabei auch politische Interessen und Vorlieben eine Rolle gespielt; in Auseinandersetzung mit Machiavellis politischem Denken und den darin enthaltenen Handlungsanweisungen sind die politischen Grundfragen späterer Epochen fokussiert worden. Nicht zuletzt dadurch sind Machiavellis politische Schriften zu einem der herausragenden Bezugspunkte in der Geschichte des politischen Denkens geworden.

Machiavelli hat die Leitidee der Renaissance, die Orientierung an einer als vorbildlich gedachten (römischen) Antike, am energischsten auf die Politik übertragen, wobei er – im Unterschied zu seinen Florentiner Vorläufern Salutati und Bruni – bestritt, daß die eigene Gegenwart dem antiken Vorbild bereits nahekomme, sondern er hob statt dessen die tiefe Kluft hervor, die Florenz von der römischen Republik trenne. Um so dringlicher sei es darum, sich nunmehr am römischen Vorbild zu orientieren. Gegen diesen Grundgedanken Machiavellis hat sich schon unter seinen Zeitgenossen entschiedener Widerspruch geregt. So wandte Francesco Guicciardini gegen Machiavellis Rom-Orientierung ein, dies seien gefährliche politische Träumereien, die über kurz oder lang in eine politische Katastrophe führen müßten, und Francesco Vettori hat sie wegen der mit ihnen verbundenen breiten politischen Partizipation des Kleinbürgertums abgelehnt. Die zeitgenössische Debatte über Machiavellis politische Ideen wurde also nicht mit moralischen Einwänden geführt, wie dies später der Fall war, sondern dreht sich um genuin politische Fragen, wie Realisierungschancen, politische Risiken und soziale Kosten dieser Ideen und Vorschläge. Dementsprechend ist Machiavelli zu seinen Lebzeiten auch nicht als Zerstörer der moralischen und rechtlichen Grundlagen der Politik, sondern als überzeugter und kämpferischer Anhänger der Republik angesehen worden.

Machiavelli, der einer Familie des verarmten Florentiner Landadels entstammt, war seit 1498 politischer Beamter der Florentiner Republik; er genoß das besondere Vertrauen des 1503 auf Lebenszeit zum Gonfaloniere gewählten Piero Soderini und erlangte so politischen Einfluß. Offenbar sahen auch die Gegner der republikanischen Ordnung in ihm den politischen Kopf der Republik, denn nach deren Sturz und der Rückkehr der Medici wurde neben Soderini nur Machiavelli aus seinen Ämtern entfernt. Wegen des (unbewiesenen) Verdachts der Beteiligung an einer antimediceischen Verschwörung wurde er eingekerkert und gefoltert. Im Zuge einer Amnestie kam er jedoch bald wieder frei, wurde aber aus Florenz verbannt und mußte sich auf sein Landgut zurückziehen. In der erzwungenen Politikabstinenz begann Machiavellis Karriere als politischer Schriftsteller; zwar hatte er zuvor bereits einige Berichte und Denkschriften verfaßt, aber die Texte, die ihn bekannt, berühmt und berüchtigt gemacht haben, sind erst nach seinem politischen Sturz entstanden. In einem Brief vom 10. Dezember 1513 erzählt er Vettori vom Leben auf dem Landgut und berichtet darin auch von der Arbeit an einem Buch, das später als *Il Principe* (gedruckt 1532) bekannt geworden ist. Er berichtet, wie er vormittags in ein Wirtshaus an der Straße nach Florenz gehe und sich nach politischen Neuigkeiten erkundige. Später beteilige er sich auch an Karten- und Würfelspielen mit dem Wirt, einem Metzger, einem Müller und zwei Ziegelbrennern, und man ergehe sich dabei in unendlichen Streitereien und Beschimpfungen. «So tief gesunken hebe ich den Kopf aus dem Staub und schütte mein Herz aus über die Niedertracht meines Schicksals, indem ich mich zufrieden zeige mit der Art, wie es mich niedertritt. Denn ich will doch sehen, ob es sich dessen nicht schämt.» Werde es aber Abend, ziehe er sich in sein Arbeitszimmer zurück und lese in den Schriften der großen römischen Historiker: «Ich werde von ihnen liebevoll aufgenommen, und hier nehme ich die Nahrung zu mir, die allein mir angemessen ist und für die ich geboren bin. Hier darf ich ohne Scheu mit ihnen reden, sie nach den Beweggründen ihres Handelns fragen, und menschenwürdig antworten sie mir. Vier Stunden lang werde ich dessen nicht müde, vergesse allen Kummer, fürchte die Armut nicht mehr und fürchte mich nicht vor dem Tod, so ganz fühle ich mich unter sie versetzt.»

Unter diesen Umständen sind der *Principe* und die *Discorsi* entstanden, wobei vor allem in den *Discorsi*, die als politische Reflexionen über die Darstellung der römischen Geschichte bei Titus Livius angelegt sind, der von Machiavelli beschriebene Tagesablauf zwischen Klassikerlektüre, der Erkundigung nach politischen Neuigkeiten sowie Alltagsgeschäften zum Ausdruck kommt: Die kritische Betrachtung des erfolgreichen wie mißlingenden Handelns römischer Politiker sollte dazu dienen, Lehren aus der Geschichte zu ziehen, und politische Akteure dazu befähigen, ihre Absichten und Ziele erfolgreich zu verfolgen. Am stärksten tritt dieser Grundzug in Machiavellis politischem Denken im *Principe* hervor, einer knappen Abhandlung über die Probleme, denen sich ein durch Glück und nicht durch eigene Tüchtigkeit an die Macht gekommener Politiker zu stellen hat. Das spätere Skandalon dieser Schrift besteht darin, daß Machiavelli Wortbruch, Täuschung, Verrat und sogar Mord als Mittel erfolgreichen politischen Agierens empfohlen hat. Auf diese Ratschläge bezieht sich, was später als Machiavellismus bezeichnet worden ist. Freilich hielt Machiavelli solches Handeln nur unter sehr eng definierten Umständen für ratsam und wollte den Politiker darauf festlegen, solche Mittel nur einzusetzen, um eine krisenhafte Entwicklung zu meistern und Umstände herzustellen, unter denen eine Rückkehr zur republikanischen Ordnung möglich war. Ebenfalls eng auf das römische Vorbild bezogen ist Machiavellis Schrift *Dell'arte della guerra* (1521), in der er eine am römischen Kriegswesen orientierte Reform des italienischen Militärs entwickelt hat. Dabei nahm er Konzepte auf, die er bereits in seiner Zeit als aktiver Politiker verfolgt hatte, als er die Florentiner Praxis des Anwerbens von Söldnertruppen beendet und statt dessen eine im Florentiner Territorium rekrutierte Miliz aufgestellt hatte. Die schwindende Bedeutung berittener Krieger und die wachsende Relevanz exerzierter Fußtruppen bildeten dabei den Angelpunkt seiner Überlegungen; die Bedeutung der Artillerie hat Machiavelli freilich weithin übersehen.

Neben kleineren Schriften, darunter auch einigen an Plautus angelehnten Komödien, sind weiterhin vor allem seine *Istorie Fiorentine* (1525), ein Abriß der Florentiner Geschichte von den Stürmen der Völkerwanderung bis zu Machiavellis Gegenwart, zu erwähnen, in denen er im Unterschied zu vorangegangenen humanistischen Historiographien der Stadt nicht die äußeren Erfolge, sondern die inneren Konflikte in den Mittelpunkt der Betrachtung stellte und dabei zu dem Ergebnis kam, Florenz hätte eine ähnliche Entwicklung wie Rom durchmachen können, wenn es seinen führenden Politikern gelungen wäre, die politischen Energien der Stadt zu bändigen und sich nicht in Bürgerkriegen aufreiben zu lassen. Auch hier tritt wieder als beherrschender Zug in Machiavellis Denken die Fixierung auf das ‹Entweder-Oder› hervor, die bei ihm die humanistische Grundfigur des ‹Sowohl-als-auch› abgelöst hat.

Seit den zwanziger Jahren erlangte Machiavelli zunehmend das Vertrauen der Medici und wurde mit einigen literarischen und politischen Aufträgen bedacht. Dann aber wurde die Herrschaft der Medici in Florenz 1527 mit dem Vormarsch der Truppen Karls V. auf Rom gestürzt und die Republik neu errichtet. Machiavelli hoffte auf einen Neubeginn seiner politischen Karriere; da er inzwischen jedoch im Ruf eines Parteigängers der Medici stand, verlor er die Wahl zu dem für die städtischen Befestigungen verantwortlichen politischen Beamten. Sein Gegenkandidat war Michelangelo Buonarotti. Wenige Wochen nach dieser Enttäuschung ist Machiavelli gestorben.

*Lit.:* Niccolò Machiavelli: Opere, hrsg. von Sergio Bertelli, 11 Bde., Mailand 1968–1982. – Ders.: Sämtliche Werke, hrsg. von J. Ziegler, 8 Bde., Karlsruhe 1832–1841. – Ders.: Discorsi, hrsg. von R. Zorn, Stuttgart

1966. – Ders.: Il Principe/Der Fürst, hrsg. von Ph. Rippel, Stuttgart 1986. – ders.: Politische Schriften, hrsg. von H. Münkler, Frankfurt/M. 1990. – ders.: Geschichte von Florenz, mit einem Nachw. von K. Kluxen, Zürich 1986.
A. Buck: Machiavelli, Darmstadt 1986. – Chr. Gil: Machiavelli. Eine Biographie, Solothurn / Düsseldorf 1994. – H. Münkler: Machiavelli. Die Begründung des politischen Denkens, Frankfurt/M. 1982 u.ö. – Ders.: Im Namen des Staates, Frankfurt/M. 1987. – G. Sasso: Niccolò Machiavelli, Stuttgart 1965.

→Condottieri; →Florenz; →Humanismus; →Menschenbild.

## Malerei

Die für die Renaissance charakteristische Bildkomposition und Maltechnik sind in Italien entstanden, zunächst in der nördlichen Toskana mit dem Zentrum Florenz, von wo sie sich allmählich ausbreiteten und in der ersten Hälfte des 16. Jahrhunderts in Rom ein weiteres Zentrum fanden. Manche Regionen Italiens haben die neue Bildauffassung bereitwillig übernommen bzw. sie eher umstandslos mit den eigenen Traditionen verschmolzen, während sich andere lange und heftig dagegen gesperrt haben. Als wohl prominentestes Beispiel hierfür ist das nur siebzig Kilometer von Florenz entfernte Siena zu nennen, das seit dem 13. Jahrhundert in einem politisch-kulturellen Gegensatz zu der Arnostadt stand. Sienas entschiedener Widerstand gegen die Florentiner Expansionsbestrebungen hatte offenbar in der Abweisung der in Florenz entwickelten neuen Bildsprache sein kulturpolitisches Pendant. Von wenigen Ausnahmen abgesehen – in der Monumentalität der Formen bei Domenico di Bartolo findet sich eine Auseinandersetzung mit dem Florentiner Stil, und die feierliche Strenge der Bilder Sassettas zeigt Einflüsse Piero della Francescas –, haben die Sienesen nicht nur an der Bildsprache der Internationalen Gotik, sondern auch an der biblisch-religiösen Orientierung der Bildthemen festgehalten. Die von Pinturicchio 1507 gemalten Fresken in der Sieneser Dombibliothek mit Szenen aus dem Leben Enea Silvio Piccolominis wurden von dessen Neffen in Auftrag gegeben und bilden in der Bemalung großer Flächen mit historischen Themen trotz ihrer eher nordeuropäisch anmutenden Kleinteiligkeit in der Bildgestaltung einen Fremdkörper in der Sieneser Malerei.

Das wirft die grundsätzliche Frage nach den sozialen Trägern der neuen Bildauffassung wie des Widerstands gegen sie auf. So ist von dem Kunsthistoriker Frederick Antal die Auffassung vertreten worden, es sei vor allem die geldvermittelte Rationalität der Großkaufleute gewesen, die die perspektivische Konstruktion des Raumes oder die klare Zeichnung der Figuren begünstigt und gefördert habe, während die mittleren Schichten der Gesellschaft eher an der traditionellen Bildsprache der Gotik festgehalten hätten. Auch wenn sich der behauptete Zusammenhang zwischen der in Florenz dominierenden sozialen Gruppe und der entsprechenden Bildsprache nicht zwingend aufweisen läßt, ist doch auffällig, daß sich die neue Bildauffassung in den von großen Florentiner Kaufmannsfamilien gestifteten und unterhaltenen Kapellen entwickelt und durchgesetzt hat; in der *Brancacci-Kapelle* von Santa Maria del Carmine, wo Masolino und Masaccio zwischen 1424–1428 einen Freskenzyklus mit Szenen aus dem Leben des Petrus geschaffen haben, der in der Kunstgeschichte allgemein als Beginn der Renaissance-Malerei gilt; in der *Sassetti-Kapelle* von Santa Trinità und der *Tornabuoni-Kapelle* von Santa Maria Novella, die von Ghirlandaio mit Szenen aus dem Leben des heiligen Franziskus (1482/83–1485) bzw. der Maria und Johannes des Täufers (1486–1490) ausgemalt wurden und bei denen die Auftraggeber, Francesco Sassetti und Giovanni Tornabuoni, beides Bankiers und Großkaufleute, auf das Bildprogramm starken Einfluß genommen haben; schließlich in der *Strozzi-Kapelle* von Santa Maria Novella, die von Filippino Lippi im Auftrag des Bankiers Filippo Strozzi mit Szenen aus dem Leben des Evangelisten Johannes sowie des Apostels Philippus (1487–1502) freskiert worden ist. Außer den Familienkapellen der städtischen Kirchen waren die Villen der großen Familien auf dem Lande ein Ort, an dem sich die neue Bildsprache der Renaissance entwickelt und durchgesetzt hat. Ein Beispiel hierfür sind Andrea del Castagnos Darstellungen berühmter Männer und Frauen in der *Villa Carducci* in Legnaia (um 1450). Filippo Carducci und sein Neffe Andrea, die als Auftraggeber dieses Zyklus in Frage kommen, waren erfolgreiche Großkaufleute und bekleideten in Florenz eine Reihe einflußreicher politischer Ämter.

Daß kaufmännische Rationalität freilich nicht eo ipso zur rationalen Bildsprache der Frührenaissance tendierte oder sich mit ihr verband, zeigt Venedig, wo man sich fast während des ganzen 15. Jahrhunderts an der Internationalen Gotik orientierte, obwohl Venedig – im Unterschied zu Siena – eine von Bankiers und Fernhandelskaufleuten dominierte Stadt war. Offenbar haben beim Aufstieg und Durchbruch der neuen Bildsprache neben der Kaufmannsrationalität weitere Faktoren eine wichtige Rolle gespielt. Bemerkenswert ist in diesem Zusammenhang, daß die Großkaufleute Nordwesteuropas eher kleinformatige Bilder präferierten, die sie in ihren Privaträumen aufhängen konnten. Dagegen haben die italienischen Auftraggeber sehr viel stärker auf großformatige, öffentlich oder doch halböffentlich präsentable Bilder Wert gelegt, die nicht an privatem Kunstgenuß, sondern der Mehrung des Ruhms der Familie und ihrer Klienten oder Protegés orientiert waren. Dies findet sich in Nordwesteuropa ebenfalls in der Stiftung großer Altarbilder, aber die Stifter bleiben auf diesen Bildern buchstäblich randständig, während sie in Italien im 15. Jahrhundert ins Bildzentrum rücken und auf den Fresken der Familienkapellen oft im Mittelpunkt des Geschehens stehen. Vor allem Ghirlandaios Fresken sind voll mit Porträts von Zeitgenossen, die der Patronatsfamilie der Kapelle und ihrem Beziehungsnetz angehörten. So zeigt die *Bestätigung der Ordnungsregel* in der Sassetti-Kapelle im rechten Bildvordergrund Lorenzo de' Medici, der von Francesco Sassetti und seinem Sohn Federigo sowie Antonio Pucci, einem weiteren Parteigänger der Medici, flankiert wird. Francesco Sassetti leitete die Florentiner Zentrale der Medici-Bank; indem er Ghirlandaio beauftragte, die Medici in die Darstellung seiner Familie aufzunehmen, ließ er sie nicht nur in die Fürbittgebete der Kapelle einschließen, sondern bezog sie auch in die Memorialfunktion der Kapelle ein, was eine Unterstützung der Medici wie Dank für ihre Protektion darstellte. Ähnliches gilt für das Bildprogramm der Tornabuoni-Kapelle. Es war die Art des politischen Machtkampfs, wie sie in Florenz mit den Mitteln der ‹Investitionen in die Kultur› ausgetragen wurde, die die neue Bildsprache der Renaissance begünstigt und befördert hat.

Neben diesen politisch-kulturellen Aspekten, in denen sich Florenz nicht nur von Nordwesteuropa, sondern auch von Venedig unterschied, haben freilich auch die jeweils gebräuchlichen Maltechniken für die Entwicklung der Bildsprachen im flämisch-niederländischen und im oberitalienischen Raum Bedeutung gehabt. Im flämisch-niederländischen Bereich herrschte die Ölfirnistechnik vor, in der die Farbpigmente auf Ölbasis gebunden wurden, was eine feinstrukturierte Oberflächenbehandlung ermöglichte, durch die selbst auf kleinen Bildern winzige Details darstellbar waren; dagegen war in Italien die Temperatechnik vorherrschend, bei der die Farbpigmente mit Eigelb gebunden wurden, was eine andere Form der visuellen Wahrnehmung zur Folge hatte: eine infolge gröberer Oberflächenbehandlung starke Tendenz zu großformatigen Figuren, die sich durch physische Kraft und Monumentalität auszeichneten. Auch die in Italien gebräuchliche Freskotechnik, das Malen auf frisch aufgetragenem Putz, was besonders langlebige Bilder hervorbrachte, hat eher eine großformatige als eine fein ziselierte Maltechnik begünstigt. Das zeigt sich nicht erst in den gewaltigen Gestalten, wie sie Michelangelo in der Sixtinischen Kapelle gemalt hat, sondern am eindrucksvollsten vielleicht in Luca Signorellis Fresken *Die Auferstehung des Fleisches*, *Die Erwählten werden von Engeln gerufen* und *Die Qualen der Verdammten in der Hölle* (1499–1503) in der *Cappella Nuova* des Doms von Orvieto. Die Fülle der von Signorelli gemalten Aktgestalten zeigt nicht nur sein Interesse an der Anatomie des Menschen, dem Muskelaufbau des menschlichen Leibes und seiner wohlproportionierten Gestalt, sondern in der Darstellung des grausamen Schmerzes, den die Teufel den Verdammten zufügen, auch unendliche Variationen grober Gestik und Mimik, wie sie in der Freskotechnik darstellbar waren.

Gegen eine monokausale Herleitung der neuen Bildsprache der Renaissance aus der rationalistischen Weltsicht der Großkaufleute spricht aber auch, daß es neben den von Masaccio geschaffenen Fresken der Brancacci-Kapelle in Florenz einen davon weitgehend unabhängigen weiteren Anfang der neuen Bildsprache gab, und der fand nicht im städtischen Rahmen von Florenz, sondern in der höfischen Atmosphäre Mantuas statt: Andrea Mantegnas mit großer Entschiedenheit erfolgte

Hinwendung zur antiken Formenwelt hat Gestalten von großer Plastizität und Härte hervorgebracht, die – trotz einer gewissen Beeinflussung Mantegnas durch Donatello und Piero della Francesca – eine Weltsicht entwickeln, die sich deutlich von der der Florentiner Maler unterscheidet; deren Hauptrepräsentanten in der zweiten Hälfte des 15. Jahrhunderts, Ghirlandaio und Botticelli, bringen entweder, wie Ghirlandaio, die Selbstgewißheit und Selbstzufriedenheit eines saturierten Großbürgertums zum Ausdruck, dem die Welt gefällig und vor allem ohne tiefe Spannungen und Risse erscheint, oder sie tendieren zu einer Spiritualisierung und mythischen Verrätselung der Welt, wie Botticelli, in der die Schwere der Materialität neoplatonisch sublimiert wird. Dagegen hat Mantegna, der die meiste Zeit seines Lebens als Hofmaler der Gonzaga tätig war, eine Weltsicht von harter Plastizität entwickelt, die sich gleichermaßen gegen Vergeistigung wie gegen selbstzufriedene Abbildlichkeit sperrte. Deutlich wird dies in Mantegnas ungewöhnlichstem Bild, dem Leinwandgemälde *Der tote Christus* (1480), das in der jähen Verkürzung des rücklings auf einem Salbstein liegenden Christus verschiedentlich als Entwürdigung des Gekreuzigten wahrgenommen worden ist. Das kann sich kaum auf die Darstellung des toten Körpers beziehen, denn in der Darstellung des gequälten, geschundenen Leibes ist Matthias Grünewald in den Bildern des Isenheimer Altars sehr viel weiter gegangen. Aber Grünewald hat die Überwindung des Todes, die Transzendenz des Körperlichen, mitgemalt, und selbst die auf der Predella dargestellte Grablege Christi weist ikonographisch auf die Auferstehung und Verklärung voraus, während bei Mantegna nur der Körper eines Hingerichteten im fahlen Licht der Grabkammer ohne jeden heilstheologischen Verweisungszusammenhang dargestellt ist.

Daran ändert auch die jüngst vorgeschlagene Interpretation nichts, die in Mantegnas Bild vor allem eine Darstellung des Salbsteins und des Salbgefäßes sehen will, die mit der Eroberung Konstantinopels als Reliquien verlorengegangen waren. Danach verweist der Körper des toten Christus nicht auf die Erlösung, sondern auf diese Reliquien, und die Botschaft des Bildes ist nicht eine Veranschaulichung der christlichen Heilstheologie, sondern der Aufruf zum Kreuzzug und zur Rückeroberung der heiligen Stätten. Überhaupt ist in der jüngsten Zeit häufiger vorgeschlagen worden, unklare ikonographische Bezüge und Bildaussagen unter Verweis auf den Schock, den die Eroberung Konstantinopels und der Untergang des byzantinischen Reiches im Westen hinterlassen haben, und die daraufhin einsetzende Kreuzzugspropaganda aufzuklären. Tatsächlich ist die Bedeutung der Idee einer Wiederaufnahme der Kreuzzüge, wie sie vor allem von Enea Silvio Piccolomini nach seiner Papstwahl betrieben worden ist, in dem von der Kulturgeschichtsschreibung entworfenen Bild der Renaissance lange unterschätzt worden. Vor allem einige Bilder Piero della Francescas konnten unter Hinweis auf die in den späten fünfziger und sechziger Jahren des 15. Jahrhunderts zirkulierende Kreuzzugsidee ikonographisch gedeutet werden. So spielt etwa das Fresko *Die Schlacht Konstantins gegen die Barbaren an der Donau* in Pieros Zyklus *Die Legende des heiligen Kreuzes* (1452–1466) in der Hauptchorkapelle von San Francesco in Arezzo, die einen Sieg dargestellt, den Kaiser Konstantin über in das Römische Reich eingedrungene Wandervölker errungen hat, auf ein erfolgreiches Gefecht von Kreuzrittern im Jahre 1456 an, in dem sie die Türken am Überqueren der Donau gehindert haben. Noch deutlicher tritt der Kreuzzugsappell in Pieros Gemälde *Die Geißelung Christi* (1458–60) hervor, das im rechten Vordergrund drei Männer in zeitgenössischer Kleidung zeigt, die in ein Gespräch miteinander vertieft sind und keine Notiz von dem Geschehen nehmen, das sich im linken Bildhintergrund abspielt: die Geißelung des an eine Marmorsäule gefesselten Christus, der eine als byzantinischer Kaiser identifizierte Person tatenlos zusieht. Das Martyrium Christi steht für das Leiden der Christenheit im östlichen Mittelmeer und auf dem Balkan infolge des unaufhörlichen Vordringens der Türken, dem ein machtloser Kaiser in Konstantinopel und ein politisch desinteressierter Westen keinen Widerstand bieten.

Über der Auseinandersetzung mit der neuen Formensprache der Renaissancemalerei und ihrem kompliziert verschlungenen Spiel mit klassischen Themen und Motiven der antiken Mythen ist der politische Gebrauchswert vieler Bilder in den zeitgenössischen Konflikten häufig übersehen worden; statt dessen wurden sie einer von Machtkämpfen und ideologisch-propagandistischen Selbstdarstellungen überhobenen Sphäre der Kultur zugeordnet, in der sie dann als Kunst im Sinne eines interesselosen Wohlgefallens rezipiert werden konnte. Erst in jüngerer Zeit ist die politische Funktion der Bilderproduktion in der Renaissance stärker in den Mittelpunkt der Interpretationen gerückt worden. Neben der bereits angesprochenen Kreuzzugspropaganda gehören dazu die ebenfalls schon erwähnten politisch motivierten «Investitionen in die Kultur», wie sie sich in der Ausmalung der Familienkapellen in den größeren Kirchen von Florenz (sowie anderer republikanisch verfaßter Städte), aber auch in den kunstpolitisch-mäzenatischen Aktivitäten der Herrscherfamilien Este in Ferrara, Gonzaga in Mantua und Montefeltre in Urbino finden. Die Tätigkeit Mantegnas in Mantua, die an das von Alberti geleitete Bauprogramm anschloß und in der ersten Hälfte des 16. Jahrhunderts in den Freskenzyklen Giulio Romanos im Palazzo del Tè (1526–35) – einer erzählerischen Abfolge humanistisch verrätselter Allegorien und Mythen, die in der gemalten Katastrophe der *Sala dei Giganti* ihren Höhepunkt findet – fortgesetzt wurde, diente nicht zuletzt der glanzvollen Prachtentfaltung an einem eher kleinen Fürstenhof, der politisch-strategisch im Expansionsbereich mehrerer italienischer und europäischer Mächte lag. Die politische und ökonomische Schwäche der Gonzaga sollte kulturell kaschiert werden, und dazu hat Mantegna einen nicht unerheblichen Beitrag geleistet. Eines seiner bedeutendsten Werke ist die Ausmalung der *Camera degli Sposi* (beendet 1474) im Palazzo Ducale, einem eher kleinen Raum, der offenbar für zeremonielle Vorgänge genutzt wurde. Wahrscheinlich sind in ihm die Vertrags- und Eheschließungen der Mantuaner Hofgesellschaft protokolliert und besiegelt worden. In seinem Deckenfresko jedenfalls hat Mantegna den Raum nach oben illusionistisch geöffnet und junge Männer und Damen sowie geflügelte Putten dem Geschehen als Zeugen beiwohnen lassen. Im Zentrum des Bildprogramms aber steht ein Fresko Lodovico Gonzagas im Kreise seiner Familie und umgeben von Höflingen, das den Markgrafen just in dem Augenblick zeigt, in dem ihm ein Brief gebracht wird, der ihn aus der ruhigen Atmosphäre familial-höfischen Lebens herausreißt und in die Welt seiner öffentlichen Aufgaben und Pflichten zurückführt.

Mantegnas Bildprogramm zeigt einen fürsorglichen Landesherrn, der ununterbrochen für das Wohl seines Landes tätig ist.

Die Besonderheiten der venezianischen Bildauffassung lassen sich durch einen Vergleich der Bilder Mantegnas mit denen von Gentile und Giovanni Bellini konturieren, auch darum, weil Mantegna durch die Ehe mit Nikolosia Bellini mit den beiden verschwägert war und es zwischen ihnen einen ständigen Austausch gegeben zu haben scheint. So hat Giovanni Bellini eine Reihe von Szenen gemalt, die auch von Mantegna bearbeitet worden sind, u.a. *Christus in Gethsemane* (Mantegna 1455, Bellini 1459). Mantegnas schroffer Landschaftsdarstellung mit einer klassisch-antiken Stadtdarstellung im Hintergrund hat Bellini eine freundlich-weiche Hügellandschaft gegenübergestellt, die von mildem Licht erleuchtet wird und in der eine ruhige, gelassene Abendstimmung vorherrscht. Der für die venezianische Malerei immer wieder geltend gemachte Vorrang der Farbe gegenüber der Zeichnung ist auch hier gut zu erkennen. Seit dem Beginn des 15. Jahrhunderts hat Venedig eine Mittlerrolle zwischen der Bildauffassung der Flamen und Niederländer und der Bildsprache der Florentiner eingenommen, wobei es sich zunächst noch weitgehend rezeptiv und um Ausgleich der konträren Vorstellungen bemüht gezeigt hat, bis es im 16. Jahrhundert dann mit Giorgione, Tizian, Tintoretto und Veronese eine eigenständige Bildsprache entwickelte und international zur Geltung brachte. Für das 15. Jahrhundert freilich ist in Venedig ein Hang zur Repräsentation und eine starke Distanz gegenüber Handlung und Erzählung festzustellen. Die Führungsrolle Venedigs in der europäischen Malerei beginnt mit der Zeit der Repräsentation. Da aber geht die Epoche der Renaissance bereits zu Ende, und der Manierismus leitet zum Frühbarock hinüber.

Die Malerfamilie Bellini, bestehend aus Vater Jacopo und den Söhnen Gentile und Giovanni, hat die venezianische Malerei im 15. Jahrhundert zusammen mit der Werkstatt von Giovanni d'Alemagna und Antonio Vivarini beherrscht. Während Giovanni d'Alemagna als Vermittler niederländischer Elemente fungierte und die konservativ-ornamentale Grundanschauung der venezianischen Kunst fortführte (Bartolomeo Vivarini, Lazzaro Bastiani und Carlo Crivelli sind ihm darin gefolgt), haben die Bellini – Jacopo war ein Schüler Gentile da Fabrianos – einen wichtigen Beitrag zur Vermittlung der florentinischen Formensprache und ihrer narrativen Bildauffassung nach Venedig geleistet. Gentile und Giovanni Bellini haben gemeinsam Historienbilder für die *Sala del Maggior Consiglio* im Dogenpalast gemalt, die jedoch bei dem verheerenden Brand im Jahre 1577 vernichtet wurden. Trotz ihrer langjährigen Zusammenarbeit haben die beiden unterschiedliche Sichtweisen entwickelt: Während Gentile in seinen durch große Schärfe und Klarheit gekennzeichneten Gemälden einen ironisch-boshaften Blick erkennen läßt und seine Bilder, die nicht das Ideale und Allgemeine, sondern das Individuelle zeigen, auf die Durchdringung des Dargestellten hin angelegt sind (ein Beispiel hierfür ist seine *Prozession auf der Piazza San Marco*, 1496), war Giovanni auf der Suche nach der Schönheit der Welt und dem Glück stiller und friedlicher Betrachtung. Höhepunkt dessen ist seine *Sacra Conversazione* von 1505. Das Motiv der *Sacra Conversazione*, einer Darstellung der Maria mit Jesuskind und Heiligen, war insbesondere in der venezianischen Malerei des 15. und 16. Jahrhunderts sehr beliebt und hat von hier aus, wahrscheinlich zurückgehend auf den Italienaufenthalt Rogier van der Weydens, auch nördlich der Alpen Verbreitung gefunden.

Die venezianische Malerei hat insgesamt eine geringere politische Rolle gespielt als die florentinische oder auch die an den kleinen Fürstenhöfen: Venedig war eine seit Jahrhunderten bestehende Republik, die nicht die geringsten Selbstzweifel hinsichtlich ihrer Legitimität wie ihrer zukünftigen Bedeutung hatte, weswegen dagegen auch nicht mit bildlichen Mitteln angegangen werden mußte, und Faktionskämpfe, in denen Kunstwerke eine Rolle hätten spielen können, gab es in Venedig nicht. Freilich hat sich auch hier, nicht zuletzt unter Florentiner Einfluß, eine politisch aufgeladene Historienmalerei entwickelt, aber die blieb fest unter der Kontrolle des Staates. Die auch vom Format her großen Gemälde Tizians, Tintorettos und Veroneses, die die eher kleinformatigen Bilder des 15. Jahrhunderts ablösten, hatten ihren Platz in den Kirchen Venedigs, in den Gebäuden der *Scuole* oder im Dogenpalast: Jacopo Tintorettos zahlreiche Schlachtenbilder, in denen die militärischen Triumphe der Seerepublik verherrlicht werden, die Darstellung der bedeutenden Rolle, die Venedig im Konflikt zwischen Kaiser Barbarossa und Papst Alexander III. gespielt hatte, durch Federico Zuccari und Jacopo Palma il Giovane, weiterhin Paolo Veroneses *Apotheose Venedigs* (1583), Francesco Bassanos *Übergabe des hl. Schwerts durch den Papst an den Dogen* (1584–87) und schließlich Jacopo Palmas *Allegorie der Liga von Cambrai* (1590–95) sind allesamt für den Dogenpalast gemalt und standen während ihrer Entstehung unter der Kontrolle der dafür zuständigen Instanzen der Republik. Hinzu kamen die Votivbilder einzelner Dogen, die freilich so definiert waren, daß darin nicht die überragende Bedeutung der Person, sondern ihr Dienst für das Wohlergehen der Republik dargestellt wurde.

Dagegen hat sich das Verhältnis zwischen Kunst und Politik in Florenz von vornherein anders entwickelt: Gentile da Fabrianos *Anbetung der Könige* (1423), ein Bild, das eine dichte Erzählhandlung mit einer prachtvollen Oberfläche verbindet, wurde im Auftrag Palla Strozzis, des damals reichsten Bürgers der Stadt, für die Familienkapelle in Santa Trinità geschaffen. Dabei ist der Stifter nicht in einer Randposition des Bildes verblieben, von der aus er das dargestellte Geschehen andächtig beobachtet, sondern selbst zum Teilnehmer des Geschehens geworden: Palla Strozzi und sein Sohn Lorenzo befinden sich hinter dem jüngsten der drei Könige, herausgehoben zudem durch den Falken auf Pallas Hand, der als Wappen fungiert. Das Gegenbild hierzu ist Benozzo Gozzolis *Zug der hl. drei Könige nach Bethlehem* (1459) in der Hauskapelle des Medici-Palastes, das im Auftrag Piero de' Medicis entstanden ist. Natürlich steht im Hintergrund die Rivalität zwischen den Medici und den Strozzi, die in den zwanziger Jahren des 15. Jahrhunderts begonnen und sich durch ein Jahrhundert Florentiner Geschichte hindurchgezogen hat. Wie die Strozzi auf dem Bild Gentile da Fabrianos sind auch Cosimo und Piero de' Medici Teilnehmer des Zuges, wobei freilich Lorenzo, der jüngste in der Generationenfolge, in die Gestalt des jüngsten Königs geschlüpft ist; dementsprechend trägt er nicht mehr bürgerliche Bekleidung wie sein Vater und sein Großvater, sondern ist prachtvoll gewandet und verfügt über sämtliche Attribute eines Herrschers.

Ein solches Bild, das eine klare Absage an die republikanische Verfassung von Florenz darstellte, konnte nicht in einer öffentlich zugänglichen Kirche, sondern nur in der Privatkapelle der Familie präsentiert werden, aber diejenigen, die dort Zugang hatten, konnten deren Prätentionen klar erkennen.

Gozzolis Bild stellte aber auch eine kulturpolitische Neuorientierung der Medici dar, denn in ihm setzte sich Piero von der Linie seines Vaters ab, der sich kunstpolitisch vor allem in der Ausgestaltung des Klosters San Marco durch die Fresken Fra Angelicos engagiert hatte. Trotz gewisser gotischer Elemente seiner Bildsprache war Fra Angelico, der selbst den an mystischer Kontemplation orientierten Dominikaner-Observanten angehörte, durch seine intensive Auseinandersetzung mit den Neuerungen Masaccios in die Florentiner Frührenaissance eingebunden. Die Fresken wie die auf Holz gemalten Bilder Fra Angelicos fordern allesamt zu Meditation und Selbstbesinnung auf; vor allem gilt dies für die *Kreuzabnahme* (1430–35), auf der Fra Angelico die Narration des Geschehens zurücknimmt und die heilstheologische Bedeutung des Kreuzestodes symbolisch herausstellt, indem er den diagonal gehaltenen toten Christus und die bei der Kreuzabnahme behilflichen Personen ein X bilden läßt, das zusammen mit dem Kreuz ein Symbol des Heilsgeschehens ist.

Die von Fra Angelico begründete Bildvorstellung wurde von Filippo Lippi weitergeführt, der zeitweise neben Fra Angelico der angesehenste Maler in Florenz war. Wie Fra Angelico gehörte auch Lippi einem Mönchsorden an, und zwar den Karmelitern, zu deren Kloster die Kirche Santa Maria del Carmine gehörte, in der Masolino und Masaccio im Auftrag des Kaufmanns Felice Brancacci den Sündenfall, die Vertreibung aus dem Paradies sowie Szenen aus dem Leben Petri gemalt hatten. Filippo Lippi hat Masaccios neue Bildsprache zutiefst bewundert, und sein Sohn Filippino Lippi hat zwischen 1481 und 1485 das von Masaccio unvollendet hinterlassene Werk fertiggestellt. Die mehr als fünfzig Jahre dauernde Pause in der Freskierung der Kapelle erklärt sich u.a. daraus, daß Felice Brancacci zu den Gegnern der Medici gehört hatte und 1436 ins Exil gegangen war. Wenn im gesamten Bildprogramm kein Porträt Brancaccis identifiziert werden konnte, dann wahrscheinlich deswegen, weil die den rehabilitierten Nachkommen erteilte Erlaubnis zur Fertigstellung der Fresken mit der Auflage einer *damnatio memoriae* des ursprüngichen Auftraggebers verbunden gewesen sein dürfte. Da auch über die Maler Masolino und Massaccio nur wenig sicheres biographisches Wissen vorhanden ist, liegen die Anfänge der neuen Bildsprache weitgehend im dunkeln. Sicher ist nur, daß Masolino, der deutlich ältere der beiden, noch der internationalen Gotik zuzurechnen ist, während Masaccio der neuen Art zu malen zum Durchbruch verholfen hat. Das zeigt sich im Vergleich der von Masolino gemalten *Versuchung Adams und Evas* mit der von Masaccio geschaffenen *Vertreibung aus dem Paradies*: bei Masolino höfische Eleganz ohne emotionale Regungen; bei Masaccio hingegen lebensnahe Figuren, die mit Scham und Reue, Trauer und Verzweiflung auf die Vertreibung aus dem Paradies reagieren; ihre gekrümmten Schultern veranschaulichen die Bürde ihrer Schuld, und ihr Klagen zeigt den Schmerz, den sie der gesamten Menschheit zugefügt haben. In den von Masaccio gemalten Szenen aus dem Leben Petri verbindet sich die zentralperspektivische Konstruktion mit malerischem Realismus, aber auch bei Masolino finden sich, vor allem auf dem Fresko *Heilung eines Krüppels und Erweckung Tabitas*, fast naturalistisch anmutende Darstellungen des Florentiner Alltagslebens: Kissen, Tücher und Vogelkäfige sind aus offenen Fenstern gehängt, andere Fensterläden sind dagegen schon geschlossen, und auf der Straße sitzen zwei Alte im Gespräch miteinander vor der Haustür, während eine Mutter auf ihr offenbar unfolgsames Kind einredet. Vor allem Masaccios *Zinsgroschen* enthält eine politische Botschaft, die auf zeitgenössische Auseinandersetzungen um die Florentiner Steuerpolitik bezogen ist: Ende der zwanziger Jahre hatte sich die Finanzdecke des Stadtstaates nämlich als zu kurz erwiesen, und mit der Einführung des bei Teilen der Bürgerschaft auf erheblichen Widerstand stoßenden *catasto* hatten die zu dieser Zeit die Regierung beherrschenden Albizzi und Strozzi, deren Regime auch Felice Brancacci anhing, es geschafft, die Einnahmesituation der Stadt deutlich zu verbessern. Masaccios Bild, auf dem Jesus von einem Zöllner angehalten und aufgefordert wird, die Tempelabgabe (die neben den römischen Abgaben erhobene jüdische

Steuer) zu entrichten, ist eine offene Parteinahme für die neue Steuerpolitik: Während die Jünger offenen Unmut über die Forderung des Zöllners zeigen, weist Jesus den Petrus an, am nahen Seeufer einen Fisch zu fangen und die in seinem Maul befindliche Münze dem Steuereinnehmer zu geben.

Filippo Lippi hat die im Prinzip bereits von Giotto begonnene, von Masolino und Masaccio dann wiederaufgenommene und fortgesetzte Entwicklung der Malerei zu Realismus und Lebensnähe weitergeführt, indem er, wahrscheinlich angeregt durch die niederländische Malerei Jan van Eycks, Robert Campins und Rogier van der Weydens, in seinen Madonnenbildern Maria und Jesus ohne Heiligenschein malte und sie obendrein in einer häuslich-privaten Umgebung darstellte (erstmals *Tarquinia-Madonna*, 1437), also die Vorstellung von der Vermenschlichung des Göttlichen weiter vorantrieb. Darin wird zugleich deutlich, daß es sich bei der Entwicklung der neuen Bildsprache der Renaissance in Italien keineswegs um einen von der übrigen europäischen Kunst aparten Sonderweg gehandelt hat, sondern daß es stets einen Austausch der Ideen und Techniken mit der flämisch-niederländischen Malerei gegeben hat. So war auch die Ankunft des von Hugo van der Goes geschaffenen *Portinari-Altars* 1483 in Florenz für die dortige Kunstszene ein großes Ereignis, das in der Malerei der Arnostadt Spuren hinterlassen hat.

Eine wieder sehr viel stärker in die politischen Konflikte von Florenz involvierte Rolle spielte wiederum Paolo Uccello, der in den dreißiger und vierziger Jahren das politisch-propagandistische Programm der Medici umgesetzt hat. Das beginnt mit dem Fresko des *Condottiere John Hawkwood* im Dom (1436), setzt sich fort über die *Sintflutfresken* in Santa Maria Novella (1439/40) und findet seinen Höhepunkt in der *Schlacht von San Romano* (zwischen 1440 und 1450), von der sich heute je eine Tafel in London, Paris und Florenz befindet. Ist das Hawkwood-Bild, das den Condottiere als zweiten Fabius Maximus darstellt, der sich im hinhaltenden Widerstand gegen die expandierenden Visconti bewährt hat, noch ganz den Idealen der Republik verpflichtet, so wird das Sintflut-Fresko bereits zur Apologie der Medici-Herrschaft: Die verzweifelten Anstrengungen der Ertrinkenden, die tödlichen Kämpfe um scheinbare

Überlebensmöglichkeiten, schließlich die Leichen der Ertrunkenen stehen für die inneren Konflikte und Bürgerkriegswirren der Vergangenheit, während die inmitten der Katastrophe ruhig dastehende Gestalt, die mit beschwichtigender Handbewegung und vertrauensvoll in die Zukunft gerichtetem Blick den Beginn einer neuen Friedensepoche anzeigt, die Züge Cosimo de' Medicis trägt: Er ist der erhoffte Friedensstifter nicht nur für Florenz, sondern durch seine Unterstützung des in Florenz abgeschlossenen Vereinigungskonzils von Ost- und Westkirche auch für den gesamten Erdkreis.

Uccellos Bilderzyklus *Die Schlacht von San Romano*, der ein in der Florentiner Geschichte relativ unbedeutendes Gefecht zum Thema hat, ist eher ein Memorialgemälde der Medici als der Republik, insofern Cosimo einem der Florentiner Heerführer in dieser Schlacht, dem Condottiere Niccolò da Tolentino, eng verbunden war und ihm womöglich sein Leben verdankte, als dieser nach Cosimos Festsetzung durch seine Gegner Soldaten aufmarschieren ließ und die Entlassung Cosimos ins Exil erzwang. Zeigt das heute in London befindliche erste Bild den Beginn der Schlacht durch eine entschlossene, von Niccolò da Tolentino persönlich angeführte Reiterattacke auf die Vorhut der feindlichen Truppen, so stellt das in Florenz verbliebene mittlere Bild den Wendepunkt des Gefechts dar, der die Entscheidung zugunsten der Florentiner brachte: Ein angreifender Truppenführer des Gegners wird im Lanzenkampf aus dem Sattel gestoßen, und über den zerbrochenen Waffen, gestürzten Pferden und getöteten Kriegern auf dem Boden wird erkennbar, wie die Florentiner nun vorstoßen werden und sich der Gegner zur Flucht wenden wird. Wie kaum einem anderen Maler ist es Paolo Uccelo in diesem Bild gelungen, den entscheidenden Augenblick des Kampfgeschehens darzustellen und zugleich sichtbar zu machen, wie sich das Gefecht im Anschluß daran weiterentwickeln wird. Darin ist Uccello allenfalls Altdorfers *Alexanderschlacht* (1529) vergleichbar, in der ebenfalls die Dynamik der entscheidenden Momente prägnant eingefangen ist: Das Schlachtfeld, das Altdorfer im Unterschied zu Uccello in der Totale zu erfassen versucht, ist mit schwerbewaffneten Kriegern übersät, die in zeitgenössischer Kampfweise gegeneinander antreten: Im Vordergrund Ritter, im Hintergrund Landsknechte, die ihre langen Lanzen zum Teil noch in Marschformation aufgerichtet, zum Teil aber auch schon zum Angriff gesenkt haben. Mit eingelegter Lanze stürmt Alexander an der Spitze seiner Reiterei auf den Feind los, hat die beide Heere voneinander trennende Bildvertikale erreicht und ist im Begriff, sie zu überschreiten. Vor solcher Entschlossenheit gebricht es seinem Gegner Darius an Mut, und er wendet seinen dreispännigen Streitwagen zur Flucht. Auch Altdorfers im Auftrag des bayrischen Herzogs Wilhelm IV. gemaltes Bild ist keine reine Historienmalerei, sondern transportiert eine politische Botschaft: daß auch im Zeichen erneut ansteigender Türkengefahr der Okzident zuletzt gegenüber dem Orient die Oberhand behalten werde.

Erstaunlicherweise ist Piero della Francesca nie in den Genuß der Protektion durch die Medici gelangt oder aber hat sich bewußt von ihr ferngehalten. Seine Hauptwirkung hat er in San Sepolcro und Arezzo entfaltet, dazu an den Höfen der Este in Ferrara, der Malatesta in Rimini und der Montefeltre in Urbino. Dabei hat er eine eigene, durch die Niederländer beeinflußte, stark geometrisierte Malweise entwickelt, in der er seinen mathematischen Passionen nachgehen konnte. Darüber hinaus beginnt mit Piero eine Tendenz zur humanistischen Verrätselung der Bildmotive, deren kompliziert verschlüsselte Botschaften von immer weniger Betrachtern verstanden werden können. Das hat zur Folge, daß der Gesamteindruck eines Bildes gegenüber seinem ikonographischen Programm mehr und mehr an Bedeutung gewinnt. Den vorläufigen Endpunkt dieser Entwicklung stellt der venezianische Maler Giorgione dar, dessen rätselhafte Bildmotive bis heute nicht mit Sicherheit dechiffriert werden konnten. Neben der großen Bedeutung, die Landschaftsansichten für ihn hatten, läßt sich eigentlich nur mit Sicherheit sagen, daß er antike Mythen in allegorischer Form zur Darstellung gebracht hat. So zeigt sein Gemälde *Ländliches Konzert* (1508) eine in Abenddämmerung versinkende Landschaft, in deren Vordergrund zwei junge Männer sitzen, die von zwei unbekleideten jungen Frauen flankiert werden, wobei sie diese freilich nicht wahrzunehmen scheinen. Offenbar gehören die nackten Frauen einer anderen Realitätsebene an als die beiden Männer, auch wenn die Frau mit der Flöte den Eindruck macht, als wolle sie das Lautenspiel eines der Jünglinge begleiten. Nicht minder rätselhaft ist Giorgiones *Gewitter* (1506), das im Hintergrund ein über einer Stadt aufgezogenes Unwetter und im Bildvordergrund links einen Mann mit Hirtenstab sowie rechts eine nur spärlich bekleidete Frau zeigt, die ihr Kind stillt. Ob es in diesem Bild, das als eines der bedeutendsten der italienischen Renaissancemalerei gilt, um den Gegensatz von Mann und Frau bzw. ihre Komplementarität oder etwas anderes geht, muß offenbleiben. Nicht anders verhält es sich bei Giorgiones *Die drei Philosophen* (um 1503/04) betiteltem Bild, in dem man sowohl Vergil, Aristoteles und Averroës als auch die drei Weisen aus dem Morgenlande und schließlich auch die drei Lebensalter hat erkennen wollen.

Gegen Ende des 15. Jahrhunderts begann Florenz, seine bis dahin führende Stellung in der malerischen Entwicklung der Renaissance allmählich an Venedig und Rom abzugeben, wobei Venedig eine eigene Maltradition in die Bildsprache der Renaissance einbrachte, während Rom die Künstler aus Umbrien und der Toskana an sich zog, da sie von den Päpsten mit langfristigen und lukrativen Aufträgen versorgt werden konnten. So haben Botticelli wie Perugino, Piero di Cosimo wie Melozzo da Forlì an der Ausmalung des Vatikans unter Sixtus IV. mitgewirkt; während sie freilich noch nicht dauerhaft an die römische Kunstszene gebunden blieben, hat sich dies bei der nachfolgenden Generation, bei Raffael und Michelangelo, geändert. Unterdessen beginnt in Venedig, Rom und Florenz der Übergang zum Manierismus, der gekennzeichnet ist durch die Infragestellung der klassischen Regeln, die Steigerung einer komplizierten Körperhaltung zur verdrehten Figur und die Verdrängung überschaubarer Harmonie durch verwirrende Vielfalt.

*Lit.:* F. Antal: Florentine Painting and its Social Background, London 1947. – L. Bellosi u. a.: Italienische Kunst, 2 Bde., Berlin 1987. – K. L. Gallwitz: Handbuch der italienischen Renaissancemalerei, München/New York 1998. – V. Gebhardt: Paolo Uccellos ‹Schlacht von San Romano›, Frankfurt/M. u.a. 1991. – C. Ginzburg: Erkundungen über Piero. Piero della Francesca, ein Maler der frühen Renaissance, Berlin 1981. – J. R. Hale: Artists and Warfare in the Renaissance, London 1990. – C. Harbison: Eine Welt im Umbruch. Renaissance in Deutschland, Frankreich, Flandern und den Niederlanden, Köln 1995. – D. Hay (Hrsg.): Die Renaissance, München / Zürich 1968. – R. G. Kecks: Domenico Ghirlandaio und die Malerei der Florentiner Renaissance, München 2000. – R. Longhi: Venezianische Malerei, Berlin 1995. – Ders.: Masolino und Masaccio, Berlin 1992. – O. Pächt: Altniederländische Malerei, München 1994. – St. Roettgen: Wandmalerei der Frührenaissance in Italien, Bd. I: 1400–1470, München 1996; Bd. II: 1470–1510, München 1997. – R. Tolman (Hrsg.): Die Kunst der italienischen Renaissance, Köln 1994.

→Botticelli; →Dürer; →Florenz; →Künstler; →Leonardo da Vinci; →Michelangelo; →Raffael; →Tizian; →Vasari; →Venedig; →Zentralperspektive.

## Medici

Die Geschichte der italienischen Renaissance ist untrennbar mit dem Geschlecht der Medici verbunden, denn als Bankiers und Kaufleute, Fürsten und Päpste haben sie die bedeutendsten Künstler und Gelehrten der Epoche gefördert und mit Aufträgen versorgt. Zunächst eher durch bürgerliche Zurückhaltung gekennzeichnet, ist die Familie seit Mitte des 15. Jahrhunderts in einen vor allem heiratspolitisch forcierten Prozeß der Aristokratisierung eingetreten, der sie schließlich zu einem der bedeutenderen europäischen Herrscherhäuser hat werden lassen. Schon bald entwickelte sich bei einigen Medici eine große künstlerisch-kulturelle Sensibilität, die den ausgeprägten Geschäftssinn, der während der Aufstiegsphase der Familie ausschlaggebend gewesen war, mehr und mehr in den Hintergrund drängte. Nur zwei Familienmitglieder, der Condottiere Giovanni delle bande nere sowie sein Sohn Herzog Cosimo I., zeichneten sich auch durch militärische Fähigkeiten und kriegerische Neigungen aus; insgesamt blieben kühler Geschäftssinn und ausgeprägte kulturelle Interessen die Hauptcharakteristika der Familie.

Der Aufstieg der Medici erfolgte parallel zur Entwicklung der Geldwirtschaft in Europa und im Rahmen der fortgesetzten Faktionskämpfe in Florenz; als Geldwechsler, zumal durch Kredite an Klöster und kirchliche Einrichtungen, zu einigem Vermögen gekommen, gehörten sie zu Beginn des 14. Jahrhunderts zu den bedeutenderen nichtadeligen Geschlechtern des *popolo grasso* in Florenz. Immer wieder in Verschwörungen und politische Intrigen verstrickt, galten sie als streitsüchtig und politisch unzuverlässig, so daß die meisten von ihnen zu

Beginn des 15. Jahrhunderts von den politischen Partizipationsrechten in Florenz ausgeschlossen waren. Die führende Rolle des Salvestro de' Medici während des Aufstands der Wollarbeiter in Florenz im Jahre 1378 dürfte dazu entscheidend beigetragen haben. Nicht Salvestro, der im Gefolge der oligarchischen Reaktion von 1382 aus der Stadt verbannt wurde, sondern seinem Cousin Vieri di Cambio de' Medici gelang der entscheidende Schritt beim Aufstieg der Familie, und der erfolgte nicht in der Politik, sondern im Wirtschaftsleben. Vieri di Cambio nämlich machte seinen entfernten Verwandten Giovanni di Averardo de' Medici, genannt Giovanni di Bicci, zum Teilhaber seiner Bank, und dieser baute die Bank zu einem Institut von europäischer Bedeutung aus. Er vereinte dabei unternehmerisches Geschick mit politischer Weitsicht, so daß er seinen Söhnen Cosimo und Lorenzo neben einem beträchtlichen Vermögen auch ein dichtes Netzwerk von Freundschaften und Verpflichtungen als Erbe hinterließ. Obendrein entwickelte Giovanni di Bicci jene Praxis kulturellen Mäzenatentums, die von nun an ein zentrales Element in der politischen Strategie der Medici bilden sollte.

Cosimo de' Medici (*Il Vecchio*) hat den von seinem Vater vorgezeichneten Weg weiter beschritten und aus ihm ein regelrechtes System informeller Herrschaft über Florenz entwickelt. 1433 von der in Florenz herrschenden Oligarchie angeklagt und verbannt, gelang es ihm, sein Vermögen dem Zugriff seiner Feinde zu entziehen und es so geschickt gegen diese einzusetzen, daß er schon ein Jahr später nach Florenz zurückkehren konnte, wobei nunmehr seine Feinde in die Verbannung gehen mußten. Die unter Cosimo beginnende Aushöhlung republikanischer Institutionen gründete sich auf zwei Pfeiler: Cosimos Kontrolle über die Wahlbeutel, aus denen die wechselnden Amtsträger ausgelost wurden, und seine Kontrolle über die Steuerschätzung, die es ihm ermöglichte, Verbündete steuerlich zu entlasten und Feinde finanziell zu ruinieren. Er habe sich, so sagte man in Florenz, bei der Vernichtung seiner Feinde statt des Dolches der Steuererklärung bedient. Wenn sich Cosimo gleichwohl großer Anerkennung und Unterstützung in der Stadt sicher sein konnte, so hatte dies im wesentlichen drei Gründe: seine Zurückhaltung und Bescheidenheit, die für ihn nicht nur eine Frage der Berechnung waren, sondern zu seinem Charakter gehörten; sodann die erheblichen Investitionen von Privatvermögen in öffentliche Bauvorhaben, wie San Lorenzo oder San Marco, die das Stadtbild von Florenz prägten und nicht nur Architekten und Künstler mit Aufträgen, sondern auch die unteren Schichten mit Arbeit versorgten; und schließlich der gezielte Einsatz finanzieller Mittel zur Herstellung von Abhängigkeiten und Loyalitäten. Gegen die traditionellen Klientelbeziehungen des Stadtpatriziats setzte der politisch-soziale Aufsteiger Cosimo das Geld, mit dem er sich durch kulturelle Investitionen Ansehen verschaffte und vermittels «politischer Kredite» ein eigenes Klientelsystem herstellte. Machiavelli wie Guicciardini bewunderten Cosimo als Politiker, und Enea Silvio Piccolomini bemerkte über ihn, zum König hätten ihm bloß Titel und Zeremoniell gefehlt.

Wie gefährdet die Macht der Medici in Florenz dennoch war, zeigte sich nach Cosimos Tod im Jahre 1464, als das neu geschaffene Klientelsystem und die informelle Herrschaft auf seinen Sohn Piero übergingen, der sich durch die Rückforderung der Klientel-Kredite in eine schwierige Situation brachte und zeitweilig um die Stellung seiner Familie fürchten mußte. Nach Pieros frühem Tod 1469 folgte ihm sein gerade zwanzigjähriger Sohn Lorenzo (*Il Magnifico*), der sich als ein glänzender Politiker, aber schlechter Geschäftsmann erweisen sollte. Lorenzo konnte darum die von seinem Großvater so meisterlich betriebene Kombination informeller Herrschaft mit kreditpolitisch gesichertem Klientelismus nicht fortführen und mußte seine Position als Koordinator der Florentiner Politik auf eine neue Grundlage stellen. Im Anschluß an die Pazzi-Verschwörung und den Mordanschlag, dem sein Bruder Giuliano zum Opfer fiel und er selbst nur mit knapper Not entging, gelang ihm dies durch die Einrichtung eines «Rats der Siebzig», dessen Mehrheit aus treuen Medici-Anhängern bestand. Lorenzos innerflorentinische Position wurde weiterhin durch seine herausragende Stellung in der italienischen Politik gestärkt, bei der er die Rolle des ‹Züngleins an der Waage› im System des italienischen Gleichgewichts spielte. Zugleich setzte er mit großem Aufwand die von seinem Großvater perfektionierte Politik des Mäzenatentums für Künstler und Gelehrte fort – unter anderem trat er als Verfasser von Sonetten und Karnevalsliedern hervor –, mußte aber, da ihm die Kontrolle über die Bank der Familie zunehmend entglitt, schließlich 75 000 Goldflorin aus öffentlichen Kassen für die Stabilisierung seiner Bank abzweigen. Vor allem letzteres war die Ursache einer wachsenden Distanz unterschiedlicher Bevölkerungsgruppen gegenüber der Medici-Herrschaft; so begann sich der Widerstand der großen Familien von neuem zu rühren, und auch Teile der städtischen Mittelschicht, die bislang zu den zuverlässigsten Stützen der Medici gehört hatten, gingen unter dem Einfluß des Bußpredigers Savonarola auf Distanz. Wahrscheinlich hat Lorenzo die Bedrohung unterschätzt, die von Savonarolas Vision eines heiligen Lebens für die Medici-Herrschaft ausging, stellte sie doch das gesamte System sozio-politischer Integration durch Spiele, Mäzenatentum und Kreditvergabe in Frage.

Die Familie konnte den zwei Jahre nach Lorenzos Tod erfolgten Sturz, den Bankrott der Bank und die bis Ende 1512 dauernde Verbannung aus der Stadt nur überstehen, weil sie sich inzwischen andere Machtbasen außerhalb von Florenz verschafft hatte. Dazu gehörte einerseits die Heiratspolitik, durch die man sich mit den großen Familien Italiens und Europas verband: Lorenzo selbst war mit Clarice Orsini aus dem alten römischen Adelsgeschlecht verheiratet, sein jüngster Sohn Giuliano heiratete Filiberta von Savoyen und erlangte so den Titel des Herzogs von Nemours, sein Enkel Lorenzo heiratete Madeleine de la Tour d'Auvergne und avancierte zum Herzog von Urbino, und sein Urenkel Alessandro, der erste Medici-Herzog von Florenz, war mit Margarete von Österreich, einer unehelichen Tochter Karls V., verheiratet. Der größte Erfolg mediceischer Heiratspolitik aber war die Ehe Caterina de' Medicis mit dem französischen König Heinrich II. von Valois. Nach dessen Tod erlangte Caterina entscheidenden Einfluß auf die französische Politik und spielte unter anderem bei der Vorbereitung der Bartholomäusnacht, dem Massaker an den Hugenotten, eine entscheidende Rolle. Die mediceische Heiratspolitik wurde ergänzt und flankiert durch den systematischen Erwerb kirchlicher Würden und Ämter: So sorgte Lorenzo dafür, daß sein zweitältester Sohn Giovanni bereits mit vierzehn Jahren zum Kardinal ernannt wurde (1513 bestieg er dann als Leo X. den Papststuhl); unter seinen Neffen befanden sich mit Luigi de' Rossi und Giulio de' Medici (seit 1523 als Clemens VII. Papst) zwei Kardinäle, und unter seinen Enkeln waren sogar mit Ippolito de' Medici, Niccolò Ridolfi sowie Giovanni und Bernardo Salviati vier Kardinäle.

Durch Einheirat und Ämterkauf hatten sich die Medici von ihrer bisherigen Florentiner Machtbasis unabhängig gemacht, und als sie 1512 bzw. 1530 endgültig nach Florenz zurückkehrten, stützten sie sich auf andere Machtressourcen als Cosimo und Lorenzo. Die Veränderungen zeigen sich auch in der nach 1530 eingeschlagenen Politik, die nicht mehr auf eine weitgehend informelle Machtposition der Familie bei Wahrung der republikanischen Formen abzielte, sondern offen die Errichtung eines Herzogtums betrieb, was 1532 auch gelang. Aber Alessandro de' Medici, der sich vor allem durch Grausamkeiten und amouröse Abenteuer hervortat, stieß in Florenz auf heftige Ablehnung, so daß er schließlich auf die Garnison in der von ihm errichteten Fortezza da Basso angewiesen war, vermittels derer er die Stadt beherrschte. Als er 1537 von seinem entfernten Verwandten Lorenzino ermordet wurde, geriet die Medici-Herrschaft über Florenz ein letztes Mal ins Wanken, da die von Cosimo dem Älteren begründete Linie damit erloschen war. Der einer Nebenlinie der Familie entstammende Cosimo, Sohn des Condottiere Giovanni delle bande nere und über seine Mutter Maria Salviati ein Urenkel des großen Lorenzo, der eilends als Nachfolger Alessandros eingesetzt wurde, erwies sich als Glücksgriff: Mit politischem Geschick, unerbittlicher Härte und eiserner Energie festigte er seine Herrschaft in Florenz, modernisierte die Verwaltung, die er aus einer republikanischen Honoratiorenverwaltung zu einer professionellen Administration umgestaltete, und betrieb eine moderat expansive Politik nach außen, deren größter Erfolg die Einverleibung Sienas in das Herzogtum (ab 1569 Großherzogtum) Toskana war. Bis zu ihrem Aussterben im Jahre 1737 haben die Medici in der Toskana geherrscht.

*Lit.:* C. Booth: Cosimo I., Duke of Florence, Oxford 1966. – M. M. Bullard: Lorenzo il Magnifico, Florenz 1994. – J. Cleugh: Die Medici, München 1977. – C. S. Gutkind: Cosimo de' Medici. Pater Patriae, Oxford 1938. – V. Reinhardt: Die Medici, München 1998.

→Diplomatie; →Florenz; →Kaufleute; →Päpste; →Rom; →Savonarola.

## Menschenbild

Der Unterschied zwischen Mensch und Tier, so Gianozzo Manetti in seiner programmatisch betitelten Schrift *De dignitate et excellentia hominis*, bestehe darin, daß das Tier durch seinen Instinkt auf bestimmte Verhaltensweisen festgelegt sei, während der Mensch, der keinen solchen Instinkt besitze, zu allen Künsten fähig sei. Diese Weltoffenheit hat auch Marsilio Ficino als das den Menschen vom Tier unterscheidende Merkmal herausgestellt: «Er allein verhält sich im Leben nie ruhend, er allein ist an diesem Platze nie zufrieden ... Für das Unendliche schuf Gott die Menschen, denen kein Endliches, so groß es auch sei, Genüge gibt, die allein auf der Erde die unendliche Natur suchen.» Giovanni Pico della Mirandola schließlich läßt in einer berühmten Passage seiner Schrift *De dignitate hominis* Gott zu Adam sagen, er habe ihm keinen festen Platz in der Natur zugewiesen, sondern ihn so geschaffen, daß er durch sein eigenes Tun aufsteigen könne zu den Unsterblichen, aber auch herabsinken auf das Niveau der primitivsten Tiere. – Im Florenz der zweiten Hälfte des 15. Jahrhunderts scheint ein grenzenloses Zutrauen in die menschlichen Fähigkeiten der Selbststeigerung und Selbstkontrolle geherrscht zu haben. In der Forschungsliteratur ist diese optimistische Sicht auf die Fähigkeiten des Menschen verschiedentlich als typisch für das Menschenbild der Renaissance bezeichnet worden.

Dem stehen freilich auch ganz anders geartete Zeugnisse gegenüber, wie etwa Leonardos Eintrag in seinem Tagebuch: «Es gibt Menschen, die man nicht anders als Durchgang von Speisen, Vermehrer von Kot und Füller von Abtritten nennen muß, weil durch sie nichts anderes auf der Welt erscheint, keine Tugend sich ins Werk setzt und von ihnen nichts übrigbleibt als volle Latrinen.» Auch wenn man Leonardos Bemerkungen als misanthropische Anwandlung relativiert, so bleiben sie doch Bestandteil einer Kette von Äußerungen, die von einer tiefen Skepsis gegenüber der Ehrenhaftigkeit menschlichen Handelns in der Welt durchdrungen sind. Aus einer ganz ähnlichen Perspektive haben Machiavelli, Montaigne und Shakespeare das Handeln der Menschen im gesellschaftlichen und politischen Leben dargestellt. Insbesondere bei Montaigne findet sich eine Fülle von Bemerkungen, die als expliziter Widerspruch gegen den anthropologischen Optimismus der Florentiner Humanisten gelesen werden können. Offenbar hat ihn dabei der von diesen herausgehobene Unterschied zu den Tieren besonders provoziert, weswegen er in seiner den Essays beigegebenen *Apologie des Raimundus Sebundus* erklärt, die meisten Tiere überträfen die Menschen an Schönheit bei weitem, und dann fortfährt: «Diejenigen, die uns am meisten ähneln, sind die allerhäßlichsten und verachtetsten der ganzen Bande: denn in der äußerlichen Gestalt und der Form des Gesichts ähneln wir den Affen; in Ansehung der innerlichen und lebenswichtigen Körperteile sind wir den Schweinen ähnlich. Gewiß, wenn ich mir den Menschen (und selbst das Geschlecht, das den größeren Teil an Schönheit zu haben scheint) ganz nackt vorstelle, mit allen seinen Mängeln, Unvollkommenheiten und seiner natürlichen Ohnmacht, so finde ich, wir haben mehr Ursache gehabt, uns zu bedecken, als jedes andere Tier.» Montaigne hat die von den Florentiner Humanisten als Zeichen des Vorrechts und der Vorzüge des Menschen herausgestellte Freiheit als Quelle aller Übel ausgemacht; es sei dies «ein Vorzug, der ihn teuer zu stehen kommt und dessen er sich nicht sehr zu rühmen hat, denn aus ihm entspringt die Hauptquelle der Übel, die ihn drücken: Sünde, Krankheit, Unschlüssigkeit, Verwirrung, Verzweiflung».

Während Ficino und Pico auf das abgehoben haben, was der Mensch *sein kann*, haben Machiavelli und Montaigne für sich in Anspruch genommen, den Menschen zu beschreiben, wie er tatsächlich *ist*. Gegen den Entwurf eines Ideals stellt Montaigne die Wirklichkeit des Menschseins in der Banalität des Alltäglichen. Darin folgt er den Vorgaben Niccolò Machiavellis, der als erster der humanistischen Feier menschlicher Möglichkeiten eine entschiedene Absage erteilt hatte. «Zwischen dem Leben, wie es ist, und dem Leben, wie es sein sollte, ist ein so gewaltiger Unterschied, daß derjenige, der nur drauf sieht, was geschehen sollte, und nicht darauf, was in Wirklichkeit geschieht, seine Existenz viel eher ruiniert als erhält.» Machiavelli hat daraus geschlußfolgert, es sei für einen Herrscher, so er denn beides nicht miteinander verbinden könne, sicherer, wenn er mehr gefürchtet als geliebt werde. «Denn von den Menschen kann man im allgemeinen sagen, daß sie undankbar, wankelmütig, verlogen, heuchlerisch, ängstlich und raffgierig sind. (...) Auch haben die Menschen weniger Scheu, gegen einen beliebten Herrscher vorzugehen als gegen einen gefürchteten; denn Liebe wird nur durch das Band der Dankbarkeit erhalten, das die Menschen infolge ihrer Schlechtigkeit bei jeder Gelegenheit aus Eigennutz zerreißen. Furcht dagegen beruht auf der Angst vor Strafe, die den Menschen nie verläßt.» In Shakespeares Historiendramen, namentlich in *Richard II.*, *Heinrich V.* und *Richard III.*, wird in den Figuren skrupelloser Machtpolitiker, machtgieriger Emporkömmlinge, hinterhältiger Verbrecher, aber auch schwächlicher Feiglinge, die dem politischen Kampf nicht gewachsen sind, dieses Machiavellische Menschenbild auf die Bühne gebracht und in seinen verschiedenen Nuancen und Facetten vorgeführt.

Man hat die Spannung zwischen der fast euphorischen Feier menschlicher Möglichkeiten bei Ficino und Pico und der Herausstellung der Schwächen und Unzulänglichkeiten bei Machiavelli und Montaigne verschiedentlich als Widerspruch charakterisiert oder auch mit Blick auf die zeitliche Abfolge von einer ‹Krise des humanistischen Menschenbildes› zu Beginn des 16. Jahrhunderts gesprochen; tatsächlich handelt es sich bei den beiden Sichtweisen aber nur um zwei Seiten derselben Medaille: der Betrachtung des Menschen nicht unter dem Aspekt seiner Geschöpflichkeit und Erlösungsbedürftigkeit – dies ist die Sicht, die Luther dann gegen die vorherrschende Perspektive der Renaissanceautoren in den Mittelpunkt seiner reformatorischen Theologie stellen wird –, sondern dem seiner Eignung und Fähigkeit zur Bewältigung der Aufgaben, mit denen er im privaten wie öffentlichen Leben konfrontiert wird. Im Menschenbild der Renaissance wird dem Menschen mehr abverlangt, weil ihm auch mehr zugetraut wird als in der mittelalterlichen Philosophie und Politiktheorie. Gleichzeitig wird das vordem sehr viel einheitlichere Ideal des Menschen vervielfältigt; dem Zerfall einer einheitlichen Weltordnung entspricht die Pluralisierung der Lebensführungsideale, wie sie sich auch in der Gegenüberstellung von *vita activa* und *vita contemplativa* zeigt. Diese Tendenz zur Auflösung eines einheitlichen Menschenbildes wird noch deutlicher, wenn es nicht um Ideale, sondern um die Darstellung realer Charaktere geht. Leonardo da Vinci hat im Mailänder *Abendmahl* die Verschiedenartigkeit der Jünger in den unterschiedlichen Reaktionen auf die Ankündigung des bevorstehenden Verrats dargestellt. Die Schilderung realer Menschen in den Novellen von Boccaccio bis Grazzini zeigt ein ähnliches Bild der Verschiedenartigkeit, und dies gilt auch für die zahlreichen Lebensbeschreibungen der Renaissanceliteratur von Bisticci bis Vasari.

Doch in dem Maße, wie die durch ein allseits anerkanntes Ideal hergestellte Einheitlichkeit des Menschenbildes schwindet und statt dessen die Vielfalt menschlicher Möglichkeiten herausgestellt wird, bildet sich im Rücken dieser Entwürfe eine neue Grundvorstellung dessen, wer oder was der Mensch ist, und in deren Mittelpunkt stehen der Selbsterhaltungstrieb und der Egoismus als ein allen Menschen Gemeinsames. Das gilt für die versöhnliche Devise der Novellen, man solle das Angenehme wählen, es könne obendrein ja auch das Gute sein, ebenso wie für die explizit anthropologischen Konstruktionen in Juan Luis Vives' Schrift *De anima et vita* (1538) oder Bernardino Telesios *De rerum natura* (1565–87), in denen das Streben nach Selbsterhaltung den Ausgangspunkt der Überlegungen bildet, und schließlich gilt es auch für Vasaris Schilderung des Lebens bedeutender Künstler, in denen er immer wieder durchblicken läßt, eigentlich seien fast alle der Beschriebenen in ihrem tiefsten Inneren Neider und Streber gewesen. Solch zusammenfassende Urteile waren im zeitgenössischen Diskurs immer auch gezielte Kränkungen der für die Epoche eigentümlichen Vorliebe für alles Besondere und Einmalige, kurzum für Individualität, wie sie in den zahlreichen Porträts, Biographien und Autobiographien ihren Niederschlag gefunden hat. Wenn auch das gegenüber dem Mittelalter Neue im Menschenbild der Renaissance nicht überzeichnet werden sollte (wozu etwa Jacob Burckhardt geneigt hat), so zeichnet sich die Renaissance doch durch eine stärkere Wahrnehmung der Individualität der Menschen aus als das Mittelalter.

In der Philosophie und Pädagogik der Renaissance finden sich zwei komplementäre Antworten auf die Frage, wie man leben solle: entweder, wie es der Epikureismus nahelegte, indem man den Affekten und Trieben freien Lauf ließ, oder, wie der Stoizismus vorschlug, indem man sie einer strikten Kontrolle unterwarf. In seiner Schrift *De voluptate* hat Lorenzo Valla, der wohl bedeutendste Kopf des Epikureismus während der Renaissance, die Lust als das Motiv, den Zweck und schließlich auch die Erfüllung menschlichen Lebens bezeichnet, einschränkend aber hinzugefügt, die Menschen unterschieden sich sehr deutlich hinsichtlich dessen, was ihnen Lust bereite, und es gebe rohe und feine, leibliche und geistige Genüsse. Diese Kontrastierung einer stoischen mit einer epikureischen Sichtweise findet sich auch in Shakespeares *Julius Caesar*, wo Brutus als Stoiker und Cassius als Epikureer auftreten. Brutus, der sich durch große moralische Menschenkenntnis auszeichnet, legt Wert auf die Gesinnung; Cassius hingegen, der politische Menschenkenntnis besitzt, achtet auf den Erfolg des Tuns. So hat Shakespeare in der charakterlichen Ausprägung der zwei Caesarmörder beide Sichtweisen einer richtigen Lebensführung zugleich kontrastiert und zusammengeführt: Politisch gescheitert sind nämlich beide.

*Lit.:* W. Dilthey: Weltanschauung und Analyse des Menschen seit Renaissance und Reformation, Göttingen [9]1970. – A. Heller: Der Mensch der Renaissance, Köln-Lövenich 1982. – P. O. Kristeller: Die philosophische Auffassung des Menschen in der italienischen Renaissance, in: ders., Humanismus und Renaissance, München 1973, Bd. I, S. 177–194.

→Humanismus; →Luther; →Machiavelli; →Montaigne; →Shakespeare; →Stoizismus.

## Michelangelo Buonarroti

*(* 6. März 1475 in Caprese im Casentino, † 18. Februar 1564 in Rom)*

Michelangelo darf als einer der produktivsten und vielseitigsten Künstler nicht nur seiner Zeit gelten. Wenngleich er sich selbst vor allem als *scultore*, als Bildhauer, sah und die Malerei abschätzig «eine Sache für Weiber» nannte, ist er doch gleichermaßen als Architekt, Maler und Bildhauer in die Kunstgeschichte sowie als Lyriker in die Literaturgeschichte eingegangen. Freilich ist vieles unvollendet geblieben, was sowohl an der Fülle der Aufträge und Nachfragen lag, mit denen sich Michelangelo schon früh konfrontiert sah, als auch an seiner Neigung, Projekte, für die er sich einmal begeistert hatte, ins Gigantische zu steigern, so daß sie für ihn entweder unausführbar wurden oder sich unendlich in die Länge zogen. Das *Juliusgrab* ist ein Beispiel dafür: Es hat Michelangelo vierzig Jahre lang beschäftigt und ist schließlich in der Kirche San Pietro in Vincoli in Rom, der Titularkirche von Papst Julius II., in einer gegenüber dem ursprünglichen Entwurf stark reduzierten Form fertiggestellt worden; dennoch gilt es als eines der eindrucksvollsten und prächtigsten Grabmäler der Renaissance.

Hinzu kommt, daß Michelangelo, sei es nun aufgrund seiner politisch-republikanischen Grundüberzeugungen oder infolge seines ausgeprägten Selbstwertgefühls als Künstler, für seine Auftraggeber ein ausgesprochen schwieriger und widerwilliger Geschäftspartner war. Das zeigt sich insbesondere in seinem Verhältnis zu den Medici-Päpsten Leo X. und Clemens VII., die ihn zwischen 1513 und 1534 fast ununterbrochen mit Aufträgen und Projekten überhäuften, durch die Michelangelo sich freilich eher bedrängt als geehrt und anerkannt fühlte. So blieb sein Verhältnis zu den Medici, die ihn bereits in seiner Jugend künstlerisch gefördert hatten, durch Trotz und Furcht geprägt, und einige seiner Arbeiten sind dezidiert gegen ihren Anspruch auf die Herrschaft über Florenz gerichtet: zunächst der *David* (1501–04) vor dem Palazzo Vecchio, in dem Michelangelo das politische Selbstverständnis der wiedererrichteten Republik zum Ausdruck zu bringen suchte, und sodann die *Brutus-Büste* (1542), die die politisch unklaren Konstellationen nach der Ermordung Herzog Alessandros und die bei den Republikanern keimenden Hoffnungen auf eine politische Wende zum Ausdruck brachte. Obendrein diente Michelangelo von 1527 bis 1530 der nach der Vertreibung der Medici errichteten Republik als Festungsbaumeister; die Eroberung der Stadt durch kaiserliche Truppen und die Rückkehr der Medici überlebte er nur mit Glück und durch den Schutz, den Clemens VII. ihm gewährte. Alessandro de' Medici, seit 1530 Herzog von Florenz, haßte Michelangelo, und Clemens VII. mußte den Künstler vor seinem jähzornigen und rachsüchtigen Sohn schützen. Michelangelos 1534 vollzogener Entschluß, Florenz endgültig zu verlassen und nach Rom überzusiedeln, erwuchs aus seiner Verbitterung über die Zerstörung republikanischer Institutionen in Florenz, aber auch aus Angst vor Alessandros unberechenbarem Verhalten.

Doch nicht nur zu seinen Auftraggebern, sondern auch zu vielen seiner Künstlerkollegen hatte Michelangelo ein gespanntes Verhältnis, das im günstigsten Fall durch ein forciertes Konkurrenzbewußtsein, im schlimmsten Fall durch offene Feindschaft gekennzeichnet war. Ersteres zeigte sich 1504 in dem berühmten Wettstreit mit Leonardo, bei dem jeder der beiden auf einer Wand der *Sala dei Cinquecento* des Palazzo Vecchio eine von den Florentinern siegreich beendete Schlacht darstellen sollte. Nachdem Leonardo an technischen Schwierigkeiten gescheitertet war, ließ Michelangelo, als er 1505 nach Rom ging, die *Schlacht von Cascina* unvollendet zurück; ohne die Herausforderung durch den Konkurrenten war sie für ihn uninteressant geworden. Freilich haben die Entwürfe und Kartons beider Schlachtenbilder auf die gesamte Malerei des 16. Jahrhunderts einen kaum zu überschätzenden Einfluß ausgeübt, wie die zahlreichen Kopien durch andere Maler zeigen. Michelangelos offene Feindschaft zu anderen Künstlern zeigte sich erstmals, als er Bramante verdächtigte, das plötzliche Desinteresse des Papstes am Grabmalprojekt sei auf seine Intrigen zurückzuführen, durch die der Papst ganz für den Neubau der Peterskirche eingenommen worden sei, dann aber auch in der Verachtung, die er für Raffaels Stanzen-Fresken zur Schau trug, weil sie die offizielle Selbstlegitimation der Kirche ungebrochen zum Ausdruck brachten. Den Bildhauer Bandinelli schließlich verfolgte er mit offener Feindschaft, nachdem dieser den Auftrag für die *Herkules-Figur* als Pendant zum *David* vor dem Palazzo Vecchio erhalten hatte.

Als Michelangelo starb, war er ein reicher Mann, wobei sein Vermögen nicht nur aus Honoraren für seine vielbegehrten Arbeiten, sondern auch aus geschickten Investitionen zunächst eher kleiner Summen entstanden war. Er hatte nämlich damit begonnen, Häuser in Florenz und Gutshöfe in der näheren Umgebung der Stadt zu kaufen, die er dann vermietete oder bewirtschaften ließ. Entgegen dem verbreiteten Bild vom einsamen, weltfremden Genie strebte Michelangelo durchaus nach weltlichen Gütern, und er war auch sehr wohl in der Lage, größere Gruppen von Mitarbeitern und Gehilfen zu dirigieren sowie komplexe Arbeitsprozesse zu organisieren. Ohne diese Fähigkeit hätte sein bildhauerisches Werk nicht entstehen können. Bei der Ausführung der Fresken in der Sixtinischen Kapelle freilich verzichtete er sehr bald auf die Mitwirkung der zuvor aus Florenz angeforderten Maler, ließ deren Partien wieder entfernen und arbeitete allein, unterstützt nur durch ihm zuarbeitende Gehilfen.

Michelangelos Vater war Beamter der Florentiner Verwaltung in der Toskana. Die Familie führte ihre Ursprünge auf die Markgräfin Mathilde von Tuszien zurück, d.h., sie begriff sich selbst als adlig, und so war es selbstverständlich, daß der junge Michelangelo eine Lateinschule besuchte und nach dem Willen des Vaters den Anwaltsberuf ausüben sollte. Es war daher ein sozialer Abstieg, als dieser bildender Künstler werden, d.h. einen handwerklichen Beruf ausüben wollte. Michelangelo ging zunächst in der Werkstatt Ghirlandaios in der Lehre; bald verstand es der Vater jedoch, seinen Sohn in der Nähe der Medici zu lancieren, wodurch er in der von diesen eingerichteten Künstlerschule nicht nur Unterricht als Bildhauer im Akademiegarten von San Marco erhielt, sondern auch mit Intellektuellen wie Poliziano, Ficino und Pico in Kontakt kam. Größere Beachtung erlangte Michelangelo dann mit der heute im Petersdom stehenden *Römischen Pietà* (1498–99) sowie dem *David* (1501–04), in denen er sein bildhauerisches Genie unter Beweis stellte; künstlerisch einflußreich wurde er aber erst mit seinen Entwürfen für die *Schlacht von Cascina* und den Deckenfresken der Sixtinischen Kapelle, die ihn, spätestens nach dem Tod von Leonardo und Raffael, zum bedeutendsten Künstler seiner Zeit werden ließen.

Aus Michelangelos Werk ragen fünf Werkkomplexe heraus, die sich zugleich als die entscheidenden Stationen seines Lebens und Werks begreifen lassen: das *Juliusgrab* (1505–1545), die *Deckenfresken der Sixtinischen Kapelle* (1508–12), die Skulpturen in der *Medici-Kapelle* von San Lorenzo in Florenz (1520–34), sodann das *Jüngste Gericht* (1536–41) an der Altarwand der Sixtinischen Kapelle und schließlich die Weiterführung der Bauarbeiten am *Petersdom*, die Michelangelo 1546 übertragen worden sind. In gewisser Hinsicht ist das *Juliusgrab* der Ausgangs- und Bezugspunkt aller nachfolgenden Projekte, denn Michelangelo hat hier erstmals in großem Maße geplant und entworfen und obendrein in dem als einzigem aus dieser frühen Phase vollendeten *Moses* (1513–16) die Gestaltungsprinzipien erprobt, die er anschließend bei der Ausführung der Deckenfresken der Sixtina in der Plastizität der Propheten und Sibyllen malerisch umgesetzt hat. In der schließlich ausgeführten Form des *Juliusgrabs* wird Moses nicht mehr, wie ursprünglich vorgesehen, durch nackte Sklaven eingerahmt, sondern durch die bekleideten Gestalten der *Rahel* und der *Lea* (1542–55), wobei Michelangelo Rahel, die als Nonne gewandet ist, als Sinnbild der *vita contemplativa* und Lea in klassisch-antiker Bekleidung als Inbegriff der *vita activa* gestaltet hat. Dieses von den Humanisten entwickelte Oppositionspaar taucht in den Grabmälern für Lorenzo und Giuliano de' Medici in San Lorenzo erneut auf, wo ein unternehmungslustiger Giuliano einem nachdenklichen Lorenzo gegenübersitzt, ersterer begleitet von den Personifikationen der Nacht und des Tages, letzterer von denen des Abends und der Morgenröte. Die massive Körperlichkeit, die Michelangelo hier den Symbolisationen des Tageslaufs verliehen hat, setzt eine Entwicklung seiner Sicht der Welt und des Menschen fort, die mit den Propheten und Sibyllen an der Decke der Sixtina begonnen hat und in der unfertig hinterlassenen *Florentiner Pietà* (1547–55) sowie der *Pietà Rondanini* (1556–64) zum Abschluß gelangt ist: die Sichtbarmachung von Last und Leid, die der Seele des Menschen durch seine Leiblichkeit aufgebürdet werden. Strahlen die frühen Figuren des *David* und *Moses* noch Kraft und Lebensenergie aus, so wird die Körperlichkeit nunmehr als schwer und lastend dargestellt. Darin spiegelt sich auch die tiefe religiöse Krise der Zeit, für die Michelangelo ein ungleich schärferes Sensorium besaß als die meisten seiner zeitgenössischen Künstlerkollegen.

Deutlicher noch als in den Deckenfresken der *Sixtina*, die die Erschaffung der Erde und die Anfänge des Menschengeschlechts zeigen, hat Michelangelo in seinem *Jüngsten Gericht* (1536–41) jegliche Vermittlerrolle der Kirche im Heilsgeschehen in Abrede gestellt – in schroffem Gegensatz zu den Fresken

Raffaels in den Stanzen des Vatikans. Das Menschliche und das Göttliche treten bei ihm einander unvermittelt gegenüber, was noch dadurch verstärkt wird, daß er die meisten Figuren im Augenblick des Gerichts nackt auftreten läßt, so daß die Insignien der Macht, über die sie auf Erden verfügt haben, keine Rolle mehr spielen. Hier zeigt sich am deutlichsten, was für Michelangelos gesamtes künstlerisches Werk gilt: Sein eigentliches Thema ist der Mensch, der sich einsam in einer von Gott verlassenen Welt behaupten muß. Mit dieser Auffassung näherte er sich dem religiösen Reformkreis in Rom um Occhino, Valdés und Kardinal Pole, dem auch die von ihm hochverehrte Dichterin Vittoria Colonna angehörte.

Auf diese lange mittlere Phase Michelangelos folgte noch eine Spätphase, in der er sich, womöglich auch unter dem Einfluß der Beschlüsse des Tridentinischen Konzils, der Kirche als Vermittlungsinstitution zwischen Gott und Mensch auch in seinem künstlerischen Werk wieder stärker annäherte. Ausdruck dessen ist nicht nur das architektonische Programm, das Michelangelo dem Weiterbau des Petersdoms zugrunde legte und in dem er das Wunder der Menschenwerdung Gottes als Fundament der alleinseligmachenden Kirche symbolisierte, sondern sind auch die Fresken *Bekehrung des Saulus* und *Kreuzigung Petri* (1542–1550) in der Capella Paolina des Vatikans, in denen er Gründungserzählungen der Römischen Kirche darstellt – freilich auch hier ohne jeglichen Bezug auf die um Legitimation ringende Papstkirche. Daß die Kirche als Institution jene Widersprüche und Gegensätze zu schlichten vermag, deren Darstellung sich wie ein roter Faden durch sein Werk zieht, bezweifelte Michelangelo bis zuletzt.

*Lit.:* Michelangelo: Dichtungen, hrsg. von M. Kommerell, Frankfurt/M. 1931.
L. Goldscheider: Michelangelo. Gemälde, Skulpturen, Architekturen, Köln [3]1956. – H. Keller: Michelangelo, 2 Bde., Königstein/Ts. 1966. – L. Murray: Michelangelo, Stuttgart 1985. – C. de Tolnay: Michelangelo, 5 Bde., Princeton N. J. 1938–60. – W. Wallace: Michelangelo. Skulptur, Malerei, Architektur, Köln 1999.

→Florenz; →Leonardo da Vinci; →Medici; →Raffael; →Rom; →Skulptur.

## Montaigne, Michel Eyquem de
*(* 28. Februar 1533 auf Schloß Montaigne, Dordogne; † 13. September 1592 auf Schloß Montaigne)*

In seiner melancholischen Selbstbezüglichkeit gehört Montaigne zu jener kleinen Anzahl von Denkern, die von verschiedenen Epochen als Zeitgenosse betrachtet worden sind – zumal wenn es Zeiten nachlassenden politischen Engagements sind, in denen Kosten und Ertrag vorangegangener Konfliktaustragungen bilanziert werden. Montaignes kühle Selbstbeobachtung, die die eitlen Zurschaustellungen des Ich durchstößt und bis zur vergänglichen Leiblichkeit des Menschen vordringt – «Ich sehe viele, die sich in ebenso viele Gestalten und Wesen werfen, wie sie Ämter übernehmen, bei denen alles groß wird, selbst die Leber und die Därme, und die ihr Amt noch aufs Klosett mitnehmen» (III, 10) –, ist die Basis der scharfsinnigen Distanz, mit der er die Ereignisse seiner Zeit, die Rollen der Menschen in der Gesellschaft und die Selbstinszenierungen derer, die sich für bedeutend und wichtig halten, beobachtet und durchschaut hat. Die Demaskierung des öffentlichen Lebens und der Vergleich unterschiedlicher Kulturen mit dem Ziel, die Unbegründetheit manchen Urteils und vieler Überzeugungen offenzulegen, sind Montaignes spezifischer Beitrag zur Kultur der Spätrenaissance. Er ist durchdrungen von einer tiefen Skepsis gegenüber der Leistungsfähigkeit der menschlichen Vernunft, aber er ist zugleich auch davon überzeugt, daß den Menschen kein zuverlässigeres Instrument der Orientierung zur Verfügung steht als eben diese Vernunft.

Unter diesen Umständen ist es kaum verwunderlich, daß Montaigne von allen Vorbildern Sokrates am meisten bewundert hat – einen Sokrates freilich, den er weniger den platonischen Dialogen als vielmehr den Darstellungen Xenophons und den *Moralia* Plutarchs entnommen hat. Montaignes Verhältnis zur Antike ist durchdrungen von einer tiefen Ambivalenz: Einerseits ist sein Denken in bester humanistischer Manier durch die Antike geprägt, andererseits hat er der humanistischen Antikenorientierung und -verehrung zutiefst mißtraut: Platons Dialoge seien langweilig, bemerkt er einmal, und seine eigene Sprache sowie die seiner Landsleute hielt er für wichtiger als Latein und Griechisch.

Montaigne entstammt einer begüterten Familie aus Bordeaux, deren Adelstitel noch relativ jungen Datums war; unter dem Namen Eyquem waren seine Vorfahren als Kaufleute zu Geld und Einfluß gekommen. Er erhielt eine gründliche humanistische Ausbildung, u.a. durch Muret und Buchanan, und studierte anschließend Rechtswissenschaft, wahrscheinlich in Toulouse. 1557 wurde er Ratsherr am *parlement* von Bordeaux, was ihm das Leben eines gutsituierten Beamten ermöglichte. Nach dem Tod seines Vaters erbte er dessen Titel und die Besitztümer der Familie; er nahm an einigen Militäraktionen teil – zeitlebens liebte er es, sich als Krieger zu bezeichnen – und wurde mehrfach bei Hofe empfangen. Alles schien auf eine typische Karriere des französischen Amtsadels hinzuweisen, bis Montaigne seine Ämter abtrat bzw. verkaufte und sich auf sein Schloß zurückzog, um sich ganz seinen Studien zu widmen. In deren Mittelpunkt stand zunächst das Projekt, den Nachlaß seines frühverstorbenen Freundes Etienne de La Boétie zu veröffentlichen, dessen *Discours de la servitude volontaire* 1574 anonym und verstümmelt publiziert worden war. Es handelt sich um eine Streitschrift, in der das Ende des republikanischen Geistes in Europa nicht so sehr auf die Anschläge der Mächtigen als vielmehr auf den Freiheitsüberdruß des Volkes zurückgeführt wird. Es ist schwer zu entscheiden, inwieweit Montaignes Rückzug aus dem öffentlichen Leben und sein Exil in der Bibliothek seines Schloßturms etwas mit den politisch resignativen Überlegungen des Freundes zu tun haben oder ob beides eher auf den bevorstehenden Ausbruch des Bürger- bzw. Konfessionskrieges zurückzuführen ist, aus dem sich Montaigne unter allen Umständen heraushalten wollte. In den *Essais* heißt es dazu: «Die Bürgerkriege sind dadurch schlimmer als die anderen Kriege, daß jeder sogar in seinem eigenen Haus auf der Hut sein muß.» Und: «Ich habe mich tausend Mal in meinem Haus mit dem Gedanken schlafen gelegt, daß man mich noch in dieser Nacht verraten und ermorden könnte, und mir vom Schicksal nur soviel ausbedungen, daß es ohne Schrecken und langwierige Marter abgehen möchte» (III, 9). Wie wichtig gerade letzteres für Montaigne war, zeigen die Passagen in der Abhandlung *Über die Kindererziehung* in den *Essais* (I, 26), wo es heißt: «Man muß den Zögling an die Mühen der Leibesübungen gewöhnen, um ihn gegen die Schmerzen der Verrenkungen, der Krämpfe, der Verbrennungen, der Gefängnisse und der Folter unempfindlich zu machen. Denn selbst den letzteren kann er einmal ausgesetzt sein, da sie in unseren Zeitläuften die Guten ebenso wie die Bösen treffen. Wir erleben es gerade. Wer die Gesetze angreift, der bedroht die rechtschaffenen Leute mit Geißel und Strick.» Tatsächlich ist Montaigne zumindest die Erfahrung des Kerkers nicht erspart geblieben: Wegen seiner Bekanntschaft mit Heinrich von Navarra, dem späteren König Heinrich IV. und damaligen Anführer der Hugenotten, wurde er bei einem Parisaufenthalt von Anhängern der katholischen Liga gefangengenommen, kam jedoch bald wieder frei und konnte auf sein Schloß zurückkehren.

Bei seinem 1570 erfolgten Rückzug aus dem öffentlichen Leben hat Montaigne 57 Lebensregeln, zumeist Klassikerzitate, in die Deckenbalken seiner Bibliothek einbrennen lassen, unter ihnen auch das Terenz-Zitat «homo sum, humani a me nihil alienum puto» – ich bin ein Mensch, nichts Menschliches ist mir fremd. Unter den antiken Autoren, mit denen er sich in der Zeit seines Rückzugs und der Arbeit an den *Essais* besonders beschäftigte, gehören neben Lukrez und Seneca vor allem Diogenes Laërtius, Plutarch (in der neuen französischen Übersetzung von Jacques Amyot) und Sueton. Die drei Letztgenannten haben Biographien von Philosophen oder Politikern verfaßt, und Montaigne hat die Biographie für aufschlußreicher und wichtiger als die Geschichtsschreibung gehalten: Wiewohl Montaigne stets darauf geachtet hat, öffentliches Amt und Privatperson auseinanderzuhalten, war er doch davon überzeugt, daß die Beobachtung privaten Verhaltens für die Kenntnis von Menschen aufschlußreicher sei als das öffentliche Auftreten. Montaigne glaubte nämlich eine um sich greifende Theatralisierung der Politik beobachten zu können, wie er sie in seinen *Essais* immer wieder zum Thema gemacht hat, und so hat er dem öffentlichen Raum als dem Ort des Künstlichen das Private als Sphäre des Natürlichen gegenübergestellt. Der Blick ins Private wird bei ihm zur Demaskierung der öffentlichen Inszenierungen; die Kontrastierung von privat und öffentlich ermöglicht ihm eine frühe Form der Ideologiekritik und läßt ihn zu der Beobachtung gelangen, Rituale seien politische Drogen, und prunkvolle Kleider, Sitten und Zeremonien stützten die soziale Hierarchie effektiver als alle Formen der Androhung von Gewalt.

Montaigne hat sich in den Fronten des französischen Bürger- bzw. Konfessionskriegs weder auf die Seite der Hugenotten noch auf die der katholischen Liga geschlagen, sondern zu beiden gleichermaßen Abstand gewahrt. Stoizismus, Epikureismus und Pyrrhonismus sind seine intellektuelle Heimat gewesen. So hat er sich weiterhin zur alten Kirche bekannt, wiewohl in seinem Denken gewisse Nähen zu protestantischen Auffassungen unverkennbar sind; wahrscheinlich hat er große Sympathien für das Programm einer katholischen Erneuerung gehabt, wie es von Kardinal Carlo Borromeo vertreten worden ist. In politischer Hinsicht dürfte er der Gruppe der *Politiques* nahegestanden haben, deren wichtigste Köpfe Michel de L' Hôpital und Jean Bodin waren, die eine konfessionspolitische Neutralität des Staates als Lösung des Konflikts befürworteten – ein Projekt, das dann von Heinrich IV. nach seinem Übertritt zum Katholizismus mit dem Edikt von Nantes auch durchgesetzt worden ist.

*Lit.:* M. de Montaigne: Essais. Erste mod. Gesamtübers. von H. Stillett, Frankfurt/M. 1998.

P. Burke: Montaigne, Hamburg 1985. – H. Friedrich: Montaigne, Tübingen [3]1993. – J. Lacouture: Montaigne. Ein Leben zwischen Politik und Philosophie, Frankfurt/M. 1998.

→Humanismus.

## Musik

Von einer Musik der Renaissance kann nur mit Vorbehalten gesprochen werden, da sich die Musik nicht zeitgleich mit den für die Epoche charakteristischen Künsten der Literatur, Malerei, Skulptur und Architektur entwickelte, sondern erst mit einer Verspätung von etwa einem halben Jahrhundert einige der für die Renaissance typischen künstlerischen Prinzipien entfaltete und dementsprechend später die epochenspezifischen Entwicklungsetappen durchlief. Einer der Gründe für diese Verspätung dürfte darin liegen, daß die Musik stärker als andere Künste auf die Einbettung in höfische Strukturen angewiesen war und aus der Entwicklung einer städtisch-bürgerlichen Kultur der Frührenaissance keine stärkeren Impulse bezogen hat. Dagegen haben die durch Reformation und Gegenreformation initiierten Veränderungen der kirchlichen Liturgie – die Ersetzung des Chorgesangs durch den Gemeindegesang im lutherischen Gottesdienst hat die Entwicklung des Kirchenliedes in Deutschland entscheidend befördert; vor allem aber hat die Forderung des Konzils von Trient nach Textverständlichkeit die Musikentwicklung revolutioniert – zusammen mit der Ausbildung einer höfischen Festkultur in Ferrara, Mantua und Florenz die Entwicklung der Musik stark beeinflußt, während die für die kulturelle Dynamik der Renaissance zentrale Orientierung an den Vorbildern der klassischen Antike mangels sinnlich-konkreter Erfahrbarkeit für die Musik nur eine geringere Relevanz gehabt hat.

So fällt die Blüte der Renaissancemusik in die zweite Hälfte des 16. Jahrhunderts, eine Zeitspanne also, die im Hinblick auf die Entwicklungszyklen der anderen Künste in der Regel als Manierismus oder bereits als Frühbarock bezeichnet wird. Im Hinblick auf die Musik jedoch kann diese Zeit mit gutem Grund als Renaissance bezeichnet werden, weil die in ihr vorherrschenden kompositorischen Prinzipien des Ausgleichs der Gegensätze ziemlich genau den künstlerischen Gestaltungsprinzipien der Hochrenaissance entsprechen. So ist die Musik der Hochrenaissance gekennzeichnet durch den Versuch der Herstellung einer harmonischen Einheit zwischen polyphoner und akkordischer Struktur sowie zwischen Mehrstimmigkeit und Textverständlichkeit. Der Übergang von der Renaissance zum Manierismus findet in der Musik statt, sobald die Vorstellung des harmonischen Ausgleichs als ästhetisches Ideal aufgegeben wird und an die Stelle von Wiederholung und Symmetrie die Vorliebe für das Asymmetrische, Ungegliederte und wechselnde Einmalige tritt.

Die Entwicklung der Musik in der Renaissance profitiert von einigen technischen Veränderungen, die für die Epoche insgesamt von ausschlaggebender Bedeutung gewesen sind. So entwickelt sich in der Frühphase der Renaissance die moderne Notenschreibung durch eine radikale Vereinfachung der alten komplizierten Notationssysteme, wobei der Buchdruck als Initiator und Beschleuniger eine erhebliche Rolle gespielt hat. Die Partituren der Musikstücke konnten nunmehr innerhalb kürzester Zeit in ganz Europa verbreitet werden, wobei die Italiener, insbesondere der venezianische Musikverleger Ottaviano de Petrucci, eine entscheidende Rolle spielten. Das ist um so bemerkenswerter, als im 15. Jahrhundert das Zentrum des musikalischen Schaffens im französisch-flämischen Raum lag, wo der burgundische Herzogshof eine starke Anziehungskraft für Musiker und Komponisten besaß. Doch bereits für diese Phase ist charakteristisch, daß sich nahezu alle flämischen Musiker für einen längeren Zeitraum in Italien aufgehalten haben; hierzu gehören Guillaume Dufay, der über Stationen in Rimini, Rom und Florenz nach Cambrai gelangte und musikgeschichtlich durch die Entwicklung des Chorgesangs als *cantus firmus* hervorgetreten ist, des weiteren Jean Okeghem, dessen Musik am französischen Königshof sehr geschätzt wurde, sowie Jakob Obrecht, der in Cambrai, Brügge, Antwerpen und Ferrara tätig war; schließlich der zeitweise in Italien, Frankreich und Deutschland engagierte Josquin des Prèz sowie Heinrich Isaak, der vor allem in Florenz tätig war und während eines längeren Aufenthalts in Innsbruck den polyphonen Stil nach Deutschland brachte. Alle diese Komponisten trugen zur Weiterentwicklung der Polyphonie bei, deren Prinzipien sie aus dem französisch-flämischen Kulturraum mitbrachten, um sie in Italien verstärkt mit den Anforderungen der Harmonie zu konfrontieren. In der Suche nach dem Ausgleich zwischen beiden entwickelte sich die musikalische Grundstimmung der Renaissance. Führender Theoretiker dieser musikalischen Entwicklungsphase war Johannes Tinctoris, ein flämischer Musiker, der sich vor allem mit der Bedeutung des Kontrapunkts beschäftigte; seine Hauptwerke sind die der Definition musikalischer Begriffe und Gattungen gewidmete Schrift *Terminorum musicae diffinitorum* (1474) sowie der *Liber de arte contrapuncti* (1477).

Mit dem Übergang vom 15. zum 16. Jahrhundert wanderte das Zentrum der musikalischen Innovation nach Italien; Italien war nun nicht mehr bloß Anziehungspunkt für flämische Musiker und Komponisten (obwohl es diese weiterhin nach Italien zog, wie der Lebensweg von Adriaen Willaert, Cipriano de

Rore und Orlando di Lasso zeigt), sondern hier entstand nun das Madrigal, ein mehrstimmiges Chorlied, das im 16. Jahrhundert die wichtigste Form weltlicher Musik bildete und einen zentralen Bestandteil der höfischen Gesellschaftskunst darstellte. Thema der Madrigale waren die Liebe und die Natur. Daneben bildet die Motette, eine liturgische Gesangskomposition, die wichtigste Form kirchlicher Musik; aus Frankreich kommend, fand sie im 15. Jahrhundert überall in Europa Verbreitung, bestimmte die Kirchenmusik des 16. Jahrhunderts und wurde erst im 17. Jahrhundert allmählich durch die Kantate verdrängt. Gegen Ende des Jahrhunderts begann die dominierende Stellung der Italiener in der Musik allmählich zu schwinden; es entwickelten sich abseits Italiens musikalische Zentren mit eigenständigen Traditionen: in England etwa begründet durch William Byrd, der für die High Church Messen und Motetten schrieb und am Hofe Elisabeths überaus geschätzt wurde. Er kann als Begründer des Sologesangs mit Streichbegleitung gelten; oder in Spanien, wo Tomás Luís de Vittoria die mystischen Qualitäten der Musik weiterzuentwickeln bestrebt war; schließlich in Deutschland, wo Heinrich Schütz die für den Barock prägende Form der Passion entwickelte. Vittoria wie Schütz erfuhren ihre musikalische Prägung jedoch zunächst in Italien: Vittoria in Rom in der Umgebung des Religionsreformers Filippo Neri, der zur Entwicklung und Verbreitung des Oratoriums, einer Kombination von Sologesang, Chor und Orchester, entscheidend beitrug; Schütz in Venedig, das am Ende des 16. und seit Beginn des 17. Jahrhunderts das wichtigste musikalische Zentrum Italiens war; hier hatten zunächst Giovanni Gabrieli und anschließend Claudio Monteverdi mit dem Wechsel zwischen Instrumental- und Vokalmusik experimentiert.

Die herausragende Gestalt der Renaissancemusik war Giovanni Pierluigi da Palestrina, der die Idee eines Ausgleichs zwischen Polyphonie und Akkord am energischsten verfocht. Seine gesamte musikalische Karriere verbrachte er in Rom: Unter Paul IV. war er Kapellmeister von San Giovanni in Laterano, unter Pius IV. Kapellmeister von Santa Maria Maggiore und unter Pius V. schließlich Kapellmeister der Peterskirche. Palestrina hat sich überwiegend auf die Vokalform konzentriert und Hymnen,

Motetten und Messen komponiert, wobei er, den Kreisen Filippo Neris nahestehend, erhabene religiöse Gefühle zum Ausdruck bringen wollte. Dabei hat er entscheidend zur Entwicklung des A-capella-Stils, der gleichwertigen Führung aller Stimmen ohne Instrumentalbegleitung, beigetragen. Mit Orlando di Lasso beginnt dagegen der Übergang von der Polyphonie, der kontrapunktisch-mehrstimmigen Musik, zur Monodie, der einstimmigen Melodieführung, womit Lasso nicht zuletzt die Forderung des tridentinischen Konzils nach Textverständlichkeit musikalisch umzusetzen versucht hat. Diese Forderung war bereits von den Humanisten unter Verweis auf die Vorbilder der klassischen Antike erhoben worden, wurde aber erst unter dem Druck des Reformkonzils wirklich durchgesetzt. Dabei erwuchs die Konzilsposition jedoch nicht aus humanistischer Sorge um philologische Präzision und Exaktheit, sondern war eine gemäßigte Position gegenüber der Forderung nach vollständiger Verbannung der Musik aus der kirchlichen Liturgie. Daß diese Position nicht zum Tragen kam, ist vor allem dem Musiksachverständigen des Konzils, Jacob van Kerle, zu verdanken. Orlando di Lasso, der über Mailand, Rom, Neapel und Antwerpen nach München kam, wo er die meiste Zeit seines Musikerlebens verbrachte, hat die Konzilsforderungen genutzt, um in seiner Musik auf Wortausdeutung und Ausdruckssteigerung größten Wert zu legen. Auf der Suche nach der Beziehung zwischen Ton, Wort und dem dadurch Bezeichneten diente die Nachahmung des Außermusikalischen zur Steigerung des Ausdrucks der Musik. In den beiden Fassungen der *Sacrae Lectiones* (1565/1582), der *Klagen Hiobs,* sowie den *Lamentationes Jeremiae* (1585 ff.) findet dies seinen Niederschlag. Neben Motetten, die im Mittelpunkt seines Lebenswerks stehen, hat Lasso auch Madrigale geschrieben, bei denen er auf die Dichtungen Petrarcas (*In vita e in morte di madonna Laura*) und Ariosts (*Orlando furioso*) zurückgriff. Repräsentiert Nicola Vincentinos Schrift *L'antica musica ridotto alla moderna prattica* (1555) die Musiktheorie der Renaissance, so hat Gioseffo Zerlino in *Istitutioni harmoniche* (1558) die musikalische Entwicklung von der Renaissance zum Manierismus theoretisch begleitet, indem er eine flexible Bewegung im Quintenzirkel sowie modulatorische Wechsel von Dur und Moll forderte.

Den Schlußpunkt dieser Entwicklung bildet Claudio Monteverdi, mit dem die neue Form der Oper einen beherrschenden Platz in der Musikszene einzunehmen beginnt. Vorformen der Oper finden sich in den *intermezzi* der höfischen Theateraufführungen; zunächst handelte es sich dabei um eine Kombination von Märschen und Tänzen mit einer einfachen Erzählhandlung, die sich anfangs auf Schäfer-, See- und Nachtszenen beschränkten, dann aber immer anspruchsvoller wurden und sich schließlich zu einem eigenständigen Bühnenstück entwickelten. Die erste europäische Oper, Jacopo Peris 1594 aufgeführte *Dafne*, der ein Text Ottavio Rinuccinis zugrunde lag, bediente sich nicht nur klassischer Mythen, sondern orientierte sich auch am griechischen Drama. Was Peri in Florenz begonnen hatte, setzte Monteverdi in Mantua und Venedig in großem Stil fort, wobei er neben der höfischen auch die städtisch-patrizische Festform der Oper entwickelte: Wurden Monteverdis erste Opern im Palasthof von Mantua aufgeführt, so bediente er sich seit seinem Wechsel nach Venedig, wo er ab 1613 als Maestro der *Cappella di San Marco* tätig war, der großen Kirchen der Stadt (bevorzugt *Santi Giovanni e Paolo*) als Bühne und Raum zur Aufführung seiner Opern. Die Krönung seines Lebenswerks war die Oper *L'incoronazione di Poppea* (1642).

*Lit.:* K. Dahlhaus/H. Danuser: Neues Handbuch der Musikwissenschaft, Bd. 3: Die Musik des 15. und 16. Jahrhunderts, Darmstadt 1997. – R. Goldron: Der Humanismus und die Musik, Lausanne 1966. – H. F. Redlich: Monteverdi, Olten 1949. – O. Roy: Musik des Mittelalters und der Renaissance, Wolfenbüttel 1960.

→Ferrara; →Literatur; →Theater.

## Mythen

Die intensive Rezeption der klassisch-antiken Literatur hat zu einer gewaltigen Vermehrung, um nicht zu sagen Inflation des mythologischen Wissens in der Renaissance geführt. Dabei ist jedoch bemerkenswert, daß die mythologischen Wissensbestände des Mittelalters nicht entwertet oder verworfen, sondern eklektisch-synkretistisch in die neuen Wissenskorpora integriert worden sind. Klassische Mythen wurden mit biblischen

Erzählungen oder Heiligenviten verbunden und in einem oftmals undurchdringlichen Verweisungssystem miteinander verknüpft. So wie Altes und Neues Testament im Verfahren der Präfiguration aufeinander bezogen worden waren, so wurden nun über Analogien und Parallelen die Heroen der antiken Mythen mit den Gestalten der Bibel und den Heiligen verbunden: Herakles/Hercules etwa wurde als Bezwinger des nemeischen Löwen den biblischen Löwenbezwingern Samson und David parallelisiert, die ihrerseits als Präfigurationen des Löwenbezwingers Christus (der Löwe hier als Allegorie des Teufels) fungierten, und Christus und Herkules wurden unmittelbar gleichgesetzt, insofern beide durch Mühen und Leiden zur Unsterblichkeit gelangt seien. So ergaben sich reiche Verschlüsselungsmöglichkeiten für das literarische wie ikonographische Programm der Renaissance, die freilich allzu leicht in ein undurchdringliches Dickicht auszuwuchern drohten, was wiederum zur Folge hatte, daß Klassifizierungssysteme entwickelt wurden, die Ordnung in die Mythen bringen, sie für die Wissensbestände der Zeit nutzbar und in deren Vorstellungswelt integrierbar machen sollten. Stark vereinfacht lassen sich eine enzyklopädisch-systematische, eine allegorisch-exegetische sowie eine historisch-politische Klassifikationsstrategie voneinander unterscheiden, wobei sich diese Klassifikationsschemata oft überschnitten oder miteinander verbanden.

Ausgangspunkt der neuen Rezeption antiker Mythen bildet Giovanni Boccaccios *Genealogia Deorum*, die Hesiod, Vergil und Ovid sowie zahllose spätantike Autoren verarbeitete und sich in ihrer Anlage an den großen Enzyklopädien des Mittelalters orientierte. Indem Boccaccio allen herangezogenen Autoritäten, von Apuleius und Macrobius über Isidor von Sevilla bis zu Hrabanus Maurus und Vincenz von Beauvais, gleichermaßen Glauben schenkte, setzte er die mittelalterliche Tendenz zum Eklektizismus und zur «Barbarisierung» antiken Wissens fort bzw. begründete deren Weiterführung in der Renaissance. Robert Estienne in seinem *Dictionarium* (1515) und Ravisius Textor in seinen *Officina* (1503) haben diese Gattung der Sammlung und Ordnung allen Wissens über die Ursprünge und Filiationen der antiken Götter fortgesetzt; ihren Höhepunkt erreichte sie in der *Theologia mythologica* des Georg Pictor, einem in Dialogform angelegten Göttermagazin, in dem sich Lehrer und Schüler über Namen und Geschichte, Gestalt und Allegorie der Götter austauschen. Mitte des 16. Jahrhunderts erschienen in Italien dann drei mythologische Handbücher, die zu verbindlichen Grundlagen des frühneuzeitlichen Wissens über die antiken Mythen wurden; es waren dies Lilio Gregorio Gyraldis Göttergeschichte unter dem Titel *De deis gentium varia et multiplex historia* (1548), sodann die große Mythologie Natale Contis, *Mythologiae sive explicationem fabularum libri decem* (1551) betitelt, und schließlich Vincenzo Cartaris Götterbilder mit dem Titel *Le Immagini colla sposizione degli Dei degli Antichi* (1556). In Cesare Ripas monumentaler *Iconologia* (1593 erstmals aufgelegt) ist dieses Wissen, in Text und Illustration emblematisch verdichtet, weitergegeben worden.

Eine alternative Ordnungspraxis mythologischen Wissens stellte die allegorisch-exegetische Tradition dar, die durch den Florentiner Neuplatonismus in der zweiten Hälfte des 15. Jahrhunderts starke Anstöße erhielt und bei der philosophische Wahrheiten, insbesondere moralische Aussagen, hinter den Göttergestalten und Heroengeschichten gesucht wurden. Am Anfang steht Coluccio Salutatis Konstatierung der moralischen Ambivalenz des Herakles, der im antiken Mythos sowohl als Frauen- und Kindermörder als auch als Tugendheld auftritt, und die sich an diese Feststellung anschließenden Versuche, eine moralische Eindeutigkeit zu erzielen. Indem Herakles' Arbeiten und Kämpfe allegorisiert wurden, konnte Herakles, etwa bei Landino, zum Vertreter der *vita activa* werden. Noch einen Schritt weiter ging Giovanni Pico della Mirandola, der eine in den Mythen der antiken Dichter implizit enthaltene Theologie zu entdecken versucht hat. Die allegorisch-exegetische Tradition hat durch den Neuplatonismus aber auch Anstöße erfahren, die über die moralische Interpretation hinausgingen. Einer der Höhepunkt dieser Tradition ist Bacons kleine Schrift *De sapientia veterum* (1609), in der er in den antiken Mythen die Weisheit der Alten auszumachen versuchte. Von eher bescheidener Komplexität ist dagegen die Deutung mythischer Konflikte und Kämpfe als Psychomachie, als Kampf der Tugend gegen das Laster, wie Andrea Mantegna etwa den Konflikt zwischen Athene/Minerva und Aphrodite/Venus mitsamt allen Figurationen des Eros vorgeführt hat (*Sieg der Tugend über die Laster*, 1502).

Die verstärkte Rezeption antiker Mythen wurde aber auch für die politischen Mythen und die politische Ikonographie der Kommunen, Dynastien und Nationen bedeutsam. So hat Herakles/Hercules etwa seit der zweiten Hälfte des 13. Jahrhunderts für die politische Selbstdarstellung von Florenz eine bedeutende Rolle gespielt: zunächst als Figur auf dem städtischen Siegel, die gleichermaßen Kampfesmut und Unbesiegbarkeit zum Ausdruck bringen sollte, galt Herakles doch nicht nur als Bezwinger schrecklicher Ungeheuer, wie der lernäischen Hydra und des nemeischen Löwen, sondern auch als Sieger über Tyrannen, Verteidiger der Freiheit und Erneuerer des Rechts. Im Kampf gegen übermächtige Feinde, vor allem gegen die im Norden expandierenden Visconti, hat sich die Republik gerne als neuer Herakles apostrophiert, und die Herakles-Darstellungen am Nordportal des Domes folgen unverkennbar diesen politischen Vorgaben. Es war dementsprechend naheliegend, daß die Medici bei ihrem politischen Aufstieg in der Stadt versuchten, sich den bisher republikanischen Mythos anzueignen und mit ihrer Familie zu verbinden. So ließ Cosimo für den großen Empfangsraum seines Palastes von Antonio Pollaiuolo drei Bilder von den Arbeiten bzw. Kämpfen des Herakles anfertigen, von denen der Kampf gegen die lernäische Hydra und der Zweikampf mit Antaeus erhalten geblieben sind, während der Kampf mit dem nemeischen Löwen verlorenging und nur aus Nachzeichnungen bzw. anderen Arbeiten Pollaiuolos erschlossen werden kann. Unter Lorenzo hat diese Aneignung des Herakles durch die Medici ihren ersten Höhepunkt erreicht, wobei das einstige Symbol der Republik zum Inbegriff des Antirepublikanischen wurde.

Das setzte sich fort unter Cosimo I., der den Herakles-Mythos besonders häufig darstellen ließ. Dabei ist er freilich nicht dem Vorschlag gefolgt, den Giambattista Gelli in seiner Schrift *Dell'origine di Firenze* gemacht hatte, nämlich Herakles als Gründer von Florenz einzusetzen und ihn so genealogisch zu adoptieren. Gelli hatte sich dabei auf die 1498 veröffentlichte Schrift *Commentaria seu per diversorum auctorum de antiquitatibus loquentium* des Annius von Viterbo gestützt, in der dieser fingierte Quellen, wie etwa die Schriften eines Berosus, eines Metasthenes etc., verbreitet hat. Darin wird Herakles in die Nachkommenschaft Noahs eingegliedert und als Städtegründer beschrieben. Um Annius (und seine Quelle Pseudo-Berosus) entbrannte in Europa unter den Humanisten bald eine heftige Auseinandersetzung, in der um die Echtheit und Glaubwürdigkeit der Quelle gestritten wurde, bis sie schließlich von Beatus Rhenanus, Joseph Justin Scaliger u.a. als Fälschung entlarvt werden konnte. Dennoch hat Annius' Schrift auf die genealogischen Konstruktionen der Humanisten hinsichtlich der Abstammung der Deutschen, zeitweilig bei Albert Krantz, Johannes Naucler, Heinrich Bebel, Franciscus Irenicus, Johannes Aventin und Heinrich Pantaleon, einen nicht unbeträchtlichen Einfluß ausgeübt.

Hatte Annius von Viterbo mit seiner ominösen Quelle des Pseudo-Berosus ganz in mittelalterlicher Tradition die verschiedenen Nationen Europas auf ihren gemeinsamen Stammvater Japhet zurückgeführt, womit er nicht nur die verbreitete Vorstellung von der Aufteilung der Kontinente an Sem (Asien), Ham [Cham] (Afrika) und Japhet (Europa) aufnahm, sondern auch die Nachfolgeschaft des Japhet innereuropäisch differenziert hat, so gab es daneben noch die Vorstellung von einer gemeinsamen Herkunft aller europäischen Völkerschaften aus den verstreuten Überlebenden der aus ihrer brennenden Stadt geflohenen Trojaner, gleichsam als Weiterspinnung der Vergilschen *Aeneis*. Danach sollten nicht die Italiener von Italus, sondern auch die Bretonen von einem Brutus, die Franzosen (Franken) von einem Francus, die Spanier von Hesperus, die Toskaner von Tuscus usw. abstammen – so jedenfalls hat es Jean Lemaire de Belges im Anschluß an Annius in seinen *Illustrations de Gaule et singularitez de Trois* behauptet, und Ronsard ist ihm in seiner *Franciade* darin weitgehend gefolgt, wobei ihn freilich weniger natiogenetische Fragen als vielmehr dynastischer Stolz inspiriert hat. Dagegen haben Etienne Pasquier in seinen *Recherches de la France* und Claude Fauchet in seinen *Antiquités gauloises et françaises* den trojanischen Ursprung der Franzosen für falsch erklärt. Goropius Beccanus wiederum hat in seinen *Origines Antwerpianae* (1569) die Flamen als Söhne des Noah-Sohnes Japhet bezeichnet, wobei er zu belegen suchte, daß ihre Weisheit von dem thrakischen Orpheus stamme. So war der historisch-politische Traditionsstrang mythischen Wissens sehr bald in die Konflikte um die Entstehung von Nationalbewußtsein und die Legitimation von Herrscherfamilien verstrickt.

*Lit.:* J. Garber: Trojaner – Römer – Franken – Deutsche; in: Nation und Literatur im Europa der Frühen Neuzeit, hrsg. von K. Garber, Tübingen 1989, S. 108–163. – M. von Hessert: Zum Bedeutungswandel der Herkules-Figur in Florenz, Köln u. a. 1991. – H. Münkler: Nationale Mythen im Europa der frühen Neuzeit; in: Vorträge aus dem Warburg-Haus, Bd. 1, Berlin 1997, S. 107–143. – J. Seznec: Das Fortleben der antiken Götter. Die mythologische Tradition im Humanismus und in der Renaissance, München 1990.

→Astrologie; →Faust; →Ferrara; →Florenz; →Literatur; →Medici; →Nation; →Platonismus.

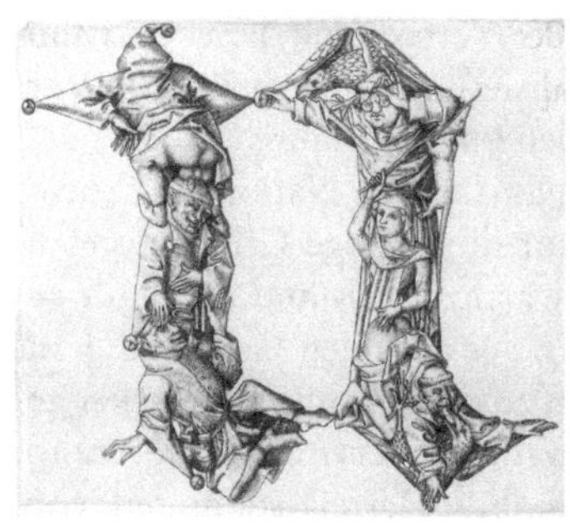

## Nation / Nationalbewußtsein

Auch wenn Nationalbewußtsein und gar Nationalismus in Europa erst seit dem ausgehenden 18. Jahrhundert politisch folgenreich geworden sind, so sind deren Anfänge doch im Humanismus der Renaissance zu suchen, als durch die Wiederentdeckung der historiographisch-ethnographischen Literatur der Antike sich neue Vorstellungen von politisch-kulturell zusammengehörigen Räumen entwickelten, die mit den vorherrschenden politischen Strukturen und kulturellen Zusammengehörigkeitsvorstellungen in Konkurrenz und Konflikt gerieten. Insbesondere der gemeinsame Symbolraum der lateinischen Christenheit wurde dabei zunehmend von Trennungslinien zerschnitten, die auf unterschiedliche Herkunft, verschiedene Sprachen, geographische Grenzen sowie divergente Sitten und Gewohnheiten verwiesen, aus denen dann exkludierende Unterscheidungsmerkmale entwickelt wurden. Zunächst war die Debatte über Nationaleigenschaften und deren Relevanz für die politisch-kulturelle Rangfolge der europäischen Nationen über weite Strecken ein Intellektuellendiskurs, der in einigen Fragen jedoch tief in die Gesellschaft hineinreichte und die Vorstellungswelt breiter Schichten affizierte: Das war in Deutschland während der Anfangsphase der Reformation der Fall, als Luther sein reformatorisches Anliegen mit antiitalienischen Ressentiments zu verbinden verstand, aber auch eine Reihe italienischer Humanisten wußte tiefsitzende zivilisatorische Aversionen gegen die Deutschen zu schüren. Poggio Bracciolini etwa hat sie als «schlaftrunkene, blöde, schnarchende Geschöpfe» bezeichnet, bei denen man nicht wisse, ob sie lebten oder tot seien, und Gianantonio Campano hat aus Deutschland berichtet, hier würden die Lebenden wie Leichen stinken. In der Verbreitung dieser und ähnlicher Stereotype hat die Nationalisierung der europäischen Vorstellungswelt einen entscheidenden Impuls erfahren.

Den Ausgangspunkt des humanistischen Nationendiskurses bildet Petrarca, der mit Blick auf die einstige Größe Roms in mehreren Gedichten den gegenwärtigen Zustand der Stadt beklagt und zur Wiederherstellung der einstigen Größe aufgerufen hat: Die Bürger Roms, denen zu dienen einst alle Völker gewohnt waren (*quibus omnes nationes servire consueverant*), seien nun selbst Knechte, und ihre Herren stammten vom Rhein oder der Rhone. Dementsprechend energisch hat sich Petrarca gegen deren Hegemonieansprüche gewandt und ihnen vorgehalten, sie seien nach wie vor unzivilisierte Barbaren, die der römischen Herrschaft bedürften. So schleuderte er Jean de Hesdin, nachdem dieser sich gegen die Rückkehr des Papstes nach Rom und für den Verbleib in Avignon ausgesprochen hatte, zornig entgegen: «Wie groß ist die Dreistigkeit der Sklaven und wie groß ihre Anmaßung, wenn sie einmal zufällig der Kontrolle ihrer Herren entflohen sind! Dieser Barbar (i. e. Jean de Hesdin) erinnert sich an die alte Sklaverei, und, den Hals noch gedrückt vom Joch Roms, redet er zitternd noch schlecht über seine Herrin wie ein entlaufener Sklave, wenn er weit weg ist.» Und mit Blick auf die Deutschen erklärte er, eine vorsorgliche Natur habe Italien durch die Alpen von den Deutschen getrennt, doch diese, ein Volk ohne Gesetz, hätten die Berge überstiegen, und ihre Horden überschwemmten nun Italien, wie sich die Krätze auf einem Körper ausbreite. Mit zunehmender Popularität Petrarcas fanden auch seine protonationalistischen Äußerungen Verbreitung und riefen entsprechende Reaktionen in anderen Ländern hervor. Es nimmt sich aus wie eine Antwort auf Petrarca, wenn der französische Dichter Joachim Du Bellay Mitte des 16. Jahrhunderts schreibt, man treffe in Rom nur auf Hochmut und Laster, auf ein Nebeneinander von protzigem Reichtum und äußerstem Elend und überall auf Prostituierte, die jeder Zucht und Sitte spotteten. In diesem Sinne hat auch Luther die Tiberstadt als die «große Hure Babylon» bezeichnet; während jedoch der Wittenberger Reformator auf biblische Bilder zurückgriff und mit ihnen den zivilisatorischen Überlegenheitsanspruch der Römer attackierte, hat der französische Dichter den klassischen Rom-Mythos selbst gegen die kulturellen Hegemonieansprüche der Italiener gewendet: «Und jenseits dann, wend ich vom neuen Rom die Blicke / Kehr sie dem alten zu, so seh ich nichts als Stücke / Gestürzter Bilder, die verstreut im Trümmerfeld.» Eine dritte Variante in der Zurückweisung des sich auf die klassische Antike berufenden Überlegenheitsanspruchs Roms und Italiens bestand in der spezifischen Lektüre der wiederaufgefundenen taciteischen *Germania* durch die deutschen Humanisten, indem man kurzerhand die von Tacitus den Germanen attestierte «Sittenstrenge» auf die Deutschen übertrug und sie dem der Zivilisiertheit geschuldeten «Sittenverfall» der Römer bzw. Italiener gegenüberstellte: Was sie Überlegenheit dünkte, war danach nur Zeichen nahenden Verfalls, und der *Sacco di Roma*, die Plünderung und Verwüstung der Stadt durch deutsche Landsknechte, wurde von vielen als Bestätigung dessen angesehen.

Bei der Festlegung nationaler Zugehörigkeit spielten zunächst Landesbeschreibungen im Sinne inkludierender Grenzziehungen eine bedeutende Rolle. Am Anfang dieser nationalen Landeskunden steht Flavio Biondos *Italia illustrata*, ein nach vierzehn Regionen geordnetes Italien-Lexikon, das 1453 abgeschlossen wurde und als Vorbild für zahllose europäische Nachahmer gedient hat. In Deutschland haben sich Conrad Celtis' *Quatuor libri amorum, secundum quatuor latera germaniae* (1502), Johannes Cochlaeus' *Brevis germaniae descriptio* (1512) sowie Franciscus Irenicus' *Germaniae exegesis* (1518) daran orientiert. Neben der reinen Landesbeschreibung war hierbei die Grenzziehung entscheidend, und welche Bedeutung ihr zukam, zeigte sich vor allem dann, wenn sie nicht respektiert wurde. So hatte Erasmus sich der Alternative, die Niederlande entweder Frankreich oder Deutschland zuzurechnen, dadurch zu entziehen versucht, daß er sie als «Gallo Germania» bezeichnete, woraufhin er von dem deutschen Humanisten Heinrich Bebel Anfang 1515 scharf mit der Alternative konfrontiert wurde: «Aut Gallus, aut Germanus»; eine Alternative, vor die Erasmus übrigens auch von dem französischen Humanisten Louis Ruzé gestellt wurde. Erasmus dagegen bestand darauf, «ein Weltbürger zu sein, oder besser noch Nicht-Bürger bei allen», wie er 1522 an Zwingli schrieb, als dieser ihm das Züricher Bürgerrecht angeboten hatte. Er sei da zu Hause, wo seine Bibliothek stehe. 1523 hat Ulrich von Hutten Erasmus' Weigerung, sich hinsichtlich seiner nationalen Zugehörigkeit klar festzulegen, in der Kontroverse um die Sache Luthers dazu benutzt, ihn sozio-moralisch aus der Gemeinschaft der Deutschen auszuschließen: Da er ein Anhänger der lasterhaften Kurie und der verweichlichten Italiener sei, habe er bei den sittenstrengen Deutschen nichts zu suchen und solle sich gefälligst nach Rom oder zu seinen ‹Gallo-Germani› zurückziehen.

Bemerkenswert am humanistischen Nationendiskurs ist, daß spätmittelalterliche Nationenvorstellungen, die sich hauptsächlich am Vorbild einer großen Familie orientierten (wie etwa die Idee, die europäischen Völker stammten von Noah bzw. die Dynastien in Europa von den aus Troja geflohenen Trojanern ab), unter Rückgriff auf die antike Ethnographie mit ihrer asymmetrischen Gegenüberstellung von Zivilisierten und Barbaren durch exkludierende Vorstellungen ersetzt wurden. An die Stelle von nationalen Binnendifferenzierungen einer kulturell und politisch zusammengehörigen Gemeinschaft traten nun scharfe Entgegensetzungen. Das macht verständlich, warum der Sponheimer Abt Johannes Trithemius um das Jahr 1500 schrieb, die Gegenwart sei die Zeit des Erzengels Samiel und sie stehe astrologisch im Zeichen des Mars; Samiel und Mars aber hätten nicht nur die babylonische Sprachverwirrung – womit Trithemius die wachsende Bedeutung der Volkssprachen auch für Wissenschaft und Literatur meinte –, sondern auch die Entstehung der *nationes* befördert, und beides werde schließlich Krieg zur Folge haben.

*Lit.:* P. Amelung: Das Bild der Deutschen in der italienischen Literatur der Renaissance, München 1964. – R. E. Asher: National Myths in Renaissance France, Edinburgh 1993. – H. Berding (Hrsg.): Nationales Bewußtsein und kollektive Identität, Frankfurt/M. 1994. – K. Garber (Hrsg.): Nation und Literatur im Europa der Frühen Neuzeit, Tübingen 1989. – H. Münkler/H. Grünberger/K. Mayer: Nationenbildung. Die Nationalisierung Europas im Diskurs humanistischer Intellektueller. Italien und Deutschland, Berlin 1998.

→Geschichtsschreibung; →Humanismus; →Literatur; →Mythen; →Petrarca; →Seuchen.

## Nürnberg

«Inn der stat umb und umb / Des volckes ist on zal und sumb», schreibt Hans Sachs in *Ein lobspruch der statt Nürnberg* (1530) über seine Heimatstadt. Tatsächlich war Nürnberg zu Beginn des 16. Jahrhunderts mit über 40000 Einwohnern nach Köln und neben Augsburg eine der größten deutschen Städte. «Ein embsig volck», so Sachs weiter, «reich und sehr mechtig, / Gescheyd, geschicket und fürtrechtig. / Ein grosser thayl treybt kauffmanns-handel. / In alle landt hat er sein wandel / Mit specerey und aller wahr. / Alda ist jar markt uber jar/ Von aller war, wes man begert. / Der maist thail sich mit hand-werck nert, / Allerley handwerck ungenandt, / Was ye erfunden menschen-hand.» – Es ist bemerkenswert, mit welcher Präzision Hans Sachs in diesen wenigen Zeilen die wirtschaftlichen und sozialen Verhältnisse Nürnbergs beschrieben hat: Während des 15. Jahrhunderts war Nürnberg neben Augsburg der wichtigste Handelsplatz zwischen dem nordeuropäischen und dem italienisch-mittelmeerischen Wirtschaftsraum; Ende des 15. Jahrhunderts stieg dann Augsburg zur führenden Finanzstadt des oberdeutschen Raumes auf, während Nürnberg seine Position als Handwerksstadt mit einer internationalen Spitzenposition im Bereich von Metallarbeiten und Feinmechanik behaupten und festigen konnte. Nürnberger Taschenuhren, 1510 durch den Schlosser Peter Henlein vielleicht nicht erfunden, aber doch entscheidend weiterentwickelt, Globen – Martin Behaim hatte 1492 den ersten Globus in Nürnberg gebaut – und Gewehre, versehen mit dem 1517 hier erfundenen Radschloß, waren in ganz Europa begehrt. Überhaupt hatte Nürnberg bei der Herstellung von Waffen und Rüstungen eine herausgehobene Stellung und galt als die Rüstungswerkstatt des Reichs. Die starke Stellung des Handwerks im Wirtschaftsleben der Stadt führte dazu, daß die Sozialstruktur Nürnbergs mittelständisch dominiert war: Einer schmalen Oberschicht von patrizischen Großkaufleuten (etwa 5 Prozent) und einer städtischen Unterschicht von etwa 30 Prozent stand eine handwerkliche Mittelschicht von etwa 65 Prozent der Einwohnerschaft gegenüber. Dennoch gaben im Rat der Stadt die Handelsfamilien den Ton an, was in den ersten Jahrzehnten des 16. Jahrhunderts immer wieder zu

Auseinandersetzungen führte, bei denen sich der Rat jedoch durch geschickte Konzessionen, u. a. die Einführung der Reformation in der Stadt im Jahre 1525, behaupten konnte.

Nürnberg war zu Beginn des 16. Jahrhunderts die Krone der deutschen Städte, und das nicht nur, weil es der Aufbewahrungsort der Reichskleinodien war, sondern auch, weil es als die schönste Stadt des Reichs galt. Es kommt nicht von ungefähr, daß Konrad Celtis sein unvollendetes Projekt einer *Germania illustrata* 1495 mit einem Städtelob (*laus urbis*) Nürnbergs begann, einem Meisterstück humanistischer Städteschilderung (*De origine, situ, moribus et institutis Norimbergae libellus*, 1502). Zum Ruhm Nürnbergs und der Schönheit der Stadt haben nicht zuletzt die zahlreichen hier beheimateten Bildhauer beigetragen, unter denen Adam Kraft, Veit Stoß und Peter Vischer d. Ä. herausragen: Adam Krafts Meisterwerk ist das Sakramentshaus in der Kirche St. Lorenz, ein 20 m hoher gotischer Aufbau mit Menschen- und Tierfiguren; Veit Stoß, der den größten Teil seiner Schaffenszeit in Nürnberg verbracht hat, hat die Kirchen St. Lorenz und St. Sebaldus mit Holz- und Steinskulpturen ausgestattet (sein berühmtestes Werk freilich ist der Altar der Marienkirche in Krakau); Peter Vischer d. Ä. schließlich, der wohl bekannteste aus der Nürnberger Bildhauerfamilie, schuf den Reliquienschrein für St. Sebaldus.

In der Nürnberger Handwerkstradition steht auch der Druck herausragender Bücher, bei denen sich der Verleger und Drucker Anton Koberger, in dessen Werkstatt zeitweilig über hundert Gesellen an vierundzwanzig Druckerpressen arbeiteten, dadurch hervorgetan hat, daß bei ihm besonders reich und sorgfältig illustrierte Bücher erschienen, u. a. Hartmann Schedels *Liber chronicarum* (1493), eine Sammlung von Chroniken, die zu einer Art Weltgeschichte zusammengeführt worden waren; die Sammlung ist als *Schedelsche Weltchronik* bekannt geworden. Sie war mit fast zweitausend Holzschnitten von Michael Wolgemut ausgestattet, dem Taufpaten und Lehrmeister des jungen Albrecht Dürer, den er in die Kunst der Kupferstich- und Holzschnittillustration eingeführt hat. Dürers *Apokalypse* (1498) war der erste Bildband, bei dem die Illustrationen den Text dominierten. Georg Pencz und die Gebrüder Beham haben über ihre Verbannung aus Nürnberg hinaus diese Tradition fortgesetzt.

Martin Behaim, von dem der erste Globus stammt, war ein gebürtiger Nürnberger, der sich in Portugal niedergelassen hatte, wo er dem die Entdeckungen registrierenden und kontrollierenden Rat angehörte und sogar selbst an einer Reise unter Diogo Cão bis nach Guinea teilgenommen hatte. Den Globus baute er bei einem Besuch seiner Heimatstadt als Beweis für seine Auffassung, daß jeder Platz der Erde mit dem Schiff erreichbar sei. Daß das neue Wissen in Nürnberg – und nicht in Portugal – erstmals in Form eines Globus dargestellt wurde, hatte mit den technischen Fähigkeiten der Nürnberger Handwerker zu tun, die für eine Reihe von Forschern attraktiv waren. So hat der Mathematiker und Astronom Regiomontanus (der bedeutendste Astronom vor Kopernikus), der lange in Italien gelebt hat und danach als Bibliothekar des Matthias Corvinus in Ungarn tätig gewesen ist, in Nürnberg ein Observatorium errichtet, mit dessen Hilfe er die astronomischen Tafeln verbesserte, die für das beginnende Zeitalter der Entdeckungen unentbehrlich gewesen sind.

Der herausragende Nürnberger Humanist war Willibald Pirckheimer, der einer alten patrizischen Familie der Stadt entstammte und den eine lebenslange Freundschaft mit Albrecht Dürer, dem bedeutendsten Nürnberger der Renaissance, verband. Pirckheimer beschäftigte sich mit Geschichte und Astronomie und übersetzte eine Reihe griechischer Autoren ins Lateinische, u. a. Platon, Xenophon, Thukydides und Plutarch. Zugleich übernahm er aber immer wieder auch öffentliche Aufgaben im Rahmen der Nürnberger Politik: So gehörte er nicht nur viele Jahre dem Rat der Stadt an, sondern vertrat sie auch in diplomatischen Missionen, und schließlich kommandierte er die Truppen, die die Freie Reichsstadt Nürnberg Kaiser Maximilian für die sog. Schweizerkriege zur Verfügung stellte. Pirckheimer ist weder durch besonders originelle Schriften noch durch innovative Ideen hervorgetreten, aber in der Universalität seiner Interessen und Fähigkeiten kam er unter den deutschen Humanisten dem italienischen Renaissanceideal des *uomo universale* wohl am nächsten. Pirckheimers Gegenbild war der Schuhmacher und Dichter Hans Sachs, der wohl berühmteste Meistersinger des 16. Jahrhunderts. Wie Pirckheimer hat Sachs schon früh für Luther Partei ergriffen, so 1523 in dem Gedicht *Die wittenbergisch Nachtigall.* Doch während sich Pirckheimer unter dem Einfluß seiner frommen Schwester Caritas wieder von den reformatorischen Ideen abwandte, ist Sachs bei ihnen geblieben. Er schrieb Meisterlieder, Dramen, Erzählungen und Fabeln; den Stoff entnahm er biblischen, klassischen und mittelalterlichen Legenden; hinzu kommt ein starker Bezug auf den Nürnberger Alltag, von dem Sachs in seinem humorvoll volkstümlichen Stil einen dichten Eindruck vermittelt.

*Lit.:* W. P. Eckert/Chr. von Imhoff: Willibald Pirckheimer, Köln 1971. – B. Könneker: Hans Sachs, Stuttgart 1971. – G. Pfeiffer (Hrsg.): Nürnberg. Geschichte einer europäischen Stadt, München 1971. – G. Strauss: Nuremberg in the XVI$^{th}$ century, Indiana $^{2}$1976. – P. Strieder: Tafelmalerei in Nürnberg. 1350–1550, Königstein/Ts. 1993.

→Augsburg; →Dürer; →Humanismus; →Kaufleute; →Reformation.

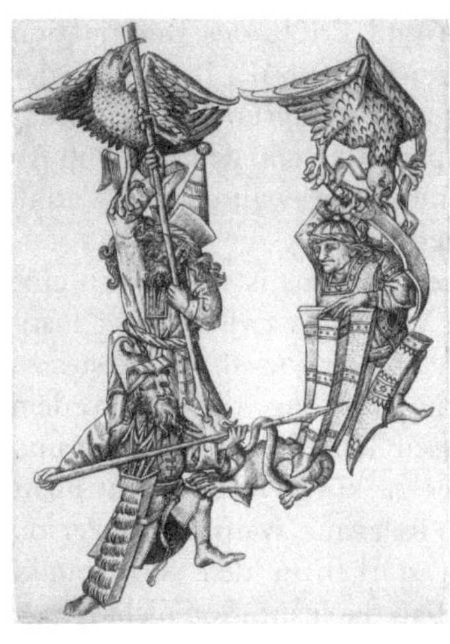

## Päpste / Papsttum

In der Papstgeschichte bildet die Renaissance einen tiefen Einschnitt; in dieser Zeit nämlich haben sich die Päpste aus Oberhäuptern der lateinischen Christenheit in italienische Fürsten verwandelt, die überwiegend mit der Konsolidierung ihres Herrschaftsbereichs, der Regelung ihrer Nachfolge und der Versorgung ihrer Familien beschäftigt waren. Gleichzeitig betrieben die Renaissancepäpste aber auch den Wiederaufbau Roms nach den Jahrzehnten des Niedergangs und Verfalls während des sog. Avignonesischen Exils und des anschließenden Schismas; sie verhalfen der Stadt im Verlaufe eines halben Jahrhunderts zu neuem kulturellem Glanz, indem sie gewaltige Bauvorhaben in Gang setzten, die berühmtesten Künstler nach Rom holten und einen Hofstaat aufbauten, der in Europa beispiellos war. Je nach Blickwinkel wird die Zeit der Renaissancepäpste also entweder als eine Periode des moralischen Verfalls und der inneren Korruption begriffen, als eine Zeit der Agonie des Papsttums, während der alle reformatorischen Initiativen blockiert wurden, oder sie wird als eine kulturell glanzvolle Epoche dargestellt, ein goldenes Zeitalter der Kunst, als die Stadt mit Bramante, Raffael und Michelangelo, mit Fra Angelico, Perugino, Pinturicchio, Parmigianino und Sebastiano del Piombo die bedeutendsten Künstler der Zeit beherbergte. So ist die Geschichte des Renaissancepapsttums im einen Fall die Erklärung für Aufkommen und Erfolg der Reformation nördlich der Alpen und im anderen ein zentraler Bestandteil der Geschichte Roms, der die kulturelle Neugründung der Stadt nach ihrem Niedergang in der Spätantike und dem Auf und Ab von kurzer Revitalisierung und lange währendem Verfall während des Mittelalters markiert.

Für die Zeit des Renaissancepapsttums ist aber auch eine entscheidende Veränderung im Verhältnis zwischen der Institution des Papsttums und der Person des jeweiligen Papstes zu beobachten: Die überpersönliche Ordnung, die sich vordem immer wieder imstande erwiesen hatte, das Versagen und Scheitern einzelner Amtsinhaber zu kompensieren, trat mehr und mehr zurück bzw. verlor an Relevanz, während die Person des jeweiligen Papstes immer stärker in den Mittelpunkt rückte. Man hat den Umstand, daß die Institution nicht länger die Person konsumierte, sondern sich diese Inanspruchnahme- und Verwendungsbeziehung geradezu in ihr Gegenteil verkehrte, auf den Einfluß des Humanismus und seine Herausstellung des Individuums zurückgeführt, der mit dem Papsttum die machtvollste Institution der mittelalterlichen Welt ausgehöhlt und unterminiert habe. Diese These wird gestützt durch die starke Neigung der meisten Renaissancepäpste zu einer maßlosen Selbstdarstellung (das schließlich nicht vollendete Projekt von Michelangelos Grabmal für Papst Julius II. ist ein Beispiel dafür) sowie die Vorstellung, das Seelenheil sei auch ohne kirchlich-institutionelle Vermittlung in der unmittelbaren Beziehung zwischen Mensch und Gott zu erlangen. Man wird freilich nicht sagen können, die Kurie habe diese Entwicklung übersehen, denn die Bildprogramme von Masolinos *Die Gründung von S. Maria Maggiore* (1428–32) oder von Raffaels *Sixtinischer Madonna* (1513) sind Darstellungen der Vermittlerfunktion von Papst und Kirche zwischen jenseitiger und diesseitiger Welt, Himmel und Erde, Göttlichem und Menschlichem.

Gleichzeitig nahm in der Renaissance, auch als eine fortdauernde Folge des vorangegangenen Konziliarismus, der Druck anderer Mächte auf die Entscheidungen der Päpste zu, die gleichzeitig für diesen Druck um so empfindlicher wurden, je mehr sie sich ihrerseits in italienische Fürsten verwandelten, die politische Interessen verfolgten und dabei auf die Unterstützung oder Duldung durch andere Herrscher angewiesen waren. Gegen diese wachsenden Einflüsse von außen, die in der Renaissancezeit im wesentlichen über die nationale Fragmentierung des Kardinalskollegiums (die Gruppe der französischen Kardinäle, der spanischen Kardinäle etc.) erfolgten, wandten sich die Päpste mit dem, was man später die «List des Nepotismus» genannt hat: Nahe Verwandte wurden in hohe Ämter berufen, Kinder zu Kardinälen ernannt und kirchliche Besitzungen in kleinstaatliche Familiendynastien verwandelt. So hat allein Sixtus IV. fünf Neffen zu Kardinälen ernannt, wobei galt: Je jünger diese bei ihrer Ernennung waren, desto länger hatten sie Zeit, Verbindungen und Beziehungen zu knüpfen, vermittels derer sie vielleicht selbst einmal Papst werden konnten. Giovanni de' Medici etwa, der spätere Papst Leo X., war dreizehn Jahre alt, als er zum Kardinal ernannt wurde. Wahrscheinlich war bei dieser Ernennung auch noch das Geld der reichen Florentiner Familie im Spiel, womit eine weitere Vergabeform kirchlicher Ämter (nicht nur während der Renaissance, hier aber besonders intensiv) in den Blick kommt: die Simonie, der Kauf und Verkauf geistlicher Ämter. Beides, Nepotismus und Simonie, die sich an den Herrschaftspraxen in den italienischen Kleinstaaten orientierten, haben auf das Papsttum eine moralisch verheerende Wirkung gehabt. Die Reihe der Vorwürfe gegen die Renaissancepäpste ist lang: Johannes XXIII. soll sein von Jugend an lasterhaftes Leben auch nach seiner Ernennung zum Kardinal und der Wahl zum Papst nicht geändert haben, er sei habgierig gewesen, habe Simonie getrieben und Kirchengüter zum eigenen Nutzen verschleudert; von Alexander VI. glaubten manche Zeitgenossen, er habe reiche Kardinäle ermorden lassen, um sich in den Besitz ihrer Reichtümer zu setzen, und Julius II. ist von Luther ob seiner persönlich angeführten Kriegszüge ein Blutsäufer genannt worden, weshalb Erasmus ihm in seinem *Iulius exclusus* den Zutritt zum Himmel verwehrt hat.

Im Jahre 1377 war Papst Gregor XI. aus Avignon nach Rom zurückgekehrt; nach dessen baldigem Tod wurde Bartolomeo Prignani in Rom zum Papst gewählt; er nannte sich Urban VI. Schon kurz nach seiner Wahl überwarf er sich jedoch mit einem

Großteil der Kardinäle, woraufhin diese Rom verließen und die Wahl Urbans für unkanonisch erklärten, da sie, was jedoch nur bedingt zutraf, unter dem Druck der stadtrömischen Bevölkerung stattgefunden habe. Sie wählten in Fondi Kardinal Robert von Genf zum Gegenpapst, der den Namen Clemens VII. annahm. Es folgte das Große Schisma, bei dem sogar zeitweilig, nach dem fehlgeschlagenen Ausgleichsversuch des Konzils von Pisa (1409), drei Päpste miteinander konkurrierten und ihre jeweiligen Oboedienzen immer wieder Nachfolger wählten. Drei Wege zur Beendigung des Großen Schismas boten sich an und wurden allesamt eingehend erwogen: die *via facti*, die darauf beruhte, daß sich einer der Päpste vermittels geschickten Taktierens oder militärischer Entscheidungen durchsetzen und so die Einheit der Kirche wiederherstellen würde; die *via cessionis*, bei der durch Aufkündigung des Gehorsams von seiten der Oboedienzen, der einem Papst folgenden kirchlichen Amtsträger, die Kirchenspaltung überwunden werden sollte; schließlich die *via concilii*, bei der ein Kirchenkonzil das Schisma beenden und einen rechtmäßigen Papst bestimmen sollte. Aus letzterem Lösungskonzept, das sich auf dem Konzil von Konstanz schließlich als erfolgreich erweisen sollte, hat sich die Idee des Konziliarismus entwickelt, die, knapp zusammengefaßt, besagt, daß das Konzil über dem Papst stehe und dieser den Vorgaben der Kirchenversammlung zu folgen habe. Francesco Zabarella, Pierre d'Ailly, Jean Gerson und Nikolaus von Kues waren die wichtigsten Theoretiker dieses Konziliarismus.

Vor dem Zusammentritt eines Konzils stellte sich freilich die Frage, wer es einberufen könne und dürfe: Unter den Bedingungen des Schismas kam dafür keiner der amtierenden Päpste in Frage, und angesichts der schweren Auseinandersetzungen zwischen Frankreich und England schieden auch diese beiden Staaten bzw. ihre Herrscher aus. In dieser Situation konnte das Kaisertum noch einmal an die längst verlorene Rolle als weltlicher Oberherr in der Christenheit anknüpfen; Kaiser Sigismund berief das Konzil nach Konstanz (1414–1417) ein, und dort wurden die drei amtierenden Päpste Johannes XXIII., Gregor XII. und Benedikt XIII. abgesetzt; an ihrer Stelle wurde Oddo Colonna zum neuen Papst gewählt; er nannte sich nach dem Tagesheiligen Martin V. und galt bald als dritter Gründer des

Kirchenstaates. Aber damit war die schismatische Gefahr noch keineswegs gebannt, denn als Martins Nachfolger Eugen IV. mit der Entwicklung des Konzils in Basel nicht einverstanden war, erklärte er es kurzerhand für beendet bzw. verlegte es unter dem Vorwand der Unionsverhandlungen mit der orthodoxen Kirche nach Ferrara. Der Großteil der in Basel Versammelten folgte, getragen von der konziliaristischen Idee, das Konzil stehe über dem Papst, dieser Entscheidung nicht und führte die Beratungen fort; man erklärte Eugen IV. für abgesetzt und wählte in Basel statt dessen Amadeus von Savoyen zum Papst; dieser nannte sich Felix V. und war der letzte Gegenpapst der Geschichte. Er trat schließlich weitgehend widerstandslos ab und verschwand mit allen Ehren versehen in einem Kloster.

Mit Nikolaus V. war die Kirchenspaltung endgültig beendet, und das Papsttum konzentrierte sich auf Rom, dessen planmäßigen Ausbau es in den nächsten Jahrzehnten betreiben sollte. In einer angeblich auf dem Totenbett gehaltenen Rede an die Kardinäle sprach Nikolaus davon, der Ausbau Roms solle der Vergrößerung der Macht des Papstes in der christlichen Welt dienen, und je prachtvoller Rom sein werde, desto mehr zeige sich darin die Autorität der römischen Kirche und damit die Macht Gottes. Zwischen kirchlichen und weltlichen Zielen war hier noch kein Gegensatz, und das neue Rom sollte zu einem Abbild des himmlischen Jerusalem werden. Eine der ersten Maßnahmen, die Nikolaus zu diesem Zweck traf, war die Verlagerung der päpstlichen Residenz vom Lateran- in den Vatikanpalast, wo die Sicherheit des Papstes leichter zu gewährleisten, aber auch die Möglichkeiten einer repräsentativen Prachtentfaltung größer waren. Zunächst nahm jedoch der Fall Konstantinopels die Aufmerksamkeit der Päpste stark in Anspruch, so daß Pius II., der sich freilich auch weniger für Rom als für seine kleine Idealstadt Pienza interessierte, durch seine Kreuzzugsprojekte fast gänzlich absorbiert war. Durch seine intransigente Haltung gegenüber dem Utraquismus, dem in Basel gemachten Zugeständnis an die Böhmen, das Abendmahl in beiderlei Gestalt gereicht zu bekommen, entfremdete er sich freilich dem böhmischen König Georg von Podiebrad, wodurch er den vielleicht wichtigsten Verbündeten für den geplanten

Kreuzzug gegen die Türken verlor. Nachhaltig änderte sich die Situation Roms erst unter Sixtus IV., der nicht nur ganz gezielt Gelehrte und Humanisten in seine Umgebung holte – zu nennen ist hier insbesondere Bartolomeo Platina, der Verfasser des *Liber de vita Christi ac omnium pontificium*, der das Amt eines Präfekten der *Biblioteca Vaticana* innehatte –, sondern auch Architekten und Maler energisch förderte; er habe eine Stadt aus Ziegeln in eine Stadt aus Stein verwandelt, wurde später über Sixtus geschrieben. Um bei seinen Plänen freie Hand zu haben, gab Sixtus dem französischen König Ludwig XI. das Recht, in seinem Herrschaftsbereich die kirchlichen Einkünfte zu besteuern, wofür ihm Ludwig freie Hand bei der Konsolidierung seiner Herrschaft ließ, insbesondere im Kampf gegen die Colonna. Mit Sixtus hatte sich das Papsttum endgültig in eine an den Interessen der Familie des Amtsinhabers oder seinem Ruhm und Lebensgenuß orientierte Politik verstrickt, aus der es erst unter den Reformpäpsten und in der Zeit der sog. katholischen Reform, also nach dem Ende der Renaissancezeit in Rom, wieder herausfand. Der *familia papae*, die den formalen Kern des Klientelismus bildete, gehörten sowohl Verwandte als auch Freunde sowie protegierte Künstler und Literaten des jeweiligen Papstes an.

Während sich Alexander VI. weniger auf den Ausbau des Kirchenstaates und die bauliche wie künstlerische Umgestaltung Roms, sondern vielmehr auf den Erwerb von Fürstentümern für seinen Sohn Cesare Borgia konzentrierte, betrieb Julius II., der Neffe von Sixtus und wie dieser aus dem Hause della Rovere, die Rückeroberung kirchenstaatlicher Territorien, wobei er oftmals an der Spitze seiner Truppen stand und mehr einem Kriegs- als einem Kirchenmann ähnelte. In seinem Dialog *Iulius exclusus* hat Erasmus deswegen den Papst als einen Machtmenschen kritisiert, dem der Zugang zum Himmel von Petrus selbst verwehrt wird; dagegen hat Raffael auf seiner *Sixtinischen Madonna* dem Märtyrerpapst Sixtus II. die Züge Julius' II. verliehen und ihn als geheiligten Fürsprecher der Menschenheit vor Maria und ihrem Sohn dargestellt. Wie bereits sein Vorgänger Alexander war auch Julius auf das Wohlwollen Frankreichs angewiesen, um seine machtpolitischen Ziele verfolgen zu können, und dieses Wohlwollen erkaufte er sich mit weitgehenden Zugeständnissen, die er im Rahmen des 5. Laterankonzils (1512) an Frankreich machte und die zur weiteren Verfestigung des nationalstaatlichen Charakters der römischen Kirche in Frankreich beitrugen. Da Frankreich und Spanien dem Abfluß von Geldern nach Rom, wo es für Bauprojekte, Kriegszüge und den aufwendigen Lebenswandel der Päpste gebraucht wurde, einen Riegel vorgeschoben hatten, konzentrierte sich die Kurie bei der Beschaffung neuer Mittel vor allem auf Deutschland, was den seit langem vorgebrachten *Gravamina* der Deutschen über die ihrer Auffassung nach zu hohen Belastungen durch Rom neuen Auftrieb gab. Diese Klagen haben ab 1517 die rasche Verbreitung der reformatorischen Ideen Luthers unterstützt und beschleunigt, und Luther hat es verstanden, die finanzielle Belastung Deutschlands durch die römische Kurie zu einem Propagandum seiner Botschaft zu machen.

Die Anfänge von Luthers Wirken fielen in die Amtszeit Leos X., der auf den frommen Mönch mit überlegener Verachtung herabblickte und die *causa Lutheri* als eine der zahllosen Irritationen innerhalb der Kirche behandelte. Tatsächlich war Leo viel mehr mit der Sicherung und Festigung der Herrschaft seiner Familie in Mittelitalien beschäftigt, und außerdem mußte er darauf achten, daß bei der nach dem Tode Maximilians anstehenden Kaiserwahl in Deutschland die Interessen des Kirchenstaates, aber auch die seiner Familie gewahrt wurden. Offenbar war Leo auch davon überzeugt, durch entsprechende propagandistische Programme lasse sich der von Luther und anderen bestrittene weltliche Herrschaftsanspruch des Papsttums, der sich im wesentlichen auf die Konstantinische Schenkung gründete, aufrechterhalten bzw. erneuern. Zwar hatte Lorenzo Valla mehr als ein halbes Jahrhundert zuvor bereits die angeblichen Schenkungsdokumente als Fälschung des 8. nachchristlichen Jahrhunderts nachgewiesen; Ulrich von Hutten hatte dies in Deutschland bekannt gemacht, doch das hinderte den Papst nicht daran, die *Sala di Costantino* des Vatikanspalastes von Raffael mit Fresken ausschmücken zu lassen, in deren Zentrum die Konstantinische Schenkung stand. Damit setzte Leo nur eine Politik fort, die auch seine Vorgänger betrieben hatten. So hatte etwa Alexander VI. unter Berufung auf die Konstantinische Schenkung, der zufolge der Kaiser dem Papst alle Inseln als Herrschaftsgebiet überlassen hatte, die neu entdeckte Welt zwischen Spanien und Portugal geteilt, und Julius II. hatte sich bei seiner Rückeroberungspolitik an den Rändern des Kirchenstaates ebenfalls auf die angebliche Schenkung des Kaisers Konstantin berufen. Leo freilich ließ diese Schenkung durch Raffael ins Zentrum der Kirchenstaatslegitimation rücken, als er einen Repräsentationsraum für Audienzen, Investituren und Bankette mit Szenen ausschmücken ließ, die den Ursprung der weltlichen Autorität des Papstes und der Vorherrschaft der Kirche gegenüber dem Reich zum Thema hatten. Dementsprechend tragen auf Raffaels Fresken die Päpste auch die Tiara, einen Bestandteil der kaiserlichen Insignien, und nicht die Mitra, die für liturgische Amtshandlungen vorgesehen war. Bei Leos Tod soll die päpstliche Kasse so leer gewesen sein, daß an eine repräsentative Beerdigung nicht zu denken war, und so ging mit ihm eine glanzvolle Ära des Papsttums eher ruhmlos zu Ende. Die von Leos Nachfolger Hadrian VI., einem Niederländer, eingeleiteten Reformen kamen nicht voran und stießen auf den Widerstand der stadtrömischen Bevölkerung, die sich an ausgabefreudige Päpste gewöhnt hatte, von denen sie zu einem guten Teil ihr Auskommen bezog. Als Hadrian nach nur eineinhalb Jahren Amtszeit starb, soll an der Tür des ihn behandelnden Arztes die Formel *liberator patriae*, Befreier der Vaterstadt, angeheftet worden sein.

Auf Hadrian folgte erneut ein Medici auf dem Papststuhl, Giulio, ein Sohn des ermordeten Giuliano, also ein Neffe Leos X. Giulio de' Medici, der sich nach seiner Wahl Clemens VII. nannte, geriet durch falsches Taktieren zwischen die Fronten der um die Vorherrschaft in Oberitalien kämpfenden Habsburger und Valois, was schließlich 1527 im *Sacco di Roma* endete, mit dem zumindest in Rom die Renaissance zu Ende gegangen ist. Was folgte, war die Vorbereitung auf eine sich in der Gegenreformation dann vollziehende Rechristianisierung der Kirche. Die unter Julius II. und Leo X. in Gang gesetzten Bauvorhaben, insbesondere das gewaltige Projekt der neuen Peterskirche, wurden freilich weitergeführt und schließlich unter großer Verzögerung vollendet.

*Lit.:* R. Bäumer (Hg.): Die Entwicklung des Konziliarismus, Darmstadt 1976. – L. von Pastor: Geschichte der Päpste im Zeitalter der Renaissance, Freiburg/Br. 1924. – L. Patridge: Renaissance in Rom. Die Kunst der Päpste und Kardinäle, Köln 1996. – B. Schimmelpfennig: Das Papsttum, Darmstadt 1984. – J. A. F. Thompson: Popes and Princes, 1417–1517, London 1980. – W. Ullmann: Kurze Geschichte des Papsttums im Mittelalter, Berlin/New York 1978.

→Borgia; →Frömmigkeit; →Humanismus; →Idealstadt; →Medici; →Reformation; →Rom; →Staat.

## Palladio, Andrea

*(* 30. November 1508 in Padua, † 19. August 1580 in Vicenza)*

Palladio ist einer der bedeutendsten Vermittler klassisch-antiker Architekturvorstellungen: nicht nur für Italien, sondern auch in England und schließlich Nordamerika. Im Unterschied zu der wuchtig-geschlossene Fassaden bevorzugenden Palastarchitektur in Florenz und Rom hat Palladio, dessen wichtigste Bauten in Venedig oder im venezianischen Herrschaftsgebiet entstanden, eine sehr viel offenere Architektursprache entwickelt. Seine größte Originalität entfaltete er im Villenbau, wo ohnehin weniger auf repräsentative Machtdarstellung als auf eine Verbindung zwischen den Annehmlichkeiten des Landlebens und den Wirtschaftsfunktionen eines Gutshofes Wert gelegt wurde. Mit Palladios Namen haben sich, nicht nur über seine Bauten, sondern auch über seine architekturtheoretische Schrift *I quattro libri dell'architettura* (1570), schon bald eine bestimmte ästhetische Grundvorstellung, ein entsprechender Baustil sowie eine politische Gesinnung verbunden: Sie lassen sich charakterisieren als eine lebensweltliche Präferenz für das Landleben gegenüber einer Existenz in den Entscheidungszentren städtischer Macht.

Entscheidend für den Lebensweg des Müllersohns Andrea di Pietro della Gondola – so Palladios ursprünglicher Name –, der es nach einer mehrfach unterbrochenen Lehre als Steinmetz schließlich bis zum Meister gebracht hat, war die Begegnung mit zwei Renaissanceintellektuellen: dem Dichter Giangiorgio Trissino und dem Historiker und Diplomaten Daniele Barbaro.

Trissino, der sich eingehend mit der klassisch-antiken Kunsttheorie beschäftigt hatte, wollte sein Landhaus als Ort regelmäßiger Treffen von Gebildeten und Künstlern selbst entwerfen, und dabei zog er Andrea als Ratgeber in technischen Fragen heran. Im Verlaufe dieser Zusammenarbeit wurde Andrea nicht nur in die klassische Architekturtheorie, insbesondere in die Schriften des Vitruv, eingeführt, sondern auch mit den baulichen Hinterlassenschaften der Antike in Verona und Rom vertraut gemacht, und schließlich gab ihm Trissino auch seinen auf die Göttin Pallas Athene anspielenden Künstlernamen Palladio.

Als Trissino 1550 starb, hatte Palladio bereits die Aufmerksamkeit Daniele Barbaros auf sich gezogen, der Vitruvs Schriften über das Bauwesen ins Italienische übersetzen wollte und dabei für die technischen Begriffe die Hilfe eines Baupraktikers benötigte. Palladio hat zu Barbaros Vitruvübersetzung schließlich nicht nur das Fachvokabular, sondern auch Illustrationen und Zeichnungen beigetragen. Für Daniele Barbaro und seinen Bruder Marcantonio baute Palladio auch eine seiner schönsten und gelungensten Villen, die Villa Barbaro in Maser, in der die Wirtschaftsfunktionen mit den Repräsentationsfunktionen aufs glücklichste miteinander verbunden sind. Unter Palladios Villen ist weiterhin zu nennen die Villa Almerico-Capra, genannt La Rotonda, in vieler Hinsicht das Gegenbild der Villa Maser, da Palladio hier ein ausschließlich für Empfänge und Festlichkeiten dienendes Gebäude zu errichten hatte.

Neben Villen hat Palladio auch Paläste gebaut, vor allem in Vicenza, während er in Venedig fast ausschließlich als Architekt von Kirchen hervorgetreten ist, u. a. sind San Giorgio Maggiore und Il Redentore auf der Giudecca sein Werk. Sein Ruhm und sein späteres Fortwirken freilich gehen vor allem auf die von ihm gebauten Villen zurück. Inigo Jones hat in den ersten Jahrzehnten des 17. Jahrhunderts Palladios Architekturauffassung in England heimisch gemacht, von wo aus sie schließlich im 18. Jahrhundert in die Neuenglandstaaten gelangt ist.

*Lit.:* A. Palladio: Die vier Bücher zur Architektur, aus dem Ital. übers. und hrsg. von A. Beyer und U. Schütte, Zürich / München 1983.

R. Bentmann/M. Müller: Die Villa als Herrschaftsarchitektur, Hamburg

1992. – E. Forssman: Palladios Lehrgebäude, Stockholm 1965. – M. Murano/P. Marton: Die Villen des Veneto, München 1986, S. 210ff. – W. Timofiewitsch: Die sakrale Architektur Palladios, München 1968.

→Architektur; →Venedig.

## Paracelsus (eigentl. Philippus Aureolus Theophrastus Bombastus von Hohenheim)

*(* 10. November 1493 in Einsiedeln, † 24. September 1541 in Salzburg)*

Neben manchen mystischen Vorstellungen über den Einfluß der Gestirne auf das Leben der Menschen findet sich in Paracelsus' Denken vor allem eine große Aufgeschlossenheit gegenüber empirischen Forschungen. In diesem Sinne strebte er eine grundlegende Reform der Medizin an, der er vorwarf, an veralteten und längst widerlegten Vorstellungen festzuhalten und sich nicht hinreichend an dem beobachtbaren Zusammenhang zwischen körperlichen Reaktionen und Naturheilmitteln sowie chemischen Substanzen zu orientieren. Zum Zeichen seiner Ablehnung sterilen Buchwissens verbrannte er, inzwischen Stadtarzt und Dozent an der Universität von Basel, die in den medizinischen Fakultäten maßgeblichen Schriften von Galen und Avicenna, und zum Zeichen seiner Überlegenheit gegenüber der antiken Medizin nahm er den Namen Paracelsus an. Er wollte damit zum Ausdruck bringen, daß er mit dem römischen Arzt Celsus vergleichbar sei. Wegen seiner unorthodoxen Behandlungsvorschläge, aber auch wegen seines eigenwilligen und oftmals intoleranten Verhaltens schuf er sich viele Feinde, was schließlich dazu führte, daß er nach ersten Erfolgen als Arzt und Hochschullehrer – er war wohl der erste, der Vorlesungen in deutscher Sprache hielt – ein unstetes Wanderleben führen mußte und nicht die Anerkennung fand, die er verdient zu haben meinte. Stattdessen sah man in ihm einen Scharlatan. Bis heute gehört Paracelsus zu den faszinierendsten und widersprüchlichsten Persönlichkeiten der Renaissance.

Paracelsus' Theorien beruhen auf dem Glauben an den Einfluß des Universums auf das menschliche Leben; dementsprechend geht nach seiner Auffassung auch die rechte Medizin aus Himmel und Erde sowie allen Elementen und deren Kräften hervor. Entgegen der verbreiteten Vorstellung, der zufolge Krankheiten die Folge eines unausgewogenen Verhältnisses der Körpersäfte seien, vertrat er in seinem Buch *Die große Wundarzney* (1536) die Auffassung, jede Krankheit habe ihre eigene Ursache und verlange demgemäß auch eine eigene Behandlung. Krankheiten könnten durch kleine Dosen des Gegenmittels zu dem die Krankheit verursachenden Gift geheilt werden, wobei Paracelsus nicht nur auf Pflanzenheilmittel, sondern vor allem auch auf chemische Stoffe vertraute, unter denen Quecksilber, Schwefel und Sulfat als den drei ‹ersten Substanzen› eine besondere Bedeutung zukam. Paracelsus beteiligte sich auch an der Suche nach einer wirksamen Therapie gegen die Syphilis. Die stark empirische Tendenz seiner Überlegungen hat er in der Feststellung zusammengefaßt: «Der Arzt kommt aus der Natur, denn sie gibt es ihm, und der ist ein Arzt, dem die Natur ihre Experienz gibt, – nit der, der aus seinem spintisierenden Kopf wider die Natur, wider ihre Art und wider das, das in ihr ist, schreibt, redet und handelt. Die Natur macht einen Arzt; aus dem folgt, daß die Kur aus der Natur geht und der Arzt dieselbige appliciert.»

*Lit.:* Paracelsus: Sämtliche Werke, hrsg. von K. Sudhoff u.a., 14 und 7 Bde., München/Berlin 1922 ff.; Wiesbaden 1955 ff. – ders.: Vom glückseligen Leben. Ausgew. Schriften zu Religion, Ethik und Philosophie, Salzburg / Wien 1993.
Frank Geerk: Paracelsus – Arzt unserer Zeit, Zürich 1992. – E. Kaiser: Paracelsus in Bildzeugnissen und Selbstdokumenten, Reinbek 1969.

→Menschenbild; →Seuchen.

## Petrarca, Francesco

*(* 20. Juli 1304 in Arezzo, † 18. Juli 1374 in Arquà bei Padua)*

Er sei «der erste moderne Mensch» gewesen, hat Burckhardt über Petrarca gesagt. Diese Charakterisierung kann auf mehrere von Petrarcas Eigenschaften bezogen werden: auf seinen ausgeprägten Egozentrismus, seine Ruhmsucht und Selbstinszenierung; ebenso aber auch auf den durch ihn initiierten Bruch mit geschichtlichen Kontinuitätsvorstellungen von der Antike bis zu seiner Gegenwart und die Neuorientierung am antiken Rom als politischem wie kulturellem Vorbild; genauso schließlich aber auch auf die Idee einer unaufhebbaren Subjektgebundenheit aller Erkenntnis oder die Unabschließbarkeit eines Gedankens, wie er im Fragmentcharakter des Petrarcaschen Werkes seinen Niederschlag gefunden hat. Allen Aspekten gemeinsam ist die starke Betonung des «Ich»; in seinem *Brief an die Nachwelt*, den man als erste Künstler- und Intellektuellenautobiographie bezeichnen kann, schreibt Petrarca: «Ich will, daß mein Leser, wer er auch sei, ganz allein an mich – und nicht an die Hochzeit der Tochter, die Freundin der Nacht, an die Nachstellungen eines Feindes ...! – denke, und wenigstens solange er liest, will ich, daß er bei mir sei ... Ich will nicht, daß er ohne jede Anstrengung aufnehme, was ich nicht ohne Anstrengung geschrieben habe.»

Auf Wunsch seines Vaters, eines aus Florenz verbannten Juristen, der sich in Avignon niedergelassen hatte, hat Petrarca in Montpellier und Bologna Jura studiert; nach dem Tod des Vaters (1326) hat er den Beruf jedoch sogleich aufgegeben und sich ausschließlich der Literatur gewidmet. Die Möglichkeit hierzu bot ihm das ererbte Vermögen sowie der sich bald einstellende literarische Ruhm (1341 wurde Petrarca in Rom mit dem Lorbeerkranz als Dichter gekrönt), der ihm die finanzielle Unterstützung weltlicher Herrscher und geistlicher Würdenträger sicherte. So hatte Petrarca zunächst bei Kardinal Giovanni Colonna bis 1347 eine Sekretärsstelle inne, die einer Sinekure gleichkam; später bewegte er sich im Umfeld der Stadtfürsten von Mailand, Parma und Padua, die für ein entsprechendes Auskommen des Dichters Sorge trugen. Daß dieses Leben karg und asketisch, zurückgezogen vom lärmenden Betrieb der Städte und allein der Literatur gewidmet gewesen sei, gehört zu Petrarcas Selbststilisierungen: 1337 zog er sich nach Vaucluse zurück, um, wie er in seiner Schrift *De vita solitaria* erklärte, in der Einsamkeit des Ortes in Ruhe denken und schreiben zu können. Vaucluse lag freilich so nahe bei Avignon, daß Petrarca in kurzer Zeit wieder in das geistliche wie diplomatische Zentrum der damaligen Welt – von Petrarca mehrfach als Babylon bezeichnet – gelangen konnte. Ähnlich war es um Petrarcas späteren Aufenthaltsort Arquà in den Eugenäischen

Hügeln nahe Padua bestellt; er selbst hat Ort und Gegend als Petrarcadien bezeichnet. «Dies ist mein Leben: mitten in der Nacht stehe ich auf, am frühen Morgen gehe ich ins Freie hinaus, doch auf den Feldern draußen studiere, denke, lese, schreibe ich nicht anders als zu Hause. Den Schlaf halte ich so viel als möglich meinen Augen fern, die Weichlichkeit meinem Körper, die Gelüste meinem Geist, die Stumpfheit meiner Arbeit.»

Im Mittelpunkt der Petrarcaschen Lyrik, die er in seinem *Canzoniere* zusammengestellt hat, steht Donna Laura, bei der unklar ist, ob es sich um eine reale Gestalt oder eine literarische Fiktion handelt. Petrarca selbst gibt an, ihr 1327 erstmals begegnet zu sein, und im Frühjahr 1348 notiert er, Laura sei am Karfreitag gestorben. Zu ihren Lebzeiten wie nach ihrem Tode diente sie Petrarca zur Darstellung seines Seelenschmerzes, der Sehnsucht nach dem Unerreichbaren und dem Selbstgenuß in der Schilderung dieses Leides. Auf dieser Grundlage hat Petrarca für die europäische Literatur einen neuen Erfahrungsraum eröffnet: In Raum wie Zeit tritt ihm Laura bzw. deren Ferne und Unerreichbarkeit gegenüber, und beides wird zum Resonanzraum seiner seelischen Befindlichkeit. So entwirft Petrarca in Laura das Bild der unerreichbaren Geliebten, die zum Symbol für Schönheit und Erhabenheit wird und an der sich die elegische Dichtung späterer Jahrhunderte orientiert hat.

Neben Donna Laura ist in Petrarcas Lyrik Italien das Objekt seiner Sehnsucht; was er ersehnt und anstrebt, ist die politische wie kulturelle Erneuerung der klassischen Antike. So hat er versucht, das Latein, das er in seinen philosophischen Texten schrieb – die literarischen Stücke sind in Italienisch verfaßt –, dem klassischen Latein anzupassen. Dabei hat er sich in dem Robert von Anjou, dem König von Neapel, gewidmeten Epos *Africa* (1342), in dem er die Feldzüge Scipios beschrieb, an Vergil orientiert, während er sich in der späteren Lyrik eher Horaz, Ovid und Catull zum Vorbild nahm und in seinen Briefen (*Familiares, Seniles*) sowie seinen Prosaschriften (*De viris illustribus*, Biographien bedeutender Römer; *De remediis utriusque fortunae* (1354/66), Betrachtungen über den alltäglichen Lauf der Welt; *Secretum meum*, einem an Augustins *Confessiones* angelehnten Rechenschaftsbericht über sein Leben) dem Stil Ciceros nacheiferte. Petrarca ging es aber nicht nur um eine philologisch-stilistische Renaissance der Antike, sondern er bestritt auch entschieden alle Vorstellungen von einer *translatio*, der zufolge die römische Herrschaft und Kultur nach dem Untergang des weströmischen Reiches auf andere Völker übergegangen seien: So polemisierte er nicht nur gegen die Konstruktion einer *translatio imperii* auf die Deutschen, sondern bekämpfte auch die in Frankreich verbreitete und insbesondere von der Universität Paris lancierte Idee einer *translatio studii*, und vor allem hat er sich gegen den Sitz des Papsttums in Avignon gewandt und unermüdlich dessen Rückkehr nach Rom propagiert. Den Franzosen hat er jede Gelehrtheit abgesprochen, und die Deutschen hat er einer fortbestehenden Barbarei bezichtigt. Petrarca steht insofern auch am Anfang des europäischen Nationendiskurses, zu dem er eine Fülle von Stereotypen beigetragen hat. Vor allem aber hat er das Mittelalter, an dessen Erfassung und Wahrnehmung als einer eigenständigen Epoche er einen entscheidenden Anteil hatte, als eine Zeit der Illegitimität beschrieben und sich selbst als den Erneuerer der Antike auf die dadurch entstandene Epochenschwelle plaziert. An dem von ihm so bezeichneten Mittelalter verwarf er nicht nur den Verlust der einstigen Stellung Roms und die Veränderung des gesprochenen wie geschriebenen Lateins, sondern auch die Tradierung des Wissens durch die Klöster und die scholastisch-universitäre Aufbereitung und Weitergabe dieses Wissens. Mehrfach ist Petrarca durch Deutschland und Frankreich gereist, um antike Texte aufzuspüren und sie den abgeschotteten Wissensspeichern der Klosterbibliotheken zu entreißen; es ist ganz in seinem Sinne, wenn seine Funde in der Wissenschaftsgeschichte heute als «Wiederentdeckungen» bezeichnet werden, während sie doch tatsächlich nur eine Veränderung des Tradierungssystems darstellten. Zugleich hat Petrarca die mittelalterliche Praxis des Kommentierens und Kompilierens verachtet und verurteilt: Leute, die es nicht wagten, ein eigenes Buch zu schreiben und deshalb bloß fremde Bücher kommentierten, seien solche, die nichts von der Baukunst verstünden und deswegen die Hausmauern immer wieder neu anstrichen. In der Wissensordnung, an deren Durchsetzung er wesentlich beteiligt war, sind Authentizität, Originalität und

Sensibilität nicht nur zu Maßstäben guter Literatur, sondern auch der Philosophie geworden. In diesem Sinne ist Petrarca sowohl der erste moderne Dichter als auch der erste moderne Intellektuelle.

*Lit.:* F. Petrarca: Prose, hrsg. von G. Martellotti u. a., Mailand / Neapel 1955. – Ders.: Le Familiari, hrsg. von V. Rossi und U. Bosco, 4 Bde., Florenz 1933–1942. – Ders.: Dichtungen, Briefe, Schriften. Auswahl und Einl. von W. Eppelsheimer, Frankfurt/M. 1980.
A. Buck (Hrsg.): Petrarca, Darmstadt 1976. – K. Heitmann: Fortuna und Virtus. Eine Studie zu Petrarcas Lebensweisheiten, Köln / Graz 1958. – E. Kessler: Petrarca und die Geschichte, München 1978. – K. Stierle: Petrarca. Fragmente eines Selbstentwurfs, München 1998.

→Humanismus; →Literatur; →Nation; →Renaissance.

## Platonismus

In der Regel wird der Renaissance-Platonismus von der Forschung der breiten Bewegung des Humanismus zugeschlagen; dabei wird freilich die stark theologische Ausrichtung des Platonismus der Florentiner Akademie übersehen, der auf eine umfassende spekulative Deutung der Welt abzielte, wie sie dem an den Fragen menschlicher Lebensführung orientierten Humanismus eher fremd war. Es ist insofern durchaus gerechtfertigt, im Anschluß an Paul Oskar Kristeller den Platonismus als eine gegenüber dem Humanismus selbständige Denkbewegung der Renaissance zu fassen. Dabei sollte man den Institutionalisierungsgrad der Florentiner Akademie nicht überschätzen: Es handelte sich im wesentlichen um den Freundeskreis des Philosophen und Theologen Marsilio Ficino, der sich regelmäßig in dessen Haus in Careggi traf. Cosimo de' Medici hat Ficino dieses seiner eigenen Villa nahegelegene Haus im Jahre 1462 geschenkt und ebenso wie später sein Enkel Lorenzo, soweit seine Verpflichtungen ihm dies erlaubten, an den Treffen teilgenommen, was dem Kreis ein eigenes Gewicht verliehen hat. Außerdem hat er Ficino zahlreiche griechische Manuskripte, darunter die platonischen Dialoge, mit der Bitte überlassen, davon lateinische Übersetzungen anzufertigen, was Ficino in bemerkenswert kurzer Zeit gelungen ist. Dabei hat er sich keineswegs auf die Texte Platons beschränkt, sondern auch neuplatonische Autoren, wie Plotin, Proklos, Porphyrios und Iamblichos, sowie die sogenannten hermetischen Autoren von Hermes Trismegistos über Orpheus bis Zoroaster, die damals der Vorgeschichte des Platonismus zugerechnet wurden, in das Übersetzungsprogramm einbezogen. Infolge dieser richtungsweisenden Übersetzungen waren die regelmäßigen Treffen in Careggi mehr als nur Zusammenkünfte von Freunden und Platonikern, und die Akademie hat trotz ihres fehlenden institutionellen Rahmens diesen Namen verdient. Einflüsse des Florentiner Platonismus finden sich bei Reuchlin, Colet und Lefèvre d'Etaples, bei Patrizi, Galilei und Bruno, ebenso bei Bovillus und Postel, Le Roy und Bodin, bei Erasmus und Morus, Paracelsus sowie Agrippa von Nettesheim.

Kerngedanke des in vieler Hinsicht durch die Neuplatoniker der Antike geprägten Platonismus ist die Verbindung von Theologie und Philosophie in einer zur thomistischen Scholastik alternativen Form und vor allem in kritischer Absetzung gegen die unter den (averroistischen) Aristotelikern verbreitete Konzeption von den ‹zwei Wahrheiten›. Philosophie wird im Florentiner Platonismus verstanden als Offenbarung des Logos, dem freilich nur die beiden unteren Himmel, die Sphären der Körper, der Sinne und der Affekte, sowie die der praktischen, physischen und kontemplativen Vernunft, zugänglich sind, während der ‹dritte Himmel›, die Sphären Gottes, der Engel und der Weltseele, nur durch Glaube, Hoffnung und insbesondere Liebe, erfaßt werden können. Die Sehnsucht nach Gott versteht Ficino als die höchste Form der Liebe, und diese Liebe ist es, die die Seele aus der sinnlichen Welt herausführt zur Erkenntnis des Übersinnlichen. Die «Entrückung» als Ermöglichung der Erkenntnis Gottes, wie Ficino sie in seinem Fragment gebliebenen Römerbriefkommentar am Beispiel der paulinischen Theologie vorstellt, und die Liebe, wie er sie in seinem Kommentar zu Platons *Symposion* als das die Vernunft Übersteigende skizziert (der Begriff ‹platonische Liebe› geht übrigens auf diese Überlegungen Ficinos zurück), ergänzen sich also wechselseitig; theologische und philosophische Erkenntnis stimmen im Platonismus Ficinos hinsichtlich der Erkenntnis des ‹dritten Himmels› überein.

In der hierarchischen Ordnung der Welt, wie Ficino sie entwirft, verhalten sich die Sphären zueinander nach dem Grad ihrer Vollkommenheit. In absteigender Linie folgen aufeinander: Gott, Engel, Weltseele, Gestirnssphären, die Dinge in Raum und Zeit, schließlich der formlose Stoff. So wie bei Pico der Mensch nicht auf eine bestimmte Position festgelegt ist, sondern sich frei entscheiden kann, zu den Göttern aufzusteigen oder zu den Tieren herabzusinken, hat auch bei Ficino die menschliche Seele eine Mittelstellung, von der aus Aufstieg wie Abstieg möglich sind. Auch Ficino bezieht damit, wenn auch nicht mit der gleichen Schärfe, wie Pico dies in seiner Streitschrift *In astrologiam libri XII* getan hat, gegen die in der Renaissance verbreitete Vorstellung Position, das menschliche Verhalten sei durch Einflüsse der Gestirne determiniert. Ficino, dessen Naturphilosophie mit astrologischen, alchimistischen und magischen Vorstellungen verknüpfbar war, hat sich solchen Determinationsvorstellungen mit der Idee eines aus freier Entscheidung vollziehbaren Wechsels der «Planetenkindschaft» entzogen. Ansonsten hat er freilich die Vorstellung, Naturvorgänge seien rein physikalisch zu erklären, entschieden zurückgewiesen und statt dessen spekulative Deutungen favorisiert. Gegen die Sicht, die Einheit der Welt gehe aus der Abstraktion des Vielen und Mannigfachen hervor, verfocht er den platonischen Grundgedanken, die Einheit sei die Bedingung des Mannigfachen. An dieser Frage trennten sich bei allen in der Renaissance verbreiteten Konkordanzvorstellungen die Wege von Aristotelismus und Platonismus, und demgemäß hat Ficino auch die aristotelische Naturphilosophie strikt abgelehnt: In ihr werde der Blick vom Göttlichen ab- und den Niederungen der körperlichen Welt zugewandt. Dagegen hat Giovanni Pico della Mirandola – Pico kann sicherlich dem Florentiner Platonismus nicht umstandslos zugerechnet werden, da seine Fragment gebliebene Schrift *De concordia Platonis et Aristotelis* (der kleine Traktat *De ente et uno* [1491] ist das einzig erhaltene Stück daraus) die Einheit von Platon und Aristoteles eher auf aristotelischer Grundlage formuliert hat – diesen Gedanken im Sinne einer negativen Theologie zugespitzt: Das Wesen Gottes kann vernünftig nicht gewußt werden; was aber gewußt werden kann, sind die Gründe dieses Nichtwissens, was gleichbedeutend ist mit dem Wissen um jene Gründe. Pico verschiebt den Akzent von der Theologie zur Philosophie, indem er die Philosophie im Nicht-Wissen ihre eigenen Gründe begreifen und sich in diesem platonisch-sokratischen Sinn selbst begründen läßt.

*Lit.:* P. R. Blum (Hrsg.): Philosophen der Renaissance, Darmstadt 1999. – R. Klibansky: The Continuity of the Platonic Tradition during the Middle Ages, London [2]1950. – P. O. Kristeller: Die Philosophie des Marsilio Ficino, Frankfurt/M. 1972. – Ders.: Die platonische Akademie von Florenz; in: ders.: Humanismus und Renaissance, München 1973, S. 101–114.

→Aristotelismus; →Astrologie; →Humanismus.

## Porträt

Die Darstellung der menschlichen Individualität, der Einmaligkeit und Einzigartigkeit von Personen aus der Welt der Politik und der Religion, der Kunst und der Gelehrsamkeit ist ein mit der Renaissance untrennbar verbundener Vorgang, und zwar gleichermaßen im Hinblick auf Skulptur und Malerei wie auf Literatur und Geschichtsschreibung. Das Interesse wendet sich energisch dem einzelnen zu, auch wenn dieser in der Regel in seiner Bedeutung für ein Allgemeines, wie das politische Gemeinwesen, die Blüte der Künste, den Fortschritt der Gelehrsamkeit und derlei mehr, gezeigt wird. Die dargestellte Person hat sich als politischer Akteur oder Amtsträger, als Künstler oder Gelehrter bewährt und so der Darstellung als würdig erwiesen. Wo in der Biographie von Taten und Leistungen berichtet wird, um Charakter und Bedeutung des (oder der) Porträtierten darzustellen, bedient sich die Malerei der Utensilien einer Tätigkeit oder der Insignien der Macht. Aber als Individuum vermag sich der Dargestellte nur zu behaupten, wenn und solange er gegenüber den Zeichen seines Berufs, seines Standes und seiner Funktion in seiner Besonderheit und Einmaligkeit die Oberhand behält. Das aber ist nur für eine begrenzte Zeit der Fall gewesen.

Die Blüte des Porträts in Malerei wie Geschichtsschreibung bringt zum Ausdruck, daß die Renaissance die gesellschaftlichen Strukturen und das politische Geschehen als durch das

Wirken einzelner hervorgebracht begriffen und diesen eine herausgehobene Bedeutung beigemessen hat. Aber dieses Interesse am Individuum erwuchs aus spezifischen Konstellationen, und dementsprechend unterscheiden sich auch die Porträts voneinander. Die Bürgerporträts, die dem Florenz des 15. Jahrhunderts entstammen, wie etwa die Darstellung von Zeitgenossen, die Ghirlandaio auf seinen Fresken biblischer Themen vorgenommen hat, folgen einer anderen Darstellungstypik und damit verbunden einer anderen Vorstellung der anzustrebenden gesellschaftlichen Ordnung als die in Ferrara, Mantua, Urbino und Mailand entstandenen höfischen Porträts der Herrscher und ihrer Vertrauten, aus denen dann die großen Staatsporträts Raffaels und Tizians hervorgegangen sind; und die an der psychologischen Dimension stark interessierte venezianische Entwicklung, deren Höhepunkt vielleicht Giorgiones *Männerporträt* ist, folgt anderen Bahnen als das in den deutschen Handels- und Bürgerstädten beheimatete Gelehrtenporträt, zu dem Lucas Cranachs Bild des *Doktor Johannes Cuspinian* ebenso gehört wie Holbeins Porträts von *Bonifacius Amerbach* (1519), *Erasmus* (1523) und *Thomas Morus*, Cranachs Bilder der Wittenberger Reformatoren oder Christoph Ambergers Porträt des *Sebastian Münster* (1552). Aber spätestens in den 30er Jahren des 16. Jahrhunderts beginnt das Interesse am einzelnen hinter dem, was er repräsentiert, zurückzutreten, und das Individuum wird wieder definiert durch seine Position bzw. seinen Status.

Lange bevor in der Malerei die Individualität des Menschen zur Darstellung gelangt ist, entwickelten Literatur und Geschichtsschreibung ein starkes Interesse an dem, was der Mensch ist, was er erlebt und wie er seine Existenz gestaltet. Petrarcas Sammelbiographien *De viris illustribus* bilden den Anfang einer an den antiken Vorbildern Plutarch, Sueton, Diogenes Laertius u. a. orientierten Renaissance-Biographik; Petrarca hat darin 35 Viten großer Persönlichkeiten aus dem Alten Testament und der römischen Geschichte mit dem Anspruch zusammengestellt, die antike Geschichte in ihren Grundzügen zu erfassen. In seinen *Vite di uomini illustri*, einer der bis heute wichtigsten Quellen des Quattrocento in Florenz, hat der Florentiner Buchhändler Vespasiano da Bisticci die herausragenden Persönlichkeiten seiner Zeit beschrieben, Päpste und Fürsten, Kaufleute und Gelehrte, Männer und Frauen – «damit die Erinnerung an so viele einzigartige Menschen, wie sie die Stadt Florenz hatte, nicht vergehe, wie es unzähligen anderen widerfahren ist». Die Einzigartigkeit von Leben und Leistung war für Petrarca wie Bisticci gleichermaßen das zentrale Auswahlkriterium bei der Zusammenstellung ihrer Sammelbiographien. Maßgeblich konnte aber auch die Legitimation einer Institution oder der Ruhm einer Nation sein, wie etwa bei Johannes Trithemius' *Catalogus scriptorum ecclesiasticorum sive illustrium virorum*, Heinrich Pantaleons *Teutscher Nation Heldenbuch* oder Paolo Giovios *Elogia Virorum literis illustrium* und *Elogia Virorum bellica virtute illustrium*. Zu den in Prägnanz und Dichte nur selten erreichten Meisterwerken der Renaissance-Biographie gehören auch die Porträts von Cosimo und Lorenzo de' Medici, die Machiavelli in seinen *Istorie Fiorentine* entworfen hat, sowie seine kleine Schrift *Vita di Castruccio Castracani*, in der er das kurze Leben eines politischen Abenteurers schildert, um daran die Bedingungen und Regeln erfolgreichen politischen Handelns zu exemplifizieren. Das Neue an Machiavellis kleinem Porträt ist die entschiedene Durchbrechung des bisherigen Fürstenspiegel-Ideals; waren bisher individueller Charakter und allgemeines Ideal als weitgehend deckungsgleich vorgeführt worden, so sieht Machiavelli das individuell Besondere gerade in der Verletzung bzw. Mißachtung der allgemeinen Norm. Das wiederum verbindet ihn mit Philippe de Commynes, der in seinen *Memoires* (zwischen 1488 und 1498) Porträts von Karl dem Kühnen und Ludwig XI. geliefert hat, die Herzog und König in scharfer Entgegensetzung zur allgemeinen Norm darstellen.

Sehr schnell wurde die Biographie zu einer Lieblingsform humanistischer Geschichtsschreibung, wobei der antike Gedanke eines Weiterlebens nach dem Tode durch das rühmende Angedenken der Späteren eine entscheidende Rolle spielte. Diese Vorstellung dürfte auch die Entwicklung der Autobiographie, etwa bei Enea Silvio Piccolomini, Benvenuto Cellini und Girolamo Cardano, befördert haben. Nahezu gleichzeitig entwickelte sich in der Malerei das Selbstporträt, etwa bei Fouquet, Dürer, Pinturicchio, Vasari und Tizian. Daneben wird das Selbstporträt, das zahlreiche Künstler an den Rändern ihrer Bilder oder den Fundamenten ihrer Skulpturen und Bildschnitzereien anbringen, gleichsam zum Siegel ihrer Autorschaft, zum Hinweis auf den Schöpfer. Adam Krafts lebensgroße Selbstdarstellung als eine der drei Sockelfiguren des Sakramentshäuschens von Sankt Lorenz in Nürnberg ist hierfür ebenso ein Beispiel wie Luca Signorellis Selbstporträt auf seinem Fresko *Die Predigt des Antichrist* in Orvieto.

Das Porträt als Darstellung von Individualität hat nicht zu den Zielen und Absichten der mittelalterlichen Kunst gehört, deren Personendarstellung sich eher an einer Typik von Status und Position als an physiognomischen Ähnlichkeiten orientiert hat. Dagegen wird im 15. Jahrhundert in der europäischen Kunst der Weg zum Individualporträt eingeschlagen, und zwar sowohl in der Skulptur als auch in der Malerei. Während sich in den Niederlanden der Schritt zum unverwechselbaren Individualportät in der konfliktbeladenen Symbiose von Hof und Stadt, burgundischem Hofadel und städtischem Bürgertum vollzog, entwickelte sich die italienische Porträtkunst zunächst in einem städtisch-bürgerlichen Milieu, wobei offenbar auch hier das Interesse an familialer Kontinuitätsrepräsentation eine wichtige Rolle gespielt hat. Solange die Herrscherdarstellungen der burgundisch-niederländischen Malerei am allgemeinen Ideal des Fürsten orientiert waren, gab es keinen Zwang zur individuell-physiognomischen Profilierung des Bildes; der entstand jedoch, als zunehmend private Personen ohne Amt und Stand gemalt werden wollten. Ein radikaler Realismus in der Darstellung der individuellen Physiognomie wurde dabei zur Kompensation für das Fehlen der Embleme von Amt und Stand. Die Suche nach der physiognomischen Ähnlichkeit des Dargestellten hatte sehr bald Rückwirkungen auf die Porträtierung höfischer Personen, zumal die Erfinder des bürgerlichen Porträts, Jan van Eyck und Rogier von der Weyden, sowohl am burgundischen Hof als auch in den flämischen Städten als Porträtmaler tätig waren. Die Verknüpfung beider Elemente, bürgerlicher Individualität und höfischer Emblematik, wird deutlich in Jan van Eycks Porträts von *Baudouin de Lannoy* (1436/38) und *Kardinal Niccolò Albergati* (1438), der von Bisticci auch literarisch porträtiert worden ist.

Eine andere Ebene auf dem Weg zum Individualporträt war

die Verwandlung der Stifter aus Rand- und Rahmenfiguren des Geschehens zu deren zentralem Bestandteil, wobei diese Entwicklung in der Regel mit einer Schärfung physiognomischer Identifizierbarkeit verbunden war. Ist Enrico Scrovegni, der Stifter der Paduaner Arena-Kapelle, auf Giottos Stifter-Darstellung mit den himmlischen Figuren zwar auf einer Stufe dargestellt, aber noch ohne physiognomische Individualität, so hat Masaccio, zumindest Vasaris Urteil nach, die Stifter des *Dreifaltigkeitsfreskos* in S. Maria Novella «nach dem Leben» gemalt. Zur Vollendung gelangt ist die über Stifterbilder führende Entwicklung zum Individualporträt dann auf van Eycks *Paele-Madonna* (1434–1436), die Magister Georg van der Paele im Kreise der Heiligen so zeigt, wie er mit etwa 65 Jahren ausgesehen hat: ein wohlgenährtes, gleichwohl faltendurchzogenes Gesicht, nur noch am Hinterkopf ein dünner Haarkranz, die Lippen fest zusammengepreßt, in der Rechten eine Brille, die ihm beim Lesen des Buchs in der Linken helfen soll. Daneben steht van Eycks Bild der *Rolin-Madonna* (um 1435), auf dem Nicolas Rolin, Kanzler Herzog Philipps des Guten von Burgund, mit geöffnetem Stundenbuch vor Maria und dem Jesuskind meditiert. Wahrscheinlich hing das Bild ursprünglich in einer Hauskapelle der Rolins. Diese Verwendung verbindet es mit van Eycks berühmtem Doppelporträt der *Arnolfini-Hochzeit* (1434), das den aus Lucca stammenden und seit 1421 in Brügge tätigen Kaufmann Giovanni Arnolfini mit seiner Frau Giovanna Cenami in ihrer häuslichen Umgebung zeigt.

Einen anderen Weg bei der Entwicklung des Individualporträts bildet die Darstellung zeitgenössischer Personen innerhalb von Bildnarrationen, die zumeist biblische oder kirchengeschichtliche Themen behandeln. Am Anfang dieser Entwicklung stehen Masaccios Fresken in der Brancacci-Kapelle von S. Maria del Carmine in Florenz: Masaccio hat sich hier der steuerpolitischen Reformen in Florenz bedient, um das biblische Thema des Zinsgroschens zu aktualisieren, und er hat dabei die Porträts von Akteuren seiner Zeit für die Darstellung biblischer Figuren genutzt. Ihren Höhepunkt erreicht diese Entwicklung in den großen Fresken Ghirlandaios, in denen reiche und gebildete Florentiner Bürger, die den medicifreundlichen Familien angehörten, die Darstellung biblischer Szenen und kirchenpolitischer Entscheidungen bevölkern. So sind auf der *Bestätigung der Franziskaner-Regel* (1485) in der Sassetti-Kapelle von S. Trinità die Humanisten und Erzieher Poliziano und Matteo Franco mit Lorenzo de' Medicis Kindern Piero, Giovanni und Giuliano zu sehen, die auf einer Treppe zu Lorenzo hinaufsteigen. In der Tornabuoni-Kapelle von S. Maria Novella hat Ghirlandaio auf dem Fresko *Verkündigung des Engels an Zacharias* (1490), auf dem Florenz als, wie es heißt, «schönste Stadt der Welt» den Handlungsrahmen bildet, wiederum Poliziano, Landino, Ficino und Becchi im Gespräch abgebildet. Parallel hierzu entwickelte sich in Italien das autonome Porträt, in dem in Anlehnung an antike Medaillen und Münzen der Porträtierte zunächst im Profil dargestellt wurde; klassische Tradition und familiales Interesse an genealogischer Kontinuitätsbildung in der Form von Gedenkbildern für Verstorbene fließen hier ineinander. Piero di Cosimos Diptychon des Architekten *Giuliano da Sangallo* und seines Vaters *Francesco Giamberti* ist ein Beispiel für die aus der Tradition der Gedenkbilder für Verstorbene erwachsene Porträttradition, ebenso wie das ebenfalls von Piero stammende Porträt der *Simonetta Vespucci* oder Sandro Botticellis Bildnis des im Dom ermordeten *Giuliano de' Medici.*

Eine eigene Entwicklung stellt daneben die Entwicklung des Herrscherporträts dar, wie sie in Mantua, Urbino, Mailand und Ferrara beobachtet werden kann. Im Unterschied zum bürgerlichen Florenz geht es hier um die Verherrlichung des Fürsten und die Darstellung seiner Macht und seines Reichtums, seiner Lebenskraft, seiner Tugend und seines Ruhms. Vorläufiger Höhepunkt dieser zum Individualporträt führenden Entwicklungslinie sind die Porträts, die Piero della Francesca von Federigo da Montefeltro und seiner Gemahlin Battista Sforza (nach 1472) gemalt hat und die das Fürstenpaar vor dem Hintergrund einer sich weithin ausdehnenden Landschaft zeigen. Aus dieser Tradition, die sich mit einer eigenständigen venezianischen Entwicklung des Porträts verbindet, in der stärker als in Florenz die Psychologie des Porträtierten zur Darstellung gebracht worden ist, hat sich unter Rückgriff auf das in Venedig übliche Dogenbild das Staatsporträt entwickelt. So hat Raffael die Päpste Julius II. (1511) und Leo X. (1518) im Dreiviertelprofil und auf einem Sessel sitzend als an den Beinen abgeschnittenes Ganzkörperporträt dargestellt. Beide schauen am Betrachter vorbei und wenden sich einem – im Bild nicht sichtbaren – vor ihnen knienden oder sitzenden Bittsteller zu. Äußere wie innere Autorität sind hier vereinigt. In seinen Porträts der Herzöge von Mantua, Ferrara und Urbino sowie von Papst Paul III. und insbesondere von Kaiser Karl V. (alle zwischen 1530 und 1550) hat Tizian dieses Modell weiterentwickelt, wobei er das Bild mit allegorischen und überindividuellen Bedeutungen aufgeladen hat, was schließlich zu einer Depersonalisierung des Porträts entlang der Ideologie der fürstlichen Auftraggeber geführt hat: In seinen Herrscherporträts hat Tizian Würde, Überlegenheit und Ordnung dargestellt. Dagegen hat Hans Holbein d. J. in England eine eigene Tradition des Herrscherporträts entwickelt, in der nicht nur stärker als in der italienischen Linie an physiognomischer Ähnlichkeit festgehalten worden ist, sondern in der auch der Mensch nicht erhöht, sondern entlarvt worden ist. Zeigt Tizian ihn in seinem Rang, so sucht Holbein ihn mit kühler Beobachtung psychologisch zu durchdringen.

Eine in der Literatur immer wieder diskutierte Frage ist, ob die Individualität der Porträtierten nun südlich oder nördlich der Alpen stärker zur Darstellung gelangt ist. Unstrittig ist dabei, daß mit Dürer, Cranach und Holbein deutsche Künstler unter den Porträtmalern zeitweilig eine führende Rolle gespielt haben, aber zu dieser Zeit hatte man in Deutschland bereits starke italienische Einflüsse aufgenommen. Der Vergleich der niederländischen und der italienischen Porträts zeigt, daß in Italien eine breite Palette von Möglichkeiten zur Darstellung der Affekte des Porträtierten entwickelt wurde, während in der niederländischen Malerei hierfür allein der Blick zur Verfügung stand. Auf welche Weise die unsichtbare Seele im sichtbaren Körper eindrucksvoller zur Darstellung gelangt ist, bleibt den Präferenzen des Betrachters überlassen. Immerhin ist bemerkenswert, daß eine Reihe italienischer Herrscher des Quattrocento niederländisch-flämische Maler an ihren Hof holte, um sich porträtieren zu lassen. Justus von Gent hat am Hof von Urbino achtundzwanzig Porträts berühmter Männer gemalt, darunter auch eines von Federigo da Montefeltro. Verglichen mit

Piero della Francescas Bild, das stärker auf die Individualität des Herzogs abhebt, hat Justus eher dessen programmatischen Selbstentwurf zur Darstellung gebracht: Er zeigt den Herzog in Rüstung beim Lesen eines Buches, gleichermaßen als Krieger und Gelehrter.

*Lit.:* E. Castelnuovo: Das künstlerische Portrait in der Gesellschaft, Berlin 1988. – A. Dülberg: Privatporträts. Geschichte und Ikonologie einer Gattung im 15. und 16. Jhdt., Berlin 1990. – B. von Götz-Mohr: Individuum und soziale Norm. Studien zum italienischen Frauenbildnis des 16. Jhdt., Frankfurt/M. u.a. 1987. – F. Haskell: Porträts aus der Vergangenheit; in: ders., Die Geschichte und ihre Bilder, München 1995, S. 37–93.

→Fürstenspiegel; →Holbein; →Humanismus; →Menschenbild; →Tizian.

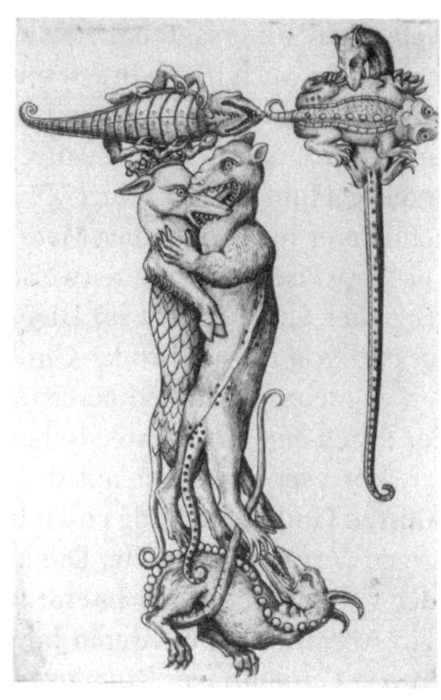

**Rabelais, François**
*(* um 1494 in La Divinière, † am 9. April 1553 in Meudon)*

Wenn Satire und Parodie zu den Errungenschaften der Renaissance-Literatur gehören, dann ist François Rabelais, bei dem die Satire geradezu hyperbolische Ausmaße angenommen hat, einer ihrer Meister. Ähnlich wie Cervantes bediente er sich für seine Satire der beliebten Gattung der Ritterromane, aber er tat dies nicht, um dem überlebten mittelalterlichen Heldenideal den Garaus zu machen, sondern um mit einem grotesken Spaß ganz neue Helden zu schaffen. Anders als bei Cervantes scheitern seine Helden denn auch nicht an der Wirklichkeit, sondern für die riesigen Rabelaisschen Helden Gargantua und Pantagruel erweist sich die Wirklichkeit schlechterdings als zu klein – zu kleinräumig und zu kleingeistig. Hinter den grotesken Späßen und dem damit intendierten dionysischen Gelächter verbarg sich aber nicht weniger Kritik als bei Cervantes, nur daß es bei Rabelais in erster Linie die humanistische Kritik an scholastischer Spitzfindigkeit, leerer Buchstabengelehrtheit und mönchischer Lebensfeindlichkeit war.

Rabelais selbst war der Enge des Franziskanerklosters, in das er 1511 eingetreten war, 1524 entsprungen, weil man ihm nach dem Erscheinen von Erasmus' griechischer Ausgabe des Neuen Testaments, die von der Sorbonne scharf kritisiert worden war, die Lektüre des Griechischen untersagt hatte. Zunächst ging er zu den Benediktinern, aber auch hier wurden seinem humanistischen Bildungshunger Schranken gesetzt, und so verließ er auch diesen Orden und führte anschließend ein relativ unstetes Leben, wie es für viele Humanisten seiner Zeit kennzeichnend gewesen ist. Nachdem er in Montpellier Medizin studiert hatte, praktizierte er zeitweise als Arzt, zeitweise war er aber auch als Sekretär, Erzieher und Leibarzt im Dienste des Kardinals Jean Du Bellay und von dessen Bruder Guillaume Du Bellay tätig, mit denen er mehrfach Italien bereiste. Als humanistischer Gelehrter, der durch eine Reihe lateinischer Traktate bekannt geworden war, korrespondierte er mit dem berühmten französischen Humanisten Guillaume Budé und mit Erasmus, den er als seinen geistigen Vater bezeichnete. Daneben wandte er sich aber auch der volkssprachlichen Literatur zu und veröffentlichte ab 1532 im Abstand von mehreren Jahren in vier Teilen die Geschichten von *Gargantua et Pantagruel*, zu denen sich 1564, mehr als ein Jahrzehnt nach seinem Tod, ein fünfter Teil hinzugesellte, der allerdings höchstens noch in Teilen von Rabelais selbst stammen dürfte. Mit den Riesen Gargantua und Pantagruel, die er einem 1532 erschienenen Volksbuch und der Volkssage entnahm, schuf Rabelais zwei Figuren, die schon durch ihre Körperlichkeit jede normale Dimension sprengten und damit die Welt um sie herum in eine notwendig komische Schieflage brachten. Dabei war nur ein Teil der durchaus grobianisch-derben Komik des Romans ihren überdimensionalen Körpern geschuldet; ein anderer Teil ging auf das Konto der Parodie all jener sozialen Gruppen, insbesondere der Mönche, der scholastischen Theologen, der Juristen und Ritter, die den beiden stets mit den untauglichsten Mitteln beizukommen oder zu helfen versuchten. Hinter den komischen Geschichten des Riesenpaares und seiner Freunde verbarg sich daher nicht zuletzt die humanistische Kritik an einer lebensfremden und lebensfeindlichen Religiosität, was offenbar der Sorbonne nicht entging, die jedes der unter dem Pseudonym Alcofribas Nasier erscheinenden Bücher verurteilte. Rabelais setzte dem ein humanistisch optimistisches Menschenbild und eine lebensbejahende Religiosität entgegen, deren Motto in der Ordensregel der von Pantagruel gegründeten Abtei Thélème – dem griechischen Wort für freien Willen – bestand: «Tu, was dir gefällt!» Insofern war auch das Gelächter, das Rabelais mit seiner grotesken Satire hervorrufen wollte, nicht nur das schadenfrohe Gelächter des Satirikers über die Beschränktheit der Welt, sondern gehörte zu Rabelais' optimistischem Menschenbild, denn das Lachen, so versicherte er seinen Lesern im Vorspruch zu Gargantua, sei des Menschen höchstes Gut.

*Lit.:* Gargantua und Pantagruel, 2 Bde. übers. u. hrsg. v. W. Widmer u. K. A. Horst, München 1968.
M. Bachtin: Rabelais und seine Welt, Frankfurt/M. 1987. – F.-R. Hausmann: François Rabelais, Stuttgart 1979.

→Cervantes; →Erasmus; →Humanismus; →Literatur; →Utopie.

## Raffael (eigentl. Raffaello Santi)
*(* 6. April 1483 in Urbino, † 6. April 1520 in Rom)*

Raffael wird gerne als der sanfte, ausgeglichene Widerpart des pathetisch-tragischen Michelangelo dargestellt. Tatsächlich war das Verhältnis zwischen beiden – vor allem von seiten Michelangelos – durch ein starkes Konkurrenzbewußtsein geprägt, wobei die römischen Auftraggeber meist Raffael den Vorzug gaben. Raffael strebte eine ans Ideale grenzende Typik an, in der die Besonderheit des Individuellen mitsamt ihrer Sperrigkeit gegenüber dem Ideal zum Verschwinden gebracht wurde, wie sich dies beispielhaft in seinen fast in Serie produzierten Madonnenbildern zeigt. Das Aufscheinen des Göttlichen, das bereits von Raffaels Zeitgenossen in seinen Bildern gesehen wurde, ist schließlich sogar seiner Person zugeschrieben worden: *Il divino Raffaello* wurde zu einem stehenden Begriff. Doch die ästhetische Harmonie von Raffaels Bildern steht permanent in Gefahr, ins Klischeehaft-Kitschige umzuschlagen.

Trotz seines frühen Todes, der ihn mitten aus der Arbeit herausriß und mit dem ein tragischer Zug in seine Biographie gelangt, läßt sich Raffaels Leben mit denselben Attributen charakterisieren, die auch für sein Werk gelten können: Es ist so glatt und reibungslos verlaufen, daß ihm durch einige berühmte

Anekdoten nachträglich Würze verliehen werden mußte, u.a. durch die Geschichte von der schönen Bäckerstochter Margherita Luti, die ihm von seinem Auftraggeber Chigi auf das zur Freskierung der Decken in der Villa Farnesina errichtete Gerüst gebracht wurde, damit er seine Arbeitsstelle für gelegentliche Liebesspiele nicht verlassen mußte. Für den günstigen Verlauf von Raffaels Malerkarriere war sicherlich entscheidend, daß er von Talent und Naturell her dazu disponiert war, das, was seiner Kunst widersprach, in diese zu integrieren und Gegensätze mit leichter Hand auszugleichen. Ein Beispiel hierfür ist seine Begegnung mit der Florentiner Kunst, insbesondere mit Leonardo da Vinci und Michelangelo. Raffael hatte nach dem Tod seines Vaters, der als Maler und Poet am Hofe des Herzogs von Urbino tätig war, sechs Jahre in der Werkstatt Peruginos gelernt, wobei er sich dessen Malstil bis zur Ununterscheidbarkeit angeeignet hatte. Als er 1504 nach Florenz kam, wurde er mit der im Vergleich zur umbrischen Schule ungleich kraftvolleren, Widersprüche und Gegensätze herausarbeitenden Florentiner Kunstauffassung konfrontiert. Umgehend adaptierte Raffael die mathematisch-geometrische Struktur des Bildaufbaus für sein eigenes Werk (seine Madonnenbilder variieren von nun an den Dreiecksaufbau von Leonardos *Anna Selbdritt*). Damit verschaffte er sich zugleich die Voraussetzungen für die Komposition der gewaltigen Bildprogramme, die er bald danach in den Stanzen des Vatikan umsetzte. Er sei kein Neuerer, sondern ein Vollender, hat man von Raffael gesagt.

Drei Förderer haben in Raffaels Leben und Werk eine entscheidende Rolle gespielt: die Päpste Julius II. und Leo X. sowie der Bankier Agostino Chigi. Julius, der von Raffaels Probestücken so beeindruckt war, daß er mit anderen Malern (u.a. Perugino, Signorelli, Lotto und Sodoma) getroffene Absprachen nicht einhielt, übertrug Raffael die Freskierung der *Stanza della Segnatura* im Vatikanspalast (1509–1511). Dort entstanden dann die beiden über acht Meter breiten Fresken *Disputation über das Sakrament* und *Die Schule von Athen*. Die Bildprogramme beider Fresken sind durch die Leitidee einer gemeinsamen Suche nach der Wahrheit miteinander verbunden: Auf der einen Seite ist die Wahrheitssuche der Philosophie mit Platon und Aristoteles im Zentrum versinnbildlicht, auf der anderen die Wahrheitssuche der Theologie mit den Hauptfiguren Gregor, Hieronymus, Ambrosius und Augustinus und ihrer Darlegung der Hostie als Realpräsenz des Göttlichen in der Welt. Die Konkurrenzbeziehung zwischen Raffael und Michelangelo nahm hier ihren Anfang, denn Michelangelo arbeitete zur gleichen Zeit an den Deckenfresken der Sixtinischen Kapelle, und während Raffael Zusammenklang und Übereinstimmung malte, brachte Michelangelo in seinen Prophetengestalten die Widersprüchlichkeit und Zerrissenheit der Menschen unter dem Eindruck des Göttlichen zur Darstellung. Das spannungsreiche Verhältnis zwischen Raffael und Michelangelo – während Raffael den älteren Michelangelo bewunderte und sich durch ihn anregen ließ, gebärdete Michelangelo sich eher als Feind und Neider – erreichte seinen Höhepunkt im Jahre 1514, als Leo X. nach dem Tod Bramantes nicht Michelangelo, sondern Raffael die Bauleitung des Petersdoms übertrug. Von Raffaels architektonischem Werk ist freilich nicht viel erhalten, da der später (1546) schließlich doch mit der Bauleitung betraute Michelangelo die Konzeption veränderte und einige bereits ausgeführte Teile wieder abbrechen ließ.

Von Raffaels Werk geblieben sind die Tafelbilder, vor allem die Madonnendarstellungen, die Drachenkämpfe und zahlreiche Porträts, u.a. der Päpste Julius II. (1511) und Leo X. (1517/18) sowie die Fresken in den Stanzen des Vatikans und der Villa Farnesina. Behandelten letztere Liebesgeschichten der antiken Mythologie (*Triumph der Galatea*, 1512), so stellen die Fresken der *Stanza di Eliodoro* und der *Stanza dell' Incendio*, an denen Raffael zwischen 1512 und 1515 arbeitete, Offenbarungen des Göttlichen in der Welt sowie seines Schutzes durch das Wirken der Kirche und ihrer Amtsträger dar. In der Literatur wird Raffael verschiedentlich der Vorwurf gemacht, er habe am Rande der tiefen Glaubenskrise Europas die trügerische Sicherheit der kirchlichen Institutionen dargestellt und sich darauf beschränkt, das Wirken des Göttlichen in der Welt zu purer Schönheit zu sublimieren. Raffael war darin freilich bloß der Repräsentant der in Rom unter Leo X. vorherrschenden allgemeinen Stimmung.

In den letzten Jahren seines Lebens hat Raffael immer weniger selbst gemalt, sondern sich unter dem Druck seiner zahllosen Aufgaben und Verpflichtungen mehr und mehr darauf beschränkt, Entwürfe zu liefern und die Realisierung der Projekte seinen Gehilfen und Schülern, vor allem Giulio Romano und Giovanni da Udine, zu überlassen. Als Raffael starb, arbeitete er an dem großen Tafelbild *Die Verklärung Christi*, das die Verklärung auf dem Berg Tabor mit der Heilung des mondsüchtigen Knaben im Bildvordergrund verbindet. Der Einfall des Lichts, der die Figuren der unteren Bildhälfte vor dem tiefdunklen Hintergrund hervorhebt, wurde über die Vermittlung Caravaggios zu einer malerischen Leitvorstellung des 17. Jahrhunderts.

*Lit.:* J. H. Beck: Raffael, Köln 1981. – J. Meyer zur Capellen: Raffael in Florenz, München 1996. – W. Schöne: Raphael, Berlin / Darmstadt 1958.

→Künstler; →Malerei; →Michelangelo; →Päpste; →Porträt; →Rom.

## Reformation

Friedrich Nietzsche hat die Reformation als spezifisch deutsche Verweigerung gegenüber der Renaissance begriffen, als einen, wie er in *Menschliches, Allzumenschliches* schreibt, «energischen Protest zurückgebliebner Geister, welche die Weltanschauung des Mittelalters noch keineswegs satt hatten und die Zeichen seiner Auflösung, die außerordentliche Verflachung und Veräußerlichung des religiösen Lebens, anstatt mit Frohlocken, wie sich gebührt, mit tiefem Unmute empfanden». So hätten sie die Gegenreformation erzwungen und damit den Beginn der Aufklärung um zwei bis drei Jahrhunderte verschoben: «Die große Aufgabe der Renaissance konnte nicht zu Ende gebracht werden, der Protest des inzwischen zurückgebliebenen deutschen Wesens (...) verhinderte dies.» Während Hegel Renaissance und Reformation bei Heraushebung der Reformation doch gleichermaßen als Fortschritte «im Bewußtsein der Freiheit» begriffen hat, hat Nietzsche sie zu gegensätzlichen Reaktionen auf den Verfall der mittelalterlichen Frömmigkeit stilisiert. Zunächst ist freilich festzuhalten, daß der Begriff ‹Reformation‹ zu demselben Wortfeld gehört wie ‹Renaissance›, wo er neben ‹Regeneration›, ‹Renovation› und ‹Restauration› steht: Wie die Humanisten die Gelehrsamkeit der Antike zu neuem Leben erwecken und einige von ihnen die politische Orientierung am republikanischen Rom durchsetzen wollten, so beanspruchten auch die Reformatoren, an die ursprüngliche Lehre der Evangelien anzuknüpfen. Die Vorstellungswelten von Renaissance und Reformation trennten sich also an der Frage, was der Orientierungspunkt und Maßstab der Erneuerung sein solle: die klassische Gelehrsamkeit oder das Evangelium, das römisch-republikanische Ethos oder die Lebensregeln des Alten Testaments. Das schloß jedoch nicht aus, daß die Denker der Renaissance und die Reformatoren mit demselben Kontrahenten in Konflikt gerieten: Machiavellis Kritik an Kurie und Papsttum steht an Schärfe nicht hinter der Luthers zurück, auch wenn sie in eine gänzlich andere Richtung zielt. Nur wenn man die Renaissance generell mit der Verweltlichung der Lebensorientierung, mit Sittenverfall, grenzenloser Lebensgier und selbstherrlicher Machtentfaltung gleichsetzt, kann man wie Nietzsche die scharfe Kontrastierung zur Reformation herstellen. Das aber würde die Konturen der Renaissanceepoche nicht unerheblich verzeichnen. Dennoch ist die Renaissance schon früh als Ursache der Reformation begriffen worden, u. a. von dem französischen Theologen und Hugenottenführer Theodor Beza. Nietzsches Kontrastierung schließt also eher an die Selbstwahrnehmung der Reformation als an die der Renaissance an.

Seit der Antike hat *reformatio* die Bedeutung eines Kampfs gegen den Verfall und dessen Überwindung durch die Rückkehr zu den Anfängen. Seit dem 13. Jahrhundert haben Vorstellungen dieser Art in West- und Mitteleuropa Zuspruch erlangt, wobei sich die Reformationsvorstellungen gleichermaßen auf die Verhältnisse in Kirche wie Reich bezogen, von denen es hieß, sie seien *reformanda in capite quam in membris*, an Haupt wie Gliedern der Reform bedürftig. Die Einheit von weltlicher und geistlicher Erneuerung ist auch noch in den Anfängen der durch Luther initiierten Bewegung lebendig gewesen, um dann aber mehr und mehr auseinanderzufallen. Luther hatte gehofft, durch die sittliche Orientierung der gesellschaftlichen und politischen Eliten – Reformation hieß für ihn immer auch: von des christlichen Standes Besserung – zu einer grundlegenden Reform der weltlichen Ordnung beitragen zu können; einen direkten Eingriff in die politische und soziale Ordnung, wie ihn Müntzer propagierte, hat er grundsätzlich abgelehnt. So trat die Vorstellung von der Reformation der weltlichen Ordnung mehr und mehr zurück, und es blieb die Konzentration auf theologische und kirchenorganisatorische Fragen und natürlich das Programm einer Versittlichung der Lebensführung, die durch regelmäßige Visitationen der Pfarreien kontrolliert werden sollte. Die Gegnerschaft der Reformation zu einigen mit der Renaissance verbundenen Begleiterscheinungen, die jedoch eher dem gesellschaftlichen Wandel im allgemeinen geschuldet als renaissancespezifisch waren, läßt sich hier noch am ehesten fassen.

In seiner etwa eineinhalb Jahrhunderte später Bilanz ziehenden Schrift *De ecclesiae deformatae Reformatione* hat Voëtius vier Ebenen unterschieden, auf denen sich die Reformation abgespielt hat: die der Kirchenorganisation, die der sakralen Handlungen, insbesondere des Gottesdienstes, die der dogmatischen Lehrgehalte und schließlich die der Lebensführung. Während die Reformation auf den ersten drei Ebenen prinzipiell zu einem Abschluß gebracht werden konnte, war dies auf der Ebene der Lebensführung schlechterdings unmöglich, weswegen sich vor allem hier die Vorstellung vom Weitertreiben der Reformation, ihrer Ausweitung auf immer umfassendere Lebensbereiche (Müntzer, Karlstadt u. a.), ihrer Unterstützung durch weltliche Zwangsinstrumente (Zwingli, Calvin) und schließlich der Reformation in der Reformation (Pietismus) entwickelt haben. Die Dynamik der Reformation, die nicht nur aus sich selbst immer radikalere Gruppierungen hervorgebracht, sondern auch ihren Widerpart, die römische Kurie, zur Gegenreformation bzw. katholischen Reform genötigt hat, ist immer wieder durch politisch motivierte Anläufe zur Vereinheitlichung der Auffassungen, Schlichtung der Gegensätze und Herstellung von Kompromissen konterkariert worden, beginnend beim Marburger Religionsgespräch (1529) über den Augsburger Religionsfrieden (1555) bis schließlich zum Friedensschluß von Münster und Osnabrück (1648), mit dem der Dreißigjährige Krieg beendet worden ist.

Vordergründig ging es im Marburger Religionsgespräch um die divergenten Abendmahlsauffassungen Zwinglis und Luthers, aber im Hintergrund des Konflikts standen die unterschiedlichen Orientierungen der Reformation in Südwest- und Mitteldeutschland, die im einen Fall eher städtisch, im andern eher territorial ausgerichtet waren und sich hier eher auf das Stadtpatriziat, dort eher auf den Landesherrn und seine Räte stützten. Philipp der Großmütige, dessen Landgrafschaft Hessen gleichsam an der Schnittstelle beider Reformationskreise lag und der neben Johann dem Beständigen von Sachsen zu den die Reformation in Deutschland sichernden Landesherren gehörte, hat gegen mancherlei Widerstände und Bedenken dieses Religionsgespräch zustande gebracht, um die reformatorischen Kräfte zu bündeln und eine insgesamt offensivere Politik gegenüber dem Kaiser und den katholischen Ständen betreiben zu können. In nahezu allen Punkten haben Luther und Zwingli Kompromisse finden können – nicht jedoch in der Abendmahlsfrage. Daß das Scheitern des Marburger Religionsgesprächs nicht nur an Luthers Unnachgiebigkeit hing, zeigte sich ein Jahr später in Augsburg, als Melanchthon wegen der fortbestehenden Acht Luthers in den Reichstagsverhandlungen die führende Rolle übernehmen mußte. Trotz Melanchthons Konzessionsbereitschaft und seinem diplomatischen Geschick haben sich eine Reihe oberdeutscher Städte der *Confessio Augustana*, wie sie von Melanchthon als protestantisches Bekenntnis formuliert worden ist, nicht anschließen können, sondern die *Confessio Tetrapolitana* vorgelegt, hinter der namentlich Straßburg, Konstanz, Lindau und Memmingen, also die Reformatoren Blarer, Hedio, Capito und Bucer, standen. Zwinglis Tod in der Schlacht bei Kappel und die darüber erfolgte tiefe Erschütterung des Basler Reformators Oekolampad hat die Position der Südwestdeutschen geschwächt, so daß sie schließlich der Wittenberger Konkordie (1537) beistimmten. Ohnehin wären die Städte des südwestdeutschen Raums kaum in der Lage gewesen, dem Druck des Kaisers und der angrenzenden katholischen Mächte alleine standzuhalten, wie sich dann auch nach der Niederlage der Protestanten im Schmalkaldischen Krieg gezeigt hat. Mit dem Augsburger Religionsfrieden (1555) schließlich, der der Sache nach um die sprachlich freilich erst später gefundene Formel *cuius regio, eius religio* zentriert war, wobei die Privilegierung des herrscherlichen Gewissens durch das Zugeständnis des *ius emigrandi* gemildert war, wurde der seit den dreißiger Jahren in Gang gekommene Prozeß der Konfessionalisierung zu einem vorläufigen Abschluß gebracht, auch wenn das katholisch-reformerische Konzil von Trient (1545–63) zu diesem Zeitpunkt noch nicht abgeschlossen war und im Religionsfrieden nur die Lutheraner, nicht aber die Zwinglianer und Calvinisten privilegiert wurden. Das Wiederaufleben der konfessionellen Gegensätze im Vorfeld des Dreißigjährigen Krieges war nicht zuletzt diesem Ausschluß der Reformierten geschuldet.

Blieb der Katholizismus in Südeuropa dominierend, insbesondere in Spanien und Italien, wo reformatorische Bestrebungen mit Hilfe der Inquisition unterdrückt wurden (eine Reihe von Sympathisanten der Reformation, wie Petrus Martyr Vermigli, Laelius Socinus, Faustus Socinus und Olympia Morata haben Italien fluchtartig verlassen), und gelang es ihm, in den habsburgischen Territorien Österreich und Ungarn sowie nach 1620 in Böhmen verlorenes Terrain zurückzugewinnen, so hatte sich das Luthertum vor allem in Nord- und Mitteldeutschland, unter dem Einfluß des Reformators Johannes Brenz teilweise auch in Südwestdeutschland, sowie vor allem in Skandinavien durchgesetzt, während der Calvinismus, der die von Zwingli und seinen Anhängern getragene Dynamik weithin beerbt hatte, vor allem in Frankreich (Farel, Beza), den Niederlanden und Schottland (Knox) zur Wirkung kam. Im Konflikt mit dem dominierenden Katholizismus, der in Frankreich vom Königshaus der Valois gestützt wurde, im Aufstand der Niederlande gegen die katholische Weltmacht Spanien und schließlich in scharfer Abgrenzung gegen die in England unter Heinrich VIII. entstandene High Church hat der Calvinismus sich als die kämpferischste Form des Protestantismus behaupten können, die nicht, wie das Luthertum zumeist, unter der Protektion eines Landesherrn stand, sondern sich überwiegend in einer minoritären Widerstandsposition behaupten mußte. Das heißt jedoch nicht, daß sich im Luthertum nicht auch Vorstellungen des Widerstands gegen die weltliche Obrigkeit ausgebildet hätten: Das war insbesondere in den Konflikten zwischen Philippisten und Gnesiolutheranern nach dem Leipziger Interim der Fall, als Nikolaus von Amsdorff, Matthias Flacius, Caspar Cruciger, Georg Major und andere gegen Melanchthons nachgiebige Haltung Front machten und Positionen bezogen, wie sie dann von den Monarchomachen (französischen Hugenotten, die offenen Widerstand gegen den König für gerechtfertigt hielten) weiterentwickelt worden sind.

Von Anfang an ist der Erfolg der Reformation in Europa mit einer offensiven Nutzung der neuen Publikationsmedien, insbesondere des Buchdrucks, verbunden gewesen. Flugblätter und Ein-Blatt-Drucke waren ein probates Mittel, die neuen Ideen zu verbreiten und auf den Fortgang der Bewegung Einfluß zu nehmen. Die reformatorischen Auseinandersetzungen sind nicht nur als Streit der Schriften, sondern auch als Konflikt der Bilder und Flugblätter geführt worden. Zu den reformatorischen Medien gehörte aber auch die Malerwerkstatt Lucas Cranachs, aus der nicht nur zahlreiche Porträts der Reformatoren – u.a. auch die Kupferstiche Luthers als Mönch (1520) und Junker Jörg (1522) – und ihrer landesherrlichen Beschützer, sondern auch Bilder, die die reformatorische Theologie veranschaulichen sollten, hervorgegangen sind. Eigens zu erwähnen ist Cranachs Abendmahlsbild für die Marienkirche von Dessau (1565), auf dem Jesus von den Reformatoren und ihren weltlichen Schutzherren als seinen neuen glaubensfesten Jüngern umgeben ist.

*Lit.:* P. Blickle: Die Reformation im Reich, Stuttgart [2]1992. – Th. Brady: Zwischen Gott und Mammon. Protestantische Politik und deutsche Reformation, Berlin 1996. – H.-J. Goertz: Pfaffenhaß und groß Geschrei. Die reformatorische Bewegung in Deutschland 1517–1529, München 1987. – M. Greschat: Martin Bucer, München 1990. – Hans Grünberger: Institutionalisierung des protestantischen Sittendiskurses, in: Zeitschrift für Histor. Forschung 24, 1997, S. 215–252. – P. Joachimsen: Die Reformation als Epoche der deutschen Geschichte, Aalen 1970. – R. Kastner (Hrsg.): Quellen zur Reformation 1517–1555, Darmstadt 1994. – B. Moeller: Reichsstadt und Reformation, Berlin 1987. – H. Münkler: Politisches Denken in der Zeit der Reformation, in: Pipers Handbuch der politischen Ideen, Bd. 2, München 1993, S. 615–683. – A. Pettegree (Hrsg.): The Early Reformation in Europe, Cambridge 1992. – H. Scheible: Melanchthon, München 1997. – H. Graf Reventlow: Epochen der Bibelauslegung. Bd. III: Renaissance, Reformation, Humanismus, München 1997. – H. Schilling: Aufbruch und Krise. Deutschland 1517–1648, Berlin 1988. – E. W. Zeeden: Konfessionsbildung. Studien zur Reformation, Gegenreformation und katholischen Reform, Stuttgart 1995.

→Frömmigkeit; →Geschichtsschreibung; →Humanismus; →Karl V.; →Luther; →Päpste; →Renaissance; →Zeitbewußtsein.

## Renaissance

Der Epochenbegriff der Renaissance, der im engeren Sinn eine Prägung des 19. Jahrhunderts ist, vermittelt ein unscharfes, schwebendes Bild. Unter (Kultur-)Historikern besteht selten Übereinstimmung darüber, welche geschichtliche Epoche damit genau bezeichnet wird und was jeweils das Renaissancespezifische ausmacht. Stärker noch als andere Epochenbegriffe beinhaltet der Begriff der Renaissance einen Gegenentwurf zur je eigenen Gegenwart, deren Defizite und Unzulänglichkeiten durch die Darstellung der als Renaissance bezeichneten Zeit um so prägnanter herausgehoben werden sollen. Das beginnt mit den beiden Schriften des französischen Schriftstellers und Romanciers Stendhal, der *Histoire de la peinture en Italie* sowie *Rome, Naples et Florence* (beide 1817), in denen er die Renaissance als eine Epoche mutig-entschlossenen und tatkräftigen Menschentums beschreibt, als Zeit der *uomini virtuosi*, die der Verfasser gegen die eigene Zeit stellt, die er als eine Epoche der Schwäche und Entschlußlosigkeit begreift; das setzt sich fort im Renaissancebild Jules Michelets, das in dem einschlägigen 7. Band der *Histoire de France* (1855) als Gegenpol zur bürgerlichen Mittelmäßigkeit im Frankreich der Mitte des 19. Jahrhunderts ausgestaltet wird; und es gipfelt schließlich in Jacob Burckhardts berühmtem Werk *Die Kultur der Renaissance in Italien* (1860), das sich wie eine gegen das heraufziehende Industrie- und Massenzeitalter entworfene bildungsbürgerliche Utopie ausnimmt.

Wenn Michelet und Burckhardt auch darin übereinstimmen, daß es sich bei der Renaissance um eine wesentlich *kulturell* definierte Epoche handele, so dissentieren sie doch hinsichtlich des als Renaissance bezeichneten Zeitraums: Bezieht sich Michelet wesentlich auf das 16. Jahrhundert, so schöpft Burckhardt sein Material aus dem 14. und 15. Jahrhundert und läßt die Epoche enden, wo sie für Michelet erst beginnt: bei der Invasion Karls VIII. in Italien im Jahre 1494. Dementsprechend besteht auch Uneinigkeit darüber, was die Renaissance in ihrem Wesen ausmacht und wodurch sie entstanden ist: Für Burckhardt handelt es sich im Kern um die Wiederentdeckung der antiken Kultur, durch die sich das Bild der Welt und des Menschen, der Geselligkeit und des Staates grundlegend verändert hat, wobei er das Zentrum der Renaissance in Italien sieht, von wo aus ihre Impulse auf das übrige Europa ausstrahlten. Michelet dagegen hat unter Renaissance den Zusammenprall der französischen und der italienischen Kultur verstanden, der mit dem Schock von 1494 beginnt, als die Franzosen trotz ihrer militärischen Überlegenheit die Erfahrung machen mußten, daß sie den Italienern kulturell mindestens ein Jahrhundert hinterherhinkten, und der dann seine Fortsetzung fand in dem Schutz, den französische Waffen der italienischen Kultur gegen die spanische Inquisition zuteil werden ließen, bis dann nach dem *Sacco di Roma* (1527) und der militärischen Zerschlagung der Florentiner Republik (1530) die Renaissancekultur von Italien nach Frankreich weiter wanderte.

Sicherlich haben Michelet und Burckhardt den Begriff der Renaissance nicht erfunden, aber sie erst haben ihn ausgeprägt (etwa in der Formel von der «Entdeckung der Welt und des Menschen») und ihn in die europäische Kulturgeschichtsschreibung eingeführt. Bei allen Differenzen in der zeitlichen wie inhaltlichen Bestimmung der Renaissance stimmten beide doch darin überein, daß die Renaissance den Beginn der Neuzeit markiert und damit vom Mittelalter und seinen kulturellen Ausprägungen zu unterscheiden sei. Gegen die Vorstellung sich immer wiederholender Renaissancen in der europäischen Kultur haben sie die Vorstellung von der *einen* und *einmaligen* Renaissance in Europa durchgesetzt. Insgesamt gesehen haben sie aber einen Gedanken weitergeführt, der sich bereits bei Boccaccio, Ficino und anderen findet und der von Vasari erstmals systematisch ausgeführt worden ist: Danach hat in der Spätantike ein Niedergang von Kunst und Kultur begonnen, und mit dem Zusammenbruch des Römischen Reiches im Westen sind beide gänzlich verfallen; gleichzeitig hat auch im östlichen Teil des Römischen Reiches die Kunst seit dem Ausgang der Spätantike einen zyklischen Niedergang erfahren. *Maniera greca*, der byzantinische Stil, wie *maniera tedesca*, die Gotik, werden danach in Italien durch das *rinascimento*, das Wiedererwachen, die Wiedergeburt der Kunst, überwunden. Vasari unterscheidet dabei drei Etappen dieses *rinascimento*: die *prima età*, die er mit der Kindheit gleichsetzt, die *seconda età*, der die späte Jugend und die frühen Mannesjahre entsprechen, und schließlich die *terza età*, die Zeit des Erwachsenseins, das allmählich ins Alter hinübertritt. Dieser zyklischen Geschichtsvorstellung entsprechend ist Vasari freilich auch von der Furcht geprägt, auch dem jüngsten Neuerwachen werde schließlich wieder ein Altern und Absterben folgen, und ganz offensichtlich hat er seine Tätigkeit des Sammelns von Künstlerviten als ein Symptom für das Altern der Epoche verstanden: Nachdem die Phasen der produktiven Energie durchschritten waren, begann nun deren Bilanzierung. In diesem Sinne hat Vasari das Wort *rinascimento* weniger als festen Begriff für eine einmalige Epoche, sondern eher als Bezeichnung einer bestimmten Phase sich wiederholender kultureller Rhythmen verwandt.

Freilich war der Schritt von Vasaris Zyklentheorie zum Renaissancebegriff Michelets und Burckhardts nicht allzu groß, kam es doch nur darauf an, die Theorie sich wiederholender Kreisläufe von Kunst und Kultur zurückzuweisen und die Renaissance statt dessen in ihrer kulturellen Einmaligkeit herauszustellen. In seiner Vorstellung vom Wiedererwachen der Kunst hatte Vasari der *prima età*, in der die Vorherrschaft des byzantinischen Stils und der Gotik gebrochen worden war, die Maler, Bildhauer und Architekten Cimabue und Giotto, Arnolfo di Cambio, Nicola und Giovanni Pisano, Ambrogio und Pietro Lorenzetti, Duccio di Buoninsegna und Orcagna zugerechnet. Die *seconda età*, die weitgehend mit dem 15. Jahrhundert zusammenfällt, wird bei Vasari geprägt durch Brunelleschi als Repräsentant der Architektur, Masaccio als Vertreter der Malerei und Donatello als maßgeblichem Bildhauer. Daneben führt Vasari als weitere Vertreter dieses Entwicklungsstadiums der Kunst Jacopo della Quercia, Luca della Robbia, Botticelli, Ghiberti, Piero della Francesca, Paolo Uccello, Fra Angelico, Benozzo Gozzoli und Filippo Lippi an. Die *terza età*, Vasaris eigene Epoche bzw. deren unmittelbare Vergangenheit, ist die *perfetta maniera*, die sich durch die Technik der perspektivischen Verkürzung und das Studium der menschlichen Anatomie auszeichnet; diese vollkommene Kunst begann mit Leonardo da Vinci und führte über Raffael zu Michelangelo, auf den dann nur noch ein erneuter Abstieg folgen kann. – Aus dieser zyklischen Determination haben Michelet und Burckhardt die Epochenvorstellung der Renaissance gelöst und sie stärker als Überwindung des Mittelalters konturiert. Freilich ist auch bei ihnen die Vorstellung präsent, daß mit der Renaissance keineswegs eine durchgängig aufstrebende Linie kultureller Entwicklung begonnen, sondern daß es danach immer wieder Einbrüche und Niedergänge gegeben habe.

In der jüngeren Forschungsliteratur wird die Renaissance im allgemeinen auf die Zeit vom späten 14. bis zur Mitte des 16. Jahrhunderts datiert, wobei man davon ausgeht, daß sie zeitlich verschoben und mit unterschiedlicher Bedeutung für die kulturelle Entwicklung der einzelnen Länder stattgefunden hat: Sie nahm ihren Anfang in den oberitalienischen Stadtstaaten, mit Florenz bis zum Ende des 15. Jahrhunderts als Zentrum, um sich von hier aus über Europa, vor allem nach Frankreich, England und auch Deutschland, weniger nach Spanien und nur ansatzweise in den mitteleuropäischen Bereich, auszubreiten. An der Kulturbewegung der Renaissance haben sich viele und unterschiedliche soziale Gruppen beteiligt; von entscheidender Bedeutung waren jedoch von Beginn an die Kaufleute, so daß es zeitweilig zu einer kultur- wie sozialgeschichtlich seltenen, wenn nicht in dieser Form einmaligen Verbindung von *Geld* und *Geist* gekommen ist. Freilich haben eine Reihe von Renaissancekünstlern und -gelehrten auch die Nähe von Herrschern gesucht, die ihnen Schutz und Auskommen verschafft haben. So begann die Renaissance in den oberitalienischen Städten als eine bürgerliche Kunst, verlagerte sich dann aber mehr und mehr an die Höfe der europäischen Herrscher.

Offenbar ist der Aufschwung des Handels und der Städte in Oberitalien seit dem 12./13. Jahrhundert eine wichtige Voraussetzung für die kulturelle Entwicklung der Renaissance gewesen, und zwar in Verbindung mit einer polyzentrischen Aufteilung des Landes, in deren Folge die verschiedenen Städte und Höfe miteinander um die besten und bedeutendsten Künstler konkurrierten. Jedenfalls hat die Polyzentralität Italiens eine provinzielle Abgeschlossenheit der einzelnen Zentren verhindert. Auch wenn die ökonomische wie die politische Dynamik in Oberitalien die kulturelle Entwicklung ermöglicht und in Gang gehalten hat, wird man doch die Parallelität der sozio-ökonomischen und der kulturellen Entwicklungen nicht überzeichnen dürfen: So hat Frederick Antal aus einer marxistisch-wissenssoziologischen Perspektive davon gesprochen, die Säkularisierung des Bewußtseins sei zunächst bei den Florentiner Adligen und Großkaufleuten, dem *popolo grasso*, erfolgt, dessen neue Weltsicht sich in der Kunst Giottos manifestiert habe; der in der Zeit zwischen Giotto und Masaccio zu konstatierende ‹Rückfall in die Gotik› sei auf die wachsende politische Macht des *popolo minuto*, des Kleinbürgertums, zurückzuführen, bis sich dann in den letzten Jahrzehnten des 14. Jahrhunderts erneut der *popolo grasso* durchgesetzt habe. Etwas vorsichtiger und eher im Rückgriff auf die Emanzipationsvorstellungen des frühen Marx hat Agnes Heller die Renaissance als die Morgendämmerung des Kapitalismus bezeichnet, in deren Verlauf die sich als natürlich darstellenden Bindungen des Menschen als gesellschaftliche Bindungen erkannt wurden, während der aber auch der aus der kapitalistischen Produktionsweise erwachsende Entfremdungsprozeß noch in seinen Anfängen gesteckt habe, so daß sich umfassende Emanzipationsvorstellungen hätten entwickeln können. Die Entwicklungslinie der Renaissance ist für Heller aus dieser Spannung zwischen dem Frühkapitalismus und den durch ihn schließlich wieder dementierten Freiheitsvorstellungen zu erklären. Dagegen haben Alfred von Martin und in jüngerer Zeit auch Christian Bec sowie Peter Burke dem Kaufmannsgeist und den mit ihm verbundenen Typus der Rationalität eine starke Bedeutung für die Entwicklung des neuen Renaissancebewußtseins zugesprochen. Freilich findet sich auch nach wie vor die entgegengesetzte Lesart, in der gerade nicht die Ausbreitung einer neuen Rationalität, sondern das Hervortreten eines alle Rechenhaftigkeit zurückweisenden *uomo virtuoso* als das Charakteristikum der Renaissance gilt. Stendhal etwa und die in seiner Tradition Stehenden haben diese Sicht mit einer Apologie des wilden und grausamen Tyrannen verbunden und das Ende der kleinen Tyrannen in Italien mit dem Ende der Renaissance gleichgesetzt. Auch von Nietzsche ist die Renaissance eher als eine Zeit vitalistischer Durchbrechungen gesellschaftlicher Schranken denn als ein entscheidender Schritt im Prozeß der Rationalisierung der Welt im Sinne Max Webers begriffen worden.

*Lit.:* L. Batkin: Die italienische Renaissance, Basel/Frankfurt/M. 1981. – Christian Bec: Les marchands écrivains. Affaires et humanisme à Florence 1375 – 1434, Paris-La Haye 1967. – A. Buck (Hrsg.): Zu Begriff und Problem der Renaissance, Darmstadt 1969. – J. Burckhardt: Die Kultur der Renaissance in Italien, Frankfurt/M. 1989. – P. Burke: Die Renaissance in Italien, Berlin 1984. – L. Febvre: Michelet und die Renaissance, Stuttgart 1995. – W. K. Ferguson: The Renaissance in Historical Thought, Cambridge/Mass. 1948. – J. Hale: The Civilization of Europe in the Renaissance, London 1993. – A. Heller: Der Mensch der Renaissance, Köln-Lövenich 1982. – A. von Martin: Soziologie der Renaissance, München [3]1974. – J. Michelet: Histoire de France, Paris 1876.

→Antikenrezeption; →Humanismus; →Kaufleute; →Künstler; →uomo universale; →Zeitbewußtsein.

## Rom

Die Stadt am Tiber ist in der Renaissance gleichsam neu gegründet worden, um innerhalb weniger Jahrzehnte zu einer der großen europäischen Metropolen und einem Zentrum der Kunst und der Gelehrsamkeit zu avancieren. Aber Rom hat diese Entwicklung nicht aus eigener Kraft genommen, sondern die erforderliche Energie aus den universalen Quellen der Kurie bezogen. Die Stadt hatte während des sog. Avignonesischen Exils der Päpste einen beispiellosen Niedergang erfahren und glich bei der Rückkehr der Päpste im Jahre 1377 eher einem Dorf als einer Stadt. Auf den Stufen der alten Peterskirche soll damals Gras gewachsen sein, das von Ziegen abgeweidet wurde. Seitdem hatte eine langsame Erholung eingesetzt, aber die stürmische Entwicklungsphase der Stadt begann erst, als die Päpste darangingen, Rom als ihre Residenz auszubauen, wobei sie sich entweder auf das antike Rom oder das himmlische Jerusalem als Leitidee bezogen. Da Rom weder ein Zentrum des Handels noch des Bankwesens war und sich auch nie zu einer Handwerker- und Gewerbestadt entwickelt hat, blieb es auf die Attraktivität der Kurie und der in den Mauern der Stadt gelegenen Pilgerstätten angewiesen, und jede Schwankung in der Geschichte des Papsttums, wie etwa der Wechsel von einem eher verschwenderischen zu einem sparsamen Papst, hatte unmittelbare Auswirkungen auf das wirtschaftliche, soziale und kulturelle Leben der Stadt.

Unter diesen Umständen haben die Bürger Roms die sich seit Mitte des 15. Jahrhunderts mehrenden Eingriffe in die innere Selbstverwaltung eher widerspruchslos hingenommen – von einigen Unmutsbekundungen bei den *possessi* genannten Inthronisationsumzügen der Päpste und dem gegen den Papst gerichteten Mordkomplott einiger römischer Adliger um Stefano Porcari im Jahre 1453 einmal abgesehen. Die Umgestaltung des Kapitols, des alten politischen Zentrums der Stadt, durch Michelangelo nach Vorgaben der Kurie und nicht der Kommune war der sinnfällige Ausdruck dieser Entwicklung. Da das Wohlergehen der Stadt nahezu ausschließlich von der Kurie abhing, konnten die Päpste die überkommenen Selbstverwaltungsorgane der Kommune leicht entmachten und sie durch willfährige Inspektoren ersetzen; und auch die römischen Adelsfaktionen, die den Päpsten während des Mittelalters so sehr zugesetzt hatten, spielten in der Renaissance nur noch eine untergeordnete Rolle. Aus einer Festung der Orsini wurde die Engelsburg im 15. Jahrhundert zu einem Symbol der weltlichen Macht des Papsttums umgestaltet. Rom entwickelte sich zu einer Residenzstadt, was heißt, daß alle wichtigen Entscheidungen im Vatikan getroffen wurden. Insbesondere die Stadtplanung, die Neuanlage von Straßen, die Verbreiterung von Plätzen und die Versorgung der Stadt mit Wasser wurde zu einem notorischen Betätigungsfeld der Päpste. Am Ende des 16. Jahrhunderts war Rom auf eine Größe von über hunderttausend Bewohnern angewachsen und galt als eine der bestgeplanten und versorgungstechnisch bestorganisierten Städte Europas.

Aber das Rom der Renaissance verstand sich nicht länger als die religiöse Hauptstadt der lateinischen Christenheit, sondern als eines der wichtigsten Zentren des künstlerischen und intellektuellen Lebens; tatsächlich konnte es zu Beginn des 16. Jahrhunderts Florenz die führende Stellung als künstlerisches wie intellektuelles Zentrum Italiens, wenn nicht Europas streitig machen. Mit Pietro Bembo (den Leo X. zu seinem Sekretär ernannt hat), Matteo Bandello (der unter dem Titel *Novelliere* eine Boccaccios *Decamerone* nachempfundene Sammlung von Kurzgeschichten herausbrachte) und Giangiorgio Trissino (der Tragödien, Komödien und Epen verfaßte) sowie zeitweilig auch Pietro Aretino lebten bedeutende und bekannte Literaten in der Stadt. Hinzu kam die von Pomponius Laetius gegründete römische Akademie, die Roms Vergangenheit zu neuem Leben erwecken wollte, indem sie klassische Stücke aufführte und altrömische Feste inszenierte. Mit Raffael sowie Michelangelo schließlich arbeiteten die bedeutendsten Künstler ihrer Zeit in Rom; dazu kamen die Architekten Bramante und Antonio da Sangallo, die mit umfangreichen Bauprojekten in der Stadt beschäftigt waren. Doch was für die sozioökonomische Entwicklung der Stadt galt, traf auch auf das intellektuelle und künstlerische Leben zu: Keiner der in Rom tätigen Künstler und Gelehrten stammte aus Rom bzw. war hier groß geworden, sondern sie alle hatten sich aufgrund der attraktiven Arbeitsbedingungen dorthin begeben. Die Aussicht auf Geld, Einfluß und Ruhm hatte sie an den Tiber gelockt, und sobald diese Aussicht schwand, waren sie jederzeit bereit, der Stadt den Rücken zu kehren. Das war immer dann der Fall, wenn ein repräsentationsbedachter Papst starb und durch einen eher am Ziel der religiösen Erneuerung orientierten Papst ersetzt wurde; stets zeigte sich dann, daß die Blüte der Stadt fragil und von externen Faktoren abhängig war.

Am sichtbarsten zeigte sich die Neubelebung der Stadt in der Errichtung neuer Gebäude, unter denen Kirchen und Paläste am deutlichsten herausstachen. Zu erwähnen sind der Um- und Neubau des Vatikannordflügels durch Bernardo Rossellino, mit dem die Selbstdarstellungsmöglichkeiten eines autokratischen Papsttums gesteigert wurden. Der päpstliche Repräsentationsbau wurde bald ergänzt durch vergleichbare Projekte der Kardinäle bzw. der durch den Nepotismus als Rekrutierungssystem entstandenen Kardinalsfamilien, die sich große und prächtige Paläste in der Stadt bauen ließen. Zu nennen sind der von Francesco del Borgo entworfene *Palazzo Venezia* (1455–1503), als dessen Bauherren die der Familie Papst Eugens IV. angehörenden Kardinäle Pietro und Marco Barbò (Pietro Barbò wurde noch in der Fertigstellungsphase des Palastes als Paul II. Papst) sowie der Neffe von Papst Innozenz VIII., Kardinal Lorenzo Cibò, wirkten; weiterhin der *Palazzo della Cancelleria* (1489–1514), den sich Raffaello Riario, der Neffe vom Papst Sixtus IV., bauen ließ, wobei er von den neuen Möglichkeiten der Enteignung bestehender Baulichkeiten zur Schaffung der für die Palastbauen erforderlichen Parzellen ausgiebigen Gebrauch gemacht hat; sodann der *Palazzo Farnese* (1517–1589), der nach Plänen Antonio da Sangallos und Michelangelos errichtet wurde und als dessen Bauherren Alessandro Farnese, der 1534 als Paul III. Papst wurde, sowie seine Neffen Ranuccio und Odoardo Farnese auftraten. Bei diesen gewaltigen Projekten, die sich in der Regel über einen längeren Zeitraum als die durchschnittliche Amtszeit eines Kardinals hinzogen, war ein Gesetz Sixtus' IV. von entscheidender Bedeutung, das besagte, daß auch die mit finanziellen Mitteln der Kirche errichteten Gebäude innerhalb der Familie vererbt werden konnten, wenn diese Gebäude nicht mit einer Titularkirche verbunden waren. So kam es beim Palastbau immer wieder zu einer Mischfinanzierung aus Privatmitteln der Familie, Mitteln der Kirche und anderweitig verfügbar gemachten Geldern, wie etwa jener ominösen Summe, die Kardinal Riario beim Glücksspiel mit einem französischen Kardinal und dem Sohn des amtierenden Papstes Innozenz VIII. gewonnen und in den Bau seines Palastes investiert hat.

Die römischen Kardinalspaläste folgen in ihrer Anlage einem Muster, das zugleich auf Funktionalität und Repräsentativität angelegt war. Zunächst mußte der Palast groß genug sein, um den Hofstaat des Kardinals, die sog. *famiglia*, unterbringen zu können. Einer eher wehrhaft-trotzigen Außenfassade, in die zumindest als Zitat Elemente des Burgen- und Festungsbaus eingingen, korrespondierte die zu einem Hof geöffnete Innenseite, die von Arkaden durchbrochen wurde und im Schutz der hohen Palastwände gleichsam einen *locus amoenus* inmitten der Stadt bildete. Von den in der Regel drei Etagen des Palastes nahm das Erdgeschoß die Wirtschafts- und Versorgungsräume auf, während der *piano nobile*, das Hauptgeschoß, die Repräsentationsräume sowie den Wohnbereich der wichtigsten Personen umfaßte und das obere Geschoß für die *famiglia* vorgesehen war.

Unter den Kirchenneubauten der Renaissance in Rom sind zunächst zu nennen *S. Maria del Popolo* (1472–1478), bei der in Rom erstmals seit der Antike wieder eine das Vorbild des Pantheons aufnehmende Kuppel errichtet wurde, sowie *Il Gesù* (1575–1584), die von Giacomo da Vignola und Giacomo della Porta entworfene Hauptkirche der Jesuiten in Rom, in deren Anlage bereits die Vorgaben der seit Beginn der katholischen Reform intensivierten Frömmigkeit eingegangen sind. Zweifellos aber nimmt der Neubau der *Peterskirche* den ersten Platz ein. Erste Pläne entstanden bereits unter Nikolaus V., doch diese sahen noch nicht den Abbruch der alten Peterskirche, sondern nur deren monumentale Erweiterung auf der Westseite vor. Erst Julius II. entschloß sich zu einer völligen Neuerrichtung der Kirche, und als er 1506 den Grundstein dafür legte, sollte es noch einhundertfünfzig Jahre bis zur endgültigen Fertigstellung des Großprojekts dauern. Bei den immer wieder auftretenden Verzögerungen haben keineswegs nur Finanzierungsengpässe, wie etwa der nach der Reformation spärlicher werdende Fluß der Gelder aus Deutschland, sondern auch ständige Planänderungen eine Rolle gespielt. So hatte Bramante, der erste Architekt der Kirche, vorgesehen, einen von einer gewaltigen Kuppel gekrönten Zentralbau auf dem Innengrundriß eines griechischen Kreuzes, das in einen quadratischen Außenbau eingebettet war, zu errichten. Mit dieser architektonischen Lösung wollte er die Grundprinzipien der römischen Kirche symbolisieren: das Kreuz als Zeichen des Opfertodes Christi, auf dem die Kirche ruht; das Quadrat als Symbol der *ecclesia militans*, der gegen ihre Widersacher streitenden Kirche; schließlich die Kuppel als Symbol der *ecclesia trimphans*, der über ihre Gegner triumphierenden Kirche. Nach Bramantes Tod entschieden sich die mit der Weiterführung des Projekts beauftragten Architekten Peruzzi und Sangallo d. J. mit Rücksicht auf liturgische Erfordernisse für den Grundriß des lateinischen Kreuzes; Michelangelo, der die Leitung der Bauarbeiten 1546 übernahm, verwarf diese Änderungen, ließ bereits errichtetes Mauerwerk wieder abbrechen und kehrte zum griechischen Kreuz zurück, modifizierte jedoch Bramantes Quadrat und sah statt dessen Apsiden an den Enden der Kreuzarme vor. Da er die Ecken des Kreuzes gleichzeitig mit Rechtecken ausfüllte, kann der schließlich zur Ausführung gelangte Grundriß der Peterskirche als die Einschreibung des Quadrats in den Kreis und des Kreises ins Quadrat angesehen werden. Der Kreis als Symbol des Göttlichen und das Quadrat als Symbol der materiellen Diesseitigkeit stehen so für die paradoxe Grundvorstellung des christlichen Glaubens, die Menschwerdung Gottes. Michelangelos Konzeption der Peterskirche ist der steingewordene Gegenentwurf zur protestantischen Herausstellung des Kreuzestodes Christi, insofern hier nicht das Geheimnis von Tod und Auferstehung, sondern das Wunder der Menschwerdung Gottes als Grundlage der diese Vermittlung in der Eucharistie immer wieder aufs Neue vollbringenden alleinseligmachenden Kirche bildete.

Neben den großen Bauprogrammen fand die Renaissance in Rom ihren Niederschlag auch in der malerischen Ausgestaltung von Kapellen und Empfangsräumen, bei denen breit angelegte narrative Sequenzen der Bibel oder der Heiligenviten zur Darstellung kamen. Für die Frührenaissance sind Masolinos Fresken in der Katharinenkapelle von S. Clemente sowie Fra Angelicos Darstellung der Stephanus- und Laurentius-Legende in der Kapelle Nikolaus' V. im Vatikanpalast zu nennen, während für die Hoch- und Spätrenaissance die Ausgestaltung der Sixtinischen Kapelle, der durch Sixtus IV. umgebauten *Capella papalis* des Vatikanspalastes, zu Recht alle Aufmerksamkeit auf sich zieht. Den rhetorisch-narrativen Vorgaben solcher Bildprogramme entsprechend, sind hier acht Szenen aus dem Leben Moses' und acht Szenen aus der Geschichte der *ecclesia militans* aufeinander bezogen, wobei beide Erzählstränge darauf abzielen, Sixtus IV. als neuen Salomon und neuen Petrus gleichermaßen aufzuweisen. Auch Michelangelos gewaltige Fresken der Schöpfung am Deckengewölbe und des Weltgerichts an der Westwand der Kapelle folgen dem dualen Erzählmuster, nur daß hier nicht Episoden *in* der Zeit, sondern Anfang und Ende *aller* Zeit dargestellt werden.

Einen tiefen Einschnitt erfuhr die soziale wie kulturelle Entwicklung Roms 1527 mit dem *Sacco di Roma*, als die in die Stadt eingedrungenen deutschen Landsknechte und spanischen Infanteristen acht Tage lang plündernd und sengend durch die Straßen und Häuser zogen. Damals sind nicht nur zahlreiche Kirchen, Häuser und Paläste zerstört worden, sondern auch

Tausende römischer Bürger ums Leben gekommen. Viele Gelehrte und Künstler haben danach die verwüstete Stadt verlassen. Zumindest die Hochrenaissance ist mit dem *Sacco* in Rom zu Ende gegangen, und bis in die Malerei hinein hat sich eine pessimistische Grundstimmung breitgemacht, die das Ende der sich als Erneuerung und Wiederherstellung antiker Ideale und Vorbilder verstehenden Renaissance markiert.

*Lit.:* H. Bredekamp: Sankt Peter in Rom und das Prinzip der produktiven Zerstörung, Berlin 2000. – P. Partner: Renaissance Rome, 1500–1559, Berkeley 1976. – L. Partridge: Renaissance in Rom, Köln 1996. – P. A. Ramsey (Hg.): Rome in the Renaissance, Binghamton, N. Y. 1982.

→Architektur; →Kurtisanen; →Malerei; →Medici; →Michelangelo; →Päpste; →Staat.

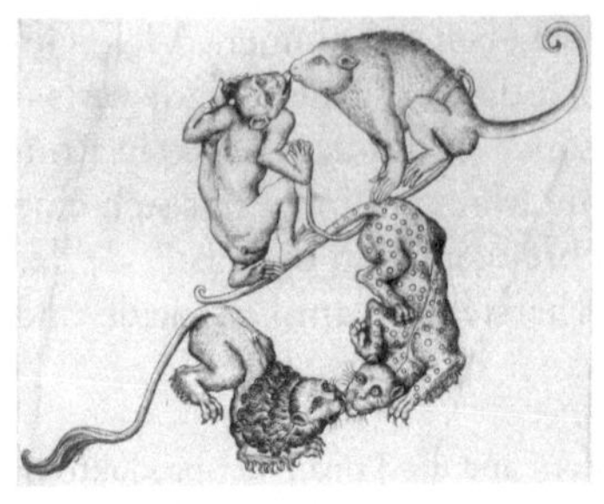

**Savonarola, Girolamo**
*(* 1452 in Ferrara*
*† 1498 in Florenz)*

Das Bild, das die Forschung von Savonarola gezeichnet hat, ist unscharf und widersprüchlich: Für die einen ist er ein reformatorischer Vorläufer Luthers, für die anderen bloß ein dem Mittelalter verhafteter Rebell gegen die Kultur der Renaissance; für die einen ist er der Erneuerer der Florentiner Republik und entschlossener Sozialreformer, für die anderen ein Feind aller Lebenslust und Anstifter von Bilderstürmen und Bücherverbrennungen. Schon die Zeitgenossen haben Savonarola sehr verschieden beurteilt. Von einer «finsteren Mönchsbrut» sprach Angelo Poliziano, der Humanist und Freund Lorenzo de' Medicis, «die ein düsteres Heiligsein zur Schau trägt, sich die Alleinherrschaft anmaßt und mit ihren Drohungen das furchtsame Volk einschüchtert». Dagegen lautet das zusammenfassende Urteil, das der Drogist und Apotheker Luca Landucci in seinem *Florentiner Tagebuch* über Savonarolas Wirken in Florenz nach dessen Hinrichtung gefällt hat: Es war «eine heilige Zeit», aber «sie war zu kurz. Die Schlechten haben mehr vermocht als die Guten. Gott sei dafür gelobt, daß ich wenigstens dieses bißchen heilige Zeit erlebt habe. Daher bitte ich Gott, daß er uns wiederschenke dieses heilige und schamhafte Leben.»

Savonarola hat in seiner Geburtsstadt Ferrara Medizin und Theologie studiert; mit 22 Jahren trat er in Bologna in den Orden der Dominikaner ein. 1484 holte ihn Lorenzo de' Medici als Bußprediger nach Florenz, wo seine Aufrufe zur sittlichen Umkehr aber weithin ungehört verhallten, so daß Savonarola die Stadt resigniert verließ. Im Ferrara der Este wie im Florenz der Medici hat Savonarola dieselbe politisch-kulturelle Erfahrung gemacht, die für seine politisch-kulturelle Vorstellungswelt prägend wurde: die Verbindung von kultureller Blüte und

Liberalität in Sachen Kunst mit politischer Autokratie, um nicht zu sagen: mit der Tyrannis. Dagegen entwarf Savonarola das Bild einer bis in die kleinbürgerlichen Schichten hineinreichenden politischen Partizipation und eines asketischen Lebenswandels mit restriktiven Eingriffen in das kulturelle Leben. Freiheit war für ihn die Voraussetzung einer gegen die Tyrannis wie den korrumpierenden Luxus gerichteten sittlichen Erneuerung der Stadt. So war die Zeit zwischen 1494 und 1498, als Savonarola die Florentiner Politik aus dem Hintergrund steuerte, die demokratischste Phase in der Geschichte der Florentiner Republik. Nie haben die mittleren Schichten einen größeren Einfluß auf die Politik der Stadt gehabt, und nie sind die großen Vermögen stärker mit Steuern belastet worden, während die Armen von Steuerzahlungen freigestellt wurden, aber weder davor noch danach hat das kulturelle wie alltägliche Leben unter einer so strikten Kontrolle der städtischen Behörden gestanden: Es gab eine ‹Kinderpolizei›, die den Lebenswandel der Erwachsenen ausspähen sollte (Max Horkheimer hat Savonarola deswegen in der Vorläuferschaft zu Hitler gesehen), und auf einem gewaltigen Scheiterhaufen wurden Perücken und laszive Kleider sowie Bücher und Bilder verbrannt.

Lorenzo de' Medici selbst hatte Savonarola nach dessen resignativem Rückzug aus Florenz 1490 wieder in die Arnostadt zurückholen lassen, wo er 1492 zum Prior von San Marco gewählt wurde. Dafür gab es zwei Gründe: Lorenzo und die Intellektuellen seiner Umgebung wollten ein weltzugewandtes Leben führen, aber sie fürchteten auch um das Heil ihrer Seele, d. h., sie wollten auf Erden die Macht und im Jenseits die ewige Seligkeit – und Savonarola sollte es ihnen ermöglichen, beides gleichermaßen zu erlangen. Gegen dieses *Sowohl-als-auch* setzte Savonarola jedoch ein schroffes *Entweder-Oder*. Paradigmatisch dafür ist die berühmte – wahrscheinlich erfundene – Episode, die sich bei Lorenzos frühem Tod im Jahre 1492 zugetragen haben soll: Lorenzo bat Savonarola um die Absolution, die der Mönch ihm aber nur zu erteilen bereit war, wenn er der Stadt die Freiheit zurückgebe. Lorenzo soll dies verweigert und sich zur Wand hin umgedreht haben, woraufhin Savoranola ohne Erteilung der Absolution gegangen sei.

In mehreren Predigten hatte Savonarola das Strafgericht Gottes über Florenz und Italien ob des sündhaften Lebens angekündigt, und viele sahen die Erfüllung dieser Prophezeiung, als Karl VIII. von Frankreich im Jahre 1494 in Italien einmarschierte und ohne großen Widerstand nach Süden vorstieß. Savonarolas Wirkung beruhte nicht zuletzt darauf, daß er den Ängsten seiner Zeit Ausdruck verlieh. In den Wirren vor dem Einzug der französischen Truppen übernahmen die Anhänger Savonarolas in Florenz die Macht, die sie vier Jahre lang verteidigten, um ihr politisch-sittliches Reformprogramm zu verwirklichen. Savonarola, der kein offizielles Amt innehatte, nahm mit Predigten und Sittlichkeitskampagnen auf diese Politik Einfluß – u.a. rief er Florenz zur von Gott auserwählten Stadt aus –, sah sich dabei aber wachsendem, auch gewaltsamem Widerstand der städtischen ‹Jeunesse dorée› gegenüber. Er wurde mit Steinen und Kot beworfen, seine Predigten wurden gestört, und seine Anhänger, die *piagnoni*, Heuler oder Winsler, wie ihre Gegner sie abschätzig nannten, wurden zusammengeschlagen. Dabei erhielt die innerflorentinische Opposition gegen Savonarola Rückendeckung von der römischen Kurie, denn der Mönch hatte zuvor Papst Alexander VI. ob dessen Lebenswandels angegriffen, indem er ihn als «Wolf im Schafspelz der Kirche», als Pharao und als Marranen, einen nur zum Schein getauften Juden, bezeichnet hatte, woraufhin der Papst über Savoranola ein Predigtverbot verhängte, das dieser aber mißachtete. Am 18. Juni 1497 wurde der Mönch exkommuniziert und, als er in Florenz weiterhin politische Rückendeckung erhielt, die Stadt im März 1498 mit dem Interdikt belegt, weswegen in Florenz u.a. keine Messen mehr gelesen werden durften. Savoranola hielt aber selbst zu diesem Zeitpunkt noch an der bisherigen Politik von Prophetie und Predigt fest und verzichtete darauf, gewaltsam gegen die innerstädtische Opposition vorzugehen. Machiavelli hat ihn deswegen als «unbewaffneten Propheten» bezeichnet. Der Konflikt eskalierte, als Savoranola von Franziskanern zur Feuerprobe herausgefordert wurde, die er verweigerte. Im Kloster San Marco wurde er festgenommen, gefoltert, zum Widerruf gezwungen und am 23. Mai 1498 auf dem Platz vor dem Palazzo Pubblico durch Verbrennen hingerichtet.

*Lit.:* Girolamo Savonarola: Opere, hrsg. von A. Berladetti, 10 Bde., Rom 1952–69. – Ders.: Predigten und Schriften, ausgewählt und erläutert von M. Ferrara, 1957.
E. Gualazzi: Savonarola: Prophet oder Fanatiker, Graz u.a. 1984. – R. Ridolfi: Vita di Givolamo Savonarola, 2 Bde., Rom 1952. – D. Weinstein: Savonarola and Florence. Prophecy and patriotism in the Renaissance, Princeton/N. J. 1970.

→Borgia; →Florenz; →Frömmigkeit; →Medici; →Päpste.

## Seuchen

Mit dem Wachstum der Städte seit dem 12./13. Jahrhundert, der Zusammenballung großer Menschenmengen unter wenig hygienischen Umständen, vor allem aber mit der Intensivierung der Handelskontakte über weite Entfernungen sind auch die Seuchen, die während des frühen Mittelalters in Europa merklich zurückgegangen waren, wieder zurückgekehrt. Pilger, Studenten und Soldaten haben zu ihrer schnellen Ausbreitung in Süd- und Westeuropa beigetragen. Von den zahlreichen Seuchen, die zwischen dem 14. und dem 16. Jahrhundert auftraten, haben zwei in wirtschafts- wie kulturgeschichtlicher Hinsicht einschneidende Bedeutung gehabt: die große Pestwelle zwischen 1347 und 1352, der etwa ein Drittel der europäischen Bevölkerung, rund 25 Millionen Menschen, zum Opfer gefallen sind, und die als Lues oder Syphilis bezeichnete Geschlechtskrankheit, die in Barcelona 1493 bzw. Neapel 1494 ihren Anfang genommen und sich binnen eines Jahrzehnts über ganz Europa verbreitet hat.

Wahrscheinlich ist die von Ratten bzw. Rattenflöhen übertragene Pest von Zentralasien aus entlang der Karawanenstraßen bis zum Schwarzen Meer gelangt. Dort jedenfalls brach sie 1347 in Caffa aus, wo die Genuesen eine Handelsstation unterhielten, und mit genuesischen Schiffen gelangte sie nach Messina, Genua, Pisa und Marseille. Gleichzeitig breitete sie sich im byzantinischen Herrschaftsbereich aus, wo sie insbesondere in Konstantinopel wütete. Diese Pestwelle gilt in der Forschung als die einschneidendste demographische Katastrophe der europäischen Geschichte. Europa hat mehrere Jahrhunderte gebraucht, um den Bevölkerungsstand vor der großen

Pest wieder zu erreichen. In Paris sollen ihr etwa 50000 Menschen zum Opfer gefallen sein, in Avignon, wo zu dieser Zeit der Papst residierte, 60000, in Florenz wohl genauso viele und in Siena mehr als zwei Drittel der Bevölkerung. Auch in Deutschland wütete die Pest auf dem Lande wie in den Städten. Die Wahrscheinlichkeit, der Pest zum Opfer zu fallen, war um so größer, je ärmer die Bevölkerungsgruppen waren, was nicht nur mit den ungünstigeren Wohnverhältnissen, sondern auch mit der Ernährungslage zusammenhing. Infolge des raschen Bevölkerungswachstums während des 13. und 14. Jahrhunderts kam es in ganz Europa zu zyklisch auftretenden Hungersnöten, und als die Pest sich ausbreitete, traf sie auf eine von Hungersnot geschwächte Bevölkerung.

Eine eindrucksvolle Schilderung der Pestfolgen findet sich am Anfang von Boccaccios *Decamerone*: «Die Gefährlichkeit dieser Seuche war um so größer, als sie von Kranken auf Gesunde übergriff, ähnlich wie Feuer auf Reisig. Sie steckte nicht nur den an, der mit dem Kranken sprach oder in seine Nähe kam, sondern auch jeden, der seine Kleider oder Sachen berührte.» Mit der Angst vor Ansteckung zerfiel die gesellschaftliche Ordnung: «Die Pest ließ die Herzen der Menschen erstarren. Der Bruder verließ den Bruder, der Oheim seinen Neffen, die Schwester den Bruder und häufig auch die Frau ihren Gatten. Ja, was fast unglaublich ist: Väter und Mütter vermieden es, ihre Kinder zu pflegen, als ob es Fremde gewesen wären.» Auch viele Ärzte und Priester waren mit den Pestfolgen überfordert und verweigerten sich ihren Aufgaben. – Wer es sich leisten konnte, verließ die Stadt und suchte auf dem Land in einer Villa Zuflucht, wo die Ansteckungsgefahr geringer war. Zu den Pestfolgen gehörten steigende Kriminalität, verschiedentlich die Rückwendung zu einer spirituellen Frömmigkeit (wovon unzählige Gemälde der Pestheiligen Rochus und Sebastian, aber auch die Schutzmantelmadonnen zeugen, deren weiter Umhang die Infektionspfeile abwehrt), in anderen Kreisen eine verstärkte Diesseitszugewandtheit, vor allem aber eine neuerliche Welle von Judenverfolgungen, da die Juden vielerorts für die Ausbreitung der Pest verantwortlich gemacht wurden.

Nicht unähnlich den Auswirkungen der Pest waren die Folgen der Syphilis. Ob sie von Matrosen des Kolumbus bei dessen Rückkehr von der ersten Amerikareise eingeschleppt worden ist, wie in der älteren Literatur häufig zu finden, ist heute heftig umstritten. Fest steht nur, daß die in Europa zuvor noch nicht beschriebene Erkrankung erstmals 1494 bei der Belagerung Neapels durch Truppen Karls VIII. epidemiologisch relevant auftrat. «Vielen», so schreibt der selbst infizierte Ulrich von Hutten in seiner Schrift *De morbo gallico* über die Krankheit und ihre Therapie mit Quecksilberkuren, «wurde das Gehirn angegriffen, daß sie Fieber bekamen, andere wurden tobsüchtig. Es zitterten dann nicht nur die Hände, sondern auch die Füße und der ganze Körper, die Sprache wurde stammelnd, bei einigen nicht mehr heilbar. Viele habe ich mitten in der Kur sterben gesehen. (...) Andere sah ich sterben, denen der Rachen zugeschwollen war (...), wieder andere, weil sie nicht harnen konnten. Nur wenige sind überhaupt genesen und auch diese nur durch dieses Wagnis, diese Bitternis und diese Leiden.» Hatten sich zunächst vor allem Soldaten, Prostituierte und Studenten mit der Krankheit infiziert, so wurde sie sehr bald zu einer Geißel der Höchsten und Mächtigsten: Der französische König Franz I. wie der englische König Heinrich VIII. sind ihr ebenso erlegen wie die Päpste Julius II. und Leo X.

Zunächst wurde die unbekannte Krankheit nach der Nation benannt, von der man glaubte, infiziert worden zu sein. So sprachen die Italiener von der spanischen oder französischen Krankheit, die Franzosen nannte sie die italienische, die Deutschen wiederum die französische Krankheit, die Polen sprachen von der deutschen, die Russen von der polnischen Krankheit. Erst Girolamo Fracastoro gab ihr in dem Lehrgedicht *Syphilis sive Morbus Gallicus* (1530) und daran anschließend einem gleichlautend überschriebenen Kapitel seines großen Werks *De contagione et contagiosis morbis et eorum curatione* (1546) ihren medizinischen Namen. 1527 prägte der französische Arzt Jacques de Bethencourt den Begriff *Morbus venereus*, Venuskrankheit, um der Verbindung der Krankheit mit Nationalstereotypen ein Ende zu bereiten. Das Wort wurde zur Sammelbezeichnung aller Geschlechtskrankheiten.

Die Übertragung der Syphilis durch Geschlechtsverkehr gaben zunächst den humanistischen, in Deutschland dann auch den reformatorischen Programmen einer Sittenreform starken

Auftrieb: «Fürchte also und fliehe die Dirnen», schrieb Jakob Wimpfeling an seinen Freund Conrad Schelling. «Nimm dich vor ihnen in Acht, um dich weder mit Aussatz noch mit dem französischen Übel anzustecken. O, wieviele junge Menschen, wieviele Männer haben sich bei den schändlichen Dirnen das französische Übel geholt.» Luther gar wollte Prostituierte, die Geschlechtskrankheiten übertrugen, mit dem Tode bestrafen. Die Neigung der Reichen und Mächtigen, von der bereits Boccaccio berichtet hatte, beim Ausbruch von Seuchen die Städte zu verlassen und aufs Land oder in seuchenfreie Gegenden zu fliehen, hat Luther schließlich zur Abfassung der Schrift *Ob man vor dem Sterben fliehen möge* veranlaßt, und er hat dies allen zugestanden, die keine geistlichen oder weltlichen Ämter innehatten. Von jenen aber schreibt er: «Demnach sind auch alle die, so in weltlichen Ämtern, als Bürgermeister und Richter und dergleichen, schuldig zu bleiben. Denn da ist abermals Gottes Wort, das die weltliche Obrigkeit einsetzt und befiehlt, die Stadt und das Land zu regieren, schützen und handhaben.»

*Lit.:* F. Graus: Pest – Geißler – Judenmorde. Das 14. Jahrhundert als Krisenzeit, Göttingen [2]1987. – D. Herlihy: Der Schwarze Tod und die Verwandlung Europas, Berlin 1998. – M. Vasold: Pest, Not und schwere Plagen. Seuchen und Epidemien vom Mittelalter bis heute, München 1991. – St. Winkle: Geißeln der Menschheit. Kulturgeschichte der Seuchen, Düsseldorf/Zürich 1997.

→Judenfeindschaft; →Kurtisanen; →Paracelsus.

## Sforza

Der rasante Aufstieg und jähe Fall der Sforza ist das wohl eindrucksvollste Beispiel für Enea Silvio Piccolominis Feststellung: «In unserem veränderungslustigen Italien, wo nichts fest steht und keine alte Herrschaft existiert, können leicht aus Knechten Könige werden.» Ohne jede Adelsgenealogie, aus bescheidenen Verhältnissen des Städtchens Cotignola in der Romagna stammend, hat Francesco Sforza, als er 1450 auf seine Truppen gestützt die Herrschaft in Mailand unter dem Titel eines Herzogs der Lombardei übernahm, dies durch seine Ehe mit Bianca Maria Visconti, einer Tochter des verstorbenen Herzogs, und durch die Übernahme des Wappens der Visconti sowie der von ihnen begonnenen Bauprojekte zu legitimieren versucht. In dieser ‹kulturpolitischen› Legitimationsstrategie, die bei vielen oberitalienischen Herrscherfamilien beobachtet werden kann, haben die Sforza das Erbe der Visconti angetreten.

Stammvater der Sforza ist Giacomo Attendolo, der sich in der Söldnertruppe des Alberico da Barbiano zum Hauptmann hochgedient und aufgrund seiner Kraft wie seiner Neigung zur Gewalttätigkeit den Spitznamen Sforza erhalten hat. Den Spitznamen nahm er als Hauptnamen an, so daß er sich schließlich unter Veränderung auch des bisherigen Vornamens Muzio Attendolo Sforza nannte. Er hatte mit zwei Ehefrauen sowie einigen Geliebten und Mätressen zahlreiche Kinder, von denen die meisten als Unterführer seiner Truppen dienten, seitdem sich Muzio Attendolo als Condottiere selbständig gemacht hatte und auf verschiedenen Kriegsschauplätzen Italiens überaus erfolgreich war. Als tüchtigster seiner Söhne bewährte sich dabei Francesco, der dem Vater im Oberkommando nachfolgte, in den Kämpfen um die Herrschaft in Neapel über Braccio da Montone siegte und die nach einem Aufstand des Adels geflohene Königin Johanna II. nach Neapel zurückführte. Ab 1425 stand Francesco Sforza in den Diensten Filippo Maria Viscontis, wo er sich gegen die Konkurrenz des Niccolò Piccinino durchzusetzen verstand und zum wichtigsten Heerführer der Visconti in den Kriegen mit Venedig aufstieg. Auch wenn er zeitweilig in florentinischem und päpstlichem Sold stand und gegen Filippo Maria und dessen Condottiere Piccinino Krieg führte, hielt dieser die Verlobung seiner Tochter Bianca mit dem Condottiere doch aufrecht, mit der Francesco in den nach Filippo Marias Tod ausgebrochenen Kämpfen um das Erbe der Visconti den besten Trumpf in der Hand hatte. In seiner Zeugungskraft übertraf Francesco noch seinen Vater, wovon neben dreizehn ehelichen Kindern weitere zweiundzwanzig außereheliche Zeugnis ablegen. Francesco bediente sich dieser Kinder zur bündnispolitischen Absicherung seiner Herrschaft. So verheiratete er seine mit einer gewissen Giovanna d'Acquapendente gezeugten Töchter Polissena und Drusiana mit seinen wichtigsten Condottieri, um sich diese längerfristig zu verpflichten. Das freilich gelang nur sehr bedingt, denn als Polissena überraschend starb, verbreitete sich der Verdacht, ihr Ehemann Sigismondo Malatesta, der Stadtherr von Rimini, habe sie vergiften lassen, um eine Mätresse heiraten zu können. Bei Drusiana wiederum verhielt es sich genau umgekehrt: Nachdem ihr Vater Francesco den Condottiere Giacomo Piccinino – er war der Sohn und Erbe seines alten Konkurrenten Niccolò Piccinino –, den er des Verrats verdächtigte, heimtückisch hatte ermorden lassen, zog Drusiana sich in ein Kloster zurück und verweigerte sich jeder weiteren ehepolitischen Verwendung durch die Familie. Mittelfristig erfolgreicher war Francesco dagegen mit der aus der Ehe mit Bianca Visconti stammenden Tochter Ippolita, die, von den Humanisten Lascaris und Barzizza ausgebildet, nach ihrer Heirat mit Alfonso II. von Aragon zum glanzvollen Mittelpunkt des neapolitanischen Königshofes wurde. Langfristig freilich wurde diese Verbindung der milanesischen Sforza-Herrschaft zum Verhängnis, da der neapolitanische Königshof 1494 nach dem Tod Gian Galleazzos Ansprüche auf Mailand geltend machte, derentwegen Ippolitas Bruder Lodovico den französischen König Karl VIII. in dessen Ansprüchen auf den neapolitanischen Thron unterstützte, womit die Jahrzehnte währende Folge von Interventionen und Gegeninterventionen in Italien begann, denen gleich zu Beginn der Sforza-Staat in der Lombardei zum Opfer gefallen ist.

Auf Francesco folgte als Herzog von Mailand jedoch zunächst sein ältester legitimer Sohn Galleazzo Maria, der sich durch seine demonstrativ zur Schau getragene Verachtung des Volkes sowie infolge seiner Liebe zu Pomp und Luxus, aber auch wegen exzessiver Grausamkeiten und besinnungsloser Ausschweifungen immer mehr politische Feinde machte und 1476 einer Verschwörung zum Opfer fiel: Während einer Messe wurde er in der Kirche San Stefano ermordet. Auf ihn folgte sein Sohn Gian Galleazzo, für den freilich, da er noch minderjährig war, seine Mutter die Regentschaft übernahm. 1479 gelang es jedoch Lodovico Maria, einem Bruder des verstorbenen Galleazzo Maria, ihr das Heft aus der Hand zu nehmen und die Macht an sich zu ziehen. Tatsächlich war Lodovico, den man ob seines dunklen Teints auch *Il Moro* nannte, ein geschickter Politiker und obendrein ein großer Förderer von Kunst und Wissenschaft; unter ihm wurde der Mailänder Hof zu einem Zentrum der Renaissance-Kultur in Italien. Leonardo war hier in vielerlei Funktionen tätig, dazu der Architekt Bramante und der Mathematiker Pacioli, um nur die wichtigsten zu nennen. Mit Beatrice d'Este stand Lodovico eine der gebildetsten und kultiviertesten Frauen der Renaissance zur Seite; daß sie freilich nicht die einzige war, der Lodovico zugetan war, zeigt Leonardos heute in Krakau hängendes Bild *Die Dame mit dem Hermelin* (1485–90), das Lodovicos Geliebte Cecilia Gallerani zeigt.

Alles politisch-taktische Geschick Lodovicos und auch das ehelich doppelt abgesicherte Bündnis mit dem Hause Este halfen schließlich nicht gegen die französischen Übermacht, die, nachdem der Zugriff auf Neapel an der spanischen Gegenintervention gescheitert war, sich nunmehr im Verein mit Venedig, der alten Rivalin der Sforza, an Mailand schadlos hielt. 1499 vertrieben die Franzosen erstmals Lodovico aus der Stadt, und nachdem ihm noch einmal mit eilends angeworbenen Verstärkungen die Rückkehr nach Mailand gelang, wurde er nach heftigen Kämpfen zusammen mit seinem Bruder, dem Kardinal Ascanio Maria Sforza, gefangengenommen und nach Frankreich in einen Kerker gebracht. Während Ascanio, der zeitweilig als aussichtsreicher Bewerber für den Papststuhl gegolten hatte, 1502 wieder freigelassen wurde, da sich George d'Amboise, Kardinal von Rouen, dadurch Einfluß auf die politischen Entscheidungen in Rom versprach, wurde Lodovico bis zu seinem Tode im Jahre 1509 in Schloß Loches in Haft gehalten. Seine Söhne Massimiliano und Francesco trugen zwar zeitweilig noch einmal den Titel eines Herzogs von Mailand, waren dabei aber völlig von der kaiserlichen Schutzmacht abhängig, die sie schließlich auch wieder fallenließ.

In der italienischen Politik hat danach nur noch eine Nichte Lodovicos, Galleazzo Marias Tochter Caterina, eine gewisse Rolle gespielt. In erster Ehe mit Girolamo Riario, einem Nepoten von Papst Sixtus IV., verheiratet, trieb sie ihren eher schwächlichen Mann zur Ausweitung seiner Macht und seines Einflusses an; u. a. besetzte sie 1484 nach dem Tode von Sixtus IV. mit einer bewaffneten Truppe die Engelsburg, um die Kardinäle zur Wahl eines ihr genehmen Papstes zu zwingen. Der Handstreich mißlang jedoch. Nach der Ermordung ihres Mannes verteidigte sie mit großer Entschlossenheit die Zitadelle von Forlì gegen die Verschwörer und Aufständischen, und als diese ihr mit der Ermordung ihrer als Geiseln genommenen Kinder drohten, soll sie unter demonstrativem Anheben ihres Rockes erklärt haben, sie verfüge über die Mittel, neue zu machen. Als Cesare Borgia sie 1499 aus Forlì verdrängte, hat sie sich mit dem Schwert in der Hand verteidigt, wodurch sie freilich ihre Gefangennahme und mehrjährige Haft in Rom nicht verhindern konnte. Nach dem Sturz der Borgia wieder freigekommen, heiratete sie Giovanni di Pierfrancesco de' Medici, und dieser Verbindung entstammte der Condottiere Giovanni delle bande nere, in seiner kriegerischen Art eher ein Sforza als ein Medici.

*Lit.:* E. R. Chamberlain: The Count of Virtue. Giangalleazzo Visconti, Duke of Milan, London 1965. – C. Santoro: Gli Sforza, Mailand 1968. – K. Schelle: Die Sforza. Geschichte einer Renaissance-Familie, Stuttgart 1980.

→Condottieri; →Este; →Leonardo da Vinci; →Staat.

## Shakespeare, William

*(* 23. April 1564 in Stratford-upon-Avon, † 23. April 1616 in Stratford-upon-Avon)*

William Shakespeare überragt als Dramatiker sein Zeitalter so sehr, daß zumindest in England in bezug auf das Theater anstelle der Bezeichnung Renaissance häufig von «the Age of Shakespeare» die Rede ist. Schon zu Lebzeiten stand er als Dramatiker in hohem Ansehen, und bis heute gehört er zu den meistgespielten Theaterautoren der Welt. Nicht zuletzt dieser Ruhm und die von niemandem bestrittene herausragende Originalität seiner Stücke haben freilich Mutmaßungen Nahrung gegeben, der wahrscheinlich nicht mehr als durchschnittlich gebildete Schauspieler William Shakespeare könne unmöglich der Verfasser so außergewöhnlicher Stücke sein. Seit der zweiten Hälfte des 19. Jahrhunderts kursiert immer wieder die Behauptung, nicht Shakespeare sei der Verfasser der unter seinem Namen überlieferten Dramen, sondern vielmehr ein hochgestellter Elisabethaner – u. a. wurden Francis Bacon, William Stanley (6.

Earl of Derby) und insbesondere Edward de Vere (17. Earl of Oxford) genannt –, der es sich nicht habe leisten können, offiziell als Stückeschreiber aufzutreten, und den Schauspieler Shakespeare deshalb als Strohmann benutzt habe. Solche Mutmaßungen werden von der seriösen Shakespeare-Forschung nicht sonderlich ernst genommen, halten sich aber dennoch hartnäckig bis heute. Die Zeitgenossen freilich hatten keinen Zweifel daran, daß es sich bei William Shakespeare um den Autor jener Dramen handelte, die schon ihnen als die bedeutendsten Werke galten, die auf englischen Bühnen jemals präsentiert worden waren. Als 1598, noch bevor Shakespeares größte Dramen, wie *Hamlet*, *King Lear* oder *Macbeth*, aufgeführt worden waren, der Cambridger Kleriker und Lehrer Francis Meres in seinem *Comparative Discourse of our English Poets with the Greeke, Latine and Italian Poets* die hervorragendsten zeitgenössischen Autoren auflistete, konstatierte er: «As Plautus and Seneca are accounted the best for Comedy and Tragedy among the Latins: so Shakespeare among ye English is the most excellent in both kinds for the stage.» Und in einem der Huldigungsgedichte, die der 1623 erschienen *First Folio*, der ersten Ausgabe von Shakespeares Dramen, vorangestellt waren, schrieb sein Freund und Kollege Ben Jonson über Shakespeare: «He was not of an age, but for all time!»

In den wenigen überlieferten Daten von Shakespeares Biographie läßt sich freilich kaum etwas finden, das über seine außergewöhnlichen Fähigkeiten Auskunft geben könnte. Shakespeare selbst hinterließ keinerlei persönliche Dokumente, wie Tagebücher, Notizen oder Briefe, so daß sich die Kenntnisse über sein Leben auf notarielle und kirchliche Dokumente sowie Aufführungsnachrichten beschränken. Sohn eines angesehenen Bürgers und späteren Bürgermeisters von Stratford, dürfte er ab seinem zehnten Lebensjahr die dortige Lateinschule besucht haben, wo er vermutlich die Kenntnisse der antiken Komödie und Tragödie erwarb, die ihm in einigen seiner späteren Stücke als Vorbild dienten. Im November 1582 heiratete er die acht Jahre ältere Anne Hathaway, mit der er drei Kinder hatte, aber kaum zusammengelebt haben dürfte, da er vermutlich ab der zweiten Hälfte der achtziger Jahre in London lebte. Ab wann genau Shakespeare in London als Schauspieler und Stückeschreiber arbeitete, ist unklar, aber aus dem Jahr 1592 ist die boshafte Kritik eines zeitgenössischen Bühnenautors überliefert, aus der hervorgeht, daß Shakespeare seit einiger Zeit in London als Dramatiker erfolgreich war, wo er sich einer der Schauspielkompanien (wahrscheinlich den *Lord Strange's Men*) angeschlossen hatte, die unter dem Patronat eines Mitglieds des hohen Adels standen. Seit 1594 gehörte er mit Sicherheit der Leitung der *Lord Chamberlain's Men* an, die ab 1603 unter dem Patronat des Königs standen und sich seither *The King's Men* nennen durften; für sie schrieb er den größten Teil seiner Stücke. 1599 übersiedelten die *Lord Chamberlain's Men* in ein von ihnen selbst finanziertes Theatergebäude, *The Globe*, zu dessen Hauptinvestoren Shakespeare gehörte. Seine Einnahmen waren offenbar so gut, daß er sich nicht nur diese Investition, sondern auch den Erwerb von Grundbesitz und eines großen Hauses in seiner Heimatstadt Stratford leisten konnte. Ab 1613, als das *Globe Theatre* bei einem Brand völlig zerstört wurde, zog sich Shakespeare offenbar langsam vom Londoner Bühnenbetrieb zurück und verbrachte den größten Teil des Jahres in Stratford, wo er 1616 starb.

Einige von Shakespeares Dramen wurden schon zu seinen Lebzeiten nicht nur auf der Bühne gespielt, sondern auch als *Quartos*, kleine gedruckte Hefte, veröffentlicht, wobei jedoch nicht alle von Shakespeare selbst oder seiner Theaterkompanie zum Druck gebracht wurden; einige dürften auf nicht autorisierte Gedächtnisfassungen von Schauspielern, die die Truppe verlassen hatten, oder auf Aufführungsmitschriften zurückgehen. Die überlieferten Textfassungen differieren deshalb nicht unerheblich, und es hat sich trotz größter philologischer Mühen nur in den seltensten Fällen klären lassen, welche Fassung dem Original entspricht. Sorgfältig ediert wurden zu seinen Lebzeiten nur Shakespeares Versepen *Venus and Adonis* sowie *The Rape of Lucrece*, während seine Sonette, die zunächst nur in seinem Freundeskreis zirkulierten, 1609 in einer sehr nachlässigen Ausgabe vorgelegt wurden. Schon sieben Jahre nach Shakespeares Tod entstand aber die erste nahezu vollständige Edition seiner Dramen, die berühmte *(First-) Folio*-Ausgabe, die 1623 von seinen Freunden und Schauspielerkollegen John Meminges und Henry Condell herausgegeben wurde. Sie enthielt sechsunddreißig Stücke, die in drei Gruppen unterteilt waren: Historien, Komödien und Tragödien. Diese Unterteilung, die bis heute weitgehend beibehalten worden ist, entsprach der damals geläufigen Unterteilung der theatralischen Gattungen, aber sie gibt weder Auskunft über die chronologische Folge der Dramen noch über die Differenzen innerhalb der einzelnen Gattungen.

Die formal wie inhaltlich am stärksten zusammenhängende Gruppe bilden zweifellos die Historien (die York-Tetralogie mit den drei Teilen von *Heinrich VI.* und *Richard III.* sowie die Lancaster-Tetralogie mit *Richard II.*, den beiden Teilen von *Heinrich IV.* und *Heinrich V.*), mit denen Shakespeare eine spezifische Form des englischen Renaissancedramas aufgriff, in der Ereignisse aus der englischen Geschichte behandelt wurden. Er stützte sich dabei vor allem auf Holinsheds *Chronicles of England, Scotland and Ireland* (1585–87), aber anders als frühere *chronicle plays* verzichtete er auf historische Genauigkeit und entwickelte in sich stimmige Charaktere, anhand derer er allgemeine Fragen, wie die Rechtmäßigkeit von Herrschaft und die Eignung des Herrschers sowie die Folgen illegitimer und unmoralischer Herrschaft thematisierte, wodurch die auch als Königsdramen bezeichneten Historien in eine gewisse Nähe zu den Fürstenspiegeln der Zeit rückten. Eine sehr viel stärker differenzierte Gruppe bilden dagegen die Komödien, in denen die burlesk-farcenhaften (*Comedy of Errors, The Taming of the Shrew*) und die romantischen Komödien (*As You Like It, A Midsummer Night's Dream*) neben tragikomischen Stücken (*All's Well That Ends Well, Measure for Measure*) stehen, die nur noch durch den heiteren Schluß ihren Charakter als Komödien beibehalten. Ähnlich vielfältig sind die Tragödien, für die eine Vielzahl von gruppierenden Bezeichnungen verwendet werden: die Rachetragödie (*Titus Andronicus*), die Schurkentragödie (*Richard III., Macbeth*), die Liebes- und Schicksalstragödie (*Othello, Romeo and Juliet*), die Römertragödie (*Julius Caesar, Antony and Cleopatra*) und die Charaktertragödie (*Hamlet, King Lear*), um nur die wichtigsten zu nennen. In unterschiedlicher Weise thematisieren diese Tragödien das Ringen des Menschen um seine Identität in einer feindlichen oder als feindlich erlebten Umwelt, den Kampf zwischen Gut und Böse, der nicht zuletzt als ein innerer Kampf erscheint, sowie die Gefährdungen des Menschen durch Macht- wie Ohnmachtserfahrungen. In der Forschung ist die Unterteilung in die drei klassischen Gattungen um die der tragikomischen Romanzen erweitert worden, zu denen etwa *The Tempest* (1610/11) und *The Winter's Tale* (1610/11) gerechnet werden, die mit märchenhaften Motiven, wie dem Schiffbruch und der Rückkehr Totgeglaubter, Fragen von Schuld und Versöhnung thematisieren. Sie gehören – bei aller Problematik der Datierung – zu Shakespeares späten Werken, in denen durch Magie und Zauberei eine in Unordnung geratene Gesellschaft wieder mit sich selbst versöhnt wird. Alle vier Formen waren in der englischen Renaissance seit der Entstehung professioneller Theater weit verbreitet, aber kein anderer Autor hatte sich in allen vier Formen versucht, geschweige denn mit so nachhaltigem Erfolg wie Shakespeare.

*Lit.:* The Oxford Shakespeare, hrsg. von St. Wells, G. Taylor u. a., Oxford 1988. – The American First Folio Edition, 40 Bde., hrsg. v. C. Porter und H. A. Clarke, New York 1903–1912. – Werke, Englisch und Deutsch, in d. Übers. v. Schlegel u. Tieck, hrsg. v. L. L. Schücking, Hamburg 1957–1969.

St. Greenblatt: Verhandlungen mit Shakespeare, Berlin 1990. – H. Oppel: Shakespeare, Heidelberg 1963. – K. Reichert: Der fremde Shakespeare, München 1998. – A. L. Rowse: Shakespeare's Characters, London 1984. – Shakespeare-Handbuch, hrsg. v. I. Schabert, Stuttgart [3]1992. – St. Wells: Shakespeare: A Life in Drama, New York 1995.

→Literatur; →Theater.

## Skulptur

Stärker noch als hinsichtlich der Malerei kann Florenz im Hinblick auf die Skulptur als Geburtsort der Renaissance bezeichnet werden. In gewisser Hinsicht ist der Durchbruch der neuen Vorstellungen sogar datierbar: auf den öffentlichen Wettbewerb, den die *Arte di Calimala*, die Zunft der großen Tuchhändler, in deren Verantwortung die bauliche Erhaltung und Verschönerung des Baptisteriums lag, in den Jahren 1400/01 für die Gestaltung der Nordtür der Taufkapelle ausgeschrieben hat und an dem die bekanntesten Bildhauer und Goldschmiede der Toskana teilgenommen haben. Am Schluß hatte eine von der Tuchhändlerzunft eingesetzte Kommission zwischen den von Brunelleschi und Ghiberti eingereichten Probereliefs zu entscheiden, die beide die Opferung Isaaks zum Thema hatten, und es scheinen die Gußtechnik und die Kosten des Projekts gewesen zu sein, die für Ghiberti den Ausschlag gaben. Beiden Entwürfen war gemeinsam, daß sie sich von der Formensprache der Gotik absetzten und auf antike Formelemente zurückgriffen. Exemplarisch hierfür ist die Nacktheit des im Zentrum der Reliefs stehenden Isaak: Hatte die Gotik den Körper über die Gewandung gestaltet, so kam hier wieder das antike ‹Menschenbild› zum Tragen, bei dem die Figur über das Knochengerüst, Muskeln und Sehnen bis zur Oberfläche der Haut von innen her aufgebaut wurde. Diese Vorstellungen gewannen in den Entwürfen Brunelleschis wie Ghibertis wieder die Vorherrschaft, und so ist von den Türen des Florentiner Baptisteriums aus die Formensprache der Renaissance für die Bildhauer des 15. und 16. Jahrhunderts verbindlich geworden. Die bedeutendsten Bildhauer der Epoche, Donatello und Michelangelo, sind ebenfalls Florentiner gewesen, auch wenn sie Teile ihres Werkes andernorts geschaffen haben. Stärker als bei Malerei und Architektur ist die Renaissanceskulptur ein in Florenz beheimatetes Projekt geblieben.

Bemerkenswert ist dabei, daß die beiden heute als beispielhaft geltenden antiken Großplastiken, der Apoll vom Belvedere und die Laokoon-Gruppe, erst ein Jahrhundert nach dem Wettbewerb für die Baptisteriums-Türen wieder aufgefunden wurden, so daß die Anfänge der Renaissance-Skulptur noch kaum unter dem Einfluß hellenistisch-römischer Großplastiken gestanden haben. Verglichen mit diesen hellenistisch-römischen Plastiken ist die Figurensprache Donatellos, der das 15. Jahrhundert dominiert hat, von größerer Strenge und Statik. Ganz ohne antike Vorbilder freilich hat sich die Renaissanceskulptur nicht entwickelt, und hierbei kommt lange vor dem Wettbewerb für die Türen des Baptisteriums Nicola und Giovanni Pisano eine Schlüsselposition zu. Sie nämlich übernahmen für ihre großen Arbeiten, die Marmorkanzel des Pisaner Baptisteriums, die Kanzel des Sieneser Doms und schließlich den großen Brunnen auf der Piazza von Perugia, jene klassischen

Formen, wie sie auf römischen Sarkophagen zu finden waren, und verbanden diese mit dem vorherrschenden Stil der Spätgotik. Giovanni Pisano hat die von seinem Vater entwickelte Formensprache an der Kanzel des Pisaner Doms und der Kanzel von S. Andrea in Pistoia sowie zuvor schon an der Fassade des Sieneser Doms fortgesetzt. Aber die von den beiden Pisani geschaffenen bildhauerischen Formen standen zunächst allein, und es hat fast ein Jahrhundert gedauert, bis sie mit dem Wettbewerb für die Nordtüren des Florentiner Baptisterium zu Prinzipien der Renaissanceskulptur geworden sind. Einen Zwischenschritt stellen hierbei die von Andrea Pisano geschaffenen Südtüren (1330–36) des Baptisteriums dar, in denen er die Figurensprache von Nicola und Giovanni Pisano mit den Vorstellungen Giottos, unter dessen Einfluß er stand, verbunden hat. Zunächst jedoch hat, wie die stark ornamental geprägten Plastiken Orcagnas zeigen, der gotische Stil auch in Florenz weiter vorgeherrscht. Erst mit dem Wettbewerb für die Nordtür des Baptisteriums hat sich die neue Formensprache in der Skulptur durchsetzen können: Das für die Gotik typische Zusammenwirken von Plastik und Architektur wurde aufgelöst, und mit der Verselbständigung des Standbilds gegenüber Wand und Nische mußte die Standhaltung der Figur aus der Bewegung des Körpers entwickelt werden. Dem entsprach die Präferenz für die Nacktheit des Körpers gegenüber der gotischen Gewandfigur, da der Schwerpunkt der Plastik so sichtbar gemacht werden konnte und nicht verborgen blieb.

Nachdem er den Zuschlag für die Osttür des Baptisteriums erhalten hatte, schuf Lorenzo Ghiberti in Analogie zu der von Andrea Pisano vorgegebenen Flächenaufteilung der Südtür zwischen 1403 und 1424 unter Mitwirkung seiner Assistenten Donatello und Uccello achtundzwanzig Reliefs mit Szenen aus dem Neuen Testament. Die Veränderung des ikonographischen Programms gegenüber den im vorangegangenen Wettbewerb vorgegebenen Szenen aus dem Alten Testament hatte sich daraus ergeben, daß die *Arte di Calimala* die Erneuerung der Osttür der ursprünglich vorgesehenen Nordtür inzwischen vorgezogen hatte und für eine nach Osten, also nach Jerusalem als Ort des Erlösungsgeschehens, ausgerichtete Tür nur Szenen aus dem Neuen und nicht solche aus dem Alten Testament in Frage kamen. Die April 1424 im Ostportal montierten Türflügel verblieben jedoch nur für zwei Jahrzehnte dort, denn inzwischen hatte Ghiberti auch den Auftrag für die noch zur Renovierung anstehende Nordtür erhalten und, ikonographisch beraten vom Florentiner Kanzler Leonardo Bruni, in Abweichung von der durch Andrea Pisano vorgegebenen Raumaufteilung der Türen zehn Szenen aus dem Alten Testament geschaffen, von denen die mit der Bauaufsicht über das Baptisterium Beauftragten so beeindruckt waren, daß sie Ghibertis erstes Türprojekt wieder ausbauen und in das Nordportal versetzen ließen, um die neuen Reliefs, die eine perspektivische Raumtiefe und eine stark realistische Ausrichtung aufweisen, im Ostportal einbauen zu lassen. Damit setzte sich deutlich der Geist der Renaissance gegen den des Mittelalters durch, denn mit dem Austausch der Türen traten ästhetische Prinzipien an die Stelle der heilstheologischen Vorgaben. Anstelle des heilsgeschichtlich Korrekten sollten die schönsten Arbeiten den prominentesten Platz der Taufkapelle direkt gegenüber dem Domeingang einnehmen; daß Michelangelo dem Portal später die Bezeichnung Paradiestür verliehen hat, bekräftigt den ästhetischen Anspruch eher, als ihn zu relativieren.

An Bedeutung für die Entwicklung der Renaissance-Skulptur wird Ghiberti freilich durch Donatello übertroffen, der nicht nur die Großplastik revolutioniert, sondern auch die Reliefbearbeitung entscheidend verändert hat. Ghibertis Reliefs für die Paradiestür sind entscheidend beeinflußt durch die formale Gestaltung, die Donatello seinem *Gastmahl des Herodes* (1425) im Taufbecken des Sieneser Baptisteriums verliehen und in der er die Prinzipien der perspektivischen Tiefe mit einer fast naturalistisch anmutenden Gestaltung individueller Verhaltens- und Reaktionsweisen verbunden hat. Noch einflußreicher war Donatello auf dem Gebiet der Großplastik: Beginnend mit dem *Marmordavid* (1408/09), der einen stolzen Jugendlichen zeigt, in dessen Gestaltung weniger der Hinweis auf die biblische Geschichte, als die bewußte Körperlichkeit des Siegers zutage tritt, bis zum *Bronzedavid* (1444–46), der ersten lebensgroßen, voll rundsichtigen Aktfigur seit der Antike, hat er die Grundprinzipien der Renaissance-Skulptur entwickelt. Daß es gerade die Figur des David war, an der mit Donatello und Michelangelo die bedeutendsten Bildhauer der Renaissance ihre Vorstellung von der plastischen Gestaltung des Menschen entwickelt haben (auch Verrocchio hat 1470 eine Davidfigur geschaffen), kommt schwerlich von ungefähr: Der durch David verkörperte Sieg des vermeintlich Schwächeren über den Stärkeren, des Jünglings, dem sich die vom König angebotene Rüstung als zu groß und zu schwer erwiesen hatte, eröffnete in der bildnerischen Gestaltung die Möglichkeit zur Verbindung mehrerer Aspekte: die Darstellung jugendlicher Nacktheit, eine Betonung des Wechsels zwischen Spiel- und Standbein und darüber eine bewegte Entwicklung des Schwerpunkts der Figur, sodann eine feine Oberflächenbehandlung, durch die der Eindruck lebendiger Körperlichkeit betont werden konnte, schließlich aber auch die Arbeit an einem politischen Symbol, denn in der Gestalt des David hat sich die Florentiner Republik immer wieder die eigene politisch-militärische Ausgangslage vergegenwärtigt und in Anbetracht gegnerischer Überlegenheit Mut zugesprochen. Das gilt für Donatellos unter dem Eindruck milanesischer wie neapolitanischer Expansionspolitik geschaffenen *Bronzedavid* ebenso wie für den *David* Michelangelos (1501–04), der das Selbstbewußtsein der wiedererrichteten Republik zu einem Zeitpunkt verkörperte, als durch den Einfall der europäischen Großmächte in Italien die Epoche unabhängiger Stadtrepubliken ihrem Ende zuging. Dieser Geist politisch-militärischen Selbstbehauptungswillens kommt auch in Donatellos *Judith und Holofernes-Skulptur* (1456–57) zum Ausdruck, die in einer ausgesprochen naturalistischen Gestaltung zeigt, wie die Witwe aus Bersheba dem babylonischen Feldherrn mit zwei kräftigen Hieben den Kopf abschlägt. Ein ganz anderes Frauenbild bietet dagegen Donatellos *Maria Magdalena* (1453–55), eine Holzplastik, die die einstige Schönheit der ehemaligen Prostituierten noch durch die als Buße auferlegte Selbstkasteiung und körperliche Selbstzerstörung sichtbar werden läßt.

Von vergleichbarer Bedeutung wie die Davidfigur war für die Entwicklung der Renaissance-Skulptur die Herausforderung durch das klassisch-antike Reiterstandbild des siegreichen Feldherrn, mit dem ebenfalls an eine in der Spätantike abgerissene Traditionslinie angeknüpft wurde. Auch hier bildet Donatello den Ausgangspunkt, dessen in Padua aufgestelltes Reiterstandbild des *Gattamelata* (1443–53) unterschiedliche Vorgaben antiker Reiter- und Pferdestatuen, etwa der römischen Reiterskulptur des Mark Aurel und der im 4. Kreuzzug aus Konstantinopel nach Venedig gebrachten Quadriga, miteinander verband. Während Donatello eher den Typus des klugen und berechnenden Condottiere darstellte, hat der von ihm zunächst stark beeinflußte Andrea del Verrocchio mit der Reiterstatue des *Colleoni* (1479–88) in Venedig den Typus des entschlossenen und kraftstrotzenden Renaissancemenschen gestaltet, und dabei hat er Donatellos klassizistische durch eine stark vitalistische Sicht des Menschen ersetzt, die nicht mehr maßvolle Ausgeglichenheit, sondern trotziges Draufgängertum als militärisch ausschlaggebend darstellt.

Stärker einer klassizistischen Vorstellung im Sinne Donatellos verhaftet blieben hingegen Pietro Lombardo und Antonio Rizzo in ihren Dogengrabmälern; das gilt gleichermaßen für das von Bernardo Rosselino geschaffene *Grabmal des Leonardo Bruni* (1448–50) in Santa Croce in Florenz wie Antonio Rossellinos *Grabmal des Kardinals von Portugal* (1461–66) in San Miniato al Monte. Parallel zu Ghiberti und Donatello hatte Luca della Robbia die Technik der farbig glasierten Terracotta so weiterentwickelt, daß sie auch bei der Gestaltung von Großplastiken Verwendung finden konnte. Lucas Neffe Andrea della Robbia und dessen Sohn Giovanni führten die Werkstatt fort, deren weiß glasierte Marien mit Kind vor blauem Hintergrund zu einem über Italien hinaus Verbreitung findenden Typ der Nischenplastik wurden.

Die Leitidee Michelangelos, der sich selbst vor allem als Bildhauer begriffen hat, war die Vorstellung, der Künstler habe die im Steinblock bereits verborgene Figur herauszuschlagen. Dementsprechend hat Michelangelo mit Marmor gearbeitet und auf Techniken des Bronzegusses wie der Terracottaformung gänzlich verzichtet, und auch die Bildschnitzerei, die zu dieser Zeit nördlich der Alpen in Blüte stand, war ihm fremd. Stattdessen hat er große Mühe und Energie darauf verwandt, den Bruch der Marmorblöcke in Carrara selbst zu überwachen. Von seinem *Bacchus* (1496–97) bis zu seiner letzten Arbeit, der unvollendet gebliebenen *Pietà Rondanini* (1552–64), hat Michelangelo unterschiedliche Bearbeitungsprinzipien des Marmors erprobt: von der feinen und glatten Oberflächenbearbeitung des *Bacchus*, der römischen *Pietà* (1497–99), des *Moses* (1513–16) und einigen Figuren für die Grabmäler der Medici-Kapelle über die gröbere Oberflächenbearbeitung des *David* (1501–04) und die grobe Schraffur des *Brutus* bis zu den unvollendet gelassenen Figuren aus dem Julius-Grab und der Medici-Kapelle sowie der Florentiner *Pietà* (1547–55) und der *Pietà Rondanini*. Dabei ist das *Nonfinito* mehr und mehr zu einem gestalterischen Prinzip Michelangelos geworden, das es ihm ermöglichte, die seelische Verfassung der dargestellten Personen entweder im «Halbdunkel» zu lassen oder ihr eine Eindringlichkeit und Tiefe zu verleihen, der gegenüber jede weitere Bearbeitung der Oberfläche eine Verflachung bedeutet hätte. Sind Michelangelos Figuren im frühen Werk durch Entschlossenheit und Heldenmut gekennzeichnet, wofür der aus einem Schafhirten in eine Verkörperung von Mut und Tapferkeit verwandelte David – gleichsam ein ungepanzertes und unberittenes Pendant zu Verrocchios *Colleoni* als Typus des heroischen Menschen – ein Beispiel ist, so tritt im späteren Werk eine unverkennbare Resignation in die Züge der gestalteten Personen: *Brutus* steht für Michelangelos politische Resignation, während der Nikodemus der Florentiner *Pietà*, der wohl Michelangelos eigene Züge trägt, seine späte Religiosität verkörpert.

Unter den auf Michelangelo folgenden Florentiner Bildhauern sind Baccio Bandinelli ob seiner Kopie der Laokoongruppe und des schon von seinen Zeitgenossen bespöttelten *Herkules und Kakus* (1525–34), Benvenuto Cellini wegen seiner in elegantem Stil gearbeiteten Statue des *Perseus* (1545–54), Bartolomeo Ammannati wegen seines Florentiner *Neptunbrunnens* und vor allem der eigentlich aus Flandern stammende, nach einem Besuch bei Michelangelo aber in Florenz gebliebene Giambologna zu nennen. Giambologna darf als der nach Michelangelo bedeutendste Bildhauer des 16. Jahrhunderts gelten, wie sein zu schweben scheinender *Merkur* (1564–80) sowie die aus einem Stück geschlagene dreifigurige Gruppe *Raub der Sabinerin* (1581–83) zeigen. Daneben ist Jacopo Sansovino ob seiner Skulpturen *Mars* und *Neptun* (1542) im Dogenpalast zu nennen.

Die Skulptur nördlich der Alpen hat sich weitgehend unbeeinflußt von der italienischen Renaissance-Plastik entwickelt. Eine gewisse Ausnahme bildete dabei der am Hof der burgundischen Herzöge tätige Claus Sluter, ein Niederländer von großer individueller Schöpferkraft, der im Grabmal für Herzog Philipp den Kühnen von Burgund in der Kartause von Champmol bei Dijon einen sich von der Formensprache der Gotik abwendenden realistischen Stil entwickelte, der jedoch wenig Einfluß auf die Plastik nördlich der Alpen hatte. In der deutschen Skulptur war der spätgotische Schnitzaltar vorherrschend, in dessen wuchernder Ausweitung sich das öffentliche Engagement verschiedener in den Städten beheimateter Gruppen zeigt. Veit Stoß' gewaltiger *Marienaltar* in Krakau (1477–89), der sich, wiewohl sicherlich der Gotik zuzurechnen, doch in seiner kraftvoll-dramatischen Darstellung einem realistischen Stil nähert, und Tilman Riemenschneiders durch eine tiefempfundene Frömmigkeit geprägter *Heiligblutaltar* in Rothenburg (1501–05) sind hier zu nennen; daneben ist Adam Krafts zwanzig Meter hohes, mit Menschen- und Tierfiguren geschmücktes Sakramentshaus von St. Lorenz in Nürnberg (1493–96) anzuführen. Ein sich von dem hier dominierend spätgotischen Stil deutlich abhebender kraftvoller Realismus ist auf den für das Innsbrucker Maximiliansgrab geschaffenen Plastiken Peter Vischers d. Ä. (1513) und seinem Reliquienschrein für St. Sebald in Nürnberg (1507–19) sowie dem von seinem Sohn Peter Vischer d. J. geschaffenen Grabmal für Friedrich den Weisen in Wittenberg zu erkennen. Die Renaissanceskulptur im eigentlichen Sinn hat freilich erst mit Jean Goujon, der die *Fontaine des Innocents* in Rouen und die *Karyatidengruppen* des Louvre (1550/51) schuf, und Adriaen de Vries, einem niederländischen Schüler Giambolognas, nördlich der Alpen Einzug gehalten.

*Lit.:* M. Baxandall: Die Kunst der Bildschnitzer. Tilman Riemenschneider, Veit Stoß und ihre Zeitgenossen, München 1984. – B. A. Bennett/D. G. Wilkins: Donatello, Stuttgart 1986. – U. Geese: Skulptur der italienischen Renaissance, in: R. Toman (Hg.), Die Kunst der italienischen Renaissance, Köln 1994, S. 176–237. – R. Krautheimer: Lorenzo Ghiberti, Princeton N. J. 1956. – J. Poeschke: Die Skulptur der Renaissance in Italien, 2 Bde., München 1990 und 1992. – J. Pope-Henessy: Luca della Robbia, Oxford 1980.

→Florenz; →Menschenbild; →Michelangelo; →Nürnberg.

## Staat / Staatlichkeit / Staatensystem

In einer berühmten, immer wieder zitierten Wendung hat Jacob Burckhardt Florenz als «den ersten modernen Staat der Welt» bezeichnet. Damit hat er freilich nicht die Herausbildung jenes Institutionensystems gemeint, das gemeinhin als Staatlichkeit bezeichnet wird, sondern er hat sich auf die Reflexion von Politik und Gesellschaft bezogen, auf die Ersetzung der Tradition durch Rationalität als Geltungsgrund der politischen Ordnung. Erstmals seit der Antike wieder ist in Florenz die politische Ordnung als ein Artefakt begriffen worden, das in seiner konkreten Gestalt durch das Zusammenwirken von Menschen zustandekommen und dementsprechend auch verändert werden könne. Daß politische Reflexion nicht unbedingt stabilitätsfördernd ist, zeigt das Beispiel von Florenz zwischen dem späten 13. und dem frühen 16. Jahrhundert, beginnend bei den Kämpfen zwischen Guelfen und Ghibellinen, anschließend bei den Kämpfen zwischen verschiedenen Adelsfaktionen, in die aber schon bald stadtpatrizisch-bürgerliche Gruppen eingriffen, und schließlich im Konflikt um die Frage, ob die Republik eher aristokratisch (*governo stretto*) oder stärker demokratisch (*governo largo*) verfaßt sein solle.

In einem anderen als dem von Burckhardt gemeinten Sinne wird die Entstehung des modernen Staates mit dem Übergang vom Personenverbandsstaat, wie er in Antike und Mittelalter vorherrschend war, zum institutionellen Flächenstaat verbunden. Die Identität des politischen Verbandes sowie die Zugehörigkeit zu ihm wird danach nicht mehr im Hinblick auf einige Personen festgelegt, wie dies bei der polnischen Adelsrepublik etwa weiterhin der Fall war, sondern territoriale Grenzen und innerhalb dieser Grenzen eine Reihe von Institutionen bilden das Charakteristikum der neuen politischen Ordnung. In diesem Sinne sind weniger die oberitalienischen Stadtstaaten, selbst wenn es hier seit Ende des 14. Jahrhunderts zu einer Herrschaftsausdehnung auf das weitere Umland gekommen ist, und auch nicht die verschiedenen deutschen Städtebünde, von denen die Hanse sicherlich der bedeutendste war, sondern England, Frankreich und Spanien für die Entwicklung des modernen Staates beispielhaft.

Fünf Institutionalisierungsbereiche und vier Frontstellungen sind bei der Herausbildung des modernen Staates ausschlaggebend gewesen. Unter den Institutionalisierungsbereichen ist zunächst die Bürokratie zu nennen: Aus Feudaladligen, persönlichen Vertrauten und Geheimschreibern des Herrschers wird eine bürokratische Behörde, die nach identischen Grundsätzen arbeitet, gleichgültig wer jeweils das Herrscheramt innehat. Im Zuge dieser Entwicklung wird aus dem Sekretär der Staatssekretär – ein Begriff, der in Europa zu Beginn des 16. Jahrhunderts heimisch wird. Neben der Bürokratie bildet ein geordnetes Steuerwesen einen weiteren Institutionalisierungsbereich moderner Staatlichkeit: Das System fallbezogener Sonderabgaben wird ersetzt durch eine kontinuierliche und regelgeleitete Besteuerung von Besitz und Einkommen, wobei die Stadtstaaten, wie etwa Florenz mit der Einführung des *catasto* im Jahre 1427, zeitweilig zwar eine Führungsrolle gespielt, die großen Flächenstaaten jedoch aufgrund ihrer relativ größeren Einnahmen sehr bald die Oberhand gewonnen haben. Als weiterer Institutionalisierungsbereich ist die Entwicklung der Diplomatie zu nennen, vermittels derer die sich als gleichberechtigt begreifenden Staaten miteinander kommunizieren, ihre Interessen austarieren und die Eskalation von Konflikten in Grenzen halten. Der Diplomatie steht als andere Seite der Medaille die Entwicklung eines neuen Militärwesens zur Seite, bei der das im Notfall aufgebotene Feudalheer oder die Bürgermiliz ebenso wie die zeitweilig unter Vertrag genommenen Söldner durch ein stehendes Heer (*miles perpetuus*) abgelöst werden. Die Verstetigung der Kosten für das stehende Heer und die Regulierung der Steuereinnahmen sind einander bedingende und sich wechselseitig verstärkende Vorgänge; von wenigen Ausnahmen abgesehen, ist in der Frühen Neuzeit das Gros der Staatsausgaben in den Unterhalt der stehenden Heere geflossen. Als letzter Institutionalisierungsbereich moderner Staatlichkeit schließlich ist die Herausbildung eines Rechtswesens zu nennen, dessen oberste Instanz die Verbindlichkeit aller Entscheidungen innerhalb des Staates garantiert, gegen die nirgendwo Einspruch eingelegt werden kann, ohne daß damit Hochverrat begangen würde. Diese Inappellabilität der Entscheidungen wird zum wichtigsten Kriterium der Souveränität, wie sie von Jean Bodin als Wesensmerkmal moderner Staatlichkeit definiert worden ist. Die Garantie des Rechts durch den Souverän ist freilich verbunden mit dessen uneingeschränkter Gesetzgebungskompetenz, die auch das Recht zur uneingeschränkten Kassierung von Gesetzen einschließt (*princeps legibus solutus*).

Diese fünf den Kernbestand neuzeitlicher Staatlichkeit bildenden Institutionalisierungen bzw. Versachlichungen mußten gegen den Widerstand des Papstes und des Kaisers sowie des Adels und der Städte bzw. der Bürger durchgesetzt werden, wobei freilich die entsprechenden Konflikte nie gleichzeitig und gleichförmig geführt wurden, sondern wechselnde Koalitionen entstanden, bei denen Kaiser und Papst, Adel und Bürgertum in mancher Hinsicht den Staatsbildungsprozeß unterstützten, während sie ihm in anderen Punkten erbitterten Widerstand leisteten. Die Herausbildung moderner Staatlichkeit ist kein von einer bestimmten sozialen Trägergruppe intendierter Vorgang, sondern ein Prozeß, in dem das Zusammenwirken einer kaum zu überschauenden Fülle von Faktoren ausschlaggebend gewesen ist. Obendrein ist diese Entwicklung keineswegs kontinuierlich und gradlinig verlaufen, sondern wurde immer wieder von Rückschlägen unterbrochen. Dennoch war die Ausbildung einer spezifisch neuzeitlichen Staatlichkeit in Westeuropa spätestens seit Ende des 15. Jahrhunderts ein sich selbst tragender Prozeß, da jeder weitere Schritt in der Entwicklung von Staatlichkeit einem Herrscher und seinem Land komparative Vorteile gegenüber den Konkurrenten verschaffte, so daß es sich kein Land leisten konnte, sich diesem Staatsbildungsprozeß für längere Zeit zu entziehen, ohne deutlich ins Hintertreffen zu geraten und unter die Vorherrschaft eines im Staatsbildungsprozeß erfolgreicheren Landes zu kommen. Italien ist dies Ende des 15./Anfang des 16. Jahrhunderts widerfahren, als es zum Austragungsort der französisch-spanischen Konkurrenz bzw. des Hegemonialstrebens der Häuser Valois und Habsburg wurde, zwischen denen es schließlich auch aufgeteilt worden ist. Ende des 16./Anfang des 17. Jahrhunderts hat auch Deutschland dieses Schicksal ereilt, und wie in Italien ist es hier zur Trennung von Nation und Staatlichkeit gekommen. In Westeuropa dagegen hat die Entwicklung einen anderen Verlauf genommen: So ist in England nach dem Ende der Rosenkriege, dem Machtkampf zwischen den Häusern Lancaster und York, der Staatsbildungsprozeß unter den Tudorkönigen von Heinrich VII. bis zu Elisabeth I. stark beschleunigt worden; ähnliches gilt für Frankreich unter Ludwig XI., dem es gelang, das Land aus der über hundertjährigen englisch-burgundischen Umklammerung zu befreien und seine innere Ordnung wieder zu konsolidieren; in Spanien schließlich war die Heirat zwischen Isabella von Kastilien und Ferdinand von Aragon, durch die die Königreiche von Kastilien und Aragon miteinander vereinigt wurden, der entscheidende Vorgang im Staatsbildungsprozeß. Für England hat erstmals Heinrich VIII., für Frankreich Franz I. und für Spanien schließlich Philipp II. nach der Trennung der spanischen Krone von der des Heiligen Römischen Reichs (die unter seinem Vater Karl V. miteinander verbunden waren) den Titel Majestät, der zuvor allein dem Kaiser vorbehalten war, für sich beansprucht und diesen Anspruch durch das Tragen einer oben geschlossenen Krone, die zuvor ebenfalls dem Kaiser vorbehalten war, auch symbolisch zum Ausdruck gebracht. Die frühe Souveränitätsformel, der König sei in seinem Herrschaftsbereich kaisergleich (*rex in suo regno imperator*) und anerkenne in weltlichen Angelegenheiten keine Höheren über sich, wurde nunmehr wörtlich genommen und nicht mehr auf weltliche Dinge beschränkt.

Einen entscheidenden Schritt im europäischen Wettlauf um die Ausbildung von Staatlichkeit hat die Reformation dargestellt, in deren Gefolge Kirchenbesitz, insbesondere Klöster, durch den Staat beschlagnahmt und in Staatsbesitz überführt wurden, was in manchen Gebieten Europas bis zu 20 bis 25 Prozent des Gesamtterritoriums ausmachte. So ist es den entstehenden Staaten gelungen, ihr Steueraufkommen immer weiter zu steigern, um im Staatlichkeitswettlauf vorn zu bleiben. In Frankreich etwa sind zwischen 1497 und 1563 die staatlichen Steuereinnahmen vervierfacht worden, und die Redewendung, wer über die Steuer verfüge, verfüge über den Staat, fand weite Verbreitung. Den wachsenden Staatseinnahmen standen jedoch in der Regel noch schneller wachsende Staatsausgaben gegenüber, vor allem für das Militär, aber auch für die architektonische Umgestaltung der Residenzen. Es sind jedoch vor allem Veränderungen in der Kriegstechnik gewesen, die den Aufstieg der großen Territorialstaaten gegenüber kleinen Feudalherrschaften begünstigt haben, und die wichtigste dieser Veränderungen war die Entwicklung der schweren Artillerie. Über Jahrhunderte nämlich hatten kleine Potentaten oder Ritter sich in hochgelegenen, gut versorgten Burgen und Festungen verschanzen und auch zahlenmäßig weit überlegenen Gegnern standhalten können, so daß diese nur die Möglichkeit einer langwierigen Belagerung hatten, und für die dafür erforderliche Zeit war das Heer in der Regel nicht zusammenzuhalten. Das mittelalterliche Burgensystem hat mit der Defensive auch die kleinen Feudalherrscher und Potentaten begünstigt, und so hat es schon aufgrund der militärtechnischen Gegebenheiten nicht zur Herausbildung arrondierter Territorialstaaten kommen können. Das änderte sich, seitdem sich die Bronze- und Eisengießereien darauf verstanden, auch große Geschützrohre zu fertigen, mit deren Hilfe es möglich war, Burgbefestigungen und Stadtmauern zu brechen und so das langwierige Verfahren der Belagerung erheblich zu verkürzen. Aber die Herstellung mauerbrechender Kanonen war teuer, und nur reiche Fürsten konnten sich die Unterhaltung eines entsprechenden Artillerieparks leisten – und verschiedentlich konnten sie dies auch nur, indem sie, wie die Este in Ferrara oder die Gonzaga in Mantua, ihre Artillerie in den Dienst anderer Herrscher stellten und sich zeitweilig als Condottieri verdingten.

Mit dem Aufstieg der Territorialstaaten hat sich auch ein tiefgreifender Umbruch der politischen Ordnung Europas vollzogen. Seit dem Tod Kaiser Friedrichs II. hatte das Kaisertum seinen Anspruch auf Oberhoheit eingebüßt, und mit der Niederlage von Papst Bonifaz VIII. gegen den französischen König Philipp den Schönen hatte auch das Papsttum als die andere der beiden Doppelspitzen der mittelalterlichen Welt seinen Anspruch auf Oberhoheit eingebüßt. Das große Schisma am Ende des 14. und zu Beginn des 15. Jahrhunderts, als zwei oder drei Päpste und ihre Oboedienzen um Macht und Einfluß konkurrierten, hat die Emanzipation der weltlichen Herrscher von der geistlichen Oberhoheit beschleunigt, und schließlich hat die Wiederherstellung des Kirchenstaates in Mittelitalien durch Kardinal Albornoz dazu geführt, daß die Päpste im Verlauf des Quattrocento mehr und mehr selbst zu weltlichen Herrschern wurden. So trat an die Stelle einer hierarchischen Ordnung mit Kaiser und/oder Papst als Spitze ein System des Gleichgewichts der einzelnen Staaten, in dem die Ordnung nicht von der Spitze hergestellt wurde, sondern sich durch das Zusammenwirken der Akteure gleichsam von selbst und zumeist gegen deren Willen ergab. An die Stelle des in theologisch-juristischer Begrifflichkeit entwickelten Ordnungsmodells der Hierarchie trat die aus der Kaufmannssprache gewonnene Idee des Gleichgewichts; es kam also kaum von ungefähr, wenn innerhalb des ersten Gleichgewichtssystems in Europa, das mit dem Frieden von Lodi (1454) in Italien entstanden war, mit Cosimo de' Medici ein Kaufmann das buchstäbliche Zünglein an der Waage spielte. Das aus den fünf mächtigsten Staaten der Apenninenhalbinsel, dem Königreich Neapel, dem Kirchenstaat, dem Herzogtum Mailand und den Republiken Florenz und Venedig, gebildete Gleichgewicht beruhte darauf, daß kurzzeitige Unterlegenheiten eines der Staaten durch entsprechende Koalitionswechsel anderer Staaten ausgeglichen wurden und die sich abzeichnende Übermacht eines Teilstaates zur Herausbildung einer massiven Gegenkoalition führte. Tatsächlich hat dieses System bis 1494, d. h. bis zur französischen Italienintervention unter Karl VIII., weitgehend funktioniert und der Halbinsel eine Periode relativen Friedens gesichert. Wie schnell sich die Vorstellung vom Gleichgewicht in Europa verbreitet hat, zeigt sich beispielhaft im Scheitern der immer wieder propagierten Pläne zu einem die gesamte lateinische Christenheit umfassenden Kreuzzug gegen die Türken. Frankreich trat dagegen auf, da man sich auf die Türken angewiesen glaubte, um der spanisch-habsburgischen Macht das Gleichgewicht halten zu können.

Unter Kaiser Karl V. ist gegen die Ordnungsvorstellung des Gleichgewichts zum letzten Mal die Idee einer Universalherrschaft unter kaiserlicher Oberhoheit ins Feld geführt worden. Spiritus rector dieser Politik war der kaiserliche Kanzler Mercurino Gattinara, der 1519 in einer Denkschrift festhielt: «Sire, da euch Gott diese ungeheure Gnade verliehen hat, euch über alle Könige und Fürsten der Christenheit zu erhöhen zu einer Macht, die bislang nur Euer Vorgänger Karl der Große besessen hat, so seid ihr auf dem Weg zur Weltmonarchie, zur Sammlung der Christenheit unter einem Hirten.» Gattinaras

Ziel war die Befriedung Italiens unter habsburgischer Oberhoheit und die Verwandlung Frankreichs in einen habsburgischen Satellitenstaat. Aber Gattinaras Ziele sind daran gescheitert, daß sich die Funktionsmechanismen des Gleichgewichtssystems in Europa bereits durchgesetzt hatten, so daß sich mit jedem Erfolg Karls bislang Neutrale seinen Gegnern zugesellten, wodurch jeder Schritt in Richtung Oberhoheit des Kaisers in einen Schritt in die entgegengesetzte Richtung verkehrt wurde. Der Herzog von Sully, die rechte Hand des französischen Königs Heinrich IV., hat dementsprechend einen Plan zur politischen Neuordnung Europas vorgetragen, der dessen Aufteilung in fünfzehn gleichberechtigte Staaten vorsah, die alle volle Souveränität genießen sollten. Frankreich sollte dabei die Rolle des Züngleins an der Waage spielen. Henri de Rohan schließlich hat diesen Gedanken zu Ende geführt, als er von einem Gleichgewicht zwischen Frankreich und Spanien als Grundprinzip der europäischen Ordnung ausging und hinzufügte: «Das oberste Interesse aller anderen Staaten ist, die Waage zwischen diesen beiden Monarchien so im Gleichgewicht zu halten, daß keine von ihnen, sei es duch Waffen, sei es durch Verhandlungen, jemals einen beträchtlichen Vorsprung erhalte. Auf diesem Gleichgewicht beruht ganz allein die Ruhe und die Sicherheit aller anderen.»

*Lit.:* E. Fueter: Geschichte des europäischen Staatensystems von 1492–1559, München/Berlin 1919. – J. Kunisch (Hg.): Staatsverfassung und Heeresverfassung in der europäischen Geschichte der frühen Neuzeit, Berlin 1986. – J. R. Strayer: Die mittelalterlichen Grundlagen des modernen Staates, Köln/Wien 1975. – Ch. Tilly (Hg.): The Formation of National States in Western Europe, Princeton/N. J. 1975. – A. Vagts: Die Chimäre des europäischen Gleichgewichts; in: ders., Bilanzen und Balancen, Frankfurt/M. 1979, S. 131–160.

→Condottieri; →Diplomatie; →Florenz; →Nation; →Päpste; →Völkerrecht.

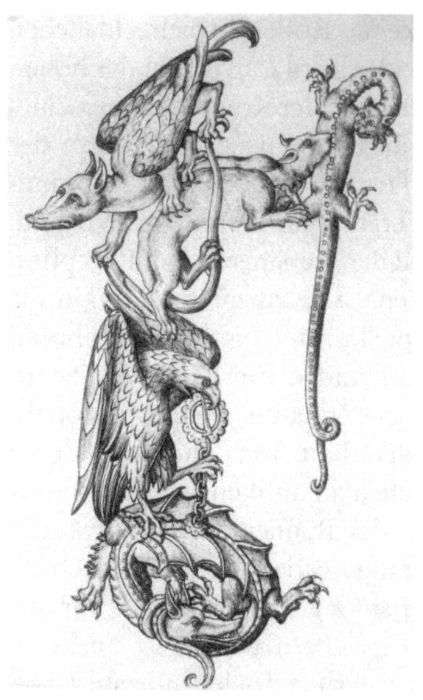

## Theater

Ist die zeitliche Eingrenzung des Renaissancetheaters auch ähnlich problematisch wie die der Renaissanceliteratur und die Abgrenzung von der mittelalterlichen Bühne keineswegs in ganz Europa einheitlich, so lassen sich doch einige Charakteristika aufzeigen, die für das Theater der Renaissance in allen europäischen Ländern typisch sind. Dazu gehört als erstes die humanistische Rezeption der antiken Dichtungstheorie, insbesondere der als vorbildlich angesehenen aristotelischen *Poetik.* Giorgio Valla hatte sie 1498 in lateinischer Übersetzung herausgebracht; 1508 erschien dann auch das griechische Original im Druck. Mit der *Poetik* des Aristoteles lag erstmals eine theoretische Schrift vor, die Form und Zweck der tragischen Dichtung definierte. Für die Form war dabei vor allem die von Aristoteles proklamierte Einheit von Handlung und Zeit entscheidend, der die Dichtungstheoretiker der Renaissance, wie Lodovico Castelvetro in seiner *Poetica d' Aristotele vulgarizzata et sposta*, noch die Einheit des Ortes hinzufügten und so die kanonische Einheit von Ort, Zeit und Handlung festlegten. Sie hatte für das mittelalterliche religiöse Theater, das mit einer Vielzahl simultan repräsentierter Orte, zeitlich weit auseinanderliegenden Exempla und

Handlungssträngen arbeitete, keine Rolle gespielt. Daneben wurde nach der Dichtungstheorie der Antike zwischen der hohen Gattung der Tragödie und der niederen der Komödie unterschieden, die im Manierismus noch durch die neue Mischform der Tragikomödie ergänzt wurden. Für die Tragödie galt insbesondere Seneca, für die Komödie Terenz und Plautus als Vorbild. Außer den Dichtungstheorien und der humanistischen Rezeption antiker Vorbilder war für das Renaissancetheater weiterhin die Professionalisierung der Schauspielkunst typisch, die während des Mittelalters noch ganz in den Händen von Laien, von Schulen und Gesellenbruderschaften gelegen hatte. Die Professionalisierung wurde ergänzt durch den Bau von Theatern, deren Ausstattung sich zumindest in Italien an antiken Vorbildern orientierte, sowie die Konstruktion des Bühnenraums mittels der Zentralperspektive und die Verdrängung der Simultan- durch die Sukzessivbühne. Diese Charakteristika gelten zwar nicht für alle europäischen Theatertraditionen gleichermaßen – so spielte in England, das in der Renaissance sicherlich das lebendigste Theater hervorgebracht hat, die antike Poetik für die Entwicklung der theatralischen Gattungen kaum eine Rolle, und die Bühnen der professionellen Londoner Theatertruppen gingen nicht auf die antike Bühne, sondern auf das spätmittelalterlichen Wirtshaustheater zurück –, aber insgesamt haben sich die Beeinflussung durch antike Poetik und Dramen, die Professionalisierung des Schauspiels mit der Entstehung separater Theaterräume und die Loslösung vom geistlichen Spiel fast überall als Merkmale des neuen Theaters durchgesetzt.

Auch im Theater spielte Italien eine Vorreiterrolle, wobei sowohl im gelehrten Humanistentheater der Akademien als auch im Schau- und Repräsentationstheater der Höfe die Komödie dominierend war. Während die Humanisten die wiederentdeckten Plautus- und Terenz-Komödien in lateinischer Sprache aufführten, wurden sie für die Höfe schon bald ins Italienische übersetzt, wodurch sie ein sehr viel größeres Publikum erreichten. Die höfischen Aufführungen in Ferrara, Urbino und Florenz zeichneten sich zugleich durch ihre prachtvollen Ausstattungen aus, insbesondere in den *intermezzi* oder Interludien, die zwischen den einzelnen Akten der Stücke aufgeführt wurden. Ursprünglich waren die *intermezzi* gliedernde Zwischenspiele, insbesondere musikalische, pantomimische und tänzerische Einlagen bei höfischen Festen, die seit dem Ende des 15. Jahrhunderts aber auch bei Komödienaufführungen in Mode kamen. Durch sie wurde die Komödie, die eigentlich als niedere, vorwiegend in bürgerlichen Kreisen angesiedelte Gattung galt und darum bühnentechnisch eher bescheiden ausgestattet war, zur glanzvoll pompösen Inszenierung herrscherlicher Pracht. Zu den beliebtesten und spektakulärsten Genres der *intermezzi* gehörte unter anderem die Seeschlacht (*naumachia*), die mit unerhörtem Aufwand inszeniert wurde, wie etwa die von Bernardo Buontalenti 1589 im Innenhof des Palazzo Pitti inszenierte Seeschlacht zwischen Christen und Türken. Zunehmend wurden die Plautus- und Terenz-Übersetzungen durch italienische Komödien ersetzt, die sich nur noch formal an den römischen Autoren orientierten und ihre Stoffe aus der zeitgenössischen Schwank- und Novellenliteratur bezogen. Die bedeutendsten italienischsprachigen Komödien der Zeit waren Ariosts *La Cassaria* (1508), Bibbienas *La Calandria* (1513), Machiavellis *La Mandragola* (1520) und Aretinos *Il Marescalo* (1533). Sie waren die Vorläufer der *commedia erudita*, die sich im Verlauf des 16. Jahrhunderts zu einer Form des Lustspiels mit stereotypem Figuren- und Szenenrepertoire entwickelte. Schauplatz der Komödie war in der Regel die Straße vor den Häusern der beteiligten Personen, die aus einer Reihe charakteristischer Figuren bestanden: den verliebten Jünglingen und Mädchen, denen die geizigen, habgierigen oder liebestollen Alten gegenüberstanden, dem gewitzten und dem betrügerischen Diener, der Kupplerin, dem Prahlhans, dem dümmlichen Dottore und dem korrupten Kleriker. Zwischen diesen Personengruppen entwickelten sich in der Regel mit Generations- und Standeskonflikten durchmischte Liebeshändel, die durch Intrigen, Verwechslungen und Verkleidungen zu einer Vielzahl dramatischer Verwicklungen verknüpft wurden. Aus dem zunehmend stereotypen Figurenrepertoire der *commedia erudita* entwickelte sich schließlich die *commedia dell' arte*, die kaum noch mit literarischen Vorlagen arbeitete, sondern als Stegreiftheater ein ausgesprochenes Schauspielertheater war. Ihre berühmtesten Figuren waren *Pantalone*, der lüsterne und geizige Alte, *Dottore*, der geschwätzige und eingebildete Alte, *Arlecchino*, der tölpelhafte Diener, und *Brighella*, der listige und verschlagene Diener. Diese vier Standardfiguren, an denen sich die Satire entfaltete, wurden mit Halbmasken gespielt, während die *innamorati*, um die sich die Liebeshändel drehten, in zeitgenössischen Kostümen und ohne Gesichtsmasken auftraten. Während die *commedia erudita* noch weitgehend von Halblaien aufgeführt wurde, wurde die *commedia dell' arte* ausschließlich von professionellen und hochtrainierten Akteuren gespielt.

Die Tragödie spielte in der italienischen Theaterkultur dagegen eine wesentlich geringere Rolle. Anders als die Komödie wurde sie weniger vom Vorbild der antiken Dichtungen inspiriert (wenngleich die Tragödien Senecas als mustergültig und den griechischen Tragödien sogar als überlegen galten) als vielmehr von der theoretischen Vorgabe der aristotelischen *Poetik*. Die ersten Tragödien der römischen und Florentiner Humanisten waren denn auch ausschließlich als Leseausgaben verbreitet, und erst ab der Mitte des 16. Jahrhunderts wurden in Ferrara, Venedig, Padua und Vicenza auch Tragödien aufgeführt. Dabei orientierte man sich an der für die Komödie entwickelten Dekorations- und Bühnentechnik, wobei Bühnenraum und Dekoration, dem Anspruch der Tragödie entsprechend, die den tragischen Untergang hochgestellter Personen sowie Haupt- und Staatsaktionen zu zeigen beanspruchte, ein vornehmeres Ambiente zeigten als bei den Komödien. Grundszene war ein öffentlicher Platz, der von Palästen und Tempeln mit monumentaler Säulenarchitektur gerahmt wurde und häufig auf eine Freitreppe zulief. Während bis in die Mitte des 16. Jahrhunderts die Raumtiefe nur durch eine gemalte oder plastische zentralperspektivische Bühnendekoration suggeriert wurde, versuchte man danach, die optisch gegebene Tiefe auch als bespielbaren Raum auszunutzen. In ihrer Bedeutung wurden Komödie wie Tragödie in der höfischen Theaterkultur gegen Ende des 16. Jahrhunderts jedoch bei weitem von den Pastoraldramen übertroffen, die als Tragikomödien bezeichnet wurden und für die es als Gattung in der Antike kein Vorbild gab. Die in Arkadien spielenden Hirtendramen, deren bedeutendste Torquato Tassos *Aminta* (Urauff. 1573) und Giovan Battista Guarinis *Il pastor fido* (Urauff. 1596) waren, standen sowohl der heroischen Welt der Tragödien als auch der banalen Welt der Komödie konträr gegenüber. Sie spielten in einem entrückten Traumland, das von Nymphen und Schäfern bevölkert war, bei denen nur die Liebe tragische Konflikte auslöste, die dann aber glücklich endeten. Gegenstand der tragikomischen Pastoraldramen war die Seelenlage des verliebten Helden, dessen Liebesschmerz in kunstvoll gedrechselten Versen beschworen wurde. Weder Probleme der Politik noch des Alltags spielten hier eine Rolle; beide Felder wurden vielmehr gezielt ausgeblendet, und das Theater präsentierte sich als Ort pathetischer Selbstbeschwörung einer entpolitisierten Elite, die sich in der hochartifiziellen Inszenierung eines einfachen und natürlichen Daseins gefiel, das Not und Verlust nur als Liebesschmerz kannte.

Dagegen blieb in Frankreich die spätmittelalterliche Spieltradition der Moralitäten und Mysterienspiele bis ins 16. Jahrhundert lebendig, weshalb sich die von den Humanisten geprägten dramatischen Gattungen Komödie und Tragödie hier zunächst nicht durchsetzen konnten. Zwar gab es Übersetzungen von Terenz-Komödien, aber bis zur Mitte des 16. Jahrhunderts erfolgten keine Aufführungen. Erst mit der 1543 erschienenen Übersetzung der Sieneser Komödie *Gli Ingannati* (*Les Abusez*) durch Charles Estienne, der in seiner Vorrede betonte, die Komödie sei der in Frankreich bis dahin gepflegten Farce bei weitem überlegen, weil sie sehr viel stilvoller und durch die Einteilung in fünf Akte sowie die klare Handlungsführung kunstvoller sei, begann sich die neue Form der Komödie langsam durchzusetzen. Zum Durchbruch verhalfen ihr in erster Linie aber Gastspiele italienischer Schauspielergruppen, deren professionelles Spiel großen Eindruck machte. In höherem Ansehen als in Italien stand in Frankreich hingegen die Tragödie, die insbesondere in den Dichtungstheorien, wie etwa Julius Caesar Scaligers *Poetices libri septem* (1561) und Jean de La Tailles *De l'art de la tragédie* (1572), als erhabene Gattung beschrieben wurde, deren Zielgruppe ausschließlich der Hof und die Gelehrten waren, weil allein sie zur Katharsis fähig seien. Seneca, dessen Tragödien 1485 und 1511 im Druck erschienen, galt als das Vorbild der tragischen Dichtung. Insbesondere der stoische Charakter seiner Helden, die ihr tragisches Geschick in ruhiger Gelassenheit annahmen, wurde in der französischen Renaissancetragödie vielfach nachgeahmt. Die erste Tragödie in französischer Sprache war Etienne Jodelles *Cléopâtre cap-*

*tive*, die 1552 in Paris vor gelehrtem Publikum und König Heinrich II. aufgeführt wurde. Komödie wie Tragödie erlangten ihre eigentliche Bedeutung in Frankreich jedoch erst im 17. Jahrhundert, weil zunächst die Voraussetzungen, nämlich feste Theater und professionelle Schauspieler, fehlten, um eine eigenständige Tradition begründen zu können. Die Aufführungen fanden entweder am Hof oder an Schul- und Universitätstheatern statt, und die wenigen professionellen Schauspielergruppen, die sich seit der zweiten Hälfte des 16. Jahrhunderts bildeten, traten vorwiegend in der Provinz auf. Die höfische Inszenierungskunst konzentrierte sich sehr viel stärker auf die theatralische Ausschmückung von Feierlichkeiten, wie die den italienischen *Trionfi* nachgebildeten *Entrées Solennelles* (Einzugsfeierlichkeiten zu Ehren des Königs), aber auch das *Ballet de la Reine* und das *Ballet comique de la Reine*, in denen die Königin und Angehörige des Hofes bei prachtvollen höfischen Festen selbst auftraten.

Auch am englischen Hof wurden solche glanzvollen Feste mit Elisabeth I. im Zentrum mehrfach aufgeführt. Insbesondere das Genre der *Masques*, allegorischer Festspiele mit Musik und Tanz, erfreute sich unter Elisabeth und mehr noch unter Jakob I. und Karl I. großer Beliebtheit, und auch hier inszenierte sich der Hof, dessen Angehörige einschließlich König und Königin die Hauptrollen übernahmen, quasi selbst. Nichtsdestotrotz entwickelte sich in England durch die Protektion des Hofes eine freie und lebendige Theaterkultur, die sowohl quantitativ als auch qualitativ alles übertraf, was es im übrigen Europa auf der Bühne zu sehen gab. Nirgendwo sonst gab es so viele Theater mit professionellen Schauspielertruppen, die über eigene Theaterbauten verfügten; nirgendwo sonst gab es differenziertere Gattungsformen; nirgendwo sonst wurden in der Renaissance so zahlreiche Dramen geschaffen, die auch heute noch von mehr als bloß theatergeschichtlichem Interesse sind. Anders als in Frankreich trat im England des 16. Jahrhunderts die Rezeption der antiken Komödie und Tragödie nicht in Konkurrenz zur noch lebendigen Tradition der spätmittelalterlichen Mysterienspiele und Moralitäten, sondern beide wurden miteinander verknüpft. Das hing nicht zuletzt damit zusammen, daß sich in England aus den Spielgemeinschaften der Handwerkergilden aufgrund der ökonomischen Krise schon zu Beginn des 16. Jahrhunderts semi-professionelle bis professionelle Spieltruppen gebildet hatten, die sowohl am Hof als auch in den Innenhöfen von Wirtshäusern, den *Innyards*, auftraten und zugleich Verbindungen zu den *University Wits*, den humanistisch gebildeten Kreisen, unterhielten, in denen die antiken Dramen und die neuen Spielformen der italienischen Renaissance rezipiert wurden. Wirklich belebt wurde die Theaterkultur dann durch das Ende 1574 vom puritanischen Londoner Magistrat ausgesprochene Verbot von *Innyard*-Aufführungen im gesamten Londoner Stadtgebiet. Die zu diesem Zeitpunkt bereits professionell arbeitenden Schauspielertruppen reagierten darauf mit dem Bau eigener Theater im Norden und Süden Londons, in Bezirken außerhalb der City oder auf exterritorialem Gelände innerhalb Londons, auf dem das Spielverbot nicht galt. Innerhalb weniger Jahre wurden so zahlreiche Theatergebäude errichtet, 1576 The Theatre, The Curtain und Blackfriar's, 1587 The Rose, 1595 The Swan und 1599 The Globe, zu dessen Besitzern William Shakespeare gehörte. Die Schauspielertruppen wurden damit zu kommerziellen Theaterunternehmern, deren zum Teil erhebliche Investitionen sich durch die Aufführungen verzinsen mußten. Der in der Regel bis auf die Bühne nicht überdachte Innenraum dieser bis zu dreitausend Zuschauer fassenden Häuser orientierte sich weitgehend an den Bühnenverhältnissen der *Innyards*. Die zumeist quadratische Bühne befand sich auf einem Podest im Innenhof des Theaters, und an eine Seite schloß sich der Umkleide- und Warteraum für die Schauspieler an. In dem den Innenhof umfassenden Gebäude befanden sich auf drei übereinanderliegenden Galerien die Plätze für die Zuschauer. Da die Bühne zumindest von drei Seiten aus einsehbar sein mußte, gab es weder einen Vorhang, der die Bühne vom Zuschauerraum abtrennte, noch Theaterkulissen oder aufwendige Requisiten; die Theaterillusion wurde ausschließlich durch die Darstellung der Schauspieler und ihre Kostüme hervorgerufen. Die Theater wurden von allen Schichten, von den Kleinkrämern und Handwerkern bis hin zu den Angehörigen des Hochadels, besucht; man schätzt, daß in London um 1600 etwa ein Zehntel der Einwohner pro Woche einmal ins Theater ging. Nicht zuletzt dieses Erfolges wegen waren die Theater einem ständigen Druck des puritanischen Senats ausgesetzt, der sie für eine Brutstätte der Unsittlichkeit, der Unzucht und des Verbrechens hielt. Deshalb war es für die Schauspielertruppen wichtig, einen adligen Patron zu haben, der ihnen Schutz gewähren konnte und nach dem sie sich auch nannten. Die bekannteste Truppe waren Mitte des 16. Jahrhunderts die *Lord Leicester's Men*, die nach dem Tod ihres Gönners unter dem Schutz des Herzogs von Derby und seit 1594 unter dem Patronat des Lord Chamberlain Henry Carew standen und sich seitdem die *Lord Chamberlain's Men* nannten, zu denen auch William Shakespeare gehörte. Sechzehn seiner Stücke, darunter *Hamlet*, *Othello*, *King Lear*, *Macbeth*, *As You like it* und *Measure for Measure*, wurden von ihnen uraufgeführt. Anders als auf dem Kontinent spielte die Dramentheorie für das englische Theater keine sonderliche Rolle. Die antiken Tragödien und Komödien wurden zwar rezipiert, aber man nahm sie nicht als nachzuahmende Vorbilder, deren reine Form unbedingt einzuhalten war, sondern vermischte sie mit den volkstümlichen Traditionen der Mysterien und der Moralitäten. Auch suchte man nicht vorwiegend nach antiken Stoffen, sondern bediente sich häufig historischer Quellen aus der eigenen Geschichte, wodurch man ein eigenes Genre schuf, die *History Plays*, die sich nur teilweise der Tragödie zuordnen lassen. Außerdem differenzierten sich innerhalb von Tragödie, Komödie und Tragikomödie eine Vielzahl von Formen. Die beliebteste tragische Form war die Rachetragödie, die wegen ihrer Spannungsgeladenheit in der Publikumsgunst ganz oben stand und mit Thomas Kyds *The Spanish Tragedy* und Shakespeares *Hamlet* eine in langen Monologen entwickelte Innensicht des Menschen präsentierte, deren Komplexität bis dahin beispiellos war. Da es in der englischen Tragödie auch nicht verpönt war, einen Schurken zum Helden werden zu lassen, entwickelte sich das Genre der Schurkentragödie, zu dem etwa Marlowes *Jew of Malta* und Shakespeares *Richard III.* gehören. Aber auch die Helden vieler Machttragödien wurden nicht schuldlos schuldig; in ihrem Machtwahn verstrickten sie sich, wie etwa Marlowes *Tamburlaine The Great* und Shakespeares *Macbeth*, unaufhaltsam in immer größere Schuld, aus der es zum Schluß kein Entrinnen mehr gab. Schuldlos schuldig gewordene Opfer kannte nur die Liebestragödie, eine Gattungsform, in der erneut Shakespeare mit *Romeo and Juliet* und *Othello* brillierte. Nicht minder differenziert waren die Formen der Komödie: Neben der Farce und der *error*-Komödie, die mit ihren Verwechslungsspielen die beliebteste Komödienform war, gab es die satirische Komödie, die allgemein-menschliche Schwächen ebenso karikierte wie sie gezielte Gesellschaftskritik übte, so etwa Ben Jonson in seinen Stücken *Volpone* (1605/6), *Every Man Out of His Humour* (1599) und *The Alchimist* (1610), sowie die romaneske Komödie, die auf romanhafte Vorlagen, häufig auch auf mythische Erzählungen zurückgriff, und als deren Schöpfer der Hofdichter John Lyly gilt. Daneben standen die Romanzen, die in Shakespeares Spätwerk eine große Rolle spielen, wie etwa *The Winter's Tale* und *The Tempest*. Das englische Theater mit seiner Vielzahl von Spielorten, dem daraus sich ergebenden enormen Repertoire und dem ständigen Bedarf an neuen Stücken, der nur durch professionelle Autoren gedeckt werden konnte, wurde damit zu dem Renaissancetheater, das bis in die Moderne, nicht nur mit seinem glänzendsten Vertreter William Shakespeare, seine Aktualität behaupten konnte.

*Lit.:* M. Brauneck: Die Welt als Bühne. Geschichte des europäischen Theaters, Bd. 1, Stuttgart / Weimar 1993. – A. Braunmüller/M. Hattaway (Hrsg.): The Cambridge Companion to English Renaissance Drama, Cambridge 1990. – J. Hösle: Das italienische Theater von der Renaissance bis zur Gegenreformation, Darmstadt 1984. – W. Weiß: Das Drama der Shakespeare-Zeit, Stuttgart / Berlin / Köln / Mainz 1979.

→Faust; → Literatur; → Shakespeare.

## Tizian

*(* um 1489 in Pieve di Cadore/Dolomiten, † 27. August 1576 in Venedig)*

Die Krise des von den Humanisten entfalteten Menschenbildes im Gefolge der tiefgreifenden religiösen Umbrüche und politischen Machtkämpfe in der ersten Hälfte des 16. Jahrhunderts geht als Bruch mitten durch das Werk Tizians hindurch: Hat er in der ersten Hälfte seines Schaffens vorzugsweise die Schönheit des menschlichen Leibes dargestellt, wobei ihm die Oberfläche als Spiegel des Inneren diente, so zeigt sein Spätwerk den Menschen in seiner Wildheit und Bosheit, seiner Gier nach Lebensgenuß und seinem tiefen Leiden daran. Am prägnantesten faßbar ist dies in der Gegenüberstellung der 1538 entstandenen *Venus von Urbino*, die für Guidobaldo della Rovere gemalt wurde und wohl eine seiner Mätressen zeigt, mit der 1554/55 für den spanischen König Philipp II. im Rahmen der *Poesie*-Serie gemalten *Danaë*. Beide Bilder zeigen eine auf einer Liege hingestreckte nackte Frau, die offensichtlich auf etwas wartet: im Falle der Venus auf die Kleider, die im Bildhintergrund gerade von zwei Zofen aus einer Truhe herausgesucht werden; im Falle der Danaë auf die Ankunft des göttlichen Geliebten, der in wenigen Augenblicken in Gestalt des Goldregens auf sie kommen wird. Während dieser Goldregen für Danaë Lust und Erfüllung darstellt, sieht die alte, vom Leben gezeichnete Magd am Fußende der Liege in ihm einen materiellen Wert, von dem sie soviel wie möglich in ihrer aufgehaltenen Schürze zu bergen sucht. In der *Venus von Urbino* hat Tizian das Ideal weiblicher Schönheit gestaltet, wobei er die nackten *castae divae*, wie sie auf den Landschaftsbildern Giorgiones zu sehen waren, etwa dem *Gewitter* (1505–1508) oder der *Fête Champêtre* (1505–1510), die Tizian nach Giorgiones Tod vollendete, zu einer lasziven Kurtisane fortgebildet hat, die sich der Reize ihres Körpers sehr genau bewußt ist und den Betrachter zwangsläufig zum Voyeur werden läßt. Danaë dagegen hat sich vom Betrachter abgewandt und wartet träumerisch auf ihren Liebhaber. Man hat ob des Umstandes, daß Philipp dieses Bild Tizians eifersüchtig vor den Augen seiner Besucher verborgen hat, in dem Prinzen und nachmaligen König einen bigotten Lüstling gesehen, der nach außen als religiöser Eiferer auftrat, insgeheim sich aber an erotischen Bildern delektierte. Dadurch ist die Wahrnehmung vor allem auf die, verglichen mit der *Venus*, größere erotische Intensität der *Danaë* gelenkt worden, und es wurde zumeist übersehen, daß Tizian in der *Danaë* – im Unterschied zur *Venus* – auch die Bedrohtheit und Verstricktheit menschlicher Existenz dargestellt hat, die durch Anmut und Schönheit noch befördert werden.

Dieser Bruch in Tizians Menschenbild und Menschendarstellung läßt sich auch an seinen religiösen Bildern ablesen, wie etwa die Kontrastierung der *Assunta* (1516–1518) sowie der *Pesaro-Madonna* (1519–1528) in der Frari-Kirche in Venedig mit den beiden Darstellungen der *Dornenkrönung Christi* (1545, Paris und 1570, München) zeigt: Repräsentieren die beiden Bilder in der Frari-Kirche gerade auch durch die von Tizian erfundene neue Komposition und ikonographische Anordnung das Erlösungsgeschehen von einer fast heiter zu nennenden Seite, so wird es in den Darstellungen der Dornenkrönung als ein in düsteres Licht getauchtes, grauenhaft leidvolles Geschehen sichtbar. Hier geht es nicht mehr um die vertrauensvolle Betrachtung des Heilsgeschehens, sondern um ein inniges religiöses Gefühl, durch das sich im einzelnen Betrachter der Passionsweg Christi wiederholt. Damit aber ist Tizian aus der Kunstauffassung der Renaissance heraus- und in die des Barock hinübergetreten.

Als Zehnjähriger bereits kam der aus den Dolomiten stammende Beamtensohn nach Venedig, wo er in der Werkstatt von Gentile Bellini und später bei dessen Bruder Giovanni in die Lehre ging. Mehr als die beiden Bellini jedoch wurde Giorgione zu seinem wichtigsten Lehrer, dessen neuartige Verknüpfung von Natur, Sinnlichkeit und Gefühlsbetontheit ihn zutiefst beeinflußt hat. Zusammen mit Giorgione hat er an den heute nicht mehr vorhandenen Außenfresken des Fondaco dei Tedeschi gearbeitet, und nach Giorgiones frühem Tod hat er mehrere seiner unvollendeten Bilder fertiggestellt. Nach dem Tode Giovanni Bellinis (1516) galt Tizian, wiewohl er zu diesem Zeitpunkt noch sechzig Jahre seines Schaffens vor sich hatte, bereits als der bedeutendste Maler Venedigs, und dementsprechend problemlos konnte er die Position des Staatsmalers der Serenissima antreten, die zuvor Bellini innegehabt hatte. Was bei den meisten anderen Abschluß und Krönung gewesen wäre, wurde bei Tizian infolge seines langen Lebens – darin eigentlich nur Michelangelo vergleichbar – zum Anfang einer langen Reihe öffentlicher Anerkennungen und Ehrungen. Deren Höhepunkt war die Ernennung zum Hofmaler Karls V., die für ihn mit dem Titel und den Einkünften eines Pfalzgrafen verbunden war. Die zahlreichen Porträts Karls V. sowie Philipps II. sind in dieser Funktion entstanden. Tizian hatte Karls Aufmerksamkeit und Wohlwollen gewonnen, als er anläßlich seiner Krönung in Bologna ein Porträt Karls malte, für das ihm nicht der Kaiser selbst, sondern ein Porträt des Wiener Hofmalers Seisenegger als Modell gedient hatte. Tizian nahm dabei die bei Seisenegger durchscheinende Verbitterung aus dem Gesicht des Kaisers, straffte dessen gesamte Erscheinung, nahm vor allem den sog. habsburgischen Unterkiefer zurück und machte aus der Karl begleitenden Dogge ein dem Herrscher freundschaftlich zugewandtes Tier. In dieser Manier hat Tizian zahllose Porträts gemalt, unter denen die des Alfonso d'Este (1523–1534) und der Isabella d'Este (1534–1536), des Federigo Gonzaga (1525–1528), des Ippolito de' Medici (1533) sowie des Francesco Maria della Rovere (1536–1538) und der Eleonora della Rovere (1538), schließlich des Pietro Bembo (1540) und des Pietro Aretino (1545) hervorstechen. Alle diese Porträts beruhen auf einer relativ einheitlichen Bildsprache, in der sich die Person des Porträtierten mit den Insignien und Symbolen seiner herrscherlichen Rolle oder gesellschaftlichen Stellung verbindet. Um so stärker fällt auf, daß Tizian in dem Porträt Papst Pauls III. (1545) von diesen Vorgaben abgewichen ist: Es zeigt einen mißtrauischen Greis, der von hinterhältigen Figuren, nämlich seinen Enkeln Alessandro und Ottavio Farnese, umschlichen und umschmeichelt wird.

Daß Tizian zu dem aus heutiger Sicht wohl produktivsten und vielseitigsten Maler seiner Zeit wurde, war freilich nicht nur das Resultat seines langen Lebens und der guten materiellen Absicherung, in der er dieses Leben führen konnte – man sagte ihm Habgier und Eitelkeit nach –, sondern auch seiner aller Arriviertheit zum Trotz fortbestehenden Lern- und Veränderungsbereitschaft. So haben Giulio Romano, dessen Arbeiten er im Palazzo del Tè von Mantua studierte, und Michelangelo, den er in Rom besuchte, ihn zeitweilig stark beeinflußt; diese Einflüsse wurden jedoch nie zur bloßen Adaption des Gesehenen, sondern fanden in Tizians ganz eigene Bildsprache Eingang. Dabei stellte er Michelangelos Orientierung am *disegno*, der Zeichnung, die für die Florentiner Kunstauffassung insgesamt charakteristisch war, seine Konzentration auf die Farbe, das *colorito*, entgegen. Durch seine meisterhafte Handhabung der Farbe – Tizian war ein Perfektionist, der oft monatelang an einem Bild arbeitete, indem er immer neue Farbschichten auftrug – vermochte er die Vorherrschaft der Form aufzubrechen und die Farbe aus einer dekorativen Zutat des Bildes in ein eigenes Ausdruckselement zu verwandeln. Dabei begannen die Konturen zu verschwimmen, und die von den Florentinern scharf markierten Ränder lösten sich auf. Tizians Verzicht auf beiläufige Details und seine mit den Mitteln farblicher Gestaltung erzielte Konzentration auf das Wesentliche ging einher mit einer Abwendung von der gerade erst entdeckten Zentralperspektive. Tizians Bildsprache hat in Venedig Tintoretto und Veronese sowie in der europäischen Malerei Velázquez, Rubens, der allein fünfundzwanzig Bilder Tizians kopiert hat, und Rembrandt beeinflußt.

*Lit.:* C. Cagli/F. Valcanover: L'opera completa di Tiziano, Mailand 1969. – Th. Hetzer: Tizian, Stuttgart 1984. – H. Tietze: Tizian. Leben und Werk, 2 Bde., Wien 1936. – J. Williams: Tizian und seine Zeit 1488–1576, Barcelona 1978.

→Karl V.; → Malerei; →Michelangelo; →Porträt; →Venedig.

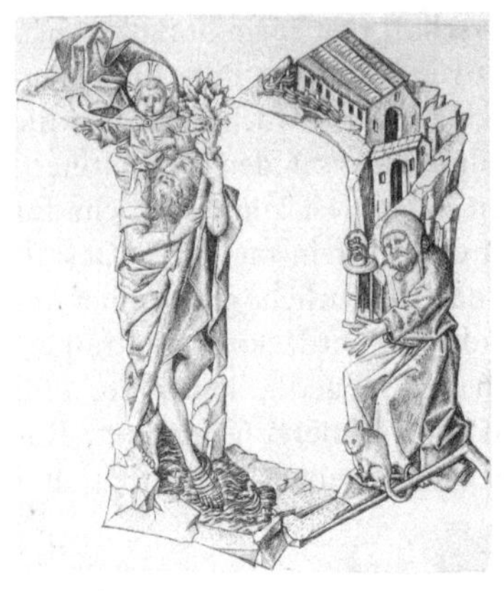

## Universitäten

Idee und Gestalt der Universität entstammen dem Mittelalter, als im 11. und 12. Jahrhundert in Paris, Bologna, Oxford und Cambridge die ersten Universitäten gegründet wurden. Dementsprechend konnte der Humanismus gegen das vorherrschende Modell der Universität auch keine Gegenmodelle der klassischen Antike geltend machen, was der Hauptgrund dafür sein dürfte, daß Bildungskanon und Organisationsstruktur der Universitäten in der Renaissance nur relativ geringe Veränderungen erfuhren und die Ideen des Humanismus erst relativ spät und eher partiell in die Universitäten Einzug hielten. Die Veränderungen, die sich an den Universitäten der Frühen Neuzeit vollzogen, resultierten eher aus der Konfessionalisierung Europas und der Entstehung des institutionellen Territorialstaates; beide Entwicklungen hatten zusammengenommen zur Folge, daß an die Stelle der multikulturellen, multinationalen und politische Loyalitäten übergreifenden Bildungsinstitution der abendländischen Christenheit schrittweise die Landesuniversitäten traten, in denen die Verwaltungs- und Deutungseliten der Territorialstaaten ausgebildet wurden und die, dem Bekenntnis des Landesherrn folgend, entweder katholisch, lutherisch oder reformiert waren. Vorbild für diese Entwicklung war die 1224 durch Kaiser Friedrich II. in Neapel gegründete Universität, die weder, wie Paris und Bologna, genossenschaftlich selbstverwaltet noch mit der vom Papst erteilten universalen Lehrbefugnis, der *licentia ubique docendi*, ausgestattet war, sondern staatlicherseits verwaltet wurde und keine Freizügigkeit der Magister und Scholaren kannte. Dieses neapolitanische Modell der Landes- und Staatsuniversität hat sich in der Frühen Neuzeit durchgesetzt.

Neben der *licentia ubique docendi* wurde die Einheitlichkeit und Geschlossenheit des Gelehrtenstandes der lateinischen Christenheit durch die einheitliche Methode und Wissensordnung der Scholastik gewährleistet, zu der noch das Lateinische als einheitliche Gelehrtensprache hinzukam. Während die Scholastik schon im Spätmittelalter durch die Aufspaltung in *via antiqua* und *via moderna*, einen Dissens über den ontologischen Status von Allgemeinbegriffen und die Rangfolge der Attribute Gottes, diese Vereinheitlichungsfunktion einbüßte, hat das Lateinische diese Funktion noch für längere Zeit behalten; zumindest in Deutschland erfolgte der Übergang zur Verwendung der Landessprache als Sprache der Universität und der Gelehrten erst im 18. Jahrhundert.

Auch die mittelalterliche Gliederung der Universität in – im Prinzip – vier Fakultäten wurde in der Frühen Neuzeit beibehalten; es handelt sich dabei um die sog. Artistenfakultät, in der die sieben freien Künste (*septem artes liberales*) gelehrt wurden und aus der sich dann, nicht zuletzt unter humanistischem Einfluß, die philosophische Fakultät entwickelt hat; aufbauend auf der Artistenfakultät und zugleich über ihr stehend, bildeten die theologische, die medizinische und die juristische Fakultät den Gesamtkörper der Universität, wobei freilich einschränkend hinzuzufügen ist, daß nicht alle vier Fakultäten an jeder Universität gleichermaßen vertreten waren. So fehlte in Bologna die Theologie, während weltliches und kanonisches Recht eine besondere Bedeutung besaßen; demgegenüber hatte die Theologie in Paris ein besonderes Gewicht, so daß der Universität neben dem Papst eine Art europäische Aufsichts- und Entscheidungsrolle in theologisch-dogmatischen Fragen zukam. Die universitären Abschlüsse waren nach *baccalaureus, licentiat, magister* und *doctor* gestaffelt, wobei der Doktortitel nur von den drei oberen Fakultäten verliehen werden konnte. Seine Bedeutung lag nicht zuletzt darin, daß ein Doktor in der Standesordnung bei zahlreichen Anlässen wie ein Adliger behandelt wurde.

Das 14. und 15. Jahrhundert waren in ganz Europa durch

vermehrte Universitätsgründungen gekennzeichnet; allein in Italien gab es im 15. Jahrhundert etwa zwanzig Universitäten, und auch in den wissenschaftsorganisatorisch zunächst eher randständigen Ländern kam es zu einer Welle von Universitätsgründungen, im Deutschen Reich u. a. in Prag (1366), Wien (1365), Heidelberg (1385), Köln (1388), Erfurt (1392), Leipzig (1409), Basel (1460), Tübingen (1477) und Wittenberg (1502). Ende des 15. Jahrhunderts gab es in Europa etwa fünfundsiebzig Universitäten mit etwa zwölf- bis fünfzehntausend Studenten, von denen freilich nur etwa ein Viertel einen akademischen Grad erwarb, während der Rest die Universität ohne formalen Abschluß wieder verließ. Die während der Renaissance einsetzende dynamische Wissensvermehrung fand nur zu einem Teil an den Universitäten statt und erlangte auch nur teilweise in den dort vermittelten Wissenskanon Zugang. Während im medizinisch-anatomischen Bereich den Universitäten eine Leitfunktion zukam – die noch erhaltenen *theatra anatomica*, etwa in Padua, neben Leiden der bedeutendsten Universität des späten 16./frühen 17. Jahrhunderts, gehören noch heute zu den Sehenswürdigkeiten spätmittelalterlich-frühneuzeitlicher Universitätsgeschichte –, vollzog sich die Revolutionierung der wissenschaftlichen Paradigmen meist außerhalb der Universitäten. Auch in der Renaissance blieben die Universitäten also eher Orte der Wissensarchivierung und -systematisierung als solche der methodischen Innovation und Wissensrevolutionierung.

*Lit.:* A. Patschovsky/H. Rabe (Hrsg.): Die Universität in Alteuropa, Konstanz 1994. – H.-W. Prahl/I. Schmidt-Harzbach: Die Universität. Eine Kultur- und Sozialgeschichte, München / Luzern 1981. – W. Rüegg (Hrsg.): Geschichte der Universität in Europa, Bd. 1 und 2, München 1993 u. 1996.

→Aristotelismus; →Humanismus; →Staat.

## Uomo universale

Im Renaissanceideal des *uomo universale*, des umfassend gebildeten und allseitig tätigen Menschen, haben spätere Zeiten immer wieder den grandiosen Entwurf der vollen Entfaltung menschlicher Möglichkeiten gesehen. Dieser Entwurf war gegen die Einschränkungen und Spezialisierungen gerichtet, wie sie im spätmittelalterlichen Zunftwesen der europäischen Städte festgeschrieben waren, und er war noch nicht mit der Tatsache konfrontiert, daß die sozio-ökonomische Dynamik einer von zünftigen Regelungen befreiten Gesellschaft zu neuen Spezialisierungen führen würde, die letztlich weitreichender und enger waren als die des Zunftwesens. Aufkommen und Verbreitung des *Uomo-universale*-Ideals in der Renaissance lassen sich also mit deren Scharnierstellung zwischen zwei epochalen Formen der Organisation der Arbeit erklären: Die Restriktionen der alten Zunftordnung hatten ihre Bedeutung verloren, aber die Einschränkungen, die aus der neuen Arbeitsorganisation resultierten, waren noch nicht sichtbar.

Gegen die Segmentierung der Tätigkeiten hält das Ideal des *uomo universale* an der Möglichkeit fest, praktisches Können und theoretische Reflexion in einer Person miteinander zu verbinden, und zwar nicht bloß auf einem seinerseits speziellen Gebiet, sondern in Durchbrechung dessen, was gewöhnlich Arbeitsteiligkeit genannt wird. Dabei wurden von der freilich nur individuellen und nicht gesellschaftlichen Überwindung der Spezialisierung nicht allein der ideale Mensch, sondern auch ein Impuls für die gesellschaftliche Entwicklung erwartet: Der *uomo universale* sollte durch neue Ideen und Erfindungen das Leben erträglicher und angenehmer gestalten. Die Beispiele, auf die als Verwirklichungen dieses Renaissanceideals immer wieder verwiesen wird, zeigen freilich, daß dabei stärker die Innovationserwartung als die Perspektive einer harmonisch-umfassenden Entwicklung des Menschen realisiert worden ist. So ist es, wie das Beispiel Leonardo da Vincis oder Michelangelos zeigt, nicht zu einer harmonischen Ergänzung unterschiedlicher Fähigkeiten gekommen, vielmehr mußten die damit verbundenen Widersprüche in der Person des *uomo universale* selbst ausgetragen werden. Leonardo hat darauf mit dem Rückzug ins Grüblerische und Eigenbrötlerische reagiert, so daß Vasari in seinen Künstlerviten die Behauptung aufstellen konnte, der Künstler in Leonardo sei durch den Forscher und Erfinder an der Entwicklung gehindert und zuletzt gänzlich zum Verstummen gebracht worden. Demgegenüber hat Michelangelo diese Gegensätze stärker nach außen ausgelebt und ist mit seinen Förderern und

Freunden immer wieder in Konflikte geraten. So liegt die Vermutung nahe, daß das hohe Maß an Gewaltexpressivität, das bei zahlreichen Vertretern der Hoch- und Spätrenaissance typisch ist – am stärksten sicherlich bei dem in mehrere Totschlagsdelikte verwickelten Benvenuto Cellini –, auch eine Reaktion auf die mit dem Ideal des *uomo universale* verbundenen Produktivitäts- und Kreativitätserwartungen war.

Bei der Entwicklung des *uomo-universale*-Ideals haben die Emanzipationsbestrebungen der Künstler gegenüber dem Zwang, sich in die Zunftordnungen der Städte einzugliedern, und die in der toskanischen Kunst seit dem 15. Jahrhundert zu beobachtende Tendenz zur theoretischen Durchdringung künstlerischer Praxis sowie zur praktischen Erprobung künstlerischer Entwürfe zusammengespielt. Beides war auch Ausdruck des sozialen Aufstiegswillens der Künstler, da die *artes mechanicae*, denen sie als Maler, Bildhauer und Baumeister zugerechnet wurden, gesellschaftlich deutlich unterhalb der *artes liberales* standen, denen sie sich als Gelehrte und Gebildete hätten zurechnen dürfen. Das Ideal des *uomo universale* hat insofern vor allem unter bildenden Künstlern, weniger hingegen unter Literaten und Gelehrten Verbreitung und Anhängerschaft gefunden. So hat Ghiberti etwa in Anlehnung an Vitruv ein Lehrprogramm entwickelt, das den Künstler gleichzeitig zum Polyhistor und Universalgelehrten machen sollte, und die Werkstatt Verrocchios war ein Treffpunkt für Künstler, Gelehrte und Wissenschaftler, so daß es kein Zufall war, daß der noch als Lehrling und Gehilfe tätige Leonardo da Vinci hier Alberti – selbst ein *uomo universale* – und Toscanelli begegnet ist. Leonardo, der das Ideal des *uomo universale* wohl am eindrucksvollsten verkörpert hat, war als Maler und Bronzegießer, Ingenieur und Erfinder, aber auch als Forscher und Wissenschaftler tätig, der durch seine Studien und Entwürfe als Wegbereiter der modernen Technik und Naturwissenschaft gelten kann.

*Lit.:* A. Heller: Der Mensch der Renaissance, Köln-Lövenich 1982. – E. Rudolph (Hrsg.): Die Renaissance und die Entdeckung des Individuums in der Kunst, Tübingen 1998.

→Alberti; →Faust; →Künstler; →Leonardo da Vinci; →Menschenbild; →Michelangelo.

## Utopie

Als literarisches Genre ist die Utopie ein Produkt der Renaissance und des Humanismus. Ihre Wurzeln sind in dem erheblichen Machtzuwachs weltlicher Herrscher seit dem 15. Jahrhundert und der hierzu parallel sich entwickelnden Vorstellung von der Gestaltbarkeit der sozialen und politischen Ordnung zu suchen (‹Der Staat als Kunstwerk› hat Burckhardt den ersten Abschnitt seiner *Kultur der Renaissance in Italien* überschrieben); weiterhin spielen die Entdeckung der Neuen Welt und ihre Beschreibung in zahlreichen ethnographischen Berichten eine Rolle; und schließlich ist die verstärkte Rezeption antiker Schriften zu nennen, in deren Gefolge Platon zunehmend an die Stelle des Aristoteles trat: Die von Platon in seiner *Politeia* entwickelten Ideen über die Ordnung des idealen Staates haben in nahezu alle frühneuzeitlichen Utopien Eingang gefunden. Daneben finden sich in den Utopien Bezüge auf das Atlantis-Fragment im *Kritias* (112c-121c) sowie auf einige Passagen aus dem *Timaios* (19b-25d). Zugleich kann die Utopie als literarisches Seitenstück der Idealstadtprojekte begriffen werden.

Alle drei Wurzeln der Utopie sind mehr oder minder deutlich in Thomas Morus' Schrift *Utopia* aufzufinden, von der das literarische Genre des Staatsromans seinen Namen bezogen hat. Wörtlich übersetzt heißt U-topia *Nirgendwo*; in der englischen Aussprache des Wortes klingt aber immer auch Eu-topia mit, was als *Gutland* übersetzt werden kann. Morus' folgenreicher Buchtitel ist also aus einer semantisch-phonetischen Spielerei erwachsen, wie sie in Humanistenkreisen üblich gewesen ist. Ein Spiel mit Bedeutungen ist bei Morus auch der Name des Seemannes, der berichtet, wie er im Rahmen der Unternehmungen des Amerigo Vespucci in einen Seesturm geriet und durch Zufall auf die Insel Utopia verschlagen wurde: Raphael Hythlodäus hat Morus ihn genannt, was als Schaumredner bzw. Schaumschläger übersetzt werden kann. Andererseits zeichnet er ihn aber als einen gewissenhaften und bedächtigen Mann, womit er die in der Namensgebung vorgenommene Relativierung des Wahrheitsanspruchs seines Berichts ihrerseits wieder relativiert hat. Morus' sprachliche Spielereien und die daraus resultierenden Unklarheiten über die mit dem Werk verfolgten politischen Ziele haben jedenfalls dazu geführt, daß seit dem 19. Jahrhundert eine umfangreiche Literatur über seine Schrift entstanden ist, in der diese einerseits als früher Text des Sozialismus, andererseits als an der mittelalterlichen Ordnung orientierte konservative Schrift verstanden worden ist. Richtig an beiden Sichtweisen ist, daß Morus die politischen und sozialen Konstellationen seiner Zeit als krisenhaft wahrgenommen und ihnen in seiner Utopie einen kritischen Spiegel vorgehalten hat. Diese Kritik der eigenen Gegenwart ist für alle Utopien der frühen Neuzeit konstitutiv, für Campanellas *Civitas solis* (1602) ebenso wie für Francesco Donis *I Mondi* (1553), für Bacons *Nova Atlantis* (1623) nicht weniger als für Johann Valentin Andreaes *Reipublicae Christianopolitanae descriptio* (1619).

Das Leben in dem von Morus dargestellten besten Staat ist weitgehend an dem von Platon in der *Politeia* entwickelten Paradigma der optimalen Ordnung orientiert. Die Anknüpfung ergibt sich aus Sokrates' Antwort auf die Frage, ob das von ihm entwickelte Ideal der Güter-, Kinder- und Frauengemeinschaft sowie der Philosophenherrschaft je Wirklichkeit werden könne. «Wenn es also», antwortet Sokrates (VI, 499c), «in der unendlichen vergangenen Zeit je vorgekommen ist, daß hervorragende Philosophen sich gezwungen sahen, sich um eine Stadt zu kümmern, oder wenn das jetzt in einem Barbarenlande, weitab von unserem Gesichtskreis, vorkommt oder wenn es in Zukunft je vorkommen sollte, dann sind wir bereit, die These durchzufechten, daß die von uns beschriebene Verfassung dann in Wirklichkeit bestanden hat und besteht und bestehen wird.» Morus' fiktiver Bericht von der Reise nach Utopia ist also angelegt als Bestätigung der Aussage des platonischen Sokrates über die zeitüberhobene und zivilisationsunabhängige Gültigkeit des Paradigmas der guten Ordnung.

Nach der Schilderung der krisenhaften Situation in England, der überhandnehmenden Kriminalität, der wachsenden Steuerlast und der sich beschleunigenden Verarmung der Bauern infolge von Einhegungen des Gemeindelandes und seiner Nutzung für die Schafzucht erfolgt dann im 2. Buch der *Utopia* der Bericht über den besten Staat. Er beginnt systematisch mit dem Einwand, den Aristoteles im 2. Buch seiner *Politik* gegen Platon vorbringt, wonach mit der von Platon vorgeschlagenen Abschaffung des Privateigentums niemand mehr arbeiten werde und statt dessen alle von den Produkten der Arbeit anderer leben wollten. Dagegen berichtet Hythlodäus vom Leben der Utopier, bei denen es unter der Voraussetzung des Gemeineigentums zu einer gewaltigen Steigerung der Produktion bei gleichzeitig stabilen Sozialstrukturen und der ihnen zugrundeliegenden Werte gekommen sei. Nicht am Erwerb und der Vermögensakkumulation von einzelnen, sondern an der gemeinsamen Subsistenzsicherung sei das Leben der Utopier orientiert. Die systematische Anwendung des technischen Fortschritts, die durch das Gemeineigentum erleichtert werde, habe schließlich sogar zu einer erheblichen Reduzierung der Arbeitszeit geführt.

Trotz seiner Orientierung am Modell Platons, die sich u.a. in der strengen Hierachie der Utopiergesellschaft zeigt, hat Morus die platonische Vorstellung von der Frauengemeinschaft nicht übernommen. Freilich werden Eheschließungen auch in Utopia nicht länger der Willkür einzelner oder traditionellen Vorgaben überlassen, sondern unter die Kontrolle des Gemeinwesens gestellt. Die Ehe gilt in Utopia als unauflöslich, und Ehebruch wird mit härtester Sklaverei bestraft. Überhaupt sind die Gesetze auf Utopia streng, wobei freilich die Rechtsbrüche relativ selten sind, da Eigentumsdelikte wegfallen. Auch dringt in die Utopiergesellschaft nicht die Gewaltsamkeit zeitweilig unbeschäftigter Soldaten ein (wie dies Morus in seiner Englandkritik breit dargelegt hat), da Utopia nur Defensivkriege führt und für diese in der Regel fremde Völker anwirbt (Gold ist im Überfluß vorhanden, da es von den Utopiern selbst verachtet wird; sie fertigen daraus Nachttöpfe), die das Staatsgebiet nicht betreten. Nur im äußersten Notfall greifen die Utopier selbst zur Waffe: Dann beteiligen sich alle ohne Ausnahme an der Verteidigung der Insel.

Campanellas *Civitas solis* ist im Vergleich mit Morus' elegantem und ironischem Text eher unbeholfen und ungeschliffen; ein genuesischer Seefahrer berichtet von seiner Gefangenschaft bei den Solariern, in die er nach seinem Schiffbruch geraten ist. Die Sonnenstadt auf der Insel Taprobana (wahrscheinlich Ceylon), die genau auf dem Äquator liegt, ist in sieben Ringe geteilt und terassenförmig um einen Hügel angelegt, auf dessen oberstem Punkt der Tempel steht, der die astrologische Ordnung der Welt veranschaulicht. Die Solarier besitzen ein einziges Buch, in dem das gesamte Wissen leicht und verständlich dargestellt ist. Dieses Wissen ist auch auf den Innenseiten der Mauerringe aufgezeichnet; es handelt sich also um ein konstantes Wissen; einen relevanten Wissensfortschritt gibt es nicht. Die Ordnung des Gemeinwesens ist noch strenger und strikter hierarchisiert als bei Morus, worin sicherlich auch Campanellas Prägung durch den Dominikanerorden, dem er angehört hat, ihren Niederschlag gefunden hat. Die eugenische Kontrolle, die Campanella vorsieht, erinnert an Platon: Große und schöne Frauen werden mit großen und tüchtigen Männern verbunden, dicke Frauen mit mageren Männern, schlanke Frauen mit starkleibigen Männern, grübelnde Gelehrte mit lebhaften und lebenstüchtigen Frauen, rührige und jähzornige Männer mit fetten Frauen von sanften Sitten. Bei Campanella begründen die Solarier dies damit, daß Kinderzeugung nicht Sache des einzelnen, sondern des Staates sei. Einen entsprechend großen Einfluß haben deshalb auch die Ärzte auf die Ordnung des Gemeinwesens. Infolge der strikten Rationalisierung der Arbeit beträgt die Arbeitszeit nur noch vier Stunden, so daß den Solariern viel Zeit für Erholung, Bildung und Vergnügen zur Verfügung steht.

Im Unterschied zu Campanella war Francis Bacon von der Erfordernis eines kontinuierlichen Fortschritts der Wissenschaften überzeugt, und deswegen hat er die Produktion technisch verwertbaren Wissens ins Zentrum seiner Utopie *Nova Atlantis* gestellt. Auch hier führen Windflaute und Sturm die Besatzung eines Schiffes, das von Peru nach China fahren wollte, nach Neu-Atlantis. Dort ist man über die anderen Länder und Völker gut informiert, verschafft sich durch Kundschafter auch regelmäßig Kenntnisse, zumal über technische Neuerungen in anderen Ländern, sucht aber selbst unbekannt zu bleiben, indem man allen, die nach Neu-Atlantis gelangen, ein Schweigegebot auferlegt. Im Mittelpunkt der Insel steht das Haus Salomons, in dem in großen Laboratorien Experimente durchgeführt und Instrumente entwickelt werden, die die Leistungsfähigkeit der Menschen zu steigern versprechen. In der Literatur über Bacons Utopie hat sich die bereits bei Morus anzutreffende Kontroverse wiederholt: Während für die einen Bacon am Anfang des Projekts einer wissenschaftlich-technischen Naturbeherrschung steht, haben andere ihn, nicht zuletzt mit Blick auf die Benennung des neuatlantischen Forschungszentrums als Haus Salomons, als Repräsentanten eines neuen Bundes zwischen Gott und Menschen begriffen, bei dem die Entgöttlichung der Natur im wissenschaftlichen Experiment durch starke theologische Bindungen kompensiert wird. Auch Gottfried Schnabels *Insel Felsenburg* und Johann Valentin Andreaes *Christianopolis* verweisen auf die starken religiösen Motive bei der Entstehung der neuzeitlichen Utopie, die neben der Dominanz von Naturbeherrschung und Sozialtechnologie leicht übersehen werden. Eher als politische Ordnung, die flexibel auf soziale Prozesse reagiert und diese nicht blockiert, wie dies bei Morus und Campanella der Fall ist, ist James Harringtons Werk *The Commonwealth of Oceana* (1656) angelegt, das als politische Theorie und als Utopie gelesen werden kann.

*Lit.:* Der utopische Staat, übersetzt und hrsg. von Klaus J. Heinisch, Reinbek 1960 (enthält die Texte von Morus, Campanella und Bacon). – James Harrington: Oceana, hrsg. von H. Klenner und K. K. Szudra, Leipzig 1991. E. Bloch: Das Prinzip Hoffnung, Bd. 2, Frankfurt/M. 1973. – G. Bock: Thomas Campanella, Tübingen 1974. – J. C. Davies: Utopia and the Ideal Society, Cambridge u.a. 1983.

→Entdeckung und Eroberung; →Humanismus; →Idealstadt; →Menschenbild; →Rabelais.

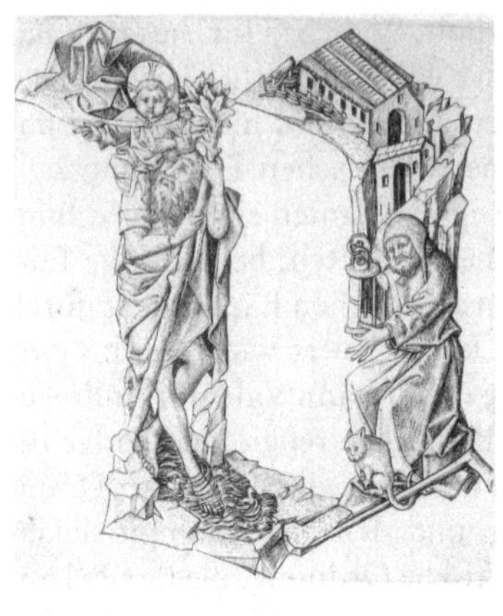

**Vasari, Giorgio**
*(* 30. Juli 1511 in Arezzo; † 27. Juni 1574 in Florenz)*

Bei Vasari ist nicht klar, ob er wirklich noch zur Renaissance gehört oder bereits aus der anschließenden Epoche des Manierismus auf sie zurückblickt; dennoch kommt keine Darstellung der Renaissance ohne eine ausführliche Beschäftigung mit Vasari aus, denn er erst hat der Epoche ihren Namen (*rinascimento*) gegeben und ihr kunstgeschichtliches Profil geprägt. Vasari war ein vielbeschäftigter, freilich eher mittelmäßiger Maler, ein recht erfolgreicher Architekt, der von seinem Landesherrn Großherzog Cosimo I. mit immer neuen Projekten bedacht wurde, und vor allem ein überaus erfolgreicher Schriftsteller, der durch seine *Vite de più excellenti pittori, scultori e architettori italiani*, eine Sammlung von Biographien der großen Künstler der Renaissance, zum Begründer der europäischen Kunstgeschichte geworden ist.

Einer Handwerkerfamilie aus Arezzo entstammend, erhielt Vasari schon früh Malunterricht; daneben wurde ihm durch die Aretiner Humanisten Antonio da Saccone und Giovanni Pollastra humanistische Bildung in ihren Grundzügen vermittelt, und schon bald soll er größere Passagen aus Vergils *Aeneis* auswendig gewußt haben. Diese Kenntnis antiker Mythen und Symbole ist sicherlich einer der Gründe, daß viele Bilder Vasaris mit allegorischen Anspielungen und symbolischen Hinweisen überladen sind. Dennoch ist der frühe Erwerb humanistischer Bildung um so bemerkenswerter, als die Ausbildung zum Maler nach wie vor als ein Handwerk galt, das zu erlernen für den Sohn eines Töpfers (ital. *vasaio* – Vasari macht daraus seinen Familiennamen; die Familie hatte sich zuvor nach ihrer regionalen Herkunft benannt) nicht ungewöhnlich war; der Erwerb humanistischer Bildung dagegen zielte auf sozialen Aufstieg.

Bald gelangte Vasari in den Umkreis der Medici-Familie, die in Florenz wie in Rom sein weiteres Fortkommen förderte; im Unterschied zum typischen Renaissancekünstler, der, zumindest zeitweise, die Unabhängigkeit und Ungebundenheit städtisch-republikanischen Lebens schätzte, wurde Vasari zum klassischen Typ des Hofkünstlers, der die Protektion eines Herrschers, Papstes oder einer mächtigen Familie suchte, um mit Aufträgen bedacht zu werden. Dabei nahm Vasaris Karriere keinen guten Anfang, denn die Medici, in deren Schutz er sich zunächst begeben hatte – Papst Clemens VII., Kardinal Ippolito de' Medici und Herzog Alessandro –, starben früh oder fielen Mordanschlägen zum Opfer, so daß Vasari in den Wirren der späten 20er wie der späten 30er Jahre durch Italien zog, um sich an unterschiedlichen Orten Aufträge zu suchen. Die für seine Entwicklung als Maler wichtigen Fresken im Kloster Camaldoli sind in diesem Zusammenhang entstanden. Ohne sie wären Vasaris große Fresken in der *Salone dei Centi Giorni* des Vatikanpalasts (1571/73), die Szenen aus dem Leben Papst Pauls III. darstellen, sowie die in der *Sala dei Cinquecento* des Palazzo Vecchio in Florenz (ab 1553), auf denen die Taten und Erfolge Cosimos I. verherrlicht werden, nicht möglich gewesen.

1550 hatte Vasari die Bauleitung für die großangelegte innere Umgestaltung des Palazzo Vecchio übernommen, und hier konnte er sein glänzendes Organisationstalent voll zur Entfaltung bringen. Da Cosimo I. Florenz von einer Stadtrepublik zur Hauptstadt der gesamten Toskana umgestaltete (1554 hatte er auch die Republik Siena und das ihr zugehörige Gebiet unter seine Kontrolle gebracht), wurden schließlich Neubauten für die erweiterte Verwaltung erforderlich, und Vasari baute die *Uffizien* (ab 1560), die zunächst als Verwaltungsgebäude errichtet und erst später als Präsentationsräume für eine der bedeutendsten Gemäldesammlungen der Welt genutzt wurden. Auch in Pisa wurde Vasari als Architekt tätig, wo er an der heutigen *Piazza dei Cavalieri di Santo Stefano* zwei Paläste und eine Kirche (1562) für den von seinem Landesherrn neugegründeten Ritterorden des hl. Stefans errichtete.

Vasaris größtes und bedeutendstes Projekt aber waren die *Vite*, seine Lebensbeschreibungen der bedeutendsten Künstler, die der Kunst in Italien zu neuer Blüte verholfen hatten. Vasari hat zwei Ausgaben der *Vite* vorgelegt, die sich in Charakter und Umfang deutlich voneinander unterscheiden und nach ihren jeweiligen Druckern als *Torrentiniana* und *Giuntina* bezeichnet werden. Die 1550 erschienene *Torrentiniana* zeichnet sich gegenüber der 1568 veröffentlichten *Giuntina* durch größere gedankliche Stringenz und eine stärkere Beschränkung auf die herausragenden Künstler Italiens vom 14. bis ins 16. Jahrhundert aus. Mit der Zusammenstellung weiterer Künstlerbiographien in der *Giuntina* hat Vasari seinem Werk viel von seiner ursprünglichen Konzentration und Strenge genommen, es zugleich aber zu einer schier unerschöpflichen Fundgrube der Kunstgeschichte ausgebaut. Vasaris *Vite* sind bis heute das wichtigste Quellenwerk über die Kunst der Renaissance geblieben.

*Lit.:* G. Vasari: Le Vite de più excellenti pittori, scultori e architettori italiani, 9 Bde., Novara 1967. – Ders.: Künstler der Renaissance, hrsg. von H. Siebenhüner, Leipzig 1940/Köln 1997.
M. Ferbach: Cosimo I. de' Medici, Vasari und Michelangelo, Wien 1960. – R. Le Mollé: Giorgio Vasari. Im Dienste der Medici, Stuttgart 1998.

→Künstler; →Medici; →Renaissance.

## Venedig

«Diese Stadt Venedig, gemeinsamer Wohnsitz aller, freies Land, das niemals unterworfen wurde wie alle anderen, (...) nicht durch Hirten [erbaut] wie Rom, sondern durch mächtige und reiche Leute, ist seither immer ein Wall gegen die Barbaren und die Bekämpfer der Christenheit gewesen. (...) Sie steht inmitten der bewegten Wellen des Meeres am Rand der Tiefe wie eine Königin, behält ihren Schwung und liegt über den Salzfluten. (...) Und ihr Name ist, wie man sagt, so an Ansehen und Würde gewachsen, daß man mit Recht sagen kann: Sie darf wahrhaftig das Haupt Italiens und aller christlichen Völker genannt werden, weil sie an Klugheit, Tapferkeit, Großartigkeit, Milde und Güte alle überragt.» Mit diesen Worten eröffnete Marino Sanudo 1493 seine Beschreibung Venedigs, und selbst wenn man seine euphorischen Wendungen zu den rhetorischen Pflichtübungen des Städtelobs rechnet, so geben sie doch viel vom Selbstverständnis der Venezianer am Ende des 15. Jahrhunderts wieder. Es war geprägt vom Gefühl der Außergewöhnlichkeit, das nicht zuletzt aus der Lage der Stadt resultierte, dem Stolz auf die Unabhängigkeit und die Selbstbehauptung gegenüber allen Konkurrenten, dem Gefühl der Kontinuität und Stabilität und daraus resultierend der Überlegenheit gegenüber den übrigen italienischen Stadtrepubliken.

Vor allem Stabilität und Kontinuität wurden, als sich in den anderen oberitalienischen Stadtrepubliken Faktionskämpfe und Umsturzversuche häuften, gepriesen, und Humanisten wie Poggio Bracciolini rühmten, Venedigs Regierung entspreche vollendet dem ciceronischen Ideal der wahren Aristokratie. Grundlage dieser politischen Stabilität war die venezianische Verfassung, deren Prinzipien sich seit dem 12. Jahrhundert ausgebildet hatten. Sie enthielt sowohl monarchische als auch aristokratische und demokratische Elemente und beruhte auf einem ausgeklügelten System sich wechselseitig kontrollierender Institutionen, wobei das aristokratische Element stets ein merkliches Übergewicht hatte. Die zentralen Regierungsinstitutionen bildeten eine Pyramide, an deren Spitze der Doge stand und deren Basis die Generalversammlung bildete. Dazwischen befanden sich der Große Rat, der Rat der Vierzig (*Quarantia*), der Senat und der Rat des Dogen. Während die Mitgliedschaft im großen Rat seit Ende des 13. Jahrhunderts erblich und den Mitgliedern der alten adligen Kaufmannsfamilien, den *nobili*, vorbehalten war, wurden alle anderen Ämter auf Zeit vergeben. Der Doge wurde von der *Quarantia* gewählt, nachdem diese selbst im Großen Rat in einem äußerst komplizierten Prozedere aus Los- und Wahlverfahren zusammengesetzt worden war. Das Amt des Dogen wurde als einziges auf Lebenszeit vergeben, während alle anderen Ämter nur für ein oder zwei Jahre besetzt wurden. Der Doge selbst war stets von seinem Rat umgeben, ohne den er keine Entscheidung treffen konnte, und schon seit dem 12. Jahrhundert mußte jeder neugewählte Doge eine lange Liste von Pflichten beschwören, die er in seiner Amtszeit erfüllen sollte. Diese *Promissionen*, die ihm in regelmäßigen Abständen vorgelesen wurden, um ihn an seine Versprechungen zu erinnern, wuchsen sich in der Renaissance zu regelrechten Büchern aus und bildeten damit eine Art schriftliche Verfassung der Republik. Mit der Abschaffung der an der Basis der Regierungspyramide stehenden Volksversammlung, dem *arengo*, der alle freien Bürger angehörten, verstärkte sich im 15. Jahrhundert das adelige Element im Aufbau der Regierung, und ab 1462 wurde nicht mehr von Kommune, sondern nur noch von Signoria und Dominium gesprochen, wenn es um die Regierung der Stadt ging. Auch wenn damit der größte Teil der *cittadini* faktisch von der Herrschaft ausgeschlossen war, regte sich kaum Widerstand gegen diese Konzentration der Macht. Zum einen kam es in der Stadt selten zu Mangelkrisen, die andernorts zu Aufständen geführt hatten, und zum anderen waren die *popolani* in die Repräsentationsrituale der städtischen Feste und Prozessionen fest integriert, wodurch sie eine Form sozialer Anerkennung erfuhren, die ihnen andernorts verwehrt blieb. Von großer Bedeutung für die Integration der Bürger in das soziale Leben waren auch die *scuole*, die religiösen Bruderschaften, die sich in erster Linie wohltätigen Aufgaben widmeten und sowohl Adlige als auch Bürgerliche aufnahmen.

Die Verfassungskontinuität verdeckt freilich, welche grundlegenden politischen und ökonomischen Veränderungen Venedig im 15. und 16. Jahrhundert erfuhr. Ursprünglich gründete sich Venedigs Reichtum auf den Handel mit Salz, das in den Salinen der Lagune gewonnen wurde. Das Salz wurde nicht nur auf das Festland verkauft, sondern auch in die Levante, wo man im Gegenzug Getreide für die wachsende Bevölkerung der Stadt einkaufte. Daneben traten ab dem 12. Jahrhundert der Handel mit Holz, Sklaven und Waffen, mit denen insbesondere Ägypten beliefert wurde. Seit der Eroberung Konstantinopels im Jahre 1204 wurde schließlich der Handel mit den Luxusgütern des Orients, wie Seide, Gewürzen, Perlen und Edelsteinen, zu einer Säule des venezianischen Reichtums. Voraussetzung dafür war die venezianische Herrschaft über die Adria und das Niederhalten jedes potentiellen Konkurrenten im Mittelmeerhandel, was nur mit Hilfe einer großen Flotte möglich war. Diese Position konnte Venedig über mehr als zwei Jahrhunderte erfolgreich verteidigen, auch wenn ihm im westlichen Mittelmeer seit dem 12. Jahrhundert mit Genua eine nicht unbedeutende Konkurrenz erwuchs, gegen die im 13. und 14. Jahrhundert immer wieder Kriege geführt wurden. Nach dem Krieg von Chioggia (1378–81), bei dem Venedig die Konkurrentin endgültig in die Schranken weisen konnte, herrschte die *Serenissima* für mehr als fünfzig Jahre unangefochten über das Mittelmeer.

Dennoch wandte sich die Stadt zu dieser Zeit erstmals dem Festland zu. Zu Beginn des 14. Jahrhunderts verfügte Venedig über ein ausgedehntes Kolonialreich in der Levante, aber im italienischen Hinterland reichte sein Herrschaftsgebiet nicht einmal bis Mestre. Das änderte sich nun: 1405 gelangten Padua, Vicenza und Verona unter venezianische Herrschaft, 1420 wurden Udine und Friaul erobert und in den folgenden Jahren große Gebiete in der Lombardei mit den Städten Brescia (1426), Bergamo und Cremona (1429). Während Venedig auf dem Festland expandierte, erwuchs ihm im östlichen Mittelmeer mit dem Osmanischen Reich eine Konkurrenz, die bald nicht mehr nur einzelne Stützpunkte, sondern Venedigs Stellung insgesamt bedrohte. Seit der Eroberung Konstantinopels kam es immer wieder zu kriegerischen Zusammenstößen, und am Ende des Jahrhunderts verlor Venedig seine wichtigsten Kolonien im ägäisch-kleinasiatischen Raum. Gleichzeitig führte die Republik auf der *terra ferma* immer neue Kriege, die das eigene Herrschaftsgebiet weiter ausdehnten, womit man zuletzt jedoch alle anderen Mächte gegen sich aufbrachte. 1508 vermittelte Papst Julius II. im französischen Cambrai ein Bündnis, in dem sich nicht nur Papst und Kaiser, sondern auch die Könige von Spanien, Frankreich und Ungarn sowie mehrere italienische Herzöge zusammenschlossen, um dem venezianischen Expansionsstreben Einhalt zu gebieten. Venedig verlor (1509) nach der Schlacht von Agnadello nahezu alle seine Festlandsbesitzungen. Schon bald wendete sich jedoch das Blatt wieder zu Venedigs Gunsten, und 1516 war die Republik wieder im Besitz nahezu aller früheren Festlandsbesitzungen. Dennoch zog man aus der Niederlage von Agnadello einige Lehren: In den nachfolgenden italienischen Kriegen setzte Venedig seine Streitkräfte nur noch ein, um eigene Gebiete zu schützen, und ab 1529 verfolgte man eine stärker auf diplomatische als militärische Mittel gestützte Politik.

Mit dem Aufstieg des Osmanischen Reichs, das 1517 Ägypten und Syrien eroberte und ab 1522 das östliche Mittelmeer beherrschte, geriet Venedig jedoch als Seemacht immer mehr unter Druck. Allein konnte es der türkischen Flotte nicht genug entgegensetzen; es war auf die Hilfe Spaniens angewiesen, das freilich die venezianische Stellung seinerseits gefährdete. Venedig brauchte daher die Spanier gegen die Türken, war aber andererseits auf Frankreich angewiesen, um Spanien in Schach zu halten. Damit war die Republik zwischen die Mühlsteine der großen Territorialmächte geraten. Mit dem Sieg der verbündeten Seestreitkräfte des Papstes, Spaniens und Venedigs gegen die Türken in der Seeschlacht von Lepanto im Jahre 1571 konnten die Venezianer zwar noch einmal einen glänzenden Sieg ihrer Flotte verbuchen, doch die Spanier hatten anschließend kein Interesse daran, Venedig bei der Rückeroberung Zyperns zu unterstützen, womit sich der Sieg für Venedig als Pyrrhussieg erwies. 1573 verließ Venedig die Liga und schloß einen Separatfrieden mit den Osmanen, in dem es den Verlust von Zypern anerkannte und sich zu Reparationszahlungen verpflichtete. Mit den großen Territorialstaaten, die im 16. Jahrhundert zunehmend die Politik bestimmten, konnte Venedig nicht mehr mithalten.

Zugleich verwandelte sich die venezianische Aristokratie im 15. und 16. Jahrhundert aus einer Kaufmannsaristokratie in grundbesitzenden Landadel. Im 16. Jahrhundert waren nicht mehr Seehandel und Schiffsverkehr die prosperierenden Wirtschaftszweige, sondern Gewerbe und Landwirtschaft. Zunehmend ging die Stadtbevölkerung gewerblichen Tätigkeiten nach, während sich die adligen Familien auf ihre Landgüter auf der *terra ferma* konzentrierten. Zwar ging der Gewürzhandel nicht in dem Ausmaß zurück, wie einige der venezianischen Kaufleute befürchtet hatten, nachdem Portugal den Seeweg nach Indien entdeckt hatte, aber das einstige Monopol war verloren. So beruhte die wirtschaftliche Position Venedigs im 16. Jahrhundert vor allem auf der Erweiterung der Manufakturproduktion. Die schon im Mittelalter bedeutende Glasherstellung wurde ausgeweitet, die Seidenherstellung stieg um mehr als das Dreifache, und schließlich wurde Venedig führend in der Herstellung von Wollstoffen, die zuvor eine Domäne von

Florenz gewesen war. Auch im Buchdruck wurde Venedig zum führenden Herstellungs- und Vertriebszentrum: Mehr als die Hälfte aller in Italien bis 1500 gedruckten Bücher wurde hier hergestellt. Der berühmteste venezianische Drucker und Verleger war der Humanist Aldus Manutius, der nicht nur in den achtziger Jahren damit begann, die antiken Klassiker in griechischer Sprache zu drucken, sondern für die lateinischen und volkssprachlichen Werke als Neuerung die Kursivschrift einführte, die kleinere Buchformate ermöglichte und damit Bücher für breite Kreise erschwinglich machte. Dadurch entstand ein neuer Markt für Druckwerke, und Venedig zog als Verlagszentrum zunehmend Männer an, die allein vom Schreiben lebten, ohne von einem höfischen Mäzen abhängig zu sein, wie Pietro Aretino, den man als den ersten freien Autor bezeichnet hat.

Der Wandel Venedigs zeigte sich nicht zuletzt in der Architektur: Die älteren Paläste vom Typ der *casa fondaco* waren trotz der byzantinischen Einflüsse nur mäßig verzierte Zweckbauten, die als Wohnung und Warenlager der Kaufleute dienten und deren Äußeres sich von dieser Funktion her bestimmte. Im 15. Jahrhundert jedoch legte man bei den am Canal Grande gelegenen Palästen mehr Wert auf die Außenfassade, und zunehmend wurden Schmuckelemente des Dogenpalastes auf die Privathäuser übertragen, was zuvor streng verpönt gewesen war. Immer prunkvoller wurden auch die Versammlungshäuser der *scuole*, von denen ein Teil im 15. Jahrhundert neu erbaut wurde, wie die *Scuola Grande di San Marco*, die Ende des 15. Jahrhunderts nach einem Brand neu errichtet werden mußte. Die venezianische Architektur der Hochrenaissance wurde von Jacopo Sansovino, der die an der Westseite des Markusplatzes gelegene *Biblioteca Marciana* (1536) im römischen Renaissancestil errichtete, und von Andrea Palladio geprägt, der die auf der Guidecca gelegene Kirche *Il Redentore* (seit 1577) sowie die Klosterkirche von *San Giorgio Maggiore* (seit 1565) erbaute. Palladios Entwürfe bestachen durch ihren architektonisch rationalen und klaren Aufbau, der jedoch in der engräumigen Lagunenstadt nur an wenigen Plätzen zur Geltung kommen konnte. Für die auf der Giudecca dem Markusplatz gegenübergelegene *Redentore*-Kirche wurde eigens eine Reihe von Häusern abgerissen, damit die Blickachse auf die Kirche frei war.

Als Auftraggeber für bildende Künstler spielten vor allem die *Scuole* eine entscheidende Rolle. Prunkvoll ausgemalte Familienkapellen, die in anderen Stadtrepubliken die Regel waren, blieben in Venedig die Ausnahme. Mehrere *scuole* ließen im 16. Jahrhundert ihre Versammlungsgebäude neu und prachtvoll ausstatten, wie die *Scuola Grande di S. Giovanni Evangelista*, für die Vittore Carpaccio einen Bilderzyklus über die Wunder der Kreuzreliquie (1495) malte, oder die *Scuola Grande di S. Rocco* (zwischen 1565 und 1587), die Jacopo Tintoretto mit mehr als sechzig großformatigen Szenen aus dem Alten und Neuen Testament ausschmückte. Ein nicht minder wichtiger Auftraggeber war die Republik selbst, vertreten durch den Großen Rat. Der Dogenpalast war insofern nicht nur das Zentrum der politischen Ordnung, sondern hier wurde auch das Selbstbild der Republik in zahlreichen Gemälden zur Darstellung gebracht. Die Halle des Großen Rates, des größten und wichtigsten Raums der politischen Repräsentation, enthielt Mitte des 16. Jahrhunderts zahlreiche Gemälde der bedeutendsten Maler der Stadt, unter ihnen Gentile und Giovanni Bellini sowie Tizian; nach dem Brand von 1577 wurden Jacopo Tintoretto, Paolo Veronese und Jacopo Palma il Giovane mit der Neuausstattung beauftragt. Dabei wurde schon relativ früh auf Leinwand gemalt – die neue Technik, mit Ölfarben auf Leinwand zu malen, hatte sich den siebziger Jahren des 15. Jahrhunderts in Venedig bereits völlig durchgesetzt – und nicht in der ansonsten verbreiteten Freskotechnik, da Fresken in der feuchten Luft der Lagunenstadt keine lange Lebensdauer hatten. Die Wandbilder der Halle des Großen Rates widmeten sich der ruhmreichen Vergangenheit und beschworen die Erinnerung an große Schlachten und diplomatische Triumphe. Vor dem Brand war der Raum dem 1177 in Venedig unterzeichneten Frieden zwischen Kaiser und Papst gewidmet; nach dem Brand kamen Szenen aus dem Vierten Kreuzzug (1204), der mit der Eroberung Konstantinopels geendet hatte, und dem Chioggia-Krieg hinzu, in dem die alte Rivalin Genua endgültig besiegt wurde. Weitere Gemälde im Dogenpalast allegorisierten historische Ereignisse, wie etwa die *Allegorie der Liga von Cambrai* von Palma il Giovane.

Was Reichtum wie Ausschmückung der Stadt anging, wurde Venedig in der Renaissance immer prächtiger, und der Glanz der

Stadt mit ihren Festen und Umzügen machte auf viele Zeitgenossen großen Eindruck. Das konnte jedoch nicht überdecken, daß Venedigs politisch-ökonomische Position zunehmend prekärer wurde. Venedig war zwar nach wie vor, wie Marino Sanudo suggeriert hatte, innenpolitisch ein Hort von Stabilität und Kontinuität, aber außenpolitisch geriet es immer stärker unter Druck. Der Aufstieg des Osmanischen Reichs, die Verschiebung des Fernhandels vom Mittelmeer auf den Atlantik und das zunehmende Übergewicht der Territorialstaaten in Europa schwächten Venedig erheblich, und der Glanz, den die *Serenissima* in der Renaissance stärker denn je verbreitete, war eher das Anzeichen einer herbstlichen Vollendung als einer Frühlingsblüte.

*Lit.:* P. Fortini Brown: Renaissance in Venedig, Köln 1998. – F. Lane: Seerepublik Venedig, München 1980. – E.-S. u. G. Rösch: Venedig im Spätmittelalter 1200–1500, Freiburg / Würzburg 1991.– A. Zorzi: Venedig, Düsseldorf 1985.

→Architektur; →Buchdruck; →Diplomatie; →Florenz; →Malerei; →Palladio; →Staat.

## Vespucci, Amerigo
*(* 9. März 1451 in Florenz, † 22. Februar 1512 in Sevilla)*

Daß nicht Kolumbus, sondern Amerigo Vespucci dem neuentdeckten Kontinent seinen Namen verlieh, ist letzterem verschiedentlich verübelt worden. Man hat ihm vorgeworfen, er sei ein Aufschneider gewesen und von seinen angeblich vier Reisen in die Neue Welt habe er höchstens zwei unternommen. Bei seinen Zeitgenossen freilich stand Vespucci in hohem Ansehen; König Ferdinand ernannte ihn 1508 zum ersten *Piloto Mayor* (Chefnavigator) der *Casa de la Contratación de las Indias,* und in humanistischen Kreisen galt er als der hervorragendste Ethnograph der Neuen Welt. Daß Vespucci der Neuen Welt den Namen gab, verdankt er den Kosmographen Matthias Ringmann und Martin Waldseemüller: 1507 setzten sie den Namen *America* in eine Karte ein, die sie ihrer *Cosmographiae Introductio* beifügten, und Ringmann begründete dies damit, er wisse nicht, «warum jemand mit Recht dagegen sein könnte, diesen Erdteil nach seinem Entdecker Americus, einem

Mann von scharfsinnigem Verstand, ‹Amerige›, gleichsam Land des Americus, oder ‹America› zu benennen ...»

Ende 1503/Anfang 1504 erschien Vespuccis *Mundus Novus*, ein Bericht über seine Reise nach Brasilien; er wurde sogleich in zahlreiche europäische Sprachen übersetzt und erschien bis 1511 in 27 verschiedenen Auflagen. Vespucci beschrieb darin sowohl die kosmo- und geographischen Gegebenheiten des neuentdeckten Landes als auch die Lebensbedingungen seiner Bewohner, der Tupinamba. Dabei hob er besonders hervor, daß sie weder Kleidung noch Eigentum oder Herrschaft kennen, aber nichtsdestoweniger Kriege führen würden und grausame Kannibalen seien. Im Gegensatz zu Kolumbus hatte Vespucci erkannt, daß es sich bei dem entdeckten Festland nicht um Indien handeln konnte. Auf seiner ersten Reise, einer Entdeckungsfahrt entlang der neuspanischen Küste unter der Leitung des Alonso de Ojeda (auch Hojeda), hatte er Längengradmessungen vorgenommen, und am 23. August 1499 konnte er die Konjunktion des Mondes mit dem Mars beobachten, deren Zeitpunkt für Ferrara er den mitgeführten Tabellen des Regiomontanus entnahm. Aufgrund der Differenz zwischen den Ortszeiten der Konjunktionen konnte er die Zahl der Meridiane zwischen Cadiz und dem westlichsten Punkt seiner Reise bestimmen. Anhand weiterer astronomischer Daten kam er zu dem Schluß, daß die Zahl der Meridiane geringer als bisher angenommen sein mußte, d.h., daß der Abstand zwischen den Längengraden größer war als bislang behauptet. Auf seiner zweiten Reise schließlich vermaß er nahezu die gesamte Ostküste des südamerikanischen Kontinents nach Breiten- und Längengraden und kam dabei zu dem Schluß, daß das neuentdeckte Land nicht Indien sein konnte, sondern ein bisher unbekannter Kontinent, ein «Mundus nuovus», sein mußte.

Als *Piloto Mayor* der *Casa de la Contratación* hatte Vespucci eine Funktion inne, die ihn zwar weniger berühmt machte, ihm aber erheblichen Einfluß verschaffte. Die *Casa de la Contratación* war am 20. Januar 1503 per königlicher Verfügung gegründet worden war. Neben der Kontrolle aller nach «Indien» aus- und eingeführten Güter rüstete sie die Indienflotten mit nautischen Instrumenten, Karten und Fahrtrouten aus, wofür Vespucci seit Februar 1505 zuständig war. Im Oktober 1507 beschloß eine Kommission der vier besten Navigatoren Spaniens (Juan de la Cosa, Vicente Yañez Pinzón, Juan Díaz de Solís und Amerigo Vespucci) unter dem Vorsitz König Ferdinands, künftig auch die Tauglichkeit der Kapitäne prüfen zu lassen, durch deren Unfähigkeit nach ihrer Auffassung viele Schiffe und Waren verlorengingen. Die Prüfung der Kapitäne (*pilotos*) wurde daraufhin durch den *Piloto Mayor* vorgenommen, und Vespucci war der erste, der vom 22. März 1508 an dieses Amt ausübte. Außerdem war er dafür zuständig, eine Generalkarte Neuspaniens zu zeichnen, den *Padrón Real*, der die bis dahin kursierenden zahlreichen unterschiedlichen Karten ablösen sollte, um sicherzustellen, daß die Grenzen der spanischen *Reinas de las Indias* nicht willkürlich verschoben werden konnten. Mit diesem *Padrón Real*, der seit 1508 als alleinverbindliche Karte galt und von dem alle mit ihren Schiffen auslaufenden Kapitäne eine Kopie erhielten, definierte Vespucci im Auftrag des spanischen Königs die Umrisse des spanischen Imperiums.

*Lit.:* F. J. Pohl: Amerigo Vespucci: Pilot Major, New York 1966 (1944). – G. Ariniegas: Amerigo and the New World: the Life and Times of Amerigo Vespucci, New York 1955.

→Entdeckung und Eroberung; →Ethnographie; →Kartographie; →Kolumbus.

## Völkerrecht

Die Begründung des neuzeitlichen Völkerrechts war eine unmittelbare Folge der Entdeckung und Eroberung der Neuen Welt. Aus ihr ergaben sich die Grundfragen nach der Legitimität des Besitzanspruches, den Spanier und Portugiesen darauf erhoben, sowie die Frage, ob die Spanier berechtigt seien, gegen die ‹Barbaren› einen gerechten Krieg zu führen. Da diese Fragen nicht unabhängig von ihrem moraltheologischen Hintergrund erörtert werden konnten, ist es nicht verwunderlich, daß das neuzeitliche Völkerrecht in erster Linie von Theologen der spanischen Spätscholastik entwickelt wurde. Hatten Spanier und Portugiesen zunächst versucht, sich die rechtliche Legitimation für die überseeische Landnahme durch den Papst zu verschaffen, und im Vertrag von Tordesillas 1494 die Aufteilung der ihnen vom Papst zugesprochenen Gebiete vorgenommen, so zeigte sich schon bald, daß diese Legitimation problematisch war und überdies von den anderen europäischen Mächten nicht anerkannt wurde. Auch war es bei der Eroberung des mittel- und südamerikanischen Festlandes zu offenen Kriegshandlungen gekommen, die insofern Begründungsnöte aufwarfen, als das mittelalterliche Völkerrecht kein Recht der Eroberung anerkannte und Kriege nur als Strafkriege für legitim ansah. Als Strafkriege aber ließen sich die Eroberungen der neuentdeckten Länder nicht legitimieren. Die insbesondere von dem Dominikaner Bartolomé de las Casas berichteten Grausamkeiten der spanischen Eroberer, die Versklavung der eingeborenen Bevölkerung und die Ausrottung ganzer Völker warfen in Spanien die Frage auf, ob die spanische Herrschaft in der Neuen Welt rechtlich legitim sei.

Der Begriff des Völkerrechts, *ius gentium*, war freilich älter als dessen Begründung und ging auf das römische Recht zurück. Im römischen Recht bildete das *ius gentium* (Völkerrecht) den Gegensatz zum *ius civile* (Zivilrecht), es entsprach dem heutigen internationalen Privatrecht, das primär Handels- und Fremdenrecht war. Darüber hinaus verstand man unter *ius gentium* die auf der *ratio naturalis* beruhenden und daher allen Völkern gemeinsamen Rechtsnormen, deren klassische Definition die römische Rechtssammlung der *Institutiones* im *Corpus iuris civilis* vorgegeben hatte: «Quod naturalis ratio inter omnes homines constituit, vocatur ius gentium» – «Was die natürliche Vernunft zwischen allen Menschen festgelegt hat, heißt Völkerrecht» (*De iure naturali et gentium*, Inst. I, 2,1). Gegenüber diesem römischen Rechtsgrundsatz verengte der Dominikaner Francisco Vitoria, der als der Begründer des neuzeitlichen Völkerrechts gilt, den Begriff des *ius gentium* auf die Beziehungen zwischen Völkern, indem er *homines* durch *gentes* ersetzte: «Quod naturalis ratio inter omnes gentes constituit, vocatur ius gentium» – «was die natürliche Vernunft zwischen allen Völkern festgelegt hat, heißt das Recht der Völker» (*De Indis*, 3.Teil, Nr. 2). Francisco Suárez bezeichnete in seiner Nachfolge das Völkerrecht als jenes «ius, quod omnes populi et gentes variae inter se servare debent» – «als Recht, das alle Völker und

Nationen untereinander befolgen müssen» (*De legibus*, LII, c. XIX, 8). Suárez unterschied zwischen einem *ius gentium inter se* und einem *ius gentium intra se*, womit er die alte Doppeldeutigkeit des *ius gentium* eindeutiger als Vitoria verabschiedete.

Vitoria beschrieb auf der Grundlage der von Thomas von Aquin entwickelten Ordnung des Seins das Naturrecht als *lex indicans* und entwickelte daraus eine Völkerrechtsordnung, die in der göttlichen Ordnung vorgezeichnet und auf das Wohl aller, das *bonum commune totius orbis*, ausgerichtet war. Das Völkerrecht wurzelte danach in erster Linie im Naturrecht und nur dort, wo die Regeln des Völkerrechts nicht unmittelbar aus dem Naturrecht ableitbar waren, auf dem Mehrheitskonsens der Völkergemeinschaft, der entweder durch Gewohnheit oder in Form eines Vertrages hergestellt werden konnte. Das Naturrecht bildete damit für Vitoria zugleich den Maßstab, nach dem die Gültigkeit völkerrechtlicher Bestimmungen beurteilt werden konnte. Demgegenüber zog der Jesuit Suárez einen deutlichen Trennungsstrich zwischen dem Naturrecht und dem Völkerrecht. Für Suárez war das *ius gentium* ein von Menschen gesetztes Recht, das in erster Linie auf Gewohnheiten oder auch auf Verträgen beruhte und daher, im Gegensatz zum Naturrecht, veränderlich war. Hinsichtlich der Völkerrechtsgemeinschaft ging Suárez zwar von einer im Naturrecht begründeten Gemeinschaft des Menschengeschlechts aus, die völkerrechtlichen Beziehungen beruhten nach seiner Auffassung jedoch auf dem positiven Willensentschluß der einzelnen Völker und bildeten insofern ein positives Recht zwischen souveränen Staaten.

Von naturrechtlichen Grundlagen ging Vitoria in seiner Vorlesung *De Indis Recenter Inventis* aus, in der er die Rechtmäßigkeit der Grundsätze erörterte, nach denen die Spanier bis dahin die neuentdeckten westindischen Inseln und Länder in Besitz genommen hatten. Zunächst diskutierte er die Frage, ob die Indianer vor der Ankunft der Spanier rechtmäßige Eigentümer der von ihnen bewohnten Länder und Sachen waren, d. h., ob ihnen Eigentums- und Souveränitätsrechte zukamen. Vitoria bestritt, daß es sich bei den neuentdeckten Ländern um eine *terra nullius* gehandelt habe, herrenloses Land also, das von jedermann in Besitz genommen werden konnte, und entzog damit der ursprünglich angewandten Legitimation für die Inbesitznahme, dem Entdeckungs- oder Finderecht, den Boden. Sodann handelte er die illegitimen Rechtstitel ab, mit denen bislang versucht worden sei, die Inbesitznahme zu rechtfertigen. Er erkannte weder dem Kaiser noch dem Papst das Recht zu, aufgrund eines universalen Herrschaftsanspruchs über die neuentdeckten Länder zu verfügen, negierte das Recht der Entdeckung als Begründung der Inbesitznahme und sah auch in der Weigerung der Indianer, den christlichen Glauben anzunehmen, keine Rechtfertigung für ihre Unterwerfung; selbst Missetaten der ‹Barbaren› und ihre angeblich beim ersten Eintreffen der Spanier erfolgte Zustimmung zu der Aufforderung, den spanischen König als ihren neuen Herrscher anzuerkennen, ließ er nicht als herrschaftsbegründend gelten. Als rechtmäßige Titel betrachtete Vitoria lediglich die natürliche Gesellschaft und Gemeinschaft aller Menschen, die es den Spaniern erlaube, in die indischen Länder einzuwandern und Handel zu treiben, die christliche Religion zu verkündigen sowie den Schutz der bereits Bekehrten zu gewährleisten. In seinen näheren Bestimmungen dieser Rechtstitel und ihrer Ausübung zeigte sich freilich, daß Vitoria nicht beabsichtigte, an den Grundfesten der spanischen Kolonialherrschaft zu rütteln, denn mit dem päpstlichen Missionsauftrag an die Spanier begründete er sowohl den Ausschluß aller anderen christlichen Nationen vom Handel mit Westindien als auch das Recht der Spanier, einen gerechten Krieg gegen die ‹Barbaren› zu führen, wenn diese sich der christlichen Verkündigung widersetzten oder bereits Bekehrte zwangen, sich vom Christentum wieder abzuwenden.

Deutlicher als in *De Indis* zeigten sich die daraus ableitbaren Herrschaftsbefugnisse der Spanier in Vitorias Vorlesungen über den gerechten Krieg, der Schrift *De Jure Belli Hispanorum in Barbaros.* In seiner Lehre vom gerechten Krieg entwickelte er in Anlehnung an das mittelalterliche Widerstandsrecht gegen die ungerechte Herrschaft eines Tyrannen ein Interventionsrecht, das es den Spanien erlaubte, ihre Expansion als Intervention zu definieren und sich damit eine *iusta causa* des Krieges gegen die Indianer zuzusprechen. Vitoria unterschied zwei Formen der Tyrannei: die Tyrannei eines Fürsten, der die Gesetze brach, und die Tyrannei von Sitten und Gebräuchen, die den universalen Prinzipien der Sittlichkeit und Gerechtigkeit zuwiderliefen. Darunter rechnete Vitoria insbesondere die Menschenopfer, die den Spaniern nicht nur das Recht, sondern geradezu die Pflicht zur Intervention verliehen, selbst unter der Voraussetzung, daß die Mehrheit der Bevölkerung diesen Brauch billige. Die mehrheitliche Billigung rechtfertige vielmehr, daß die Spanier nicht nur zur Verteidigung der Opfer intervenieren, sondern auch eine Herrschaft errichten durften, die es den Eingeborenen künftig unmöglich machte, ihr Leben oder das anderer für einen fanatischen Glauben zu opfern.

Vitorias Schüler Domingo de Soto schloß mit seinen Überlegungen zum gerechten Krieg unmittelbar an Vitoria an, aber neben den drei schon bei Vitoria genannten Voraussetzungen für die Führung eines gerechten Krieges, *auctoritas*, *causa iusta* sowie *forma iuris*, das Vorhandensein einer souveränen Gewalt, eines gerechten Grundes sowie einer förmlichen Kriegserklärung, fügte er als weitere Bedingung die Erfordernis der kriegerischen Gewalt an, d.h. die Verhältnismäßigkeit von Zweck und Mitteln. Von ähnlichen Voraussetzungen ging auch Francisco Suárez aus. Während er den Verteidigungskrieg grundsätzlich für legitim hielt, weil nach den Grundsätzen des Naturrechts Gewalt gegen Gewalt eingesetzt werden dürfe – *vim vi repellere licet* –, mußten für einen legitimen Angriffskrieg mehrere Voraussetzungen erfüllt sein: *auctoritas*, *intentio recta*, *causa iusta* und *forma iuris*. Als einzige *causa iusta* ließ Suárez, wie schon Vitoria und de Soto, vorhandenes schweres Unrecht gelten, schränkte diese Bestimmung aber noch weiter ein, indem er daran die Bedingung knüpfte, daß das Unrecht nicht anders bestraft oder wiedergutgemacht werden könne. Außerdem verlangte er, daß das erlittene Unrecht und die zu erwartenden Kriegsschäden in einem angemessenen Verhältnis zueinander stehen müßten. Andererseits verschärfte er die Identifizierung der *auctoritas* mit der Souveränität dahingehend, daß nur Souveränen, damit aber letztlich jedem Souverän, das *ius ad bellum* zukam, was für die völkerrechtlichen Regelungen innerhalb Europas von größter Bedeutung war. Wie bei Vitoria zeigte sich aber auch bei Suárez, daß er letztlich an der Rechtmäßigkeit der spanischen Herrschaft in Amerika nicht rütteln wollte.

In der Auseinandersetzung der europäischen Mächte um die neuentdeckten Länder war die Frage nach der Rechtmäßigkeit der spanischen Herrschaft in Amerika das Problem, dessen realpolitische Lösung in Europa dadurch erreicht wurde, daß die Europäer im Zeitraum zwischen 1494 und 1648 den überseeischen Bereich und Europa politisch und völkerrechtlich voneinander separierten, indem sie zunächst stillschweigend, später auch explizit übereinkamen, daß die politischen Verhältnisse in Europa und Übersee voneinander zu trennen seien. So erkannten Franzosen, Engländer und Niederländer den ausschließlichen Herrschaftsanspruch der Spanier und Portugiesen niemals an und drangen wiederholt in Bereiche ein, welche die beiden Kolonialmächte für sich allein beanspruchten. Dadurch kam es in Übersee immer wieder zu bewaffneten Zusammenstößen zwischen den europäischen Mächten. Um den faktischen Kriegszustand der europäischen Mächte in Übersee nicht auf Europa übergreifen zu lassen, vereinbarten Spanien und Frankreich erstmals mit den Friedensverhandlungen von Cateau-Cambrésis im Jahre 1559 *lines of amity*, Freundschaftslinien, die den Bereich des Friedens in Europa vom überseeischen Krieg um die kolonialen Besitzungen abtrennten. Jenseits der Freundschaftslinie, die sich aus dem Azorenmeridian und dem Wendekreis des Krebses zusammensetzte, betrachtete man sich wechselseitig als Feinde und versuchte, die Schiffe der anderen Seite aufzubringen, während man sich diesseits der Linie an bestehende Friedens- und Waffenstillstandsverträge hielt. »*No peace beyond the line*« – mit dieser Formel hat Sir Francis Drake das Nebeneinander von Kriegs- und Friedensordnung in Übersee und Europa auf den Punkt gebracht.

Bei diesen Auseinandersetzungen ging es nicht mehr nur um die spanische und portugiesische Herrschaft in Amerika und Indien selbst, sondern auch darum, ob sie die Franzosen, Engländer und Niederländer vom Handel mit den Kolonien und vom Befahren der Meere in bestimmten Gebieten ausschließen durften. Der Niederländer Hugo Grotius, der lange Zeit als der Vater des neuzeitlichen Völkerrechts galt, hat in seiner Schrift *Mare Liberum* (1609) den Portugiesen – implizit richtete sich sein Rechtsgutachten freilich gegen englische Ansprüche, weswegen John Selden auch Grotius' Argumente in seiner Gegenschrift *Mare Clausum* (1617/18) zurückwies – das Recht abgesprochen, über das Meer zu verfügen, denn es sei Gemeingut aller Menschen («commune est omnium mare elementum») und könne niemals Eigentum einzelner Völker sein. Er eröffnete damit eine Diskussion über die Freiheit der Meere, die das frühneuzeitliche Völkerrecht entscheidend geprägt hat, deren Zielrichtung aber nicht so sehr die Völkerrechtsordnung der Welt als vielmehr die Völkerrechtsordnung Europas war.

Ausgangspunkt der europäischen Völkerrechtsentwicklung des 16. und 17. Jahrhunderts war die These vom *bellum iustum ex utraque parte*, in der jeder Kriegspartei unbesehen gleichrangige Gründe und Absichten bei der Führung von Kriegen zugebilligt wurden. Die Legitimität des Krieges hing damit nicht länger am Anspruch einer bewaffneten Rechtsexekution, sondern der Krieg wurde zum Staatenduell, das nicht material hinsichtlich der Kriegsgründe, sondern nur noch formal hinsichtlich der Erklärung und Führung des Krieges normiert war.

*Lit.:* J. A. Fernández-Santamaria: The State, War and Peace. Spanish Political Thought in the Renaissance 1516–1559, Cambridge 1977. – J. Fisch: Die europäische Expansion und das Völkerrecht, Stuttgart 1984. – W. G. Grewe: Epochen der Völkerrechtsgeschichte, Baden-Baden 1984.

→Diplomatie; →Entdeckung und Eroberung; →Staat.

## Volkskultur

In fast allen kultur- und sozialhistorischen Arbeiten zur Renaissance geht es um die Kultur der Gelehrten und Gebildeten, nicht aber um die des Volkes, das der gesellschaftlichen Elite zumeist nur als eine gesichtslose Masse gegenübergestellt wird. Dabei ist die Trennung zwischen Gebildeten und Ungebildeten prinzipiell nicht neu, sondern hat bereits die Wissensordnungen der hoch- und spätmittelalterlichen Gesellschaften geprägt; was jedoch neu ist, sind die viel stärkere Präsenz der Elitenkultur innerhalb der Volkskultur und die dementsprechend häufigeren Berührungen und Überschneidungen, durch die – im Unterschied zu dem in Klöstern und Universitäten eingekapselten Elitenwissen des Mittelalters – die Differenz der beiden Kulturen sehr viel stärker wahrnehmbar und erfahrbar geworden ist.

Obendrein avancierten in der Renaissance Kultur und Bildung zu einem Mittel sozialer Distinktion, vermittels dessen die soziale Positionierung, deren feudal-aristokratische Legitimation im Gefolge der gesellschaftlichen Mobilisierung durch die entstehende Geldwirtschaft und die ‹Verstädterung› Europas fragwürdig geworden war, neu begründet und befestigt wurde.

Die Beziehung zwischen der Eliten- und der Volkskultur war in der Renaissance im wesentlichen asymmetrisch, d. h., die oberen Schichten partizipierten sehr wohl an der Volkskultur, während das Volk kaum Zugang zur Wissensordnung der Eliten hatte, oder anders formuliert: Während die Angehörigen der Elitenkultur die Popularkultur beobachten konnten, fehlten den Angehörigen der Volkskultur die sprachlichen und intellektuellen Mittel, um ihrerseits die Elitenkultur zu beobachten. Gleichwohl ist die Kultur des Volkes nur selten zum Thema der Renaissancekunst geworden; Ausnahmen sind die dem bäuerlichen Leben gewidmeten Stiche Albrecht Dürers und Urs Grafs, die das Leben der städtischen Unterschichten auffangenden Stiche Jacques Callots, vor allem aber die Bilder Pieter Brueghels d. Ä. So zeigen die Darstellungen der sieben Todsünden Zorn (*ira*), Faulheit (*desidia*), Stolz (*superbia*), Geiz (*avaritia*), Völlerei (*quela*), Neid (*invidia*) und Wollust (*luxuria*), die Brueghel 1557 mit Feder und brauner Tinte als Vorlage für die Kupferstiche Pieter van der Heydens schuf, unter starker Verwendung der phantastischen Figuren Hieronymus Boschs, das Leben und Treiben der dörflich-kleinstädtischen Bevölkerung in den Niederlanden. Noch prägnanter hat Brueghel die Volkskultur auf seinen Bildern *Schlaraffenland* (1557), *Der Kampf zwischen Karneval und Fasten* (1559) sowie *Hochzeitstanz im Freien* (1566) und *Bauerntanz* (1568) dargestellt. Wenn auch mit gelegentlich ironischer Distanz und einem ausgeprägten Sinn für das Groteske hat er das dörflich-bäuerliche Leben insgesamt mit großer Anteilnahme und Sympathie vorgeführt, was in vergleichbarer Weise für die italienische Malerei der Hochrenaissance unvorstellbar ist. Sie hat gegenüber dem Treiben der Bauern und der städtischen Unterschichten eine sehr viel stärkere Distanz gewahrt. Freilich hat insbesondere in der Toskana die Novellenliteratur von Boccaccio über Sacchetti bis Grazzini ein dichtes Bild von der hier weniger dörflichen als vielmehr städtischen Volkskultur entworfen. Auch im Werk von Cervantes und Rabelais, aber auch bei Shakespeare finden sich Darstellungen der Volkskultur.

In den Bildern Brueghels wie in den toskanischen Novellen werden Ausschweifung und Lüsternheit, Schamlosigkeit und Völlerei, Betrug, Ehebruch und Dieberei als wesentliche Bestandteile der Volkskultur vorgeführt. Darin kommt sicherlich auch der ‹Blick von oben› zum Ausdruck, der im Leben und Treiben der unteren Schichten vor allem einen Mangel an Selbst- und Sozialdisziplin wahrnimmt, der aber verschiedentlich auch mit einer gewissen Faszination das sorglose, dem Impuls des Augenblicks geschuldete Leben des einfachen Volkes beschreibt: Augenblicke maßlosen Überflusses wechseln sich hier mit langen Zeiten einer kargen und ärmlichen Lebensführung ab. Von besonderem Interesse bei der Beschreibung der Volkskultur aus der Sicht der sozio-kulturellen Eliten waren seit jeher Feiern und Feste, in denen vorzugsweise die Widerständigkeit der Volkskultur gegenüber den Erwartungen der Elite wahrgenommen wurde. Insbesondere der Karneval mit den drei Elementen des Festzugs, des Wettkampfs und des Schauspiels sowie den drei Hauptthemen Essen/Trinken, Sexualität und Gewalt hat besondere Aufmerksamkeit auf sich gezogen – nicht zuletzt deswegen, weil das ausgelassene Treiben jederzeit von einem spielerischen Fest in einen Aufstand, zumindest aber doch in massive Gewalthandlungen gegen die Reichen und Vornehmen umschlagen konnte. Plünderungen und Zerstörungen, die sich gegen die Zeugnisse und Symbole des kulturellen Überlegenheitsanspruchs der Oberschicht richteten, waren ein steter Begleiter der sich im Jahreszyklus wiederholenden Volksfeste, insbesondere des Karnevals, der Feier einer spielerisch verkehrten Welt, wie sie im Wechsel der Kleidung, aber auch der damit verbundenen gesellschaftlichen Rollen zum Ausdruck kam. Unter den Strategien der Oberschicht gegen diese sich periodisch wiederholende Gewaltdrohung sind die zeitlich begrenzte mimetische Anpassung der Eliten an die Volkskultur von dem Versuch ihrer disziplinierenden Kontrolle zu unterscheiden. Ein Beispiel für ersteres sind die Karnevalslieder, die Lorenzo de' Medici zum Florentiner Fastnachtstreiben beigesteuert hat; ein Beispiel für letzteres ist die sich seit der zweiten Hälfte des 16. Jahrhunderts durchsetzende Tendenz, die (spontane) Initiative des Volkes bei Festen und Feiern zurückzudrängen und sie der rationalisierenden und disziplinierenden Kontrolle der Obrigkeit zu unterwerfen. Der Impuls hierzu ist gleichermaßen von der Kirche wie vom Staat ausgegangen, wobei Luther und die an ihn anschließende Richtung der Reformation diesen Elementen der Volkskultur erheblich offener gegenüberstand als Zwingli, Calvin und der nachtridentinische Katholizismus, wie ja überhaupt Luthers Sprache und Bilderwelt eine große Nähe zur Volkskultur aufweisen.

In der Forschungsliteratur ist die Funktion der Volksfeste und des Karnevalstreibens kontrovers diskutiert worden: Während mit Blick auf die spätere Moralisierung und Disziplinierung des alljährlichen Fest- und Feierzyklus lange Zeit die Auffassung vorherrschend war, es habe sich hier um obrigkeitlich kontrollierte Ventile des Herrschaftssystems gehandelt, die in regelmäßigen Abständen geöffnet worden seien, um die aufgestauten Aggressionen und Frustrationen insbesondere Jugendlicher sozialverträglich zu kanalisieren, hat sich zuletzt im Anschluß an den russischen Kulturhistoriker Michail Bachtin die Auffassung durchgesetzt, daß es sich bei der Volkskultur um eine authentische Gegenkultur des Volkes gehandelt habe, die alternative Wissens- und Ordnungsvorstellungen zur hegemonialen Kultur der Eliten entwickelte und deren Ort das Gasthaus und die öffentlichen Plätze waren. Dabei ist freilich festzuhalten, daß Rabelais, auf dessen Werk sich Bachtin wesentlich stützt, aber auch Cervantes und John Gay eher der Eliten- als der Volkskultur angehörten – sofern man unter Elitenkultur, in erster Linie die einer humanistischen Bildung versteht – und aus deren spezifischer Perspektive Elemente der Volkskultur, wie die in pikaresker Tradition geschilderte Unterwelt von Sevilla bei Cervantes und die Londoner Unterwelt bei Gay, aufgenommen und überliefert haben. Ähnlich gilt dies für die Sammlungen von der Volkskultur entstammenden Volksweisheiten, Redewendungen und Sprichwörtern durch humanistische Autoren, wie etwa Polydoro Vergilio (*Proverbiorum et adagiorum veterum libellus*, 1498), Filippo Beroaldo (*Oratio proverbiorum*, 1499) und Erasmus von Rotterdam (*Adagia*, 1500–1533), in denen sich ein philologisches Interesse an der

Sprache des Volkes mit moralisch-didaktischen Absichten verbindet. Stärker noch an den Sprüchen und Schwänken des Volkes orientiert sind Heinrich Bebels *Fascetiae* (1508), die witzig-satirischen Schilderungen des Volkslebens, die vor allem vom Standpunkt der unteren Schichten erfolgen. Die Aufnahme von Bestandteilen der Volks- in die Elitenkultur war freilich immer mit einer Transformation aus der Oralität in die Literalität verbunden. Die Volkskultur beruhte auf mündlichen Tradierungsverfahren und war dementsprechend aus mnemotechnischen Gründen auf Schematisierungs-, Repetitions- und Variationstechniken angewiesen, wie sie sich sowohl an den Typisierungen der *Commedia dell'arte* als auch den Improvisations- und Variationstechniken der Musik ablesen läßt. Diese genuinen Elemente einer oralen Kultur des Volkes haben in die literale Kultur der Elite nur selektiv Eingang gefunden.

Der Aufnahme volkskultureller Elemente in die Elitenkultur steht die Verbreitung absinkenden Kulturgutes in der Volkskultur gegenüber; vor allem Ariosts *Orlando furioso*, aber auch Tassos *Gerusalemme liberata* sind hier zu erwähnen, von denen verkürzte und vereinfachte Volksausgaben zirkulierten, in denen in Form knapper Berichte von ritterlichem Auftreten Verhaltens- und Erwartungsstereotype verbreitet wurden, die von Cervantes dann einer ironisch-melancholischen Betrachtung über die Folgen abgesunkener Kulturgüter unterzogen worden sind. In einer ähnlichen Weise ist in den Stichen Marcantonio Raimondis das Werk Raffaels popularisiert worden, während der selbst dem Volk entstammende Pietro Aretino in seinen *Pasquinate* (sarkastischen Schmähschriften auf den Klerus und die römische Oberschicht) sowie den *Raggionamenti* (Gesprächen einer alten mit einer jungen Kurtisane) eine Position auf der Grenze zwischen Eliten- und Volkskultur bezogen und volkskulturelle Elemente zur systematischen Verletzung von Regeln der Elitenkultur genutzt hat. Mit den Prostituierten wird bei Aretino zugleich eine subkulturelle Gruppe innerhalb der umfassenden Volkskultur sichtbar, neben denen die Subkulturen der Soldaten, der Seeleute, der Bettler und Diebe usw. zu nennen sind, von denen jede ihre eigenen Idiome und Besonderheiten besaß, deren ‹verschulte› Weitergabe an nachfolgende Generationen ein beliebtes Thema in der Beobachtung der Popular- durch die Elitenkultur bildete. Neben der berufs- und tätigkeitsbezogenen Segmentierung der Volkskultur ist weiterhin die starke regionale Segmentierung zu erwähnen, die zugleich ein ausgeprägtes Orientierungsmuster innerhalb der Volkskultur darstellte. Bei allen Segmentierungen und Differenzierungen aber gilt, daß eine ausgeprägte Misogynie in allen europäischen Volks- und Subkulturen des 15. und 16. Jahrhunderts anzutreffen ist.

*Lit.:* M. Bachtin: Rabelais und seine Welt. Volkskultur als Gegenkultur, Frankfurt/M. 1987. – H. Bredekamp: Florentiner Fußball, Frankfurt/M. 1993. – P. Burke: Helden, Schurken und Narren. Europäische Volkskultur in der frühen Neuzeit, Stuttgart 1981. – Ders.: Städtische Kultur in Italien zwischen Hochrenaissance und Barock, Berlin 1987. – N. Z. Davis: Humanismus, Narrenherrschaft und die Riten der Gewalt, Frankfurt/M. 1987. – E. Le Roy Ladurie: Karneval in Romans, Stuttgart 1982. – Ph. und F. Roberts-Jones: Pieter Brueghel der Ältere, München 1997. – B. Scribner: Reformation, Karneval und die ‹verkehrte Welt›; in: Volkskultur, hrsg. von R. van Dülmen und N. Schindler, Frankfurt/M. 1984, S. 117–152.

→Boccaccio; →Cervantes; →Frömmigkeit; →Hofmann; →Nation; →Rabelais.

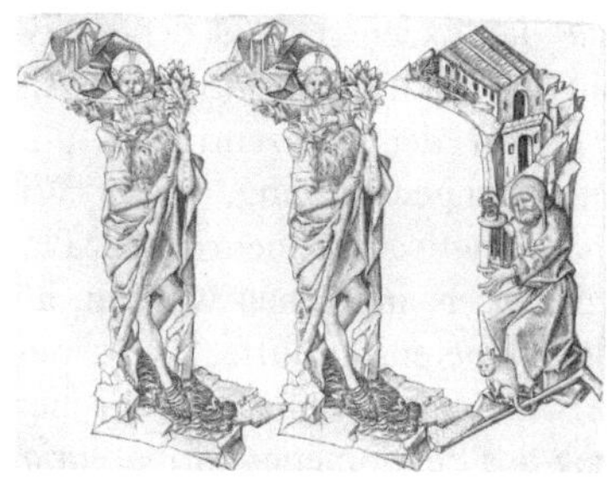

## Weltbild

Die gegenüber dem Mittelalter fundamentalsten Veränderungen im Weltbild fanden in der Renaissance wohl auf dem Gebiet der Astronomie statt; sie sind gekennzeichnet durch den Übergang vom geozentrischen zum heliozentrischen Weltbild, der sogenannten kopernikanischen Wende. Dabei spielte der Neoplatonismus der Renaissance eine entscheidende Rolle, hatte doch der Platonismus stets die rationale Konstruktion des Universums betont und der Mathematik große Relevanz beigemessen. Aus dem Versuch der Renaissance-Astronomen, die mathematische Berechenbarkeit der Planetenbahnen mit der physikalischen Wirklichkeit in Einklang zu bringen, ergab sich im Übergang zur Frühen Neuzeit schließlich die Physikalisierung des Weltbildes: Die Berechnungen der Astronomen galten von da an nicht mehr nur als mathematische Hypothesen, die als Rechengrundlage dienten, sondern als die Wirklichkeit wiedergebende physikalische Beschreibungen.

Die aristotelische Physik hatte im Zentrum des Universums die unbewegte Erde angenommen, um die in konzentrischen Kreisen die Himmelssphären mit den Planeten angeordnet waren. Danach beruhte jede Himmelserscheinung auf den unabhängig voneinander sich vollziehenden gleichförmigen Bewegungen der Himmelssphären, auf denen die Planeten um die Erde kreisten. Als Ursache dieser Bewegung dachte man sich im 14. und 15. Jahrhundert, so etwa bei Johannes Buridanus und Nikolaus von Oresme, einen von Gott eingepflanzten, sich nicht abschwächenden Impuls, der die Gleich- und Kreisförmigkeit der Bewegungen garantierte. Freilich war diese Annahme nicht mit den tatsächlichen Himmelsbeobachtungen in Einklang zu bringen. Die Diskrepanz hatte die Astronomie mit

Theorien der Abweichung, wie der Exzenter- und der Epizykeltheorie, zu erklären versucht, die jedoch der gültigen Physik widersprachen, insofern diese von der Konzentrizität und Gleichförmigkeit aller Kreisbewegungen ausging. Dieser Widerspruch bewirkte, daß die mathematischen Theorien der Planetenbewegung als bloße Hypothesen angesehen wurden, als Hilfsmittel zur Berechnung der Planetenstandorte, die keinen Realitätsanspruch erhoben. Als Aufgabe der mathematischen Theorie galt daher die «Rettung der Phänomene» (*apparentias salvare*) durch die hypothetische Rückführung der Abweichungen auf als real geltende gleichförmige Kreisbewegungen. Die Folge war eine Trennung in zwei sich teilweise widersprechende Astronomien, eine mathematisch-hypothetische, die die richtige Berechnung der Phänomene erlaubte, und eine physikalisch-reale, die die Realitäten der Himmelssphären beschreiben sollte.

Um diese Rettung der Phänomene war es auch Nikolaus Kopernikus in seinen astronomischen Schriften zu tun, wobei er die Vereinbarkeit von mathematisch exakter Astronomie und physikalisch-realer Ordnung des Universums nachzuweisen suchte. In seinem Hauptwerk *De revolutionibus orbium coelestium*, das er erst 1543, kurz vor seinem Tod, veröffentlichen ließ, stellte er unter Rückgriff auf die antiken Astronomen die Astronomie auf eine völlig neue Grundlage. Seine beiden zentralen Thesen, daß die Erde ein Planet sei und wie die anderen Planeten um die Sonne kreise und daß der tägliche Umschwung des Himmels nur ein scheinbarer sei, da sich tatsächlich die Erde um ihre eigene, von Pol zu Pol verlaufende Achse drehe, führten zu einer völligen Neubegründung der Astronomie und letztlich zur Physikalisierung des Weltbildes. Kopernikus rückte mit seinen Thesen nämlich nicht nur die Sonne ins Zentrum des Universums, das zuvor von der Erde besetzt worden war, sondern machte auch die Erde zu einem gewöhnlichen Himmelskörper im Weltall, dem keine astronomische Sonderstellung zukam. Die damit vorgenommene revolutionäre Neuerung erregte zunächst wenig Aufsehen; sie wurde im Kreis der Astronomen diskutiert, dabei aber noch ganz im alten Sinne als bloß hypothetische mathematische Grundlage zur Berechnung der Planetenbahnen angesehen.

Da Kopernikus nach wie vor kreisrunde Planetenbahnen angenommen hatte, war es ihm nicht gelungen, die Diskrepanz verschiedener astronomischer Beobachtungsphänomene hinreichend zu erklären; das hat vor allem bei praktischen Astronomen zunächst zu einer merklichen Skepsis gegenüber seiner Theorie geführt. So nahm Tycho Brahe, der zwanzig Jahre lang von der auf der dänischen Insel Hven gelegenen Sternwarte Uraniborg mit Hilfe verbesserter Instrumente den Sternenhimmel beobachtete und Berechnungen anstellte, eine nur partielle Mittelpunktstellung der Sonne an, um auf diese Weise die beobachtbare Abhängigkeit der Venus und des Merkur von der Sonne erklären zu können, ohne jedoch die Mittelpunktstellung der Erde innerhalb des Gesamtsystems aufgeben zu müssen. Erst Brahes Assistent Johannes Kepler konnte, gestützt auf Brahes Beobachtungen, zeigen, daß das kopernikanische heliozentrische System in sich stimmig und mit den astronomischen Daten in völlige Übereinstimmung zu bringen war, wenn man nur davon ausging, daß die Planetenbahnen nicht rund, sondern elliptisch seien. In seinem Hauptwerk, der 1609 veröffentlichten *Astronomia nova*, stellte er die beiden ersten nach ihm benannten Gesetze der Planetenbewegung auf, wonach erstens, die Planeten in elliptischen Bahnen um die in einem der beiden Brennpunkte der Ellipse stehende Sonne kreisten und zweitens die Verbindungslinie zwischen Sonnen- und Planetenmitte (der Radiusvektor) in gleicher Zeit eine gleich große Fläche durchmesse. In der 1619 abgeschlossenen Schrift *De harmonia mundi* baute er seine Theorie weiter aus und formulierte mit dem dritten Keplerschen Gesetz die Beziehung zwischen der Umlaufzeit der Planeten und ihrer Entfernung zur Sonne. Damit gelang es ihm, den *ordo orbium* in einen mechanischen Zusammenhang zu stellen, denn er rückte die Sonne nicht nur in die Mitte des Weltsystems, sondern sah in ihr auch das Zentrum einer bewegenden Kraft und konnte damit die nach außen hin abnehmende Winkelgeschwindigkeit der Planeten erklären.

Entscheidend für die Durchsetzung der neuen Vorstellungen vom System der Himmelskörper wurde das Teleskop, das um 1600 in den Niederlanden als Nebenprodukt der Brillenherstellung entwickelt wurde. Nachdem Galileo Galilei von dieser Erfindung gehört hatte, entschloß er sich, selbst ein Teleskop zu bauen, das er mehrfach verbesserte und das die Himmelsbeobachtung mit einer bis dahin ungeahnten Präzision ermöglichte. Mit Hilfe des neuen Teleskops entdeckte Galilei im Januar 1610 die Jupitermonde, die das kopernikanische Modell des Universums im Kleinen belegten. Mit dem Aufweis, daß um den die Sonne umkreisenden Jupiter mehrere kleine Monde kreisten, konnte Galilei die Richtigkeit von Kopernikus' zentraler Hypothese beweisen, der zufolge die Erde ein Planet sei, der um die Sonne kreise, und selbst nur vom Mond umkreist werde. Mit Kopernikus und gegen den mit ihm befreundeten Kepler hielt Galilei freilich an der Vorstellung fest, die Planeten bewegten sich in Kreisbahnen um die Sonne. Anders als Kepler beließ Galilei seine Erkenntnisse nicht im Kreis der Astronomen, sondern veröffentlichte sie unverzüglich in der Schrift *Sidereus Nuncius* (Sternenbotschaft) und bot Cosimo de' Medici an, die neuentdeckten Jupitermonde nach ihm zu benennen. Mit Galileis öffentlichem Einsatz für die Anerkennung des kopernikanischen Weltbildes und der Veröffentlichung seines astronomischen Werkes *Historia e dimostrazioni intorno alle macchie solari* in italienischer Sprache traten die bahnbrechenden Neuerungen endgültig aus dem Kreis der Astronomen und Mathematiker heraus und waren bald an den italienischen Höfen in aller Munde. Erst diese öffentlichkeitswirksame Verbreitung der kopernikanischen Thesen führte zu dem von Kardinal Bellarmin angestrengten Prozeß vor dem heiligen Officium, der 1616 mit der Verurteilung der beiden Sätze endete, daß die Sonne im Mittelpunkt des Universums liege und daß die Erde sich bewege. Isaac Newton baute schließlich in seiner 1687 erschienenen *Philosophiae naturalis principia mathematica* Keplers mechanistische Thesen zu einem physikalischen System aus, das der Physik die klassische Form der Mechanik gab. Nach seiner Himmelsmechanik bildete die Sonne nur deshalb das Zentrum, weil sie alle anderen Himmelskörper an Masse bei weitem übertraf.

Mit dieser Mechanisierung der Astronomie ging eine prinzipielle Mechanisierung des Weltbildes einher, das zu einer grundsätzlichen Veränderung der Naturauffassung führte. Während das Mittelalter in der Natur das Produkt Gottes sah, durch dessen Entschlüsselung ein tieferes Verständnis des göttlichen Schöpfers selbst erreicht werden konnte, wurde die Natur seit der Renaissance zunehmend mit einem menschlichen Konstrukt verglichen. Das zeigt sich nicht zuletzt am Bedeutungswandel der *Machina-mundi*-Metapher, in der zunehmend der in Antike und Mittelalter dominierende organomorphe Aspekt zurück- und der geometrisch-mechanische Aspekt in den Vordergrund trat. Kennzeichnend für diesen Wandel ist der von nun an häufig angewandte Vergleich der Natur und des Kosmos mit einem Uhrwerk, der die kosmische und die natürliche Ordnung als die mechanische Ordnung ineinandergreifender Zahnräder versinnbildlichte. Folgerichtige Konsequenz der Betrachtung der Welt bzw. der Natur als Maschine war die Bevorzugung jener Disziplin, die die Funktionsgesetze von Maschinen thematisierte, der Mechanik, die schließlich mit der Physik überhaupt gleichgesetzt wurde, während sie in Antike und Mittelalter als deren Gegensatz betrachtet worden war. Der Wandel in der Mechanikkonzeption setzte sich mit Galilei durch, der in seinem 1593 verfaßten Traktat *Le Mecaniche* die Auffassung vertreten hatte, die Mechanik sei nicht die Überlistung der Natur, wie es die aristotelische Tradition lehre, sondern deren Nachahmung. Das setzte voraus, daß die Gesetze der Mechanik denen der Natur entsprachen und die Mechanik somit nichts anderes als eine Methode zur Erklärung der Natur war. Mit der mechanistischen Methode wurde nicht mehr nach dem Wesen der Gegenstände gefragt, sondern nach den räumlichen und zeitlichen Relationen der Gegenstände zueinander, nicht mehr nach qualifizierbaren, sondern nach quantifizierbaren Bestimmungen. Diese mechanistischen Erklärungsmodelle der Natur wurden im 17. Jahrhundert zum mechanistischen Weltbild verabsolutiert, als sie auf den Menschen (Descartes) und auf den Staat (Hobbes) übertragen wurden.

*Lit.:* H. Blumenberg: Die Genesis der Kopernikanischen Welt, Frankfurt/M. 1975. – H. Gatti: Giordano Bruno and Renaissance science, Cornell 1998. – K. Gloy: Das Verständnis der Natur, Bd. 1: Die Geschichte des wissenschaftlichen Denkens, München 1995. – J. Mittelstraß: Machina mundi. Zum astronomischen Weltbild der Renaissance, Basel 1995.

→Aristotelismus; →Astrologie; →Menschenbild; →Platonismus.

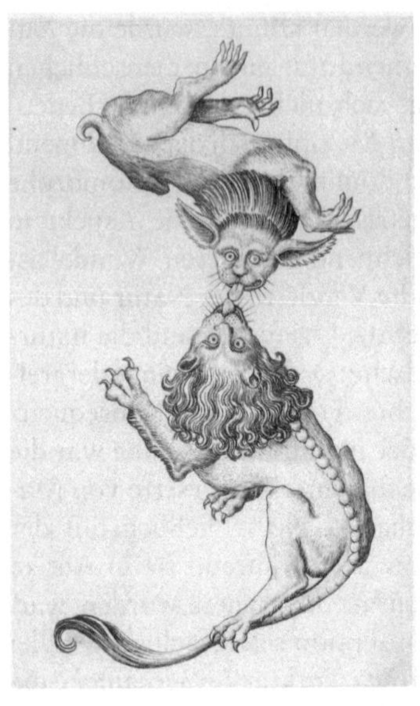

## Zeitbewußtsein

Aufbruchs- und Dekadenzvorstellungen liegen im Übergang vom 15. zum 16. Jahrhundert eng beieinander, und es ist kaum möglich, ein gesteigertes Bewußtsein der Krisenhaftigkeit des Zeitalters klar von dem zu separieren, worin die Daseinsbejahung und Lebenslust des Humanismus Ausdruck gefunden hat. Zu derselben Zeit, als Hutten in einem Brief an Pirckheimer das Jahrhundert mit dem begeisterten Ruf «O saeculum! O literae! Iuvat vivere!» («O Jahrhundert! O Wissenschaften! Es ist eine Freude zu leben!») feierte, glaubte Luther, das Herbstzeitalter der Welt gehe nunmehr zu Ende und die Endzeit, gekennzeichnet durch das Anstürmen des Antichrist mit all seinen Teufelskräften, habe begonnen. Sebastian Brant erwartete das Jüngste Gericht für das Jahr 1500. Der Gegensatz zwischen einem optimistischen und einem pessimistischen Gegenwartsbezug läßt sich freilich nicht auf die Unterschiede zwischen weltlichen und religiösen Sichtweisen zurückführen: Zu derselben Zeit, da Machiavelli den Versuch einer Erneuerung Roms in Florenz als weitgehend gescheitert ansah, kam Thomas Müntzer zu der Überzeugung, jetzt sei der Zeitpunkt gekommen, die Herrschaft der Gottlosen zu stürzen und das

Reich Gottes auf Erden zu errichten: «Dran, dran, solang das Feuer heiß ist. Lasset euer Schwert nicht kalt werden, laßt es nicht erlahmen! Schmiedet pinkepanke auf den Ambossen Nimrods, werfet ihnen den Turm zu Boden! Es ist nicht möglich, solang sie leben, daß ihr der menschlichen Furcht sollet leer werden. Man kann euch von Gott nicht sagen, solang sie über euch regieren. Dran, dran, solang ihr Tag habt! Gott geht euch vor, folget, folget!»

Genausowenig, wie eine klare Zuordnung der optimistischen Sicht zu einem paganen Humanismus und der pessimistischen Sicht zu religiösen Bewegungen aufgeht, läßt sich, wie Nietzsche dies versucht hat, zwischen einem heiteren Süden und einem grüblerisch-depressiven Norden trennen, denn mit Savonarola haben Endzeitprophetien und religiöse Erneuerungsvorstellungen in der Hauptstadt der Renaissance selbst, in Florenz, Einzug gehalten. Am ehesten noch lassen sich weltzugewandtes Zukunftsvertrauen und apokalyptische Krisenvorstellungen nach sozialer Schichtzugehörigkeit unterscheiden, wobei periodisch auftretende Endzeitstimmungen ihre Träger vor allem in den unteren Schichten der Gesellschaft hatten. Aber auch diese Zuordnung weist eine Reihe von Ausnahmen auf, und die Gemengelage von Zukunftsvertrauen und Endzeitstimmung am Übergang vom Mittelalter zur Neuzeit ist wohl unentwirrbar. So behandeln auch zwei in ihrer Grundstimmung so unterschiedliche kulturhistorische Arbeiten wie Jacob Burckhardts *Die Kultur der Renaissance in Italien* und Johann Huizingas *Herbst des Mittelalters* tendenziell denselben Zeitraum in der europäischen Kulturgeschichte. *Rinascimento*, wie die von Vasari geprägte Formulierung für die kulturelle Orientierung an der klassischen Antike lautet, und *reformatio*, als Sammelbegriff für die Erneuerung von Reich und Kirche sowie die Versittlichung des Menschen, stehen für die offenbar generelle Grundstimmung der Zeit, daß eine langwährende Geschichtsperiode zu Ende gegangen sei und ein neuer Anfang gemacht werden müsse. Wo er zu suchen sei und worin er bestehe, war jedoch umstritten: Die Neuerrichtung der römischen Republik, etwa bei Cola di Rienzo, war hierfür ebenso eine Möglichkeit wie die Wiederkehr eines Friedenskaisers, etwa in der *reformatio Sigismundi* oder in der Schrift des sog. *Oberrheinischen Revolutionärs;* neben die Rückorientierung auf die klassisch-antike Kunst, Literatur und Philosophie, wie sie von den Humanisten verfochten wurde, trat die Idee einer Versittlichung der Welt und der Errichtung eines Neuen Jerusalems, die in den Vorstellungen der böhmischen Taboriten, im Florenz Savonarolas, im Münster der Wiedertäufer und schließlich bei den radikalen Bewegungen der Englischen Revolution, etwa den *Fifth Monarchy Men*, anzutreffen sind.

«Dieses Jahrhundert ist ein Goldenes Zeitalter», schrieb Ficino Ende des 15. Jahrhunderts, «das seinen Glanz über die so lange verdunkelten freien Künste ausstrahlt – über Grammatik, Dichtkunst und Beredsamkeit, Malerei, Baukunst und Bildhauerei, Musik und den Gesang der alten orphischen Lyra, die alle in Florenz in Blüte stehen.» Schon Boccaccio hatte seine Zeit mit einem Zitat aus Vergils IV. Ekloge als ein neues Goldenes Zeitalter begrüßt, und daß diese Vorstellung unter den Medici in Florenz, zumindest in den Kreisen der politisch-kulturellen Elite, vorherrschend war, zeigen die erläuternden Überlegungen, mit denen der Florentiner Buchhändler Vespasiano da Bisticci begründet, warum er die Beschreibung des Lebens einiger seiner Zeitgenossen für lohnenswert hält: «Im gegenwärtigen Zeitalter haben ganz einzigartige Menschen in allen Fähigkeiten geblüht (...). In diesem Zeitalter haben ausgezeichnete Menschen in allen sieben freien Künsten gelebt, und zwar nicht nur Gelehrte in der lateinischen, sondern auch in der hebräischen und der griechischen Sprache (...), hervorragend als Schriftsteller in der Kunst der Rede, den Alten nicht unterlegen.» Und er fährt fort: «Um dann zur Malerei, zur Bildhauerkunst und zur Architektur zu kommen, haben alle diese Künste ihren höchsten Grad erreicht, wie man an den durch sie geschaffenen Werken sieht, von denen man eine unendlich große Zahl nennen könnte.» Er sehe eine Art Goldenes Zeitalter heraufkommen, schrieb Erasmus 1509 anläßlich der Thronbesteigung Heinrichs VIII. an Thomas Wolsey, und Etienne Pasquier erklärte drei Jahre später: «Wir werden das Goldene Jahrhundert wiedergebären.» Der Glanz der eigenen Zeit wurde noch dadurch verstärkt, daß man sie absetzte gegen das Mittelalter als eine Epoche der Finsternis und Barbarei, wie die humanistische

Charakterisierung lautete. Zumindest in kultureller Hinsicht waren die italienischen, aber auch die deutschen Humanisten Ende des 15./Anfang des 16. Jahrhunderts überzeugt, in einer herausragenden Epoche und auf einem Höhepunkt der kulturellen Entwicklung zu leben.

Damit aber stellte sich sogleich die Frage, ob die eigenen Leistungen an die der Antike heranreichten oder hinter ihnen zurückblieben. Salutati war eher skeptisch: «Glaube mir, wir ersinnen nichts Neues, sondern wie Flickschneider flicken wir aus den überreichen Bruchstücken des Altertums wieder Kleider zusammen, die wir als neu ausgeben.» Dagegen hat Benedetto Accolti, einer der Nachfolger Salutatis im Amt des Florentiner Kanzlers, in seinem Dialog *De praestantia vivorum sui aevi* die Leistungen der Modernen als denen der Alten gleichwertig, wenn nicht überlegen bezeichnet. Sehr bald wurden auch die neuen Erfindungen ins Spiel gebracht, um den Anspruch der Zeit zu untermauern, der Antike zumindest ebenbürtig zu sein. So verweist Cristobal de Villalón in seiner *Ingeniosa comparación entre lo antiguo y lo presente* (1535) ausdrücklich auf die Fortschritte in Industrie, Handel und Kriegskunst und hebt in kultureller Hinsicht vor allem den Buchdruck hervor, den die Gegenwart der Antike voraus habe. Louis Le Roy hat dieses stolze Selbstbewußtsein der Epoche folgendermaßen zusammengefaßt: «Seit hundert Jahren sind mehrere Dinge bekannt geworden, die den Alten völlig unbekannt waren, neue Meere, neue Länder, neue Arten von Menschen, Sitten, Gesetzen, Gewohnheiten sowie neu gemachte Erfindungen, wie die des Buchdrucks, der Artillerie, des Kompasses und des Magneten für die Schiffahrt.»

Dagegen war Montaigne in der zweiten Hälfte des 16. Jahrhunderts von der Verderbtheit seiner Zeit überzeugt, und ein Indiz dessen waren ihm die konfessionellen Bürgerkriege in Frankreich. In seinen *Essais* (II, 17) hat er dies ironisch kommentiert: «Es hat seine Vorteile, in einem sehr verderbten Jahrhundert geboren worden zu sein, denn im Vergleich zu anderen wird man in diesem für tugendhaft gehalten, ohne daß es viel kostet. Wer heutzutage nichts weiter als ein Vatermörder und ein Kirchenschänder ist, der geht für einen ganz ehrlichen Biedermann durch.» Montaigne wollte diese Feststellung über den moralischen Niedergang freilich nicht im Sinne der heilstheologischen Vorstellung vom Altern der Welt verstanden wissen, und deswegen wies er darauf hin, daß aus der Situation Frankreichs keineswegs auf den moralischen Verfall der ganzen Welt geschlossen werden könne.

Die Vorstellung vom Altern der Zeit und der bevorstehenden apokalyptisch-eschatologischen Wende, wie sie auch in Dürers Holzschnitten zur Edition der Johannes-Apokalypse von 1498 zu finden ist, bilden ein konkurrierendes Epochenschema zur humanistischen Vorstellung von der Wiederkehr des Goldenen Zeitalters bzw. der zyklischen Wiederkehr der Epochen. Eines dieser Epochenschemata war die auf das Buch Daniel zurückgehende Vorstellung von den vier Weltreichen bzw. sieben Weltaltern, die im späten Mittelalter starke Verbreitung gefunden hatte, aber auch noch in der Renaissance die Zeitwahrnehmung bestimmte: Danach war das im Westen erneuerte *Imperium Romanum* das letzte Weltreich, und an seinem Ende würde die bisherige Weltgeschichte in gewaltigen Umbrüchen zu Ende gehen und das Reich Christi beginnen. Insbesondere im Zusammenhang mit den Aufstandsbewegungen der Bauernschaft und der unteren städtischen Schichten tauchten Berichte über Vorzeichen auf, die auf das bevorstehende Ende des letzten Weltreichs bzw. Weltalters hinwiesen. Eine andere Variante der heilsgeschichtlichen Epochenbildung war die auf Joachim von Fiore zurückgehende Vorstellung von den drei aufeinanderfolgenden Reichen des Vaters, des Sohnes und des Heiligen Geistes, wobei die revolutionäre Umbruchsphase der eigenen Zeit im Übergang vom Reich des Sohnes zu dem des Geistes gesehen und damit weitreichende Vorstellungen der Entledigung von sozialen Zwängen, politischen Institutionen und traditionellen Gewohnheiten verbunden wurden. Bei Johannes Hus und seinen Anhängern sind solche Vorstellungen ebenso zu finden wie bei Thomas Müntzer und jenen Gruppierungen, die sich in den 20er Jahren des 16. Jahrhunderts als Täufer formiert haben. Nach der gewaltsamen Niederschlagung der Bauernaufstände in Deutschland und der entschiedenen Absage der Wittenberger Reformatoren an das Täufertum («Schwarmgeister») verzichtete man auf alle Versuche, die Heraufkunft des Reichs des Heiligen Geistes mit Gewalt zu beschleunigen, und wartete auf die Zeichen und Wunder, in denen sich die Epochenwende ankündigen sollte.

Allgemein ist also ein intensiviertes Bewußtsein der Epochalität der Zeit zu konstatieren, und zwar unabhängig davon, ob dies in einer eher paganen Ordnung von Geschichtsverläufen oder in geschichtstheologischen Vorstellungen seinen Ausdruck fand. Fast immer kam darin der eigenen Zeit eine herausgehobene Bedeutung für den Fortgang der Geschichte insgesamt zu, und man sah sich im Zenit von Entwicklungen und Umbrüchen. Diesen Vorstellungen von der Besonderheit der eigenen Zeit korrespondiert ein sich seit dem 14./15. Jahrhundert durchsetzendes neues Verhältnis zur Messung der Zeit, das durch die Erfindung und ständige Verbesserung der mechanischen Uhr (Sonnen-, Wasser- und Sanduhren waren schon lange in Gebrauch) in Europa hervorgerufen worden ist. Carlo Cipolla hat darauf hingewiesen, daß die mechanische Uhr – im Unterschied zu Kompaß und Schießpulver, die von anderen Kulturen übernommen wurden bzw. bei diesen schon früher bekannt und gebräuchlich waren – als eine wirklich eigenständige europäische Erfindung gelten darf. Als im Jahre 1338 in Venedig ein Schiff auslief, auf dem der Kaufmann Giovanni Loredan eine mechanische Uhr transportierte, die er in Indien verkaufen wollte, markierte dies, Cipolla zufolge, einen grundlegenden Wendepunkt im wirtschaftlichen Austausch zwischen Europa und Asien, denn nun begann Europa erstmals, Maschinen nach Asien zu exportieren.

Seit dem 14. Jahrhundert fanden die mechanischen Uhren schnelle Verbreitung, und die Städte waren bestrebt, Uhren an den Türmen ihrer Kirchen und Rathäuser anzubringen: 1300 in Paris, 1309 in Mailand, 1314 in Cannes, 1325 in Florenz, zwischen 1326 und 1335 in London, 1344 in Padua, 1354 in Straßburg sowie in Genua, 1356 in Bologna usw. Seitdem wird der Tag in 24 gleich lange Stunden eingeteilt, die durch Glockenschlag angezeigt werden. Schon bald wurden die Uhren mit komplizierten Schlagwerken oder astronomischen Systemen, die zusätzlich zur Zeit auch Gestirnsbewegungen anzeigten, kombiniert und erregten so großes Aufsehen und Bewunderung. Die Position der Stadt als Kunstwerk in der natürlichen

Landschaft wurde durch die Räderuhr am städtischen Hauptturm sinnfällig gemacht. Das 15. Jahrhundert ist dann durch eine breite Privatisierung der mechanischen Zeitmessung gekennzeichnet, als Uhren in den Haushalten wohlhabender Kreise mehr und mehr in Mode kamen; diese Entwicklung wurde durch die Erfindung der Taschenuhr – ob sie in Nürnberg durch Peter Henlein erfolgte oder schon davor aufgekommen war, ist in der Forschung umstritten – noch weiter intensiviert. Im Übergang vom 15. zum 16. Jahrhundert wurden Nürnberg und Augsburg zu europäischen Zentren der Uhrenproduktion, als die sie sich lange behauptet haben.

Mit der Erfindung und Verbreitung der mechanischen Uhr erfolgte eine fundamentale Veränderung der Zeitwahrnehmung und des Umgangs mit der Zeit, zumindest in den Handels- und Handwerkerstädten. Die Zeit wurde zu einer exakt meßbaren Einheit, und darin verband sie sich sehr bald mit dem in Kaufmannskreisen verbreiteten Geist der Rechenhaftigkeit. «Wer die Zeit besser auszugeben versteht, ist den anderen überlegen», erklärte der Florentiner Kaufmann Lapo Mazzei. Die exakte Zeitmessung wurde schon bald zu einem wichtigen Faktor der Arbeitsorganisation in den großen Handwerksstädten. Schließlich griff die Vorstellung von der Kostbarkeit der Zeit auch auf andere Kreise über: So soll der Humanist Giannotto Manetti seine Zeit genau eingeteilt haben, um ja keine Stunde ungenutzt verstreichen zu lassen, denn dies war die Voraussetzung dafür, daß er als Schriftsteller wie als Politiker tätig sein konnte. Sebastian Franck schließlich nannte die Zeit ein knappes Gut, mit dem man sorgsam umgehen solle, damit man niemals etwas Unnützes tue.

*Lit.:* B. Chadrabra: Dürers Apokalypse, Prag 1964. – C. M. Cipolla: Gezählte Zeit, Berlin 1997. – G. Dohrn-van Rossum: Die Geschichte der Stunde. Uhren und moderne Zeitordnungen, München 1992. – K. Griewank: Der neuzeitliche Revolutionsbegriff, Hamburg 1992. – J. Quiñones: The Renaissance Discovery of Time, Harvard 1972. – J. Schlobach: Zyklentheorie und Epochenmetaphorik, München 1980.

→Antikenrezeption; →Geschichtsschreibung; →Humanismus; →Reformation.

## Zentralperspektive

Die Entwicklung der italienischen Renaissance aus der zuvor in ganz Europa vorherrschenden Internationalen Gotik wird in der Literatur zumeist mit der Entdeckung und Anwendung der perspektivischen Maltechnik verbunden; danach hat die illusionistische Herstellung eines dreidimensionalen Raumes auf einer zweidimensionalen Fläche den Ausgangspunkt für den italienischen Sonderweg in der europäischen Kunstgeschichte gebildet. Im Prinzip beruhte die Entdeckung der Perspektive auf der Entwicklung einer mathematischen Theorie, wonach alle im rechten Winkel zur Bildfläche verlaufenden Linien sich in einem in der Bildmitte liegenden Fluchtpunkt treffen. So wurde es möglich, den Raum unabhängig von den in ihm befindlichen Figuren und Gegenständen als etwas Selbständiges und Reales zu definieren. Die Verkleinerung bzw. Vergrößerung der Figuren und Gegenstände entsprechend ihrer Position in der Tiefe des Raumes – und nicht ihrer Bedeutung im Hinblick auf die dargestellte Geschichte – ermöglichte es, sie in eine maßstabgerechte Beziehung zu anderen Figuren und Gegenständen zu setzen. Als Beispiel für die Umsetzung dieser neuen Raumvorstellungen werden gerne Donatellos Bronzerelief *Gastmal des Herodes* im Baptisterium von Siena sowie Masaccios *Trinitätsfresko* in Santa Maria Novella von Florenz angeführt; beide sind Mitte der 20er Jahre des 15. Jahrhunderts entstanden. Noch deutlicher wird die konstruierte Tiefe des Raumes auf einem auf das Ende des 15. Jahrhunderts zu datierenden Bild einer *Idealstadt*, dessen Schöpfer unbekannt ist, und auf Peruginos Fresko *Christus übergibt dem hl. Petrus die Schlüssel* (1480–82) in der Sixtinischen Kapelle sichtbar, insofern hier die Fluchtlinien des perspektivischen Systems durch eine entsprechende Gestaltung des Bodenbelags sichtbar gemacht sind.

Aber auch die nordeuropäischen Künstler waren in der Lage, die Tiefe des Raumes durch die Verkleinerung der Figuren und Gegenstände sichtbar zu machen; selbst wenn der *Portinari-Altar* (1475/76) des Hugo van der Goes, auf dem die Figuren in bezug auf ihre narrative bzw. heilsgeschichtliche Bedeutung wachsen und schrumpfen, immer wieder als Beleg für die Defizite der Nordeuropäer bei der illusionistischen Herstellung von Raumtiefen angeführt wird, so ist doch Jan van Eycks Bild *Hochzeit des Giovanni Arnolfini* (1434), auf dem die Illusion der Raumtiefe präzise hergestellt wird, ein überzeugendes Gegenbeispiel. Doch die nordeuropäischen Künstler orientierten sich bei der Konstruktion eines dreidimensionalen Raumes in der Regel nicht an den Vorgaben eines mathematischen Systems, sondern arbeiteten stärker mit subtil modellierten Lichteffekten, mit Kanten, Ecken und Ritzen, während die Italiener klare, offene, harmonische und oft symmetrische Räume malten. Nicht maltechnische Defizite der Nordeuropäer, sondern unterschiedliche Vorstellungen von Raum und Räumlichkeit sind es, die den Unterschied zwischen der italienischen und der nordeuropäischen Malerei des 15. Jahrhunderts ausmachen.

Von entscheidender Bedeutung bei dieser unterschiedlichen Entwicklung der italienischen und der nordeuropäischen Raumauffassung dürfte die starke theoretische Fundierung der Malerei in Italien gewesen sein, an deren Anfang Albertis Traktat *De pictura* (1435) sowie Ghibertis *Commentarii* (1447/48) stehen und die ihren Höhepunkt in den Schriften Leonardo da Vincis erfährt, für den ein Gemälde nur dann gelingen konnte, wenn es sich an der Ordnungskraft der Mathematik orientierte. Ausschlaggebend für diese Theoretisierung des Bildaufbaus war das Bestreben, den Maler aus einem Handwerker in einen dem Gelehrten vergleichbaren Künstler zu verwandeln, und zu diesem Zwecke hat Alberti die Malerei als eine an den Grundsätzen der Euklidschen Geometrie orientierte Kunst dargestellt, die dadurch den freien Künsten der Rhetorik und Geometrie nahestand. Die nach Möglichkeit mathematisch exakte Anwendung der Zentralperspektive war in Italien insofern immer auch ein Vehikel des sozialen Aufstiegs der Maler. Gleichzeitig eröffnete sie durch die exakte Konstruktion des Raumes aber auch die Möglichkeit zu einer Raum wie Zeit enthobenen Transzendenz. Ein Beispiel dafür ist Masaccios *Trinità* (1426/28), auf der mit den illusionistischen Mitteln der perspektivischen Raumkonstruktion ein Wanddurchbruch zu einer Kapelle im Seitenschiff von Santa Maria Novella dargestellt ist. Die scharf konturierte Perspektivität des Kapellenraumes dient hier dazu, die raum-zeitliche Enthobenheit des Göttlichen deutlich zu machen und beides, Transzendenz und Immanenz, in ein Spannungsverhältnis zu bringen. Die Entstehung der Zentralperspektive mündet also keineswegs eo ipso in einer naturalistischen Kunst, sondern eröffnet zugleich neue Möglichkeiten, die Grenzen der materiellen Welt sichtbar zu machen.

*Lit.:* H. Damish: The Origin of Perspective, Cambridge/Mass. / London 1994. – S. Edgerton: The Renaissance Discovery of Linear Perspective, New York 1975. – G. J. Janowitz: Zentralperspektive – eine neue Bilderwelt, ein neues Weltbild, Einhausen 1987.

→Künstler; →Malerei.

# Personenregister


Accetto, Torquato (um 1600–1638), neapolitan. Dichter und Schriftsteller. 150

Acciaiuoli, Florentiner Familie von Kaufleuten, Bankiers und Gelehrten. 187

Accolti, Benedetto (1415–1464), ital. Humanist und Historiker, Florentiner Kanzler. 162, 433

Acosta S. J., José de (1540–1600), span. Missionar und Ethnograph. 105 f.

Achillini, Alessandro (1463–1512/1518), ital. Philosoph. 28

Acquaviva, Giulio (spätes 16. Jhdt.), ital. Kardinal. 55

Adrian Florisz von Utrecht →Hadrian VI.

Aemilius, Paulus († 1529), ital. Humanist und Historiker, Verf. einer Geschichte Frankreichs. 138, 149

Agricola, Georg (1494–1555), dt. Humanist und Mineraloge. 199

Agricola, Johannes (eigentl. Schneider oder Schnitter, 1492 oder 1494–1566), dt. Theologe und Reformator Brandenburgs. 242

Agricola, Rudolf (eigentl. Roelof Huysman, genannt Frasius, 1444–1485), niederländ. Humanist. 154

Agrippa von Nettesheim (eigentl. Heinrich Cornelius, 1486–1535), dt. Arzt, Theologe und Okkultist. 108, 211, 317

Alba, Fernando Alvarez de Toledo, Herzog von (1508–1582), span. Heerführer und Politiker.

Albergati, Niccolò (1375–1443), ital. Kardinal und kirchl. Politiker. 322

Alberti, Leon Battista (1404–1472), Florentiner Architekt, Architekturtheoretiker und Humanist. 11–14, 19, 21 f., 45, 110, 118, 158, 167 f., 173, 218, 254, 396, 438

Albizzi, führende Florentiner Familie, nach 1434 verbannt. 120, 259

Albornoz, Gil (Aegidius) Alvarez Carillo de (um 1300–1367), Erzbischof von Toledo, seit 1350 Kardinal. 376

Albrecht von Brandenburg (1490–1545), seit 1515 Erzbischof von Mainz. 239

Aldobrandini, Pietro (1571–1621), ital. Kardinal, Nepote Papst Clemens VIII. 100

Aleander, Hieronymus (Girolamo Aleandro, 1480–1542), ital. Humanist und Diplomat im Dienst der Kurie. 237 f., 240

Alexander VI. (Papst) →Rodrigo Borgia. 303, 306 ff., 352

Alfons II. von Aragon (1448–1495), Sohn König Ferrantes von Neapel, von 1494 bis 1495 König von Neapel. 358

Alfons von Aragon, Herzog von Bisceglie († 1500), natürl. Sohn von Alfons II. von Aragon, zweiter Ehemann Lucrezia Borgias. 43, 45, 112

Altdorfer, Albrecht (um 1480–1538), dt. Maler. 75, 261 f.

Amberger, Christoph (um 1500–1562), dt. Maler. 320
Amboise, George d' (1460–1510), ab 1498 Kardinal von Rouen. 359
Ambrosius (340–397), Kirchenlehrer, Bischof von Mailand. 331
Amerbach, Johannes (1443–1513), Basler Buchdrucker und Humanist. 52
Amerbach, Bonifacius (1495–1562), Basler Gelehrter und Humanist. 52, 152, 320
Ammannati, Bartolomeo (1511–1592), ital. Bildhauer. 370
Amsdorff, Nikolaus (1483–1565), protestant. Theologe, Weggefährte Luthers. 337
Amyot, Jacques (1513–1593), franz. Bischof und Plutarchübersetzer. 281
Andreae, Johann Valentin (1586–1654), evang. Theologe und Verf. einer Sozialutopie. 398, 401
Angelico, Fra (eigentl. Guido da Pietro, 1387–1455), ital. Maler, Dominikanermönch. 258, 301, 340, 348
Anghiari, Baldaccio de († 1441), Florentiner Condottiere. 57
Anguissola, Sofonisba (um 1535– 1625), ital. Malerin. 207
Anne Boleyn (1507–1536), Königin von England, Frau Heinrichs VIII. und Mutter Elisabeths. I. 144, 146f.
Annius von Viterbo (eigentl. Giovanni Nanni, um 1432–1502), ital. Kleriker und ‚Geschichtsfälscher'. 290f.
Antal, Frederick (1888–1954), ungar.-brit. Kunsthistoriker. 249, 342
Antonino da Firenze (1389–1459), Erzbischof von Florenz, Verfasser wirtschaftseth. Abhandlungen. 189
Apuleius, Lucius (*125 n. Chr.), röm. Schriftsteller, Platoniker. 288
Aretino, Pietro (1492–1556), ital. Schriftsteller. 150f., 215f., 345, 381, 390, 409, 423
Argyropoulos, Johannes (1416–1486), griech. Gelehrter. 156
Ariost(o), Lodovico (1474–1533), ital. Dichter. 112, 223f., 230, 381, 423
Aristoteles (384 v. Chr. – 322 v. Chr.), Philosoph und Naturforscher. 13, 26–29, 70, 135, 156f., 159, 169, 230, 263, 330, 379, 397ff.
Arnolfini, Giovanni (1400–1472), ital. Kaufmann in Brügge. 323
Arnolfo di Cambio (um 1240/45–1302), ital. Baumeister. 20, 117, 340
Arthur (1486–1502), Prince of Wales, älterer Bruder Heinrichs VIII. 146
Atahualpa (1502–1533), Inkaherrscher. 95
Aubigné, Théodore Agrippa d' (1552–1630), franz. Dichter. 227
Augustinus, Aurelius (345–430), Kirchenlehrer, Bischof von Hippo. 69, 161, 238, 314, 331
Aurifaber, Johannes (eigentl. Johann Goldschmied, 1519–1575), ev. Theologe, Famulus Luthers und Herausgeber der Lutherschen Schriften. 242
Aurispa, Giovanni (1376–1459), ital. Humanist. 36
Avellanda →Fernández.
Aventinus, Johannes (eigentl. Johannes Turmair, 1477–1534), dt. Humanist und Historiker. 149, 164, 291

Averroës (latinisiert für Ibn-Ruschd, 1126–1198), arab.-andalus. Philosoph. 28, 263
Avicenna (latinisiert für Ibn-Sina, 980–1035), arab. Philosoph. 311

Bachtin, Michail (1885–1975), russ. Literaturwissenschaftler und Kulturtheoretiker. 422
Bacon, Francis (1561–1626), engl. Gelehrter, Wissenschaftler und Politiker. 48, 289, 360, 398, 400f.
Baldung, Hans (gen. Grien 1484/85–1545), dt. Maler. 75
Bandello, Matteo (1485–1561), ital. Schriftsteller. 345
Bandinelli, Baccio, eigentl. Bartolomeo (1493–1560), ital. Maler und Bildhauer. 275, 370
Barbari, Jacopo de'; in Deutschland auch Jakob Walch (um 1450 – um 1596), ital. Maler und Kupferstecher. 75
Barbaro, Daniele (1513–1570), ital. Humanist und Historiker. 309f.
Barbaro, Ermolao (1453–1493), ital. Humanist und Diplomat. 72, 156
Barbiano, Alberico da (um 1344/48–1409), ital. Condottiere. 62, 357
Barbò, Marco (um 1420–1491), Kardinal, Neffe des Pietro Barbò. 345
Barbò, Pietro →Paul II.
Barclay, Alexander (1476–1552), engl. Dichter und Übersetzer. 232
Bardi, Florentiner Familie von Kaufleuten und Bankiers. 40, 116, 118, 142, 187, 196
Baron, Hans (*1900), Historiker, Humanismusforscher. 114, 167
Bartolino da Novara (1338–1406), ital. Architekt. 112
Bartolo da Sassoferrato (1314–1357), ma. Rechtslehrer. 85
Barzizza, Guiniforte (1406–1463), ital. Humanist und Pädagoge. 358
Bassano, Francesco (1559–1592), venezian. Maler. 257
Bastiani, Lazzaro (auch Sebastiani, um 1425–1512), venezian. Maler. 255
Bebel, Heinrich (1472–1518), dt. Humanist. 154, 164, 291, 295, 423
Beccadelli, Antonio →Panormita.
Becchi, Gentile de' (15. Jhdt.), Florentiner Gelehrter, später Bischof von Arezzo. 324
Behaim, Martin (1436–1507), dt. Geograph und Seefahrer. 299
Beham, Barthel (1502–1540), Nürnberger Kupferstecher. 298
Beham, Hans Sebald (1500–1550), Nürnberger Kupferstecher. 298
Beheim, Lorenz; auch Behaim (um 1457–1529), dt. Kanoniker, zeitweise in den Diensten der Borgia. 77f.
Bellarmin, Robert (1542–1621), Theologe und Kardinal, theolog. Berater der röm. Inquisition. 428
Bellini, Gentile (1429–1507), venezian. Maler, Sohn des Jacopo Bellini. 207, 210, 255f., 388, 410
Bellini, Giovanni (1430–1516), venezian. Maler, Sohn des Jacopo Bellini. 101, 207, 255f., 388, 410
Bellini, Jacopo (1400–1471), venezian. Maler. 207, 256
Bembo, Pietro (1470–1547), ital. Humanist, Historiker und

Dichter, seit 1539 Kardinal. 113, 135, 149, 223, 344, 390
Benedetto da Maiano (1442–1497), ital. Bildhauer und Architekt. 118
Beneke, Paul († 1473), Kaperkapitän der Hanse. 185
Benedetto da Majano (1442–1497), ital. Bildhauer und Architekt. 22
Benedikt XIII. (urspr. Pedro de Luna, † 1423), von 1394–1417 Gegenpapst. 304
Berlanga OP, Fray Tomás de († 1551), span. Ethnograph. 104.
Bernardino da Siena (1380–1444), franziskan. Bußprediger. 126, 189
Beroaldo, Filippo (1453–1505), ital. Humanist. 422
Berosus (Pseudo-Berosus), angebl. Geschichtsschreiber der Frühzeit. 291
Bessarion, Johannes Basilius (1403–1472), griech. Theologe und Humanist, Kardinal. 35, 156
Bethencourt, Jacques de (erste Hälfte 16. Jhdt.), frz. Arzt. 355
Beza, Theodor (Theodore de Bèze, 1519–1605), franz. Humanist und Jurist, Mitarbeiter Calvins. 333, 336
Bibbiena (eigentl. Bernardo Dovizi, 1470–1520), ital. Komödiendichter und Kunstmäzen, seit 1513 Kardinal. 381
Biondo, Flavio (1392–1463), ital. Humanist, Historiker und Archäologe; päpstl. Notar und apostol. Sekretär. 17, 66, 133 f., 138, 162, 295
Birgitta von Schweden (1303–1373), Mystikerin. 128
Bisticci, Vespasiano da (1421–1498), Florentiner Buchhändler und Autor. 48 f., 51, 272, 320 ff., 432
Blarer, Ambrosius (1492–1564), protestant. Theologe, Reformator von Konstanz. 335
Bobadilla, Francisco de (gest. 1502), span. Hofbeamter und Gouverneur in den Kolonien. 202
Boccaccio, Giovanni (1313–1375), ital. Dichter und Humanist. 39–42, 70, 115, 124, 141, 222 f., 226, 231, 272, 288, 339, 345, 354, 356, 420, 432
Bodenstein, Andreas, genannt Karlstadt (1477–1541), Theologe, zeitweiliger Weggefährte Luthers, zuletzt Theologieprofessor in Basel. 334
Bodin, Jean (1530–1596), franz. polit. Theoretiker. 282, 317, 373
Bodley, Sir Thomas (1545–1613), engl. Diplomat und Büchersammler. 36
Böhm, Hans († 1476), polit. Visionär und Bußprediger.
Böhme, Jakob (1575–1624), dt.-protestant. Mystiker. 128
Boëthius, Anicius Manlius Severinus (um 480–524), spätröm. Politiker und Philosoph. 69
Boétie, Etienne de la (1530–1563), franz. Schriftsteller und polit. Theoretiker. 214, 280
Boiardo, Matteo Maria (1441–1494), ital. Dichter. 112, 224, 236
Bonifaz VIII. (urspr. Benedetto Gaettani, um 1235–1303), ab 1294 Papst. 15, 69, 376
Bora, Katharina von (1499–1552), Ehefrau Luthers. 242
Bordier, Jacques (1616–1684), franz. Maler. 74
Borgia, Adelsgeschlecht span. Herkunft. 43 ff., 77
Borgia, Alonso (1378–1458), Bischof von Valencia und Papst

(Calixtus III., 1455–1458). 44, 82
Borgia, Cesare (1475–1507), Papstsohn, Heerführer und polit. Abenteurer. 43 ff., 77, 100, 112, 220, 306, 360
Borgia, Juan (1476–1497), Herzog von Gandia. 43 f.
Borgia, Lucrezia (1480–1519), Papsttochter, Herzogin von Ferrara. 43, 45, 100, 112
Borgia, Rodrigo (1432–1503), Bischof und Papst (Alexander VI., 1492–1503). 43 f., 77, 85
Borgo, Francesco del (um 1425–1468), ital. Baumeister und Architekt. 345
Borromeo, Carlo (1538–1584), ital. Kardinal und führender kath. Reformer. 25, 282
Boscán, Juan (1490–1542), span. Dichter. 234
Bosch, Hieronymus (um 1450–1516), niederländ. Maler. 420
Bote, Hermann († 1520/25), niederdt. Zollschreiber u. Dichter. 233
Botticelli, Sandro (eigentl. Alessandro di Mariano Filipepi, 1445–1510), Florentiner Maler. 45–48, 252, 263, 340
Botticelli, Simone (eigentl. Simone Filipepi, geb. um 1443), Bruder Sandro Botticellis. 46
Bovillus, Carolus (Charles de Bouelles, um 1470 – um 1553), franz. Philosoph. 317
Braccio da Montone (1368–1424), ital. Condottiere. 59, 357
Brahe, Tycho (1546–1601), dän. Astronom und Astrologe. 427
Bramante, eigentl. Donato d'Angelo Lazzari (1444–1514), ital. Maler und Architekt. 23 ff., 207, 301, 331, 345, 347 f.
Brancacci (14./15. Jhdt.), Florentin. Kaufmannsfamilie. 118, 258 f.
Brant, Sebastian (1457–1521), dt. Humanist und Schriftsteller. 75, 232, 430
Brassicanus, Johannes Alexander (1470–1514, dt. Humanist und Philologe. 38
Brenz, Johannes (1499–1570), protestant. Theologe, Reformator Württembergs. 336
Brueghel, Pieter, der Ältere (1528–1569), fläm. Maler. 421
Brunelleschi, Filippo (1377–1446), ital. Architekt, Goldschmied und Bildhauer. 19 ff., 23, 117 f., 218, 340, 365
Bruni, Leonardo (1370–1444), Florentiner Humanist und Politiker. 26, 114, 133 ff., 138, 156, 162 f., 169, 244, 367, 369
Bruno, Giordano (1548–1600), ital. Philosoph. 317
Bucer, Martin (eigentl. Butzer, 1491–1551), Straßburger Reformator. 97, 242, 335
Buchanan, George (1506–1582), schott. Dichter, Historiker und polit. Theoretiker. 138, 280
Budé, Guillaume; auch Budaeus (1468–1540), franz. Humanist. 123, 328
Bugenhagen, Johannes (auch Johannes Pomeranus, 1485–1558), ev. Theologe, Stadtpfarrer von Wittenberg. 242
Buontalenti, Bernardo (1536–1608), Florentiner Architekt und Bühnenbildner. 381
Burchardus, Johannes (zwischen 1440 und 50–1506), päpstl. Zeremonienmeister. 43
Burckhardt, Jacob (1818–1897), Schweizer Kulturhistoriker. 7, 80, 110, 272, 312, 338–342, 372, 397, 431

Buridanus, Johannes (vor 1300 – nach 1358), scholast. Philosoph. 425
Burke, Peter (*1937), engl. Sozial- und Kulturhistoriker. 342
Byrd, William (1543–1623), engl. Musiker und Komponist. 285

Cabral, Pedro Alvares (1467–1520), portugies. Seefahrer und Entdecker Brasiliens. 89 f.
Cacciaguida (12. Jhdt.), Vorfahre Dantes. 71
Caesar, Gaius Iulius (100–44 v. Chr.), röm. Feldherr und Politiker. 137
Cajetan, Thomas (Tommaso Gaetano, eigentl. Jacopo de Vio, 1469–1534), Generalprokurator des Dominikanerordens, seit 1517 Kardinal, mehrfach päpstl. Legat. 240
Calixtus III. →Alonso Borgia.
Callot, Jacques (1592–1635), franz. Kupferstecher und Radierer. 420
Calvin, Johannes (Jean Cauvin, 1509–1564), Theologe und Jurist, Reformator und Kirchenführer. 10, 52, 184, 242, 334, 422
Camden, William (1551–1623), engl. Antiquar und Historiker. 138
Camerarius, Joachim (1500–1574), dt. Humanist und Pädagoge. 160
Camões, Luis Vaz de (1524/25–1580), portugies. Dichter. 149, 236
Campanella, Tommaso (1568–1639), kalabr. Dominikanermönch und polit. Theoretiker. 398 ff.
Campano, Gianantonio (1429–1477), ital. Humanist und Politiker. 293
Campeggio, Lorenzo (1464–1539), ital. Kardinal und päpstl. Legat. 146
Campin, Robert (um 1378–1444), fläm. Maler. 260
Campobasso (zweite Hälfte 15. Jhdt.), Graf, ital. Condottiere. 60
Cane, Facino (1358/59–1412), ital. Condottiere. 62
Cão, Diogo (zweite Hälfte 15./Anf. 16. Jhdt.), port. Seefahrer. 299
Capito, Wolfgang (eigentl. Fabricius Köpfel, 1478–1541), dt. Theologe, Straßburger Reformator. 97, 179, 335
Caravaggio, Michelangelo Mersini da (1573–1610), ital. Maler. 332
Cardano, Facio (1444–1527), ital. Jurist, Arzt und Mathematiker. 218
Cardano, Girolamo (1501–1576), ital. Mathematiker, Naturforscher, Arzt und Astrologe. 30, 321
Carducci, Filippo di Giovanni (1369–1449), Florentiner Kaufmann und Politiker. 249
Carducci, Andrea di Niccolò (1415 – um 1475), Florentiner Kaufmann und Politiker. 249
Carion, Johannes (1499–1537), dt. Astrologe und Historiograph. 141
Carmagnola, Francesco Bussone da (1380–1432), ital. Condottiere. 57
Carpaccio, Vittore (um 1465–1523), venezian. Maler. 410
Carrara, oberital. Adelsfamilie, im 14. Jhdt. Stadtherren von Padua.
Cartari, Vincenzo (erste Hälfte 16. Jhdt.), ital. Mythograph. 289

Casa, Giovanni della (1503–1556), ital. Diplomat und Schriftsteller, seit 1544 Erzbischof von Benevent. 150
Casaubon, Isaak (1559–1614), frz. Altertumswissenschaftler und Philologe. 157
Castagno, Andrea del (1423–1457), ital. Maler. 249
Castelvetro, Lodovico (1505–1571), ital. Humanist und Dichtungstheoretiker. 379
Castiglione, Baldassare (1478–1529), ital. Diplomat und Schriftsteller. 148 ff., 215 f.
Castracani, Castruccio (1281–1328), ital. Condottiere, Herzog von Lucca. 321
Catanei, Vannozza (1442–1518), Geliebte Papst Alexanders VI. 43
Cataneo, Pietro (um 1510–1569), ital. Architekt und Architekturtheoretiker. 176
Catull(us), Valerius (um 84 v. Chr. – um 47 v. Chr.), röm. Dichter. 215, 314
Cellini, Benvenuto (1500–1571), ital. Goldschmied und Bildhauer. 124, 148 f., 210, 321, 370, 396
Celsus, A. Cornelius (1. nachchristl. Jhdt.), Arzt und Enzyklopädist. 311
Celtis, Conrad (eigentl. Konrad Bickel oder Pickel, 1459–1508), dt. Dichter und Humanist. 154, 161, 164, 298
Cenami, Giovanna († 1480), Ehefrau des Kaufmanns Arnolfini. 323
Cerchi, Florentiner Adelsfamilie des 13./14. Jhdts. 69
Cervantes, Miguel de C. y Saavedra (1547–1616), span. Dichter und Schriftsteller. 54 ff., 224, 227, 234 f., 327, 421 ff.
Chigi, Sieneser Kaufmanns- und Bankierfamilie. 188
Chigi, Agostino (1465–1520), Sieneser Bankier und Kunstmäzen. 330
Chlodwig I. (465–511), König der Franken. 138
Chrysoloras, Manuel (um 1350–1415), griech. Gelehrter. 156
Cibò, Giambattista →Innozenz VIII.
Cibò, Lorenzo († 1503), ital. Kardinal. 346
Cicero, Marcus Tullius (106–43 v. Chr.), röm. Politiker und Schriftsteller. 13, 16, 135, 147, 149, 161, 167, 169, 314 f.
Cimabue (um 1240 – um 1300), Florentiner Maler. 142, 206, 340
Cipolla, Carlo (*1924), ital. Wirtschaftshistoriker. 435
Ciriaco de' Pizzicolli bzw. Cyriaco d'Ancona (um 1390–1457), Kaufmann und Altertumsforscher. 18
Clemens VII. (urspr. Robert von Genf, 1342–1394), seit 1378 Gegenpapst. 304
Clemens VII. (urspr. Giulio de' Medici, 1478–1534), seit 1523 Papst. 146 f., 268, 274, 308, 403
Clouet, Jean († 1541), franz. Maler. 124
Cochlaeus, Johannes (eigentl. Johann Dob[e]neck, 1479–1552), dt. Humanist und Geograph. 160, 295
Coeur, Jacques (1395–1456), franz. Kaufmann und Bankier. 187
Colet, John (um 1467–1519), engl. Humanist, Theologe und Pädagoge. 317
Collenuccio, Pandolfo (1444–1504), ital. Dichter. 112

Colleoni, Bartolomeo (1400–1475), ital. Condottiere. 58 f., 71, 369
Colonna, röm. Adelsfamilie seit dem 12. Jhdt. 15, 306
Colonna, Fabrizio di Odoardo (um 1460–1520), ital. Condottiere. 58
Colonna, Francesco (1433–1527), ital. Schriftsteller, Dominikanermönch. 24
Colonna, Giovanni († 1348), ital. Kardinal. 313
Colonna, Oddo →Martin V.
Colonna, Prospero di Antonio (um 1460–1523), ital. Condottiere. 58, 65
Colonna, Vittoria (1492–1547), ital. Dichterin, Witwe des Marchese von Pescara. 148, 278
Columbus →Kolumbus.
Commynes, Philippe de (1445–1509), franz. Politiker und Historiker. 23, 136, 321
Condell, Henry († 1627), engl. Schauspieler, Herausgeber der Stücke Shakespeares. 362
Conti, Natale (1520–1582), ital. Mythograph. 289
Correggio, eigentl. Antonio Allegri (1494–1534), ital. Maler, Hauptvertreter der Schule von Parma. 101
Cortés, Hernán (1485–1547), span. Abenteurer und Eroberer Mexikos. 91–95, 102 f.
Cosa, Juan de la († 1510), span. Entdecker und Kartograph. 413
Cosimo I. de' Medici (1519–1574), Herzog von Florenz, Großherzog der Toskana. 122, 149, 205, 264, 268, 290, 402 f.
Cosimi II. de' Medici (1590–1620), ab 1609 Großherzog der Toskana. 428
Cossa, Francesco del (1436–1478), ital. Maler. 99
Cotton, Sir Robert (1571–1631), engl. Politiker und Antiquar. 36
Cranach, Lucas d. Ä (eigentl. Lukas Müller, 1472–1553), dt. Maler und Kupferstecher. 75, 320, 325, 337
Cranmer, Thomas (1489–1556), engl. Theologe und Politiker, seit 1553 Erzbischof von Canterbury. 146 f.
Crivelli, Carlo (1430/35–1493/95), venezian. Maler. 255
Cromwell, Thomas (um 1485–1540), engl. Politiker. 144
Cronaca, Il, eigentl. Simone del Pollaiuolo (1457–1508), ital. Architekt und Bildhauer. 21, 118
Crotus Rubeanus (eigentl. Johannes Jäger, um 1480 – um 1539), dt. Humanist. 154, 165
Cruciger, Caspar (eigentl. Creutzinger oder Creutziger, 1504–1548), ev. Theologe und Weggefährte Luthers. 242, 337
Cuspinian, Johannes (eigentl. Johann Spießheimer, um 1470–1529), dt. Humanist. 137, 154, 320

D'Ailly, Pierre (1350–1420), frz. Theologe und Kardinal. 304
D'Amboise, Georges (1460–1510), franz. Kardinal und Politiker. 359
Dante Alighieri (1265–1321), ital. Dichter und Philosoph. 40, 68–71, 113, 141 f., 165, 190, 193, 223
Datini, Francesco (um 1335–1410), ital. Kaufmann und Bankier. 190, 192, 194
Decembrio, Angelo Camillo (um 1415 – um 1466), ital. Humanist. 112

Decembrio, Pier Candido (1392–1477), ital. Humanist, Biograph und Übersetzer. 66
Del Lama, Guaspare di Zanobi (1409–1481), Florentiner Geldverleiher. 46
Delicado, Francisco (vor 1480–1540), span.-ital. Schriftsteller. 214
Demosthenes (384–322 v. Chr.), athen. Redner und Politiker. 17
Descartes, René (auch Renatus Cartesius, 1596–1650), franz. Philosoph. 429
Des Périers, Bonaventure (1510–1543), franz. Dichter. 226
De Vere, Edward, 17. Earl of Oxford (1550–1604), engl. Adliger. 361
Dias, Bartolomeu (um 1450–1500), portugies. Seefahrer und Entdecker. 83 f., 87
Dias, Dinis (erste Hälfte 15. Jhdt.), portug. Seefahrer und Entdecker. 82
Diogenes Laërtius (erste Hälfte 3. Jhdt.), Philosophiehistoriker. 281, 320
Domenico di Bartolo (1400/10–1461), Sieneser Maler. 248
Donatello, eigentl. Donato di Niccolò di Betto Bardi (1386–1466), Florentiner Bildhauer. 207, 252, 340, 365–369, 437
Donati, Florentiner Adelsfamilie des 13./14. Jhdts. 69
Doni, Antonio Francesco (1513–1574), ital. Schriftsteller und Verf. einer Sozialutopie. 398
Dossi, Dosso (um 1490–1542), ital. Maler. 113
Drake, Sir Francis (um 1545–1596), engl. Seefahrer, Weltumsegler und Admiral. 418
Du Bellay, Guillaume (1491–1543), franz. Politiker, Bruder des Jean du Bellay. 328
Du Bellay, Jean (1492–1560), franz. Theologe, Humanist und Diplomat; Vertrauter Franz I., Bischof von Paris, Kardinal. 328
Du Bellay, Joachim (1522–1560), franz. Dichter. 165, 226, 228, 294
Duccio di Boninsegna (um 1260 – um 1320), Sieneser Maler. 142, 206, 340
Dufay, Guillaume (1400–1474), fläm. Musiker und Komponist. 284
Du Haillan (Haillant), Bernard de Girard (1535–1610), franz. Historiker. 138
Duns Scotus, Johannes (um 1266–1308), scholast. Theologe und Philosoph. 189
Durán, Diego de († 1558), span. Dominikaner und Ethnograph. 105.
Dürer, Albrecht (1471–1528), dt. Maler, Graphiker und Kunstschriftsteller. 74–79, 176, 204 f., 209, 211, 298 f., 321, 325, 420, 434

Eannes, Gil (erste Hälfte 15. Jhdt.), portugies. Seefahrer und Entdecker. 82
Eberhard der Bärtige (1445–1496), Herzog von Württemberg. 38
Eck, Johannes (eigentl. Maier/Mayer, 1486–1543), Theologieprofessor in Ingolstadt, Gegner Luthers. 179, 184, 240
Edward III. (1312–1377), seit 1327 König von England. 187
Edward IV. (1442–1483), seit 1461 König von England. 187
Eleonore von Aragon (zweite Hälfte 15. Jhdt.), Tochter König Ferrantes v. Neapel, Ehefrau Ercole d'Estes. 100.

Elisabeth I. (1533–1603), seit 1558 Königin von England. 147, 230, 285, 384
Elyot, Sir Thomas (um 1490–1546), engl. Humanist. 150
Elzevir, Familie holländ. Buchdrucker und Verleger. 52
Emilio, Paolo → Aemilius, Paulus
Epikur (342/41–271/70 v. Chr.), griech. Philosoph. 17
Erasmus von Rotterdam, Desiderius (1466–1563), niederländ. Humanist. 9, 48, 52, 97 f., 128, 130, 151 f., 154, 159, 160 ff., 166 f., 178, 295 f., 303, 317, 320, 327 f., 422, 432
Erastus, Thomas (eigentl. Lüber oder Lieber, 1524–1583), dt. Theologe, Reformator von Heidelberg.
Este, Herrscher- und Herzogsfamilie in Ferrara. 59, 99 ff., 110–113, 148, 212, 254, 262, 376
Este, Alfonso I. d' (1476–1534), ab 1505 Herzog von Ferrara. 45, 100, 137, 390
Este, Alfonso II. d' (1533–1597), ab 1559 Herzog von Ferrara. 113
Este, Beatrice d' (1475–1497), Frau des Lodovico Sforza, Herzogin von Mailand. 100
Este, Borso d' (1413–1471), ab 1450 Herzog von Ferrara. 99 f., 112 f.
Este, Ercole I. d' (1431–1505), ab 1471 Herzog von Ferrara. 99 f., 112 f.
Este, Ercole II. d' (1508–1559), Herzog von Ferrara. 110, 113
Este, Isabella d' (1474–1539), Markgräfin von Mantua. 100 f., 148 f., 390
Este, Lionello d' (1407–1450), Markgraf in Ferrara. 99, 110, 112 f.
Este, Niccolo III. d' (1383–1441), Markgraf in Ferrara. 99, 112
Este, Obizzo II. d' (1249–1293), Markgraf in Ferrara. 111
Estienne, Charles (um 1504–1564), franz. Dichter. 165, 383
Estienne, Henry (1528–1598), franz. Humanist. 225
Estienne, Robert (1503–1559), franz. Buchdrucker und Gelehrter. 52, 288
Eugen IV. (1383–1447), vorm. Gabriele Condulmer, seit 1431 Papst. 304, 345
Eyck, Jan van (um 1390–1441), fläm.-niederländ. Maler. 78, 260, 322 f., 438

Faber Stapulensis →Lefèvre d'Estaples.
Farel, Guillaume (1489–1565), frz. Reformator. 336
Farnese, Herzogsfamilie von Parma. 212
Farnese, Alessandro →Paul III.
Farnese, Alessandro (1520–1589), Enkel Papst Pauls III., Kardinal. 390
Farnese, Odoardo (1573–1626), ital. Kardinal. 346
Farnese, Ottavio (1524–1586), Enkel Papst Pauls III., Herzog von Parma und Piacenza. 346, 390
Farnese, Ranuccio (1530–1565), ital. Kardinal, Enkel Papst Paul III. 346
Fauchet, Claude (1530–1602), franz. Historiker. 291
Faust, Georg (1480–1540), Kalendermacher und Magier, histor. Vorbild des Faust-Mythos. 109
Felix V. (urspr. Amadeus VIII., Herzog von Savoyen, 1383–

1451), seit 1440 Gegenpapst. 304
Ferdinand I. (auch Ferrante genannt, 1423–1494), König von Neapel. 134, 136
Ferdinand von Aragon (1452–1516), König von Spanien; auch als Ferdinand II. von Aragon und Ferdinand V. von Kastilien benannt. 85, 282, 411, 413
Fernández de Avellanda, Alonso (frühes 17. Jhdt.), span. Schriftsteller. 56
Ferreira, António (1528–1569), portugies. Humanist. 236
Ferrucci, Andrea di Pietro (1465–1527), ital. Maler. 210
Fiano, Francesco da (erste Hälfte 15. Jhdt.), ital. Kurialer. 37
Ficino, Marsilio (1433–1499), Florentiner Humanist und Theologe. 28, 108, 118, 156, 193, 209, 211, 269 ff., 276, 316 ff., 324, 339, 432
Filarete, eigentl. Antonio di Pietro Averlino (um 1400–1469), ital. Bildhauer, Baumeister und Architekturtheoretiker. 24, 173, 176
Filelfo, Francesco (1398–1481), ital. Humanist und Dichter. 12, 36, 149
Filiberta von Savoyen (zweite Hälfte 15. Jhdt.), Gemahlin des Giuliano de' Medici. 267
Fischart, Johann (1546/47–1590), dt. Humanist, Dichter und Satiriker. 232
Fisher, John (1469–1535), engl. Humanist und Bischof. 146
Flacius Illyricus, Matthias (urspr. Vlacich; 1520–1575), protestant. Theologe und Historiker. 136 f., 140, 337
Fouquet, Jean (um 1420–1481), franz. Buch- und Tafelmaler. 321
Foxe, John (1516–1587), engl. Theologe und Historiker. 137
Fracastoro, Girolamo (um 1478–1553), ital. Arzt und Naturforscher. 355
Francesco di Giorgio Martini (1439–1502), ital. Maler, Bildhauer, Architekt und Festungsbauer. 24
Franck, Sebastian (1499–1542), dt. Humanist und Theologe. 436
Franco, Matteo (1447–1494), Dichter, Tanzmeister, Erzieher der Kinder Lorenzo de' Medicis. 324
Franco, Veronica (1546–1591), venezian. Kurtisane und Dichterin. 213
Franz I. (1494–1547), seit 1515 König von Frankreich. 122 ff., 145, 148, 182, 220, 226, 355, 375
Frey, Agnes († 1536), Ehefrau Albrecht Dürers. 75
Frescobaldi, Florent. Kaufmanns- und Bankiersfamilie. 116
Friedrich II. (1194–1250), seit 1212 dt. König, seit 1220 Kaiser. 376, 392
Friedrich III. (1415–1493), seit 1452 Kaiser. 38, 100, 175, 210
Friedrich III. der Weise (1463–1525), Kurfürst von Sachsen. 240, 371
Froben, Johannes (1460–1527), Basler Buchdrucker, Verleger und Gelehrter. 52, 98
Frundsberg, Georg von (1473–1527), dt. Landsknechtsführer und General Karls V. 67, 181
Fugger, Augsburger Kaufmanns- und Bankiersfamilie. 182, 187 f.
Fugger, Anton (der Reiche, 1493–1560), Großkaufmann und Bankier. 32

Fugger, Hans Jakob (1516–1575), Kaufmann und bibliophiler Sammler. 33, 36
Fugger, Jakob (1459–1525), Großkaufmann und Bankier. 32, 184
Fugger, Ulrich (1526–1584), Kaufmann und bibliophiler Sammler. 33, 36

Gabrieli, Giovanni (1557–1613), ital. Musiker und Komponist. 285
Gaddi, Taddeo (um 1300–1366), Florentiner Maler. 142
Galen(os) aus Pergamon (129–210), Arzt und Philosoph. 311
Galilei, Galileo (1564–1642), ital. Astronom, Physiker und Mathematiker. 29, 317, 427 ff.
Gallerani, Cecilia (Ende 15. Jhdt.), Mätresse Lodovico Sforzas. 359
Gama, Vasco da (um 1468–1524), portugies. Seefahrer und Entdecker des Seewegs nach Indien. 83, 87 ff., 236
Garcilaso de la Vega (um 1501–1536), span. Dichter. 234
Gattamelata (eigentl. Erasmo da Narni, um 1370–1443), ital. Condottiere. 58, 78
Gattinara, Mercurino (1465–1530), Kanzler und oberster Berater Karls V. 182, 377 f.
Gaurico, Luca (1475–1558), ital. Astrologe. 30
Gay, John (1685–1732), engl. Dichter. 422
Gelli, Giambattista (1498–1563), Florentiner Dichter. 290 f.
Gentile da Fabriano (eigentl. Gentile di Niccolò Massi, um 1370–1427), ital. Maler. 256, 257
Gentileschi, Artemisia (1593 – um 1653), ital. Malerin. 207
Gentili, Alberico (1552–1608), ital. Jurist. 74
Georg von Podiebrad (1420–1471), seit 1458 König von Böhmen. 305
Gerson, Jean (eigentl. Jean le Charlier, 1363–1429), franz. Theologe und Konzilstheoretiker. 304
Ghiberti, Lorenzo (1378–1455), Florentiner Maler, Goldschmied und Bildhauer. 207, 340, 365 ff., 396, 438
Ghirlandaio (eigentl. Domenico Bigordi, 1449–1494), Florentiner Maler. 118, 207, 249 f., 252, 276, 320, 323 f.
Giamberti, Francesco (zweite Hälfte 15. Jhdt.), Vater des Architekten Antonio da Sangallo. 324
Giambologna, auch Giovanni da Bologna; eigentl. Jean de Boulogne (1529–1608), fläm.-ital. Bildhauer. 370 f.
Giocondo, Fra (um 1433–1515), ital. Humanist und Architekt. 24
Giorgione (eigentl. Giorgio oder Zorzo Barbarelli, 1477/8–1510), venezian. Maler. 255, 262 f., 320, 388 f.
Giotto di Bondone (1267–1337), ital. Maler. 69, 117, 141 ff., 177, 190 f., 206, 260, 323, 340, 342, 366
Giovanni d'Alemagna († 1450), venezian. Maler. 255
Giovanni da Capistrano →Kapistran.
Giovanni da Udine (eigentl. Giovanni Martini, † 1535), ital. Maler. 332
Giovio, Paolo (1483–1553), ital. Humanist und Historiker. 137, 321

Gisze, Georg (erste Hälfte 16. Jhdt.), dt. Kaufmann. 152
Giulio Romano, eigentl. Giulio Pippi (1499–1546), ital. Architekt und Maler. 207, 254, 332, 390
Giustiniani, Bernardo (1408–1489), venezian. Politiker und Historiker. 44, 134
Goes, Hugo van der (1440–1482), fläm.-niederländ. Maler. 78, 260, 437f.
Gomes, Ferñao (15. Jhdt.), portugies. Kaufmann. 82
Góngora y Argote, Luis de (1561–1627), span. Dichter. 234
Gonzaga, ital. Fürstengeschlecht, benannt nach der Stammburg Gonzaga bei Mantua. 59, 148, 254, 376
Gonzaga, Federico II. (1500–1540), Markgraf von Mantua, Heerführer Karls V., Sohn des Francesco G. 101, 390
Gonzaga, Francesco (1466–1519), Markgraf von Mantua, ital. Condottiere. 65, 100, 252
Gonzaga, Giovanfrancesco (1395–1444), ital. Condottiere, Graf von Mantua. 58
Gonzaga, Lodovico (1414–1478), Markgraf von Mantua. 11, 38, 254
Gonzaga, Vespasiano (1531–1591); ital. General in span. Diensten, Herzog von Sabbioneta. 175
Goropius Becanus (Jean Becan van Gorp, Mitte 16. Jhdt.), fläm.-niederländ. Dichter und Historiker. 291
Goslicki, Wawrzyniec (lat. Laurentius Grimalius Goslicius, 1530–1607), poln. Diplomat und Bischof. 150
Gottfried von Bouillon (um 1060–1100), seit 1087 Herzog von Niederlothringen, Herrscher von Jerusalem. 225
Goujon, Jean (um 1510–1564), franz. Bildhauer. 371
Gozzoli, Benozzo (1420–1498), Florentiner Maler. 257f., 340
Graf, Urs (um 1485–1527), Schweizer Goldschmied und Graphiker. 420
Grassi, Ernesto (1902–1991), Philosophiehistoriker und Humanismusforscher. 155
Grazzini, Antonfrancesco (1503–1584), Florentiner Novellist und Dramatiker. 272, 420
Gregor I., der Große (540–604), Kirchenlehrer, seit 590 Papst. 330
Gregor XI. (urspr. Pierre-Roger de Beaufort, 1329–1378), seit 1370 Papst. 303
Gregor XII. (urspr. Angelo Correr, um 1325–1417), seit 1406 Papst. 304
Gregorovius, Ferdinand (1821–1891), Historiker. 45
Groote, Geert de (1340–1383), Theologe und Bußprediger, Begründer der *Devotio moderna*. 127
Grosz, Erhart (um 1400–1450), dt. Kleriker. 231
Grotius, Hugo (Huigh de Groot; 1583–1645), niederländ. Jurist und Theologe. 139, 418
Grünewald, Matthias (um 1475–1528), dt. Maler. 252
Guarini, Giovan Battista (1538–1612), ital. Dichter und Dramatiker. 224, 382
Guarini, Guarino (Guarino da Verona 1374–1460), ital. Humanist und Pädagoge. 37f., 66, 112, 158
Guazzo, Stefano (1530–1593), ital. Schriftsteller. 150
Guevara, Antonio de (um 1480–

1545), span. Humanist und Schriftsteller. 150
Guicciardini, Francesco (1483–1540), ital. Politiker und Historiker. 31, 66, 73, 136, 139 f. 170, 244, 266
Gutenberg (urspr. Gensfleisch), Johannes (1400–1468), Erfinder des Buchdrucks. 48 ff., 154
Gyraldi, Lilio Gregorio (1479–1550/52), ital. Mythograph. 289

Hadrian VI. (Adrian Florisz von Utrecht, 1449–1523), Erzieher Karls V., seit 1522 Papst. 128, 137, 308
Harrington, James (1611–1677), engl. polit. Theoretiker. 401
Hathaway, Anne (um 1556–1623), Ehefrau William Shakespeares. 361
Hawkwood, John (ital. Giovanni Acuto, um 1320–1394), Condottiere. 59, 62, 260
Hedio, Caspar (ursprüngl. Heyd oder Bock, 1494–1552), protestant. Theologe und Humanist, Reformer des Straßburger Schulwesens. 136, 335
Hegel, Georg Wilhelm Friedrich (1770–1831), dt. Philosoph. 332
Hegius, Alexander (1433–1498), Humanist und Pädagoge. 128
Heinrich II. (Heinrich von Valois, 1517–1559), seit 1547 König von Frankreich. 124, 267, 384
Heinrich IV. (Heinrich von Navarra, 1553–1616), seit 1589 König von Frankreich. 281 f., 378
Heinrich VII. von Luxemburg (um 1275–1313), seit 1308 dt. König, seit 1312 Kaiser. 70 f.
Heinrich VII. (1457–1509), seit 1485 König von England. 375
Heinrich VIII. (1491–1547), seit 1509 König von England. 122, 144–148, 152, 228, 336, 354, 375, 432
Heinrich der Seefahrer (1394–1460), Infant von Portugal. 81 f.
Heinrich von Gent (um 1217–1293), Theologe. 189
Heller, Agnes (*1929), ungar.-amerikan. Philosophin und Kulturtheoretikerin. 342
Henlein, Peter (um 1480–1542), Nürnberger Schlosser und Uhrmacher. 436
Henri d' Albret (1503–1555), König von Navarra. 226
Herberay Des Essarts, Nicolas († um 1552), franz. Dichter. 227
Hermes Trismegistos, von den Neuplatonikern als Verfasser des *Corpus Hermeticum* (1.–3. Jhdt. N. Chr.) bezeichnet. 317
Herodot(os) (um 484 – um 430 v. Chr.), griech. Historiker. 17
Herrera, Fernando de (1534–1597), span. Dichter. 234
Hesiod (um 700 v. Chr.), griech. Dichter. 288
Hessus, Helius Eobanus (eigentl. Eoban Koch, 1488–1540), dt. Humanist. 154
Hetzer, Theodor (1890–1946), dt. Kunsthistoriker. 143
Heyden, Pieter van der (um 1530 – um 1572), niederländ. Kupferstecher. 420
Hieronymus (um 347–419/420), Kirchenlehrer und Bibelübersetzer (Vulgata). 331
Hobbes, Thomas (1588–1679), engl. politischer Theoretiker. 429
Hoeschel, David (1556–1617), Augsburger Humanist und Verleger. 33

Holbein, Hans, d. Ä. (um 1465–1524), dt. Maler. 151
Holbein, Hans, d. J. (um 1497–1543), dt. Maler und Zeichner. 144, 151 ff., 320, 325
Holbein, Sigmund (um 1475 - 1540), dt. Maler. 151
Holinshed, Raphael (um 1520 – um 1580), engl. Chronist und Historiker. 363
Homer (Ende 8. vorchristl. Jhdt.), aus Kleinasien stammender griech. Dichter. 17, 48, 222, 227, 230
Horaz, Quintus Horatius Flaccus (65–8 v. Chr.), röm. Dichter. 234, 314
Horkheimer, Max (1895–1973), deutscher Sozialphilosoph. 351
Hrabanus Maurus (um 776–856), Verfasser bildungsreform. Schriften, Erzbf. von Mainz. 288
Huizinga, Johan (1872–1945), niederländ. Kulturhistoriker. 97, 431
Hus, Johannes (um 1370–1415), böhm. Theologe und Kirchenreformer. 434
Hutten, Ulrich von (1488–1523), dt. Humanist und Reichsritter. 97, 162, 164 ff., 296, 307, 355, 430

Iamblichos (um 240/245 – um 326), neuplaton. Philosoph. 317
Innozenz VIII. (urspr. Giambattista Cibò, 1432–1492), seit 1484 Papst. 210, 346
Irenicus, Franciscus (eigentl. Franz Friedlieb, 1495–1559), luth. Prediger und dt. Humanist. 291, 295
Isaacs, Pieter Franz (1569–1625), dänisch-niederländ. Maler. 74
Isaak, Heinrich (um 1450–1517), flämischer Musiker und Komponist. 284
Isabella von Kastilien (1451–1504), Königin von Kastilien, verheiratet mit Ferdinand von Aragon. 86, 200 ff.
Isidor von Sevilla (560–636), lat. Kirchenlehrer und Enzyklopädist. 288
Isokrates (436–338 v. Chr.), athen. Redner und Politiker. 17, 129
Iuvenal(is), D. Iunius (*67 v. Chr.), röm. Satirendichter. 215

Jakob I. (1566–1625), als Jakob VI. König von Schottland, ab 1603 als Jakob I. König von England. 384
Japhet, bibl. Gestalt, Sohn Noahs, myth. Urvater der europäischen Völker. 291
Jean de Hesdin (14. Jhdt.), Verfasser proavignonesischer Streitschriften, Sekretär des Erzbischofs von Rouen. 294
Joachim von Fiore (Gioacchino da Fiore, 1130/35–1202), kalabres. Abt, Verfasser geschichtstheolog. Schriften. 434
Jodelle, Etienne (1522–1573), frz. Dichter und Dramatiker. 383 f.
Johann II. (1455–1495), seit 1481 König von Portugal. 83 f., 200
Johann der Beständige von Sachsen (1468–1532), Mitregent Friedrichs des Weisen, seit 1525 Kurfürst von Sachsen. 335
Johanna II. (1371–1435), seit 1414 Königin von Neapel. 357
Johannes XXIII. (urspr. Baldassare Cossa † 1415), seit 1410 Gegenpapst. 303 f.

Jonas, Justus (eigentl. Jobst Koch, 1493–1555), dt. Jurist und Theologe, Weggefährte Luthers. 242
Jones, Inigo (1573–1652), engl. Architekt und Baumeister. 310
Jonson, Ben (um 1572–1637), engl. Dramatiker. 361, 387
Josquin des Prèz (um 1450–1521), fläm. Musiker und Komponist. 284
Julius II. (urspr. Giuliano della Rovere, 1443–1513), seit 1503 Papst. 238, 274, 302 f., 306 ff., 324, 330 f., 347, 355, 407
Justus von Gent (Joas van Gent, † um 1475), fläm.-niederländ. Maler. 325 f.

Kapistran, Johannes (eigentl. Giovanni da Capistrano, 1386–1456), franziskan. Bußprediger. 126
Karl I. (1600–1649), seit 1625 König von England, Schottland und Irland. 384
Karl V. (1500–1558), von 1519 bis 1556 Kaiser, seit 1516 König von Kastilien und Aragon (Karl I.). 32, 78, 91, 93 ff., 101 f., 122 f., 130, 145 f., 148, 162, 181 ff., 188, 209 f., 247, 267, 324, 375, 377, 388 f.
Karl VIII. (1470–1498), seit 1483 König von Frankreich. 100, 123, 225, 352, 355, 358, 377
Karl IX. (1550–1574), seit 1560 König von Frankreich. 214, 227
Karl der Kühne (1432–1477), Herzog von Burgund. 60, 148, 321
Karlstadt → Bodenstein.
Katharina Howard (1522–1542), Königin von England, fünfte Frau Heinrichs VIII. 144
Katharina Parr (1512–1548), Königin von England, sechste Frau Heinrichs VIII. 144
Katharina von Aragon (1485–1536), Tochter Ferdinands von Aragon und Isabellas von Kastilien, Königin von England und erste Frau Heinrichs VIII. 145 f.
Katharina von Siena (1347–1380), ital. Mystikerin. 128
Kepler, Johannes (1571–1630), dt. Astronom, Astrologe und Mathematiker. 427 f.
Kerle, Jakob van (um 1531–1591), fläm. Musiker und Komponist, Berater des Tridentiner Konzils in Musikfragen. 286
Knox, John (um 1513–1572), schott. Reformator und polit.-theolog. Schriftsteller. 336
Koberger, Anton (um 1440–1513), Nürnberger Buchdrucker und Verleger. 52, 75, 298
Kolumbus, Christoph (ital. Cristoforo Colombo, span. Cristóbal Colón, 1451–1506), genues.-span. Seefahrer und Entdecker Amerikas. 9, 80, 84–87, 94, 101 f., 200–203, 354, 411 f.
Kopernikus, Nikolaus (1473–1543), Astronom und Arzt. 299, 426 ff.
Kraft, Adam (1455–1508), Nürnberger Bildhauer und Architekt. 298, 322, 371
Krantz, Albert (1448–1517), hansischer Syndikus und dt. Humanist. 136, 291
Kristeller, Paul Oskar (1905–1999), dt.-amerikan. Ideengeschichtler und Humanismusforscher. 27, 316
Kyd, Thomas (1558–1594), engl. Dramatiker. 386

Laetius, Julius Pomponius (1425–1498), ital. Humanist und Philologe. 344
Lancaster, engl. Königsfamilie des 14. und 15. Jahrhunderts. 363, 375
Landino, Cristoforo (1424–1498), Florentiner Humanist, seit 1458 Professor für Poesie und Rhetorik in Florenz. 156, 168, 289, 324
Landucci, Luca (1436–1516), Florentiner Kaufmann und Chronist. 350
Lannoy, Baudouin de (1388–1474), burgund. Adliger und Hofbeamter. 322
Lari, Antonio (um 1521–1549), ital. Maler. 74
Lascaris, Constantino, auch Konstantinos Laskaris (1434–1501), byzantin. Gelehrter, seit der Eroberung Konstantinopels in Mailand, später Rom und Neapel tätig. 358
Las Casas, Bartolomé de (1484–1566), span. Dominikaner und Missionar, Bischof von Chiappas, Historiker der frühen Kolonialgeschichte. 106, 414
Lasso, Orlando di (1532–1592), fläm. Musiker und Komponist. 149, 285 f.
La Taille, Jean de (um 1540 – um 1611), franz. Dramatiker und Dichtungstheoretiker. 383
Laurana, Luciano da (um 1420–1479), ital. Architekt. 24
Lefèvre d'Etaples, Jacques (lat. Johannes Faber Stapulensis, um 1460–1536), franz. Humanist und Philologe. 167, 317
Lemaire de Belges, Jean (1473–1515), franz. Dichter und Humanist. 225, 291
Leo X. (urspr. Giovanni de' Medici, 1475–1521), seit 1513 Papst. 137, 146, 221, 239 f., 267 f., 274, 303, 307 f., 324, 335 f., 344, 355
Léon, Fray Luis de (um 1527–1591), span. Dichter. 234
Leonardo da Vinci (1452–1519), ital. Maler, Bildhauer, Wissenschaftler und Erfinder. 9, 24 f., 100 f., 124, 173, 204, 206 f., 209, 217–221, 269 f., 272, 275 f., 330, 341, 359, 395 f.
Leoni, Leone (1509–1590), ital. Bildhauer. 210
Le Roy, Louis (1510–1577), franz. Historiker und polit. Theoretiker. 317, 433
Leuschner, Wolfgang (16. Jhdt.), Erfinder und Bergbauingenieur. 199
L'Hôpital, Michel de (1503–1573), franz. Jurist und Kanzler. 214, 282
Lippi, (Fra) Filippo (um 1406–1469), Florentiner Maler. 46 f., 210, 258, 260, 340
Lippi, Filippino (1457–1504), Sohn des Filippo Lippi, Florentiner Maler. 249, 258
Lipsius, Justus (eigentl. Joest Lips, 1547–1606), niederländ. Philosoph und Politiktheoretiker. 176
Livius, Titus (59 v. Chr. – 17 n. Chr.), röm. Historiker. 246
Lombardo, Pietro (um 1435–1515), ital. Bildhauer und Architekt. 369
Lopez, Robert S. (*1910), amerik. Wirtschaftshistoriker. 194
Loredan, Giovanni (14. Jhdt.), venezian. Kaufmann. 435
Loredan, Jacopo (14. Jhadt.), venezian. Kaufmann. 192
Lorenzetti, Ambrogio (um 1290–1348), Sieneser Maler,

Bruder des Pietro Lorenzetti. 177, 340
Lorenzetti, Pietro (um 1280–1348), Sieneser Maler. 177, 340
Lorenzo di Credi (um 1456–1537), ital. Maler. 207
Lotto, Lorenzo (um 1480–1556), ital. Maler. 330
Ludwig XI. (1423–1483), seit 1461 König von Frankreich. 306, 321
Ludwig XII. (1462–1515), seit 1498 König von Frankreich. 44, 123
Luis de Granada (1505–1588), span. Dominikaner und Mystiker. 128
Lukian(os) (um 120 n. Chr. – nach 180 n. Chr.), Redner und Satirendichter. 17, 45, 215
Lukrez (Titus Lucretius Carus; um 97 v. Chr. – 55 v. Chr.), röm. Dichter. 48
Luther, Martin (1483–1546), dt. Reformator. 9, 27, 30, 32, 78, 97, 126, 140, 145 f., 152, 177, 179, 184, 213, 237–243, 271, 293 ff., 299, 307, 333 ff., 337, 350, 356, 422, 430
Lyly, John (um 1554–1604), engl. Hof- und Komödiendichter. 387

Machiavelli, Niccolò (1469–1527), Florentiner Politiker, Historiker und politischer Theoretiker. 14, 39, 44, 57, 62, 65 f., 72, 114, 131, 134, 136, 139, 168, 193, 244–247, 266, 270 f., 321, 333, 352, 381, 430
Madeleine de la Tour d'Auvergne († 1519), Ehefrau des Lorenzo de' Medici, Herzog von Urbino, Mutter des Alessandro de' Medici. 267
Major, Georg (1502–1574), protestant. Theologe, Weggefährte Luthers. 337
Malaspina, oberital. Herrscherfamilie, Markgrafen von Lusigiana. 69
Malatesta, oberital. Adelsgeschlecht, im 14./15. Jhdt. Stadtherren von Rimini. 11, 58, 262
Malatesta, Sigismondo (1417–1468), ital. Condottiere, Stadtherr von Rimini. 58, 59, 358
Malinche (frühes 16. Jhdt.), Indio-Dolmetscherin des Cortés; auch Doña Marina genannt. 93
Manetti, Gianotto oder Gianozzo (1396–1459), ital. Humanist und Philologe. 167, 269, 436
Mannheim, Karl (1893–1947), dt. Philosoph und Soziologe. 162
Mantegna, Andrea (1431–1506), ital. Maler und Kupferstecher, seit 1460 in den Diensten Lodovico Gonzagas in Mantua. 75, 77, 101, 151, 207, 210, 251 f., 254 f., 289
Manuel I. (1469–1521), seit 1495 König von Portugal. 87, 90
Manutius, Aldus (ital. Aldo Manuzio, 1450–1515), ital. Buchdrucker und Humanist, einer der berühmtesten Verleger seiner Zeit. 52, 409
Margarete von Angoulême (1492–1549), Königin von Navarra, Dichterin, Schwester des franz. Königs Franz I. 123 f., 226
Margarete von Navarra → Margarete von Angoulême.
Margarete von Österreich (1522–1586), uneheliche Tochter Kaiser Karls V., Ehefrau des Alessandro de' Medici. 267

Maria Tudor (1516–1558), seit 1553 Königin von England. 146

Maria von Burgund (1457–1482), Herzogin von Burgund und Frau Maximilians. 123

Mariana, Juan de (1535–1624), span. Philosoph und Historiker. 139, 213

Marlowe, Christopher (1564–1593), engl. Dichter und Dramatiker. 108, 109 f., 386

Marot, Clément (1496/97–1544), franz. Dichter. 123, 226 f.

Marsuppini, Carlo (1399–1453), Florentiner Humanist und Politiker. 162

Martial(is), M. Valerius (um 40–103/104 n. Chr.), röm. Dichter und Epigrammatiker. 215

Martin V. (urspr. Oddo Colonna, 1368–1431), seit 1418 Papst, Beender des großen Schismas. 36, 304 f.

Martin, Alfred von (1882–1979), dt. Kultursoziologe. 195, 342

Martini, Francesco di Giorgio (1439–1401), Ingenieur, Architekt, Bildhauer und Maler. 24, 173

Martyr de Anghiera, Petrus (1459–1529), ital. Gelehrter und Humanist, als Diplomat und Chronist in span. Diensten. 102

Marx, Karl (1818–1883), polit. Schriftsteller und Wirtschaftstheoretiker. 60, 342

Masaccio, eigentl. Tommaso di Ser Giovanni Guidi (1401–1428), Florentiner Maler. 118, 218, 249, 251, 258 ff., 323, 340, 437 f.

Masolino, eigentl. Tommaso di Panicale (1383 – um 1447), Florentiner Maler. 118, 207, 249, 258 f., 302, 348

Mattias Corvinus (Matyas Hunyadi, 1440–1490), seit 1459 König von Ungarn, seit 1469 König von Böhmen. 36, 299

Maximilian I. (1459–1519), seit 1493 Kaiser. 78, 137, 299, 307

Mazzei, Lapo (Ende 15./Anfang 16. Jhdt.), Florentiner Kaufmann. 436

Medici; Florentiner Familie, die durch Bankgeschäfte und Handel Macht und Einfluß gewann; seit 1532 stellte sie die Herzöge, später Großherzöge der Toskana. 25, 46, 114, 120, 170, 188, 205, 212, 245, 247, 250, 264–269, 274, 276, 403, 432

Medici, Alessandro de' (1510–1537), erster Herzog von Florenz. 267 f., 274 f., 403

Medici, Caterina de' (1519–1589), Königin von Frankreich. 267

Medici, Cosimo de' (*il Vecchio*) (1389–1464), Florentiner Bankier und Politiker. 35 f., 46, 112, 120, 122, 191, 196, 257, 261, 265 f., 268, 290, 316, 321, 377

Medici, Cosimo de' →Cosimo I.

Medici, Giovanni di Averardo de', genannt Giovanni di Bicci (1368–1429), Florentiner Kaufmann und Bankier, Vater des Cosimo de' M. 264

Medici, Giovanni de' →Leo X.

Medici, Giovanni de' (Giovanni delle bande nere, 1498–1526), ital. Condottiere. 58, 65, 264, 360

Medici, Giovanni de' (1421–1463), Sohn des Cosimo de' Medici. 46

Medici, Giovanni di Pierfrancesco de' (1430–1476), Sohn des Lorenzo di Giovanni de' Medici, dritter Ehemann Caterina Sforzas. 360
Medici, Giuliano de' (1453–1478), jüngerer Bruder Lorenzos. 46, 120, 266, 277, 324
Medici, Giuliano de' (1479–1516), Sohn des Lorenzo, Herzog von Nemours. 267, 324
Medici, Giulio de' →Clemens VII.
Medici, Ippolito de' (1510–1535), seit 1529 Kardinal. 268, 390, 403
Medici, Lorenzino de', auch Lorenzaccio (1515–1548), Mörder des Alessandro de' Medici, Sproß einer Seitenlinie. 268
Medici, Lorenzo de' (*il Magnifico*) (1449–1492), Florentiner Politiker. 46, 117, 120 f., 168, 170, 187, 192, 195, 257, 266, 268, 277, 290, 316, 321, 324, 350 f., 421
Medici, Lorenzo di Giovanni de' (1395–1440), Florentiner Bankier, Bruder des Cosimo. 264
Medici, Lorenzo di Pier Francesco de' (1492–1519), Herzog von Urbino. 102, 267
Medici, Piero de' (il Gottoso) (1416–1469), Florentiner Bankier und Politiker. 46, 120, 257 f., 266
Medici, Piero de' (1471–1503), Sohn des Lorenzo, Florentiner Politiker und Glücksritter. 121, 324
Medici, Salvestro de' (1331–1388), Florentiner Politiker, beteiligt am Wollarbeiteraufstand (*tumulto dei ciompi*) von 1378. 265
Medici, Vieri di Cambio de' (1323–1395), Florentiner Kaufmann und Bankier. 264
Melanchthon, Philipp (eigentl. Schwarzerdt, 1497–1560), dt. Humanist und Reformator. 26 f., 30, 136, 141, 159 f., 179, 239 f., 242 f., 335, 337
Melozzo da Forlì (1438–1494), ital. Maler. 263
Melzi, Francesco (1493 – um 1570), ital. Maler, Schüler und Erbe Leonardo da Vincis. 220 f.
Memings, John (16./17. Jhdt.), engl. Schauspieler und Herausgeber der Stücke Shakespeares. 362
Memling, Hans (um 1430–1494), dt.-fläm. Maler. 185
Meres, Francis (1565–1647), engl. Kleriker und Pädagoge. 361
Merian, Matthaeus (1621–1678), dt. Kupferstecher und Maler. 177
Metasthenes (Pseudo-Metasthenes), angebl. Geschichtsschreiber der Frühzeit. 291
Michelangelo (Michelangelo Buonarroti, 1475–1564), ital. Bildhauer, Architekt, Maler und Dichter. 23, 204 f., 209, 247, 251, 263, 273–278, 301 f., 329 ff., 341, 344–348, 367–370, 390, 395 f.
Michelet, Jules (1798–1874), franz. Historiker. 7, 338–341
Michelozzo, Michele (1396–1472), Florentiner Architekt und Bildhauer. 21, 25, 118, 207
Miltitz, Karl von (1480–1529), sächs. Adliger, päpstl. Kammerherr und Legat. 240
Moctezuma (um 1466–1520), Aztekenkönig. 93
Montaigne, Michel Eyquem de (1533–1592), franz. Schriftsteller. 270 f., 279–282, 433 f.

Montefeltro, seit 1234 Herrscherfamilie von Urbino, seit 1443 Herzöge. 262

Montefeltro, Federigo da (1422–1482), ital. Condottiere, seit 1444 Herrscher von Urbino, seit 1474 Herzog, Kunstmäzen. 36, 49, 58 f., 148, 254, 324 ff.

Montemayor, Jorge (um 1526–1561), span. Schriftsteller. 235

Monteverdi, Claudio (1567–1643), ital. Komponist und Musiker. 149, 285, 287

Morata, Olympia Fulvia (1526–1555), Gesellschafterin am Hof von Ferrara. 336

Morelli, Giovanni di Pagolo (1371–1444), ital. Kaufmann. 191

Moretus, Jan (1543–1610), Antwerper Buchdrucker und Verleger. 52

Morus, Thomas (1477–1535), engl. Humanist und Politiker. 130, 144, 146, 152, 168, 317, 320, 397–400

Mozzi, Florentiner Kaufmannsfamilie. 116

Muhammad II. Fatih (türk. Mehmet Fâtik, 1432–1481), Sultan des Osman. Reichs (seit 1451).

Münster, Sebastian (1488–1552), dt. Geograph und Gelehrter. 178, 320

Müntzer, Thomas (um 1490–1525), reformator. Theologe, Verfasser revolutionärer Schriften. 334, 430 f., 434 f.

Muret, Marc-Antoine (1526–1585), franz. Humanist und Rhetoriklehrer. 280

Murner, Thomas (1475–1537), dt. Theologe und Schriftsteller. 160, 232

Mutianus Rufus (eigentl. Mut), Konrad (1470–1526), dt. Gelehrter und Humanist. 154

Nardi, Jacopo (1476–1563), Florentiner Historiker und Politiker. 134

Naucler, Johannes (um 1425–1510), dt. Humanist und Chronist. 291

Neander, Michael (1525–1595), dt. Gelehrter und Pädagoge. 160

Nebrija, Antonio de (1444–1522), span. Humanist. 233

Nepos, Cornelius (um 100 v. Chr. – um 27 v. Chr.), röm. Historiker und Biograph. 161

Neri, Filippo (1515–1595), kath. Kirchenreformer und Begründer der Kongregation der Oratorianer. 285 f.

Nerli, Filippo de' (1485–1556), Florentiner Historiker und Politiker. 134

Neroni, Diosalvati († 1482), Florentiner Kaufmann, Politiker, Schriftsteller. 120

Newton, Isaac (1642–1727), engl. Mathematiker und Physiker. 428

Niccoli, Niccolò (1364–1437), Florentiner Humanist. 16 f., 35 ff.

Niccolò da Modena (Anf. 16. Jhdt.), ital. Maler in frz. Diensten. 124

Nider, Johannes (um 1380–1438), Verfasser wirtschaftsrechtl. Schriften. 189

Nietzsche, Friedrich (1844–1900), Philosoph und Kulturtheoretiker. 332 f., 342 f., 431

Nifo, Agostino (1473–1546), ital. Philosoph. 28

Niklas von Wyle (um 1410 – um 1480), dt. Frühhumanist. 231

Nikolaus V. (urspr. Tommaso Parentucelli, 1397–1455), seit 1447 Papst. 36, 82, 305, 347 f.

Nikolaus von Kues (Nicolaus Cusanus, 1401–1464), Philosoph und Schriftsteller, Erzbischof von Brixen. 174, 304

Nikolaus von Oresme (nach 1320–1382), frz. Philosoph und Naturforscher, Aristotelesübersetzer. 186, 425

Nostradamus (lat. für Michel de Nostradame, 1503–1566), franz. Arzt und Astrologe. 30

Obrecht, Jakob (1453–1505), niederländ. Komponist. 284

Occhino, Bernardino (1487–1564), Franziskanermönch, Angehöriger relig. Reformkreise in Rom. 278

Oecolampadius, Johannes (eigentl. Hausschein oder Heußgen, 1482–1531), Basler Reformator. 97, 335

Ojeda, Alonso de (1466–1510), span. Entdecker und Eroberer. 412

Okeghem, Jean (um 1430–1495), niederländ. Komponist. 284

Orcagna, eigentl. Andrea di Cione (um 1308–1368), Florentiner Maler, Bildhauer und Architekt. 340, 366

Orsini, röm. Adelsfamilie des 14.–16. Jhdts. 15, 344

Orsini, Clarice (1450–1488), Ehefrau des Lorenzo de' Medici. 266

Orsini, Niccolò (1442–1510), ital. Condottiere. 58

Osiander, Andreas (eigentl. Hosemann, 1498–1552), Reformator Nürnbergs und Preußens. 179

Ovid(ius), Publius O. Naso (43 v. Chr. – 18 n. Chr.), röm. Dichter. 48, 215, 288, 314

Oviedo, Gonzalo Fernández de O. y Valdés (1478–1557), span. Kolonialhistoriker. 87, 103

Palacios Rubios, Juan Lopez (15./16. Jhdt.), span. Kronjurist. 91

Pacioli, Luca; auch Paciuoli, Lucas de Burgo Sancti Sepulchri (1445–1514), ital. Mathematiker und Experte für kaufmänn. Buchführung. 197, 213

Paele, Georg van der (1370–1443), Kanoniker der Kollegiatskirche St. Donatian in Brügge. 323

Palestrina, Giovanni Pierluigi da (lat. auch Praenestinus, um 1525–1594), ital. Musiker und Komponist. 149, 285 f.

Palladio, Andrea (1518–1580), venezian. Architekt und Architekturtheoretiker. 21, 309 ff., 409

Palma il Giovane, Jacopo (1544–1628), venezian. Maler. 257, 410

Palmieri, Matteo (1406–1475), ital. Humanist und Historiker. 159, 169, 196

Panormita, Antonio (eigentl. Antonio Beccadelli, 1394–1471), ital. Humanist, Hofdichter und Sammler obszöner und satirischer Epigramme. 213, 215

Pantaleon, Heinrich (1522–1595), Basler Physicus und Historiograph. 137, 291, 321

Paracelsus (Philippus Aureolus Theophrastus von Hohenheim, 1493–1541), Arzt und Alchemist. 108, 311 f., 317

Parmigianino, Francesco (eigentl. Francesco Maria Mazzola, 1503–1540), ital. Maler. 210, 301

Pasquier, Etienne (1529–1615), franz. Gelehrter und Historiker. 291, 432

Patrizi, Francesco (eigentl. Frane Petriæ, 1529–1597), dalmatin.-ital. Philosoph. 317

Paul II. (urspr. Pietro Barbò, 1418–1471), seit 1464 Papst. 100, 345 f.

Paul III. (urspr. Alessandro Farnese, 1468–1549), seit 1534 Papst. 205, 325, 346, 390

Paul IV. (urspr. Gian Pietro Carafa, 1476–1559), seit 1555 Papst. 285

Pazzi, Florent. Kaufmanns- und Bankiersfamilie. 118, 120 f., 188, 266

Pegolotti, Francesco Balduccio (erste Hälfte 14. Jhdt.), Angestellter des Handelshauses der Bardi, Verfasser einer Handelslehre. 197

Pencz, Georg (erste Hälfte 16. Jhdt.), Nürnberger Kupferstecher. 298

Peri, Jacopo (1561–1633), Hofmusiker der Medici, Opernkomponist. 287

Périon, Joachim (1499–1559), Benediktinermönch, Aristotelesübersetzer. 157

Perugino, eigentl. Pietro Vanucci (um 1450–1523), ital. Maler. 101, 207, 263, 301, 330, 437

Peruzzi, Florentiner Familie von Kaufleuten und Bankiers. 116, 142, 187, 196

Peruzzi, Baldassare (1481–1536), ital. Architekt und Maler. 207, 347

Pescara, Ferrante Francesco d'Avalon, Marchese von (1490–1525), Heerführer Karls V. 65, 137, 181

Petrarca, Francesco (1304–1374), ital. Dichter und Schriftsteller. 14 ff., 35, 38, 40, 42, 62, 161, 163, 167, 222 f., 226 ff., 231, 234, 286, 294, 312–316, 320 f.

Petrucci, Ottaviano de (1466–1539), venezian. Drucker von Musikstücken und Musikalienhändler. 284

Peutinger, Konrad (1465–1547), dt. Humanist und Politiker. 33, 190

Pfefferkorn, Johann (1469–1522), getaufter Jude, der die Vernichtung jüd. Schriften betrieb. 164 f., 178

Philipp IV., der Schöne (1268–1314), seit 1285 König von Frankreich. 70, 376

Philipp der Kühne (1342–1404), seit 1363 Herzog von Burgund. 371

Philipp der Gute (1396–1467), seit 1419 Herzog von Burgund. 323

Philipp I. der Großmütige (1504–1567), seit 1518 Landgraf von Hessen. 335

Philipp II. (1527–1598), seit 1556 König von Spanien. 104, 175, 187, 214, 375, 388 f.

Piccinino, Giacomo (1423–1465), ital. Condottiere, Sohn des Niccolò Piccinino. 358

Piccinino, Niccolò (um 1386–1444), ital. Condottiere. 57, 59, 357 f.

Piccolomini, Enea Silvio (1405–1464), Humanist, Schriftsteller, Papst (Pius II., 1458–1464). 12, 57, 59, 167, 174, 239, 248, 253, 266, 305, 321, 356

Piccolomini, Ottavio (1599–1656), kaiserl. Feldmarschall und Generalltnt., Herzog von Amalfi. 65

Pico della Mirandola, Giovanni (1463–1494), ital. Humanist, Herzog von Mirandola. 28, 30, 36, 108, 113, 156 ff., 160 ff., 269 ff., 276, 289, 318 f.

Pictor, Georg (1500–1569), dt. Arzt, Mythograph und Kompilator. 288

Piero della Francesca (1410/1420–1492), ital. Maler. 173, 218, 248, 252 f., 262, 324, 340
Piero di Cosimo, eigentl. Pietro di Lorenzo, nahm den Namen seines Lehrers Cosimo Rosselli an (um 1462–1521), ital. Maler. 207, 263, 324
Pinturicchio (eigentl. Bernardino di Betto di Biagio, 1454–1513), ital. Maler. 44, 248, 301, 321
Pinzón, Vicente Yañez (um 1460–1524), span. Seefahrer und Entdecker. 413
Piombo, Sebastiano del (um 1485–1547), ital. Maler. 301
Pirckheimer, Willibald (1470–1530), dt. Humanist, Nürnberger Politiker. 36, 77, 162, 204, 299 f., 430
Pisanello, Antonio (um 1395–1455), ital. Maler. 113
Pisano, Andrea (um 1290–1348), ital. Bildhauer und Baumeister. 366 f.
Pisano, Giovanni (um 1250 – um 1317), ital. Bildhauer, Sohn des Nicola Pisano. 340, 365 f.
Pisano, Nicola oder Niccolò (um 1220 – um 1284), ital. Bildhauer. 340, 365 f.
Pitti, Luca (1395- um 1470), Florentiner Kaufmann und Politiker. 120
Pius II. (Papst) →Enea Silvio Piccolomini.
Pius IV. (urspr. Gian Angelo de' Medici, 1499–1565), seit 1558 Papst. 385
Pius V. (urspr. Michele Ghisleri, 1504–1572), seit 1566 Papst. 285
Pizarro, Francisco (1470–1541), span. Eroberer Perus. 95
Plantin, Christopher (1514–1589), franz. Buchdrucker und Verleger in Antwerpen. 52
Platina, Bartolomeo (1421–1481), ital. Humanist und Historiker. 136, 156, 170, 306
Platon (428/27–349/48 v. Chr.), griech. Philosoph. 28, 48, 156, 159, 279, 299, 317, 330, 397–400
Plautus, Titus (um 250–184 v. Chr.), röm. Komödiendichter. 16, 247, 380 f.
Plethon →Georgios P.
Plinius Caecilius Secundus, Gaius (61/62 – um 102 n. Chr.), röm. Politiker und Schriftsteller. 45, 161
Plotin (204/205–270 n. Chr.), neuplaton. Philosoph. 17, 317
Plutarch(os) von Chaironeia (um 45 – um 120 n. Chr.), philosoph. Schriftsteller und Biograph. 17, 161, 279, 281, 299, 320
Pocock, John G. A. (*1924), austr.-kanad. Historiker. 170
Poggio Bracciolini, Giovanni Francesco (1380–1459), ital. Humanist. 13, 16 f., 37, 133 f., 162, 231, 293, 405
Pole, Reginald (1500–1558), Vetter des engl. Königs Heinrich VIII., seit 1536 Kardinal, seit 1555 Erzbischof von Canterbury. 278
Polenta, Guido IV. Novello da († 1330), seit 1316 Stadtherr von Ravenna. 69
Poliziano (Politian), Angelo (eigentl. Angelo Ambrogini, 1454–1494), Florentiner Dichter und Humanist. 46 f., 49, 156, 236, 276, 324
Pollaiuolo, Simone del →Cronaca, Il
Pollaiuolo, Antonio (um 1432–1498), Florentiner Maler, Bildhauer, Goldschmied und

Kupferstecher. 77, 207, 218, 290
Pollastra, Giovanni (eigentl. Giovanni Pollio Lappoli, 15. Jhdt.), ital. Humanist und Pädagoge. 402
Pomponazzi, Pietro (1462–1525), ital. Philosoph, Aristoteliker. 28, 156
Pontano, Giovanni (1426–1503), ital. Humanist und Politiker. 136, 167
Pontormo, Jacopo da (1494–1557), ital. Maler. 210
Porcari, Stefano († 1453), röm. Humanist und antipapistischer Verschwörer. 344
Pordenone, eigentl. Giovanni Antonio Licino (1483–1539), ital. Maler. 210
Porphyrios (234–304/5 n. Chr.), neuplaton. Philosoph. 317
Porta, Giacomo della (um 1533–1602), ital. Architekt. 25, 347
Portinari, Tommaso (zweite Hälfte 15. Jhdt.), Florentiner Kaufmann. 185, 193 f.
Postel, Guillaume (1510–1581), franz. Gelehrter. 317
Prignani, Bartolomeo →Urban VI.
Primaticcio, Francesco (um 1504–1570), ital. Maler, Bildhauer und Baumeister. 124
Proklos (412–485 n. Chr.), neuplaton. Philosoph. 317
Properz, Sextus (um 47 v. Chr. – um 2 v. Chr.), röm. Dichter. 215
Ptolemäus, Claudius (nach 83 n. Chr. – nach 161 n. Chr.), griech. Astronom, Mathematiker und Astrologe. 51
Pulci, Luigi (1432–1484), Florentiner Dichter, Verf. von Ritterepen. 224
Quercia, Jacopo della (1374–1438), Sieneser Bildhauer. 340
Quevedo y Villegas, Francisco Gómez de (1580–1645), span. Dichter, Novellist und Satiriker. 234
Quintilian, Marcus Fabius (ca. 35–100 n. Chr.), röm. Schriftsteller und Lehrer der Rhetorik. 13, 16, 37, 136

Rabelais, François (1494–1553), franz. Humanist und Dichter. 123, 227, 232, 327 ff., 421 f.
Radewijns, Florentius (1350–1400), niederländ. Bußprediger. 127
Raffael (Raffaello Santi, ital. Sanzio, 1483–1520), ital. Maler und Architekt. 148, 207, 263, 275 f., 301 f., 307 f., 320, 324 f., 329–332, 340, 345, 423
Raimondi, Marcantonio (um 1480–1534), ital. Kupferstecher. 423
Ramus, Petrus (Pierre de la Ramée, 1515–1572), franz. Humanist. 29
Regiomontanus (eigentl. Johannes Müller aus Königsberg, 1436–1474), dt. Mathematiker und Astronom. 299, 412
Rembrandt (eigentl. R. Harmensz van Rijn, 1606–1669), niederländ. Maler. 391
Reuchlin, Johannes (1455–1522), dt. Humanist und Hebraist. 38, 108, 154, 161, 164 f., 178, 317
Rhenanus, Beatus (1485–1547), dt. Humanist. 291
Riario, Girolamo (1443–1488), Nepot Papst Sixtus' IV., Stadtherr von Imola und Forlì. 120, 359

Riario, Raffaello (1461–1521), Nepot Papst Sixtus' IV., Kardinal. 346
Ridolfi, Niccolò (1501–1550), Enkel des Lorenzo de' Medici, seit 1517 Kardinal. 268
Riemenschneider, Tilman (um 1460–1531), dt. Bildhauer und Bildschnitzer. 371
Rienzo, Cola di (1313–1354), ital. Politiker. 15, 17f., 431
Ringmann, Matthias (um 1482–1521), dt. Gelehrter und Kartograph. 411
Rinuccini, Alamanno (1426–1499), Florentiner Humanist. 170
Rinuccini, Ottavio (1562–1621), Florentiner Dichter. 287
Ripa, Cesare (1560–1623), ital. Emblematiker. 289
Rizzo, Antonio (1430/40 – um 1500), ital. Bildhauer. 369
Robbia, Andrea della (1435–1525), Florentiner Bildhauer, Neffe des Luca della Robbia. 369
Robbia, Giovanni della (1469 – nach 1525), Florentiner Bildhauer, Sohn des Andrea della Robbia. 369
Robbia, Luca della (um 1399–1482), Florentiner Bildhauer. 340, 369
Robert I. von Anjou (1277–1343), seit 1309 König von Neapel. 116, 314
Robert von Grosseteste (vor 1170–1253), ma. Aristotelesübersetzer. 154
Roberti, Ercole de' (1448–1496), Hofmaler in Ferrara. 99
Rodrigo de Triana (Ende 15. Jhdt.), Matrose auf der Pinta. 85, 202
Rodriquez de Montalvo, García († 1505), span. Dichter. 234
Roger di Flor (um 1260/68–1305), Söldnerführer, Anführer der Großen Katalan. Kompanie. 62
Rogier van der Weyden (Rogier de la Pasture, 1399–1464), fläm.-niederländ. Maler. 78, 206, 256, 260, 322
Rohan, Henri de, Herzog von (1579–1638), frz. polit. Theoretiker, Hugenottenführer. 378
Rolin, Nicolas (1376–1462), Kanzler am burgundischen Hof. 323
Romanus, Cincius (de Rusticis, † 1445), päpstl. Sekretär. 37
Ronsard, Pierre de (1524–1585), franz. Dichter, Mitglied der Pléiade. 149, 226f.
Roover, Raymond de (1904–1972), amerikan. Wirtschaftshistoriker. 116, 197
Rore, Cipriano de (1516–1565), fläm. Musiker und Komponist. 284f.
Rosselli, Cosimo (1439–1507), ital. Maler. 207
Rossellino, Antonio (1427 – um 1479), ital. Bildhauer. 23, 369
Rossellino, Bernardo (1409–1464), ital. Bildhauer und Architekt. 345, 369
Rossetti, Biagio (um 1447–1516), ital. Architekt. 110
Rossi, Luigi de (15./16. Jhdt.), Enkel des Piero de' Medici, seit 1517 Kardinal. 268
Rosso Fiorentino, eigentl. Giovanni Battista Guasparre (1495–1540), ital. Maler. 124, 210
Rovere, Eleonora della (1509–1550), Herzogin von Urbino, Gemahlin des Francesco Maria della Rovere. 390
Rovere, Francesco Maria della (1490–1538), Herzog von Urbino. 390
Rovere, Giulio della →Julius II.

Rovere, Guidobaldo della (1514–1574), seit 1538 Herzog von Urbino. 388
Rubens, Peter-Paul (1577–1540), niederländ. Maler. 391
Rubens, Philippus (1574–1611), niederländ. Humanist. 391
Ruccellai, Florentiner Familie von Wollhändlern, Bankiers und Politikern. 118
Ruccellai, Bernardo (1448–1514), Florentiner Bankier und Politiker, Historiker und Förderer des Humanismus, Sohn des Giovanni Ruccelai. 168
Ruccellai, Giovanni (1403–1481), Florentiner Bankier und Politiker. 168
Ruccellai, Pandolfo (1436–1497), Florentiner Anhänger Savonarolas, Sohn des Giovanni Ruccelai. 168
Ruzé, Louis (Anfang 16. Jhdt.), franz. Humanist. 295

Sabellicus (eigentl. Marcantonio Coccio, 1436–1508), venezian. Gelehrter und Historiker. 134 f.
Sacchetti, Franco (1330/4–1400), ital. Schriftsteller und Novellist. 143, 420
Saccone, Antonio da († 1527), ital. Kleriker und Humanist. 402
Sachs, Hans (1494–1576), Nürnberger Schuhmacher und Dichter. 299 f.
Sahagún OFM, Bernardino de (um 1500–1590), span. Franziskaner und Ethnograph. 105
Salutati, Coluccio (1331–1406), Florentiner Humanist und Politiker. 36, 162 f., 169 f., 244, 289, 433
Salviati, Bernardo (1508–1568), Enkel des Lorenzo de' Medici, seit 1561 Kardinal. 268
Salviati, Giovanni (1490–1553), Enkel des Lorenzo de' Medici, seit 1517 Kardinal. 268
Salviati, Maria (1449–1543), Ehefrau Giovannis de' Medici (Giovanni delle bande nere). 268
Sangallo d. J., Antonio da (1484–1546), ital. Architekt und Stadtplaner, Neffe des Giuliano da Sangallo. 21, 173, 207, 345, 347
Sangallo, Giuliano da (1445–1516), ital. Architekt und Festungsbauer. 21 f., 25, 324
Sannazaro, Jacopo (1457–1530), ital. Dichter. 223 f.
Sansovino, Andrea, eigentl. Andrea Contucci (1467–1529), ital. Bildhauer, Lehrer des Jacopo Sansovino. 207
Sansovino, Jacopo (eigentl. Jacopo Tatti, 1486–1570), ital. Bildhauer und Architekt. 207, 370, 409
Santangel, Luis de (1435–1497), span. Politiker. 101, 201
Sanudo, Marino (1466–1533), venezian. Historiograph und Politiker. 404, 411
Sassetta (eigentl. Stefano di Giovanni, 1392–1450), Sieneser Maler. 248
Sassetti (14./15. Jhdt.), Florentiner Kaufmannsfamilie. 324
Sassetti, Francesco (1421–1490), Florentiner Kaufmann. 192 ff., 249
Savonarola, Girolamo (1452–1498), dominikan. Bußprediger und politischer Reformer in Florenz. 44, 46 f., 121, 126, 207, 266, 350–353, 431
Scala/Scaliger, nordital. ghibellin. Adelsgeschlecht, Stadtherren von Verona. 69

Scala, Bartolomeo (1424/1428–1495/1497), ital. Humanist, Florentiner Kanzler. 162
Scaliger, Joseph Justus (1540–1609), franz. Humanist. 291
Scaliger, Julius Caesar (1484–1558), ital. Humanist, Arzt und Dichtungstheoretiker. 383
Scève, Maurice (um 1500–1560), franz. Dichter. 226 f.
Schedel, Hartmann (1440–1514), dt. Humanist und Chronist, zunächst Stadtarzt von Nürnberg. 298
Schnabel, Johann Gottfried (1692–1750), Chirurg und Schriftsteller, Verf. einer Sozialutopie. 401
Schongauer, Martin (um 1450–1491), dt. Maler und Kupferstecher. 75
Schütz, Heinrich (1585–1672), dt. Musiker und Komponist. 285
Schwarz, Martin (zweite Hälfte 15. Jhdt.), dt. Söldnerführer. 67
Scrovegni (14. Jhdt.), Kaufmannsfamilie aus Padua. 190 f.
Scrovegni, Enrico di Rinaldo († 1336), Paduaner Kaufmann, Stifter der Arena-Kapelle. 142, 323
Segni, Bernardo (1504–1558), Florentiner Historiker und Politiker. 134
Seisenegger, Jakob (1515–1567), seit 1531 habsburg. Hofmaler in Wien. 390
Selden, John (1584–1654), engl. Jurist und Völkerrechtler. 418
Seneca, Lucius Annaeus (um 4 v. Chr. – 65 n. Chr.), röm. Philosoph, Dichter und Politiker. 48, 129, 167, 380, 382 f.
Serlio, Sebastiano (1475–1554), ital. Architekt und Architekturtheoretiker. 24
Sextus Empiricus (zweite Hälfte 2. nachchristl. Jhdt.), skept. Philosoph. 17
Sforza, ital. Adelsgeschlecht, von 1450 bis Anf. 16. Jhdt. Herzöge von Mailand. 77, 356–360
Sforza, Ascanio Maria (1455–1505), Sohn des Francesco Sforza, Kardinal. 359
Sforza, Battista (1446–1472), Gemahlin des Federigo da Montefeltro. 324
Sforza, Caterina (1493–1509), natürl. Tochter des Galleazzo Maria Sforza, Gräfin von Forlì. 359 f.
Sforza, Drusiana (1437–1474), natürliche Tochter des Francesco Sforza, Ehefrau des Giacomo Piccinino. 357 f.
Sforza, Francesco (1401–1466), ital. Condottiere, seit 1450 Herzog von Mailand. 57, 59 f., 67, 173, 218, 356 f.
Sforza, Francesco (1495–1535), Sohn Lodovico Sforzas, von 1521–1525 und von 1529–1535 Herzog von Mailand. 359
Sforza, Galeazzo Maria (1444–1476), seit 1466 Herzog von Mailand. 358
Sforza, Gian Galeazzo (1469–1494), seit 1476 titularisch Herzog von Mailand. 358
Sforza, Giovanni (1466–1510), Graf von Pesaro, erster Ehemann Lucrezia Borgias. 45
Sforza, Ippolita (1445–1488), Tochter des Francesco Sforza, Ehefrau von Alfons II. von Aragon. 358
Sforza, Lodovico Maria, genannt Il Moro (1452–1508), Herzog von Mailand, Sohn des Francesco Sforza. 25, 100, 217, 220, 358 f.

Sforza, Massimiliano (1493–1530), Sohn Lodovico Sforzas, von 1512–1515 Herzog von Mailand. 359

Sforza, Muzio Attendolo, eigentlich Giacomo Attendolo (1369–1424), ital. Condottiere, Vater des Francesco Sforza. 63, 137, 357

Sforza, Polissena (1428–1449), natürl. Tochter des Francesco Sforza, Ehefrau des Sigismondo Malatesta. 357f.

Shakespeare, William (1564–1616), engl. Dramatiker. 131, 180, 270, 273, 360–364, 385ff., 421

Sickingen, Franz von (1481–1523), dt. Reichsritter, Anführer der Ritterschaftsbewegung.

Sidney, Sir Philip (1554–1586), engl. Dichter. 224, 228f.

Sigismund (1368–1437), seit 1410 röm. König, seit 1433 Kaiser. 304

Signorelli, Luca (um 1445–1523), ital. Maler. 251, 322, 330

Simmel, Georg (1858–1918), dt. Soziologe. 157

Sixtus II. († 258), seit 257 Papst, als Märtyrer verehrt. 306

Sixtus IV. (urspr. Francesco della Rovere, 1414–1484), seit 1471 Papst. 120, 263, 303, 306, 346, 348, 359

Sleidan, Johannes (eigentl. Philippi, gen. nach Geburtsort Schleiden/Eifel, 1506–1566), protestant. Jurist und Historiker. 136, 140f.

Sluter, Claus (um 1350–1406), niederländ.-burgund. Bildhauer. 371

Socinus, Faustus (Fausto Paulo Sozzini, 1539–1604), ital. Theologe, Gründer der antitrinitarischen Gemeinde der Socinianer, Neffe des Laelius Socinus. 336

Socinus, Laelius (Lelio Francesco Maria Sozzini, 1525–1562), ital. Jurist und Theologe. 336

Soderini, Piero (1452–1522), Florentiner Politiker. 121, 245

Soderini, Niccolò (zweite Hälfte 15. Jhdt.), Florentiner Kaufmann. 120

Sodoma, eigentl. Giovanni Antonio Bazzi (1477–1549), ital. Maler. 210, 330

Sokrates (470–399 v. Chr.), griech. Philosoph. 48, 279, 398

Solís, Juan Díaz de (1470–1516), span. Seefahrer und Entdecker. 413

Sophokles (497–406/05 v. Chr.), griech. Tragödiendichter. 17

Soto, Domingo de (1494–1560), span. Dominikaner, Theologe. 417

Spalatin, Georg (1484–1545), dt. Humanist und kursächs. Politiker. 240

Spenser, Edmund (um 1522–1599), engl. Dichter. 228ff.

Speroni, Sperone (1500–1588), ital. Humanist. 225

Spies, Johann (1540–1623), dt. Buchdrucker und Schriftsteller. 108f.

Stanley, William, 6. Earl of Derby († 1642), engl. Adliger. 360

Statius (um 45 – um 96), röm. Dichter. 71

Steinhöwel, Heinrich (1412–1482), dt. Frühhumanist. 231

Stendhal, eigentl. Henri Beyle (1783–1842), franz. Schriftsteller. 338, 342

Stoß, Veit (1447–1533), Nürnberger Bildhauer. 298

Strozzi, Florentiner Kaufmannsfamilie und Patriziergeschlecht, politisch zumeist Kontrahenten der Medici. 118, 120, 188, 259

Strozzi, Ercole, (um 1473–1508), Humanist und Dichter in Ferrara, Sohn des Tito Vespasiano Strozzi. 112
Strozzi, Filippo (1428–1491), Florentiner Großkaufmann und Bankier. 249
Strozzi, Lorenzo (Mitte 15. Jhdt.), Florentiner Bankier und Politiker, Sohn Palla Strozzis. 257
Strozzi, Palla (1363–1455), Florentiner Großkaufmann und Politiker. 257
Strozzi, Tito Vespasiano (1422–1505), höf. Humanist in Ferrara. 113
Sturm, Johannes (1507–1589), Straßburger Gelehrter und Pädagoge. 160
Suárez, Francisco de (1548–1617), span. Theologe, Philosoph und Völkerrechtler. 414f., 417
Sueton(ius), Gaius (um 70 n. Chr., Todesjahr unbekannt), röm. Biograph. 161, 281, 320
Sully, Maximilien de Béthune, Herzog von (1560–1641), Minister Heinrichs IV. 378
Surrey, Henry Howard, Earl of (1516/17–1547), engl. Dichter. 228

Tacitus, Publius Cornelius (55/56 – um 115 n.Chr.), röm. Historiker. 16, 139, 164
Tasso, Torquato (1544–1595), ital. Dichter. 112, 224f., 230, 382, 422
Telesio, Bernardino (1509–1588), ital. Naturphilosoph. 156, 272
Terenz (Terentius), Publius T. Afer (185 v. Chr. – um 160 v. Chr.), röm. Dichter. 380f., 383
Teresa von Avila (auch Teresa de Jesús, eigentl. Teresa de Cepeda y Ahumada, 1515–1582), span. Mystikerin. 128
Tetzel, Johann (1465–1519), dt. Dominikanerprediger und Ablaßverkäufer. 239
Textor, Ravisius (Texier de Ravisi, um 1480 -1524), frz. Mythograph und Kompilator. 288
Theokrit (3. vorchristl. Jhdt.), bukolischer Dichter aus Syrakus. 222
Thomaeus, Leonicus (geb. 1446), ital. Aristoteliker. 28
Thomas a Kempis (Thomas von Kempen, um 1380–1471), Augustinermönch, Verfasser geistl. Schriften. 127
Thomas von Aquin (1225/26–1274), Theologe und Philosoph. 28, 129, 189, 415
Thukydides (um 455 – um 400 v. Chr.), griech. Historiker. 17, 299
Tibull(us), Albius (um 50–19 v. Chr.), röm. Dichter. 215
Tinctoris, Johannes (um 1435–1511), fläm. Musiker und Musiktheoretiker. 284
Tintoretto (eigentl. Jacopo Robusti, 1518–1595), venezian. Maler. 255ff., 391, 410
Tizian (Tiziano Vecelli, um 1489–1576), venezian. Maler. 101, 145, 148, 182f., 209, 255f., 320f., 325, 387–391, 410
Tolentino, Niccolò da († 1435), ital. Condottiere. 57, 261
Toscanelli, Paolo (1397–1482), ital. Humanist, Mathematiker, Astronom und Geograph. 396
Tovar SJ, Juan de (Mitte 16. Jhdt.), span. Jesuit und Missionar. 105

Tornabuoni, Florentiner Kaufmannsfamilie, die den Medici nahestand. 118, 249 f.

Tornabuoni, Giovanni († 1480), Florentiner Großkaufmann, Leiter der röm. Filiale der Medici-Bank. 324

Trissino, Giangiorgio (1478–1550), ital. Dichter und Dramatiker. 309 f., 345

Trithemius, Johannes (eigentl. Johannes Zimmer aus Trittenheim, 1462–1516), Abt von Sponheim, dt. Historiograph. 108, 296, 321

Trivulzio, Gian Giacomo (1441–1518), ital. Condottiere. 65

Tullia d'Aragona (1508–1556), röm. Kurtisane und Dichterin. 213

Tura, Cosmè (Cosimo, um 1431–1495), Hofmaler in Ferrara. 99

Uccello, Paolo (1397–1475), Florentiner Maler. 207, 218, 260 f., 340, 366

Urban VI. (urspr. Bartolomeo Prignani, um 1318–1389), seit 1378 Papst. 303

Urfé, Honoré d' (1568–1625), franz. Dichter. 224

Vadianus (eigentl. von Watt), Joachim (1484–1551), Schweizer Humanist und Reformator von St. Gallen. 154

Valdés, Juan de (um 1500–1541), span. reformatorisch gesonnener Geistlicher in Rom. 278

Valla, Giorgio (1447–1500), ital. Humanist und Übersetzer. 134, 273, 380

Valla, Lorenzo (1407–1457), ital. Humanist und Philologe. 37, 136, 166 f., 213, 233, 273, 307

Varchi, Benedetto (1502–1565), ital. Humanist und Historiker. 149

Vasari, Giorgio (1511–1574), Florentiner Maler, Architekt und Kunsthistoriker. 12, 46, 121, 141, 174, 219, 272, 321, 323, 339 ff., 395, 402 ff., 431

Veckinchusen, Hildebrand († 1425), Lübecker Hanse-Kaufmann. 194

Veckinchusen, Sievert († 1433), Lübecker Hanse-Kaufmann. 194

Vega, Félix Lope de (1562–1635), span. Dichter. 224, 234 f.

Veggio, Maffeo (1406–1458), ital. Humanist und Pädagoge. 159

Velasco, Juan López de († 1623), span. Chronist und Ethnograph. 104

Velázques de Cuéllar, Diego (1461/66–1524), span. Eroberer. 92 f.

Velázques, Diego Rodriguez de Silva y (1599–1660), span. Maler. 74, 391

Vergerio, Pier Paolo (1370–1444), ital. Humanist und Pädagoge. 158

Vergil(ius), Publius V. Maro (*70–19 v. Chr.), röm. Dichter. 70, 222, 227, 230, 234, 263, 288, 314, 402, 432

Vergilio, Polydoro (1470–1555), ital.-engl. Humanist. 138, 422

Verme, Jacopo dal (1350–1409), ital. Condottiere. 62

Vermigli, Petrus Martyr (1500–1562), protestant. Theologe. 336

Veronese, Paolo (eigentl. Paolo Caliari, 1528–1588), venezian. Maler. 255 ff., 391, 410

Verrocchio, Andrea del, eigentl. Andrea di Michele di Francesco de' Cioni (1435–1488),

Florentiner Goldschmied, Bildhauer und Maler. 206 f., 218, 368 ff., 396
Vespucci, Amerigo (1454–1512), ital. Seefahrer und Kartograph in span. Diensten. 102, 203, 397, 411 ff.
Vespucci, Simonetta (S. Cattaneo, Gattin des Florentiner Kaufmanns Marco Vespucci, 1459–1476), Geliebte und höf. Turnierdame des Giuliano de' Medici. 324
Vettori, Francesco (1474–1539), Florentiner Politiker und Schriftsteller. 39, 139 f., 170, 245
Vignola, Il, eigentl. Giacomo Barozzi (1507–1573), ital. Architekt. 347
Villalón, Cristobal (1501–1581), span. Historiker. 433
Villani, Fillipo (1343–1409), Florentiner Historiograph. 133
Villani, Giovanni (ca. 1280–1348), Florentiner Kaufmann, Stadtchronist. 114 ff., 133 f.
Vincentino, Nicola (1511 – um 1580), Kapellmeister in Ferrara und Musiktheoretiker. 286
Vincenz von Beauvais (um 1190–1264), Verfasser der umfangreichsten Enzyklopädie des Mittelalters. 288
Vischer, Peter d. Ä. (1460–1529), Nürnberger Bildhauer. 298, 371
Vischer, Peter d. J. (1487–1528), Nürnberger Bildhauer. 371
Visconti, Mailänder Adeslgeschlecht, von 1395–1450 Herzöge von Mailand. 290, 357
Visconti, Bianca Maria (1424–1468), Tochter des Filippo Maria Visconti, Gemahlin Francesco Sforzas. 356, 358
Visconti, Filippo Maria (1392–1447), Sohn des Gian Galeazzo Visconti, seit 1412 Herzog der Lombardei. 357
Visconti, Gian Galeazzo (1351–1402), Herrscher über Mailand, seit 1395 Herzog von Mailand, seit 1497 Herzog der Lombardei. 169
Visconti, Giovanni Maria (1388–1412), Sohn des Gian Galleazzo Visconti, seit 1402 Herzog der Lombardei.
Vitelli, Paolo († 1499), ital. Condottiere. 57
Vitoria, Francisco de (1486–1546), span. Theologe und Völkerrechtler. 415 ff.
Vitruv(ius) Pollio (bei den Praenomina Lucius, Marcus etc. handelt es sich um Humanistenspekulationen; frühaugust. Zeit), röm. Architekt und Architekturtheoretiker. 12, 19, 77, 172, 396
Vittoria, Tomás Luis de (um 1540–1611), span. Musiker und Komponist. 285
Vittorino da Feltre (1378–1446), ital. Humanist und Pädagoge. 158
Vivarini, Antonio (1413–1476/84), venezian. Maler. 255
Vivarini, Bartolomeo (um 1432 – um 1499), venezian. Maler. 255
Vives, Juan Luis (1492–1540), span. Humanist und Sozialphilosoph. 272
Voëtius, Gisbertus (eigentl. Gilles Voecht, † 1653), Historiker. 334
Voigt, Georg (1827–1891), dt. Kulturhistoriker. 16
Vries, Adriaen de (um 1550–1662), niederländ. Bildhauer. 371

Waldseemüller, Martin (1470–1521), dt. Kartograph. 411
Wallenstein, Albrecht, Herzog von Friedland (1583–1634), kaiserl. Generalissimus. 60, 67
Walter von Brienne (erste Hälfte 14. Jhdt.), Condottiere. 117
Warburg, Aby (1866–1929), dt. Kunsthistoriker. 192
Weber, Max (1864–1920), dt. Nationalökonom und Soziologe. 184, 197, 343
Welser, Hans Bartholomäus (1488–1561), Großkaufmann und Bankier. 32
Welser, Marcus bzw. Marx (1558–1614), Großkaufmann, Wissenschaftsorganisator und Kulturmäzen. 33
Werner von Urslingen († 1354), dt. Söldnerführer. 62
Weyden, Rogier van der →Rogier.
Wickram, Jörg (1502–1562), dt. Dichter und Dramatiker. 233
Wilhelm IV. (1493–1550), seit 1508 Herzog von Bayern. 262
Wilhelm von Moerbeke (um 1215/35 – um 1286), ma. Aristotelesübersetzer. 157
Wilhelm von Tyrus (um 1130–1186), Kanzler des Königreichs Jerusalem, Historiograph des Ersten Kreuzzugs. 133
Willaert, Adrian (um 1480–1562), fläm. Musiker und Komponist. 284
Wimpfeling, Jakob (1450–1528), dt. Humanist. 356
Wolf, Hieronymus (1516–1580), Augsburger Gelehrter und Pädagoge. 33, 160
Wolgemut, Michael (1434–1519), Nürnberger Graphiker. 75, 298
Wolsey, Thomas (um 1474–1530), engl. Politiker und Kardinal. 144, 146, 432
Wyatt, Thomas (1503–1542), engl. Dichter. 228

Xenophon (zwischen 430 u. 425-um 355 v. Chr.), athen. Historiker und Schüler des Sokrates. 13, 17, 129, 147, 279, 299

York, engl. Königsfamilie des 14. und 15. Jhdts. 363, 375

Zabarella, Francesco (1360–1417), ital. Kardinal und Konzilstheoretiker. 156, 304
Zabarella, Jacopo (1533–1589), ital. Philosoph und Aristoteliker. 156
Zerlino, Gioseffo (1517–1590), ital. Komponist und Musiktheoretiker. 286
Zoroaster (Zarathustra) (6. vorchristl. Jhdt.), Religionsstifter, nach griech. Äonenspekulation 6000 Jahre vor Platon geboren. 317
Zuccari, Federico (1540/41–1609), venezian. Maler. 257
Zurita y Castro, Jeronimo (1512–1580), span. Historiker. 139
Zwingli, Ulrich (Huldrych) (1484–1531), Schweizer Reformator und Politiker. 10, 32, 97, 126, 242, 295 f., 334 ff., 421